기출이 답이다

비서 1급

기출문제해설

머리말 PREFACE

기업과 사회의 글로벌화로 전문비서의 역할이 중요해지고 있습니다. 이에 따라 비서라는 직업의 수요와 인기 또한 날로 증가하는 추세입니다.

과거의 비서는 CEO 일정 조정, 서류 작성 등 주로 단순한 업무를 담당하였으나, 최근에는 재무구조 점검, 신규사업 프레젠테이션, 대외홍보, 우편물 및 서류 관리, 상사 부재 시 권한대행, 비즈니스 문서 관리 등 주요하고 광범위한 업무를 수행하고 있습니다. 비서는 CEO를 최측근에서 보좌하는 사람으로서 CEO가 경영능력을 효율적으로 발휘할 수 있도록 어학, 경영, 사무 실무, 대인관계 등 다방면의 전문지식과 보좌능력을 갖추어야 합니다.

비서는 형태에 따라 단순 업무보조 역할을 하는 일반비서와 숙련된 전문능력을 바탕으로 상사를 보좌하는 전문비서로 나누어집니다. 전문비서는 소속에 따라 법률비서, 의료비서, 회계비서, 종교비서 등으로 구분할 수 있습니다. 또한, 역할에 따라 행정업무비서, 안내비서, 서기비서 등으로 구분하기도 합니다.

이처럼 비서는 기업의 성공적인 비즈니스를 관리하는 핵심인재로 기능하고 있지만, 비서 자격시험 관련 수험서는 부족한 것이 현실입니다. 비서교육연구소는 이러한 현실을 반영하여 다음과 같은 점을 고려해 본서를 출간하게 되었습니다.

첫 째 '빨리보는 간단한 키워드'를 통해 출제에 자주 활용되는 이론과 키워드를 빠르게 익힐 수 있도록 하였습니다.

둘 째 수험생이 꼭 풀어보아야 할 총 6개년의 기출문제를 수록하여 실전에 완벽하게 대비할 수 있도록 하였습니다.

셋 째 비서교육연구소의 꼼꼼하고 전문적인 해설로 부족한 부분을 보완하고 이와 동시에 심화 학습을 할 수 있도록 하였습니다.

본서와 함께 비서 자격시험을 준비하는 모든 수험생의 도전이 합격으로 이어지기를 진심으로 기원합니다.

비서교육연구소

자격증 · 공무원 · 금융/보험 · 면허증 · 언어/외국어 · 검정고시/독학사 · 기업체/취업
이 시대의 모든 합격! 시대에듀에서 합격하세요!
www.youtube.com → 시대에듀 → 구독

시험안내 INFORMATION

◉ 응시자격

필기시험	제한 없음
실기시험	필기시험 합격 후 2년 이내에 실기시험 응시 가능

◉ 시험과목

등 급	시험방법	시험과목		출제형태	시험시간
1급	필기시험	• 비서실무　　　　• 경영일반 • 사무영어　　　　• 사무정보관리		객관식 80문항	80분
	실기시험	워드프로세서 단일등급(1급), 컴퓨터활용능력 1 · 2급, 한글속기 1 · 2급, 전산회계운용사 1 · 2급 중 택일		선택 종목의 기준에 따름	
2급	필기시험	• 비서실무　　　　• 경영일반 • 사무영어　　　　• 사무정보관리		객관식 80문항	80분
	실기시험	워드프로세서 단일등급(1급), 컴퓨터활용능력 1 · 2급, 한글속기 1 · 2급, 전산회계운용사 1 · 2급 중 택일		선택 종목의 기준에 따름	
3급	필기시험	• 비서실무　　　　• 사무영어 • 사무정보관리		객관식 60문항	60분
	실기시험	워드프로세서 단일등급(1급), 컴퓨터활용능력 1 · 2급, 한글속기 1 · 2 · 3급, 전산회계운용사 1 · 2 · 3급 중 택일		선택 종목의 기준에 따름	

◉ 합격기준

필기시험	각 과목 100점 만점에 과목당 40점 이상, 평균 60점 이상
실기시험	선택 종목의 합격기준에 따름

◉ 수험료

필기시험	17,500원
실기시험	선택 종목의 수험료에 따름

과목별 공략 포인트 STRATEGY

1과목 비서실무 ▶ 고득점을 노려야 하는 과목!

자격시험부터 실무까지 활용할 수 있는 가장 기초적인 과목입니다. 상사와의 관계, 내방객응대, 전화응대, 일정 관리, 출장 관리 등 비서의 기본적인 업무에 대한 내용이 주를 이루는데, 실제 상황에서 어떻게 행동해야 적절할지 가정해보는 방식으로 학습하면 쉽게 이해할 수 있습니다. 특히 국제매너와 실용한자는 최신 시험에서 꾸준히 출제되는 영역이니 꼼꼼히 숙지하시기 바랍니다. 다른 과목에 비해 내용상의 어려움이나 지루함이 덜하고 기출문제와 유사한 문제가 자주 출제되는 과목이니 고득점을 노리세요.

2과목 경영일반 ▶ 전문용어의 정확한 의미와 활용 맥락을 파악하세요!

경영, 경제, 마케팅, 인사 분야의 전문용어들을 익혀야 하는 과목으로서, 시험에 도전하는 수험생들이 가장 어려워하는 과목입니다. 경영학 또는 경제학을 전공했거나 관련 지식이 있다면 수월하게 학습할 수 있는 부분이지만, 이러한 분야를 처음 접하는 수험생의 경우에는 이 과목이 생소하게 느껴질 수밖에 없습니다. 그러나 학문적으로 깊은 이해가 필요하다기보다는 전문용어의 정확한 의미 및 활용 맥락 등을 파악하는 정도로만 숙지하면 큰 어려움 없이 문제풀이가 가능한 과목입니다. 단순 암기에서 나아가 다양한 유형의 문제를 풀어보며 개념을 확립하세요.

3과목 사무영어 ▶ 기본 어휘 및 표현 익히기부터 시작하세요!

사무영어의 경우 비즈니스 대화 유형이 반복적으로 출제되고 있습니다. 이러한 출제유형을 파악하는 것과 함께 기본적인 단어 및 표현들을 숙지하는 것부터 시작하세요. 지문을 모두 읽지 않아도 해결 가능한 문제가 종종 출제되고 있으니, 시험 중 시간이 촉박할 경우 지문을 읽기 전 문제를 먼저 살펴보는 방법을 활용하는 것도 좋습니다.

4과목 사무정보관리 ▶ 필수적으로 출제되는 이론을 공략하세요!

이 과목은 '제1과목 비서실무'와 더불어 실무와 가장 근접한 과목입니다. 우편물과 전자문서의 작성, 그래프와 도표의 이해 및 작성, 정보기기의 활용 등에 관한 문제가 빠지지 않고 출제되므로 필수적으로 학습해야 합니다. 최근에는 인터넷활용과 SNS, 태블릿 PC 등 최신 이슈에 관한 문제 또한 출제되고 있으니 이러한 부분도 염두에 두어야겠습니다.

합격수기 REVIEW

비서직에 종사 중이었지만 별도의 자격증은 없었던 현직자입니다. 자격증 없이도 실제 업무는 가능했지만 이직을 위해 이력서를 작성하며 자격증의 필요성을 느꼈고, 늦게나마 비서 자격시험을 준비하게 되었습니다. 직장을 다니며 시험준비를 병행해야 했던 상황이라 다른 사람에 비해 긴 시간을 투자하지는 못했지만, 반신반의하며 선택했던 시대에듀 도서 덕분에 한번에 합격할 수 있었습니다. 저처럼 비서 자격증을 준비하시는 직장인분들께 조금이나마 도움을 드리고 싶어 저의 합격수기를 공개합니다. 제 글을 통해 시험에 도전하는 모든 분들이 자신감을 가지고 공부하셨으면 좋겠습니다.

첫 번째, 문제풀이의 반복!

이론을 공부한 뒤에는 문제를 반복해서 풀었습니다. 실무에 종사 중이었기에 손쉽게 고득점이 가능할 것이라고 생각했는데, 막상 문제를 풀어보니 실무에서 활용되는 지식과 시험에서 원하는 답이 다른 경우가 있었습니다. 또, 지문과 보기의 뉘앙스 차이로 정답이 갈리기도 해서 처음에는 정답을 맞히는 것이 쉽지 않았습니다. 하지만 여러 차례 반복해서 문제를 풀다 보니 시험에서 원하는 답이 무엇인지 감각을 익힐 수 있었습니다. 중복된 문제가 나오는 경우에는 체크해두고 따로 암기했습니다. 그렇게 문제유형을 파악하고 시험장에 갔는데 그동안 풀었던 문제들과 유사한 문제들이 보여서 몇 문제는 빠르게 풀 수 있었습니다. 덕분에 시간적 여유가 생겨 검토까지 마치고 시험장을 나왔습니다.

두 번째, 시간 배분!

80문제에 80분이라고 해서 문제당 1분으로 생각하시면 안 됩니다. 쉬운 문제는 빠르게 넘어갈 수 있지만 지문이 길거나 어렵고 헷갈리는 문제도 여럿 출제되기 때문에 실제 체감 시간은 더 짧습니다. 1번에 어려운 문제가 있다고 해서 5분의 시간을 허비하면 쉽게 풀 수 있는 뒷부분의 문제들을 놓칠 수 있습니다. 문제 푸는 속도가 느려지면 집중력도 떨어지게 됩니다. 따라서 문제의 배점은 같으니 아는 문제를 최대한 많이 맞히는 것을 목표로 했습니다. 가장 자신 없었던 경영일반을 마지막으로 남겨두고 3과목 ➡ 4과목 ➡ 1과목 ➡ 2과목 순서로 ① 어려운 부분은 건너뛰며 문제를 끝까지 풀고 ② 확실한 답부터 우선 체크하고 ③ 앞서 건너뛰었던 문제들을 다시 풀었습니다. 또한, 실전처럼 시간을 재고 문제를 여러 번 풀어봤던 것이 큰 도움이 되었습니다.

세 번째, 과목별 전략 수립!

각 과목에서 60점을 받을 것인지, 자신 없는 과목은 과락만 면하고 나머지 과목에서 높은 점수를 받을 것인지를 결정하고 자신만의 전략을 세우는 것이 중요합니다. 그러기 위해서는 과목별 특성이 다르기 때문에 내가 어떤 과목을 잘하는지, 학습하는 데 비교적 많은 시간이 필요한 과목이 무엇인지 파악해야 합니다. 저는 상대적으로 자신 없었던 경영일반은 과락만 피하고, 사무영어는 60점, 비서실무와 사무정보관리는 80점을 취득하는 것을 목표로 했습니다. 경영일반은 범위가 넓어 자주 나오는 부분만 암기했고, 나머지는 눈에 익히는 정도로 학습했습니다. 필요하면 인터넷 검색도 병행하면서 부족한 부분을 보완했습니다. 사무영어의 경우 모르는 단어를 표시하여 평소에 틈틈이 보고, 문제풀이를 반복하니 금세 익숙해질 수 있었습니다. 비서실무와 사무정보관리는 틀린 문제와 빈출 이론을 집중적으로 암기했습니다.

이 책의 구성과 특징 STRUCTURES

핵심이론으로 구성한 빨리보는 간단한 키워드

시험의 출제경향을 분석하여 출제에 자주 활용되는 이론과 키워드를 정리하였습니다. 학습 전에 살펴보며 앞으로의 전략을 세워보고, 학습 후에는 복습과 암기에 활용하세요.

총 6개년의 기출문제 수록

철저한 시험 대비의 핵심은 기출문제의 반복입니다. 본서에는 수험생이 꼭 풀어보아야 할 총 6개년의 기출문제를 담았습니다. 실전처럼 풀어보고 반복적으로 복습하여 고득점을 내 것으로 만드세요.

영어가 활용되는 제3과목도 쉽고 재미있게

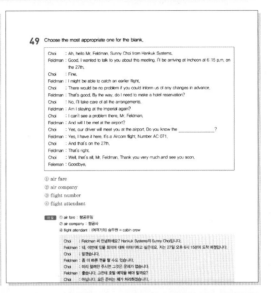

평소의 영어 실력이 부족해도 걱정하지 마세요. 시험마다 구체적인 내용은 달라지지만, 영문서의 기본 구성과 회화유형에는 큰 변동이 없습니다. 주요 단어를 중심으로 꼼꼼하게 정리된 해석이 제3과목을 쉽고 재미있게 학습할 수 있도록 돕습니다.

비서교육연구소의 꼼꼼하고 전문적인 해설

문제를 풀며 헷갈렸거나 어려웠던 부분을 비서교육연구소만의 꼼꼼하고 전문적인 해설로 보완하세요. 해설과 함께 수록된 'The 알아두기'로 관련 이론을 더욱 깊이 있게 공부할 수 있습니다.

이 책의 차례 CONTENTS

빨리보는 간단한 키워드

빨리보는 간단한 키워드

■ 공문서 결재 관련 용어정리

- **전결(專決)** : 정규의 결재권자로부터 사전에 위임받은 자가 **결재권자를 대신하여 결재**
  - 사무처리의 **신속과 능률**을 위하여 행하는 결재
  - 기관장의 부재에 관계없이 권한의 위임에 의거하여 평상시에 결재를 행하는 제도
- **대결(代決)** : 회사나 기관의 의사를 결정할 권한이 있는 **결재권자의 부재 시에 직무 대행자가 행하는 결재**
- **후결(後決)** : 최종 결재권자가 휴가나 출장 등으로 부재중이거나 특별한 사정상 결재를 할 수 없을 때 **최종 결재권자의 차하위자**(직무를 대행할 위임을 받지 않았더라도)로부터 결재

■ 우편 용어

- **현금등기** : 현금을 송달할 때에만 이용
- **요금별납** : 한꺼번에 발송하는 동일한 보통 우편물의 수가 10통 이상일 경우 **우표 대신 스탬프를 찍어서 사용**
- **배달통지** : 접수한 우편물의 **배달 결과를 발송인에게 회송**
- **내용증명** : 특정한 사실 또는 내용을 우체국에서 발송 후 **3년 동안 증명**

※ 내용증명의 경우 연도를 1년 또는 2년으로 바꾸어서 출제되고 있습니다.

■ 유비쿼터스(Ubiquitous)

'언제 어디서나', '동시에 존재한다'라는 라틴어에서 유래한 용어로 사용자가 네트워크나 컴퓨터를 의식하지 않고 장소에 상관없이 자유롭게 네트워크에 접속할 수 있는 정보통신 환경

■ Commerce At Light Speed (CALS)

상거래의 모든 과정을 전산 관리하는 체제, 즉 제품이 생산에서부터 폐기되기까지의 전 과정 동안에 발생된 정보를 관련 조직 간에 공유할 수 있게 해주는 시스템

■ 슬라이드 마스터

글꼴, 개체 틀의 위치, 배경 디자인 등 파워포인트 서식에 대한 **정보를 저장**하여 각 장의 형식을 통일시킬 때 사용할 수 있는 기능

■ 명함 정리방법

- 크기, 두께, 글씨방향, 한자, 한글, 영문 등을 기준으로 일괄적으로 분류
- 명함의 빈 공간에 일시와 그 사람의 특징, 상황 등을 메모
- 주소, 연락처, 직함, 회사명 등이 바뀐 명함은 **즉시 수정**
- 연에 1회 정도는 **정기적으로 불필요하다고 생각되는 명함 폐기**

■ Electronic Document Management System (EDMS)

- 전자문서의 작성에서부터 소멸될 때까지의 모든 과정을 관리하는 전자문서관리시스템
- 워크그룹 내에서 환경에 상관없이 다양한 문서 공유

■ PDF/NOD

- PDF : 신문에 게재되는 그래프와 사진 등을 인쇄본과 같은 형식으로 볼 수 있는 인터넷 신문 서비스
- NOD : 맞춤 신문. 독자가 원하는 뉴스가 발생할 때마다 또는 정기적으로 배달해 주는 서비스

■ 그룹웨어(Groupware)

최근 근거리 통신망 등으로 연결된 컴퓨터로 공동의 업무를 수행하는 구성원들의 정보공유와 의사결정을 도모하는 집합 소프트웨어로서 사내 전자문서 결재, 전자우편, 문서작성, 업무흐름관리 등으로 많이 이용되는 사무정보시스템

■ 키핑(Keeping)

- 게이트키핑(Gate Keeping) : 기자나 편집자와 같은 뉴스 결정권자가 뉴스를 취사선택하는 일 또는 그런 과정
- 북키핑(Book Keeping) : 부기(簿記). 기업 등의 자본, 재산 등의 가치변동을 정해진 표현방식을 통해 기록하고 계산하여 결과물을 전달 및 공유하는 행위

■ 보고의 일반원칙

- 즉시보고의 원칙 : 지시받은 일이 끝나면 즉시보고
- 결론우선의 원칙 : 결론을 먼저 말하고 이유, 경과 등의 순서를 말함
- 중간보고의 원칙 : 시일이 걸리는 일인 경우 중간보고를 함으로써 경과, 상황 등을 알 수 있음
- 직접보고의 원칙 : 지시한 사람에게 직접보고

■ 회의순서

① 의장의 개회선언(Call to order by the presiding officer)
② 인원점검(Roll call)
③ 정족수 발표(Announcement of quorum)
④ 전 회의록 낭독(Reading of minutes of previous meeting)
⑤ 전 회의록 승인(Approval of the minutes)
⑥ 회의 참석자들의 보고(Reports of officers)
⑦ 미결 안건의 처리(Unfinished business)
⑧ 새 안건의 토의(New business)
⑨ 위원 지정(Appointment of committees)
⑩ 지명 선출(Nomination and election)
⑪ 차회 회의날짜 선정(Date of next meeting)
⑫ 폐회(Adjournment)

■ 글로벌 마케팅을 위한 고려사항

- 상이한 환경 : 기업이 통제 불가능한 여러 개별국가의 상이한 경제적, 문화적, 사회적, 법률적 환경 존재
- 상이한 통화 : 환율
- 진출한 국가 정부의 정책 : 다양한 국가 환경 속에서 마케팅 활동

■ 전략적 의사결정의 특징

- 최고경영자의 의사결정(전사적 의사결정) 필요
- 대규모의 자원동원 필요
- 기업의 경영성과에 장기적인 영향을 미침
- 미래지향적
- 비정형적, 비반복적

■ 리더십의 유형

- 비전적 리더십 : 팔로워들에게 비전을 제시하여 그 비전 달성을 위해 함께 협력할 것을 호소하는 리더십
- 서번트 리더십 : 섬기는 자세를 가진 봉사자로서의 역할을 먼저 생각하는 리더십
- 카리스마적 리더십 : 팔로워들이 특정 방식으로 행동하도록 하는 열정적이고 자기확신적인 리더십
- 거래적 리더십 : 리더가 원하는 것과 팔로워들이 원하는 보상이 교환되고, 팔로워들의 과업수행 시 예외적인 사항에 대해서만 리더가 개입함으로써 영향력 발휘하는 리더십

■ 직무분석

- 분화된 조직의 직무를 효율적으로 수행하기 위하여 직무의 내용을 분석
- 구성원에게 요구되는 숙련, 지식, 능력, 책임 등과 같은 직무상의 제 요건을 결정
- 직무분석의 결과는 직무기술서와 직무명세서로 요약
- 직무기술서는 직무 자체의 내용, 요건, 특성을 기술
- 직무명세서는 직무에 따라 요구되는 인간의 특성을 요구한 서식

※ 시험에서는 직무기술서와 직무명세서의 특징이 바뀌어서 출제가 됩니다. 직무기술서는 일적 요건, 직무명세서는 인적 요건입니다.

■ 매트릭스(Matrix) 조직

- 기능직 조직의 이점과 프로젝트 조직의 장점을 결합한 조직형태
- 조직구성원의 능력을 최대한 활용하기 위한 조직형태
- 시장변화를 포함한 환경의 다양화에 융통성 있게 대처

- 역할 수행과 관련하여 갈등이나 모호성이 발생하기 쉬운 단점이 있음
- 이원적 관리에 따른 조직질서의 혼란

■ 팩토링(Factoring)

기업의 자본조달 방법 중 은행 등 금융기관이 기업의 외상매출금, 받을 어음 등 매출채권을 매입함으로써 자금을 공급하는 제도

■ M – Commerce

이동통신 단말기와 통신 네트워크를 이용해 무선인터넷으로 각종 정보와 서비스를 이용하고, 상품을 구입할 수도 있는 전자상거래 방식

■ 사이버머니

인터넷쇼핑몰에서 물건을 산 대가 등으로 획득하는 가상의 화폐로서 현금으로 교환할 수는 없으나, 인터넷 공간에서는 상품을 구매할 수 있는 가상의 돈

■ B2C

전자상거래 중 회사(Business)와 개인(Consumer) 간의 거래

■ 피벗 테이블

특정 데이터를 중심으로 대량의 데이터를 알아보기 쉽도록 데이터베이스를 요약·분석한 결과를 표시하는 기능

■ 피싱(Phishing)

금융기관 등의 웹사이트지점 등에서 보내온 메일로 위장하여 개인의 인증번호나 신용카드번호, 계좌정보 등을 빼내 이를 불법적으로 이용하는 사기수법

■ 마케팅 용어

- 마케팅 믹스(Marketing Mix) : 목표시장에서 **통제 가능한 변수를 적절하게 배합**
- 제품관리 : 특정 제품이나 서비스를 적절한 시기와 장소에 적절한 가격과 수량으로 판매하는 데 필요한 **계획과 통제 활동**
- 디마케팅(Demarketing) : 기업들이 자사 상품에 대한 **고객의 구매를 의도적으로 줄임**으로써 적절한 수요를 창출하는 마케팅 기법
- 프로슈머 마케팅(Prosumer Marketing) : **소비자의 아이디어가 신제품 개발에 직접 관여**하는 마케팅으로, 고객 만족 경영전략으로 소비자가 직접 상품개발을 요구하며 아이디어를 제안할 때 기업이 이를 받아들여 신제품을 개발하는 것
- 스프레드 마케팅(Spread Marketing) : 소문을 퍼뜨려 홍보하는 마케팅 기법으로 신문이나 방송 등에 광고를 내보내지 않고 **인터넷과 입소문만을 활용**하여 비용을 줄이고 홍보효과는 극대화시키는 마케팅 전략

■ 관계 마케팅(Relationship Marketing)

- 생산자와 소비자 간의 커뮤니케이션과 지속적인 유대관계 중시
- 주요한 수단으로 데이터베이스 마케팅(Database Marketing)을 활용
- 고객과 진지한 신뢰관계를 장기간 지속하면서 욕구를 정확하게 파악하여 성과를 높임
- 동일한 비용 지출 시 월등히 높은 기업의 이익 증대 효과

※ 신규 고객을 유지하려는 것이 목적이 아니라 기존 고객의 충성도를 유지하는 것이 목적입니다.

■ 트레이딩업(Trading up)

중저가의 상품을 구매하던 중산층 소비자가 고품질이나 감성적인 만족을 위해 비교적 저렴한 **신명품 브랜드(New Luxury Brand)를 소비하는** 경향

■ 마케팅 관리 과정

마케팅 계획의 수립 및 조직화 → 시장기회의 분석 → 표적시장의 선정 → 마케팅 믹스의 개발

■ 경영통제

- 투입통제 : 작업이 시작되기 전에 실시되는 통제. 생산일정계획, 판매예측, 원자재 검사 등
- 과정통제 : 현재 진행되고 있는 운영상의 제 활동을 감시하여 일이 올바르게 진행되고 있는가를 확인하는 활동. **품질관리, 갈등해결** 등
- 내적 통제 : 직무상에 자신의 행동에 대해 자기 스스로가 책임을 지려는 사람들에 의해 수행되는 **자율적 통제**

■ 경영통제의 4가지 유형

- 사전통제 : 경영활동이 이루어지기 전에 실행되는 통제로서 투입요소와 산출결과를 사전에 예방하고 높은 질의 투입을 보장하여 최대의 성과목표를 달성
- 동시통제(진행통제) : 사전점검이 끝난 후 **최종결과가 나타나기 전에 계획대로 진행되는가를 확인하고 수정조치가 동시에 이루어지는** 통제시스템
- 가부통제 : 업무 단계의 완성시점에서 작업 결과를 점검하여 전체작업의 성공에 이상이 없도록 하는 것
- 사후통제 : 모든 활동이 완료된 후 **최종적인 산출물에 초점을 둔 유형**

■ 전략사업부(SBU)의 특징

- 종래의 사업부제 조직의 한계를 극복하기 위해 채용된 조직 체제
- 단일제품을 생산하여 단일시장에서 판매하는 단일 또는 서로 관련되는 사업부 존재
- 책임 있는 경영자 존재
- 독자적 사업계획 수립 가능
- 사업부별로 특정한 사명 또는 목표 보유

■ 주요 성과 보상의 종류

- 스캔론 플랜(Scanlon Plan) : 매출액에 대한 인건비 절약이 실현되는 경우, 그 절약 부분을 성과로 보고 노사 모두에게 돌아가게 하는 성과급 → 조직(집단) 성과급
- 성과이윤분배제(Profit Sharing) : 원가절감, 품질 향상이 발생하면 금전적(현금, 주식)으로 종업원에게 보상하는 형태
- 생산이윤분배제(Gain Sharing) : 종업원의 생산성 향상과 품질개선을 강조

■ 주주총회와 이사회의 결의사항

- 주주총회
  - 정관 변경
  - 이사, 감사의 선임(해임)
  - 감자(자본 감소)
  - 주식의 포괄적 교환(이전), 배당
- 이사회
  - 대표이사 선임
  - 신주 발행
  - 이사의 겸업 허용
  - 이사의 회사와의 거래
  - 사채의 모집

■ 주식 관련 용어

- 블루칩 : 수익성·성장성·안정성이 높은 대형 우량주
- 우선주 : 보통주보다 재산적 내용(이익·이자배당·잔여재산의 분배 등)에 있어서 우선적 지위가 인정된 주식(보통주에 대응하는 주식)
- 전환주 : 일정한 요건하에 정해진 방법으로 다른 종류의 주식으로 전환(예 우선주에서 보통주)할 것을 회사에 청구할 수 있는 권리가 인정되는 주식

■ 리더십 연구의 역사적 발전과정

- 1940~1950년대 : 특성이론
- 1950~1960년대 : 행동이론
- 1960~1970년대 : 상황이론
- 1970년대 이후 : 변혁적 리더십

■ 국내 전자상거래의 현상적인 문제

- 종합적인 협력체제의 부재
- 법적, 제도적 장치의 미비
- 표준화 및 핵심요소의 기술개발 등 기술기반의 취약성

■ 기업문화 형성 7S 모형

- 공유가치(Shared Value)
- 전략(Strategy)
- 조직구조(Structure)
- 제도(System)
- 구성원(Staff)
- 관리기술(Skill)
- 리더십스타일(Style)

■ 영기준 예산(ZBB ; Zero-Based Budgeting)

- 예산편성기법의 일종으로 '0' 기준예산이라 함
- 전년도 기준으로 변화만을 고려하여 예산을 편성하는 문제점을 해결하기 위한 기법
- 선택할 수 있는 대안들과 그들의 장점이 장기적인 검토를 위하여 보다 명확하게 제시

■ 성장성 비율

일정 기간 동안에 기업의 경영규모 및 경영성과가 얼마만큼 증가되었는지를 나타내는 비율로서, 재무제표 각 항목에 대한 일정 기간 동안의 증가율로 측정. 매출액 증가율, 자기자본 증가율, 주당이익 증가율, 순이익 증가율 등

■ 재무예산통제

제조 및 판매활동을 수행하기 위해서 필요한 자금의 조달과 운용에 관한 예산을 편성하고 차이를 분석하는 통제시스템

■ 전액 보증제(Full Guarantee)

예약 불이행(No Show) 시 일정 비율이나 1박치 요금이 아닌 전체 금액을 취소수수료로 물어야 하는 요금 옵션

■ DB마케팅의 유용성

- 개별고객과의 장기적 관계를 구축하여 충성고객 유도
- 광고 등 새로운 전략 수립이나 미래 신제품 기획 등에 활용 가능

■ ERP 특성

- 선진 업무 프로세스 모델인 참조모델 제공
- 단기간에 도입과 개발 가능
- 조직변혁, 업무와 시스템의 혁신적 개선, 기업문화의 개혁

■ 브레인스토밍(Brainstorming)

일정한 주제에 관하여 회의 참석자의 자유발언을 통한 아이디어 제시를 요구하는 방식으로 전개되며 신상품 기획, 광고 전략 수립 회의 등에 많이 사용

■ 정기총회 초대장에 포함되어야 할 사항

- 행사참석 여부 회신마감일
- 행사장 약도
- 주최자 연락처
- 행사순서 및 프로그램 등

■ 해외로 팩스를 보내는 경우 다이얼 방법

① 발신자 국가의 접속번호(예 001, 002, 00700 …)
② 국가번호(Country Code)
③ 지역번호(Area Code)
④ 상대방 팩스번호의 순서대로 다이얼링 하며, 지역번호의 앞부분에 오는 '0'(Zero)은 생략하고 입력

작은 기회로부터 종종 위대한 업적이 시작된다.

-데모스테네스-

2015

기출문제
및
해설

배우기만 하고 생각하지 않으면 얻는 것이 없고,
생각만 하고 배우지 않으면 위태롭다.

– 공자 –

제1과목 비서실무

[01~02] 다음은 연찬행사를 위한 초청장을 우편으로 발송하고자 만든 초안이다. 문제를 읽고 물음에 답하시오.

초청장

연찬회에 초대합니다. (내용 중략)
일시 : 2014. 00. 00. 00시
장소 : ○○○○호텔 그랜드볼룸
드레스코드 : ○○○○○○○○
Regrets Only(①)

---

01 초청장 내용과 관련된 설명으로 가장 적절한 것은?

① 괄호 ①에는 일반적으로 상사 이름과 비서 연락처(이메일 또는 전화번호)를 기입한다.

② 초청장은 연찬행사 2주 전에 결재를 받아 인쇄에 들어간다.

③ Regrets Only에 대한 회신자는 참석자 명단에서 제외한다.

④ 괄호 ①에는 일반적으로 호텔 담당자 이름과 비서 연락처(이메일 또는 전화번호)를 기입한다.

해설   Regrets Only는 사절장 희망으로, 수취인이 초대에 응할 수 없을 경우에 반신을 희망하는 초대장을 말한다.

02 상사는 연찬행사의 초청장을 확인 후 "턱시도를 준비해야겠군."이라고 하였다. 그렇다면 초청장에 기입할 드레스코드(Dress Code)는?

① 화이트 타이(White Tie)

② 블랙 타이(Black Tie)

③ 칵테일(Cocktail)

④ 세미포멀(Semi-Formal)

해설   블랙 타이(Black Tie) : 남성의 경우 턱시도와 검은 보우타이, 여성은 그에 어울리는 격조 있는 드레스를 착용한다.

03 다음은 상황별 비서의 전화업무 처리이다. 바람직한 경우로만 묶은 것은?

A : 다음 주 화요일 오후에 예정된 '하반기 영업전략 회의'에 사장님께서 그날 동창과의 점심약속이 있어 참석하기 어렵다고 영업부에 연락하라고 하신다. 그래서 나는 영업부장에게 전화하여 "사장님께서 그날 중요한 선약이 있어 하반기 영업전략 회의에 참석하실 수 없다고 전해달라 하셨습니다"라고 알려드렸다.

B : 보통 9시 이전에 출근하시는 상무님이 오늘은 9시 20분이 되어도 사무실에 도착하지 않으셔서 운전기사에게 전화하려는데 전화벨이 울렸다. 전화를 받으니 부장님이 상무님을 찾으신다. "부장님, 죄송하지만 상무님이 자리를 잠시 비우셨는데 전화하셨다고 전해드릴까요?"라고 응대하였다.

C : 사장님은 용건을 밝히지 않는 전화를 받는 것을 싫어하셔서 나는 사장님을 찾는 전화마다 반드시 용건을 확인하고 전화를 연결한다. 오늘 아침 회장님이 직접 전화하셔서 사장님을 찾으시길래 "회장님, 죄송하지만 어떤 용건인지 여쭤봐도 될까요?"하고 공손히 여쭤보았다.

D : 사장님이 통화 중인데 친분이 두터운 홍길동 이사님이 전화를 하셨다. 나는 "이사님 안녕하셨어요?"라고 인사한 후 "사장님께서 지금 통화 중이신데 잠시 기다리시겠어요? 아니면 통화 마치는 대로 저희가 전화 드릴까요?"라고 여쭈었다.

---

① A, B, C, D
② A, B, C
③ A, B, D
④ A, C, D

> **해설** 사장님보다 회장님이 상급자이므로 아무리 사장님이 용건을 밝히지 않는 전화를 받는 것을 싫어한다고 할지라도 상급자가 하급자를 찾는 전화에 용건을 물어보는 태도는 바람직하지 않다.

04 다음의 한자들 중 부고에 포함되기에 부적절한 것은?

① 連絡處　　　　　　　　　② 殯所
③ 子夫　　　　　　　　　　④ 嗣子

> **해설** ① 연락처, ② 빈소, ④ 사자(대를 이어받을 아들, 상속자)

05 김 비서는 아침 신문 부음란에서 상사의 고등학교 동창 김민수 님의 모친상 소식을 발견하였다. 참고로 상사는 고등학교 동창회 총무이사를 맡고 있는데, 별도의 동창회 사무실이나 직원은 없으며 경조사 업무는 총무이사의 소관이다. 이때 김 비서가 취한 행동 중 바람직한 것을 모두 고른 것은?

〈부고〉
김동희 대한물산이사, 민수 신경정신과원장 모친상, 박영순 영재학원원장 시모상, 신훈 전한국은행지점장 장모상, 11일 국민병원 발인 13일 오전 8시 02-123-4567

a. 회사 명의로 근조화환을 보낼지 상사에게 확인하였다.
b. 부고를 확인한 후 상사에게 보고했다.
c. 동창회와 계약 체결된 상조회사에 연락하여 부고를 알리고 근조기와 근조화환을 보내 달라 부탁했다.
d. 상사가 일반적으로 동창에게 부의하는 금액으로 '일금 ○○원정'이라고 단자를 써서 봉투를 풀로 붙인 후 기사에게 전달했다.
e. 상사께 언제 문상을 갈지 여쭌 후 일정을 조정하였다.
f. 동창회 명의 혹은 회사 명의로 보낸 근조기와 근조화환이 잘 도착했는지 확인하였다.
g. 장례식장에 전화문의 혹은 인터넷검색으로 빈소가 몇 호실인지 알아내어 상사 및 기사에게 알려주었다.
h. 고인의 성함 "김동희"와 장례식장을 동창회 상조회사에 알려주었다.
i. 동창회 명의로 고등학교 동문에게 문자공지할지 여부를 상사나 김민수 님과 확인하였다.

① a, b, c, d, e, f, g, h, i
② a, b, c, d, e, f, g, i
③ a, b, c, e, f, g, h, i
④ a, b, c, e, f, g, i

해설 부의금 봉투는 앞면에는 부, 의를 세로로, 한자로 쓰고, 뒷면 왼쪽 하단 부분에 세로로 이름을 쓰며, 금액은 따로 적지 않아도 된다. 상조회사와의 연락은 고인의 가족들이 행동해야 할 영역에 포함된다.

06 회장 비서 박장호는 강연과 집필 활동을 활발히 하는 회장님과 회사의 홍보업무를 담당하고 있다. 상사가 새로 집필한 서적의 홍보업무를 확대하기 위한 아이디어로 가장 부적절한 것은?

① 상사의 신간서적 내용을 요약하여 신문사에 팩스전송 및 기사화를 요청한다.
② 신간서적을 담당한 출판사의 홍보 담당자와 유기적 협의를 통하여 전문가의 조언을 참고하여 진행한다.
③ 회사 홈페이지 게시판을 통하여 임직원들에게 알리고 공유한다.
④ 박장호 비서의 개인 블로그에도 출간일정과 내용을 올리고 주변 사람들에게 알린다.

해설 비서는 상사의 일정 및 활동 등을 비공식적인 채널을 통해 노출시키면 안 된다. 또한 프로모션이나 홍보 등의 노출이 필요한 경우에는 상사나 조직의 공식적인 지시에 따라야 한다.

07 매우 중요한 내방객과의 일정이 지연되어 후속 일정관리에 영향을 미칠 경우 이에 대한 비서의 업무 처리방식으로 가장 부적절한 것은?

① 더 큰 문제 발생을 방지하기 위해 후속 일정에 대한 재조정은 비서가 우선적으로 처리한 후 상사와 재조정을 한다.

② 일정 변경이 불가피할 경우 관련자뿐만 아니라 연계된 장소에 대한 취소나 변경이 이루어지도록 연락을 빨리 취한다.

③ 후속 일정과 관련된 참석자들의 형편을 파악하여 탄력적인 대응이 가능한지를 미리 알아보고 상사에게 보고하도록 한다.

④ 불가피하게 일정이 겹칠 경우 우선순위는 상사가 정하도록 신속하게 보고를 한다.

해설 비서는 상사의 직접적인 지시나 예정된 요청 없이 독단적으로 결정이나 행동을 해서는 안 된다.

08 다음 중 회의의 용어와 의미가 잘못 짝지어진 것은?

① 발의(發議) : 회의에서 의견을 내는 일

② 정족수(定足數) : 회의를 개최하기 위해 필요한 구성원의 과반 출석 인원수

③ 채택(採擇) : 몇 개의 제안 가운데서 합의에 의하여 뽑는 것

④ 의안(議案) : 회의에서 심의를 위해 제출되는 안건

해설 정족수는 과반수가 아닌, 합의체가 의사를 진행시키거나 의결을 하는 데 필요한 최소한의 인원수를 의미한다.

09 아래와 같은 상황에서 비서가 수행해야 할 업무로 가장 부적절한 것은?

> 김영호 사장은 중국 거래처 회장과 함께 방한한 회장 부인에 대한 의전에 각별히 신경을 쓰고 있다. 사장은 비서 김영희에게 회장 부인의 외부 일정에 수행원 자격으로 동행하도록 지시를 내렸다.

① 내방객 측 비서와 사전에 유기적인 정보 교류를 통하여 내방객 취향을 확인하여 대비해 둔다.

② 상대방 측의 의전 관례를 우선시하되, 필요한 경우 회사에 사후 처리 및 보고를 한다.

③ 해외에서 방문하는 내방객이라면 그 출신국의 문화적 특성 및 음식에 대한 정보를 파악하여 결례를 범하지 않도록 해야 한다.

④ 회장 부인에게 적합한 외부 일정 코스를 조사하여 상사와 의논하여 결정하고, 방문처에도 일정을 미리 전달한다.

해설 접대와 관련된 업무는 상대방의 입장에서 정성을 다하고, 사후에 처리하기보다는 신속하고 정확하게 처리한다.

10 다음 중 사내 다양한 근무조건을 지닌 근로자의 업무 태도로서 가장 부적절한 것은?

① 정규직 직원으로서 회사 고용정책에 대한 사무실 내의 언쟁에 임시 직원들을 끌어들이지 않도록 조심한다.

② 내가 임시직 직원이라면 소속된 용역 에이전시와 현재 근무 중인 회사의 정책 모두를 인지하고 기밀유지에 더 주의를 기울이도록 한다.

③ 시간제 근무직일 경우 내가 근무하는 시간대가 아닌 시기에 발생하는 회의가 있을 경우에도 참석하도록 계획한다.

④ 서로 근무조건이 다른 정규직 및 비정규직 동료들과 급여나 복리후생 제도에 대한 정보를 자유롭게 공유하여 개선 방안이 있다면 건의한다.

해설 급여나 복리후생 제도에 대한 정보는 서로 공유되어서는 안 된다.

11 대한기업의 양 비서는 최근 국제회의 관련 업무 빈도가 증가하고 있다. 양 비서가 국제회의 업무 수행 시에 주의해야 할 사항에 대한 설명으로 옳은 것끼리 짝지어진 것은?

> 가. 대규모 국제회의에서는 동시통역을 하며, 이때 동시통역실은 통역이 필요한 외국어의 수만큼 필요하고 동시통역 수신기는 참석자의 수에 맞게 준비한다.
> 나. 외국인의 교통안내를 위해 인원수에 따라 교통편을 배차한다.
> 다. 3개국의 국기를 게양하는 경우 우리 국기를 중앙으로 하고, 외국 국기는 단상으로 향해 국명의 알파벳 순으로 왼편으로 둘째, 오른편으로 셋째 등의 순으로 게양한다.
> 라. 4개국의 국기를 게양하는 경우 우리 국기는 단상을 바라보아 맨 왼쪽에 게양하고, 외국 국기는 국명의 알파벳순으로 그 오른쪽에 차례대로 게양한다.

① 가, 나
② 가, 나, 다
③ 가, 나, 라
④ 가, 나, 다, 라

해설 모두 옳은 설명이다.

12 신유라 비서는 마케팅팀 업무를 추가로 맡게 되어 업무량이 증가하였다. 이에 따라 주어진 시간 내에 업무를 마치려면 철저한 시간관리가 필요한 상황이다. 신 비서의 시간 관리 방법에 대한 다음 설명 중 가장 바람직하지 않은 것은?

① 바쁜 일정 속에서 우선순위에 따라 일하는 것은 불가능하므로 필요한 일은 그때그때 바로 처리하도록 한다.

② 일상적인 업무에 대해서는 표준화된 매뉴얼을 만들어 두면 타인에게 업무를 용이하게 위임할 수 있다.

③ 업무처리 방식이 비슷한 업무는 동시에 처리하는 방식으로 업무에 대한 집중도를 높인다.

④ 시간낭비 요소라고 여겨지는 요소들을 제거함으로써 시간을 효율적으로 관리한다.

> 해설 기업에서 비서를 채용하는 이유의 가장 큰 부분은 일정관리에 있다. 이러한 일정들을 일일, 주간, 월간 등 우선순위 없이 그때그때 처리한다면 비서가 존재할 이유가 없다.

13 서울기획 김현아 비서가 상사의 금융업무를 보좌하는 방법으로 가장 적절치 않은 것은?

① 신용카드 매출전표를 보관해 두었다가 카드회사 명세서의 내역과 대조 및 확인하도록 한다.

② 소액현금을 관리하기 위하여 금전출납부에 기입하고 증빙서류는 파일링하여 보관하도록 한다.

③ 해외 출장 시 신용카드의 해외사용 한도액을 미리 확인하여 사용에 불편이 없도록 한다.

④ 대금명세서와 매출전표는 은행 예금 구좌에서 계좌이체가 되어 처리된 후 폐기하도록 한다.

> 해설 대금명세서와 매출전표는 거래내용을 기재하여 장부상 증거자료가 되도록 하는 문서이다. 이는 회계거래의 발생 사실을 타인에게 전달하고 후일의 장부상의 증거자료로서 보존하는 중요한 역할을 한다. 따라서 일정 기간 폐기하지 말고 별도로 보관하도록 한다.

[14~16] 다음의 정기총회 식순을 보고 물음에 답하시오.

2014년도 (주)우리산업 정기총회

| 식 순 |

주관 : 대표이사 홍기영

1. 성원보고
2. 개회선언
3. 개회사
4. 위원회 보고
5. 미결안건 처리
6. 안건심의
   [제1호 의안] 2013년도 회계 결산 보고 및 승인의 건
   [제2호 의안] 2014년도 사업 계획 및 예산 승인의 건
   [제3호 의안] 이사선임 및 변경에 대한 추인 건
7. 폐 회

---

14 정기총회 준비와 관련하여 상사의 지시사항과 강 비서의 업무처리 내용 중 가장 옳지 않은 것은?

① 강 비서는 성원보고와 관련하여 정관의 내용을 확인하고 상사에게 정기총회 요건이 충족되었다고 보고드렸다.

② 강 비서는 2014년도 정기총회의 개회사를 참고하여 2015년도 정기총회 개회사 초안을 작성하여 상사에게 보고하고 검토를 요청하였다.

③ 상사는 지난 주주총회에서 미결된 안건이 없었는지 다시 확인해보라고 지시하셔서 정관을 찾아서 확인내용을 보고드렸다.

④ 주주총회를 위한 회의 준비를 점검하는 과정에서 강 비서는 빠진 자료가 없는지 매번 확인하였다.

> **해설** 회사의 정관은 개인이 열람할 수 없다.

15 정기총회 도중에 늦게 도착한 주주가 총회장에 입장하기를 희망하고 있다. 이때 강 비서의 회의 중 업무에 대한 내용으로 가장 옳지 않은 것은?

① 강 비서는 회의장 안에서 상사와 연락이 쉽고 전체가 잘 보이는 입구 가까운 장소에서 대기하였다.

② 강 비서는 출입구에 '회의 중'이라는 표지판을 붙여 회의와 관련이 없는 사람들의 출입을 막았다.

③ 강 비서는 주주가 맞는지 먼저 주주 명부를 확인하였다.

④ 강 비서는 늦게 도착한 주주에게 안건을 상정 처리하는 도중이라 참석이 어려움을 정중하게 말씀드리고 휴식시간에 들어가도록 안내하였다.

> **해설** 늦게 도착하는 주주를 조용히 장내로 안내해야 하며, 도중에 밖으로 나오는 사람을 안내하고 관계없는 사람이 장내로 들어가지 못하게 한다.

16 최근 강 비서는 처음 맞이하는 주주총회 준비로 업무가 많아졌다. 관련 업무내용도 생소하여 업무에 대한 자신감도 떨어지고 있다. 게다가 주주총회 과정에서 안건처리 문제로 주주들의 갈등과 상사인 대표이사가 난처한 상황을 겪는 것을 경험한 후 업무 스트레스가 최고조에 이르렀다. 강 비서가 스트레스를 줄이기 위해 취할 수 있는 방법으로 가장 적절하지 않은 것은?

① 현재 자신의 능력이나 역량에 비하여 높은 수준의 업무를 맡게 될 경우, 회사의 지원에 의존하지만 말고 스스로 역량 개발에 투자한다.

② 일정 기간 동안 많은 업무를 수행해야 한다면 우선순위에 따라 수행업무의 목록을 작성하여 체크하면서 체계적으로 업무에 임한다.

③ 업무에 대한 자신감을 키우기 위해서는 쉬운 일부터 먼저 처리하고, 어렵게 느껴지는 일은 더욱 효율적으로 처리할 수 있도록 주주총회가 가까워지면 한다.

④ 요즘처럼 일이 지나치게 많을 때는 업무 위임 여부를 상사와 의논해 본다.

해 설 비서는 업무를 우선순위에 따라 체계적으로 진행하도록 한다.

17 김미연 비서는 일본에서 진행되는 신규 프로젝트 관계로 일본출장을 가게 되었다. 아래 항공권에 적혀 있는 내용에 대한 설명으로 가장 적절하지 않은 것은?

여정 정보 (Itinerary Information)   ASIANA AIRLINES **7** 인터넷 좌석배정

OZ 142 ASIANA AIRLINES

도시/공항	일자/시각	터미널	클래스	비행시간	상태
출발 SEOUL INCHEON INT	28JUL 15:00		ECONOMY/E	01:30	OK
도착 KUMAMOTO	28JUL 16:30				

경유지(Via) :	좌석(Seat Number) :	유효 기간 Not Valid Before
무료수하물(Baggage) : 20K	운임(Fare Basis) : EHEE2KR	(Validity) Not Valid After 28JUL15

OZ 141 ASIANA AIRLINES

도시/공항	일자/시각	터미널	클래스	비행시간	상태
출발 KUMAMOTO	20NOV 12:20		ECONOMY/E	01:30	OK
도착 SEOUL INCHEON INT	20NOV 13:50				

경유지(Via) :	좌석(Seat Number) :	유효 기간 Not Valid Before
무료수하물(Baggage) : 20K	운임(Fare Basis) : EHEE2KR	(Validity) Not Valid After 28JUL15

항공권 정보 (Ticket Information)
- 발행일/발행처 (Issue Date/Place) : 24JUL14 / BLUEOCEAN TOUR SEOUL KR (17324985)
- 제한사항 (Restriction) : NONENDS NO-MILE UG 4KJBM12JW-3
- 지불수단 (FOP/Tourcode) : CASH / 4KJBM12JW/3
- 운임계산 내역 (Fare Calculation) : SEL OZ KMJ161.85OZ SEL161.85NUC323.70END ROE1019.4
- 항공운임 (Fare Amount) : KRW 330,000
- 세금/기타비용 (Tax/Fee/Charge) : 28000BP 49800YQ
  ※YQ/YR/Q Code는 유류할증료 및 전쟁보험료 부담금 등 입니다.
- 항공운임 총액 (Total Amount) : KRW 407,800

① 서울 인천공항에서 7월 28일 오후 3시 비행기로 출발하여 일본 구마모토에 4시 30분 도착 예정이다.

② 아시아나항공이 결항되거나 오랜 시간 지체되면 KAL이나 JAL을 이용할 수 있다.

③ 회사여비규정에 따라 김 비서는 이코노미 좌석으로 예약하였다.

④ 무료수하물은 20kg 이내에서 가능하다.

해 설 항공기 결항 시 대체수단에 대한 정보에 관한 내용은 항공권에 나와 있지 않다.

18 신성산업 정홍식 상무는 외부 일정을 마치고 오후 3시경에 돌아왔다. 정 상무는 박 비서에게 메시지가 있었는지 물었고, 외근 중에 다음과 같은 상황이 있었다. 박 비서가 정 상무에게 부재중 메시지를 보고하는 방법으로 가장 적절한 것은?

> 정 상무가 오찬약속으로 외출한 후 11시 30분경 신성자동차 홍 전무님께서 사장님을 뵈러 왔다가 잠시 들르셨다가 가셨다. 1시 15분에는 재무팀장께서 보고드릴 내용이 있다며 오늘 중으로 급히 면담을 요청하는 전화가 왔다. 2시경에는 사모님께서 전화 달라는 메시지를 남기셨고, 2시 30분에는 사장님께서 찾으시며 들어오면 사장실로 와달라는 메시지를 남기셨다.

① 재무팀장의 면담요청이 급하므로 가장 우선적으로 면담하시도록 보고드렸다.
② 이 경우에는 시간순으로 보고 드리는 것이 상사에게 더욱 효과적으로 전달될 수 있다.
③ 보고를 할 때에는 부재중 메모와 함께 박 비서가 업무를 처리한 사항을 함께 보고하면 좋다.
④ 부재중 메시지가 많을 경우는 구두보고로 신속하게 일을 처리한다.

해설 ① 귀사 후 일정에 대해서는 예정만 세우고 상사가 돌아온 다음에 확정지을 수 있도록 정리해 둔다.
② 상사가 즉시 처리해야 할 사안부터 보고드린다.
④ 부재중의 일들을 일목요연하게 메모하여 보고한다.

19 상사가 뉴욕으로 출장을 가게 되었다. 이때 비서의 업무처리로 가장 바람직하지 않은 것은?

① 대도시에는 공항이 2개 이상인 경우가 있으므로 갈아타는 경우 동일한 공항에서 갈아탈 수 있는 비행기를 예약한다.
② 예산범위 내에서 상사가 선호하는 비행기 등급과 숙박호텔을 예약한다.
③ 상사가 선호하는 항공편의 좌석이 없는 관계로 대기인 명단에 일단 올려놓는다.
④ 예약 시 예약받는 사람, 전화번호, 예약번호를 받아 놓는다.

해설 상사가 선호하는 항공편이 없을 경우에는 상사에게 보고하여 의견을 구하도록 한다.

20 다음 중 Petty Cash Report에 포함되기에 가장 적절하지 않은 항목은 무엇인가?

① 퀵서비스요금

② 부의금

③ 회의용 샌드위치 구입액

④ 음료수 구입액

해설 Petty Cash는 매일 필요한 소액지급을 위하여 사무실(서무계)에 비치해 두는 소액현금을 말한다. 부의금 등은 복리후생비 계정으로 별도 관리된다.

제2과목 **경영일반**

---

21 다음 중 중앙은행이 국채매입 등의 방식으로 통화를 시중에 직접 공급하여 경기를 부양하는 통화정책을 가리키는 경제용어로 가장 적절한 것은?

① 양적완화

② 긴축정책

③ 낙수효과

④ 금리인하

해설 중앙은행이 시중에 돈을 푸는 정책으로, 정부의 국채 및 다양한 금융자산의 매입을 통해 시장에 유동성을 공급하여 신용경색을 해소하고, 경기를 부양시키는 것이 목적이다.

---

22 다음 중 근접무선통신의 약어로서, 고주파(13.56MHz)를 사용하여 약 10cm 이내의 근거리에서 다양한 무선데이터를 주고받는 통신기술은 무엇인가?

① NFC(Near Field Communication)

② 블루투스(Bluetooth)

③ LAN(Local Area Network)

④ WAN(Wide Area Network)

해설 NFC(Near Field Communication)는 RFID의 하나로 13.56MHz 주파수 대역을 사용하는 비접촉식 근거리 무선통신 모듈이다. 10cm의 가까운 거리에서 단말기 간 데이터를 전송하는 기술로 결제뿐만 아니라 마켓, 여행정보, 교통, 출입통제, 잠금장치 등에서 광범위하게 활용되고 있다.

23 다음 중 e-비즈니스 환경에서 기업이 기대할 수 있는 공급망관리(SCM)의 효과로 가장 관계가 적은 것은?

① 시장의 수요변화에 대한 신속하고 경제적인 대응 가능
② 고품질 제품의 제조 및 판매 가능
③ 물류비용의 최소화
④ 신규사업의 기회 발견

해설 SCM(Supply Chain Management ; 공급망관리)은 물류의 이동에 따라 제품, 정보, 자금의 흐름을 최적화하여 생산성을 높이고 안전성을 확보하며 최적화를 추구하는 관리방식이다. 기존 사업의 생산성을 높이는 것이 주목적으로 신규사업과는 거리가 있다.

24 다음은 마케팅 관리에 대한 설명이다. 가장 옳지 않은 것은?

① 마케팅 관리의 4P는 제품(Product), 가격(Price), 판매촉진(Promotion), 장소(Place)이다.
② 마케팅 믹스란 선정된 목표시장에서 가장 효과적으로 도달할 수 있도록 각 마케팅 요소를 최적으로 배합하는 것이다.
③ 제품, 촉진, 가격, 산업구조는 마케팅 요소로 마케팅 관리자가 통제하는 요소들이다.
④ 마케팅 전략에 있어 광고 및 판매촉진에 의해 소비자를 제품에 유인하는 것을 풀 전략이라고 한다.

해설 마케팅 계획을 수립할 때 마케팅 관리자가 통제할 수 있는 변수를 마케팅 믹스(Marketing Mix)라고 한다. 필립 코틀러가 제시한 전통적인 마케팅 믹스에는 제품, 가격, 촉진, 유통의 4가지가 있다.

25 다음 중 인적자원관리의 핵심활동에 대한 설명으로 가장 옳지 않은 것은?

① 개발관리는 인적자원의 잠재능력을 개발하도록 지원하며 이는 종업원에 대한 교육훈련, 승진관리, 직무순환을 포함한다.
② 보상관리는 인적자원의 조직 공헌에 따라 금전적, 비금전적 대가를 제공하는 활동으로, 기본급 임금체계, 수당 및 퇴직금 지급 등을 포함한다.
③ 평가관리는 직무의 절대적 가치를 체계화하는 직무평가이다.
④ 확보관리는 조직의 목표달성에 적절한 인력의 수와 질을 획득하는 활동으로 직무분석을 통한 인력계획, 채용관리 활동을 포함한다.

해설 평가관리란 평가의 여러 가지 구성요소를 효율적으로 다루는 일련의 질적 통제절차이다. 따라서 직무의 절대적 가치를 체계화하는 과정이 아닌 평가목표, 평가주체, 평가대상, 평가기준, 평가방법 등과 같은 다양한 구성요소를 효율적으로 관리하는 체제가 필요하다.

26 다음에서 설명하는 용어로 가장 적절한 것은?

> • 기업이 영업 활동을 통해 창출한 순가치의 증가분이다.
> • 영업이익에서 법인세와 자본비용을 차감한 이익을 말한다.

① EVA(경제적 부가가치)
② ROE(자기자본이익률)
③ ROA(자산수익률)
④ ROI(투자자본수익률)

> **해설** ② ROE(자기자본이익률) : 기업의 부채를 제외한 자본에서 어느 정도의 이익을 창출하는가를 나타내는 값
> ③ ROA(자산수익률) : 기업 총자산(자본 + 부채)에서 어느 정도의 이익을 창출하는가를 나타내는 값
> ④ ROI(투자자본수익률) : 기업의 순이익을 투자액으로 나눈 값

> **The 알아두기** **EVA(경제적 부가가치)**
>
> EVA는 기업의 영업활동 결과 창출된 부가가치라는 의미로 투하자본에 '투하 자본 수익률에서 가중평균 자본비용을 차감한 율'을 곱하여 구한 값이며, 투하된 모든 자본(자기자본 및 타인자본)의 기회비용을 고려하여 기업(경영자)의 실질적인 경영성과를 측정하기 위해 개발된 개념이다.
> • EVA = (투하자본 수익률 − 가중평균 자본비용) × 투하자본
> • 투하자본 = 총자산 − 비영업자산 − 비이자발생 부채(매입채무, 미지급 비용 등)

27 다음 중 브룸(Victor H. Vroom)의 기대이론에 대한 설명으로 가장 옳은 것은?

① 브룸의 기대이론은 동기를 부여시키는 인간의 욕구를 분석함으로써 동기부여의 내용을 상세히 설명하였다.
② 성과에 영향을 미치는 동기부여의 과정을 4단계로 설명한다.
③ 동기부여의 1단계에서 성과는 개인의 능력과 이를 수행하고자 하는 힘의 곱(성과 = 능력×힘)에 의해 나타난다.
④ 동기부여의 2단계에서 성과에 대한 가치는 성과가 가져다주리라고 기대되는 보상과 성과가 보상을 가져다주리라고 믿는 기대의 곱(가치 = 보상×보상에 대한 기대)에 의해 결정된다.

> **해설** 유의성은 특정 보상에 대해 갖는 선호의 강도이며 수단은 성과달성에 따라 주어지리라고 믿는 보상의 정도이다. 기대는 어떤 활동이 특정 결과를 가져오리라고 믿는 가능성으로, 동기부여의 강도 = 유의성×기대로 나타낼 수 있다.

28 다음 중 국제금융시장을 이동하는 투기성 단기자본과 관련된 용어로 가장 옳지 않은 것은?

① 헤지펀드
② 환헤지
③ 토빈세
④ 핫머니

> **해설** ② 환헤지 : 환율 변동에 따른 위험을 없애기 위해 수출이나 수입, 투자에 따른 거래액을 현재 수준의 환율로 고정시키는 것이다.
> ① 헤지펀드 : 짧은 시간에 높은 수익을 노리는 투기자본을 의미한다.
> ③ 토빈세 : 단기성 외환거래에 부과하는 세금이다.
> ④ 핫머니 : 국제금융시장으로 이동하는 단기자금을 의미한다.

29 다음 중 리더십 이론에 대한 설명으로 가장 옳지 않은 것은?

① 리더십은 일정한 상황에서 목표달성을 위해 개인이나 집단의 행위에 영향력을 행사하는 과정으로 정의된다.
② 리더십 유형에 대한 초기의 연구는 주로 정치지도자의 행동유형에 대한 것으로, 민주적 · 참가적 리더십, 전제적 · 권위적 리더십, 그리고 자유방임형 리더십으로 분류되었다.
③ 자유방임형 리더는 자신의 권력이나 영향력을 거의 사용하지 않고 부하들에게 독립성과 행동의 자유를 부여하는 리더의 유형이다.
④ 리더십 이론은 행위이론 → 상황이론 → 특성이론의 순으로 발전했다.

> **해설** 리더십 이론은 특성이론 → 행위(행동)이론 → 상황이론의 순으로 발전했다.

30 경영통제기법에 대한 다음의 설명 중 가장 옳지 않은 것은?

① 내부감사제도란 내부견제제도를 보완하기 위하여 사용한다.
② 통계적 품질관리(SQC)란 대량생산방식에 의해 제조되는 제품관리에 일반적으로 많이 사용된다.
③ 재고관리는 재고자산의 보유에서 발생하는 비용을 최소화시킬 수 있도록 재고수준을 유지해 나가려는 관리통제 활동이다.
④ 자료처리시스템(DPS)은 경영정보시스템(MIS)을 통해 도출된 경영정보를 활용하는 데 사용된다.

> **해설** 자료처리시스템은 경영정보시스템이 사용할 자료를 처리하는 서브시스템이다.

31 사업부제에 대한 다음 설명 중 가장 옳지 않은 것은?

① 개별 사업부가 독립적인 회사처럼 관리 업무까지 독자적으로 수행한다.

② 독립채산제를 통해 사업부 단위로 성과를 평가하고 경쟁한다.

③ 사업부 간의 긴밀한 조정과 협조가 매우 중요하다.

④ 개별 사업부의 독립성을 유지하기 위해 별도의 법인으로 분리한다.

해설 별도의 법인으로 분리하면 본사 중앙조정부서의 확립 및 조직구성원의 상호작용이 어려워져 효과적인 통제가 불가능하다.

32 최근 여러 대기업이 지배구조 개선을 위한 방법으로 지주회사 체제로 전환하고 있다. 다음 중 지주회사에 대한 설명으로 가장 옳지 않은 것은?

① 지주회사가 소액자본으로 다수 기업을 지배하고 기업 집단을 형성함으로써 경제력 집중의 문제가 발생할 수 있다.

② 지주회사는 주식을 소유함으로써 다른 회사의 사업활동을 지배 또는 관리하는 회사를 말한다.

③ 혼합지주회사는 다른 회사를 지배하면서 스스로 사업에 참여하는 지주회사를 말한다.

④ 지주회사는 순환출자구조를 통해 기업지배구조의 투명성을 확보할 수 있다.

해설 지주회사는 순환출자구조를 제한함으로써 투명성을 확보할 수 있다.

33 시장 환경의 변화에 대응하기 위해 기업이 사내벤처를 지원하는 경우가 있는데, 다음 중 사내벤처에 대한 설명으로 가장 옳은 것은?

① 사내벤처는 내부자원을 활용하는 방법으로 관리가 용이하지만 내부 의사결정의 제약성 때문에 본업과 연관된 유사제품 개발에 제한될 수 있다.

② 기업이 다각적인 확대전략을 위해 사업내용을 재구축하는 과정으로 사내벤처를 도입할 수 있다.

③ 사내벤처는 스핀오프를 통해 독립된 기업으로 운영되지만 기존 조직과의 상호적합성을 유지해야 한다.

④ 사내벤처는 모기업과의 계약을 통해 가맹점 형태로 운영함으로써 모기업의 기존제품이나 서비스와 관련된다.

The 알아두기 사내벤처(내부벤처)

대기업이 회사 내부에 모험 자본을 마련해 놓고 기업 내부의 구성원들에게 사업아이디어를 제안해 벤처비즈니스를 설립하게 하는 방식이다. 사내벤처의 목적은 기존 우수인력의 지속적 활용과 이탈 방지, 다양한 사업기회 포착 등이다. 사내벤처로 지정되면 별도 법인으로 독립하기 전까지 일정 기간 동안 회사 측으로부터 지원을 받아 아이템을 사업화하며, 자생력을 가질 때까지 자금과 마케팅, 경영자문으로 경쟁력을 갖출 수 있도록 지원해준다.

34 세계 경제가 글로벌화 시대를 맞이하면서 글로벌 경영에 대한 관심이 커지고 있다. 다음 중 기업의 해외진출방식에 관한 설명으로 가장 옳지 않은 것은?

① 해외 직접투자는 해외관세 및 비관세 장벽의 문제를 극복하기 위해 현지화 수준을 높이는 방법이다.
② 프랜차이징은 라이센싱과 달리 소유권이 독립되어 있어서 가맹사 운영에 통제를 적게 받는다.
③ 직접수출방식은 간접수출방식에 비해 시장개입의 범위를 확대할 수 있는 이점이 있다.
④ 턴키프로젝트는 생산설비, 기술자, 노하우 등을 복합적으로 이전하는 수출형태로 현지정부의 규제로 직접투자가 어려운 국가에 유용한 진입방식이다.

> **해설** 프랜차이징 가맹사들은 본부의 정책과 운영절차에 따라 보다 더 강한 통제를 받게 된다.

35 다음 중 매트릭스 조직에서 특정 프로젝트를 작업하기 위해 결합시킨 조직 부문화의 유형으로 가장 올바르게 짝지어진 것은?

① 직능별 부문화, 기능별 부문화
② 과제별 부문화, 직능별 부문화
③ 제품별 부문화, 기능별 부문화
④ 지역별 부문화, 과제별 부문화

> **The 알아두기** 　**조직 부문화의 유형**
>
> 부문화는 조직목표달성에 필요한 업무를 분류·통합하여 각 부문관리자들에게 활동하는 과정이다.
> • 기능별 부문화 : 조직 내의 주요기능에 따른 부문화(생산, 마케팅, 재무, 회계 등)
> 　– 업무의 효율성을 증대시키고 기능적 전문화가 가능하며 자원낭비를 절약할 수 있다.
> 　– 부문 간의 조정이 어렵고 총괄경영자 양성이 어렵다.
> • 지역별 부문화 : 지역을 중심으로 부문화(미주, 아시아, 유럽, 아프리카 등)
> 　– 지역 특성에 맞는 문제해결능력을 증대시키고 지역 내의 조정이 개선된다.
> 　– 자원의 낭비가 크고 이중적 노력이 소요되며 많은 경영인력이 필요하다.
> • 제품별 부문화 : 제품의 종류에 따라 부문화
> 　– 경쟁유발로 사업의 단위별 성과노력에 증대할 수 있고 특화에 의한 집중관리가 가능하다.
> 　– 더 많은 경영자의 필요성이 증대되고 최고경영자의 통제 곤란 가능성이 있다.
> • 매트릭스별 부문화 : 제품별 부문화와 기능별 부문화가 결합된 형태
> 　– 조직의 유연성 증대, 구성원에 몰입과 도전감 부여, 종업원의 잠재능력을 개발한다.
> 　– 명확한 지휘통제가 어렵고, 권력투쟁을 유발할 가능성이 있다.

36 다음 중 기업의 경제적 환경에 대한 설명으로 가장 옳지 않은 것은?

① 지속적으로 국제수지가 흑자를 나타낸다면 국내통화량이 증가하여 물가가 상승하는 부작용이 나타날 수 있다.

② 환율의 상승으로 화폐의 대외가치가 하락하지만 수출 시장에서 기업의 경쟁력은 높아지게 된다.

③ 인플레이션은 기업의 제품가격의 합리적 책정을 어렵게 하지만 기업의 수출경쟁력을 높일 수 있다는 장점이 있다.

④ 정부의 재정금융정책의 일환으로 경기가 과열되면 과세 표준을 상향조정하고 은행여신규모를 축소한다.

해설 인플레이션 현상으로 물가가 상승하면 실질환율이 하락하여 순수출이 감소하므로 수출경쟁력이 낮아진다.

37 다음 중 기업이 사회적 책임을 다하는 것으로 보기에 가장 적절하지 않은 것은?

① 하청업체의 원재료나 부품에 대해 적정한 대가를 지급하여 중소기업도 함께 성장할 수 있도록 한다.

② 지역 발전과 환경 보호에 기업이 앞장선다.

③ 소비자에게 낮은 가격의 상품을 공급하기 위해 인원을 감축하고 급여를 삭감한다.

④ 기업활동의 일환으로 지역주민이나 환경에 피해를 주었다면 이를 보상하고 해결하기 위해 적극적으로 노력한다.

해설 낮은 가격으로 상품을 공급하기 위해 기업 내부의 인원을 감축하고 급여를 삭감하는 것은 기업 내부직원에 대한 비윤리적인 행동으로, 기업이 사회적 책임을 다하는 행위라고 볼 수 없다.

38 다음 중 재무제표에 대한 설명으로 가장 옳지 않은 것은?

① 재무상태표로 기업의 영업활동에 사용되는 자산, 부채, 자본 등이 어떻게 구성되었는지를 검토할 수 있다.

② 손익계산서는 일정 시점의 기업의 경영상태를 나타내는 표로서 비용 측면에서 나타낸다.

③ 현금흐름표는 일정 기간 동안 기업의 현금의 유입과 유출을 영업활동, 투자활동, 재무활동으로 나타낸다.

④ 재무제표는 조직 내외에서 발생한 조직의 각종 거래행위를 화폐가치로 나타낸 여러 가지 표를 말한다.

해설 손익계산서는 기업의 일정 기간의 경영성과를 나타내는 동태적 보고서로서, 모든 수익과 비용을 대비시켜 당해 기간의 순이익을 계산하여 나타낸다.

39 다음 중 주식회사의 장점으로 가장 옳지 않은 것은?

① 전문경영자 도입의 용이성

② 소유권 이전의 용이성

③ 자본조달의 확대가능성

④ 영업비밀유지의 용이성

해설 주식회사는 업무 활동에 있어 보안의 유지가 어려운 단점이 있다.

40 다음 중 초기 중소기업 및 벤처기업 지원을 강화하여 창조경제 생태계 기반을 조성하기 위해 새로이 개설되는 중소기업전용 주식시장으로 가장 적절한 것은?

① 코넥스 시장

② 코스피 시장

③ 코스닥 시장

④ 장외시장

해설 코넥스란 코스닥 시장 상장 요건을 충족시키지 못하는 벤처기업과 중소기업이 상장할 수 있는 '중소기업 전용 주식 시장'이다.

41 Which of the following correction is NOT appropriate?

Secretary : Good morning, sir. May I help you?

Visitor　 : Good morning. I'm Jack Smith from Daehan Trading in Atlanta. ① I'm writing Mr. Lee on my visit in Seoul. I wonder if he can spare ② several minute for me now.

Secretary : Oh, yes, Mr. Smith. I remember that ③ corespondance. I'm sorry, but Mr. Lee is in a meeting right now and won't be back in the office until noon. ④ How much will you stay in Seoul?

Visitor　 : I'm leaving tomorrow evening.

---

① I'm writing → I've written

② several minute → several minutes

③ corespondance → correspondance

④ How much → How long

> **해설** 서신을 의미하는 ③의 철자를 다시 고치면 correspondence가 된다.
> ① 'I'm writing~', 'This is to~'는 서신의 초두에서 용건을 밝힐 때 쓰는 표현이다. 대화 속에서는 비서의 상사인 Mr. Lee에게 앞서 서신을 작성한 사실을 알리고 있으므로 과거로부터 현재까지 있었던 일을 나타내는 현재완료를 쓴다.
> ② 수 일치에 관여하는 형용사 several 뒤에는 복수명사를 쓴다.
> ④ how much는 금액이나 양을 나타낼 때 쓴다.

42 Read the passage below and fill in the blank with the most appropriate name of department.

I founded Universal Computer 20 years ago. We started with a small office in Seoul. Now we have branches all over Korea, with about 500 employees. Many of the offices are open-plan: everyone works together, from managers to administrative staff, as well as people selling over the phone, and people in technical support giving help to customers over the phone. Recruitment is taken care of in Seoul, by the _____.

---

① General Affairs Department

② Secretarial Department

③ Human Resources Department

④ Public Relations Department

③ 채용(구인)은 서울에 있는 인사부(Human Resources Department)에서 담당한다.

① General Affairs Department : 총무부

② Secretarial Department : 비서국(과)

④ Public Relations Department : 홍보과

• start with : ～로부터 시작하다

• open-plan : 칸막이가 없는

• administrative staff : 관리(행정)직원

• sell ～ over the phone : 텔레마케팅을 하다

• technical support : 기술 지원

• take care of : 담당하다, 맡다, 처리하다

43 Read the following letter and choose one set which is arranged in correct order.

> Dear Mr. Hopkins:
>
> a. We will send you the correct items free of delivery charge.
>
> b. We are very sorry to hear that you received the wrong order.
>
> c. Once again, please accept our apologies for the inconvenience, and we look forward to serving you again in the future.
>
> d. Thank you for your letter dated October 23 concerning your recent order.
>
> e. Apparently, this was caused by a processing error.

① c － e － a － d － b

② d － b － e － a － c

③ b － c － a － e － d

④ e － a － b － d － c

a～e를 바른 순서로 재배열하면 다음과 같다.

> d. 귀사의 최근 주문에 관한 10월 23일 서신 감사드립니다.
>
> b. 잘못된 주문품을 받으셨다니 매우 유감입니다.
>
> e. 처리상에 오류가 있었던 것으로 보입니다.
>
> a. 제대로 된 상품을 무료 배송으로 보내드리겠습니다.
>
> c. 불편을 끼쳐드려서 거듭 사죄드리며, 가까운 시일에 다시 거래할 수 있기를 바랍니다.

44 Which of the following is the most appropriate term for the blank?

> Bob : Would anyone like to comment on that last suggestion?
> Linda : _____. I can see how it could really help sales.
> Bob : Thank you. Let me give you some more examples of other companies.

① That's not a good idea
② I totally agree with you
③ That doesn't really make
④ I don't get your idea

해설 Bob이 지난번의 제안에 대한 의견을 묻자 Linda는 매출에 긍정적이라는 반응을 보였고, 이에 Bob은 타사의 견본도 보여준다고 말하고 있다. 따라서 선택지 중 긍정적인 대답인 ②가 공란에 들어갈 내용으로 적절하다.

45 Choose the word which is the best for the underlined blanks in common.

> _____ beverage will be available during the conference.
> _____ copy of the magazine should be ready for every participant.

① Congratulatory
② Complimentary
③ Executive
④ Extraordinary

해설 ② 회의 참석자들에게 제공되는 음료 및 자료는 무료이므로, 밑줄 친 공란에 들어갈 어휘는 complimentary이다. 같은 의미를 가진 단어에는 free도 있으나 이것은 그야말로 '공짜'라는 의미이며, 호텔이나 레스토랑 등 '접대', '서비스'의 장소에서 무료로 비치되었다는 의미로서는 complimentary를 써야 한다.
① 축하의
③ 고급의, 중요인물을 위한
④ 눈에 띄는, 비범한

46 Choose the inappropriate etiquette when receiving a phone call.

① Promptness of answering the phone.
② Actively listen for the needs of the caller.
③ Sounding professional and courteous.
④ Forward the call without any explanation.

비즈니스 상황에서 전화를 받을 때 적절하지 않은 에티켓을 고르는 문제이다. ④의 '설명하지 않고 전화를 돌려주기' 는 올바른 전화예절이라 볼 수 없다.

- promptness : 신속성
- answer the phone : 전화를 받다
- listen for : ~에 귀를 기울이다
- sound professional : 프로(전문가)처럼 들리다
- courteous : 예의 바른

The 알아두기   전화를 다른 곳으로 연결할 때 쓰는 표현

- Hold on, please.
- I'll transfer your call.
- I'll get Ms. Han for you.
- I'll connect you to the person in charge.

---

47 Choose the one which does not correctly explain the abbreviations.

① RSVP : Don't reply

② F.O.C : Free of charge

③ C.O.D : Cash on delivery

④ e.g. : For example

① RSVP는 repondez s'il vous plait이라는 프랑스어의 약어로, '답장 바랍니다'의 의미이다.
② 무료로
③ 대금상환인도
④ 예를 들어

The 알아두기   자주 쓰는 비즈니스 약어

- FYI(For Your Information) : 참조로
- N/A(Not Applicable) : 해당 없음
- IOW(In Other Words) : 바꿔 말하면
- NRN(No Response Needed) : 답변하지 않아도 됨
- BBL(Be Back Later) : 또 오겠습니다
- ASAP(As Soon As Possible) : 되도록 빨리
- COLA(Cost of Living Adjustment) : 의식주 비용
- JAS(Just A Second) : 잠시 기다리세요
- FY(Fiscal Year) : 회계연도
- ETA(Estimated Time of Arrival) : 도착예정시간
- BS(Balance Sheet) : 대차대조표
- PL(Profit and Loss statement) : 손익계산서

48 According to the following schedule, which one is not true?

> Albert Denton : <u>Tuesday, September 24</u>
>
> | | |
> |---|---|
> | 8:30 a.m. | Meeting with S.S. Kim in Metropolitan Hotel lobby Taxi to Extec Factory |
> | 9:30–11:30 a.m. | Factory Tour |
> | 12:00–12:45 p.m. | Lunch in factory cafeteria with quality control supervisors |
> | 1:00–2:00 p.m. | Meeting with factory manager |
> | 2:00 p.m. | Car to warehouse |
> | 2:30–4:00 p.m. | Warehouse tour |
> | 4:00 p.m. | Refreshments |
> | 5:00 p.m. | Taxi to hotel (approx. 45 min) |
> | 7:30 p.m. | Meeting with C.W. Park in lobby |
> | 8:00 p.m. | Dinner with senior managers |

① They are having lunch at the factory.

② The warehouse tour takes 90 minutes.

③ The factory tour is in the afternoon.

④ Mr. Denton has some spare time before in the afternoon.

> **해설** 일정 중 두 번째인 공장 견학은 오전 9:30~11:30에 예정되어 있으므로 in the morning이 맞다.

49 Choose the most appropriate one for the blank.

Choi	: Ah, hello Mr. Feldman. Sunny Choi from Hankuk Systems.
Feldman	: Good. I wanted to talk to you about this meeting. I'll be arriving at Incheon at 6:15 p.m. on the 27th.
Choi	: Fine.
Feldman	: I might be able to catch an earlier flight.
Choi	: There would be no problem if you could inform us of any changes in advance.
Feldman	: That's good. By the way, do I need to make a hotel reservation?
Choi	: No, I'll take care of all the arrangements.
Feldman	: Am I staying at the Imperial again?
Choi	: I can't see a problem there, Mr. Feldman.
Feldman	: And will I be met at the airport?
Choi	: Yes, our driver will meet you at the airport. Do you know the _____?
Feldman	: Yes, I have it here. It's a Aircom flight, Number AC 071.
Choi	: And that's on the 27th.
Feldman	: That's right.
Choi	: Well, that's all, Mr. Feldman. Thank you very much and see you soon.
Feleman	: Goodbye.

① air fare

② air company

③ flight number

④ flight attendant

해설 ① air fare : 항공운임

② air company : 항공사

④ flight attendant : (여객기의) 승무원 = cabin crew

Choi	: Feldman 씨 안녕하세요? Hankuk Systems의 Sunny Choi입니다.
Feldman	: 네, 이번에 있을 회의에 대해 이야기하고 싶은데요. 저는 27일 오후 6시 15분에 도착 예정입니다.
Choi	: 알겠습니다.
Feldman	: 좀 더 빠른 편을 탈 수도 있습니다.
Choi	: 미리 알려만 주시면 그것은 문제가 없습니다.
Feldman	: 좋습니다. 그런데 호텔 예약을 해야 할까요?
Choi	: 아닙니다. 모든 준비는 제가 처리하겠습니다.
Feldman	: 이번에도 Imperial에 묵을까요?
Choi	: 그러셔도 됩니다. Feldman 씨.
Feldman	: 공항에서 뵐까요?
Choi	: 네, 저희 기사가 공항에 갈 겁니다. 편명(Flight Number)은 아십니까?
Feldman	: 네, 여기 있습니다. Aircom 항공 AC 071편입니다.
Choi	: 27일이고요?
Feldman	: 네, 맞습니다.
Choi	: 그럼 됐습니다. Feldman 씨. 감사드리고 곧 뵙겠습니다.
Feldman	: 안녕히 계십시오.

50 Choose one which is not true to the given text.

To:	Mr. Jason Cooper
From:	Ms. Olivia Easton
of:	B&B Holdings, Ltd.
Contact No.	(675) 467-9865
Message:	(∨) URGENT!
	just called
	(∨) please call back
	will call later
	other

must talk to you before noon today
_____
_____
_____

Message Taken by: Michelle Lee
Time & Date: 10:40 a.m., June 7, 2011

① Ms. Easton left this message.
② Mr. Cooper should call Ms. Easton as soon as he see this message.
③ Michelle is working for B&B holdings.
④ This message should be given to Mr. Cooper before 12 o'clock.

해설   ③ B&B Holdings에서 근무하는 사람은 전화를 건 Ms. Easton이다. Michelle은 부재중인 Mr. Cooper를 대신하여 전
화를 받은 사람이다.
① Ms. Easton는 메시지의 발신인이다.
② 'Message'란을 통해 Mr. Cooper가 긴급히 전화를 걸어야 함을 알 수 있다.
④ 'must talk to you before noon today'를 통해 오전 중에 Mr. Cooper에게 메시지가 전달되어야 함을 알 수 있다.

51 According to the dialogue, choose one which is not true.

A : Good afternoon. May I help you?
B : Good afternoon. Is Ms. Smith in?
A : May I ask your name and nature of your business?
B : I am John of PAG Life Insurance. I'd like to see her for a few minutes.
A : I'm sorry Mr. Kim, but could you let me know the nature of your business, too?
B : I'd like to talk to her about our new insurance product.
A : I see. I'll see if she's available. One moment, please. I'm sorry but she is talking someone on the phone now. Why don't you make an appointment before you visit her?
B : I will. Here's my business card. Could you give it to her?
A : Sure.

① John Kim visited Ms. Smith's office without appointment.

② John Kim visited Ms. Smith to introduce the new insurance product of PAG.

③ Ms. Smith is having conversation on the phone.

④ John Kim informed Ms. Smith of his visit in advance.

해설 'Why don't you ~ visit her?'라는 A의 말에 B인 John이 그렇게 하겠다고 대답하고 있으므로 Ms. Smith에게 미리 방문을 알렸다는 ④는 사실이 아니다.
- nature of business : 업무의 성질
- insurance product : 보험 상품
- see if : ~인지 아닌지 확인하다
- available : 만날 수 있는, 이야기할 시간이 있는
- talk on the phone : 통화 중이다
- make an appointment : 만날 약속을 하다
- business card : 명함
- have a conversation : 대화를 나누다
- inform someone of : ~에게 ~을(를) 알리다

52 Choose one that is the most appropriate for the following passage.

This is a short official note that is sent by one person to another within the same company or organization. It can be sent by e-mail or distributed by hand or posted on a notice board. You do not need to write a salutation, but you should sign or initial on it by hand.

① purchase order

② inter-office memo

③ letter of credit

④ manuscript

해설 ② 같은 회사, 같은 조직에 있는 사람끼리 주고받는 짧은 서신으로 이메일, 직접 전달, 게시판 공지 등으로 발송되며, 인사말을 쓸 필요는 없지만 직접 서명하거나 이니셜을 적어야 하는 것은 '사내 연락문(Inter-office Memorandum)' 이다.
① 발주서(Purchase Order ; PO)
③ 신용장(Letter of Credit ; L/C)
④ 사본(Manuscript ; MS)

53 Choose the most appropriate word for the blank.

We are going to have a training sessions for our sales representatives at the end of March and are looking for a hotel which could provide 5 small rooms that can _____ more than 10 people.

① hold

② set

③ occupy

④ provide

해설 3월 말에 영업사원들을 위한 연수를 하려고 하며, 10명 이상 수용할 수 있는 작은 방을 5개 제공해 주는 호텔을 찾고 있다.
- training session : 연수회, 강습회
- sales representative : 판매원, 판매 대리점
- hold ___ people : ___ 명을 수용할 수 있다.

54 Choose the correct inside address in a business letter.

① Ms. Christina Anderson
Swany Hotel
Managing Director.
9 Hill Street
Albany, NY 20221

② Ms. Christina Anderson/Managing Director.
Swany Hotel
9 Hill Street
Albany, NY 20221

③ Dear Ms. Christina Anderson
9 Hill Street
Albany, NY 20221
Swany Hotel
Managing Director

④ Ms. Christina Anderson
Managing Director.
Swany Hotel
9 Hill Street
Albany, NY 20221

Inside address란 봉투 안의 서신에 재차 표기하는 수신인의 주소를 가리킨다.

개인에게 보내는 서신을 그의 회사에 보내는 경우, 주소의 영문표기는 다음의 순서를 따른다.
- 개인의 성명(직책)
- 회사명
- 번지, 도로명
- 구(區) · 시(市) · 주(州) · 우편번호 등
- 국가명

55 Which is not cover material for a proposal?

① title page
② author identification
③ table of contents
④ abstract

제안서는 제안하고자 하는 바를 통해 얻을 수 있는 효과 및 해결책을 제시하여 고객의 채택을 얻고자 하는 도구라고 할 수 있다. 이러한 점에서 제안서의 표지는 고객의 욕구와 일치시키는 제시로서 그의 흥미를 이끌어내는 것이어야 하므로 작성 시 매우 유의해야 하는 부분이다. 따라서 ②의 '작성자의 신원'은 제안서의 표지부에 포함시킬 필요가 없다.
① 제목(Title) : 무엇을 어떻게 할 것인지 짧고 명료하게 나타내야 한다.
③ 목차(Table of Contents) : 현실과 목표 · 과제, 과제 해결을 위한 방법, 제안 내용(제품, 서비스)의 순서로 정리한다.
④ 개요(Abstract) : 현실, 목표, 방법, 예상 비용 등을 200자 내외로 간추린다.

56 Choose the statement that is not true according to the following flight schedule.

Flight No.	Departure : Taipei	Arrival : Bangkok
AP 318	8:20 a.m.	11:40 p.m.
AP 307	5:20 p.m.	8:50 p.m.
Flight No.	Departure : Tokyo	Arrival : Seoul
AP 304	10:30 a.m.	12:50 p.m.
AP 309	7:05 p.m.	9:25 p.m.

① The arrival time of AP 318 at Bangkok is 11:40 p.m.
② AP 307 leaves Taipei at 5:20 p.m.
③ AP 304 gets to Seoul at 12:50 p.m.
④ AP 309 leaves for Seoul at 9:25 p.m.

표에 나타난 AP 309편의 오후 9시 25분은 서울에 도착하는 시간이다. ④는 서울을 향해 떠나는 시간이므로 도쿄를 출발하는 오후 7시 5분이 되어야 맞다.

57 Choose the most appropriate phrase in the following dialogue.

> A : Hi. How can I help you?
> B : Yes. Could I see Mr. Strong?
> A : Do you have an appointment?
> B : No, I didn't make an appointment.
> A : May I have your name, please?
> B : My name is Linda Priest from SI Corporation.
> A : Please be seated. _____.

① He's not at his desk at the moment

② Let me see if Mr. Strong is available at the moment

③ Let me put you through to Mr. Strong

④ I'll make sure Mr. Strong receives your message

해설 약속 유무를 물었을 때 약속을 하지 않은 내방객의 경우, 먼저 착석을 권한 후 면회를 희망하는 사람의 형편을 확인한 후 안내하는 것이 기본이다. 이러한 대응 흐름에 맞는 답은 ②이다.
① 부재 사실을 알리는 것만으로는 내방객 대응에 적절하지 않다.
③ 약속을 하지 않은 내방객을 바로 안내하는 것은 적절하지 않다.
④ 전언을 부탁받았을 때 할 수 있는 표현이다.

58 Choose the most effective subject line that reflects the following e-mail message.

> We have had some difficulty arranging parking spaces for all employees. Also, as you know, we have committed to a new green guide for the company. Therefore, we need to bring green practices to our company. We are interested in finding a green solution to the parking problem. A meeting will be held on Thursday, March 23, at 12:30 p.m. to hear your suggestions. We encourage everyone to join the meeting.

① Stop by to give your ideas at this Thursday's meeting.

② Monday's Meeting.

③ Meeting for everyone.

④ Meeting for Monday.

해설 'A meeting will be held ~ suggestion'의 문장을 통해 귀하의 제안을 청취하고자 하는 회의의 개최 사실을 알리고 전원 참석할 것을 독려하고 있다. 따라서 의견을 알리기 위해 목요일 회의에 참석할 것을 요청하는 ①이 제시된 서신의 목적을 단적으로 나타내는 제목이라고 할 수 있다.
• have difficulty doing : ~하는 것이 어렵다
• stop by : 들르다

59 Which of the following is the most appropriate expression for the blank ⓐ?

Visitor   : Good morning.
Secretary : Good morning, How may I help you?
Visitor   : I'm Robert Bin from AAA Electronics. I'd like to see Mr. Kim.
Secretary : Do you have an appointment?
Visitor   : No, I don't.
Secretary : I'm sorry ⓐ _____. May I ask what your visit is in regard to?
Visitor   : I have an important offer so that I would like to see him today or tomorrow. Shall I come
                back tomorrow, if he is busy today?
Secretary : If you leave your telephone number, I'll let you know this afternoon when he is available.
Visitor   : Thank you. Here's my business card.

① He asked me to show you to the meeting room.

② Would you come this way, please?

③ His schedule is fully booked all day.

④ Mr. Kim will be available soon. Would you please wait for a minute?

해설   ① 그가 회의실로 안내하라고 하셨습니다.
      ② 이쪽으로 오시겠습니까?
      ④ Mr. Kim은 곧 시간이 납니다. 잠시 기다리시겠습니까?

방문객 : 안녕하세요?
비서   : 안녕하세요? 무슨 일이시죠?
방문객 : 저는 AAA전자의 Robert Bin입니다. Mr. Kim을 뵙고 싶습니다.
비서   : 약속을 하셨습니까?
방문객 : 아니요.
비서   : 죄송합니다만, ⓐ 그의 하루 일정이 모두 찼습니다. 방문하신 용건을 여쭈어도 될까요?
방문객 : 중요한 제안이 있어서 오늘이나 내일 뵈려고 합니다. 오늘 바쁘시면 내일 다시 방문해도 되겠습니까?
비서   : 전화번호를 남겨주시면 오늘 오후에 시간이 있을 때 연락드리도록 하겠습니다.
방문객 : 고맙습니다. 이건 제 명함입니다.

60 Read the following conversation and choose one which is true.

A : There are several to be done by the end of this month. As you all know, we're going to conduct a customer satisfaction survey on our new product. Kelly, can I leave it to you?
B : All right. I'll do that.
A : Jack, please create a February sales report.
C : No problem.
A : Norah, I'd like you to attend the meeting with our clients this afternoon.
D : Sorry, Mr. Yoon. I'm fully booked for the day. So I'm afraid that I can't make it to the meeting.
A : I see. Then I will attend the meeting instead. Okay, that's it. Let's get back to work!

① The production quality test should be done by the end of this month.
② Norah takes in charge of having a customer satisfaction survey on customer service of this company.
③ Jack is going to make a monthly sales report.
④ Kelly is responsible for attending a meeting on behalf of Norah.

해설 2월 영업보고서를 작성해달라는 요청에 Jack은 'No problem'이라고 대답하였으므로, Jack이 월별 영업보고서를 작성할 것이라는 ③이 대화의 내용에 맞는 답이다.
① 이번 달 말까지 해야 할 일은 품질 테스트가 아닌 고객 만족도 조사라고 하였다.
② 고객 만족도 조사를 요청받고 이를 수락한 사람은 Kelly이다.
④ Kelly는 고객 만족도 조사의 실시를 맡았으며, Norah 대신 미팅에 참석하는 사람은 Mr. Yoon이다.
• conduct a survey : 조사를 실시하다
• make it : 시간에 대다
• in charge of : ~을(를) 담당하는(맡은)

A : 이번 달 말까지 해야 할 일이 있습니다. 다들 아시다시피 당사 신제품에 대한 고객 만족도 조사를 하고자 합니다. Kelly, 이 일을 맡겨도 될까요?
B : 네, 그렇게 하겠습니다.
A : Jack, 2월 영업보고서를 작성해줘요.
C : 문제없습니다.
A : Norah, 오늘 오후에 클라이언트와의 미팅에 참석해줘요.
D : Mr. Yoon, 죄송합니다만 일정이 꽉 차서 회의에 참석하기 어려울 것 같습니다.
A : 알겠어요. 그럼 제가 대신 참석하지요. 이만 마치겠어요. 모두 업무로 돌아가세요.

61 조 비서는 해외 출장에서 돌아온 상사로부터 아래 사람들의 명함을 받아 순서대로 정리하려고 한다. 파일링 규칙에 따라 올바른 순서대로 나열한 것은?

> (가) Mr. Edward Arthur
> (나) Mrs. Edward Arthur
> (다) Andrew Kim
> (라) Ms. April Clinton
> (마) Catherin Clinton

① (다) - (마) - (가) - (나) - (라)
② (다) - (라) - (마) - (가) - (나)
③ (가) - (나) - (라) - (마) - (다)
④ (나) - (가) - (라) - (마) - (다)

해설 '성'을 기준으로 알파벳순으로 정리하면 된다. 성까지 동일할 경우 이름을 기준으로 알파벳순으로 정리한다.
Mr. Edward Arthur - Mrs. Edward Arthur - Ms. April Clinton - Catherin Clinton - Andrew Kim

62 다음 중 데이터베이스관리시스템(DBMS)에 대한 설명으로 가장 옳지 않은 것은?

① 데이터의 논리적 · 물리적 독립성이 보장된다.
② 여러 곳에서 자료 입력이 가능하므로 데이터가 중복된다.
③ 데이터의 실시간 처리로 최신 데이터 유지가 가능하다.
④ 저장된 데이터를 공동으로 이용할 수 있다.

해설 DBMS는 데이터 중복을 최소화할 수 있다. 하나의 데이터베이스에 여러 응용 프로그램이 접근 가능하기 때문에 경제성, 조작성 등의 장점이 있다.

63 다음 달 싱가폴에서 열리는 ICTLT 국제회의에 참가하는 상사인 송 전무는 윤나영 비서에게 전년도 ICTLT 자료가 필요하다고 하였다. 다음 중 윤나영 비서의 자료수집방법으로 가장 적절한 것은?

① ICTLT 국제회의 주최 조직에 연락하여 자료를 요청한다.
② 유사한 국제회의에 대해 조사하여 자료를 수집한다.
③ 전년도 유사 회의에 참석했던 사람들에게 자료를 요청한다.
④ 전년도 ICTLT 회의의 개최장소 관계자에게 자료를 요청한다.

> 해설 사용자로 하여금 필요한 시기, 장소, 형태, 정확한 내용이어야 그 효과가 높으므로 주최 조직에 직접 연락을 하여 자료를 요청하도록 한다.

64 중소기업에 근무하는 서영진 비서는 상사의 임원회의 발표자료를 만들고 있다. 다음 중 서 비서의 프레젠테이션 자료 작성에 대한 설명으로 가장 적절한 것은?

① 세로 방향보다 가로 방향으로 배치하여 안정감 있게 자료를 작성하였다.
② 발표가 주목받도록 애니메이션과 화면 전환 기능을 되도록 많이 사용하였다.
③ 슬라이드 개수가 많아질 것을 방지하기 위해 한 슬라이드에 내용을 많이 배치하였다.
④ 각각의 장이 강조되도록 슬라이드마다 디자인을 다르게 설정하였다.

> 해설 사람의 눈은 눈동자가 위아래로 동작할 수 있는 길이보다 좌우로 움직일 수 있는 길이가 길기 때문에 가로 방향으로 배치하는 것이 더 편안하고 안정감이 있다.

65 전자우편에 관한 항목으로 나머지 것과 성격이 다른 하나는?

① POP3   ② BCC
③ MIME   ④ IMAP

> 해설 ② BCC(Blind Carbon Copy)는 카본 카피(CC)와 마찬가지로 이메일에서 본래의 수신인(주 수신인) 이외의 다른 수신인을 지정하여 발신하는 것 또는 그렇게 하여 발신된 이메일이다.

The 알아두기	메일 클라이언트와 메일서버가 메일을 주고받기 위한 Protocol

- SMTP(Simple Mail Transfer Protocol) : 메일 전송 프로토콜
- POP3(Post Office Protocol version 3) : TCP/IP를 통해 메일 서버에서 클라이언트로 메일을 다운로드하는 프로토콜
- IMAP(Internet Mail Access Protocol) : 전자우편 수신담당 프로토콜
- MIME(Multipurpose Internet Mail Extensions) : 웹 브라우저가 지원하지 않는 각종 멀티미디어 파일의 내용을 확인하고 실행시켜주는 프로토콜

66 민 비서는 보기와 같이 전자문서시스템을 이용해서 기안문을 작성하고 있다. 이중 가장 바람직하지 못한 작성 방법에 해당하는 것은?

① 문서 작성 부서를 선택하고 문서번호를 입력한다.
② 시행일자는 전자달력으로 연월일을 지정한다.
③ 공개, 비공개, 부분공개 등 공개구분과 등급을 선택한다.
④ 한 명 혹은 여러 명의 수신자를 지정한다.

해설 문서번호를 먼저 입력하고 항목(부서)의 명칭에 따라 한글순 혹은 알파벳순으로 배열한다.

67 다음 중 문서정리의 대상을 모두 포함한 것은?

(가) 업무 관련 수신 문서
(나) 업무 관련 발신 문서
(다) 비용 관련 전표
(라) 자사제품 카탈로그
(마) 회사 정기간행물

① (가), (나), (다)
② (가), (다), (마)
③ (가), (나), (다), (라)
④ (가), (나), (다), (라), (마)

The 알아두기 **문서 정리의 대상**

• 일반 문서 : 수신 문서와 발신 문서의 비본, 품의서, 보고서, 조사서, 의사록, 증서 등
• 장표 : 기재가 끝난 장부, 전표 등
• 도면 : 설계도면, 청사진 등
• 자료 : 정기간행물, 스크랩, 카탈로그, 팸플릿 등
• 도서 : 사전, 육법전서, 참고도서 등
• 기타 : 그밖에 중요한 자료나 문서가 마이크로필름화되거나 광(光)디스크에 저장된 경우

68 이은정 비서는 한글 프로그램을 이용하여 데이터 파일을 만들고 내용문 파일과 병합하여 데이터가 서로 다른 문서를 한꺼번에 작성하려고 한다. 다음 중 가장 관계가 없는 것은?

① 데이터 파일 첫 줄에 필드의 개수를 쓰고, 둘째 줄부터 한 줄에 한 필드씩 입력한다.
② 데이터 파일은 '데이터.pdf'로 저장한다.
③ 내용문 파일을 작성하면서 데이터 필드를 삽입할 곳에 [메일 머지 표시 달기]를 한다.
④ 내용문 파일에 커서를 놓고 [메일 머지 만들기]를 실행하고, 데이터 파일을 선택한다.

> **해설** 데이터 파일의 확장자는 .dbf(Database File)이다.

69 다음은 처리 단계에 의한 문서 분류에 대한 설명이다. 이중 가장 올바르지 않은 것은?

① 공람문서는 관련자들에게 그 내용을 알리기 위해 회람시키는 문서를 말한다.
② 이첩문서는 수신된 문서의 내용이 다른 부서 소관인 경우 해당부서로 보내는 문서를 말한다.
③ 보존문서는 일처리가 끝난 완결 문서로서 처리과에서 보관되어야 하는 문서를 말한다.
④ 기안문서는 결재권자의 결재를 얻기 위해서 기안 서식에 따라 사무처리 초안을 기재한 문서이다.

> **해설** 업무상 필요한 기간 동안 해당 부서에서 보관하고 있는 문서를 보관문서라 하고, 보관기간이 만료되어 이를 다시 일정한 곳에 기간에 따라 보존하는 문서를 보존문서라고 한다. 보존문서 중 중요하거나 영구보존이 필요한 경우에는 마이크로필름에 수록하는 경우도 있다(마이크로필름문서).

70 우리기업은 최근 건물주와 임차료 분쟁 중에 있다. 이와 관련하여 우리기업은 건물주에게 우편물을 보내기로 하고 임차료와 관련하여 우리기업이 건물주에게 특정 내용으로 문서를 발송하였다는 사실을 확인받고 싶어 한다. 이 경우 사용하기 가장 적합한 우편제도는 무엇인가?

① 배달증명
② 내용증명
③ 특급우편
④ 민원우편

> **해설** 내용증명우편은 발송인이 수취인에게 어떤 내용의 문서를 언제 발송하였다는 사실을 우편관서가 증명하여 주는 증명취급제도이며, 배달증명은 우편배달을 틀림없이 하였다는 증명으로 받은 사람의 사인을 받아서 엽서로 받은 사람을 알리는 답변을 하므로 상대방이 받았다는 것을 입증해줄 수는 있으나 내용물에 대한 증명은 하지 못한다.

71 다음은 사무실에서 많이 사용되는 사무용지 사용에 관한 설명이다. 가장 잘못 설명된 것은?

① A4 용지는 문서작성의 기본크기이며 가로 210mm, 세로 297mm이다.

② A3 용지 크기는 A4 용지 크기의 2배이다.

③ A4 용지의 크기는 B4 용지의 크기보다 크다.

④ B5 용지에 있는 내용을 A4 용지 크기에 맞게 확대 복사한다.

해설 사무용지의 규격

명 칭	치수(mm)	명 칭	치수(mm)
A0	841 × 1,189	B0	1,030 × 1,456
A1	594 × 841	B1	728 × 1,030
A2	420 × 594	B2	515 × 728
A3	297 × 420	B3	364 × 515
A4	210 × 297	B4	257 × 364
A5	148 × 210	B5	182 × 257

72 다음 중 전자상거래 모델에 대한 설명으로 가장 올바르지 않은 것은?

① G2B는 정부와 기업 간의 거래에 해당하는 것으로서 대표적인 것이 나라장터이다.

② B2B는 기업과 기업사이의 거래를 기반으로 한 전자상거래 비즈니스 모델이다.

③ B2C는 기업이 소비자를 상대로 상품을 판매하는 형태를 의미한다.

④ C2B는 소비자가 주체가 되어 기업과 상거래를 하는 것으로 공동구매를 의미한다.

해설 C2B(Customer to Business)는 고객(소비자)과 기업 간 전자상거래(인터넷 비즈니스)를 소비자가 개인 또는 단체를 구성하여 상품의 공급자나 상품의 생산자에게 가격이나 수량 또는 서비스 등에 관한 조건을 제시하고 구매하는 것을 말한다.

73 다음 중 시간 또는 공간의 제약을 극복하는 형태를 보이는 사무기기 활용에 해당하는 것으로 가장 거리가 먼 것은?

① 그룹웨어를 이용하여 전자우편을 발송하였다.

② 전자문서관리시스템을 도입하여 종이 없는 사무실을 구축하였다.

③ 프레지를 활용하여 상사의 일정을 공유하여 관리하였다.

④ 영상회의시스템을 도입하여 원격으로 해외지사장과 회의를 하였다.

해설 프레지는 줌 효과로 화면을 전환하는 인터페이스를 활용한 프레젠테이션 도구이다. 상사의 일정은 직관적이면서 세부항목을 확실한 텍스트로 확인할 수 있도록 엑셀 등 도표화된 작업툴을 사용하는 것이 좋다.

74 다음 중 컴퓨터 바이러스의 감염 경로와 예방법에 대한 설명으로 가장 적절하지 않은 것은?

① 인터넷을 통해 다운받은 파일이나 외부에서 복사해 온 파일은 반드시 바이러스 검사를 수행한 후 사용한다.

② 발신자가 불분명한 전자우편은 열어보지 않고 삭제한다.

③ 바이러스 예방 프로그램을 램(RAM)에 상주시켜 바이러스 감염을 예방한다.

④ 모든 폴더의 속성을 읽기 전용으로 하여 바이러스 감염을 원천적으로 차단한다.

해설 대부분의 바이러스들은 파일의 읽기전용 속성을 해제한 후 감염시키기 때문에 파일이나 폴더를 읽기 전용으로 하는 것은 바이러스 감염 예방법과는 상관이 없다.

75 다음은 공문서의 하단부이다. 이를 통해 알 수 있는 내용으로 가장 올바른 것은?

㈜ 상공에너지 대표이사

	직인생략

수신자 상공유화, 상공유지, 상공가스, 상공석유

담당 최수정	기획팀장 황연석	상무 안혜수	부사장 전결 이금철

협조자

시행 기획2015-233(2015. 3. 25)　　　　　　접수 상공석유-1034(2015. 3. 27)

우)159-22X 서울시 중구 공원로 41X (상공빌딩) / http://www.sg.co.kr

전화 (02)2123-335X / 전송 (02)2123-334X / sjchoiX@sg.co.kr / 공개

---

① 상공석유에서 이 문서를 처리하고 시행하였다.

② 대표이사가 부재중이어서 날인을 받을 수 없어 직인을 생략하였다.

③ 대표이사가 부재중이어서 결재를 받을 수 없어 이금철 부사장이 전결하였다.

④ 상공에너지에서 보낸 것을 상공석유에서 받은 것이다.

해설 ① 상공에너지에서 보낸 문서이다.
　　　② 인허가 내용이 아닌 행정홍보 등 경미한 내용의 문서일 경우 직인을 생략할 수 있다.
　　　③ 전결은 최고결정권자가 그보다 낮은 직급자에게 결정권을 위임해 대신 권한을 행사하는 것으로 그 규칙은 해당 기업의 전결규정에 따른다.

76 중소기업에서 근무하고 있는 진 비서는 회사 전체의 문서 접수 업무를 담당하고 있다. 진 비서의 문서 처리 방법 중 가장 바람직하지 않은 것은?

① 접수된 문서를 내용에 따라 관계 부서에 배부하였다.

② 접수된 우편물을 개봉하지 않고 직접 수신처 앞으로 배부하였다.

③ 접수된 문서는 접수일부인을 찍어서 접수한 일시가 분명하도록 처리했다.

④ 수신된 우편물은 문서접수대장에 기재하지 않고 바로 해당 부서로 보내어 부서별 접수대장에 기재하게 하였다.

> **해설** 공문 수신 시에는 공문접수대장, 그 외 수신된 우편물은 문서접수대장으로 관리하여 기록으로 남겨야 한다.

77 다음 기사를 통해서 알 수 있는 내용 중 가장 올바른 것은?

〈전략〉

8일 한국보건사회연구원이 최근 발간한 '우리나라 가계 소득 및 자산 분포의 특징' 보고서를 보면 우리나라 가계단위의 가처분소득 지니계수는 0.4259인 데 반해 순자산 지니계수는 0.6014로 자산불평등이 소득불평등보다 수치가 높았다. 지니계수는 소득이 어느 정도 균등하게 분배되는가를 나타내는 지수로, 0에서 1까지의 수치로 나타내며 1에 가까울수록 불평등이 심하다는 것을 뜻한다.

보고서는 지난 2월 통계청이 발표한 '2014 가계금융·복지조사' 자료를 이용해 우리나라 가계의 소득과 자산 분포의 특징을 살폈다. 그 결과 가처분 소득은 상위 10%가 전체 가처분 소득의 29.1%를 보유하고 하위 40%가 13.4%를 갖고 있었던 것과 대조적으로 순자산은 상위 10%가 43.7%, 하위 40%가 5.9%를 보유하는 데 그쳤다.

아울러 해당 연령대가 전체 순자산불평등에 얼마나 기여하는지를 살펴본 결과 45~54세의 상대적 기여율이 23%로 가장 높고 55~64세가 19.5%로 그 뒤를 이었다.

〈후략〉

〈연합뉴스, 2015. 4. 8〉

---

① 우리나라 국민의 소득불평등이 자산불평등보다 더 심각하다.

② 연령대와 관계없이 소득불평등은 고르게 나타난다.

③ 가처분 소득 상위 10%가 43.7%의 자산을 보유하고 있다.

④ 가처분 소득 하위 40%가 전체 가처분 소득의 13.4%를 가지고 있다.

> **해설** ① 자산불평등이 소득불평등보다 수치가 높다.
> ② 45~54세의 상대적 기여율이 23%, 55~64세가 19.5%로 차등된 분포를 나타냈다.
> ③ 가처분 소득은 상위 10%가 전체 가처분 소득의 29.1%를 보유하고 있다.

78 다음 중 국제표준화기구(ISO)에서 지정한 전자문서 장기 보관 및 보존을 위한 국제 표준 포맷은?

① PDF/A   ② PDF/D
③ PDF/S   ④ PDF/X

> 해설 PDF/A는 한국 국가기록원에서도 문서 보존포맷으로 확정된 포맷으로 국제표준화기구(ISO)에서도 인정한 것이다.

79 다음 그래프는 2013년 1월부터 8월까지의 한국과 일본의 경상수지 추이를 보여주는 그래프이다. 이 그래프를 통해서 알 수 있는 내용 중 가장 올바른 것은?

① 2013년 1월 한국과 일본 간 거래에서 일본은 적자를 기록했다.
② 한국은 일본보다 수입금액이 적다.
③ 2013년 1월부터 8월까지 한국은 경상수지가 계속 흑자이다.
④ 한국은 일본보다 국민총소득보다 국민총지출이 많다.

> 해설 경상수지는 국제 간의 거래에서 자본거래를 제외한 경상적 거래에 관한 수지로 여기에는 상품수지, 서비스수지 등이 포함된다. 자신의 나라의 수지를 파악하는 데 사용되기 때문에 나라 간 거래에서의 +/- 등은 파악할 수 없다. 국민총소득(GNI)은 한 나라의 국민이 일정 기간 생산활동에 참여한 대가로 벌어들인 소득의 합계를, 국민총지출(GNE)은 국민총생산(GNP)을 소비하는 제 지출의 총계를 말한다.

80 다음은 신문기사의 일부이다. A와 B에 들어갈 단어가 순서대로 나열된 것은?

> 가짜 사이트로 피해자를 유도해 금융 정보를 빼가는 (A)은 2013년 3,218건에서 지난해 7,101건으로 120.7% 급증했다. (A)은 (B)과 결합하기도 한다. 그 사례로서 무작위로 전화를 걸어 "사기사건에 연루되었으니 검찰청 사이트에서 확인하라"고 속여 미리 만들어 놓은 '가짜 검찰청 사이트'로 유도했다. 그 뒤 개인정보와 금융정보를 입력하도록 하여 이 정보를 활용하여, 피해자들의 계좌에서 2억 3,000만 원을 인출해갔다.

① A – 피싱, B – 보이스 피싱
② A – 파밍, B – 보이스 피싱
③ A – 스미싱, B – 파밍
④ A – 스미싱, B – 피싱

해설 • 파밍(Pharming) : 악성코드에 감염된 PC를 조작해 이용자가 인터넷 즐겨찾기 또는 포털사이트 검색을 통하여 금융회사 등의 정상적인 홈페이지 주소로 접속하여도 피싱(가짜)사이트로 유도되어 범죄자가 개인 금융정보 등을 몰래 빼가는 수법
• 보이스피싱(Voice Phishing) : 음성(Voice)과 개인정보(Private Data), 낚시(Fishing)를 합성한 신조어로 전화를 통해 불법적으로 개인정보를 빼내서 사용되는 신종범죄
• 스미싱(Smishing) : 문자메시지(SMS)와 피싱(Phishing)의 합성어로 무료쿠폰 제공, 돌잔치 초대장 등을 내용으로 하는 문자메시지 내 인터넷주소를 클릭하면 악성코드가 설치되어 피해자가 모르는 사이에 소액결제 피해가 발생하거나 또는 개인 · 금융정보를 탈취하는 수법

01 비서에게 필요한 역량을 설명한 것 중 가장 올바른 것은?

① 회사 내 체계화되어 있지 않은 파일링 시스템을 구축한다.

② 정형화되어 있는 일이 대부분이므로 순간적인 판단이나 융통성을 발휘하는 것보다는 궤도에서 벗어나지 않게 일처리를 하는 것이 더 중요하다.

③ 업무를 처리하는 데에는 우리의 문화나 규범에 맞도록 업무 기준을 세우도록 한다.

④ 조직 내 구조가 점차 슬림화 축소됨으로써 비서의 다기능적 역량이 요구된다.

> 해설 ① 비서는 직접적으로 경영목표 수행활동에 관여하지 않는다.
> ② 비서는 업무를 통하여 끊임없이 변화를 겪게 되므로 어떤 변화에도 신속하고 능동적으로 대처해야 한다.
> ③ 비서는 업무처리에 있어 타성적이기보다는 효율적인 방안을 생각하고 분석적인 태도와 호기심을 가져야 한다.

02 전문비서 모임에 참여함으로써 얻는 직접적 이점으로 보기 어려운 것은?

① MENTORING 관계 형성 구축 및 발전

② SEMINAR 참석, 발간물을 통해 성공한 사람들의 전략을 배울 수 있는 기회 획득

③ MBO를 통한 비공식 네트워킹 기능

④ 기술과 전문직 LICENSE 회복을 위한 기회의 확대

> 해설 ③ 간접적 이점에 해당한다.

03 김영숙 비서는 상사가 지시하는 일만 하는 비서가 아니라 상사의 업무에 도움이 되는 것들을 자발적으로 찾아서 하려고 한다. 따라서 신문을 읽을 때도, 뉴스를 들을 때도 또는 거래처 사람과 만났을 때도 업무와 관련 있는 내용을 주의 깊게 보고 정리해둔다. 다음 중 김영숙 비서가 자발적으로 비서 업무를 수행하는 자세로 가장 적절하지 않은 것은?

① 김영숙 비서는 소속 회사 및 관련 비즈니스 분야의 뉴스를 검색하여 내용을 요약한 후 상사에게 제공하였다.

② 김영숙 비서는 상사가 2000년 이후 연도별 남녀 고용 비율을 알아봐 달라고 하여 통계 사이트에 접속하여 조사한 후 엑셀 프로그램을 이용한 분석자료를 제공하였다.

③ 김영숙 비서는 상사가 원하는 사람의 연락처를 어디서나 신속하게 확인할 수 있도록 스마트폰의 앱을 이용하여 명함정리를 하였다.

④ 김영숙 비서는 상사 업무의 효율적인 보좌를 위해 회사의 2년치 주간정보와 재무정보를 분석하여 상사에게 제공하였다.

> **해설** 비서는 자료의 체계적인 수집과 분석을 통해 신속하게 정보를 제공함으로써 상사의 의사결정시간을 단축시켜야 한다. 2년치 주간정보와 재무정보를 분석하여 상사에게 제공하는 것은 시간적으로 비효율적이다.

04 국제상사 영업부에 근무하는 나애리는 홍길동 전무의 비서이다. 아래의 상황을 읽고 비서의 업무처리로 가장 적절한 것은?

> 12월 1일 홍 전무는 상공회의소에서 개최하는 세미나에 참석하고 있다. 오후 1시가 조금 지났을 때 상사의 대학 동기라고 하면서 신라증권 이순신 본부장이라는 사람으로부터 전화가 걸려 왔다. 이순신 씨는 서울로 출장을 왔는데 휴대폰을 두고 와서 상사의 회사 이름을 어렵게 기억하여 전화를 했으며, 내일 아침 대구로 돌아가기 때문에 가능하다면 오랜만에 저녁식사나 함께 하고 싶다고 6시경 콘래드 호텔 2401호로 연락 달라고 부탁을 하였다.

① 상사는 12월 1일 하루 종일 세미나에 참석한 후 저녁식사까지 있어서 이순신 본부장을 만날 수 없다고 판단되어 이순신 본부장에게 저녁식사가 어려울 것 같다고 말한다.

② 이순신 본부장이 휴대폰이 없는 상황이므로 상사의 핸드폰 번호를 알려주고 세미나 끝나는 시간에 연락할 수 있도록 한다.

③ 세미나 중인 상사에게 문자 메시지를 보내어 이순신 본부장으로부터의 메시지와 호텔번호를 알려준다.

④ 상사가 세미나 중이므로 상공회의소 세미나 담당자에게 연락해둔다.

> **해설** 상사가 세미나 중이라도 메시지를 통해 중요한 일정을 공유하도록 한다.

05 상사는 스마트폰을 이용하여 업무 효율성을 높이는 데 관심이 많아 다양한 스마트폰 앱을 이용한다. 상사는 새로운 앱이 나오면 비서인 내게 사용해 보라며 권하기도 한다. 김영숙 비서가 스마트폰을 이용하여 업무 효율성을 높이는 것으로 보기 어려운 것은?

① 상사가 해외 출장 중일 때 스마트 기기를 이용하여 실시간으로 상사의 지시를 받고 업무를 보고하고 있다.

② 비서의 일정관리 프로그램을 상사의 스마트폰에 연동시켜 상사의 일정을 비서의 스마트폰에서 확인 및 추가를 할 수 있도록 설정하였다.

③ 건강이 안 좋은 상사가 일주일간 LA로 출장을 가시게 되어 약 복용 시간을 알려드리기 위해 시차를 고려하여 예약 문자를 해 두었다.

④ 스마트 기기를 항상 휴대하기 때문에 메모가 필요할 경우는 스마트 기기의 메모 프로그램을 활용하고 있다.

> **해설** 실시간으로 스마트 기기를 이용하여 상사의 지시를 받고 업무를 보고하는 것은 효율적인 행동으로 볼 수 없다.

06 우리 회사는 미국에 본사를 두고 있는 다국적 기업이라 본사에서 오는 손님이 많은 편이다. 이번에 미국에서 2명의 남자 임원과 1명의 여성 임원이 우리 회사를 방문하였다. 외국인 내방객 응대 시 비서의 업무자세로 가장 적절한 것은?

① 본사 현관 입구에 환영 문구를 적을 때 이름을 알파벳 순서로 배치하였다.

② 차 대접을 할 때는 선호하는 차의 종류를 각 손님에게 여쭈어 본 후 내·외부인사의 직급순으로 대접하였다.

③ 처음 인사를 할 때는 Mr. Ms 존칭 뒤에 Full Name을 넣어 불렀다.

④ 처음 인사를 나눈 후에는 친근감의 표시로 First Name을 불렀다.

> **해설** ① 여성 임원을 남성 임원에 우선하여 배치한다.
> ③ 처음 인사를 할 때는 Mr. Ms 존칭 뒤에 Family Name을 넣어 부른다.
> ④ First Name은 친숙해지면 사용하는 표시이므로 처음 인사를 나눈 후에 부르는 것은 바람직하지 않다.

07 아래의 항공일정표를 보고 비서의 업무처리가 가장 적절한 것은?

여정 Itinerary

편명 Flight UA892(예약번호 : LPKE25) Operated by UA(UNITED AIRLINES)

출발 Departure 서울(ICN) Incheon Intl	20DEC13 18:10 Local Time
Termianl NO. : –	
도착 Arrival 샌 프란시스코(SFO) San Francisco	20DEC13 11:30 Local Time
Termianl NO. : I	

예상비행시간 Flight Time 10H 20M					
예약등급	Class	W(일반석)	항공권	Not Valid Before	20DEC13
좌석타입	Seat Type	–	유효기간	Not Valid After	20DEC13
예약상태	Status	OK(확약)	수하물	Baggage	1PC
운임	Fare Basis	WKXT3UCF /KRA1			

편명 Flight UA698(예약번호 : LPKE25) Operated by UA(UNITED AIRLINES)

출발 Departure 샌 프란시스코(SFO) San Francisco	20DEC13 13:30 Local Time
Termianl NO. : 3	
도착 Arrival 시카고(ORD) Ohare	20DEC13 19:34 Local Time
Termianl NO. : 1	

예상비행시간 Flight Time 04H 04M					
예약등급	Class	W(일반석)	항공권	Not Valid Before	20DEC13
좌석타입	Seat Type	–	유효기간	Not Valid After	20DEC13
예약상태	Status	OK(확약)	수하물	Baggage	1PC
운임	Fare Basis	WKXT3UCF /KRA1			

편명 Flight UA3664(예약번호 : LPKE25) Operated by UA(UNITED AIRLINES)

출발 Departure 시카고(ORD)	Ohare 25DEC13 11:00 Local Time
Termianl NO. : 2	
도착 Arrival 필라델피아(PHL) Philadelphia	25DEC13 13:57 Local Time
Termianl NO. : D	

예상비행시간 Flight Time 01H 57M					
예약등급	Class	W(일반석)	항공권	Not Valid Before	25DEC13
좌석타입	Seat Type	–	유효기간	Not Valid After	25DEC13
예약상태	Status	OK(확약)	수하물	Baggage	1PC
운임	Fare Basis	WKXT3UCF /KRA1			

① 출발일에 서울 인천공항에 늦어도 5시 반까지는 도착하도록 일정을 맞추도록 한다.
② 부치는 짐 가방은 한국과 미국 각각 1개씩 2개를 넘지 않도록 한다.
③ 날짜 변경선을 감안하여 시카고 숙소는 4박으로 예약하여 확인한다.
④ 미국 비자를 따로 받을 필요 없이 상사 전자여권으로 ESTA를 작성한다.

① 출발일에 서울 인천공항에 탑승 수속 1시간 전인 17:10까지는 도착하도록 일정을 맞춘다.
② 부치는 짐 가방은 한국과 미국 각각 1개씩 1개를 넘지 않도록 한다.
③ 날짜 변경선을 감안하여 시카고 숙소는 5박으로 예약하여 확인한다.

[08~10] 다음 상황을 읽고 해당 질문에 답하시오.

회사와 합작투자 회의를 위하여 카타르 현지 사업가와 3명의 현지 동행자들이 서울에 소재한 우리 회사에 방문 예정이다. 그 방문 및 체류 일정은 다음과 같다.

세부일정		
5월 15일, 1일차	도하-인천 QR859/OZ6889 01:20/05:05	
	사내방문 및 임원회의	
	회의 후 만찬	
5월 16일, 2일차	• 합작투자 협력 산업체 울산공장 방문 • 울산투어 및 저녁 식사	
5월 17일, 3일차	인천-도하 QR858/OZ6888 01:30/16:00	

08 16일 울산으로 이동하는 도중 사장님이 비서 박미희에게 연락하여 서울 사내 영업이사, 울산방문단 및 동행 협력사 임원, 그리고 협력사의 싱가폴 지사장 3자 간 영상회의를 준비하라고 지시했다. 박 비서가 점검해야 할 내용으로 가장 우선순위가 높은 것을 고르시오.

① 영상회의 이행을 위한 기기 사전 테스트
② 협력 기업 내 영상회의 가능 여부 확인
③ 카타르 방문단과 동행하는 협력사 임원의 일정 확인
④ 영상회의 연결을 위한 싱가폴 현지 전화번호 확인

3자 간 영상회의를 위해 협력 기업 내 영상회의 가능 여부를 먼저 확인해야 한다.

09 카타르 방문단의 위의 항공일정을 참고하여 비서가 일정확인 및 준비업무를 위해 가장 적절한 것으로만 묶인 것은?

> 가. 2일차 울산에서의 일정을 마치고 올라오면서 다음 날 DMZ 투어 준비를 위해 의견을 물어본다.
> 나. 방문단의 출국 비행일정을 운항 항공사인 아시아나 항공사에 재확인해 본다.
> 다. 16일 울산 공장 방문 시 이동 수단은 좌석이 편안한 자가용을 준비한다.
> 라. 방문단의 도착 첫날 비행일정을 감안하여 임원회의는 오후부터 잡는다.
> 마. 방문단의 출장일정을 고려하여 서울에서 하루 묵을 수 있는 호텔을 예약·확인한다.

① 가, 다, 마
② 다, 라, 마
③ 나, 라
④ 나, 마

> **해설** 가. 3일차에는 DMZ 투어가 없다.
> 다. 인천부터 울산까지의 거리가 멀기 때문에 일정에 차질이 생길 수 있으므로 비행기나 KTX를 이용하도록 한다.
> 라. 회의 후 만찬이 있음을 고려하여 임원회의는 오전부터 잡는다.

10 사내 첫 방문하는 카타르 방문단 내방 일정을 토대로 비서 박미희가 준비해야 할 내용으로 가장 부적절한 것을 고르시오.

① 만찬 준비를 위해 사장님께서 VIP 방문 시 늘 이용하시는 고급 한정식 레스토랑의 룸을 미리 예약해 둔다.
② 서울 도착 당일 인천공항 도착 대합실 앞에 환영 현수막을 준비하도록 한다.
③ 현지 비서에게 방문단의 개별 프로필과 가능한 방문자들의 공식 비공식 카타르 활동 이력을 검색하여 내방객 카드를 준비해 둔다.
④ 무슬림의 기도 관례를 확인하여 사내와 울산공장에 별도의 공간을 미리 마련해 두도록 조치해 둔다.

> **해설** 중동 대부분의 국가는 이슬람교의 영향을 받아 돼지고기 먹는 것을 금기하므로 이를 염두에 두고 레스토랑을 예약해 두도록 한다.

11 사장님은 9월 1일부터 6일까지 5박 일정의 미국 출장 예정이다. 상사는 전 세계적인 체인호텔인 B 호텔 ①귀빈층의 ②스위트룸을 선호하여 김영숙 비서는 상사의 기호에 맞는 방을 예약하였다. 예약 시 ③커머셜 요금을 적용받았으며 ④호텔 보증금을 상사의 법인 신용카드로 결제하였다. 다음 ①∼④ 중 올바르지 않은 것은?

① Executive Floor : 잦은 해외 출장, 바쁜 일정, 복잡한 업무에 시달리는 현대 비즈니스맨들을 위해 보다 신속하고 정확하게 차별화된 서비스와 안락함과 편안함을 제공하는 호텔 내의 특별 층이다.

② Suite Room : 복도를 통하지 않고 객실과 객실 사이에 전용문이 있는 침실과 응접실이 있는 방이다.

③ Commercial Rate : 할인요금의 일종으로 특정 기업체나 사업을 목적으로 하는 비즈니스 고객에게 숙박비의 일정한 율을 할인해 주는 것이다. 미국의 도시 호텔에서 많이 채택되고 있으며 우리나라 대규모 호텔에서도 이 제도를 실시하고 있다.

④ Deposit : 호텔 예약 시 숙박자의 신용카드 번호와 유효기간을 호텔 측에 알려주어 위약금을 물어야 하거나 기물 파손 등의 경우 호텔에서 숙박인에게 청구할 수 있도록 한다.

> **해설** Suite Room은 2실 이상의 연속객실이라는 뜻으로 적어도 욕실이 있는 침실 한 개와 거실 겸 응접실 한 개 모두 2실로 짜여져 있는 방이다. 때로는 침실이 두 개 이상 있기도 하고 거실과 응접실이 따로 분리되어 있기도 하다.

12 다음은 공식 행사에 참석하는 상사를 보좌하는 비서의 업무내용이다. 가장 적절하지 못한 것은?

① 공식 행사에 초대받은 상사를 위해 드레스코드(Dress Code)에 맞는 의상이 무엇인지 인터넷으로 검색한 사진을 인쇄해 드렸다.

② 공식 만찬에 초대받은 상사를 위해 주최 측에 연락하여 상사의 좌석이 어디인지 확인한 후 보고한다.

③ 신원 확인 후 출입이 가능하다고 연락을 받은 경우, 늦어도 공식 행사 시작 시간 1시간 전에는 도착하도록 일정을 잡는다.

④ 공식 만찬 중간에 이동이 가능하지 않으므로 만찬 종료 이전에 다른 일정은 잡지 않았다.

> **해설** 신원이 확인이 되고 출입이 가능하다고 연락을 받았으면 1시간 전에 도착할 필요는 없다.

13 다음 중 보행 시 표기가 바르게 된 것을 고르시오.

원번호는 서열순위를 나타냄

① (ㄱ), (ㄴ)
② (ㄷ), (ㄹ)
③ (ㄴ), (ㄹ)
④ (ㄱ), (ㄹ)

해설 보행 시 둘일 경우에는 좌 → 우 서열순으로 걸으며, 셋일 경우에는 가운데 → 우 → 좌 서열순으로 걷는다.

14 아래 내용의 상사의 지시를 받을 때 비서의 태도로서 가장 적절한 것으로만 묶인 것은?

상사는 주요 거래처인 한승기업 박진우 사장 집안의 結婚式請牒狀을 주면서 祝儀金과 單子와 花環을 준비하라고 지시를 하였다. 비서는 祝儀金에 필요한 現金을 준비하기 위해 稟議書를 작성하고 상사의 決裁를 얻어 經理部에 제출하였다.

가. 지시를 받으면서 한승기업 박진우 사장에게 보낼 돈과 조화를 준비할 것을 메모장에 기록한다.
나. 지시를 받은 후 자리로 돌아와 경조사 관련 회사 규정을 참고하여 기안을 작성한다.
다. 일정을 보니 같은 날 다른 거래처 경조사와 겹치게 되어 경조전보 활용을 지시 중에 말씀드려 결정하시게 한다.
라. 지시를 받은 후 한승기업 박진우 사장에게 보낼 우편 송금환을 준비해서 부조 문구를 작성한다.
마. 비서가 가지고 있는 현금으로 우선 전달한 후 나중에 경리과에 경비처리를 하도록 한다.

① 가, 나
② 가, 다
③ 가, 라
④ 가, 마

해설 상사는 주요 거래처인 한승기업 박진우 사장 집안의 결혼식 청첩장을 주면서 축의금과 단자와 화환을 준비하라고 지시를 하였다. 비서는 축의금에 필요한 현금을 준비하기 위해 품의서를 작성하고 상사의 결재를 얻어 경리부에 제출하였다.

15 윤 비서의 상사는 추석이나 설날과 같은 명절에는 중요한 거래관계에 있는 고객이나 친분이 있는 지인들에게 선물을 보내는 것을 중요한 관례로 여기신다. 따라서 윤 비서는 매 명절마다 신경써서 처리하는 업무 중 하나이다. 윤 비서가 명절 선물 발송과 관련한 업무를 처리하는 순서를 가장 효율적이고 올바른 순서로 배열하시오.

(가) 선물을 보낼 명단 초안을 작성한다.
(나) 명단이 취합되면 상사로부터 발송 여부를 결재받는다.
(다) 발송 명단이 결정되면 주소와 연락처를 다시 한 번 확인하여 최종 명단을 작성한다.
(라) 선물의 품목을 선정한다.
(마) 구매 품의서를 올려 결재를 받는다.
(바) 상품을 주문하고 구매한다.
(사) 선물과 같이 동봉해서 보낼 명함이나 인사 카드를 준비한다.
(아) 선물을 발송한다.

---

① (가) - (나) - (다) - (라) - (마) - (바) - (사) - (아)
② (가) - (나) - (다) - (마) - (라) - (사) - (바) - (아)
③ (마) - (라) - (가) - (나) - (다) - (바) - (사) - (아)
④ (마) - (라) - (가) - (나) - (다) - (사) - (바) - (아)

해설 명절 선물 발송과 관련한 업무는 보기와 같은 순서대로 처리한다.

16 아래와 같이 상사가 해외출장 중 경험할 수 있는 사고나 사건을 대비하기 위해 비서가 평상시 관심 갖고 있어야 할 내용으로 가장 연관성이 낮은 것을 고르시오.

상사가 비서에게 한 달간의 중남미 지역 3~4개국(브라질, 멕시코, 칠레, 아르헨티나) 출장일정을 전달하며, 이 지역 출장과 관련된 숙지사항을 알아봐 달라고 요청하였다.

---

① 신속해외송금지원제도
② 해외여행자보험 보장내역
③ 당좌수표 이용법
④ 상사의 신용카드 대금 명세표 보관, 관리

해설 당좌수표는 은행에 당좌예금을 가진 자가 은행을 지급인으로 하여 일정한 금액의 지급을 위탁하는 지급위탁 증권으로 해외출장과 관련하여 비서가 관심 갖고 있어야 할 내용이라 할 수 없다.

17 아래의 내용은 비서 커뮤니티에 올라온 글이다. 아래의 상황일 때 비서가 취해야 할 행동으로 적절한 것은?

> **골프장 예약 취소도 없이 안 갔어요. 어떻게 해요?**
>
> 사장님의 장기 해외 출장으로 골프장 회원권을 빌려 쓰시는 분들이 많거든요. 오늘도 사장님 친구 분의 부탁으로 평일 예약을 해 두었는데, 제가 실수로 골프장을 헷갈려서 손님이 부탁하신 골프장은 A, 제가 잘못 부킹한 골프장은 B, 그래서 손님은 골프를 못 하시고 전 결장을 해 버렸죠. 결장한 골프장은 ○○ 컨트리 클럽(Country Club)이에요. 이러다가 다음 주 예약까지 못할까 봐 간이 조마조마해요.

① 회원약관을 찾아서 이럴 경우 어떤 벌칙 사항이 있는지 확인한 후 비서의 잘못이므로 벌칙사항을 이행한다.
② 사장님의 친구 분께 연락하여 자신의 잘못에 대해 진심으로 사과한 후 도움을 요청한다.
③ 결장으로 인해 위약금을 내야 하는 경우 비서의 잘못이므로 비서가 위약금을 낸다.
④ 상사에게 신속히 보고하여 도움을 받을 수 있는 방법을 여쭈어 본다.

해설 상사의 사적인 용무를 도와야 하는 경우에는 비서 스스로 한계를 설정하고, 지나치거나 적극적인 협력은 삼간다.

18 상사의 인적 관계를 파악하고 데이터베이스 프로그램 등을 사용하여 전산화시키는 상사의 네트워크 관리방법으로 가장 적절한 것은?

① 상사와 공적으로 혹은 사적으로 관련된 인사에 대한 소문 등도 파악하도록 한다.
② 작성한 명부에 대해서는 필요로 하는 부서와 공유할 수 있도록 한다.
③ 내부 인사에 대한 정보는 회사 내 인사기록카드를 참고할 수 있으므로 따로 기록하지 않는다.
④ 바이어나 고객에 대한 거래실적이나 상담기록은 추후 의사결정에 도움이 되므로 기록해 두도록 한다.

해설 ① 상사와 공적으로 혹은 사적으로 관련된 인사에 대한 소문 등은 파악하지 않는다.
② 작성한 명부에 대해서 공유해서는 안 된다.
③ 내부 인사에 대한 정보는 기록해 두어야 한다.

19 회의록을 자주 작성하는 양 비서는 회의록을 작성하거나 회의 관련 의사소통을 하는데, 회의 용어를 숙지하여야 하며 한자와 함께 익혀 두면 뜻을 이해하는 데 더욱 도움이 된다. 다음 중 회의 용어와 의미가 잘 연결되지 않는 것은?

① 動議 : 의결을 얻기 위해 의견을 내는 일, 또는 예정된 안건 이외의 내용을 전체 회의에서 심의 하도록 안을 내는 것

② 票決 : 체결에 참석해 의안에 대해 찬성과 반대의 의사표시를 하는 것

③ 定足數 : 회의를 개최하는 데 필요한 최소한의 출석 인원수

④ 採決 : 의장이 회의 참석자에게 거수, 기립, 투표(기명, 무기명) 등의 방법으로 의안에 대한 찬 성·불찬성을 결정하는 것

해 설   ② 표결(票決) : 투표(投票)로써 가부(可否)를 결정(決定)함

20 다음은 여행자 수표(T/C) 견본이다. 여행자 수표에 대한 설명으로 바르지 않은 것은?

① 여행자 수표 구입 시 오른쪽 위의 서명란에 서명을 하고 현금으로 교환할 때 받는 사람 앞에서 왼쪽 아래에 여권과 동일한 서명을 한다.

② 여행자 수표 번호(132 3250 584 999)는 분실을 대비해 별도로 기재해 둔다.

③ 현금으로 교환하기 전에 서명이 모두 되어 있으면 이미 사용된 수표로 간주된다.

④ 여행자 수표 매입 매도 환율은 현금 매입 매도 환율과 동일하게 적용된다.

해 설   여행자 수표는 매도율과 매입율이 현금에 비해 유리하게 적용된다.

21 다음 사례에 대한 해석으로 가장 적절하지 않은 것은?

> 세계적인 자동차 회사인 ○○○○의 배출가스 저감장치 조작 후폭풍이 거세다. 미국 환경청이 리콜 명령을
> 내렸고, 소비자들은 집단 소송에 들어갔다. 유럽연합 차원의 조사와 수사가 진행될 예정이다. 주가는 이틀
> 만에 35% 이상 폭락했다.
> 이번 사태는 초일류 기업이 고의로 소비자를 속였다는 점에서 충격이 크다. 배출가스 저감장치를 자동차
> 승인 검사 때만 작동하고 실제 주행 시에는 꺼지도록 조작·은폐한 것은 전 지구촌을 상대로 벌인 사기극
> 이나 마찬가지이다.

① 초일류기업은 기술력과 함께 도덕성이 생명이다.
② 품질이 아무리 뛰어나도 정직하지 않은 기업은 순식간에 무너질 수 있다.
③ 고객의 신뢰를 잃으면 기업 경영에 많은 타격이 생긴다.
④ 법적인 문제는 없으나 기업 윤리 측면에서 문제가 된다.

해설 ④ 법적 제한을 훨씬 넘는 유해물질을 내뿜었기 때문에 법적 측면에서도 또한 문제가 된다.

22 미국의 금리인상에 대한 신문기사를 읽은 사람들의 일반적인 생각 중 가장 적절하지 않은 것은?

① "이자율이 오르니까 시중에 유통되는 자금이 줄어들겠네."
② "전 세계의 자금 중 상당 부분이 미국으로 흘러 들어가겠군."
③ "미국이 금리를 올리면 우리는 금리를 내려야 하겠네."
④ "빚을 지고 집을 산 사람들이 고통이 더 심해지겠네."

해설 우리나라에서는 미국보다 높은 금리로 인상을 해야 달러 유출을 막을 수 있다.

23 기업이 단독으로 해외의 새로운 사업에 진출하는 것이 어려운 경우, 해외기업과 전략적 제휴를 고려
할 수 있다. 이때 기업들이 전략적 제휴를 선호하는 이유로 다음 중 가장 적절하지 않은 것은?

① 참여기업들이 지분참여를 통해 공동으로 하나의 새로운 회사를 설립함으로써 현지 정부의
   각종 규제를 줄일 수 있다.
② 참여기업들은 투자비용을 줄이면서 기업의 핵심역량을 구축하여 집중화 효과를 볼 수 있다.
③ 참여기업들의 자원과 능력을 결합하여 생산, 판매 등에서 규모의 경제를 실현할 수 있다.
④ 기업이 이용하기 어려운 해외의 특정자원이나 시장에의 접근이 용이하다.

해설　전략적 제휴는 참여기업들이 공동으로 하나의 새로운 회사를 설립하는 것이 아닌 실질적 또는 잠재적 경쟁관계에
있는 기업들이 사업의 일부 또는 특정 기능부문에 있어 일시적으로 협조관계를 맺는 것이다.

24 다음에서 설명하는 회사의 형태로 가장 적절한 것은?

- 직접 생산은 하지 않고 다른 회사 주식을 갖고 그 회사 경영에 참여하는 회사
- 재화와 용역을 생산하는 것보다는 다른 회사에 대한 경영과 투자가 주된 목적임
- 지분 소유를 주로 하는 회사와 자체 사업도 함께 하는 회사가 있음

① 합자회사

② 투자회사

③ 지주회사

④ 주식회사

해설　① 무한책임사원과 유한책임사원으로 구성된 복합적 조직의 회사
② 투자자들의 자금을 모아서 투자활동을 하는 회사
④ 주식의 인수가액을 한도로 하는 유한의 간접책임을 부담하는 사원(=주주)만으로 성립된 회사

25 다음 중 기업결합방법에 따른 기업형태에 대한 설명으로 가장 적절하지 않은 것은?

① 카르텔은 일정 협약에 따라 이루어지는 기업의 수평적 결합방식으로 구속력과 공신력이 약하다.

② 신디케이트는 공동판매를 행하는 중앙기관으로 가장 강력한 형태의 카르텔이라 할 수 있다.

③ 콘체른에 속한 기업들은 실질적으로 독립성을 상실하게 되지만 외형상으로는 독립성을 유지한다.

④ 트러스트는 모기업이 자회사의 주식을 소유하여 자회사의 경영권을 지배하는 지주회사와 관련
이 있는 기업결합의 형태이다.

해설　④ 트러스트는 기업합동의 형태이며, 콘체른이 기업결합의 형태에 해당한다.

26 소자본창업에 대한 관심이 높아지면서 정부에서도 다양한 지원을 하고 있다. 다음 중 소자본 창업에 대한 설명으로 가장 적절하지 않은 것은?

① 소자본창업의 업종을 선정할 때 우선적으로 창업자의 적성과 능력에 맞는 업종을 선택해야 한다.

② 소자본창업은 적은 자본으로 기존의 사업성이 분석된 수익성이 보장된 사업을 설립한다.

③ 소자본창업은 주로 첨단기술이 필요한 사업으로 위험이 높은 반면 높은 이익을 갖게 된다.

④ 소자본창업은 입지선정이 중요하다.

> 해설 ③ 소자본창업은 상대적으로 창업비용이 저렴하여 경제적 타격이 그리 크지 않은 반면 기대 매출이 낮은 편이다.

27 소유와 경영 분리에 따른 경영체제에서 전문경영인의 대리인 문제가 발생할 수 있다. 다음 중 대리인 문제에 따른 감시비용으로 가장 적절하지 않은 것은?

① 사외이사제도

② 스톡옵션제도

③ 잔여손실

④ 성과급제도

The 알아두기 **대리인 비용**

- 감시비용(Monitoring Cost) : 대리인의 행위가 주체의 이익으로부터 이탈하는 것을 제한하기 위해 주체가 부담하는 비용
  - 대리인인 경영자를 직접적으로 감시하는 데 소요되는 비용 : 외부감사제도, 사외이사제도
  - 경영자로 하여금 주주를 위해 의사결정을 하도록 유인하는 데 소요되는 비용 : 성과급제도, 주식옵션제도
- 확증비용(Bonding Cost) : 대리인이 주체에게 해가 되는 행위를 하지 않고 있음을 확증하기 위해 대리인이 부담하는 비용
- 잔여손실(Residual Cost) : 대리인의 의사결정과 주체의 입장에서 본 최적의 의사결정 사이에는 괴리가 발생하는데 이러한 괴리로 말미암아 주체가 감수하게 되는 부의 감소

28 기업의 경영관리활동 중 계획화 과정에서 다양한 경영전략을 적용한다. 경영전략기업에 대한 다음의 설명 중 가장 적절한 것은?

① SWOT 분석은 기업의 외부환경요인과 내부요인에 대한 분석을 기초로 기업의 핵심역량을 파악하는 것이다.

② SWOT 분석에서 S(Situation)는 경쟁력 유지에 활용할 기업 상황을 의미한다.

③ BCG 매트릭스는 제품성장률과 기업외적요인인 자금점유율을 기준으로 사업포트폴리오를 평가하는 기법이다.

④ BCG 매트릭스에서 이상적 기업전략은 '별'에서 발생한 초과 자금을 '현금젖소'에 지원하여 안정적 사업단위를 구축하는 것이다.

> 해설   ② SWOT 분석에서 S(Strength)는 내부기업이 가진 장점을 의미한다.
> ③ BCG 매트릭스는 기업의 경영전략 수립에 있어 시장점유율(Market Share)과 사업의 성장률(Growth)을 기준으로 사업포트폴리오를 평가하는 기법이다.
> ④ 기업의 가장 이상적인 기업전략은 현금젖소의 자금을 별(Star)과 문제아(Question Mark)에 투자하는 것이다.

29 다음 중 조직의 형태별 특징에 대한 설명으로 가장 적절하지 않은 것은?

① 사업부제 조직은 자원의 효율적 활용으로 규모의 경제를 가져올 수 있다.

② 네트워크 조직은 필요한 정보를 중심으로 연결되므로 상황에 따라 변형되며, 필요에 따라 추가되고 제휴되는 특성을 가진다.

③ 라인 조직은 최고경영자의 명령이 상부에서 하부로 직선적으로 전달되는 조직형태이다.

④ 매트릭스 조직은 기능부서 간 유기적 협조가 이루어져 조직운영에 도움이 된다.

> 해설   사업부제 조직은 사업부마다 필요한 경영자원, 즉 인재, 물품, 금전, 정보 등의 중복으로 낭비가 생길 수 있다는 단점이 있다.

30 다음 중 경영자의 유형에 대한 설명으로 가장 적절하지 않은 것은?

① 중간경영자는 조직 각 부분에 대한 관리책임을 맡는 경영자군으로 부장, 과장 등이 이에 속한다.

② 소유경영자는 기업의 출자자임과 동시에 경영자인 사람을 말한다.

③ 전문경영자는 주주의 이윤을 극대화하기 위해 장기적 기업이익 및 성과에 치중한다.

④ 일선(하부)경영자는 일선감독자로서 기술적 능력을 갖추고 사원들의 행위에 대한 관리 책임을 진다.

> 해설   ③ 소유경영자에 대한 설명에 해당한다. 전문경영자는 독립적으로 경영발전을 계획하고 주주를 포함한 이해자 집단 간의 이해관계를 조정하는 일을 수행한다.

31 지식을 암묵지(Tacit Knowledge)와 형식지(Explicit Knowledge)로 구분할 때 다음 설명 중 가장 적절하지 않은 것은?

① 암묵지는 명확하게 보이지는 않지만 경험을 통해 오랫동안 축적된 지식이다.

② 암묵지는 언어로 표현하거나 정리하기가 쉽지 않다.

③ 형식지는 보통 언어나 문자로 표현하거나 정리되어 공유된다.

④ 형식지는 숨어 있는 '손맛', '솜씨', '노하우' 등을 의미한다.

해설 암묵지는 비법이나 노하우 등 구체적인 언어나 문서로 표현될 수 없는 지식을 의미한다.

32 구성원의 행동을 유도하는 동기부여이론에 관련한 다음의 설명 중 가장 적절한 것은?

① 허즈버그의 2요인이론에 따르면 임금을 높여줌으로써 종업원에게 만족감을 줄 수 있다.

② 아담스의 공정성이론은 개인이 과다보상을 받았다고 느끼는 경우 자신의 투입을 줄임으로써 공정성을 유지하려 한다는 것이다.

③ 매슬로우의 욕구단계론은 인간의 행위에 둘 이상의 욕구가 동시에 작용할 수 있다고 가정하였다.

④ 브룸의 기대이론에서 기대감은 자신의 노력으로 어느 정도의 성과를 낼 것인가에 대한 기대를 뜻하는 것이다.

해설 ① 허즈버그의 2요인이론에 따르면 임금은 동기요인이 아닌 위생요인으로서 종업원에게 만족을 주지 못하고 불만족을 감소시키는 작용만 한다고 보았다.
② 과다보상은 죄책감을 발생시켜 자신의 투입을 증가시키거나 타인의 산출에 따른 보상을 증가시키기 위하여 적극적으로 노력하게 한다.
③ 매슬로우의 욕구단계론은 인간의 욕구는 동시에 나타나 상호 경쟁하는 것이 아닌 계층에 따라 질서를 가진다고 가정하였다.

33 다음의 리더십 이론에 대한 설명으로 가장 적절하지 않은 것은?

① 허쉬와 블랜차드의 상황이론에서 부하의 성숙도가 매우 높은 경우에는 위임형 리더십 스타일이 적합하다.

② 블레이크와 머튼의 관리격자이론은 리더와 부하의 상황에 따라 리더십을 9개의 유형으로 구분하였다.

③ 피들러의 상황이론에서 상황의 통제가능성이 아주 높거나 낮은 극단적인 경우에는 과업중심형 리더가 적합하다.

④ 리더십 특성이론은 리더의 신체적 특성, 성격, 능력 등과 같은 개인적 특성에 초점을 두고 있다.

해설 블레이크와 머튼의 관리격자이론은 리더의 생산(=과업)에 대한 관심과 인간(=관계)에 대한 관심의 두 차원을 기준으로 리더의 행동유형을 5가지로 분류하였다.

34 매장에서 물건을 살펴보고 실제 구매는 인터넷에서 이루어지는 등 온라인과 오프라인을 넘나들면서 구매하는 것이 일반화되고 있다. 이러한 현상으로 인해 온라인과 오프라인 유통 경로를 유기적으로 융합하는 유통 전략으로 가장 적절한 것은?

① 싱글 채널 전략

② 옴니 채널 전략

③ 푸시 전략

④ 풀 전략

> **해설** ① 싱글 채널 전략 : 온라인과 오프라인 중 하나의 매장만을 운영하는 전략
> ③ 푸시 전략 : 판매원에 의한 인적판매를 이용한 유통채널 중심의 전략
> ④ 풀 전략 : 광고 등으로 소비자를 움직여 상품을 지명하여 사도록 유도하는 전략

35 다음 중 기업의 복리후생에 대한 설명으로 가장 적절하지 않은 것은?

① 복리후생의 4대보험 중 의료보험과 산업재해보험은 회사가 전액 부담하여 근로자 부담은 없다.

② 기업에서 시행하는 일부 복리후생제도는 국가의 입법에 의해 제도화되어 강제적으로 운영되고 있다.

③ 복리후생은 기본적으로 조직 구성원 전체 또는 집단에게 지급되는 집단적 보상의 성격을 지니며 다양한 형태로 제공할 수 있다.

④ 복리후생은 종업원 생활의 안정과 질의 향상을 위해 직접적 보상인 임금 외에 부가적으로 지급된다.

> **해설** 산업재해보험의 보험료는 원칙적으로 사업주가 전액 부담하며 의료보험은 피보험자와 피보험자를 사용하는 사용자가 각각 보험료액의 100분의 50을 부담한다.

36 다음 기사의 ( ) 안에 공통으로 들어갈 용어로 가장 적절한 것은?

> ○○기업의 재고자산은 지난해 상반기 1조 2,224억 원에서 올 상반기 1조 5,648억 원으로 전년 동기 대비 28% 증가했다. 매출거래에 이상이 생기거나 매출급증을 대비해 재고를 쌓아둘 때 재고자산이 크게 늘어나곤 한다. 재고자산 증가율이 매출 등가율을 상회하면서 ( )도 소폭 하락했다. ( )은 매출액을 재고자산으로 나눈 것으로 ( )이 높을수록 재고자산이 현금성자산으로 변하는 속도가 빠르다는 것을 의미한다.
> ─ ○○기업재고자산 급증 ─

① 매출채권 회전율

② 재고자산 회전율

③ 매출액 증가율

④ 유동성 비율

① 매출액을 평균매출채권 금액으로 나눈 것인데, 회전율이 높을수록 좋다.
③ 성장성의 분석에 사용되는 지표로, 기준연도 매출액에 대한 비교연도 매출액의 증가율을 말한다.
④ 기업이 단기에 상환해야 하는 부채에 대한 변제능력을 평가하는 재무비율을 의미한다.

37 다음 기사의 ( ) 안에 들어갈 시사용어로 가장 적절한 것은?

> 최근 글로벌 경기침체로 대기업들이 보수적인 경영을 하고 있는 사이, ( )는 A 기업을 비롯한 인수합병 (M&A)을 쏹쓸이 하고 있다. 미국의 KKR, 칼라일처럼 ( )는 기본적으로 기업의 경영권을 인수해 기업가치 를 높인 뒤 되팔아 수익을 남기는 목적으로 운영된다.
>
> — ○○뉴스, 2015.09.13.

① 사모펀드
② 공모펀드
③ 뮤추얼펀드
④ 인덱스펀드

② 불특정 다수에게 투자의 기회를 열어두는 것으로, 주식으로 말하면 누구라도 주식을 살 수 있는 것이다.
③ 투자자들의 자금을 모아 투자 회사를 설립해 주식이나 채권, 파생 상품 등에 투자한 후 그 운용 수익을 투자자(= 주주)에게 배당금의 형태로 나누어 주는 투자 신탁이다.
④ 선정된 목표지수와 같은 수익을 올릴 수 있도록 하는 펀드를 말한다.

38 화폐의 액면단위를 낮추는 것으로, 다음 신문기사의 ( ) 안에 들어갈 가장 적절한 용어는 무엇인가?

> ( )이란 한 나라에서 통용하고 있는 지폐나 동전이 지닌 실질가치는 유지하되 그 액면만 낮은 숫자의 지폐나 동전으로 바꾸는 것을 말한다. 흔히 인플레이션, 경제규모의 확대 등으로 거래가격이 높아짐에 따 라서 진행하게 되는 ( )은 높은 숫자에 발생하는 계산상의 불편을 줄여준다.
>
> — ○○뉴스, 2015.09.18.

① 인플레이션
② 디플레이션
③ 리디노미네이션
④ 젠트리피케이션

③ 한 나라에서 통용되는 통화의 액면가(디노미네이션)를 동일한 비율의 낮은 숫자로 변경하는 조치
① 통화량의 증가로 화폐가치가 하락하여 물가가 전반적 · 지속적으로 상승하는 경제현상
② 통화량의 축소로 물가가 하락하고 경제활동이 침체되는 현상
④ 낙후된 구도심 지역이 활성화되어서 중산층 이상의 계급이 유입되고 기존의 저소득층 사람들이 쫓겨나게 되어 지역의 구성과 성격이 변하게 되는 현상

39 기업은 자본 공급자로부터 직접자본을 조달하기 위해 주식이나 회사채를 발행한다. 이에 대한 설명으로 가장 적절하지 않은 것은?

① 회사채를 구입한 채권자는 기업의 주요 의사결정에 참여할 수 없다.

② 우선주는 보통주 취득자보다 기업 의사결정에 대한 투표에서 우선적 권리를 갖게 된다.

③ 보통주는 주식 매입시점에서 주주로서의 권리를 갖는다.

④ 우선주는 보통주보다 투자의 안전성이 크기 때문에 투자자들에게 인기가 있다.

> 해설   우선주는 의결권이 없다. 단, 배당과 다른 면에서 유리한 주식이다.

40 다음 중 마케팅 믹스의 유통관리에 대한 설명으로 가장 적절하지 않은 것은?

① 유통경로는 제품이 생산자로부터 소비자에 이를 때까지 거치는 과정이며 이 과정에는 운송업자, 금융기관, 중간상 등이 개입하게 된다.

② 포스(POS)시스템은 주로 경로유형 및 수송방법을 결정하기 위해 이용된다.

③ 유통경로관리에 수송방법 및 적정재고를 결정하는 것도 포함된다.

④ 유통경로는 대리중간상과 같이 상품에 대한 소유권 이전 없이 판매활동만 수행하는 형태도 있다.

> 해설   ② 포스시스템은 물건을 사고파는 시점을 관리할 수 있으며, 시스템에 따라 재고관리나 기타 매장관리를 위해 이용된다.

41 Choose one which is not correct.

① Fringe benefits are main source of salary that some people get from their job.

② A headhunter is an informal name for an employment recruiter, sometimes referred to as executive search.

③ Copyright is a form of intellectual property, applicable to certain forms of creative work.

④ A subsidiary is a company which is part of a larger and more important company.

해설 ① '부가급여는 일부 사람들이 자신의 직업에서 얻는 월급의 주요 원천이다'는 잘못된 설명이다. 부가급여란 근로자가 기본임금 외에 사용자로부터 받는 보수이다.
- Fringe benefits : 부가급여
- headhunter : 인재 스카우트 전문가
- Copyright : 저작권
- subsidiary : 자회사

42 Which of the followings is the most grammatically correct sentence?

① For your reference, let me explain China's retail price index.

② If you have look at this first graph, you will notice the high percent of the population using the Internet.

③ The employment's rate have peaked at 60% in December.

④ This figure is five percentages higher than a month ago.

해설 ② If you have look at this first graph, you will notice that the high percent of the population use the Internet.
③ The employment rate has peaked at 60% in December.
④ This figure is five percent higher than a month ago.

43 According to the following memorandum, which one is not true?

To : Members of Marketing Team
From : Rob Phillips
Date : Thursday, May 3

Re : Weekly meeting
Hello everyone,
It has just been brought to my attention that some of the staff members must leave for the 3-day conference this Thursday and we must hold our weekly meeting on Wednesday instead of Friday. Therefore, I need all of your completed marketing reports by 4:00 this afternoon. I know this is very short notice and I apologize for not informing you earlier.

Rob Phillips
Director of Marketing
Andrews, Inc.

① The recipients of the memorandum work for Marketing Team.
② The weekly meeting will be held on Friday on schedule.
③ Mr. Phillips is apologizing because he changed a deadline suddenly.
④ It has just brought his attention that some of his staff members can't participate in the weekly meeting on this Friday.

해설 ② 금요일 대신에 수요일에 주간 미팅이 있을 예정이다.

44 Choose the correct inside address in a business letter.

① Mr. Brian Taylor
TDM Co.
Sales & Marketing Director
11 Main Street
Grand Plains, NY 21596

② Mr. Brian Taylor
Sales & Marketing Director
TDM Co.
11 Main Street
Grand Plains, NY 21596

③ Dear Mr. Brian Taylor
11 Main Street
Grand Plains, NY 21596
TDM Co.
Sales & Marketing Director

④ Mr. Brian Taylor/TDM Co.
Sales & Marketing Director
11 Main Street
Grand Plains, NY 21596

Inside address란 봉투 안의 서신에 재차 표기하는 수신인의 주소를 가리킨다. 개인에게 보내는 서신을 그의 회사에 보내는 경우, 주소의 영문표기는 다음의 순서를 따른다.
- 개인의 성명(직책)
- 회사명
- 번지, 도로명
- 구(區) · 시(市) · 주(州) · 우편번호 등
- 국가명

45 Choose the appropriate order of sentence(s) to make a letter.

ⓐ Should you require any information, please do not hesitate to contact me by email or phone. I look forward to meeting you.

ⓑ I am writing to apply for the secretary's position that you recently advertised on a web site.

ⓒ I worked for ChemTech Engineering for last two years as an executive assistant. You will see from my resume the extent of my work that I performed on the job.

ⓓ Dear Sir or Madam :

ⓔ August 25, 2015

① ⓔ-ⓓ-ⓐ-ⓒ-ⓑ
② ⓓ-ⓐ-ⓒ-ⓑ-ⓔ
③ ⓔ-ⓓ-ⓑ-ⓒ-ⓐ
④ ⓓ-ⓑ-ⓐ-ⓒ-ⓔ

해설

ⓔ 2015년 8월 25일

ⓓ 관계되시는 분께

ⓑ 저는 당신이 최근에 웹 사이트에 광고한 비서의 자리에 지원합니다.

ⓒ 저는 ChemTech 엔지니어링에서 지난 2년 동안 간부 보조로서 일했습니다. 당신은 저의 이력서에서 제가 근무 중에 수행했던 경력들을 볼 수 있을 것입니다.

ⓐ 다른 어떤 정보가 필요하다면, 저에게 전화나 이메일로 연락 주는 것을 주저하시 마십시오. 당신과 만날 날을 고대하고 있겠습니다.

The 알아두기	편지의 형식

머리말 → 인사말 → 본문 → 끝인사 → 서명

46 Choose the most appropriate answer for the blank.

A (an) _____ is a document that lists goods that have been supplied or services that have been done, and says how much money you owe for them.

① letter of recommendation

② application form

③ invoice

④ income statement

해설　① letter of recommendation : 추천장
　　　② application form : 신청서
　　　④ income statement : 손익계산서

청구서는 공급된 상품이나 지금까지 처리된 서비스, 그리고 얼마나 많은 돈을 빚지고 있는지 등에 대한 정보가 수록된 문서이다.

47 Choose the incorrect replacement of the underlined word(s).

Recruitment refers to the overall process of finding and ⓐ hiring the ⓑ best-qualified candidate for a ⓒ job opening, in a timely and cost effective manner. The process includes analyzing the requirements of a job, attracting candidates to that job, ⓓ screening applicants, hiring, and integrating the new employee to the organization.

① ⓐ hiring → employing

② ⓑ best-qualified → most suitable

③ ⓒ job opening → vacant position

④ ⓓ screening applicants → making videos of applicants

해설　④ '지원자의 비디오 제작하기'는 '지원자 선별하기'의 대체어로 맞지 않다.

48 Choose the English expression which is not matching with the Korean part.

① 각 프레젠테이션에 대해 10분의 질문 시간이 주어집니다.

10 minutes of question time is allocated for each presentation.

② 오늘 발표자를 한 사람씩 소개하겠습니다.

Let me introduce today's presenters to you one by one.

③ 다음 중요 사항을 다시 짚어보겠습니다.

Let me just run over the key points again.

④ 저 사항은 제가 프레젠테이션 끝날 때 말씀드리겠습니다.

That brings me to the end of my presentation.

> **해설** 저 부분은 제 프레젠테이션의 마지막이 되겠습니다.

49 Read the reservation form and choose one which is not true to it.

Golden Gate Bridge Hotel
Guest Reservation Form

Name : Jones, Patricia
Address : 420 West Bay street, San Diego, CA 90210
Telephone : 510-555-3271
Citizenship : Canadian
Arrive : August 15th, 2013
Depart : the next day
Room type : Double

---

① The guest lives in the States.

② Ms. Jones' nationality is Canadian.

③ The guest is staying one night.

④ The reserved room has two single beds.

> **해설** 예약된 객실은 Double Bed가 있다. 두 개의 싱글베드가 있는 객실은 Twin Room이다.

50 According to the conversation, what is the secretary going to do right after this conversation?

Boss	: Tom, is everything ready for the annual meeting of sales managers?
Secretary	: Yes, I think so. I sent checking e-mails to all the sales managers and arranged the conference room 201.
Boss	: Did you prepare refreshments for a break time?
Secretary	: Sorry, I forgot. I will do it right away.
Boss	: How about other equipments that I asked?
Secretary	: I arranged an audio, speakers and computer projection system.
Boss	: Good.

① Secretary will send e-mails to confirm the numbers of participants.
② Secretary will prepare drinks and some snacks for the meeting.
③ Secretary will arrange audio-visual equipments.
④ Secretary will have a break time for the next meeting.

해설 ② 비서는 미팅을 위해서 음료와 간식을 준비할 것이다.

보스 : Tom, 영업 간부들의 연례 회의가 모두 준비됐나요?
비서 : 네, 그런 것 같습니다. 저는 모든 판매 관리자들에게 확인 메일을 보냈고, 201호 회의실을 마련했습니다.
보스 : 쉬는 시간을 위한 다과는 준비하셨나요?
비서 : 죄송합니다. 잊어 버렸습니다. 당장 준비하겠습니다.
보스 : 제가 요청했던 다른 기기는 어떻게 되었나요?
비서 : 오디오, 스피커 그리고 컴퓨터 프로젝션 시스템을 정비해 놓았습니다.
보스 : 좋네요.

---

51 Choose the one that is the least appropriate phrase for the following blank ⓐ.

V : Hello. I'm a friend of Mr. Lee. Can I see him now?
S : May I have your name, please? Is he expecting you?
V : I don't think so, but he'll be glad to see me.
S : _____ ⓐ _____
V : All right. I'm from ABC company and just want to describe our new products to him.
S : I see. I'm afraid he's fully booked all day. But I'll see if he is available now. Please have a seat over there for a moment.
V : Thank you very much.

---

① May I ask what your visit is in regard to?

② May I ask who's calling, please?

③ Could you tell me the nature of your business?

④ Could you tell me what you want to see him about?

② 누구 전화인지 물어봐도 될까요?

> V : 안녕하세요. Mr.Lee의 친구입니다. 제가 지금 그를 볼 수 있을까요?
> S : 당신의 이름을 알려주시겠어요? 그가 당신을 기다리고 있었나요?
> V : 아뇨. 하지만 그는 나를 보고 반가워할 것 같네요.
> S : _____ ⓐ
> V : 좋아요. 저는 ABC회사에서 왔고, 그에게 우리의 신제품이 어떤지를 말해주고 싶네요.
> S : 알겠습니다. 유감이지만 그가 하루 종일 일정이 차있네요. 하지만 그가 지금 통화할 수 있는지는 알아 볼게요. 잠시만 있으세요.
> V : 감사합니다.

52 Which of the followings is true to the conversation below?

> Visitor : Good afternoon. I'm here for an interview with the director.
> Secretary : Mr. Harris?
> Visitor : Yes, but I came too early for the appointment. The traffic wasn't as bad as I anticipated.
> Secretary : Your appointment is at 2:30, isn't it?
> Visitor : Yes, right. Could I wait for about 40 minutes around here?
> Secretary : There is a lounge on this floor where you can sit and wait. It's at the end of the hallway to the right. You can help yourself with drinks there.
> Visitor : Thanks a lot.

① Mr. Harris arrived at about ten minutes to 2:00 for an interview.

② The secretary will serve coffee to Mr. Harris.

③ Mr. Harris arrived late for his appointment due to heavy traffic on the way.

④ The director has a plan to hire Mr. Harris for a new project.

① 해리스 씨는 인터뷰를 위해 1시 50분 정도에 도착했다.
② 비서는 해리스 씨에게 커피를 대접할 것이다.
③ 해리스 씨는 가는 길에 교통체증이 있어 약속시간에 늦게 도착했다.
④ 감독은 새로운 프로젝트를 위해 해리스 씨를 고용할 계획을 가지고 있다.

> 방문자 : 안녕하세요. 저는 감독님과 인터뷰를 하려고 왔습니다.
> 비서 : 해리스 씨인가요?
> 방문자 : 네, 그런데 제가 약속 시간에 너무 일찍 왔군요. 교통이 제가 예상했던 것보다 나쁘지 않았네요.
> 비서 : 당신과 약속한 시간이 2시 30분 아닙니까?
> 방문자 : 네, 맞아요. 40분 정도 인근에서 기다릴 수 있을까요?
> 비서 : 당신이 앉아서 기다릴 수 있는 라운지는 이 층에 있습니다. 오른쪽 복도 끝에 있어요. 음료를 마음껏 드셔도 됩니다.
> 방문자 : 감사해요.

53 Which of the followings is the most appropriate expression for the blank ⓐ?

A : Good afternoon. Mr. Brown's office.
B : This is Jane Kim from First Securities. May I speak to Mr. Brown?
A : I'm sorry, but _____ ⓐ _____.
B : Is there any way I can contact him now? I have some urgent matters to discuss with him.
A : I'll have him return your call as soon as I locate him, if that's all right.
B : Yes, please. I'll be waiting for his call. Thanks. I appreciate it.
A : You're welcome.

① He's with a client and asked not to be disturbed unless it's urgent.
② He has an urgent matter to discuss with you.
③ He has been expecting your call.
④ He's out of town on business.

해 설 ④ 그는 출장 중입니다.
① 그는 고객과 함께 있으며, 급한 일이 아니면 방해받지 않았으면 좋겠다고 요청했습니다.
② 그는 당신과 논의해야 할 급한 문제가 있습니다.
③ 그는 당신의 전화를 기다리고 있습니다.

A : 안녕하세요. Mr. Brown의 사무실입니다.
B : First 증권의 Jane Kim입니다. Mr. Brown을 바꿔 주시겠어요?
A : 죄송하지만, _____ ⓐ _____.
B : 제가 지금 그에게 연락할 수 있는 방법이 없을까요? 그와 의논해야 할 급한 일이 있습니다.
A : 당신이 괜찮으시다면, 그가 돌아오면 가능한 빨리 그가 당신에게 전화드릴수 있도록 하겠습니다.
B : 네, 부탁드립니다. 그의 전화를 기다릴게요. 고마워요. 감사합니다.
A : 천만에요.

54 According to the following conversation, why did Mr. Anderson make a call to Ms. Hong?

Ms. Hong	: Good morning, Mr. Stewart's office. What can I do for you?
Mr. Anderson	: This is Peter Anderson of ABC Technology. I'm afraid I need to change my Friday meeting with Mr. Stewart. Something has come up, and I won't be able to make it. Can we change it to next week?
Ms. Hong	: All right. Mr. Stewart is available on Tuesday at 10 o'clock or at 4 o'clock.
Mr. Anderson	: O.K. shall we say Tuesday at 4 o'clock?
Ms. Hong	: That's fine, Mr. Anderson.
Ms. Anderson	: Thank you.

① to reschedule an appointment to next week

② to confirm an appointment

③ to set up an appointment with Ms. Hong

④ to check his appointment

해설 ① 다음 주에 약속 시간을 재조정하기 위해
② 약속을 확인하기 위해
③ Ms. Hong과 약속을 만들기 위해
④ 그의 약속을 확인하기 위해

Ms. Hong	: 안녕하세요. Mr. Stewart 사무실입니다. 무엇을 도와 드릴까요?
Mr. Anderson	: ABC기술의 피터 앤더슨입니다. 유감이지만 스튜어트 씨와의 금요일 회의를 바꾸어야 할 듯합니다. 일이 생겨서 제가 해낼 수 없을 것 같네요. 다음 주로 바꿀 수 있을까요?
Ms. Hong	: 알겠습니다. 스튜어트 씨는 화요일 10시나 4시에 시간이 가능합니다.
Mr. Anderson	: 네, 화요일 4시가 어떨까요?
Ms. Hong	: 좋습니다. 앤더슨 씨.
Mr. Anderson	: 감사합니다.

55 Read the following letter and choose one which is true.

Dear sir,

I would like to book a single room with bath from the 28th of September to the 2nd of October for Mr. Jay Lee, our Export Manager.

As you know, our executives normally stay at the Hilton Hotel when in New York. We would like you to provide a room on the executive floor overlooking the ocean and harbor during his stay.

Mr. Lee will arrive in the evening on the 28th of September and is intending to leave in the late afternoon on the 3rd of October.

You may remember that he stayed at your hotel last year. We should be greatly obliged if you would let us have your current prices including service charges.

I would like you to confirm this booking by return.

Yours truly,

Sunna Cho/Secretary to Mr. Jay Lee

① Ms. Cho is planning to take a business trip to New York.

② Mr. Lee needs the hotel information because he has never visited this place.

③ The secretary is making a reservation for her business trip.

④ The hotel is supposed to confirm the hotel reservation.

해설 ④ 호텔은 호텔 예약을 확인하도록 되어 있다.
① Ms. Cho는 뉴욕으로 출장 갈 계획이다.
② Mr. Lee는 이 장소에 머문 적이 없으므로 이 호텔의 정보가 필요하다.
③ 비서가 그녀의 출장 예약을 하고 있다.

관계되시는 분께
저는 우리 수출 관리자인 Mr. Jay Lee를 위해 9월 28일부터 10월 2일까지 욕실이 딸린 싱글룸을 예약하고 싶습니다.
당신도 알다시피, 우리 간부들은 뉴욕에 있을 때 보통은 힐튼 호텔에서 머뭅니다. 우리는 당신에게 바다와 항구가 보이는 귀빈층의 방을 예약하고 싶습니다.
Mr. Lee는 9월 28일 저녁에 도착할 예정이고 10월 3일 늦은 오후에 떠나는 것 같네요.
당신은 그가 당신의 호텔에서 작년에 머물렀던 것을 기억할지도 모르겠네요. 우리에게 서비스 요금을 포함한 현재 가격을 알려 주신다면 매우 감사하겠습니다.
이 예약을 당신에게 최대한 빨리 확인받고 싶습니다.
당신의 진정한 벗
Sunna Cho가/Mr. Jay Lee의 비서

56 According to the following conversation, which one is not scheduled for Mr. Park?

> Mr. Park　　: Ms. Kang, can you tell me what my schedule is today?
> Secretary　 : You have a full schedule today. It's going to be a busy day.
> Mr. Park　　: What should I do first?
> Secretary　 : Please handle this report first.
> Mr. Park　　: How about staff meeting?
> Secretary　 : That can wait.
> Mr. Park　　: What's next?
> Secretary　 : You have a meeting with John Smith of Pacific Holdings at 10 a.m. and luncheon appointment with Mr. Brown, the managing director of ABC company at the Hilton Hotel at noon.
> Mr. Park　　: Anything else?
> Secretary　 : The staff meeting is scheduled at 3 p.m.

① He is due to participate in a meeting in the morning.

② He will have lunch with the executive of a company.

③ He has to report a document to the managing director of ABC company.

④ He is scheduled to attend the staff meeting in the afternoon.

해설　③ 그는 ABC회사의 전무이사로 문서 신고를 해야 한다.
①　그는 아침 모임에 참가할 예정이다.
②　그는 회사의 경영진과 함께 점심을 먹을 것이다.
④　그는 오후에 직원 회의에 참석할 예정이다.

> Mr. Park : Ms. Kang, 오늘 내 스케줄을 말해 줄래요?
> 비서　　 : 오늘 스케줄이 꽉 찼습니다. 바쁜 하루가 되겠습니다.
> Mr. Park : 내가 무엇부터 해야 하나요?
> 비서　　 : 먼저 이 보고서부터 처리하십시오.
> Mr. Park : 직원 회의는 어때요?
> 비서　　 : 그건 좀 기다릴 수 있습니다.
> Mr. Park : 그럼 다음은 무엇인가요?
> 비서　　 : John Smith Pacific 홀딩스와 오전 10시에 미팅이 있으며, 오후에 힐튼호텔에서 ABC회사의 상무이사 Mr. Brown과 오찬 약속이 있습니다.
> Mr. Park : 다른 게 또 있나요?
> 비서　　 : 직원회의가 오후 3시에 예정되어 있습니다.

57 Read the following conversation and Choose the one which is not true to the conversation.

Boss	: How's everything going on with the conference next week?
Secretary	: Everything is fine, sir. Refreshments for each break session has been ordered as discussed this morning.
Boss	: Most of the attendees are visiting here for their first time. Please make sure they can find the venue easily.
Secretary	: Okay. I already placed a number of posters at every entrance of the building. It shows the key information and precise directions to the venue of the conference from the lobby.
Boss	: Please add some more staffs around the top floor where the opening ceremony will be held.
Secretary	: OK.

① The boss made an extra instruction to the secretary in this discussion.

② The place where the conference will start is on the top floor of the building.

③ The notice on the major gates of the building shows the way to the opening ceremony of the conference.

④ More people will be assigned in the lobby to facilitate the conference preparation.

해설 ④ 많은 사람들이 회의 준비에 용이하도록 로비에 배정될 것이다.
① 상사는 비서에게 이 논의에서 추가로 지시를 내렸다.
② 회의가 시작될 장소는 건물의 맨 위층이다.
③ 건물 입구의 안내판은 회의의 개막식으로 가는 길을 알려 준다.

상사 : 다음 주 회의는 잘 되어가고 있어요?
비서 : 네, 모든 것이 좋습니다. 휴식 시간을 위한 다과는 오늘 아침 거론된 곳에서 주문했습니다.
상사 : 참석자들 중 대부분이 이곳을 처음으로 방문하고 있어요. 그들이 쉽게 장소를 찾을 수 있도록 하세요.
비서 : 네, 이미 그 건물의 모든 입구에 포스터를 붙여 놓았습니다. 그것은 현관 입구로부터 회의장으로 가는 주요 정보와 중요한 방향을 안내해 줍니다.
상사 : 개막식이 열리는 맨 위층 주위에 더 많은 직원들을 추가해 주세요.
비서 : 네.

58 What equipment is necessary to implement the new policy mentioned in the memo below?

To: All employees
Re: New policy on information protection law
The Information Committee has recently agreed on introducing a new policy as the private information protection law has been enacted by the government. An improved security measure related to our paper recycling practice will be implemented effective as of September 1, 2015. It requires all the documents produced or received by the company to be no longer recycled after their use, but destructed. We are taking this measure at the safety inspectors' recommendations based on their findings.

① The paper storage
② The film laminator
③ The file cabinet
④ The paper shredder

59 Which of the followings is not appropriate expression?

S : Good afternoon. May I help you?
V : Hello, Mr. Park is in, ⓐ is he?
S : Just a moment, please. May I have your name?
V : Oh, I'm a good friend of Mr. Park. So I'll just go in.
S : I'm sorry, but I'll have to get your name and the nature of your business before I'm allowed to ⓑ let you in.
V : Oh, of course. Here's my business card.
S : Mr. Mike Hampton of AGI. And ⓒ What do you wish to see Mr. Park about?
V : Well, I'm ⓓ an old friend of his from college days, and I'd like to talk to him about our new life insurance.

① ⓐ is he
② ⓑ let you in
③ ⓒ What do you wish to see
④ ⓓ an old friend of his

60 Choose one which is not true to the given conversation.

> Ms. Clinton : Hello, Sandra Clinton speaking.
>
> Mr. Clark : Hello, Ms. Clinton. This is James Clark from TBN Company. I'm calling in regard to your message about a meeting.
>
> Ms. Clinton : Thank you for returning my call. I was calling to see if we could meet tomorrow to discuss our investment policy.
>
> Mr. Clark : Sure, what time is fine with you?
>
> Ms. Clinton : How about tomorrow afternoon at 2 o'clock at my office?
>
> Mr. Clark : That sounds good.
>
> Ms. Clinton : Then, see you tomorrow at 2 in the afternoon. And please check the details of investment policy before coming.
>
> Mr. Clark : Okay. See you.

① Mr. Clark is returning Ms. Clinton's call.

② Ms. Clinton and Mr. Clark will have a meeting at Ms. Clinton's office.

③ The person who suggested a meeting first is Mr. Clark.

④ Mr. Clark should check the investment policy before the meeting tomorrow.

해설 ③ 첫 번째로 회의를 제시한 사람은 Mr. Clark가 아니라 Ms. Clinton이다.

> Ms. Clinton : 안녕하세요, Sandra Clinton입니다.
>
> Mr. Clark : 안녕하세요, Mr. Clinton. TBN 회사의 James Clark입니다. 저는 회의에 대한 당신의 메시지에 관련해서 전화드렸습니다.
>
> Ms. Clinton : 다시 전화주셔서 감사합니다. 우리가 투자정책을 논의하기 위해 내일 만날 수 있는지를 알기 위해 전화드렸습니다.
>
> Mr. Clark : 물론입니다, 몇 시가 좋으십니까?
>
> Ms. Clinton : 내일 오후 2시에 제 사무실에서 어떻습니까?
>
> Mr. Clark : 좋습니다.
>
> Ms. Clinton : 그러면 내일 오후 2시에 뵙겠습니다. 그리고 투자정책의 세부사항은 오시기 전에 체크 부탁드리겠습니다.
>
> Mr. Clark : 네, 내일 뵙겠습니다.

61 다음 중 김채영 비서의 이메일 사용방법에 대한 설명 중 가장 적절하지 않은 것은?

① 동시에 여러 사람에게 동일한 전자우편을 보낼 수 있는 동보기능을 사용하였다.

② 첨부파일을 포함하여 받은 전자우편을 다른 수신자에게 보내기 위해 BCC를 사용하였다.

③ 수취 일시를 저장해 그 일시에 수취인에게 송신되도록 예약하였다.

④ 본래의 수신인 이외에 다른 수신인을 지정하여 발신하기 위해 CC를 사용하였다.

해설 첨부파일을 포함해 받은 전자우편을 다른 수신자에게 보내는 것은 전달(Forward)을 사용한다.

62 다음의 발신문서 처리 방법 중 가장 적절하지 않은 것은?

① 모든 문서는 전자파일로 저장하고 복사본도 반드시 보관한다.

② 비밀을 요하는 문서는 봉투에 넣어서 직접 전달한다.

③ 중요 우편물의 발신부를 만들어 기록해 둔다.

④ 특별 우편물에는 친전이라고 쓰고 반드시 봉한다.

해설 모든 문서는 전자파일로 보관하되, 필요시에는 복사본을 만들어 보관한다.

63 공공기관의 김인경 비서는 문서의 보관 및 폐기 업무를 처리하고 있다. 다음 설명 중 가장 적절하지 않은 것은?

① 보존기간이 지난 문서는 보존 여부를 다시 한 번 검토하여야 한다.

② 원본이 있는 문서의 사본은 처리 종결 후 수시 폐기한다.

③ 문서의 보존기간에 따라 문서전담 부서에서 폐기할 때까지 문서보존함이나 보존장소에 유지 · 관리한다.

④ 이용가치가 낮아진 문서를 문서보존창고로 옮기는 것을 '보존'이라고 한다.

해설 ④ 이용가치가 낮아진 문서를 문서보존창고로 옮기는 것을 '이관'이라고 한다.

64 아래 표는 사무관리 자격시험의 검정 현황이다. 연도별로 필기시험의 응시인원, 합격인원, 합격률을 비교하기에 가장 적절한 그래프의 유형은?

(5) 검정 현황

연 도	필 기			실 기		
	응 시	합 격	합격률(%)	응 시	합 격	합격률(%)
2011	36,267	19,081	52.6%	22,480	12,791	56.9%
2010	55,262	19,076	34.5%	29,683	15,583	52.5%
2009	80,976	34,590	42.7%	42,660	23,652	55.4%
2008	91,575	39,523	43.2%	53,005	34,071	64.3%
2007	96,850	60,188	62.1%	66,886	45,275	67.7%

① 연도별 필기시험의 응시인원, 합격인원 비교를 위한 세로막대와 연도별 합격률 추이를 위한 꺾은선의 혼합형 그래프
② 응시인원 대비 합격률에 대한 백분율을 비교할 수 있는 100% 기준 누적 세로 막대그래프
③ 연도별 합격률 비교를 위한 거품형 그래프
④ 연도별 필기시험의 응시인원, 합격인원, 합격률을 색깔별로 표시한 꺾은선 그래프

해설 막대형 그래프는 각각의 크기(응시인원, 합격인원)를 비교하기에 편리하며, 꺾은선 그래프는 시간(연도)에 따라 연속적으로 변화하는 모양을 나타내는 데 편리하다.

65 경기전자 모바일사업본부장 비서로 일하고 있는 장채은 비서는 제품 발표회 준비를 앞두고 회의장에서 다양한 종류의 휴대폰 모형을 직접 보여주면서 프레젠테이션을 진행할 때 사용할 기자재를 선정하고 있다. 다음 중 가장 적합한 기자재는 무엇인가?
① 빔 프로젝터
② OHP
③ 실물화상기
④ 3D 프린터

해설 ③ 물건의 실제형태를 화상기에 비추는 기계로 여러 사람들에게 보여줄 때 주로 사용된다.

66 홍보회사에서 근무하는 윤슬아 비서의 SNS 활용 및 관리에 대한 설명 중 가장 적절하지 않은 것은?

① 비서는 항상 다양한 소셜 미디어에 관심을 가지고 상사 및 회사와 관련된 내용을 주기적으로 모니터링해야 한다.

② 우리 회사와 팔로워를 맺은 인원, SNS상에서 다루어지고 있는 주요 내용, 소비자의 관심 분야도 파악하고 있어야 한다.

③ 경쟁사의 SNS는 관심을 갖지 않아야 우리 회사의 SNS 운영을 효율적으로 할 수 있다.

④ 사내 직원들이 회사 SNS를 활용하고 홍보할 수 있도록 적극 권장한다.

해설 경쟁사의 SNS 홍보활동에도 관심을 가져야 우리 회사의 SNS 운영을 효율적으로 할 수 있다.

67 방송국에 근무하는 김인형 비서의 기밀문서 관리에 관한 설명 중 가장 적절하지 않은 행동은?

① 기밀문서를 관리하는 컴퓨터상의 폴더는 반드시 비밀번호를 설정한다.

② 기밀문서를 필요 이상으로 복사해 두거나 이면지로 사용하지 않도록 한다.

③ 처리가 완료되지 못한 문서 작업은 긴급한 경우에만 집으로 가져가서 한다.

④ 퇴사한 지인으로부터 사내 기밀 정보에 관한 요청을 받을 경우, 정중히 거절한다.

해설 기밀문서는 외부장소에 노출되어서는 안 된다.

68 외국계 기업의 김민서 비서는 고객의 명함을 정리하고 있다. 다음 중 순서가 가장 적절한 것은?

(가) J. H. Andrew
(나) James M. Andrew
(다) A. G. Chris
(라) Anne G. Chris

① (나) – (가) – (라) – (다)
② (가) – (나) – (다) – (라)
③ (다) – (라) – (가) – (나)
④ (라) – (다) – (나) – (가)

해설 성의 알파벳순으로 정리한다. 성이 같으면 이름의 알파벳순으로 정리한다.

69 다음은 EDI로 문서를 작성한 예이다. 가장 적절하지 않은 것은?

① 무역회사의 무역주문서 작성

② 의료기관의 국민건강보험 의료비 청구

③ 홈쇼핑회사의 물류정보 전송

④ 광고회사의 디자인시안 수정

> 해설 EDI의 대상은 컴퓨터가 직접 읽어 해독하고 인간의 개입 없이 다음 업무처리를 자체적으로 처리할 수 있는 주문서, 영수증 등과 같은 정형화된 자료이므로 광고회사의 디자인시안 수정은 적절하지 않다.

70 정부투자기업에서 근무하고 있는 문애라 비서가 공문서를 작성하고 있다. 다음 중 공문서 작성 시 기안문의 "끝" 표시가 가장 적절하지 않은 경우는?

① 문서의 본문 내용의 마지막 글자에서 한 글자 띄우고 "끝" 표시를 한다.

② 첨부물이 있을 때에는 첨부의 표시 끝에 1자 띄우고 "끝"을 표시한다.

③ 본문의 내용이 표 형식으로 끝나는 경우 표의 중간까지만 작성한 경우에는 "끝" 표시를 하지 않고 마지막으로 작성된 칸의 다음 칸에 "이하 빈칸"으로 표시한다.

④ 본문의 내용이 표 형식으로 끝나는 경우 표의 마지막 칸까지 작성한 경우 표 아래 오른쪽 끝에 "끝" 표시를 한다.

> 해설 본문의 내용이 표 형식으로 끝나는 경우에는 표의 마지막 칸까지 작성되면 표 아래 왼쪽 한계선에서 한 글자를 띄운 후 "끝" 표시를 한다.

71 아래와 같이 비서들이 쾌적한 사무실 환경유지를 위한 다양한 노력을 하고 있다. 이 중 가장 바람직하지 않은 것은?

① 김 비서는 사무실이 상당히 좁은 편이라 밝은 색으로 벽면을 처리하였다.

② 민 비서는 실내공기정화기능이 뛰어난 산세베리아를 비서실에 놓아 두었다.

③ 정 비서는 높은 조도를 필요로 하는 정밀한 작업을 할 때에는 스탠드를 병행하여 사용하였다.

④ 채 비서는 먼지가 나지 않도록 모니터를 물걸레로 닦았다.

> 해설 ④ 모니터를 물걸레로 닦으면 기계 속에 물이 들어갈 수 있기 때문에 고장의 우려가 있다.

72 다음은 상공에너지의 직무전결표이다. 이에 의거한 문서의 결재처리가 가장 올바른 경우는?

부 서	업무내용	부서장	상 무	부사장	사 장
인 사	국내출장(이사 이상)				○
	국내출장(부장)			○	
	휴가(부장, 관리책임자급)			○	
	휴가(차장급 이상)		○		
총 무	사옥 임대차				○
	사옥 내 사무실 이전사항			○	

① 상공은행과 지점 임대차계약 체결을 위하여 사장님이 부재중이라 부사장님에게 후결을 받았다.
② 인사부를 6층으로 이전하기 위하여 부사장님이 부재중이라서 상무님에게 전결을 받았다.
③ 인사부장의 휴가원 처리를 위해서 부사장님에게 전결을 받았다.
④ 총괄 상무의 제주도 출장을 위해서 사장님에게 전결을 받았다.

해설 위의 직무전결표에 의하면 인사부서에서의 국내출장(부장)의 결재처리는 부사장님께 전결을 받는다.

73 다음 전자문서 정리 절차의 각 단계에 관한 설명 중 가장 적절하지 않은 것은?
① 등록이란 전자문서가 진본으로서 신뢰받을 수 있도록 변형이나 훼손으로부터 보호받으며, 필요할 때 이용 가능한 상태로 정보 처리 시스템에 저장되어 관리하는 과정이다.
② 생성이란 전자문서를 작성하여 보존하기로 결정하는 과정이다.
③ 추적이란 전자문서와 관련되어 발생하는 모든 행위에 대한 내역을 생성, 저장, 관리하는 과정이다.
④ 유통이란 조직 내·외부로 전자문서가 송신되는 것을 의미한다.

해설 전자문서가 진본으로서 신뢰받을 수 있도록 변형이나 훼손으로부터 보호받으며, 필요할 때 이용 가능한 상태로 정보 처리 시스템에 저장되어 관리하는 과정은 보관이다.

The 알아두기 전자문서 관리 절차
생성 → 등록 → 분류 → 보관 → 추적 → 유통 → 처분

74 다음 중 데이터베이스 관리 시스템에 대한 설명으로 가장 적절하지 않은 것은?

① Database Management System이며 약자로 DBMS라고 한다.
② 테이블에 작성되어 저장된 데이터를 이용하여 폼이나 쿼리, 보고서 등의 기능을 이용하여 데이터 관리가 가능하다.
③ MS-Access는 개인사용자용으로 개발된 데이터베이스 관리 시스템이다.
④ 다수의 컴퓨터 사용자가 이용하기 때문에 데이터가 중복되는 오류는 불가피하다.

해설 데이터베이스는 여러 응용프로그램이 공동으로 소유하고 유지하며 이용할 수 있다. 또한 데이터의 연결점을 유지하고 동시에 데이터의 중복을 방지하며 효율적인 데이터 사용을 가능하게 해준다.

75 한국전자는 IPO를 앞두고 대표이사인 상사가 IR 프레젠테이션을 할 예정이어서 상사를 위해 비서가 시각 자료를 작성 중이다. 이 중 가장 적절하지 않은 것은?

① 정확한 수치 제공보다는 청중의 감성에 호소할 수 있는 이미지 광고 느낌으로 제작하였다.
② 슬라이드의 마스터 배경을 회사의 로고와 CI를 활용하여 만들었다.
③ 지루함을 피하고 흥미를 유발하기 위하여 화면전환 효과를 적절하게 사용하였다.
④ 회사의 주요 서비스와 제품에 관해 설명하기 위한 Flash 파일을 만들어서 삽입하였다.

해설 IR은 기업이 자본시장에서 정당한 평가를 얻기 위한 주식 및 사채투자자들을 대상으로 실시하는 홍보활동이므로 정확한 수치의 제공이 중요하다.

76 다음 중 업무 관련 정보 수집을 위해 신문을 이용하는 비서의 행동에 대한 설명으로 가장 옳지 않은 것은?

① 장 비서는 인물 동정란을 보고 상사 지인들의 승진, 영전, 부고를 찾아본다.
② 강 비서는 효과적인 정보 수집을 위해 모든 기사를 빠짐없이 꼼꼼히 읽는다.
③ 남 비서는 주요 기사를 놓치지 않기 위해 상사의 정보 요구에 적합한 2, 3종의 신문을 선별하여 조사한다.
④ 최 비서는 큰 제목을 기준으로 훑어보아 중요 기사를 파악한 후 필요한 기사를 찾아 읽는다.

해설 비서는 상사에게 필요한 정보 및 필요 정보 원천 판단에 따른 정보 선별 능력이 필요하다.

77 다음에 설명된 개념이 올바르게 짝지어지지 않은 것은?

> 가. 전자상거래 중에서 기업 간의 거래를 의미
> 나. 전자상거래 중에서 회사와 정부의 거래를 의미
> 다. 전자상거래 중에서 정부 간의 거래를 의미
> 라. 전자상거래 중에서 소비자와 소비자 간의 거래를 의미

① 가 – B2B
② 나 – B2E
③ 다 – G2G
④ 라 – C2C

> 해설 B2E(Business to Employee)는 기업과 직원 사이의 전자상거래를 의미한다.

78 다음 중 편지병합에 대한 설명으로 가장 적절하지 않은 것은?

① 편지병합은 동일한 내용의 편지를 받는 사람의 정보만 달리하여 여러 명에게 보낼 때 사용하는 기능이다.
② 편지병합을 위해서는 두 개의 파일, 즉 내용 파일과 데이터 파일이 필요하다.
③ 데이터 파일은 기존 데이터 파일을 편집하여 사용하거나 새로운 데이터 파일을 만들어 사용할 수도 있다.
④ 사용 가능한 데이터 파일로는 엑세스, 아웃룩, 엑셀, 파워포인트 파일 등을 사용할 수 있다.

> 해설 파워포인트에는 편지병합(메일머지) 기능이 없다.

79 다음 중 수신문서의 처리방법에 대한 설명으로 가장 적절한 것은?

① 팀비서인 박 비서는 접수된 모든 우편물을 개봉하여 내용을 꼼꼼히 확인한 후 업무 담당자에게 전달한다.
② 팀비서인 정 비서는 수신된 우편물의 봉투 여백에 접수일부인(Date Stamp)을 찍어 수신 날짜를 표기해 둔다.
③ 상사로부터 우편물 개봉을 허가받은 김 비서는 우편물을 개봉한 후 크기에 따라 보기 좋게 정리하여 상사에게 드린다.
④ 이 비서는 상사의 요청이 없어도 관련 문서 사본을 첨부하여 상사에게 함께 드린다.

> 해설 수신문서는 내용을 보아서 상사에게 보일 것, 다른 부서로 보낼 것, 대리로 처리할 것, 폐기할 것 등으로 나누어 처리한다.

80 다음 기사에 대한 설명 중 가장 올바르지 않은 것은?

〈전략〉

AB자동차는 최근 급격한 원화가치 상승에 따른 외환 동향을 24시간 실시간으로 점검하면서 수익성 악화 가능성을 염두에 두고 대책 마련에 나서고 있다. 〈중략〉

국내공장 생산분 중 70% 가까이 수출하는 AB자동차의 경우 환율이 하락할수록 수익성이 낮아지는 구조다. 〈중략〉

전기 · 전자업체도 환율 하락의 장기화 가능성에 대비해 상황을 주시하고 있다. 전자업계 관계자는 "통화 결제를 다양화했기 때문에 특정 환율의 움직임이 사업에 큰 영향을 주지는 않는다"며 "단기적인 변화보다는 장기적인 환율 흐름을 주시하고 있다"고 말했다. 〈중략〉 CD전자 실적 개선의 일등 공신인 반도체와 디스플레이 등 부품 부문은 결제가 달러화로 이뤄진다. 이에 따라 원 · 달러 환율이 더 떨어지면 매출에도 영향을 미칠 것으로 예상된다. CD전자가 3분기 시장 기대치를 훌쩍 뛰어넘는 영업이익을 올렸던 것도 환율 효과에 기인한 측면이 강하다.

정유업계는 환율 하락에 따른 영향이 복합적인 만큼 환헤지 및 시장 모니터링 강화 등을 통해 영향을 최소화하는 데 골몰하고 있다. 국내 정유사들은 원유를 전량 수입하는 만큼 환율이 하락하면 그만큼 같은 양의 원유를 더 적은 돈을 주고 구입할 수 있어 유리하다.

반면 정유사들이 원유를 들여와 정제한 뒤 상당 부분을 수출하는 수출 중심형 사업구조를 가진 만큼 환율 하락에 따른 이익은 상당 부분 상쇄된다. 국내 1위 업체인 EF계열은 수출 비중이 무려 75%에 달한다. 원유 매입 당시보다 석유제품을 만든 뒤 내다 팔 때 환율이 낮으면 시차 효과로 인한 환차손 발생도 우려된다. 〈중략〉

무역업계는 단기적으로는 환율 변동의 영향이 크지 않을 것이라는 전망이 다소 우세해 보인다. 수출입 업무나 3국 간 거래 등을 할 때 이미 대부분 환헤지를 해 놓기 때문이다. 한 무역업체 관계자는 "다만 원화 환율 강세가 중장기적으로 지속된다면 수출 경쟁력에 차질이 생길 수도 있다"고 설명했다.

조선업계 환율 변동에 큰 영향을 받지 않는다. 조선업계 관계자는 "조선은 전체 매출에서 수출이 차지하는 비중이 90%가 넘어 안정적 경영활동을 위해 환헤징을 하기 때문에 환율 변동의 영향이 제한적"이라면서 "대금이 들어오는 시점의 환율을 고정해 놓는다"고 설명했다.

〈일간 NTN 2015. 10. 16일자〉

① 정유업계는 원유 매입 당시보다 수출할 때 환율이 낮으면 환차손 발생이 우려된다.
② 무역업계나 조선업계처럼 환헤지를 해 놓으면 환율 변동에 크게 영향을 받지 않는다.
③ AB자동차는 달러 가치가 올라감에 따라서 수익성이 낮아지는 구조이다.
④ CD전자가 3분기 어닝 서프라이즈를 기록한 것은 원 · 달러 환율이 높았기 때문이기도 하다.

해 설   ③ AB자동차의 경우 달러 가치가 하락함에 따라서 수익성이 낮아지는 구조이다.

2016

기출문제 및 해설

아이들이 답이 있는 질문을 하기 시작하면
그들이 성장하고 있음을 알 수 있다.

– 존 J. 플롬프 –

01 다음 중 전문비서 윤리강령의 내용과 가장 부합하는 비서의 태도는?

① 퇴근 후 비서모임 세미나에서 회사 고객사의 신사업 내용을 주제로 기획 아이디어 토론을 한다.

② 임원 비서로서 모든 업무는 동료들과의 팀워크보다 임원의 업무 만족도 증진을 우선으로 한다.

③ 자원 및 환경보존이라는 직무 윤리를 이행하고자 종이컵 사용 절제를 실천하여 경험을 공유해 본다.

④ 비서직무수행효과 제고를 위해 상사에 대한 충성심은 조직 순응보다 우선시 된다.

해설 ③ 전문비서 윤리강령 중 직무에 관한 윤리에서 '자원 및 환경 보존'에 해당한다. 비서는 업무 수행 시 경비 절감과 자원 절약, 환경 보존을 위해 노력한다.

① 비서의 직무나 윤리 강령에 해당되지 않는다.

② 비서는 존중과 신뢰를 바탕으로 임원의 업무 만족도 증진도 중요시 여겨야 하지만 동료와의 관계 및 팀워크를 더 중요시해야 한다.

④ 비서는 전문적인 지식과 사무 능력을 보유하고, 업무를 효율적으로 수행함으로써 상사와 조직의 이익을 증진시켜 회사 전체의 이익을 우선시해야 한다.

전문비서 윤리 강령

• 직무에 관한 윤리

– 비서는 업무와 관련하여 얻게 되는 상사나 조직, 또는 고객에 대한 정보의 기밀을 보장하고, 업무 외의 목적으로 기밀 정보를 사용하지 않는다.

– 비서는 전문적인 지식과 사무 능력을 보유하고, 업무를 효율적으로 수행함으로써 상사와 조직의 이익을 증진시 킨다.

– 비서는 항상 상사와 고객에게 예의를 갖추어 친절하게 대한다.

– 비서는 존중과 신뢰를 바탕으로 동료와의 관계 및 팀워크를 중요시한다.

– 비서는 최선의 업무 결과에 대한 정당한 대우를 받을 권리가 있으나 부당한 목적을 위해 제공되는 보상에 대해서는 응하지 않는다.

– 비서는 업무 수행 시 경비 절감과 자원 절약, 환경 보존을 위해 노력한다.

– 비서는 자신의 직무와 관련된 사항에 대해 직무 수행 효과를 제고한다.

• 전문성에 관한 윤리

– 비서는 지속적인 자기개발을 위해 교육 훈련 프로그램에 적극적으로 참여함으로써 비서로서의 전문성을 유지 및 향상시킨다.

– 비서는 자신의 전문성을 향상시킬 수 있는 전문직 단체에 참여하여 정보 교환과 상호 교류를 통해 비서직 성장 발전과 권익 옹호를 도모한다.

– 비서는 직업의 명예와 품위 향상을 위하여 노력한다.

– 비서는 지역 사회의 발전 및 공공의 이익을 도모할 수 있는 각종 봉사 활동에 적극적으로 참여한다.

02 다음은 보람생명보험 회장실 비서 김혜진 과장에 대한 설명이다.

> 보람생명보험 회장실 비서 김혜진 과장의 프로필은 다음과 같다.
> 삼십대 중반의 나이, 회장실 비서경력 12년차, 결혼 2년차, 그리고 식품영양학과 출신이다. 누구보다도 아침을 일찍 시작하는 김혜진 과장. 7시 출근 4시 퇴근의 회사 규정 때문이기도 하지만 아침을 여유롭게 시작해야 하루가 즐겁다고 말한다. 회장실 비서경력 12년차로 같은 분을 12년 보좌했지만 아직까지 어려운 부분이 있다. 물론 많은 부분에서 익숙하고 업무상으로도 잘 알고 있지만 스스로가 매너리즘에 빠지지 않으려고 매사에 노력한다고 한다.
> 주요 업무로는 회장님의 전반적인 스케줄 관리, 대외자료 정보 보고, 문서관리, 수신/발신 업무, 사장실 비서 관리 등을 주 업무로 하고 있다. 그리고 관계사 후배비서들을 대상으로 1년에 1~2번 정도 특강 형식의 교육을 진행하게 되는 경우도 있다. 또한 그녀는 요즘 비서직으로 첫발을 내딛는 후배들의 경우에는 비서교육에서 배운 이론과 실제, 현 업무의 차이점 때문에 괴리감 및 심한 스트레스를 받는 사람이 많다며 안타까운 마음을 나타냈다.

위의 내용으로 보아 김혜진 과장이 자신의 경력 개발을 위해 확대해 나갈 수 있는 업무 분야로 가장 적절하지 않은 것은?

① 신입사원 교육훈련
② 사내 정책수립
③ 비서 인사관리
④ 비서 전문가 대외활동

해설 지문에서 김혜진 과장의 업무는 회장님의 전반적인 스케줄 관리, 대외자료 정보 보고, 문서관리, 수신/발신 업무, 사장실 비서 관리, 비서 교육 진행, 신입사원 교육훈련 등의 분야로 업무를 확대하고 있다. 그러나 '사내 정책수립'은 비서의 주요 업무라고 할 수 없다.

03 창업주이던 상사 부친의 장례를 회사장으로 치르기로 결정하였다. 비서 A양이 언론자료를 작성하여 신문사에 보낼 때 반드시 들어가야 할 내용이 아닌 것은?

① 고인의 가족관계
② 고인의 약력과 업적
③ 장례위원장의 직함과 이름
④ 빈소, 발인, 장지 정보

해설 부고소식을 언론자료로 배포 시 고인의 약력과 업적, 빈소 · 발인 · 장지 정보, 향년 나이, 가족 관계 내용을 포함시킨다.

[04~05] 다음 상황을 읽고 해당 질문에 답하시오.

김일구 사장 비서 송선미는 본인이 회의에 참석하는 동안 걸려올 전화응대를 후배비서 황하나에게 부탁하였다.
회의 종료 후 황하나로부터 다음과 같은 전화메모를 받았다.

> 자리를 비우신 동안에 <u>사장님께 런던에 계시는 박영구님</u>으로부터 전화가 왔습니다.
> 2016년 3월 31일 오후
> 발신자 : 박영구
> ● 전화 요망 (TEL : 44 7751 653992)
> ○ 다시 거시겠다고
> ○ 그냥 전화했다고만
> ○ 급한 용무시라고
> ○ 기타

04 황하나가 작성한 위 전화메모의 보완 요소로 다음 중 그 우선 순위가 가장 낮은 것은?

① 전화 수신 시각
② 발신자 소속기관과 메시지
③ 발신자가 통화 가능한 시간대
④ 수신자명과 국가통화번호

해설 ④ 수신자명은 이미 사장님이라고 명시하고 있으므로 보완할 필요가 없으며, 국가통화번호도 이미 44로 기재되어
있어 보완할 필요가 없다.
① · ② · ③ 영국 런던에서 걸려온 전화이므로 전화를 받은 수신 시각과 시차를 고려한 통화 가능한 시간대, 사장인
박영구가 속해 있는 소속기관과 추가 메시지 등을 보완해 놓아야 한다.

05 다음 중 김일구 사장과 박영구의 전화연결을 하기 전 송선미가 점검해야 할 내용으로 연관성이 가장
낮은 것은?

① 영국의 국제전화 국가번호 재확인
② 국제전화 제3자 요금 부담 서비스
③ 회사에서 계약 체결된 국제전화 할인 서비스 제공 통신 사업자 제공번호
④ 런던의 지역번호 재확인

해설 영국 런던으로 전화 연결을 해야 하기 때문에 국가번호 재확인, 회사에서 계약 체결된 국제전화 할인 서비스 제공
통신 사업자 제공번호, 런던의 지역번호 등을 다시 점검하여 김일구 사장이 전화하는 데 불편이 없도록 해야 한다.

06 상사는 Mr. Peter Jones의 10월 1~2일의 서울방문을 맞이하여 Mr. Jones와 함께 우리 회사의 주요 거래처를 방문하고자 한다. 상사는 주요 거래처 10곳의 명단을 주며 방문 일정을 잡아보라고 지시하였다. 다음 중 비서가 고려해야 할 사항으로 바람직한 것으로만 묶은 것은?

> A. 지리적으로 가까운 거래처를 묶어 이동거리를 최소화한다.
> B. 중요한 거래처부터 면담약속을 잡은 후 시간 여유가 되면 다른 거래처와의 약속을 잡는다.
> C. 면담을 잡을 때 거래처 근처의 맛집이나 식당을 찾아본다.
> D. 일정표 초안이 나오면 Mr. Jones에게 일정 수정이 쉽지 않다는 코멘트와 함께 일정이 모두 확인되었음을 알린다.
> E. 식당은 Mr. Jones와 상사의 선호도를 판단하여 결정한다.
> F. 점심식사는 거래처와 함께 하도록 일정을 수립하고 거래처의 접대 예산으로 구분한다.
> G. 되도록 마지막 날은 Mr. Jones와 우리 회사 측 인사들과 방문을 정리하는 미팅을 가질 수 있는 시간을 마련한다.

① A, B, C, D, E, G
② A, B, C, E, G
③ A, B, C, E, F, G
④ A, B, C, D, E, F, G

해설 D. 일정은 상사의 의견을 들어 일정표를 작성한 다음 일정표를 Mr. Jones에게 보내고 수정사항을 알려달라고 한 후 수정사항이 있다면 상사와 상의 후에 수정하도록 한다.
F. 거래처와 함께 점심식사가 일정으로 있다면 진행하되 식사비용을 거래처의 접대 예산으로 하는 것은 적절치 않다.

07 다음의 내용 중 비서의 경력개발을 위한 자세로 가장 부적절한 것은?

① 외국계 회사의 비서직 업무 수행을 해외 MBA취득의 수단으로 활용한다.
② 본인이 속한 조직의 업종에 관련한 공부를 지속적으로 하여 향후 동종업계 이직 기회 발생 시 경력 요소로 활용한다.
③ 사내 프로젝트 및 기획에 대한 업무 참여를 통하여 기획에 대한 내용을 익히려고 노력한다.
④ 우편물, 문서, 업무일지 등을 통한 직무분석을 통해서도 개인 역량을 증진시킬 수 있음을 이해한다.

해설 ① 외국계 회사의 비서직 업무 수행을 해외 MBA취득의 수단으로 활용하는 것은 옳지 않다. 비서는 비서 고유의 업무 위주로 자기개발 및 경력계획을 하도록 한다.

08 상사는 다음 달에 국제금융시장의 변화와 관련하여 국제금융 전문가를 모시고 외부회의를 개최하고자 한다. 초청인원은 약 50명 정도이고 사내에서는 10여 명 정도가 참여한다. 회의시간은 오전 9시부터 오후 5시까지이다. 회의 준비와 관련하여 김 비서의 업무 처리로 가장 적절하지 않은 것은?

① 김 비서는 일시, 장소, 프로그램, 예산, 참석자 명단 등이 포함된 회의 기획안을 작성하여 상사의 승인을 받는다.
② 회의 초대장은 회의일보다 최소 15일 전에 초청자들이 받을 수 있도록 한다.
③ 불참의사를 밝힌 주요 인사의 경우 다시 연락하여 참석을 부탁한다.
④ 외국인 참석자들을 위해 통역 수신기를 참석자의 수보다 조금 더 준비한다.

> **해설** ③ 불참의사를 밝힌 인사에게 다시 연락하여 참석을 부탁하는 것은 실례이므로 회의 불참자에게는 회의 종료 후 의사록이나 당일 배부된 자료 등을 보낸다.

09 한결상사에 근무 중인 강 비서는 대표이사를 보좌하고 있다. 강 비서의 상사는 공식 행사 참석이 빈번하여 행사 드레스코드에 대해 잘 이해하고 있어야 한다. 다음 중 드레스코드에 대한 설명으로 옳지 않은 것은?

① 일반 행사는 평상복이 원칙이다.
② 야회복(White Tie)은 상의의 옷자락이 제비 꼬리 모양을 하고 있어 연미복(Tail Coat)이라고도 하는데 무도회나 정식 만찬 또는 저녁 파티 등에 사용된다.
③ 약식 야회복(Black Tie)은 턱시도(Tuxedo)라고도 하며, 정식 만찬 이외의 모든 저녁파티에 입는 격식을 갖춘 정식 야회복이다.
④ 평상복(Informal)은 Lounge Suit, Business Suit라고도 한다. 평상복의 색깔은 진한 회색이나 감색이 적합하며, 재킷과 바지의 색깔이 다른 것을 입어서는 안 된다.

> **해설** ③ 연미복의 진지함에서 조금 힘을 뺀 약식 야회복이 바로 디너재킷이고 다른 말로는 턱시도(Black Tie)라고 한다. 즉, 턱시도는 미국 뉴욕의 턱시도 파크에 있는 컨트리클럽 사교계의 신사들이 1880년경 남자의 정식 예장인 모닝 코트 대신에 약식 예장으로 안출해서 입었던 데서 비롯되었다.

10 상사의 해외출장 시 수명(受命)과 보고에 대한 비서의 자발적인 행동으로 가장 바람직하지 않은 것은?

① 상사 출장지인 해외에서도 전자결재가 가능하므로, 업무 지연을 막기 위해 평상시와 같이 상사의 결재를 받도록 관련 부서에 전달하였다.

② 상사 출장 시 상사 업무대행자에게 사안을 보고하여 상사의 부재를 최소화하였다.

③ 상사 출장 중에 상사의 회신을 요하는 통신문이나 우편물은 우선순위를 정하여 상사에게 알려 회신이 늦어지지 않도록 하였다.

④ 매일 회사의 주요사안 및 중요인물의 전화, 방문 등을 브리핑하는 이메일을 보내고 보충설명이 필요한 경우 상사와 통화하였다.

> **해설** ① 상사가 출장 중일 때에는 모든 일정은 출장 후로 조정하되 중요한 안건은 직접 상사에게 연락을 하거나 대리인과 상의하여 처리하도록 해야 한다. 또, 연락사항, 사내 업무 등은 평상시와 같이 상사의 결재를 받도록 하는 것이 아니라 상사 출장지의 일정을 참고하여 일정한 간격으로 보고할 수 있도록 한다.

[11~12] 다음의 지문을 읽고 물음에 답하시오.

> 신입비서인 한 비서는 근무한 지 어느덧 6개월이 되었다. 어느 정도 익숙해졌다고 생각했으나 다섯 분의 이사님을 모시는 것은 언제나 힘들었고 유난히 일정관리에 있어서 애를 먹고 있었다. 특별히 A 이사님과 B 이사님은 한 비서가 가장 업무에 애로를 겪고 있는 상사이다.
>
> A 이사님은 수요일부터 출장 일정이 잡혀 있다는 말을 그 전날 듣거나 약속 일정 변경 시 아무런 지시사항을 받지 못하기가 일쑤였다. 그래서 이사님의 책상에 일정표를 작성하여 올려놓고 이사님께서 약속시간이 변경되었거나 갑자기 출장일정이 잡힐 경우 수정할 수 있도록 조치를 취했다. 그러나 바쁜 일정으로 이사님이 일정표를 수정하기란 힘든 일이었다. 이러한 상황이 계속되면서 불만은 늘어만 갔다.
>
> B 이사님의 경우는 지시사항을 받을 때 발음이 부정확하셔서 알아듣기가 힘이 든다. 하루는 급한 목소리로 "이 이사 좀 불러 줘."라고 지시하셨다. 나는 급히 연락을 취했고 잠시 후에 이 이사님이 오셨다. 한참 뒤에 이 이사님이 나오시더니 나에게 한마디 하셨다. "이 기사를 부르셨는데 왜 날 불렀어요. 이 비서 때문에 시간만 낭비했잖아요." 하시면서 불쾌한 표정으로 나가셨다. 잠시 후에 이사님이 나오셔서 "내가 이 기사에게 연락했으니 연락할 필요 없다."는 말씀을 하시고 외출을 하셨다. B 이사님의 발음에 문제가 있는 것인지 아니면 나의 귀에 문제가 있는 것인지 많은 고민을 했다.

11 다음 중 한 비서가 자신의 업무상황에 대한 문제해결을 위해 가장 적절한 태도는 무엇인가?

① 인사부에 사신의 애로사항을 애기하고 부서변경을 요청한다.

② 다섯 명의 상사일정관리가 가장 어려움이 많은 업무이므로, 각 이사들에게 수시로 발생하는 일정은 스마트폰 앱에 직접 입력을 부탁드린다.

③ A 이사의 일정을 각별히 신경쓰고 자주 일정에 대해 묻고 확인한다.

④ B 이사의 기분이 좋을 때 발음을 정확히 해주시면 감사하겠다고 진솔하게 부탁드린다.

해설 ③ A 이사는 일정에 대해 비서에게 잘 이야기하는 사람이 아니므로 A 이사의 일정을 각별히 신경쓰고 자주 일정에 대해 묻고 확인하여야 한다.

① 자신의 일이 힘들고 버겁다고 부서변경을 요청하는 것은 적절한 태도가 아니다.

② 상사일정관리가 어렵다고 상사에게 일정을 직접 알려달라고 부탁하기보다 상사가 선호하는 일정표 양식에 따라 일정표를 작성하여 관리하도록 한다.

④ 상사의 언어 습관을 잘 관찰하여 이를 수용하고자 노력하여야 하며, 지시가 끝난 후라도 명확하지 않은 경우 다시 한 번 복창하여 커뮤니케이션의 오해를 없애도록 한다.

12 다음 중 한 비서가 B 이사님과 이 이사님께 실수한 상황에 대한 대처 방안으로 가장 적절한 것은 무엇인가?

① 외출하시는 B 이사님을 따라가서 죄송하다고 말씀드리고, 주의하겠다고 말씀드린다.

② 이 이사님께 사과를 못 드렸으므로 집무실에 찾아가 죄송하다고 말씀드린다.

③ 이 기사님께 연락드려 외출하신 B 이사님의 기분이 어떤지 알아보고 돌아오시는 대로 바로 집무실에 들어가서 부주의함을 죄송하다고 말씀드린다.

④ 선임비서나 다른 비서들에게 B 이사님의 발음을 잘 알아들을 수 있는지 물어보고 자신의 문제점을 파악하여 개선하려고 노력한다.

해설 ③ 상사에게 실수한 상황에서는 상사의 기분이 어떤지 알아보고 죄송하다고 말씀드리는 것이 좋은 대처 방안이다.

13 오피스 매니저 이선영은 사내 전직원의 해외 워크샵을 준비 중이며, 다음은 행사의 간단한 개요이다. 행사 경비의 효율적 관리를 위하여 오피스 매니저가 취한 행동으로 가장 바람직한 것은?

> 워크샵 목적 : 사내 소속 임직원 및 가족 포함 90명의 리더십 훈련
> 워크샵 장소 : 아시아 지역 내 휴양지 리조트
> 워크샵 시기 : 12월 둘째 주 3박 4일
> 워크샵 프로그램 : 한 해 비즈니스 리뷰 및 임직원 단결을 위한 단체 스포츠 경기

① 사내 직원의 지인이 운영하는 여행사를 섭외하여 경비 절감을 요청한다.

② 해외 워크샵 여행의 시기에 따른 경비 차이가 커서 워크샵의 시기를 비수기 시즌으로 조정할 수 있는지의 여부를 상사에게 타진해 본다.

③ 인터넷 검색을 통하여 저렴한 단체 여행 상품을 선택하여 가능하면 워크샵 일정을 그 상품 프로그램에 맞추도록 조정한다.

④ 임원의 다른 출장일정과 연계하여 여행 경비를 출장비에 포함시킬 수 있도록 유도한다.

해설 ② 워크샵의 장소를 해외로 잡을 경우, 시기에 따른 경비 차이가 커서 워크샵의 시기를 비수기 시즌으로 조정하는지의 여부를 상사에게 타진해보는 것이 비서가 바람직하게 취한 행동이다.

① 여행사를 알아볼 때에는 경비 절감뿐만 아니라 안전이나 시설 등의 질적인 면도 고려하여 골라야 한다. 즉, 여러 경로를 통하여 최선의 선택을 할 수 있도록 한다.
③ 저렴한 단체 여행 상품을 참고하는 것은 가능하지만 비용만을 고려할 것이 아니라 워크샵의 목적에 맞는 프로그램을 찾아야 한다.
④ 워크샵이 가족 포함 90명이 참여하는 리더십 훈련이므로 워크샵 경비를 임원의 출장비에 포함하는 것은 불가능하다.

14 다음 중 아래의 상황에서 비서가 업무를 처리한 내용으로 가장 적절하지 못한 것은?

> 결혼 후 대전으로 이사하여 새 직장에 취업한 최 비서는 상사가 해외출장 중에 아래와 같은 전화를 받았다. "안녕하십니까. 한밭신문 박홍만 기자입니다. 이번에 귀사에 대한 홍보 기사를 싣게 되었는데, 사장님의 성함과 출신학교 등 몇 가지 사항을 확인하고자 전화 드렸습니다."

① 회사의 홍보에 도움이 되는 내용인지를 판단해서 가능한 범위 내에서 알려준다.
② 회사 홍보 관련 업무를 맡고 있는 홍보실 담당자에게 전화를 연결해 준다.
③ 지금 사장님이 출장 중이라고 하고 연락처를 받아 놓는다.
④ 인터넷으로 한밭신문을 검색하여 어떤 성격의 매체인지 확인해 보았다.

해설 ① 상사와 연락이 되지 않은 경우는 상사의 대리자와 상의하여 정보제공 범위를 결정하여 그 범위 내에서 제공한다.

15 김영희 비서는 한일법률사무소에서 법률비서 업무를 수행하고 있는 경력 3년차 비서로 총무업무와 변호사 비서 업무를 같이 수행하고 있다. 다음 총무업무 처리방식에 관한 내용 중 가장 적절하지 않은 것은?

① 상사의 소액 현금(Petty Cash) 관리는 금전출납부에 기입하고 영수증과 같은 증빙서류는 따로 보관해 두었다가 관련 부서에 제출한다.
② 회계부서가 따로 있는 사무소에서도 로펌비서는 재정에 관련된 기록들인 회계장부, 영수증, 전표 등을 관리하고 회계사의 업무를 보조하는 등의 재정 업무에 관여한다.
③ 법률 소송 업무와는 달리 자문 업무는 변호사들의 소요된 시간 및 실제 비용을 기준으로 비용이 산출되므로, 김 비서는 시간 기록 및 정리, 수임료 청구 및 회수의 업무를 처리하고 있다.
④ 상사가 사용한 카드의 매출전표는 카드명세서가 도착하면 내역을 확인한 후 폐기 후 카드명세서를 증빙으로 보관해 둔다.

해설 ④ 카드를 사용한 후 받은 매출전표는 확실히 보관해두는 것이 좋다. 매출전표는 카드거래상의 사고를 예방하기 위해서 중요하다. 카드 거래상의 사고를 예방하기 위해서는 매출전표의 금액과 날짜를 확인하고 서명함은 물론이고, 대금 명세표를 반드시 받아두되 최소한 3년은 보관해야 한다.

16 다음은 비서가 상사로부터 받은 명함이다. 이 중 (가), (나)의 명함을 바르게 읽은 것은?

(가)

韓國機械研究員
　先任研究員 朴詳葉

서울市 江南區 三成洞
167番地

電話 538-1234

(나)

株式會社 巨圓
　代表理事 金容喆

서울市鍾路區 苑西洞
181番地

電話 738-1354

(다)

Mr. Richard Davies
Marketing Director
Unicon Korea
20th Fl., Kyobo Bldg.,1.
Jongno 1-ga.
Jongno-gu.
Seoul 110-714

(라)

Mr. Martin Cohen
Managing Director
Walter Adventure Korea
3rd Fl., Center Plaza
Bldg., 1307.
Seocho-dong.
Seocho-gu.
Seoul 137-070

① (가) 한국기계연구원 선임연구원 박상기
② (가) 한국기계연구원 선임연구원 박세기
③ (나) 주식회사 거도 대표이사 김용길
④ (나) 주식회사 거원 대표이사 김용철

해설 (가)는 '한국기계연구원 선임연구원 박상엽'으로 읽어야 한다.

17 다음의 의전 설명 중 가장 바르게 제시된 것은?

① 2개국 간 국제회의 시 좌석배치(높은 서열순 1 → 5, a → e)

●수석대표자

② 다수국 간 국제회의 시 좌석배치(높은 서열순 A → Z)

높은 서열에서 낮은 서열순

③ 비행기에서 상석은 비행기 종류에 따라 다르지만 최상석은 비행기 내부에서 보았을 때 앞쪽으로부터 왼쪽열 첫 번째 창가좌석으로 보는 경우가 많다.

④ 승강기에서 상석은 들어가서 오른쪽의 안쪽, 즉 내부에서 보면 왼쪽 안쪽이며, 상급자가 먼저 타고 먼저 내리는 것이 원칙이다.

해설 ① 수석대표자를 가장 가운데 좌석으로 하고, 그를 중심으로 서열순으로 오른쪽에서 왼쪽으로, 가까운 자리에서 먼 자리로 배치한다.

② 다수국 간 국제회의 시 좌석배치는 다음과 같다.

	의장 및 사무총장	
참가대표자석 A ↓ ↓		참가대표자석 Z ↑ ↑
	참가대표자석 → → →	

높은 서열에서 낮은 서열순

③ 비행기에 따라 차이는 있지만 보통의 경우 앞쪽으로부터 우측의 창가좌석을 상석으로 본다.

④ 승강기에서 상석은 조작 버튼의 대각선 안쪽 자리가 상석이며 하급자가 먼저 타서 승강기를 조작하고 내릴 때에는 상급자가 먼저 내린다.

[18~20] 상사의 미국 출장 중 뉴욕과 시카고 지사 방문 일정이 포함되어 있으며, 다음은 뉴욕과 시카고 현지 지사로부터 받은 방문 일정 초안과 그에 따른 e-티켓 확약서이다. 이 자료를 토대로 다음 질문에 답하시오.

〈2016. 6. 20. 뉴욕 일정〉

시 간	내 용	비 고
10:00	맨하탄 뉴욕지사 방문	
10:30~11:30	뉴욕매장 방문	
12:00	오 찬	하동관
14:00	지사장 현황보고	
15:30~17:30	한식유통망 활성화 회의	

〈2016. 6. 21. 시카고 일정〉

시 간	내 용	비 고
10:00	시카고 박람회장 도착	시카고 대학교(장소)
10:30~11:00	기조연설	
11:00~12:00	전시관 관람	
12:00~	오 찬	메리어트 호텔
13:30~	거래처 방문계획	

Passenger Name	KOH/YOUNGHEEMR	
Booking Reference	8297-4477	Restriction : NON-ENDS, NON-RER
Ticket Number	8986789093452	

Flight KE0893	Operated by KE	
Departure	서울(ICN/Incheon intl)	19JUN16 16:35 Local Time Terminal No. : 1
Arrival	뉴욕(EWR)	19JAN16 18:45 Local Time Terminal No. : 1

Flight Time	02H 10M	SKYPASS Miles 420
Seat type –	biz (Y)	Not Valid After 03JUL20
예약상태	Status OK	Baggage 1PC

Flight KE0877	Operated by DL(1874)	
Departure	뉴욕(JFK)	20JUN 07:35 Local Time Terminal No. : 2
Arrival	시카고(O'hara)	21JUN 08:50 Local Time Terminal No. : 2

Flight KE0898	Operated by DL(6758)	
Departure	시카고(O'hara)	24JUN16 12:35 Local Time Terminal No. : 1
Arrival	서울(ICN/Incheon intl)	16:10+1 Local Time Terminal No. : 1

Flight Time	02H 00M	SKYPASS Miles	420
Seat type –	biz (L)	Not Valid After	03JUL20
예약상태	Status OK	Baggage	1PC

[해당 문제의 항공권 일정에는 다소 오류가 있는 듯하다.]

18 비서 A양이 위의 자료 정보를 가지고 상사의 미국출장을 위해 수행한 업무이다. 다음 중 가장 적절한 내용은?

① 뉴욕에서의 숙소는 1박으로 예약할 준비를 하되, 만약 상사가 20일 당일 도착을 원한다면 뉴욕 공항에 늦어도 오전 9시까지는 도착할 수 있는 비행기 일정이 있는지 다시 확인해 본다.

② 출장일정이 중간에 변경되는 상황에 대비하여 미리 대한항공에 여정변경 여부를 물어보고 안 될 경우는 항공사를 변경한다.

③ 시카고에서의 숙소는 4박으로 예약하되 상사의 복귀 업무 일정은 25일부터 이루어질 수 있도록 일정을 짠다.

④ 시카고로 가는 비행기 탑승 시 출발지 숙소와 공항과의 거리를 감안하여 공항에 늦어도 오전 6시까지는 도착하도록 일정표에 기입한다.

> **해설** ④ 시카고행 뉴욕 출발 비행기 시간이 오전 7시 35분이므로 공항에 늦어도 오전 6시까지는 도착할 수 있도록 숙소와 공항과의 거리를 감안한 숙소 출발 시간 등을 일정표에 기입해 놓아야 한다.
> ① 뉴욕에서의 첫 일정이 10시이므로 오전 9시까지 도착할 수 있는 비행기는 일정에 맞추기 어렵다.
> ② 미리 출장일정 변경 상황에 대비하여 항공사를 변경하는 것이 아니라 만약 일정이 변경된 경우 예약자 중에 결원이 생길 수 있으므로 대기명단에 일단 올려놓은 후 다른 항공편을 예약할지를 상사에게 물어본다.
> ③ 서울행 비행기 시간표가 24일 12시 35분이므로 시카고에서의 숙소는 3박으로 예약하되 상사의 복귀 업무 일정은 26일부터 이루어질 수 있도록 일정을 수립한다.

19 상사가 위의 일정으로 출장을 갔을 때 비서의 업무처리 내용으로 가장 적절한 것은?

① 방문 면담을 원할 경우, 상대방을 확인해서 상사가 출장 중임을 밝히고 6월 24일 저녁부터 면담이 가능함을 알려드린다.

② 상사 출장 중 면담자 목록을 만들어 상사에게 실시간으로 보고하여 지시를 받는다.

③ 일정관리를 비서가 모두 일임을 받았을 경우, 상사가 출장에서 돌아온 후의 일정은 상사에게 보고드린 후 확정한다.

④ 22일 오후에 상사와 급하게 연결해야 하는 전화가 있어서 상사에게 바로 문자를 남기고 시카고 숙소에도 메시지를 남겨 놓았다.

> **해설** ① 상사가 귀국할 때까지 혹은 상사와 연락이 될 때까지 기다려달라고 부탁드리고 시간적 여유를 얻은 후 상사께 여쭤본다.
> ② 상사가 출장 중에는 실시간이 아니라 일정한 시각을 정해 놓고 통화를 하거나 이메일 등을 이용하면 편리하게 업무 보고와 지시를 받을 수 있다.
> ④ 중요한 안건은 직접 상사에게 연락을 하거나 대리인과 상의하여 처리한다.

20 상사가 출장을 마치고 귀사한 후 처리해야 할 비서의 업무로 가장 적절한 것은?

① 출장비용 보고서를 작성할 때 출장지에서 사용한 법인카드의 내역을 출력하여 날짜별, 항목별로 기재하여 증빙으로 제출한다.

② 상사가 미국 출장지에서 받은 명함과 자료들을 정리하고 파일링하며, 결재서류는 날짜순으로 결재가 진행될 수 있도록 정리해 둔다.

③ 숙박비, 교통비 등이 회사여비규정에 맞게 집행되었는지 확인하여 정산한다.

④ 출장 보고서에는 출장기간, 출장자 직위와 이름, 일정과 이용 교통편, 면담자 이름 및 면담 장소, 출장의 성과 등을 기재하여 해당 부서에 제출한다.

> **해설** 상사 출장 후 비서가 처리해야 할 업무
> • 출장 후 출장에서 사용한 금액을 영수증과 함께 정산 보고서를 작성하여 승인을 받은 후 경리부서에 넘기도록 한다.
> • 영수증을 첨부하여 경비처리 및 정산을 하는 데 영수증은 날짜별로 종이에 붙이고 날짜별, 항목별로 작성하도록 한다.
> • 회사의 경비 정산 서식에 맞게 경비를 기재하여 제출한 후, 경비 보고서를 복사하여 사본은 상사의 파일에 보관하도록 한다.
> • 출장 보고서는 상사가 초안을 써 주면 정리해서 해당 부서에 제출한다.
> • 상사가 받아온 명함을 보고 명함 및 주소록 정리하고 파일링한다.
> • 결재서류는 날짜순으로 결재가 진행될 수 있도록 정리해 둔다.

제2과목 경영일반

---

21 글로벌 경영과 관련된 다음 설명 중 가장 적절하지 않은 것은?

① 1947년, 23개국의 지도자들은 관세장벽과 수출입 제한을 제거하고 국제무역과 물자교류를 증진시키기 위해 국제적 포럼인 관세무역일반협정(GATT)을 출범시켰다.

② 세계무역기구(WTO)는 회원국들 간의 무역 관계를 정의하는 많은 수의 협정을 관리감독하기 위한 기구로서 국가 간의 무역을 보다 자유롭게 보장해 준다.

③ 세계무역기구(WTO)는 1947년 시작된 관세 및 무역에 관한 일반협정(GATT) 체제를 대체하기 위해 등장했으며, 세계 무역 장벽과 보호무역을 통해 국가경쟁력을 높이기 위한 목적을 가지고 있다.

④ 북미자유무역협정(NAFTA)은 미국, 캐나다, 멕시코 사이에 자유무역 지대를 형성하는 것을 목적으로 한다.

> **해설** ③ 세계무역기구(WTO)는 1947년 시작된 관세 및 무역에 관한 일반협정(GATT ; General Agreement on Tariffs and Trade) 체제를 대체하기 위해 등장했으며, 세계 무역 장벽을 감소시키거나 없애기 위한 목적을 가지고 있다.

22 다음 중 일본 정부의 양적완화정책에 따른 엔화의 약세가 한국(국내) 관련 업종에 미치는 영향으로 가장 적절하지 않은 것은?

① 엔화 대출기업의 이자부담이 늘어난다.

② 글로벌 시장에서 일본기업 대비 수출가격 경쟁력이 떨어진다.

③ 일본시장으로 제품 수출이 감소되고 성장이 위축된다.

④ 일본인 관광객 감소로 여행이나 관광업계의 매출이 감소한다.

> **해설** ① 엔화가 약세가 되면 엔화대출을 받은 국내기업의 원화 이자부담은 줄어든다.

23 다음 중 기업윤리에 대한 설명으로 가장 적절하지 않은 것은?

① 기업윤리는 사회적 윤리에 관계되는 일반의 인식과 제도 및 입법의 기본 취지를 바탕으로 한다.

② 영리조직으로서 기업조직이 윤리경영을 실천하는 데는 단기적으로나 장기적으로 비용이 증가하고 효율성이 약화되는 측면이 존재한다.

③ 현대사회에서 기업윤리가 중요하게 대두되는 이유는 경영 활동의 윤리성이 기업의 내부적 이해관계자뿐만 아니라 외부적 이해관계자에게 미치는 영향이 크기 때문이다.

④ 세계적으로 비윤리적 기업 활동이 미치는 부정적 효과가 부각됨에 따라 주요 국가에서는 각국의 상황에 적합한 기업 윤리강령이나 헌장을 채택하고 준수하도록 권장하고 있다.

> **해설** ② 윤리경영이란 잘못된 관행이나 비용구조를 윤리적인 기준에 적합하게 조절함으로써 기업의 경쟁력을 향상시키고, 경제적 부가가치를 극대화하자는 것이다. 즉, 윤리경영은 업무 효율성과 경쟁력 제고에 기여한다.

24 다음 중 기업집중의 형태에 대한 설명으로 가장 적절하지 않은 것은?

① 기업연합형태인 카르텔(Cartel)은 주로 시장통제를 목적으로 동종 또는 유사 업종 간의 신사협정을 통한 기업집중의 형태이다.

② 카르텔(Cartel) 참가기업들은 법률적으로나 경제적으로 독립성을 유지하면서 협약에 의거, 시장통제에 관한 일정사항에 관해서 협정을 체결한다.

③ 시장지배를 목적으로 동종 또는 동일한 생산단계의 기업들이 하나의 자본에 결합되는 강력한 결합형태는 트러스트(Trust)이다.

④ 기업집중으로 시장이 몇 개의 기업에 의해 관리되어 소비자와 다른 중소기업에도 이익을 가져다 준다.

> **해설** ④ 기업집중(Business Concentration)이란 기업 상호 간의 협정에 의해 과당경쟁의 폐해를 없애거나, 혹은 각 기업들이 자본적으로 결합함으로써 기업의 안정과 시장지배를 꾀하게 되는 일련의 현상을 의미한다. 그러나 기업집중은 기업의 독점화를 가져와 중소기업의 몰락을 가져오고, 상품 가격을 오르게 하여 소비자에게 큰 피해를 준다.

25 다음 중 주식회사의 특징에 대한 설명으로 가장 적절하지 않은 것은?

① 주식회사의 출자자인 주주는 모두 유한책임사원으로서 출자액을 한도로 회사의 적자, 채무, 자본 리스크에 대한 책임을 진다.

② 주식회사는 대중으로부터 대규모의 자본조달이 가능하며, 주주의 개인재산과 주식회사의 재산은 뚜렷이 구별된다.

③ 주식회사는 자본과 경영의 분리가 이루어지지 않은 기업의 형태이며, 출자자와 경영자가 공동으로 기업을 지배하게 된다.

④ 주식회사의 기관에는 주주총회, 이사회, 감사 등이 있다.

> **해설** ③ 주식회사는 자본과 경영의 분리를 통하여 일반 투자자로부터 거액의 자본을 조달하고 전문경영자가 경영하는 자본주의 경제체제에서 가장 대표적인 기업형태이다.

26 다음의 기업형태에 대한 설명으로 가장 적절하지 않은 것은?

① 주식회사의 특징 중 하나는 소유와 경영의 분리이다.

② 주식회사는 다수의 소액투자자들이 자기들의 지분율에 비례하여 회사의 소유권을 가지지만, 경영에 직접 참가하기에는 그 수가 많고 전문적 지식이 없기 때문에 전문적 지식이나 능력을 가진 전문경영인을 고용하여 경영을 맡기는 형태를 띤다.

③ 합자회사는 2명 이상의 출자자가 공동으로 출자하여 기업의 채무에 대하여 연대하여 유한책임을 지는 기업형태로서 소유와 경영이 분리된 회사형태이다.

④ 합명회사는 무한책임사원만으로 구성되는 회사로 가족적 · 인적 결합의 색채가 짙은 전형적인 인적회사이다.

> **해설** ③ 합명회사의 사원은 회사의 채무를 회사채권자에 대하여 직접 연대하여 변제할 무한책임을 진다. 따라서 정관에 다른 규정이 없는 한, 사원은 회사의 업무를 집행하고 회사를 대표하는 권한을 가진다.

27 다음 중 기업의 인수 및 합병(M&A)에 관련한 설명으로 가장 적절하지 않은 것은?

① 인수 및 합병은 두 개 이상의 조직이 결합해서 보다 큰 조직을 만드는 것을 가리킨다.

② 기업이 새로운 분야에 진출하고자 할 때 이미 그 분야에서 활동하고 있는 기업을 인수 및 합병으로 획득하여 진출함으로써 경영기반을 확립하는 데 소요되는 시간을 절약할 수 있다.

③ 같은 업종의 기업을 인수 및 합병함으로써 기존시장에서 차지하던 시장점유율을 끌어올릴 수 있다.

④ 수평합병은 동종의 산업에 속하지만 생산 활동의 단계가 다른 기업 간에 합병하는 것으로 한 제품의 모든 생산단계의 산업을 지배하려는 데 그 목적이 있다.

④ 수평합병은 같은 산업에서 생산활동단계가 비슷한 기업 간에 이루어지는 경우이며, 시장 점유율 증가나 판매력 강화 등을 목적으로 한다.

28 다음의 지식경영에 대한 설명으로 가장 적절하지 않은 것은?

① 지식경영이란 지식과 정보를 체계적으로 발굴하고 공유함으로써 조직 전체의 문제해결능력을 향상시키는 경영방식이다.

② 지식경영은 지식의 활발한 창출과 공유를 제도화시키는 것을 목표로 한다.

③ 지식공유를 촉진할 수 있는 네트워크는 사람들 간에 신뢰와 배려가 형성되어 있는 경우이다.

④ 지식경영시대에 적합한 조직은 수직적이고 기능중심의 조직이다.

지식경영에 적합한 조직구조는 개인과 팀의 역량개발에 적합한 수평적 네트워크 조직, 구성원끼리 정보 · 지식 · 노하우 · 지혜를 공유하는 그룹웨어 조직이다.

29 다음의 조직관리방법 중 목표관리(MBO)에 대한 설명으로 가장 적절하지 않은 것은?

① 효율적인 경영관리체제를 실현하기 위한 경영관리의 기본 수법이다.

② 목표관리의 구성요소는 목표설정, 참여, 피드백이다.

③ 주요 일정상 당해 연도 실적이 집계되기 이전에 다음 연도 목표를 수립하게 되어 당해 연도 실적은 고려하지 않는다.

④ 목표관리는 연봉인상, 성과급 지급뿐 아니라 승진 등 인사자료로도 활용한다.

③ 주요 일정상 당해 연도 실적이 집계되기 이전에 다음 연도 목표를 수립하게 되지만, 당해 연도 실적을 추정하여 목표수립에 반영하도록 한다.

The 알아두기 목표에 의한 관리(MBO ; Management By Objective)

효율적인 경영관리체제를 실현하기 위한 경영관리의 기본 수법으로 조직의 목표와 개인의 목표를 명확하게 설정하고 조직의 목표달성을 위한 실행전략을 수립하여 구체적으로 추진하는 일련의 과정이다.

30 다음 중 매트릭스 조직 특성을 설명한 것으로 가장 적절한 것은?

① 분업과 위계구조를 강조하며 구성원의 행동이 공식적 규정과 절차에 의존하는 조직이다.

② 전체 조직의 각 계층에서 선발된 위원으로 구성되며, 각 부분별 의견차를 극복함으로써 회사의 전반적인 의사결정을 행하는 조직이다.

③ 이원적인 권한과 권력의 균형이라는 특성으로 인해 동태적이고 복잡한 환경에서 성장전략을 추구하는 조직체에 적합한 조직이다.

④ 특정 과업의 수행을 위해 일정 기간 동안 각 소속팀에서 모였다가 그 프로젝트가 완료되면 헤어지는 동태적 조직의 한 형태이다.

> **해설** 매트릭스 조직의 특징
> • 특수 과제를 맡은 팀에서 작업하는 직원들은 높은 수준의 주인의식, 몰입도 및 높은 작업의욕을 체험할 수도 있다는 장점이 있는 반면 팀 구성원들 사이의 혼란, 보고관계와 직무에 대한 책임 소재 모호 등의 단점이 있다.
> • 매트릭스 구조는 계층적인 기능식 구조에 수평적인 사업부제 조직을 결합한 부문화의 형태이다.
> • 자원의 효율적인 활용, 즉 관리자는 유휴인력을 가진 거대집단을 구축하기보다는 오직 일을 완수하기 위해 필요로 하는 전문화된 스탭(Staff)만 활용한다.
> • 이원적인 권한과 권력의 균형이라는 특성으로 인해 동태적이고 복잡한 환경에서 성장전략을 추구하는 조직체에 적합한 조직이다.

31 다음 중 마케팅 활동의 STP전략 중에서 아래 내용과 관련된 것으로 가장 적절한 것은?

> • 경쟁상품에 대해 해당 제품이 상대적으로 차지하는 지위를 말한다.
> • 해당 제품에 대한 고객의 지각과 평판에 차이를 가져온다.

① 표적시장선정

② 포지셔닝

③ 구매자행동분석

④ 시장세분화

> **해설** 마케팅 포지셔닝(Positioning)은 제품이 경쟁제품에 대해 상대적으로 차지하는 지위, 즉 제품에 대하여 위상을 정립하기 위해 마케팅 믹스를 통해 소비자들에게 자사 제품의 정확한 위치를 인식시켜 해당 제품에 대한 소비자의 지각과 평판에 차이를 가져오는 것이다.

32 다음 중 리더십에 관한 설명으로 가장 적절하지 않은 것은?

① 리더십은 목표와 관련되고 타인에게 영향을 미치는 과정이며, 리더는 구성원들에게 비전을 제시하고 동기를 유발시키면서 이끌어가는 사람이다.

② 리더십의 특성이론은 리더의 개인적 자질에 의해 리더십의 성공이 좌우된다는 전제하에 유능한 리더와 그렇지 않은 리더를 구분하는 리더의 개인적 특성 및 자질이 존재한다고 보는 이론이다.

③ 리더십의 상황이론은 상황에 따라서 과업지향적 리더가 효과적일 때도 있고, 관계지향적 리더가 효과적일 때도 있다는 것이다.

④ 변혁적 리더십은 개인적 이익이나 가치를 중요시하며, 조직과 개인의 경쟁적 관계를 추진력으로 하면서 공동목표를 향해 혁신적으로 이끌어가는 것이다.

해설 ④ 변혁적 리더십은 개인적 이익이나 가치보다는 공동체적 사명감을 강조하고 이를 바탕으로 한 조직의 장기적 목표 달성을 중요시한다.

The 알아두기 | **변혁적 리더십**

- 리더는 바람직한 가치관, 존경심, 자신감들을 구성원들에게 심어줄 수 있어야 하고 비전을 제시할 수 있어야 한다.
- 리더는 구성원들이 개인적 성장을 이룩할 수 있도록 그들의 욕구를 파악하고 알맞은 임무를 부여해야 한다.
- 리더는 구성원들이 상황을 분석하는 데 있어 기존의 합리적 틀을 뛰어 넘어 보다 창의적인 관점을 개발하도록 격려한다.
- 구성원의 노력에 대한 칭찬, 감정적으로 기운을 북돋아 준다거나 활기를 불어넣어 준다.

---

33 다음의 동기부여이론에 관련한 설명 중 가장 적절한 것은?

① 앨더퍼의 EFG이론은 매슬로우의 욕구단계이론이 직면했던 문제점들을 극복하고 보다 실증조사에 부합되게 수정한 이론이다.

② 아담스의 공정성이론은 불공정한 대우와 관련한 것으로 투입보다 산출이 클 때만 생기고, 투입보다 산출이 적을 때는 생기지 않는다는 주장이다.

③ 허즈버그의 2요인이론은 보상의 수준이 높다는 사실이 비례적으로 종업원에게 만족감을 주는 요인이라는 주장이다.

④ 포터와 로울러의 기대이론은 전통적인 만족 – 사기앙양 – 성과와 관련된 이론으로 동기부여 방법은 사람에 따라 다르지 않다는 주장이다.

① ERG이론은 1972년 심리학자 앨더퍼(C.Alderfer)가 인간의 욕구에 대해 매슬로우의 욕구단계설을 발전시켜 주장한 이론이다.

② 공정성이론은 동일한 직무 상황 내에 있는 다른 사람들의 투입 대 결과의 비율을 자신과 비교하여, 공정성은 자신의 투입과 결과 비율이 타인의 투입과 결과 비율과 동일할 때 발생하는 것이고, 불공정성은 자신의 투입과 결과 비율이 타인의 투입과 결과 비율보다 적을 경우에 발생한다는 것이다.

③ 허즈버그의 2요인이론에 따르면 자신의 일 자체에 만족을 하고 있는 사람은 위생요인이 다소 충족되지 못한다 해도 이를 받아들이고 자신의 일 자체를 즐거워하고 보람되게 생각해서 일의 성취를 위해 도전한다는 것이다.

④ 포터와 로울러의 기대이론은 전통적인 기대이론인 브룸의 기대이론에 보상의 공정성을 추가해 보완한 이론이다.

34 인적자원관리활동은 인적자원계획을 수립하는 것으로부터 시작된다. 다음 중 인적자원계획 수립의 활동에 포함되는 것으로 가장 적절하지 않은 것은?

① 불필요한 인적자원을 줄이는 해고계획을 수립하는 활동
② 현재의 종업원과 필요한 종업원 간의 수급불균형을 맞추기 위한 방법을 계획하는 활동
③ 종업원의 능력을 개발하기 위한 인적자원개발계획을 수립하는 활동
④ 종업원들의 생활수준 유지를 위한 적절한 보상수준을 계획하는 활동

④ 종업원들의 생활수준 유지를 위한 적절한 보상수준을 계획하는 활동은 인적자원관리활동 중 인적자원 활용 영역에 해당한다.

35 고용주가 매월 근로소득을 지급할 때 적용하는 것으로, 월급여 및 부양가족에 따른 소득세 원천징수 금액을 지정해 놓은 것과 관련된 용어로 가장 적절한 것은?

① 근로소득 원천징수 지급조서
② 근로소득 간이세액표
③ 연말정산 간소화서비스
④ 표준근로계약서

② 근로소득 간이세액표는 연말정산 시 추가납부 등에 따른 근로자의 부담을 분산하기 위해 월 급여수준과 공제대상 부양가족 수별로 매월 원천징수해야 하는 세액을 정한 표이다.

① 지급조서란 일정한 소득금액 또는 수입금액을 지급받는 자의 인적사항·소득금액 또는 수입금액의 종류와 금액·소득금액 또는 수입금액의 '지급시기와 귀속연도' 등을 기재한 일종의 '과세자료'이다.

③ 연말정산 간소화서비스는 연말정산을 할 때 증빙서류를 간소화하여 쉽게 처리할 수 있도록 한 시스템이다.

④ 표준근로계약서는 근로자가 임금 등의 대가를 받고 일을 제공하는 것을 약정한 계약서이다.

36 다음 중 개인퇴직연금(IRP)에 대한 설명으로 가장 적절하지 않은 것은?

① 개인 이름으로 개설하는 퇴직연금이다.

② 이직 시에 받은 퇴직금 등을 불입하여 은퇴 후에 연금으로 활용할 수 있다.

③ 연말정산 시에 세액공제 혜택이 부여된다.

④ 은행, 증권사, 보험사에서 판매하며 누구나 가입할 수 있다.

해설 | IRP는 개인형 퇴직연금(Individual Retirement Pension)의 약자로, 근로자가 회사를 퇴직할 때 받는 퇴직금을 바로 사용하지 않고 은퇴 시까지 보관, 운용할 수 있는 퇴직금 전용 통장이다.

37 다음 중 마케팅 믹스(Marketing Mix)에 대한 설명으로 가장 적절하지 않은 것은?

① 마케팅 믹스란 목표시장에서 기업의 목표를 달성하기 위하여 통제 가능한 마케팅 변수를 최적으로 배합하는 것을 말한다.

② 통제 가능한 마케팅 변수는 제품(Product), 가격(Price), 유통경로(Place), 촉진(Promotion)을 포함한다.

③ 제품관리전략이란 시장의 변화를 검토하여 시장의 욕구와 필요에 부응하도록 제품의 구성을 끊임없이 조정하는 것을 말하며, 제품관리의 핵심은 제품수명주기에 대한 이해에 있다.

④ 제품수명주기는 신제품이 시장에 도입된 후 판매장소에 따른 인지도 수준을 나타내는 시장 공급의 변화패턴을 말한다.

해설 | ④ 제품수명주기는 하나의 제품이 시장에 도입되어 폐기되기까지의 과정을 말한다. 이 수명의 장단(長短)은 제품의 성격에 따라 다르지만 대체로 도입기ㆍ성장기ㆍ성숙기ㆍ쇠퇴기의 과정으로 나눌 수 있다.

38 다음 중 대차대조표에 대한 설명으로 가장 적절하지 않은 것은?

① 회사의 자산은 자기자본과 타인자본으로 이루어지며, 자산 = 자기자본 + 타인자본의 등식에 따라 이를 자세하게 명시해 주는 표가 대차대조표이다.

② 대차대조표의 오른쪽(대변)의 부채 및 자본란은 자금이 어떻게 조달되었는지 보여준다.

③ 대차대조표의 왼쪽(차변)의 자산란은 들어온 자금이 어디에 저장되어 있는지 보여준다.

④ 대차대조표는 일정 기간의 영업실적을 올리고 그 이익을 내기 위해 어느 정도의 비용을 사용했으며 현재의 총이익은 얼마이며 세금을 낸 후의 순이익은 얼마인지를 정확히 밝히고 있다.

해설 | 대차대조표(Balance Sheet)
매년 일정 시점에서 기업이 일정 시점에 보유하고 있는 자산상태 및 내역을 일정한 순서에 의하여 나타내는 표이다. 대차대조표는 기업의 유동성, 재무적 탄력성, 수익성과 위험 등을 평가하는 데 유용한 정보를 제공한다.

39 다음 괄호에 들어갈 재무관련 용어로, 일정 기간 동안의 기업의 경영 성과를 한눈에 나타내기 위해 작성하는 재무제표로 기업의 수익발생부분과 지출내역 등을 파악하고 그에 관해 미래를 예측할 수 있는 지표로도 사용되는 것으로 가장 적절한 것은?

> A기업은 (　)를 통해 지난 1/4분기에 매출 100억 원, 영업이익 20억 원을 달성했다고 공시했다.

① 재무상태표
② 자본변동표
③ 포괄손익계산서
④ 이익잉여금처분계산서

해설 기업이 일정 기간 동안 경영 성과를 한눈에 포괄적으로 보기 위해 작성한 재무제표는 포괄손익계산서이다. 이는 기업의 손익을 보여주는 표로 기업의 경영성과를 명확히 하기 위해 작성한다.

40 다음의 균형성과표(BSC)에 대한 설명으로 가장 적절하지 않은 것은?

① 균형성과표는 재무적 성과지표와 동시에 비재무적 성과지표를 동시에 고려하는 성과측정이 기업경영에 있어 균형적이고 종합적 정보와 지식을 제공한다는 개념을 바탕으로 하고 있다.
② 균형성과표는 미래지향적인 비재무적 지표를 통합한 평가 시스템이기 때문에 조직의 비전과 전략에 따라 차별적으로 설계, 운용될 수 있다.
③ 비재무적 지표는 정량화, 계량화될 수 있고 인과관계가 규명되는 장점이 있다.
④ 균형성과표의 구체적 도입과 실행에 있어서는 각 조직의 성격에 맞게 설계되어야 한다.

해설 ③ 균형성과표(BSC)는 단순히 균형적인 지표를 사용하는 것 외에 기업 전략과 연계할 수 있는 장점이 부각되면서 더욱 주목받고 있다. 균형성과표(BSC)는 재무관점 외에 고객, 프로세스, 학습과 성장이라는 3가지 비재무적 관점을 고려해 다양한 지표의 균형성, 비전 및 전략의 연계, 조직 내의 의사소통의 도구로서 활용되고 있다.

41 Choose one which <u>does not</u> explain departments in company correctly.

① The purchasing department compares prices and discounts from the supplies and buy materials.

② The sales department deals with all the invoices from purchases and others.

③ The personnel department is responsible for recruiting new staffs, keeping files on employees, and training them.

④ The research and development department improves, adapts and changes the products and plans for technical issues.

> **해 설** ② 모든 물품구입과 그 밖의 다른 인보이스를 처리하는 것은 판매부서가 아니라 구매부서이다.
> ① 구매부는 공급물품의 가격과 할인정도를 비교하여 재료를 구매한다.
> ③ 인사부는 신입 직원을 채용하고, 그들의 자료를 관리하며 훈련시킨다.
> ④ 연구개발부는 생산품을 향상, 적용, 변화시키고, 기술적 부분에 대한 계획을 수립한다.

42 Choose the one which is not correctly translated into Korean.

① I am pleased to inform you that we have decided to sign the contract.
우리가 계약을 체결하기로 결정했음을 알려 드리게 되어 기쁩니다.

② Please, note that our agency will be closed from the 7th until 9th.
우리 영업소는 7일부터 9일까지 문을 닫으니 유념해 주시기 바랍니다.

③ Send me an acknowledgement e-mail as soon as you receive my e-mail.
당신이 내 이메일을 받고 바로 확인 이메일을 보내주세요.

④ Let me know if you experience any difficulties in viewing the file I sent.
파일을 여는 데 어려움이 있으시면 제가 다시 당신에게 파일을 보내드릴 수 있도록 알려주십시오.

> **해 설** ④는 보낸 파일을 보는 데 어려움이 있다면 알려달라는 내용이다.

43 Which of the followings is the most appropriate term for the underlined blank ⓐ?

ABC Sports Equipment

<u>ⓐ</u>

To : Mr. Boris Douglas

Quantity	Product Number	Description	Price	Total
1	F-132	Football gloves	52.00	$52.00
2	T-86	Training jacket	44.00	$88.00
2	B-5	Backpack	24.00	$48.00
				Total : $188

* ABC Sports Equipment's Exchange or Refund Policy :
Should you need to return a product or request a refund, contact our customer service department at 345-6789 with the serial number on the bottom of your receipt.

① Check   ② Invoice

③ Price   ④ Notice

해설 ② 보기의 내용은 상품명, 수량, 단가, 품질 등이 표기되고 인도조건 및 지급조건 등이 명시된 송장의 내용이다.

44 Fill in the blanks ⓐ~ⓒ with appropriate words.

FAX TRANSMISSION
TO : Reservation, Maple Hotel
FROM : Samuel Kim
DATE : September 5, 2016
RE : Reservation for conference facility
TOTAL NO. PAGES : Two (including this)
Dear Sir or Madam :
We are interested in reserving facilities for our upcoming conference from October 8 through 11, 2016.
Since this event has been widely ⓐ _____ in the media, we expect more than two hundred attendees will register. Please find attached the list of equipment and facility we require, including one conference room and the hotel rooms to ⓑ _____ the attendees from abroad.
Please quote us the price based on double ⓒ _____.

	ⓐ	ⓑ	ⓒ
①	publicised	accommodate	occupation
②	publicized	accommodate	occupants
③	publicised	accommodate	occupancy
④	publicized	accommodate	occupancy

해설
- publicized : 알리다, 광고하다
- occupation : 직업
- occupant : 사용자, 입주자
- occupancy : (건물, 방, 토지의) 사용
- double occupancy : 2인실(트윈룸) 사용

> 2016년 10월 8일부터 11일까지 열릴 회의로 객실을 예약하고자 합니다.
> 이벤트가 미디어에 널리 홍보되었기 때문에 2백 명이 넘는 참가자가 등록할 것으로 예상됩니다. 회의실과 해외에서 오시는 참석자들이 머물기 위한 호텔 객실을 포함한 우리가 원하는 시설 목록을 첨부하였으니 확인하여 주십시오.
> 2인실 견적서를 보내주시기 바랍니다.

45 Choose the one that is the most appropriate purpose for the following message.

> Dear Mr. Brown,
> I wish I could send you a copy of our New Employees Training Manual to help you establish your own manual, but the information in our Employee Training Manual is classified as confidential and is available only to our management employees. Instead, I am sending you a copy of a booklet which is for our incoming employees. I'm sure it will be helpful to you since it does contain some of our training policies.
> With best regards,

① The purpose of this message is to request a copy of a manual.
② The purpose of this message is to refuse Mr. Brown's information request.
③ The purpose of this message is to inquire some information.
④ The purpose of this message is to notify the date of shipment.

해설 Mr. Brown이 요청한 정보인 신입사원 교육 매뉴얼은 기밀사항이라 보내줄 수가 없다는 거절의 의사를 표현하는 것을 목적으로 하는 메시지이다.
① 매뉴얼 사본을 요청하기 위하여
② Mr. Brown의 정보요청을 거절하기 위하여
③ 어떤 정보를 요청하기 위하여
④ 선적날짜를 공지하기 위하여

> 귀사의 매뉴얼을 만드는 데 도움이 될 수 있도록 저희 회사의 신입사원 교육 매뉴얼을 보내드리려 했지만, 저희 직원교육 매뉴얼이 기밀사항이어서 경영층에게만 허용됩니다. 대신에 새로 들어오는 저희 직원들을 위한 소책자를 보내드립니다. 여기에도 우리의 교육정책의 일부를 포함하고 있기 때문에 당신에게 도움이 될 것이라고 확신합니다.

46 Choose one statement which is not true about 'Memo'.

① 'Memo' is a short expression for 'memorandum'.

② It is one of the business correspondences.

③ It is generally to communicate with people out of the company.

④ The subject line is sometimes abbreviated as "SUB.".

해설 메모는 일반적으로 사내에서 의사소통하기 위해 사용된다.
① 'Memo'는 'memorandum'의 줄임말이다.
② 비즈니스 서신 중의 하나이다.
③ 일반적으로 회사 외부의 사람들과 의사소통하기 위한 것이다.
④ subject line은 가끔 "SUB."라 축약시켜 표현한다.

47 Read the four dialogues and choose one which does not match each other.

① A : Do you have anything to declare?

　 B : No, I don't have anything except my personal belongings.

② A : I'd like to change some money. I have Korean Won. Do you have Hong Kong Dollars?

　 B : Sure, how much are you changing?

③ A : Your bag is overweight.

　 B : How do I lose my weight?

④ A : My suitcase hasn't arrived yet.

　 B : Please fill out this form and describe your bag.

해설 ③의 A는 가방에 대하여 언급한 것이다.

① A : 신고할 것이 있나요?
　 B : 아뇨, 개인 짐 빼곤 없습니다.
② A : 환전을 하고 싶습니다. 저는 원화를 가지고 있는데요. 홍콩 달러가 있나요?
　 B : 네, 얼마나 바꾸시겠습니까?
③ A : 가방의 용량이 초과되었습니다.
　 B : 제가 어떻게 감량을 해야 할까요?
④ A : 제 가방이 아직 도착하지 않았습니다.
　 B : 이 서류를 작성하고 가방이 어떻게 생겼는지 설명해 주세요.

48 According to the following telephone message, which one is <u>not true</u>?

Time of call	Caller	Company	Message
For : Ms. Natasha Insler Recorded by : Miyuki Ishii			Today's Date : Tuesday, May 15
9:10 A.M.	James Fiddler	Apartment · 420	Available at 10:00 A.M. May 19, to sign new lease for apartment.
9:35 A.M.	Carmen Helmsworth	Saint Maria Hospital	Follow-up on proposal to organize wellness fair for all patients. Contact by dialing 624-567-1216
10:20 A.M.	Janie Reed	KKC Kims Advertising	Completed printing 400 brochures. Will send them to your office by May 20.

① Carmen is scheduled to make a delivery to Ms. Insler.
② There is a document to sign on May 19.
③ Ms. Insler should call Carmen Helmsworth.
④ Janie Reed called Natasha on May 15.

해설 ①은 Janie Reed의 전화에 대한 내용이다.

> 오전 9시 10분에 James Fiddler 씨는 5월 19일 오전 10시에 아파트 새 임대계약에 서명하는 것이 가능하다고 하였고, 9시 35분에는 모든 환자를 위한 건강 페어 준비 마무리 건으로 Carmen Helmsworth 씨가 전화하였다. 10시 20분에는 책자 400부 인쇄가 끝났고, 5월 20일까지 사무실로 보내겠다는 내용으로 Janie Reed 씨가 전화하였다.

49 Which of the followings <u>does not match</u> the underlined ⓐ~ⓓ?

A : Today, our goal is to ⓐ <u>come up with</u> a decision on the relocation of our plant in China, which we have been debating over a year. After that, we will spare some time on ⓑ <u>brainstorming</u> to find ways to diversify and upgrade our supply chain.

B : To begin with, Albert will briefly ⓒ <u>go through</u> the report from our last meeting. Has everyone received the report and a copy of the agenda for today? As for today's meeting, Jacob has kindly agreed to ⓓ <u>take the minutes.</u>

C : Well, what time do you expect the meeting is over?

A : Let's make sure we finish on time today.

① ⓐ : produce

② ⓑ : putting heads together

③ ⓒ : review

④ ⓓ : spend a few minutes

④ 'spend a few minutes'는 '잠시 시간을 갖다'를 의미한다. 대화의 내용에 따르면 'take the minutes'은 '회의록을 준비하다'라는 의미로 해석된다.

ⓐ come up with : (해답 등을) 찾다

ⓑ brainstorming : 창조적 집단사고

ⓒ go through : 살펴보다, 검토하다

A : 1년 넘게 토론해온 우리 공장의 중국 이전 건에 대해 우리의 목표가 결정될 것입니다. 그 후, 우리의 공급 망을 다양화하고 업그레이드 하기 위해 브레인스토밍을 할 시간을 가지려 합니다.

B : 우선 Albert가 지난번 회의 보고서를 간략하게 정리해 줄 것입니다. 모두 보고서와 오늘자 안건을 받으셨 죠? 오늘 회의에 관하여 Jacob이 회의록을 준비하기로 하였습니다.

C : 음, 회의가 몇 시에 끝나나요?

A : 오늘 꼭 제시간에 끝내도록 하겠습니다.

50 According to the following schedule, which one is not true?

Frank Hopkins : Fri. June. 24, 2016

a.m.

9:00	Arrive London Heathrow (BA709)
10:00–11:00	Board meeting at London HQ office
11:30	Designers meeting at POP Design Center

p.m.

12:30–2:00	Luncheon with a CEO of Modern Design Center at Rose restaurant
2:30–4:30	Visit to downtown retail shops
4:30–5:30	Refreshments and a break
6:00–9:00	Reception & Dinner at Hero Hotel

① Mr. Frank has two meetings in a row in the morning.

② Mr. Frank is supposed to have a lunch at Hero Hotel.

③ Mr. Frank will go to downtown in the afternoon.

④ Reception and dinner will be held for 3 hours.

② Mr. Frank는 점심에 Rose 레스토랑에서 Modern Design의 CEO와 함께 점심을 하기로 되어있다.

51 Read the following conversation and choose one which is true.

> A : Good morning. I'm Mrs. Kim's secretary. She's not in the office at the present time. May I do anything for you?
> B : My name is Jonathan Gray. I'm with the ABC Company. Here is my business card. I would like to see Mrs. Kim regarding our latest order.
> A : Mrs. Kim is out today, but I can give you an appointment for tomorrow at 10 a.m. Will that be satisfactory?
> B : Yes, thank you.

① The visitor handed a present to the secretary.

② The visitor dropped by Mrs. Kim's office to order some items.

③ Mrs. Kim was in a meeting at that moment.

④ The visitor will come to Mrs. Kim's office again.

> 해설　ABC회사의 Jonathan Gray라는 사람이 Mrs. Kim과 지난 주문에 관하여 만나 뵙고 싶다고 하면서 명함을 남겼고, 다음날 오전 10시에 만나기로 약속을 정하였다.

52 According to the conversation below, which is not true?

> Mr. Parker : This is Alan Parker from BioTech. I'd like to see Mr. Smith.
> Secretary　: Do you have an appointment with him?
> Mr. Parker : No, I don't. I believe I spoke with you last week and left a message for Mr. Smith.
> Secretary　: I contacted Mr. Smith and delivered your message. Is there anything that I can do further for you?
> Mr. Parker : Yes, indeed. I haven't heard from him and haven't received any proposal for the new project yet. Can I speak with him? It's urgent.
> Secretary　: Actually, he's tied up at the moment. But I'll see what I can do.

① The secretary failed to deliver the message.

② Mr. Smith didn't call Mr. Parker back.

③ Mr. Parker failed to contact Mr. Smith.

④ A proposal from Mr. Smith for the new project hasn't been submitted.

> 해설
>
> Mr. Parker : 저는 BioTech의 Alan Parker입니다. Mr. Smith를 뵙고 싶습니다.
> Secretary　: 약속을 하셨나요?
> Mr. Parker : 아니요, 지난주에 제가 말씀드렸고 Mr. Smith께 메시지를 남겼어요.
> Secretary　: 제가 사장님께 연락드렸고 메시지를 전달해드렸습니다. 무엇을 더 도와드릴까요?
> Mr. Parker : 네, 제가 그분께 아무런 연락도 받지 못했고 새 프로젝트에 대한 아무 제안서도 받지 못했습니다. 그와 통화할 수 있을까요? 급한 일이거든요.
> Secretary　: 사실 지금 좀 바쁘시지만 제가 알아보고 오겠습니다.

53 Read the following conversation and choose one which is true.

A : Good morning. May I help you?
B : I am Peter Evans of Boston Insurance. I'd like to see Mr. Kwon.
A : Do you have an appointment with him?
B : I'm afraid not.
A : Actually he is having a meeting with someone at the moment. But I'll see if he is available.
B : Thank you.
A : (To Mr. Kwon) Mr. Peter Evans of Boston Insurance is here to see you.
C : I'm sorry, but I have to attend the board meeting right now. Would you have him call me anytime after three o'clock this afternoon?
A : I certainly will. (To Ms. Evans) I'm sorry, but he is scheduled to attend the board meeting. Please call him after 3 o'clock.
B : Thank you.
A : You're welcome.

① Mr. Evans and Mr. Kwon have an appointment each other to meet in Mr. Kwon's office.
② The secretary will have Mr. Kwon call Mr. Evans after 3 o'clock.
③ Mr. Evans will call Mr. Kwon in the afternoon.
④ Mr. Kwon is planning to attend a meeting at 3 p.m.

해설   Boston 보험회사의 Mr. Evans가 Mr. Kwon을 만나고자 선약 없이 방문하였고 Mr. Kwon은 이사회의 중이라 오늘 오후 3시 이후 아무 때나 전화해 줄 것을 요청하고 있다.

54 Which of the followings gives the incorrect explanation?

Secretary : It's good to see you again, Mr. Wong. How was your flight?
Visitor   : It was as usual except the food. You know that ⓐ in-flight meals these days are getting worse.
Secretary : Was it a direct flight?
Visitor   : No, I had ⓑ a layover in Tokyo Narita. It took me 20 hours to get here including the transit time. I waited for 7 hours to change the plane for ⓒ connecting flight.
Secretary : How did you recover from the ⓓ jet lag so soon after such a long flight?

① ⓐ : meals provided to passengers during flight
② ⓑ : a stopover
③ ⓒ : a flight with a stop and a change of aircraft
④ ⓓ : a time lag caused by jet flights

jet lag는 시차로 인한 피로감을 말하는데 ④는 제트비행으로 인한 시간지체를 설명하고 있다.
　ⓐ in-flight meals : 기내식
　ⓑ a layover : 체류
　ⓒ connecting flight : 기착점에서 항공편을 바꾸어 타는 연결편
　ⓓ jet lag : 시차로 인한 피로감

비서	다시 뵈어 반갑습니다. 여행은 어떠셨나요?
방문객	음식 빼곤 똑같았어요. 아시다시피 요즘 기내음식이 점점 더 형편없어지고 있죠.
비서	직항기였나요?
방문객	아뇨. 도쿄 나리타 경유였어요. 경유시간 포함해서 20시간 걸렸어요. 비행기를 갈아타기 위해 7시간을 기다렸어요.
비서	그렇게 긴 여행을 하신 후 어떻게 그리 빨리 시차 적응을 하셨어요?

55 Which of the followings is the most grammatically correct word?

Ms. Baker : ⓐ What's the market research project going, Ms. Kim?
Ms. Kim　 : It's going very ⓑ smooth.
Ms. Baker : Give me ⓒ a writing report of the project, please.
Ms. Kim　 : When do you need the ⓓ report by?
Ms. Baker : I need it first thing tomorrow morning.
Ms. Kim　 : OK. I'll get on it right away.

① ⓐ What's
② ⓑ smooth
③ ⓒ a writing
④ ⓓ report by

ⓐ '어떻게 되어 가는가?'라는 뜻으로 'What'이 아닌 'How'가 되어야 한다.
　ⓑ smoothly가 되어야 한다.
　ⓒ written으로 쓰는 것이 옳다.

56 Look at the airline e-ticket and choose one which is not informed?

CATHAY Pacific Airways		
e-Ticket Itinerary / Receipt		
Passenger name		KIM/SUNGSOOMR
e-Ticket number		16048376
Itinerary		Booking Reference 6417485
CX 411	Operated by CATHAY Pacific Airways	
		Via : -
Departure	서울(ICN)	06MAY07
	16:25 Local Time	Termianl NO. : -
Arrival	홍콩(HKG)	06MAY07
	19:30 Local Time	Terminal NO. : 3
Class B	Status OK	Fare Basis SYIA17
Free Baggage Allowance 20KG		
Not Valid Before - After 14 APR07		
CX 412	Operated by CATHAY Pacific Airways	
		Via : -
Departure	홍콩(HKG)	11MAY07
	08:20 Local Time	Termianl NO. : -
Arrival	서울(ICN)	11MAY07
	11:30 Local Time	Terminal NO. : 3
Class B	Status OK	Fare Basis SYIA17
Free Baggage Allowance 20KG		
Not Valid Before	Not Valid Before 06MAY07	After 13 MAY07

① Whether this is a round-trip or one way ticket.

② What airline the passenger is using.

③ When the passenger arrives to Seoul.

④ What gate the flight leaves from.

> **해설** ④ 비행기가 출발하는 게이트는 나와 있지 않다.
> ① 서울과 홍콩을 왕복하는 티켓이다.
> ② 항공사명은 CATHAY Pacific Airways라고 적혀 있다.
> ③ 서울 도착시간은 11시 30분이다.

57 Which of the followings is the most appropriate expression for blanks ⓐ to ⓓ?

A : Good morning, Daehan Trading. Ms. Lee speaking.
B : May I speak to Mr. Park of Personnel Department, please?
A : I'm sorry, he's not in. May I ask who's calling, please?
B : This is Pauline Wong.
A : I'm sorry. How do you ⓐ _____ your ⓑ _____?
B : Wong. W—O—N—G.
A : M ⓒ _____ Mexico?
B : No. N ⓒ _____ Nancy. N—G.
A : W—O—N—G? Is that right?
B : Right.
A : Would you like to ⓓ _____ a message?
B : Yes, please tell him that I'll leave Busan this afternoon and that I'll call him when I get to New York.
A : I'm sure he gets your message. Ms. Wong. Good bye.

① ⓐ spell　　　ⓑ surname　　　ⓒ as in　　　ⓓ leave
② ⓐ pronounce　ⓑ given name　ⓒ as of　　　ⓓ leave
③ ⓐ address　　ⓑ family name　ⓒ for　　　　ⓓ take
④ ⓐ write　　　ⓑ first name　　ⓒ as for　　　ⓓ receive

해설　전화를 건 사람의 이름이 Pauline Wong이므로 Pauline은 first name이고 Wong은 last name이 된다.
• as in : ~인 경우와 같이
• leave a message : 메시지를 남기다
• surname, given name, family name : 성(姓)
• first name : 이름

58 According to the conversation, when is Ms. Smith going to check out the hotel?

Hotel Clark : Hello, Flamingo Hotel. How may I help you?
Secretary　 : I'd like to reserve a suite room. The guest name is Clara Smith.
Hotel Clark : Okay, when do you need a room?
Secretary　 : Ms. Smith will be arriving next Tuesday and staying four nights.
Hotel Clark : Let me check. Next Tuesday is May the 11th. Okay, a suite room is reserved under the name of Clara Smith.

① Tuesday, 11th　　　　　② Thursday, 13th
③ Friday, 14th　　　　　　④ Saturday, 15th

해설　Clara Smith 씨가 다음 주 화요일(5월 11일)에 도착해서 4일 밤을 묵을 것이라고 하였으므로 체크아웃 날짜는 15일 토요일이다.

59 According to the dialog below, which statement is not true to the conversation?

Boss	: Are there any special plans for the week that I have to bear in mind?
Secretary	: Yes. You've accepted an invitation to the banquet for the delegation from the Asian Investment Bank. It is at Continent Hotel on Wednesday at 7:00. Besides, you agreed to deliver a welcoming speech on behalf of the reporters' association.
Boss	: Is the draft for the speech proofread by the managing editor?
Secretary	: Yes, of course. As soon as you go over it and finalize the speech, it will be printed and be ready for distribution.
Boss	: OK. Then, let's start off with reviewing the draft.

① The boss will be present at the party on Wednesday at 7:00.
② There will be a welcoming speech during the banquet.
③ The boss will peruse the draft of his welcoming speech to finalize it.
④ The secretary should proofread the draft for the managing editor.

해설
· peruse the draft : 초안을 숙독하다
· welcoming speech : 환영사
· finalize : 최종화하다
· proofread : 교정을 보다

Boss	: 이번 주 제가 기억해둬야 할 특별한 계획이 있나요?
Secretary	: 수요일 7시 컨티넌트 호텔에 아시아 투자회사 대표자들을 위한 만찬초대에 대해 수락하셨고, 기자협회를 대표해서 환영사를 전하기로 하셨습니다.
Boss	: 편집장님께서 연설초안을 교정보십니까?
Secretary	: 네. 그렇습니다. 사장님께서 그것을 검토하고 확정하시면 바로 인쇄하여 배포되도록 준비할 것입니다.
Boss	: 좋아요. 그럼 초안부터 검토해봅시다.

60 Which of the following alternatives is <u>not included</u> in the suggestions?

> Secretary :
> Hello, Ms. Jones. This is Yuna Lee, Mr. Smith's secretary. I'm calling about the important meeting during his business trip. Actually he is supposed to go on the business trip, but I just found out that his flight is delayed. So I have thought of some options to solve this problem. One option is to postpone the meeting until tomorrow. I'm sure that he can get there by then.
> Another option is to arrange a video conference if the clients agree to do it. Or how about letting Mr. Koo do instead of him. He worked with Mr. Smith on the project, so he knows all about it. What do you think about my suggestions?

① to delay the meeting until tomorrow

② to arrange a video conference

③ to let Mr. Koo do instead of Mr. Smith

④ to reschedule the meeting within a week

해설 상사가 출장 중 비행기가 연착되어 회의를 할 수 없으므로 몇 가지 대안을 제시하고 있다. 즉, 회의를 내일로 미룰 것인지 아니면 고객들의 동의하에 화상 회의를 할 것인지, 그 사장님과 함께 일해서 프로젝트에 대해 잘 알고 있는 Mr. Koo가 대신하도록 할 것인지 묻는 내용이다.

---

61 회사에서 문서를 수신할 경우 처리방법으로 바른 것끼리 묶인 것은?

> 가. 당직근무자가 접수한 문서는 익일 관련부서에 전달한다.
> 나. 접수문서는 문서수신부서에서 접수하여 등록대장에 기재한다.
> 다. 접수문서는 접수인을 찍고 접수번호와 접수일시를 문서에 표시한다.
> 라. 친전문서인 경우 수신처가 불분명하니 개봉하여 확인하고 수신처에 전달한다.
> 마. 상품 안내서나 광고문 같은 것은 즉시 폐기해서 유통량을 줄인다.
> 바. 여러 부서원들이 보아야 할 문서는 복사본으로 회람을 한다.

① 가, 나, 다, 마, 바

② 가, 나, 다, 라

③ 가, 나, 다, 마

④ 가, 나, 다, 바

해설 라. 기밀문서, 친전문서 등 개봉하기에 부적당하다고 인정되는 문서는 봉투에 문서 처리인을 날인하여 해당자에게 송부한다.
마. 상품 안내서나 광고문은 즉시 폐기하는 것이 아니라 그 내용이 상사에게 필요하겠다고 생각되는 것에 한해서 적절한 때에 전달하도록 한다.

62 신입으로 들어온 김 비서의 문서 발신 업무 처리에 대한 내용 중 바람직하지 않은 것끼리 묶인 것은?

> 가. 상사를 대신하여 작성한 기밀문서이므로 문서 발신부 기록을 생략하였다.
> 나. 문서를 발송하기 전 상사 확인 후 서명을 받아서 발송하였다.
> 다. 익일특급으로 발송하였으므로 등기 번호를 잘 기록해 두었다.
> 라. 발송문서의 사본보관용으로 최종 수정한 워드파일을 보관해 두었다.
> 마. 사내로 전달하는 기밀문서인 경우 봉투에 봉한 후 직접 전달하였다.

① 가, 라
② 가, 마
③ 다, 라
④ 다, 마

해설 가. 중요한 문서의 발신은 비서가 따로 발신부를 만들어서 기록해 두는 것이 후일 참고를 위해 바람직하다.
라. 문서를 발송했다면 보관용으로 출력하여 발송 문서철에 1부를 보관하고, 문서를 수신했을 때는 원본은 수신 문서철에 보관하고, 복사본으로 일을 진행한다.

63 다음 우편서비스 중 통화등기(현금배달서비스)에 대한 설명으로 옳은 것으로만 구성된 것은?

> 가. 통화등기는 우편으로 현금을 직접 수취인에게 배달하는 서비스이다.
> 나. 통화등기의 금액 제한은 없다.
> 다. 배달 중 분실 시 전액이 변상된다.
> 라. 결혼식장 혹은 장례식장 등으로 경조금을 보낼 때 유용하다.

① 가, 다
② 가, 나
③ 가, 나, 다
④ 가, 다, 라

해설 나. 통화등기란 현금을 발송할 때 이를 넣은 봉투에 그 금액을 표기한 우편물로 100만 원 이내의 금액을 발송할 수 있다.
라. 결혼식장, 장례식장, 사서함 등 일시적인 장소에는 배달되지 않는다.

64 다음 중 감사장의 작성 방법에 대한 설명으로 가장 옳지 않은 것은?

① 취임 축하장에 대한 감사장은 축하에 대해서 감사 인사를 한 후 포부와 결의를 밝힌다.

② 창립기념 축하연 참석에 대한 감사장은 먼저 참석에 대한 감사의 말을 전하고 앞으로 협력을 부탁하는 내용을 기술한다.

③ 출장 중의 호의에 대한 감사장은 신세를 진 담당자와 그 상사에게 감사의 인사를 기술한다.

④ 문상 답례장은 미사여구를 활용한 계절인사 후, 문상에 대한 감사의 글을 쓴다.

> **해 설** ④ 문상 답례장은 감사의 뜻을 담아 간결하면서도 진정성을 넣어 글을 쓴다. 미사여구를 활용한 계절인사는 적절치 않다.

65 다음 각 비서들의 명함관리 방법에 해당하는 사례에 대한 정리 방법이 순서대로 기입된 것은?

> 가. 최 비서는 받은 순서대로 일련번호를 명함에 기재하고, 명함에 관련된 정보를 입력하고 일련번호순으로 정리하였다.
> 나. 고 비서는 명함정보를 입력하고 회사명의 가나다순으로 정리하였다.
> 다. 박 비서는 명함정보를 입력하고 이름명의 가나다순으로 정리하였다.

① 주제별 – 주제별 – 명칭별

② 번호식 – 명칭별 – 명칭별

③ 번호식 – 주제별 – 명칭별

④ 주제별 – 명칭별 – 명칭별

> **해 설** 가. 일련번호를 사용하였으므로 번호식 정리방법을 사용하였다.
> 나 · 다. 가나다순으로 정리하였으므로 명칭별 분류방법을 사용하였다.

66 ABC회사는 아래와 같은 전자매체에 대한 회사보안정책을 만들고 배포하였다. 다음 중 이 회사보안정책을 가장 잘못 이해한 것은?

> ABC사의 모든 전자적 정보 및 데이터에 저장되는 보안정책을 다음과 같이 정의하였으며, 이에 모든 직원이 이 정책과 절차를 이해하고 준수한다.
>
> 전자적인 비즈니스는 전자우편, 메일, 파일, 보고서, 상거래, 기후정보 등을 포함하여 다양한 형태로 이루어지고 있다. 이에 ABC의 직원으로서 여러분은 전자적 정보와 데이터가 회사의 중요한 자산임을 이해하고 전자적 정보 및 데이터와 관련된 각자의 권리와 책임을 숙지해야 한다.
>
> 이를 위해 다음의 정책을 시행한다.
> 1. ABC가 보유 또는 임대하여 사용 중인 모든 전산 장비에서 생성, 저장, 유지되는 모든 데이터, 프로그램, 문서는 ABC의 재산이다.
> 2. 상기 자료에 대한 ABC의 소유권은 이들 자료의 모든 복사본까지 포함한다. 이때 복사본은 종이인쇄물, 전자적 형태, 마그네틱테이프나 하드 드라이브, 플로피 디스켓 등 모든 형태의 저장매체에 저장된 형태로 있을 수 있다.
> 3. ABC의 직원이 보내거나 받은 이메일 메시지는 ABC의 재산이다.
> 4. 인터넷은 기본적으로 업무수행을 보다 효율적으로 하고 필요한 자료를 얻기 위해 사용한다. 예를 들어 정보의 검색, 외부인과 비즈니스 관련 사안의 협의를 위한 통신수단으로서 인터넷을 사용한다. 업무와 관계없는 자료의 발송, 다운로드, 복사, 인쇄 등 인터넷의 부적절한 사용은 징계 조치의 대상이 된다.
> 5. 모든 직원은 ABC의 컴퓨터를 이용하여 저작권의 보호를 받는 소프트웨어를 불법으로 이용하거나 복제해서는 안 된다.

① ABC회사의 메일서버에 있는 개인적 이메일도 모두 회사의 재산이다.
② 대학원에 다니는 상사가 지시한 논문을 다운받아 인쇄하는 것은 정당한 사용이다.
③ ABC회사의 컴퓨터에 있는 소프트웨어는 저작권이 없어도 회사재산이다.
④ 퇴사 시에 회사 컴퓨터에 저장된 개인자료를 허락 없이 복사해 가는 것은 회사재산을 탈취하는 행위이다.

해설 ③ 배포한 회사보안정책에는 ABC의 컴퓨터를 이용하여 저작권의 보호를 받는 소프트웨어를 불법으로 이용하거나 복제해서는 안 된다고 규정하고 있다.

67 다음 중 전자결재시스템에서 가능한 기능을 모두 고른 것은?

> 가. 결재 경로 지정 및 수정 기능
> 나. 결재 진행 중 결재 경로의 변경 및 수정 기능
> 다. 의견 첨부 기능
> 라. 결재 상황 조회 기능

① 가, 나, 다   ② 가, 다, 라
③ 가, 라   ④ 가, 나, 다, 라

모두 전자결재시스템에서 가능한 기능이다.

전자결재시스템의 기능
- 결재 경로 변경 등의 업무 변화에 신속히 적응
- 결재 경로 지정 및 수정 기능
- 의견 첨부 기능과 결재 상황 조회 기능
- 복잡한 문서의 사무 업무 간소화로 업무의 생산성 증대
- 문서를 통합 관리하여 업무의 효율성 향상
- 인사, 학사, 재무 시스템과 연계
- 문서 작성의 편리성 도모
- 문서의 흐름 모니터링

68 사용 목적에 맞는 사무기기와 소모품의 구매가 가장 적절하지 않은 것은?

① 법률사무소에서 일하는 강 비서는 서류 위조 방지를 위해 인증천공기를 구매하였다.

② 공기업에서 일하는 박 비서는 QR 코드와 바코드 인쇄를 위해 라벨프린터와 라벨테이프를 구매했다.

③ 연구소에서 일하는 최 비서는 전자칠판과 칠판 기종에 맞는 용지를 함께 구매하였다.

④ 홍보회사에서 일하는 조 비서는 회의자료를 제본하기 위해 제본기와 코팅용 필름을 함께 구매했다.

④ 회의자료 내용이 기밀이라 외부업체에 맡길 수 없는 경우 손쉽게 제본할 수 있는 제본기를 구매해야 하나 회의자료에 코팅용 필름까지 사용할 필요는 없다.

69 전자상거래 결제 시 신용카드를 대체하는 전자화폐가 등장하고 있다. 전자화폐의 특징으로 가장 적절하지 않은 것은?

① 누가 어떤 상점에서 무엇을 샀는지를 제3자가 알 수 없어야 한다.

② 다른 사람에게 이전이 가능해야 한다.

③ 불법 변조 및 위조가 안 되어야 한다.

④ 한국은행에서 발행하며 현금처럼 사용할 수 있어야 한다.

④ 전자화폐란 범용성 선불카드로서 전자적인 매체(컴퓨터, IC카드, Network 등)에 화폐적 가치를 저장하였다가 물품 및 서비스 구매 시 활용하는 결제수단이다.

70 다음 중 비서의 행동으로 가장 바람직하지 않은 것은?

① 김 비서는 상사의 근황에 관해 묻는 방문객의 질문에 일절 답변하지 않았다.

② 박 비서는 늦게까지 야근을 할지언정 회사업무를 집으로 가져가 수행하지는 않는다.

③ 장 비서는 타부서 윗사람이 묻는 질문이 회사 기밀에 관한 것이어서 잘 모르는 사항이라고 답하였다.

④ 한 비서는 중요서류는 전자 잠금장치가 있는 서류함에 보관하고 수시로 비밀번호를 변경한다.

해설 ① 방문객을 응대하는 태도는 상사나 기업의 이미지에 영향을 끼치므로 항상 예의바르고 정중하게 대해야 한다. 어떤 방문객이 어떤 용건을 가지고 오든 비서는 항상 호의적인 태도로 친절히 접대해야 한다.

71 반도체 업체에서 일하는 조정민 비서의 행동 중 잘못된 것으로만 묶인 것은?

가. 상사가 부재 시 손님이 일찍 방문했을 때 상사 집무실에서 기다리게 조치하였다.
나. 상사의 일정은 기사와 공유하는데, 기사에게 정보보안에 주의하도록 당부하였다.
다. 상사의 정보를 외부에서 요청한 경우 상사에게 보고한 후 지시를 기다렸다.
라. 상사가 무심코 버린 문서 중 기밀에 해당하는 것은 세단기를 이용하여 파쇄하였다.
마. 작성 중인 보고서 마감일이 임박하여 USB드라이브에 문서 파일을 복사해 와서 집에서 밤샘 작업하였다.
바. 일반 문서 작성 중 잠시 자리를 비울 때에 모니터를 꺼두었다.

① 다, 마   ② 마, 바
③ 가, 바   ④ 가, 마

해설 가. 약속 시간보다 일찍 도착한 내방객은 우선 대기실로 안내하고 상사의 앞 일정이 종료되는 대로 말씀드리겠다고 양해를 구한다.
마. 회사업무를 회사 밖으로 가져가거나 집으로 가져가 수행하지 않고 늦더라도 회사 내에서 작업을 마무리하여야 한다.

72 상사로부터 프레젠테이션 자료제작을 부탁받은 비서들이 사용하는 방법으로 가장 적절하지 않은 것은?

① 박 비서는 문장보다 키워드로 구성된 도해, 그림, 사진으로 이미지화하였다.

② 황 비서는 모든 콘텐츠에 효과를 주어서 화려하게 작성했다.

③ 정 비서는 중요 부분은 하이라이트 컬러를 사용해 강조했다.

④ 윤 비서는 템플릿을 이용하여 폰트, 색감, 레이아웃에 통일성을 주었다.

해설 ② 중요한 것은 내용이므로 소리, 동영상, 애니메이션, 각종 그림 등은 내용을 파악하는 데 도움이 될 정도로만 삽입하고, 시선을 분산시켜서 집중도를 떨어뜨릴 정도의 화려함이나 애니메이션, 화면 전환 등은 피해야 한다.

73 다음 중 PDF 파일에 대한 설명으로 가장 옳지 않은 것은?

① 컴퓨터 기종에 관계없이 호환이 가능한 문서 형식이다.

② 소프트웨어 종류에 관계없이 호환이 가능한 문서 형식이다.

③ 암호화 및 압축 기술을 통해 내용의 변조가 어렵다.

④ 문서 형식이나 제작 기술에 독점적인 기술이 사용된다.

> **해설** PDF 파일
> - 국제표준화기구(ISO)에서 지정한 전자문서 국제 표준 포맷이다. 특히 PDF/A는 국제표준화기구(ISO)에서 지정한 전자문서 장기 보관 및 보존을 위한 국제 표준 포맷이다.
> - 컴퓨터 기종이나 소프트웨어 종류와 관계없이 호환이 가능한 문서 형식이다.
> - 암호화 및 압축 기술을 통해 내용의 변조가 어렵다.

74 다음 중 클라우드 사무환경에 관련하여 가장 올바른 설명은?

① 개인이 업무수행을 위해 필요한 소프트웨어만 다운받아 설치하여 사용한다.

② 인사이동 시 필요한 자료를 저장하여 이동하지 않아도 된다.

③ 출장 등 원격근무를 할 때 필요한 자료를 USB에 저장하여 사용하기 용이하다.

④ 자료를 별도의 데이터 센터에 통합하여 저장하므로 정보 유출 및 손실에 대한 우려가 증가한다.

> **해설** 클라우드 서비스는 워드, 엑셀, 파워포인트 등으로 작성된 각종 문서, 사진, 동영상 등의 파일을 인터넷상의 서버에 저장하고, 언제 어디서든지 필요한 때에 데스크톱 PC, 태블릿 PC, 노트북, 스마트폰 등의 기기에 다운받아 사용할 수 있는 인터넷 서비스이다. 또, 대용량의 파일이나 문서를 쉽고 편리하게 교환할 수 있기 때문에, 별도의 정보저장기기를 활용하지 않아도 된다는 점과 아이디와 패스워드가 있어야 하므로 안전한 것이 가장 큰 장점이다.

75 다음은 김 비서가 상사에게 받은 명함이다. 정리순서대로 나열한 것은?

가. Kimberley, Charles
나. Dr. Stephen Leigh
다. Eugene Maslov, Jr.
라. Charlie Kimberly, CAP
마. Stephanie Lee

① 라 – 나 – 다 – 가 – 마   ② 가 – 라 – 마 – 나 – 다

③ 가 – 라 – 나 – 마 – 다   ④ 라 – 가 – 마 – 나 – 다

> **해설** 성의 알파벳순으로 정리한다. 성이 같으면 이름의 알파벳순으로 정리한다.

76 다음은 인터넷 사용 중 발생한 피해 사례에 관한 내용이다. A와 B가 각각 어떤 범죄에 의한 피해인지 순서대로 올바르게 나열한 것은?

> A. 김 비서는 컴퓨터를 사용하던 중 "파일에 암호를 걸어놨으니 풀고 싶으면 돈을 보내라"는 메시지를 받았다. 해커가 몰래 악성코드를 심어서 파일을 잠가 놓고 돈을 요구하는 것이다.
> B. 민 비서는 인터넷 뱅킹을 하기 위해서 인터넷 포털사이트 검색을 통해서 상공은행 사이트에 접속했다. 팝업창이 나타나서 개인정보와 금융거래정보를 입력하였는데 며칠 후 민 비서의 상공은행 계좌에서 돈이 사기범의 계좌로 이체되었다.

① 하이재커 – 피싱
② 하이재커 – 파밍
③ 랜섬웨어 – 피싱
④ 랜섬웨어 – 파밍

해설 ・랜섬웨어(Ransomware) : Ransom(몸값)과 Ware(제품)의 합성어로 사용자의 문서를 인질로 잡고 돈을 요구한다고 해서 붙여진 이름으로, 파일 암호화, 화면 잠금 기능으로 감염 피해자가 자료 백업이나 복구를 위한 어떠한 동작도 할 수 없도록 만드는 바이러스이다.
・파밍(Pharming) : 악성코드로 감염시켜서 이용자가 인터넷 즐겨찾기나 포털사이트 검색을 통하여 금융회사의 정상적인 주소로 접속하여도 피싱사이트로 유도되어 개인금융정보를 몰래 빼내가는 수법이다.

77 다음은 상공주식회사의 위임전결기준표의 일부이다. 이에 따른 문서 처리방법이 가장 올바른 것은?

업무내용	전결권자				
	사 장	전 무	상 무	부 장	과 장
유무상증자 (확정 : ◎, 준비 : ○, 계획 : △)	◎		○	△	

① 무상증자 계획에 관한 문서를 부장이 전결하였다.
② 유상증자 계획을 위하여 상무 부재중에 전무가 대결하였다.
③ 유상증자 확정을 위한 문서를 사장 출장 중에 상무가 대결하였다.
④ 무상증자 준비를 위한 문서를 부장이 전결하였다.

해설 ① · ② 유무상증자 계획에 관한 문서를 상무가 전결하였다.
③ 유상증자 확정을 위한 문서를 사장이 전결하였다.

78 다음 중 밑줄 친 부분의 맞춤법 사용이 가장 올바른 것은?

① 친구가 힘들게 해도 <u>되갚는</u> 것은 옳지 않다.

② <u>오랫만에</u> 옛 동료를 만나서 반가웠다.

③ <u>비서로써</u> 갖추어야 할 역량은 무엇인가?

④ 신제품이 날개 <u>돋친 듯이</u> 팔렸다.

> **해설** ① 친구가 힘들게 해도 대갚음하는 것은 옳지 않다.
> ② 오랜만에 옛 동료를 만나서 반가웠다.
> ③ 비서로서 갖추어야 할 역량은 무엇인가?

79 다음 그래프를 통해서 알 수 있는 내용으로 가장 올바른 것은?

수출입 증가율 추이

① 2016년 2월에는 2015년 2월에 비해서 수출보다 수입 감소율이 더 높다.

② 2016년 2월보다 2016년 3월 수출입량이 증가한 것으로 잠재 조사되었다.

③ 2015년 9월에는 전월에 비해서 수입량은 감소했으나, 수출량은 증가하였다.

④ 2015년 11월에는 2014년 11월에 비해서 수출이 증가하였다.

> **해설** ① 그래프에 따르면 2016년 2월 수출 증가율은 -13% 정도의 위치에 있고, 수입 증가율은 -15% 정도의 위치에 있으므로 수입 감소율이 더 높다.
> ② · ③ 전년 동월 대비 증감율로는 전년 동월과 비교했을 때 수출입량의 증감만을 알 수 있을 뿐 전월이나 전년의 다른 월과의 수출입량의 증감은 알 수 없다.
> ④ 2015년 11월의 전년 동월 대비 수출 증가율이 -5%이므로 수출은 감소한 것이다.

80 다음 기사 내용을 통해서 알 수 있는 내용과 가장 거리가 먼 것은?

> 〈전략〉
>
> ISA계좌에서 발생하는 전체 수익금 중 비과세 대상은 소득 수준에 따라 200만~250만 원뿐이다. 나머지 수익에 대해선 9.9%의 세율로 분리과세된다. 이 때문에 '절세 ISA'나 '절세 혜택(비과세+저율분리과세) ISA'라는 문구로 광고하는 것은 가능하지만 온전히 비과세라는 뉘앙스를 풍기는 문구는 써서는 안 된다. 금융사가 ISA의 모델 포트폴리오에 대해 예상·목표 수익률을 광고하는 것도 금지된다. 금투협은 이를 근거로 '초저 위험 가입 시 연 3% 약정 수익률을 지급한다.'는 광고 문구는 쓰지 말라고 주문했다. 금융사가 공개하는 '공시수익률'을 광고하는 것도 허용되지 않는다. 〈중략〉 금투협 관계자는 "공시수익률은 수수료 등이 반영되지 않아 엄밀한 의미의 수익률이라 할 수 없기 때문에 광고에 쓰지 못하도록 했다"고 설명했다. ISA는 기본적으로 원금 손실 위험이 있는 상품인 만큼 광고에 '손실보전'이나 '이익보장'으로 인식되는 정보도 표시할 수 없다.
>
> 〈후략〉
>
> 한국경제신문, 2016년 3월 11일자

① ISA는 수익금 일부에 대해서만 비과세가 가능하다.
② 금융사가 ISA 수익률을 공시하는 것은 가능하다.
③ ISA 계좌 수익금 중 비과세 외 수익은 종합과세 되지 않는다.
④ ISA는 원금이 손실될 수도 있으므로 이익보장이라고 표시할 수 없다.

해설 ① ISA계좌에서 발생하는 전체 수익금 중 비과세 대상은 소득 수준에 따라 200만~250만 원뿐이고, 나머지 수익에 대해선 9.9%의 세율로 분리과세된다. 이 때문에 '절세 ISA'나 '절세 혜택(비과세+저율분리과세) ISA'라는 문구로 광고하는 것은 가능하지만 온전히 비과세라는 뉘앙스의 문구를 써서는 안 된다.

---

01 다음 중 전문비서의 관리역할로서 잘못 설명된 것은?

① 커뮤니케이션 관리자 – 메시지에 담겨 있는 의미를 파악하여 전하는 전략적 의사소통에 기여하는 자

② 재고관리자 – 단순한 물품 주문만 하는 것이 아니라 재고 수준 관리, 비용절감 효과를 측정함으로써 구매에 관한 의사 결정에 참여하는 자

③ 정책관리자 – 조직의 정책과 절차 등을 유지하고 갱신하고 보완하는 자. 편람을 정비하고 종업원들을 위해 정책이나 절차 등을 설명하기도 함

④ 위기관리자 – 상사가 부재중일 때 상사를 대신하여 긴급 사태를 지휘하는 자

> **해 설** 위기관리자는 상사가 부재중일 때 상사를 대신하여 긴급 사태를 지휘한다기보다 조직이 위기상황에 닥쳤을 때 이를 신속하게 대처하여 조직을 보호하고 피해를 최소화하는 자를 말한다.

02 다음 중 비서의 자기개발 및 경력계획에 대한 설명으로 적절하지 않은 것은?

① 비서는 새로운 정보기기를 잘 사용할 수 있도록 계속해서 배워야 하며, 데이터의 습득, 해석, 평가, 파일의 조작, 관리 등과 관련된 업무 능력도 지속적으로 높여나감으로써 자기개발을 할 수 있다.

② 비서는 커뮤니케이션 능력을 향상시키기 위해서 경청과 표현능력뿐 아니라 인간관계 능력, 프레젠테이션 능력, 문제해결 능력, 논리력 등도 개발해야 한다.

③ 비서는 본인이 속한 분야의 전문용어를 제대로 구사하고, 의전에 맞추어 편지문과 연설문 등을 작성하며, 비서실에서 다루는 모든 문서를 문법적 오류 없이 수정할 수 있어야 하며, 난해한 문서를 이해하기 쉽게 수정할 수 있는 언어 능력을 개발해야 한다.

④ 회계 능력을 보유한다는 것은 한 단계 높은 수준의 비서로 자리매김하는 계기가 될 수 있으나, 전산을 활용한 회계 시스템의 활용과 ERP, PI시스템에 대한 부분은 전문가의 영역이므로 비서고유의 업무 위주로 자기개발 및 경력계획을 하도록 한다.

> **해 설** 전산을 활용한 회계 시스템의 활용과 ERP, PI시스템 등의 프로그램을 능숙하게 다룰 수 있다면 업무에 큰 도움이 될 수 있고, 공인 회계사나 세무사의 개인 사무실이나 회계법인 및 기업에서도 근무할 수 있기 때문에 컴퓨터를 사용한 회계 관련 사무처리 능력이 요구된다.

03 김 비서는 주말에 일간지에 대표 이사의 행동을 비난하는 기사를 발견하였다. 이에 대해 김 비서가 취할 수 있는 가장 적절한 태도는?

① 일간지 편집국장에게 이메일을 보내 사태 수습을 먼저 한다.
② 주말이라도 상사에게 바로 보고드리고 지시에 따라 행동한다.
③ 일간지 담당기자에게 연락하여 일단은 글을 먼저 삭제하도록 요청한다.
④ 홍보팀 담당자에게 이 사실을 알리고 선 조치를 취한 후 상사에게 경과보고를 한다.

> 해설 비서는 비상상황에 대처하기 위한 행동지침을 잘 알아두어야 하며, 이런 상황이 발생하면 사내외로 연락하고, 상사의 지시에 따라 신속히 필요한 조치를 취해야 한다.

04 다음은 비서와 고객의 전화통화 내용이다. 전화응대의 내용을 읽고 가장 적절한 응대방법을 제시한 것은?

> 비서 : 안녕하십니까? 한국전자 손광민 전무실입니다.
> 고객 : 안녕하세요? 저는 에스물산 정진우 사장입니다. 손 전무님과 통화 가능한가요?
> 비서 : 정 사장님, 죄송하지만 저희 전무님은 기린전자 강 사장님과 점심 약속이 있어서 외출하셨습니다. 메모 남겨드리겠습니다.
> 고객 : 급하게 중요한 일로 통화를 해야 하는데 손 전무님 휴대폰 전화번호를 알려주겠어요?
> 비서 : 급한 용건이시면 010-1357-5688번으로 전화하시면 됩니다. 감사합니다.

① 손 전무님이 외출했다고만 말하고, 누구와 점심 약속이 있는지는 말할 필요가 없다.
② 상사의 휴대폰 번호는 어떠한 상황이라도 알려주지 말아야 한다.
③ 에스물산 정 사장님이 상사보다 높은 직위에 있는 분이므로 상사의 전화번호를 알려드린 것은 이 상황에서 적절하였다.
④ 정 사장님의 용건을 먼저 확인해서 판단한 후 손 전무님께 전달해 드린다고 해야 했다.

> 해설 상사 부재 시 상사를 찾는 전화의 경우, 상대방에게 상사가 있는 곳과 연락처 또는 상사의 현재 활동상황에 대해 자세히 알려줘서는 안 된다.

05 한 비서가 김 사장의 출장일정을 보좌하기 위한 업무로 가장 적절한 것은?

편 명	출발/도착지	일자 및 시간	좌 석	기 종
KE121	Seoul/Incheon Sydney	9/23 19:10 9/24 06:25	Prestige	Boeing 777
KE122	Sydney Seoul/Incheon	9/27 07:55 9/27 17:25	Prestige	Boeing 777

숙소 : Marriott Sydney Harbour 30 Pitt Street, Sydney 2000
Tel. 61-2-9259-7700 / Fax. 61-2-9259-1100
Confirmation No. A1730S80

① 9월 23일 오전에 회사에 출근하신 후 출국하실 예정이어서, 오전에 US 달러로 환전하여 준비 해드렸다.
② 시드니의 호텔은 4박 일정으로 예약하였다.
③ 김홍철 사장의 항공편은 국적기 1등석 좌석 등급으로 좌석은 사전에 미리 예약하였다.
④ 9월 21일경에 호텔예약 확인증을 보내달라고 Marriott 호텔에 팩스 요청을 하였다.

> 해설　① 시드니로 출장 가므로 최소한 출발하기 이틀 전에 호주(AU)달러로 환전을 해놓아야 한다.
> ② 시드니에 24일 도착해서 27일 오전에 출발하므로 호텔 예약은 3박만 한다.
> ③ 김홍철 사장의 항공편은 국적기 비즈니스석(2등석 좌석=Prestige)으로 예약하였다.

06 한영희 비서는 작성한 회의록을 정리하여 상사에게 승인을 받고자 한다. 다음의 회의록 내용 중 회의용어 내용이 올바르게 표현되지 않은 것은?

① 定足數가 출석인원 과반수 이상이 되어 成員이 되었음을 알리다.
② 김영희 재무팀장이 1안에 대해 動議하고 재청하여 1안이 採決되다.
③ 손지영 부장이 議案에 대한 表決방식을 거수로 하자고 제안하다.
④ 動議된 議案에 대해 김영희 팀장이 改議하다.

> 해설　② 김영희 재무팀장이 1안에 대해 同意하고 재청하여 1안이 採決되다.
> ・動議(동의) : 회의 중에 토의할 안건을 제기함
> ・同意(동의) : 의사나 의견을 같이함

07 사장님의 아버지인 회사 설립주 김영철 명예회장의 호는 풍운이다. 다음 중 회사장으로 치러지는 김영철 명예회장의 장례 절차를 준비하는 비서의 업무 수행 중 적절하지 않은 것으로만 묶여진 것은?

> ㄱ. "故풍운 김영철 명예회장 영결식"으로 외부 안내표시를 하였다.
> ㄴ. "故명예회장 김영철 풍운 영결식"으로 외부 안내표시를 하였다.
> ㄷ. 부고소식을 언론자료로 배포 시 고인의 약력과 업적, 가족 관계 내용을 포함시켰다.
> ㄹ. 부고소식을 언론자료로 배포 시 입관절차와 하관식 일정을 포함시켰다.
> ㅁ. 부고소식을 언론자료로 배포 시 발인일시와 향년나이를 포함해 사망사실을 고지하였다.

① ㄱ, ㄷ
② ㄱ, ㄹ
③ ㄴ, ㄹ
④ ㄴ, ㅁ

해설 ㄴ. 일반적으로 '풍운'이라는 호는 이름 앞에 쓴다.
　　　 ㄹ. 입관절차와 하관식 등은 영결식에 해당하는데 이는 유족에 한정된 행사이므로 회사장의 부고소식의 배포 시에 포함시키지 않는다.

08 미국지사의 팀장인 Greg Crawford는 한국에 업무상 10월 30일 입국 예정이며 상사는 그 즈음에 출장으로 부재중이어서 김 비서에게 대리 접견을 요청하였다. Greg 씨를 맞이하는 비서의 태도로 부적절한 것을 고른 것은?

> ㄱ. 한국의 고유한 기념품을 준비하여 방문 시 전달하도록 한다.
> ㄴ. 사내 게시판을 통해 미국지사 팀장의 방문을 직원들에게 미리 공지한다.
> ㄷ. 회사를 방문한 Greg에게 회사를 안내하며 각 부서의 업무를 상세히 안내한다.
> ㄹ. 상사를 대신하여 직원회의를 소집하고 직원들과 서로 인사를 나눌 수 있도록 계획한다.

① ㄱ, ㄴ
② ㄴ, ㄷ
③ ㄷ, ㄹ
④ ㄱ, ㄹ

해설 상사는 김 비서에게 대리 접견만을 요청하였으므로 비서는 상사 부재 시 대리자로서 내방객을 안내하는 역할만 수행한다. 즉, 회사나 부서업무의 상세한 설명이나 직원회의를 소집하는 행위는 적절하지 않다.

[09~10] 다음의 글을 읽고 물음에 답하시오.

다국적 기업 FG Motors 한국지사에 근무하는 최미경 비서는 서울에서 개최되는 FG Motors 마케팅 로드쇼 행사를 담당하고 있다. 이번 행사에는 15개국의 지사장들이 참석할 예정이며, 국내외 관계자 500명을 대상으로 개최될 예정이다.

09 위의 행사를 위한 최 비서의 준비업무로 가장 적절한 것은?

① 호텔은 각 지사장들의 기호를 고려하여 선호하는 호텔로 각각 예약하였다.

② 공항에서 호텔까지의 교통편을 제공하기 위해 45인승 버스를 준비하였다.

③ 회의내용의 통역을 위해 외국어 통역요원을 배치하였다.

④ 행사가 진행되는 호텔은 최근 새로 오픈한 유명한 호텔로 예약하였다.

> **해설** ① 동일한 행사에 참여하는 손님들은 같은 호텔에 예약하여 공통된 정보전달 시 한꺼번에 고지함으로써 착오나 번거로움을 줄인다.
> ② 행사에 참여하는 지사장들의 대우에 맞게 각각의 교통편을 따로 마련하는 것이 좋다.
> ④ 새로 오픈한 호텔은 장소에 대한 사전 지식이 없어 돌발상황에 대처하기 적절치 않으므로 큰 행사를 진행하기에 적당하지 않다.

10 최 비서는 행사 기간이 끝난 후 각 지사장들의 1일 관광 일정을 계획하고 있다. 최 비서가 유의해야 할 점으로 가장 거리가 먼 것은?

① 관광 일정은 호텔 또는 관광회사와 협의하여 마련하도록 한다.

② 일정 중 식사 메뉴는 지사장들의 기호를 미리 파악하여 세심하게 준비하도록 한다.

③ 기념품 및 선물 등을 구입할 수 있도록 단체 일정에 쇼핑 일정도 포함시킨다.

④ 한국의 문화유산을 알릴 수 있는 유적지와 유명 관광지를 방문한다.

> **해설** 하루뿐인 단체 관광 일정에 쇼핑 일정을 포함시키기보다는 개인적으로 의사를 확인하여 일정을 진행하도록 한다.

11 강 비서는 상사가 골프를 취미와 업무상으로 빈번하게 치시기 때문에 골프 예약업무를 자주하게 된다. 다음 중 골프 예약 시 필요 정보와 예약 시 고려 사항에 대한 설명으로 옳지 않은 것은?

① 골프장은 시간 단위로 티오프(Tee-off) 시각을 정하는 경우가 많으니 예약 시 시각을 혼동하는 일이 없도록 한다.

② 그린피와 캐디피 · 카트피로 나누어지며, 캐디피와 카트피는 법인카드 사용이 안 되는 곳이 대부분이므로 현금을 준비하도록 해야 하고, 회원 그리고 주말이나 주중에 따라서 가격이 달라지므로 해당 골프장 홈페이지를 참조해서 가격 정보를 확인한다.

③ 회원권 소지자만 예약이 가능한 회원제 골프장과 일반인도 예약 가능한 퍼블릭 골프장이 있으며, 골프 예약은 주로 회사나 상사 개인이 회원권을 소유한 골프장을 이용하는 경우가 대부분이나 예약 대행사들을 통해서 예약을 진행하기도 한다.

④ 골프장마다 자체적으로 정한 위약 규정이 홈페이지에 안내되어 있고, 규정을 어기면 벌점을 받게 되는데 일정 점수 이상이 되면 골프 예약이 불가하므로 규정을 잘 준수해야 한다.

> **해설** 골프장의 티오프 시각은 시간 단위가 아니라 일반적으로 6~8분 간격으로 정한다. 이렇게 티오프 간격이 짧으므로 골프 약속을 할 때는 시간을 정확하게 확인하는 것이 좋다.

12 외부강사를 초청하는 회의에서 비서가 준비해야 할 것으로 다음 중 가장 적절한 것은?

① 강사에게 강의 요청서를 미리 보낸 후 확답을 받으면 일시, 장소, 목적 등 정보를 구두로 알려준다.

② 회의에 참석할 대상자의 정보를 강사에게 미리 전달하고 강사에게 이력서나 약력을 보내달라고 요청한다.

③ 강의 요청서 공문을 보낼 때 참석 여부에 대한 항목을 넣어 회신하도록 한다.

④ 강사료는 현금과 계좌 입금 중 강사가 원하는 것으로 준비해 둔다.

> **해설** ① 강사에게 강의 확답을 받으면 장소, 시간, 목적 등의 정보를 반드시 서면으로 작성하여 보내도록 한다.
> ③ 강의 요청서 공문을 보낼 때는 회사명, 강의 일시, 강의 시간, 대상인원, 대상자, 강의 장소, 강사료, 강의 내용, 준비물, 기타 요구사항, 담당자명, 연락처, 이메일 등을 적어 보낸다.
> ④ 강사료는 대부분 저자와 미리 협의한 사항이나 회사의 내부 규정에 따른다.

13 최고경영자의 이미지 제고와 홍보 관리자로서의 비서의 업무 수행 내용으로 가장 적절하지 않은 것은?

① 최고경영자의 대외 스피치 자료와 기고문 등을 저장, 관리하여 사내외 온라인 게시판에 업로드 한다.

② 최고경영자의 사회 참여활동과 봉사활동 등을 보좌하고 관련 정보를 수집하여, 사내 홍보담당 자와 공유한다.

③ 최고경영자와 관련된 보도 자료에 세심한 관리뿐 아니라, 업무상 관련 기자들의 정보를 리스트 업하고 수시로 업데이트한다.

④ 최고경영자의 이미지가 중요하므로 회사를 홍보하는 팸플릿 등은 접견실에 두지 않고 상사 관련 보도 자료를 비치하여 손님응대에 활용한다.

> **해설** ④ 최고경영자와 회사의 이미지는 직결되므로 홍보 팸플릿을 접견실에 비치하여 내방객들이 언제든지 볼 수 있도록 준비한다.

14 김 비서는 아침 8시에 출근해 오늘 해야 할 일의 목록을 적었다. 업무의 우선순위를 순서대로 나열 한 것 중 가장 옳은 것은?

> (가) 오전 9시에 있을 사내 김 부장과의 면담 약속을 내일로 변경하는 전화를 한다.
> (나) 오후 2시로 예정되어 있는 ○○상사와의 약속을 확인한다.
> (다) 오전 11시까지 결재받아야 할 보고서에 들어갈 수치를 판매부에 전화해 확인한다.
> (라) 상사로부터 다음 달에 열릴 이사회 회의 일정의 초안을 받아 입출력한다.

① (가) – (나) – (다) – (라)
② (가) – (다) – (나) – (라)
③ (나) – (다) – (라) – (가)
④ (다) – (가) – (라) – (나)

> **해설** (가) 오전 9시 면담 약속 조정 – (다) 오전 11시 결재보고서 수치 확인 – (나) 오후 2시 약속 확인 – (라) 다음 달 이사회 회의 일정 초안 입출력 순으로 처리

> **The 알아두기** **비서의 업무 우선순위 결정 시 고려할 사항**
> • 즉시 처리할 일, 오늘 중으로 해야 할 일, 시간 나는 대로 해야 할 일로 구분하여 수행한다.
> • 상사의 가치관과 업무 스타일을 고려하여 비서 업무의 우선순위를 정한다.
> • 업무의 긴급성과 중요성을 고려하여 긴급한 동시에 중요한 일을 가장 먼저 수행한다.

15 출장 관련 항공 예약 시 알고 있어야 할 항공 용어 설명으로 옳지 않은 것은?

① Stopover : 여정상 두 지점 사이에 잠시 체류하는 것으로 24시간 이상 체류 시에는 해당 국가 입국 심사를 마치고 위탁 수하물을 수령하여 세관검사까지 마쳐야 한다.

② Transit : 비행기가 출발지에서 출발 후 목적지가 아닌 중간 기착지에 내려서 기내식 준비, 청소, 연료 보급, 승객 추가 탑승 등의 이유로 1~2시간 정도 대기 후 다른 비행기에 다시 탑승하는 경우이다.

③ Open Ticket : 일정이 확정되지 않아 돌아오는 날짜를 정확히 지정하기 어려운 경우 돌아오는 날짜를 임의로 정하여 예약하고 항공권의 유효 기간 내에서 일정 변경이 가능한 항공권이다.

④ Overbooking : 판매하지 못한 항공권은 시간적으로 재판매가 불가능하므로 예약이 취소되는 경우와 예약 손님이 공항에 나타나지 않는 경우를 대비하여 실제 판매 가능 좌석수보다 예약을 초과해서 접수하는 것을 말한다.

> **해설** ② Transit은 여객 또는 화물이 중간 기착지에 잠시 쉬었다가 '같은' 항공편으로 다음 도착지로 출발하는 경우, 즉 경유를 말한다.

16 아래는 Mr. R. Greg 회장의 방한 일정표이다. 한국 방문이 처음인 본사 회장 Mr. R. Greg의 방문 일정이 원활히 진행되기 위한 김 비서의 업무수행 중 가장 옳은 것끼리 짝지은 것은?

Itinerary for Mr. R. Greg, Chairman
(June 7~11, 2016)

Monday, June 7
18:30　　　　　Arrive at Incheon via AP 881(Pick up by SH Kim, VP)
20:00　　　　　Check-in Ritz Carton Hotel

Tuesday, June 8
11:00~15:00　Meeting with Gil Hong(Conference Room, 7th, F3)
15:00~17:00　Management Meeting(Conference Room, 7th, F3)

Friday, June 11
7:00~　　　　Breakfast with Ronald James (Singgrira Grill)

㉠ Mr. Greg가 한국에 도착한 후 호텔 예약을 Confirm했다.
㉡ 6월 8일 저녁예약은 하지 않았다.
㉢ 담당직원에게 Mr. Greg의 이름이 적힌 피켓을 준비하게 하여 영접하도록 했다.
㉣ 6월 7일 도착 후 교통상황 등을 고려하여 Ritz Carton Hotel에 'Late arrival notice'를 해두었다.

---

① ㉠, ㉡　　　　　　　　　　　　② ㉡, ㉢

③ ㉢, ㉣　　　　　　　　　　　　④ ㉠, ㉣

해설　① Mr. Greg가 한국에 도착하기 전에 호텔 예약을 Confirm해야 한다.
ⓒ 6월 8일 오후 5시에 관리자 회의가 끝나므로 저녁 식사를 예약하는 것이 좋다.
ⓒ Mr. Greg가 한국에 처음 방문하므로 마중 나온 담당 직원을 쉽게 찾게 하기 위해 피켓을 준비하는 것이 좋다.
ⓔ 비행기 도착시간이 저녁 러시아워와 맞물리므로 호텔 측에 늦게 도착할 수 있음을 알리는 것이 좋다.

17 다음에 제시한 사례에서 김 비서가 저지른 실수가 아닌 것은?

> 인도인 James 씨와 중국인 려호 씨, 그리고 사장님을 모신 가운데 식사와 함께 가벼운 미팅을 진행 중이
> 다. 김 비서는 힌두교 신자인 James 씨에게는 소고기 커리를 식사메뉴로 준비하였고, 식사 후에는 James
> 씨와 려호 씨를 위해 우리나라에서 가장 잘 나간다는 ○○기업의 시계를 선물로 준비하였다.

① James 씨를 위한 식사메뉴
② James 씨를 위해 준비한 시계선물
③ 려호 씨를 위해 준비한 시계선물
④ James 씨와 려호 씨를 위한 식사메뉴

해설　중국인에게 종이 달린 시계는 종결이나 죽음을 의미하므로 선물하지 않는 것이 좋다. 또한 인도인 James 씨는 힌두
교 신자이므로 식사 시 소고기를 금기시한다.

18 김영숙 비서는 영업 상무와 마케팅 부사장을 함께 모시고 있다. 또한 영업부서와 마케팅부서의 부서
장들과도 긴밀하게 업무 협조를 하고 있다. 그러다보니 두 명의 상사로부터 동시에 업무 지시를
받는 경우도 있고 가끔은 상사와 부서장들이 서로 어긋나는 지시를 하는 경우도 있다. 이런 상황에
서 김 비서의 업무 보고 시 가장 적절한 것은?

① 두 명의 상사로부터 동시에 지시를 받을 때는 업무의 긴급도와 중요도에 따라 업무의 우선순위
를 정해야 하므로 각각의 상사에게 업무의 경중을 확인한 후 수행한다.
② 부서장들로부터 지시를 받아 업무를 수행해야 하는 경우 직속 상사에게 보고를 한다.
③ 비서는 상사의 지시 내용을 100% 완수해야 하므로 예외적인 상황을 가능한 배제하도록 한다.
④ 상사의 지시가 서로 어긋날 경우 우선순위 업무를 판단하여 선(先)수행한 후 보고한다.

해설　② 두 명 이상의 상사를 위해 공동으로 업무를 수행하는 비서의 경우, 직위가 높은 상사의 업무를 우선으로 처리하
되, 될 수 있으면 업무의 중요성이나 소요 시간을 생각하여 우선순위를 정하고 업무를 처리할 수 있도록 계획을
세운다. 만일 어느 한 상사를 위해 더 많은 시간을 할애해야 할 때, 또는 현재 하고 있는 업무가 중단되어야 할 때
에는 반드시 다른 상사에게 사전에 양해를 구하여 허락을 받거나 두 상사가 상호 우선순위를 조정할 수 있도록
조심스럽게 요청해야 한다.

19 다음 중 비서가 경비 처리하는 방법에 대한 설명으로 가장 적절하지 않은 것은?

① 영수증은 거래의 유효성을 뒷받침하는 증거 서류이므로 훼손되거나 분실하지 않도록 주의한다.

② 회사 내 ERP 회계정보시스템을 이용해서 회계처리를 할 때 비서실과 상사의 거래 자료를 입력하면 자산, 부채, 자본, 수익, 비용의 증감을 가져오게 되므로 거래 자료의 특성에 따라 과목을 설정하여 해당 계정에 입력한다.

③ 전산회계 프로그램에는 일반적으로 기업에서 사용하는 공통된 계정 과목이 입력되어 있으므로, 전표 입력 시 계정과목을 새로 등록하거나 수정하여 선택하는 것은 불가능하다.

④ 비서실 출장비를 정산할 때 지출 내역 중 숙박비, 식비, 교통비는 여비 교통비로 처리하고, 거래처의 선물비는 접대비로 처리한다.

> **해설** 전산회계 프로그램에는 일반적으로 기업에서 사용하는 공통된 계정 과목이 입력되어 있지만 계정의 추가 등록이나 수정도 가능하므로 전표 입력 시 계정과목을 새로 등록하거나 수정하여 선택할 수 있다.

20 아래의 상황을 읽고 상사의 지시에 대응하는 비서의 업무처리 내용 중 우선순위가 가장 낮은 것은?

> 상사는 2주 후 싱가폴 지사에서 방문할 Ms. Jones의 서울 방문에 맞춰 우리 회사의 주요 거래처와 회의 일정을 확정하고자 한다. 이틀간 서울에 머물 Ms. Jones와 함께 방문할 거래처 목록 10곳의 명단을 상사가 언급하였다.

① 10곳 대상기업 중 우선순위 기업이 있는지를 상사에게 질문한다.

② 언제까지 일정을 확인하여 보고해야 하는지를 확인한다.

③ 현재 Ms. Jones의 방문일정 관리로 바쁜 상황이므로 동료 비서에게 도움을 청해도 될지를 상사에게 질의해 본다.

④ 거래처 방문 시 준비해야 할 자료 및 사항을 바로 확인한다.

> **해설** ④ 거래처 방문 시 준비해야 할 자료 및 사항은 방문 전에 확인하면 된다.

> **The 알아두기** 업무의 우선순위 판단기준
>
> 우선순위를 결정하는 데는 시간 제약, 내용의 중요성, 상사의 의향, 일의 능률성 등 여러 판단기준이 있는데, 즉시 처리할 일, 오늘 중으로 끝내야 할 일, 시간 나는 대로 하면 될 일 등으로 순위를 정한다.

21 다른 사람과 비교하여 내가 받는 보상이 노력에 비해 적다고 생각하면 불만이 생기고, 노력을 줄이게 된다는 동기부여 이론은 다음 중 무엇인가?

① XY이론
② ERG이론
③ 공정성이론
④ 기대이론

> **해 설**　아담스(Adams)의 공정성이론
> 조직 내 개인이 자신의 업무에서 투입한 것과 산출된 것을 다른 사람(준거인)과 비교하여 차이가 있음을 인지하면 그 차이를 줄이기 위하여 동기부여 된다는 이론이다. 즉, 자기와 비슷한 위치에 있는 사람과 비교하여 자신의 노력 결과와 결과로 얻은 보상이 차이가 있다면, 그 불공정한 차이를 줄이기 위해 동기가 유발된다고 한다.

22 다음 중 국제 라이센싱(Licensing)에 대한 설명으로 가장 옳지 않은 것은?

① 현지국의 무역장벽이 높을 경우, 라이센싱이 수출보다 진입 위험이 낮으므로 진입전략으로 라이센싱이 유리하다.
② 해외진출 제품이 서비스인 경우 수출이 어렵고 이전비용이 많이 소요되므로 라이센싱보다 직접투자를 선호하게 된다.
③ 라이센싱에 따른 수익이 해외투자에 따른 수익보다 낮지만 정치적으로 불안정한 시장에서 기업의 위험부담이 적다는 장점이 있다.
④ 라이센서(공여기업)가 라이센시(수혜기업)의 마케팅 전략이나 생산 공정을 통제하기가 쉽지는 않다.

> **해 설**　② 해외에 진출하는 제품이 서비스인 경우 수출과 이전비용이 적게 소요되므로 직접투자보다는 라이센싱을 선호한다.

> **The 알아두기**　라이센싱(Licensing)
> 상표 등록된 재산권을 가지고 있는 개인 또는 단체가 기업이 소유하고 있는 브랜드를 사용하도록 허가해주고 제공받은 디자인이나 제조기술을 활용하여 국내에서 영업할 수 있도록 합작 또는 제휴하는 형태이다. 상품구성이나 광고 등의 활동은 라이센시가 담당한다.

23 다음 중 기업 활동에 직접적으로 영향을 미치는 환경요인에 대한 설명으로 가장 적절한 것은?

① 산업의 경쟁구조를 이해하기 위해 동종산업 내 산업경쟁자뿐만 아니라 예상진입자나 대체 산업자와의 경쟁관계도 파악해야 한다.

② 정부는 기업 활동에 대한 규제기관이 아니라 지원기관으로서 기업 활동의 보호, 육성, 연구 지원 등을 통해 기업을 돕는다.

③ 기업은 공급자의 경쟁력을 낮추기 위한 노력으로 공급사슬 관리(SCM)를 활용하지만 이를 통해 안정적 공급처를 확보하기에는 어려움이 있다.

④ 시장구조가 구매자 시장에서 판매자 시장으로 변함에 따라 거래조건이 판매자 중심이 되고 있다.

> **해설** ② 정부는 기업에 대한 일반 시민의 사회적 기대를 수렴하여 기업 활동을 규제하거나 기업이 나아갈 방향을 제시하는 환경요인으로도 기능하므로 기업의 입장에서 볼 때 정부는 일반환경을 포괄하는 영향력을 행사한다.
> ③ SCM(Supply Chain Management)은 기업에서 생산 · 유통 등 모든 공급망 단계를 최적화해 수요자가 원하는 제품을 원하는 시간과 장소에 제공하는 '공급망 관리'를 뜻한다. 기업은 SCM을 이용해 시장이나 수요자들의 요구에 기민하게 대응토록 지원하는 것이다.
> ④ 기업의 경영환경이 판매자 시장(Seller's Market)에서 구매자 시장(Buyer's Market)으로 전환됨에 따라 이에 대한 관리적 마케팅이 요구되고 있다.

24 다음 중 경영환경에 대한 설명으로 가장 적절하지 않은 것은?

① 기업을 둘러싼 외부환경이 보다 복잡해지고 점점 동태적으로 변해가고 있다.

② 기업의 경영환경은 기업이나 기업의 활동에 영향을 주는 모든 요인을 의미한다.

③ 기업 경영활동에 영향을 주는 거시환경에는 국제환경, 경제환경, 사회문화환경, 정치 · 법률적 환경, 기술 환경 등이 있다.

④ 기업 경영활동에 영향을 주는 미시환경에는 고객, 경쟁업체, 공급업자, 판매업자, 주주, 정부기관, 노동조합, 인구특성 요인 등이 있다.

> **해설** ④ 고객, 경쟁업체, 공급업자, 판매업자, 주주, 정부기관, 노동조합, 인구특성 요인 등은 기업의 경영환경 중 거시환경에 해당한다. 거시환경은 기업 외부환경을 말하는데 경제환경, 사회환경, 기술환경 등 그 변화의 양상을 정확하게 예측 · 통제할 수 없는 환경으로 기업은 그 변화에 신속하게 대응하는 기업전략이 필요하다.

25 다음을 읽고 철수 – 민아 – 영미가 말하고 있는 것이 가장 적합하게 연결된 것은 무엇인가?

> 철수 : 이번에 A탄산음료 회사가 B생수제조 회사를 매수했다며?
> 민아 : 그래? 작년에는 A탄산음료 회사가 C인공감미료제조 회사를 매수했었잖아?
> 영미 : 그렇구나. 지난달에는 D탄산음료 회사가 E스낵제조 회사를 매수했었는데.

	철수	민아	영미
①	수직적 합병 –	수평적 합병 –	혼합 합병
②	수직적 합병 –	수평적 합병 –	매 각
③	수평적 합병 –	수직적 합병 –	혼합 합병
④	수평적 합병 –	수직적 합병 –	매 각

해설
- 수평적 합병 : 동종 제품 또는 인접 제품을 생산하는 기업 간의 합병(음료라는 동일한 생산단계에 있는 업종 간의 합병)
- 수직적 합병 : 생산 및 유통 과정의 수직적 흐름에 있어서 인접하는 단계에 있는 기업 간, 즉 공급자와 수요자 간의 합병(원료공급, 가공 등의 같은 생산단계 업종 간의 합병)
- 혼합 합병 : 수평적이나 수직적 관계에 있지 않은 이종시장에 있는 기업 간의 합병(다른 업종 간의 합병)

26 다음 중 주식회사에 대한 설명으로 가장 적절한 설명은 무엇인가?

① 주식회사는 여러 투자자들로부터 자본을 모으는데, 가장 편리한 기업형태로 자산과 부채가 소유주들로부터 분리된 법인체(Legal Entity)이다.

② 경영자는 주식의 인수가액을 한도로 출자의무를 부담할 뿐, 회사의 채무에 대해서는 책임을 지지 않는다.

③ 주식회사는 민법에 따라 당국의 승인에 의해서만 설립될 수 있다.

④ 주식회사의 이익금은 개인소득세로 과세되며, 주주의 배당금에 대해서도 법인세를 내야 한다.

해설 ① 주식회사는 대규모의 자금조달에 가장 편리한 기업형태이다. 주식회사는 자본금을 균등한 주식으로 분할하여 출자자, 즉 주주는 주식의 인수가액을 한도로 출자의무를 부담할 뿐, 회사의 채무에 대하여 아무런 책임을 지지 않고 회사재산만이 책임을 지는 회사를 말한다.

27 다음 중 기업형태에 대한 설명으로 가장 적절하지 않은 것은?

① 합명회사는 출자도 경영도 2인 이상이 공동으로 하고 회사 부채에 대해 끝까지 무한책임을 지는 형태이다.

② 합자회사는 유한책임자와 무한책임자가 공동 설립한 회사이며, 무한책임자가 경영을 맡는다.

③ 유한회사란 모두가 유한책임사원으로 출자만 하고 경영은 제3자가 하되, 지분의 증권화 및 타인에의 양도가 주식회사보다 자유롭다.

④ 주식회사는 전문경영자의 도입이 가능하며, 주식의 소유자는 자신이 출자한 지분에 대해서 유한책임을 진다.

> **해설** ③ 유한회사는 소수의 유한책임사원으로 구성되는 회사로 보유지분의 양도가 제한되어 기업의 폐쇄성이 강한 면이 있으나 중소기업에 적합한 회사형태이다. 주식회사와 같이 출자자 전원이 유한책임을 지고 그 범위도 극히 한정되어 있다.

28 다음 중 기업결합형태에 관련된 설명으로 가장 옳지 않은 것은?

① 트러스트는 기업합병이라고도 하며 둘 이상의 기업이 경제적으로 독립성을 상실하고 새로운 기업으로 통합하는 결합형태를 말한다.

② 조인트벤처는 둘 이상의 사업자가 공동출자하고 출자액에 비례하는 손익을 분담하는 결합형태를 말한다.

③ 카르텔은 시장통제 및 기업안정을 목적으로 상호 관련성이 없는 이종 기업 간에 수직적 협정을 맺는 결합형태를 말한다.

④ 콘체른의 결합형태에서는 지배되는 기업이 법률적으로 독립성은 유지되지만 경제적 독립성은 상실하게 된다.

> **해설** ③ 카르텔은 기업 간의 경쟁의 제한이나 완화를 목적으로 동종 기업이나 유사한 산업 분야를 가진 기업의 결합형태를 말한다.
>
> **카르텔(Cartel)**
> • 독점을 목적으로 하는 기업 간의 협정 또는 협정에 의한 횡적결합으로 기업연합이라고도 한다. 같거나 유사한 기업 전부나 대부분이 경쟁의 배제로 시장을 통제하고 가격을 유지하기 위해 각자의 독립성을 유지한 채 협정에 가맹하는데, 그 내용에 따라 여러 가지 카르텔로 분류된다.
> • 판매조건을 협정하는 조건카르텔, 판매가격의 최저한을 협정하는 가격카르텔, 생산량 또는 판매량의 최고한도를 협정하는 공급제한 카르텔, 판매 지역을 협정하는 지역카르텔 등이 있다.
> • 우리나라에서는 독점규제 및 공정거래법에 의해 카르텔이 금지된다.

29 다음 보기 중 적대적 M&A의 공격기법을 묶은 것으로 가장 옳은 것은?

㉠ 공개매수
㉡ 그린메일
㉢ 포이즌필
㉣ 황금낙하산
㉤ 백기사
㉥ 위임장대결

---

① ㉢, ㉣, ㉤
② ㉡, ㉤, ㉥
③ ㉠, ㉢, ㉣
④ ㉠, ㉡, ㉥

해설 **적대적 M&A의 공격기법**
- 공개매수 : 특정기업의 인수를 희망하는 자가 그 대상기업의 기발행주식의 획득을 결정하고 대상기업의 불특정 다수의 주주들로부터 증권시장 밖에서 공개적으로 매수할 것을 제안하는 것이다.
- 그린메일 : 장내에서 특정기업의 일정지분의 주식을 산 후 경영권 위협으로 대주주를 압박하거나 장외에서 비싸게 되파는 수법으로 주식의 판매차익을 챙기기 위한 적대적 M&A의 한 수법이다.
- 위임장대결 : 매수하는 기업의 주주들을 설득해 의결권을 위임(Proxy)받고 기존 경영자와 의결권 대결을 통해 인수하는 공격 전략이다.

30 다음 중 지식경영에 대한 설명으로 가장 적절하지 않은 것은?

① 지식경영은 미국을 중심으로 문제해결대안으로 등장하였다.
② 지식은 형식지와 암묵지로 구분된다.
③ 형식지는 학습과 체험을 통해 습득되지만 드러나지 않는 지식이다.
④ 지식경영은 시스템적 관점에서 지식을 축적하고 활용하는 과정이다.

해설 ③ 지식경영은 크게 암묵지와 형식지로 구분되는데 암묵지는 그 내용이 언어나 부호로 표현하기 곤란하고 구성원의 행동과 머리 속에 체화되어 있는 지식을 의미하는 한편, 형식지는 그 내용을 언어나 부호로 표현할 수 있는 유형화된 지식으로 규정집, 매뉴얼, 데이터베이스, 보고서, 파일 등의 형태로 기술된다.

31 다음 중 예금은행의 자금조달비용을 반영하여 산출되며 주택담보 대출을 받을 때 기준이 되는 금리에 해당되는 것은 무엇인가?

① 양도성예금증서(CD)금리

② 코픽스(Cofix)금리

③ 콜(Call)금리

④ 기업어음(CP)금리

해설 ② 예금은행의 자금조달비용을 반영하여 산출되며 주택담보 대출을 받을 때 기준이 되는 금리는 코픽스(Cofix) 금리이다.

① 양도성예금증서(CD)금리 : 은행에서 부족한 자금을 모으기 위해 30일에서 90일짜리 채권을 발행하여 유통시장에서 거래되는 금리

③ 콜(Call)금리 : 금융기관 사이의 단기적으로 필요한 자금을 대출해 줄 때 콜시장에서 형성되는 금리

④ 기업어음(CP)금리 : 기업이 단기자금을 조달하기 위해 발행하는 기업어음을 CP라고 하는데, 이때 적용되는 금리

32 다음의 리더십의 원천인 권력(Power)과 관련된 설명 중에서 가장 적절하지 않은 것은?

① 준거적 리더십은 리더가 조직으로부터 합법적으로 부여받은 권한에 의해 발생한다.

② 전문적 리더십은 리더가 가지고 있는 전문적 지식이나 능력에 의해 발생한다.

③ 보상적 리더십은 리더가 조직원에게 원하는 보상을 줄 수 있을 때 발생한다.

④ 강압적 리더십은 리더가 가지고 있는 강압적 권한에 의해 발생한다.

해설 ① 준거적 리더십은 지위에 합법적으로 부여된 권한이 아니라 리더가 조직에 우호적이고 매력적인 카리스마를 가짐으로써 조직원들에게 믿음을 주어 영향력을 행사하는 능력이다.

33 다음의 설명 중 괄호에 들어갈 적합한 용어를 순서대로 고른다면 무엇인가?

( )이란 시장전체를 하나의 표적시장으로 삼고 동일한 마케팅 전략을 수립하여 구사하는 것을 의미한다. ( )이란 두 개 이상의 세분시장을 표적시장으로 선정하여 각각에 대하여 서로 다른 마케팅 믹스를 제공함으로써 각 세분 시장에서 최대의 성과를 실현하는 것을 의미한다. ( )이란 하나 또는 제한된 수의 세분시장만을 표적시장으로 선정하여 마케팅 노력을 몰두하는 것이다.

① 비차별적 마케팅 전략 – 차별적 마케팅 전략 – 집중적 마케팅 전략

② 비차별적 마케팅 전략 – 차별적 마케팅 전략 – 선택적 마케팅 전략

③ 차별적 마케팅 전략 – 비차별적 마케팅 전략 – 집중적 마케팅 전략

④ 차별적 마케팅 전략 – 비차별적 마케팅 전략 – 선택적 마케팅 전략

• 비차별적 마케팅 : 기업이 한 가지 제품이나 서비스 및 마케팅 믹스로써 전시장을 목표로 마케팅 활동을 하는 것을 말하며, 대량 마케팅이라고도 한다.
• 차별적 마케팅 : 여러 세분화 시장을 대상으로 각각의 세분화 시장에 적합한 제품이나 서비스 및 마케팅 믹스를 개발하는 것이다.
• 집중적 마케팅 : 하나의 세분 시장을 대상으로 이상적인 제품이나 서비스 및 마케팅 믹스에 의하여 마케팅 활동을 하는 것이다.

34 다음 중 조직구성원을 기업경영에 참여시키는 경영참가제도의 유형과 그 예를 묶은 것으로 가장 적절한 것은?

① 의사결정참가제도 – 락카플랜
② 자본참가제도 – 스캔론플랜
③ 이익참가제도 – 노사협의회
④ 자본참가제도 – 종업원지주제도

① 의사결정참가제도 : 근로자 대표 또는 노동조합이 경영의사결정에 참여하여 그들의 의사를 반영시키는 제도(예 공동의사결정체, 노사협의회)
② 자본참가제도 : 근로자들로 하여금 자금을 출자하게 하여 기업경영에 참가하는 제도(예 종업원지주제)
③ 이익참가제도 : 근로자가 기업의 경영성과의 배분에 참가하는 제도(예 이윤분배제도, 스캔론플랜, 락카플랜)
 • 락카플랜 : 생산의 부가가치 증대를 기준으로 한 성과분배
 • 스캔론플랜 : 제안 및 생산의 판매가치를 기준으로 한 성과분배

35 다음 중 내부모집을 통한 인재채용의 장점으로 가장 적절하지 않은 것은?

① 조직분위기를 쇄신하고 구성원들의 경영의식을 고취할 수 있다.
② 모집에 소요되는 비용이 저렴하고 채용 후 교육훈련 비용을 절감할 수 있다.
③ 지원자에 대한 평가의 정확성을 확보할 수 있다.
④ 종업원에게 승진기회를 제공하고 사기진작을 하여 낮은 이직률을 가져올 수 있다.

인재채용의 장점

외부모집	내부모집
• 조직 내의 신선한 분위기 쇄신	• 종업원의 사기충전
• 특수한 인재의 채용	• 모집비용의 절감
• 교육훈련비의 절감	• 인사고과를 토대로 한 정확한 평가

36 아래 표를 참고하여 유동비율과 부채비율을 계산한 것으로 가장 옳은 것은?

(단위 : 백만 원)

유동자산 300	유동부채 200
	비유동부채 100
비유동자산 400	자기자본 600

① 유동비율 150%, 부채비율 43%
② 유동비율 67%, 부채비율 50%
③ 유동비율 67%, 부채비율 43%
④ 유동비율 150%, 부채비율 50%

해 설 유동비율 = $\dfrac{유동자산}{유동부채}$ 이고, 부채비율 = $\dfrac{부채총계}{자본총계}$ 이다.

그러므로 유동비율은 (300/200)×100=150%, 부채비율은 (300/600)×100=50%이다.

37 다음 중 파생금융상품에 대한 설명으로 가장 적절하지 않은 것은?

① 옵션(Option)은 장래 특정일 또는 일정 기간 내에 미리 정해진 가격으로 상품이나 유가증권 등의 특정자산을 사거나 팔 수 있는 권리를 현재시점에서 매매하는 거래이다.
② 선물(Futures)은 거래소에서 거래되는 장내거래상품으로 표준화된 계약조건으로 매매계약 체결 후, 일정 기간이 경과한 뒤에 미리 결정된 가격에 의하여 그 상품의 인도와 결제가 이루어지는 거래를 말한다.
③ 스왑은 주택을 담보로 금융기관에서 일정액을 매월 연금으로 받는 상품을 말한다.
④ 파생금융상품 종류는 선물, 선도, 옵션, 스왑으로 거래형태에 따라 분류된다.

해 설 ③은 주택모기지론에 대한 설명이다.
스왑 : 일정한 기간 동안에 당사자끼리 일정한 현금흐름을 교환하기로 약정하는 계약(예 금리스왑, 이자스왑)

38 아래 〈보기〉 내용을 나타내는 용어로 가장 적절한 것은?

> 공정거래위원회는 증거확보가 어려운 기업 간 담합조사의 효율성을 높이기 위해 불공정한 담합행위를
> 자진 신고한 기업들에게 과징금 면제 또는 감면을 제시하고 있다. 죄수의 딜레마 이론을 활용한 이 제도의
> 도입 이후, 담합 자진신고가 크게 늘어나고 있다.

① 타임오프제도
② 리니언시제도
③ 백기사
④ 연대보증제도

해설 ① 타임오프제도 : 근로자가 근무시간 중에 노조법에서 인정하고 있는 소정의 활동을 하는 경우 일정한도 내에서
유급 처리할 수 있도록 하는 제도
③ 백기사 : 어떤 기업이 적대적 인수합병의 위기에 처했을 때 그 기업의 경영권 방어에 적극적으로 나서 주는 우호
적인 제3의 기업 혹은 개인
④ 연대보증제도 : 보증인이 주 채무자와 연대하여 채무를 부담하는 제도

39 다음 중 사업부제 조직에 대한 설명으로 가장 적절하지 않은 것은?

① 사업부제 구조는 구별된 사업영역에서 각각이 책임을 지고 있는 상이한 사업부들로 회사가 분
화된 구조이다.
② 사업부는 이익 및 책임중심점이 되어 경영성과가 향상된다.
③ 사업부 간 연구개발, 회계, 판매, 구매 등의 활동이 조정되어 관리비가 줄어든다.
④ 사업부제 조직구조는 제품의 제조와 판매에 대한 전문화와 분업을 촉진한다.

해설 사업부제는 생산, 판매, 기술개발, 관리 등에 관한 최고 경영층의 의사결정 권한을 단위 부서장에게 대폭 위양하는
동시에 각 부서가 마치 하나의 독립회사처럼 자주적이고 독립채산적인 경영을 하는 시스템이다. 사업부제는 고객의
시장욕구에 대한 관심 제고, 사업부 간 경쟁에 따른 단기적 성과 제고 및 목표달성에 초점을 둔 책임 경영체제를 실
현할 수 있는 장점이 있는 반면에 사업부 간 자원의 중복에 따른 능률 저하, 사업부 간 과당경쟁으로 조직 전체의 목
표달성 저해와 관리비 증가를 가져올 수 있다는 단점을 가진다.

40 아래의 내용은 무엇을 설명하는 것인지 가장 적합한 것은?

> 이것은 한 제품시장을 전체 소비자들의 니즈나 행동, 특성 면에서 유사한 하부집단으로 구분하는 것이다. 이것이 성공적으로 이루어지기 위해서는 측정가능성, 접근가능성, 경제적 시장규모, 안정성, 차별적 반응 등의 요건이 충족되어야 한다. 이때 사용될 수 있는 기준은 인구통계, 사회계층, 문화, 라이프 스타일 등이 될 수 있다.

① 마케팅 믹스
② 포지셔닝 구축
③ 시장세분화
④ 표적시장

해설 ① 마케팅 믹스 : 마케팅 믹스는 외부 환경의 변화에 적응하면서 고객의 욕구와 필요를 충족시키기 위한 통제 가능한 요인으로, 제품, 가격, 유통, 촉진으로 구성된다.
② 포지셔닝 구축 : 기업이나 제품을 인식시키기 위해 마케팅 전략상 이미지를 설정 · 구축하는 것이다.
④ 표적시장 : 시장 혹은 상품을 표적으로 하는 시장으로 시장의 세분화와 관련 있다.

제3과목 **사무영어**

---

41 Choose the one which does not correctly explain the abbreviations.

① CFO : Chief Financial Organization
② DST : Daylight Saving Time
③ GNP : Gross National Product
④ MOU : Memorandum of Understanding

해설 CFO : 'Chief Financial Officer'의 약자로 재무담당 임원이다.

42 Which of the following set is the most appropriate for the blank ⓐ and ⓑ?

A ⓐ _____ is a message sent from one person to another in the same firm; it is a/an ⓑ _____ letter that does not go to someone outside the firm. Its purpose is to give or to ask for information, just as in a business letter. Because the memos stay within the firm, they are typed on plain paper, on letterhead stationery or on special forms which are set up so that the typist will just zoom along while typing this.

① ⓐ memo   ⓑ internal

② ⓐ manual   ⓑ instructional

③ ⓐ business letter   ⓑ outgoing

④ ⓐ fax   ⓑ transmitted

해설
- internal : 내부의
- instructional : 교육용의
- outgoing : (데이터 통신) 발신, 외향적인
- transmitted : 전송된

메모는 같은 회사 내에서 서로에게 보내는 메시지이다. 이것은 회사 밖의 사람에게 보내지 않는 사내 레터로 목적은 비즈니스 서신처럼 정보를 묻거나 주는 데 있다. 또한 회사 내에서만 통용되기 때문에 빈 종이나 레터 헤드지, 또는 타이피스트가 빠르게 작성할 수 있도록 제공된 특별한 서식에 작성된다.

43 Choose the one which has a grammatical error among ⓐ~ⓓ.

ⓐ I am writing on relation to your recent complaint. ⓑ I would like to apologize for the inconvenience you have suffered. ⓒ We will send replacement items immediately. ⓓ Please accept my assure that it will not happen again.

① ⓐ

② ⓑ

③ ⓒ

④ ⓓ

해설 'assure'은 '장담하다, 확인하다'의 뜻을 가진 동사이므로 문법상 올바르게 고치기 위해서는 'assurance'로 고쳐야 한다.

고객님의 최근 불만족에 대해 답변을 드립니다. 불편을 끼쳐드린 점 사과드립니다. 저희가 즉시 제품을 교체해 드리도록 하겠습니다. 향후 이런 일이 일어나지 않을 것을 약속드립니다.

44 Read the following message and choose one which is the most appropriate.

FAX Message

Pelican Paper Ltd. College Court, College Road, London N21 3LL,

Tel : 0870-7675982

Fax : 0870-7675983

Ms. Paula Robinson   Date: November 17, 2016

Northern Paperworks   No. of pages to follow : 0

Fax 01524-767542

Dear Ms. Robinson :

Thank you for your email of November 15, inquiring about Wainman Ltd.

We have been dealing with the company for over six years. During this time, they have always settled their accounts with us promptly, and we have never had any reason for complaint.

I hope that this information is of use to you.

Yours sincerely,

---

① This message is supposed to be sent by e-mail.

② If there is a problem of transmission, Ms. Robinson may call Pelican Paper Ltd. with the number 0870-7675983.

③ The total page of the fax is one.

④ The sender works for Northern Paperworks.

해설 ③ 'No. of pages to follow: 0'으로 되어 있으므로 다음 장은 없고 총 1장이다.

① 이메일이 아니라 Pelican Paper Ltd.에서 Ms. Paula Robinson에게 보내는 팩스이다.

② 만약 전송에 문제가 생겼다면 전화번호 0870-7675982로 전화해야 한다.

④ Northern Paperworks은 수신자 Ms. Paula Robinson의 회사이고 발신자의 회사는 Pelican Paper Ltd이다.

Wainman 회사에 대하여 문의하신 11월 15일자 이메일을 잘 받았습니다.
우리는 6년 넘게 그 회사와 거래하였습니다. 그동안 그분들이 저희에게 신속하게 결제해 주었고 어떤 불편사항도 겪지 않았습니다.
이 정보가 귀사에 도움이 되기를 바랍니다.

[45~46] Read the following message and answer the questions.

Mr. Banta

Personnel Director

XYZ Ltd.

Dear Mr. Banta :

I would like to ⓐ _____ the position of secretarial position, which you advertised in the New York Times on July 10, 2015. I believe my education and experience have given me the background you desire for the position.

The ⓑ _____ resume will provide you further details of my ⓒ _____, and I would appreciate it if you could give me an opportunity to have an interview. Thank you very much for your consideration, and I look forward to hearing from you soon.

---

45 What kind of letter is this?

① Thank you letter   ② Cover letter

③ Follow-up letter   ④ Curriculum Vitae

해설 ② 위의 메시지는 입사지원을 위해 쓴 간단한 자기소개서(Cover letter)이다.
① Thank you letter : 감사장
③ Follow-up letter : 추가권유장
④ Curriculum Vitae : 이력서

> 저는 귀사가 2015년 7월 10일 뉴욕 타임즈에 공고하신 비서직에 지원하고 싶습니다. 저의 학력과 경력이 귀사가 원하는 직종에 부합할 것이라고 생각합니다.
> 저의 자격요건을 더 상세하게 설명해드릴 이력서를 첨부하오니 인터뷰의 기회를 주신다면 감사하겠습니다.
> 고려해 주셔서 감사드리며 귀사로부터의 연락을 기다리겠습니다.

46 Which of the followings is the most appropriate expression for the blanks ⓐ, ⓑ, and ⓒ?

① ⓐ apply to   ⓑ attached   ⓒ requirements

② ⓐ apply for   ⓑ enclosed   ⓒ qualifications

③ ⓐ volunteer for   ⓑ enclosure   ⓒ requirements

④ ⓐ provide   ⓑ attached   ⓒ qualifications

해설 • apply to : ~에 적용되다
• apply for : ~에 지원하다
• volunteer for : ~에 지원하다
• attached : 붙이다, 첨부하다
• enclosed : 동봉한
• enclosure : 울타리[담]를 친 장소
• requirements : 요구조건
• qualifications : 자격요건

47 Which of the following is the most appropriate word for the blank?

> The _____ is a written account of a person's education and employment history. The information must be brief but as complete as possible.
> A(n) _____ always includes a heading, an education section, and a list of experience. If you have room, include additional information such as a language skill.

① graduation diploma

② reference letter

③ autobiography

④ resume

해설 ① graduation diploma : 졸업장
② reference letter : 추천장
③ autobiography : 자서전

> 이력서는 개인의 학력과 경력을 기술한 것이다. 정보는 가능하면 간략하지만 질적으로 우수해야 한다.
> 이력서는 항상 제목, 학력란과 경력 목록을 포함한다. 공간이 있다면 어학능력과 같은 부가정보를 포함하기도 한다.

48 Which of the following is the most appropriate expression for the blank?

> A.: How far along are you with the report?
> B : I'd say I'm about 70% done.
> A : Can you finish it by tomorrow?
> B : _____. I'll need at least two more days.
> A : It has to be done before Friday's meeting.
> B : OK. I'll make every effort to get it done at least by Thursday afternoon.

① I don't think so.

② I disagree with what you say.

③ I will do that.

④ I feel the same way.

해설 ③ · ④는 A의 의견에 동의하고 있고 ②는 어떤 의견에 강하게 반대하는 입장이므로, '나는 ~라고 생각하지 않는다' 는 ①이 정답이다.

> A : 보고서가 얼마나 됐나요?
> B : 약 70% 정도입니다.
> A : 내일까지 끝낼 수 있나요?
> B : 아뇨. 적어도 이틀은 더 필요할 것 같아요.
> A : 금요일 회의 전까지는 끝내야 할 텐데요.
> B : 알겠습니다. 적어도 목요일 오후까지는 끝내도록 최선을 다해보겠습니다.

49 According to the following email, which is not true?

> You are invited to attend Sales Managers Workshop.
> Managers Workshop is a one-day workshop designed to equip you with the foundation to understand how to progress deals faster through your pipelines and help your team perform at a higher level.
>
> To Register
> Click on the registration link for the session you wish to attend. Three sessions will be held. On the resulting page, select the "Enroll" button, located on the top-right side of the page. You will receive an email confirmation and a calendar entry.
>
> Each workshop has a maximum capacity of twenty seats.
> If you register but are unable to attend, please send an email to Mirae Lee to cancel your registration.

① 각각의 워크샵은 하루 일정으로 진행된다.
② 워크샵 참석 신청은 컴퓨터를 이용해서 신청해야 한다.
③ 각각의 워크샵 인원은 이십 명이 넘어야 한다.
④ 등록은 하였지만 참석하지 못할 경우 취소 이메일을 보내야 한다.

해설 ③ 'a maximum capacity of twenty seats'는 각 워크샵마다 최대 20명까지 수용이 가능하다는 의미이다.
　　① 'a one-day workshop'으로 나와 있으므로 하루 일정이다.
　　② 'Click on the registration link for the session'에서 세션을 위해 등록링크를 클릭하라는 문구로 봐서 컴퓨터로 신청해야 함을 알 수 있다.
　　④ 'If you register but are unable to attend, please send an email to Mirae Lee' 이미래 씨에게 이메일을 보내라고 하였다.

50 Read the following conversation and choose one which is <u>not true</u>.

Official	: Good morning, sir. Can you tell me your name please?
Delegate	: I'm Jim Anderson from ABC Company.
Official	: Ah yes, here's your nametag. Can you sign in please?
Delegate	: Of course. What time does everything start?
Official	: Mr. Daniel's giving a welcoming address at ten o'clock in the auditorium. After that there's a lecture. Here's a program of events for you.
Delegate	: Thanks.
Official	: You'll also need to sign up for the sessions.
Delegate	: Sessions?
Official	: Yes. The morning workshops are assigned already, but there's a choice of seminars in the afternoon. The lists are over there.
Delegate	: Oh, I didn't realize. I'll sign up now.
Official	: And there are refreshments available in the lobby.
Delegate	: Thanks for your help.

① Mr. Jim Anderson has already preregistered for the event.

② The event will start at 10:00 am.

③ Mr. Jim Anderson can choose all seminars regardless of the time.

④ Drinks will be served in the lobby.

해설 ③ 오전 워크샵은 이미 배정되었고 오후 세미나만 선택할 수 있다.
① 이름표가 준비되어 있는 것으로 봐서 Mr. Jim Anderson이 미리 등록한 것을 알 수 있다.
② Mr. Daniel이 10시에 환영사를 하기로 되어있다.
④ 로비에 다과가 준비되어 있다고 하였다.

51 Read the following itinerary for Mr. Jim Blake and choose one which is not scheduled for him to do in New York.

Date	Time	Event
Monday, July 12	6:30 P.M.	Arrival at La Guardia Airport
Tuesday, July 13	11:00 A.M.~1:00 P.M.	Meeting and Lunch, New York Dental Association
	3:00 P.M.~5:00 P.M.	Meeting at Cosmetic Dentist Partners
Wednesday, July 14	10:00 A.M.~11:30 A.M.	Q&A Session with editors, Dental Innovation and Creativeness Magazine
	4:45 P.M.	Departure from La Guardia Airport

① He is scheduled to participate in meetings.

② He will take a field trip to La Guardia Airport.

③ He is supposed to have one interview with editors of magazine.

④ He will have lunch with someone from New York Dental Association on Tuesday.

해설   ② 라과디아 공항은 도착지이다.
① 7월 13일 11시와 3시에 회의가 잡혀있다.
③ 7월 14일에 치과 혁신창조 매거진 편집자와 질의응답 시간이 있다.
④ 7월 13일에 11시부터 1시까지 뉴욕 치과협회와의 회의와 점심식사가 예정되어 있다.
• field trip : 현지견학
• be scheduled to : ～하기로 되어있다
• editor : 편집자

52 Read the following conversation and choose the most appropriate expression for the blank.

Secretary : Good morning, may I help you?

Visitor   : Good morning. My name is Lucy Choi. I have an appointment with Mr. Jones at 11, but I'm a little early.

Secretary : Oh, Ms. Choi. Mr. Jones has been expecting you. Wait a moment, please.

(via interphone)

Secretary : Mr. Jones, Ms. Choi came here a few minutes early for her 11 o'clock meeting. Are you available now?

Boss   : Not really. Just a second. I'm replying to an urgent email at the moment. _____.

Secretary : Sure.

Secretary : Ms. Choi, Mr. Jones is not available at the moment. Would you please have a seat and wait for a moment?

① Please tell her to come another time.

② Would you ask her to wait for a few minutes?

③ Would you ask her to cancel an appointment?

④ Please give me her new contact number so I can call her now.

53 Choose one pair of dialogue which <u>does not match</u> each other.

① A : Can you show me the way to the meeting room 702?

   B : Take the elevator on your right to the 7th floor. When you take off the elevator, you can see the room on your left side.

② A : Can I see Mr. Jung for a few minutes?

   B : Let me see if he's available.

③ A : If there is anything you need, let me know.

   B : Thanks a lot. It's very kind of you.

④ A : Would you mind making copies?

   B : Yes, I can manage.

54 Read the dialogue below and choose one which is <u>not appropriate</u> to replace the underlined.

Visitor	: Excuse me. My name is David Martin of IBM. I'd like to see Ms. Yoon, director of HR Department.
Secretary	: Have you made an appointment?
Visitor	: No, I didn't make it.
Secretary	: Well, _____.
Visitor	: I'd like to discuss our new product.
Secretary	: I see. I'll see if she's available now. Would you please wait for a while?

① could you give me the nature of your business?

② could you tell me about your work experience?

③ could you tell me what you want to see her about?

④ could you tell me the business affairs?

> **해설** '용건이 무엇인지 여쭤 봐도 될까요?'에 대한 표현으로 적합하지 않은 것은 '② 당신의 경력에 대해 말씀해 주시겠습니까?'이다.

55 Read the following conversation and choose the most appropriate set for the blank ⓐ and ⓑ.

A : AAA Company, Jena Park speaking.
B : This is James White from Intel Company. Can I speak to Mr. Sean Kim?
A : Mr. White, I'm afraid Mr. Kim is in a meeting at the moment. ⓐ _____?
B : Yes, please tell him to call me back.
A : Certainly I will. Does he know your number?
B : Yes, he does.
A : May I have it, just in case?
B : It's 456-445-7870.
A : ⓑ _____ 456-445-7870.
B : It's correct.
A : Thank you. I'll tell him to call you back as soon as he can.

① ⓐ Would you like to take a message?

　ⓑ Let me read that back to you.

② ⓐ May I put you on hold?

　ⓑ Let me repeat it.

③ ⓐ Would you like to leave a message?

　ⓑ I'll read it again.

④ ⓐ Will you make sure Mr. Brown gets the message?

　ⓑ Could you read that back to me?

@는 Mr. Sean Kim이 회의 중이므로 메모를 남기시겠냐는 질문이 와야 한다.
ⓑ의 앞에 상대방이 전화번호를 알려줬으므로 확인차 '제가 다시 읽어 보겠습니다'라는 표현이 와야 한다.
• take a message : 메모를 받아 적다
• put you on hold : 기다리다
• leave a message : 메모를 남기다

56 Choose the expression which is the best for the underlined blanks ⓐ and ⓑ in common.

A : Ms. Kidman, how are you this morning?
B : Couldn't be better, thank you. And you?
A : Fine, thanks. Did you read over the brochure about the plants?
B : Yes, I'm looking forward to visiting the plants.
A : There's nothing like seeing for oneself.
B : You can say that again.
A : You'll have a rewarding visit even though you have a ⓐ _____.
B : I'm quite used to having a ⓑ _____.

① spare time ② tight schedule
③ work hard ④ tourist attractions

해설 B는 빡빡한 일정에 익숙해 있지만 식물을 직접 보고 싶어 하며 A는 직접 방문하는 것만큼 좋은 것은 없다고 하면서
바쁘지만 직접 보면 유익할 것이라고 말한다. 따라서 @와 ⓑ에 공통적으로 들어갈 수 있는 말은 tight schedule이다.

57 Choose the most appropriate pair of words for the blank ⓐ and ⓑ.

Boss : Please check the itinerary for the Hong Kong visit next week.
Secretary : Yes.
Boss : Also arrange a ⓐ _____ for me at the airport to the hotel.
Secretary : Hong Kong management team will handle every detail there.
Boss : OK. How about the ⓑ _____ there?
Secretary : They made a reservation at the Plaza Hotel near the main office.

① ⓐ accommodation ⓑ hotel
② ⓐ ride service ⓑ entertainment
③ ⓐ pick-up service ⓑ accommodation
④ ⓐ airport limousine ⓑ catering service

해설 @는 공항에서 호텔까지가 뒤에 나와 있으므로 교통편인 pick-up service가 적합하고, ⓑ는 다음 줄에 본사 근처
Plaza Hotel의 예약을 하였다고 하였으므로 숙박을 의미하는 accommodation이 와야 한다.

58

Which of the following is the most appropriate expression for the blank ⓐ and ⓑ?

> Mr. Edwards : Yes, Tina?
> Secretary : Excuse me, Mr. Edwards. It's Mr. David Jones from Asia Corporation. He's calling long distance.
> Mr. Edwards : What does he want?
> Secretary : He's responding to the e-mail you sent him.
> Mr. Edwards : Ah, yes. Okay. ⓐ _____ him through.
> Secretary : Mr. Jones?
> Mr. Jones : Yes?
> Secretary : ⓑ _____.
> Mr. Jones : Thank you.
> Mr. Edwards : Hello, this is Bill Edwards.
> Mr. Jones : Mr. Edwards, this is David Jones from Asia Corporation. Thanks for taking my call.

① ⓐ Connect   ⓑ Would you like to leave a message?

② ⓐ Take   ⓑ I'll connect you to Mr. Edwards.

③ ⓐ Transfer   ⓑ I'll put you with Mr. Edwards.

④ ⓐ Put   ⓑ I'll transfer your call to Mr. Edwards.

> **해설** ⓐ는 Mr. Edwards가 그의 전화를 연결해 달라고 하는 것이고 ⓑ는 비서가 Mr. David Jones에게 전화를 연결해 주겠다는 뜻이다. Mr. David Jones가 장거리 전화로 Mr. Edwards가 보낸 이메일에 응답하고자 하므로 비서는 전화를 연결해주려 하고 있다.
> • put somebody through : 연결해 주다
> • transfer A to B : A에게 B를 연결해 주다

59

Belows are sets of Korean sentences translated into English. Choose one which is <u>not correctly translated</u>.

① In the past quarter our domestic sales have increased by 50% while our overseas sales by 19%.

지난 분기 우리의 국내 판매는 50% 증가하였고 반면 해외 판매는 19% 감소하였습니다.

② I am wondering if I am able to postpone the meeting scheduled this Friday to next Friday.

제가 이번 금요일로 예정된 회의를 다음 주 금요일로 미루는 것이 가능할까요?

③ If you have any further queries, please do not hesitate to contact me on my direct line.

질문이 더 있으시면 주저하지 마시고 제 직통전화로 연락하십시오.

④ Manual and service industry workers are often organized in labor unions.

육체노동자들과 서비스 산업 종사자들은 종종 노동조합에 가입되어 있다.

①은 by 앞에 increased가 생략된 것으로 봐야 한다.

In the past quarter our domestic sales have increased by 50% while our overseas sales by 19%.

지난 분기 해외 판매는 19% 증가한 반면 우리의 국내 판매는 50% 증가하였습니다.

60 Read the following conversation and choose one which is not true?

Mr. James	: Good morning, ABC Travel. How can I help you today?
Ms. Loppez	: Hello, I need to book a flight to Beijing for my employer. She needs to arrive by 10:00 a.m. on January 21st.
Mr. James	: Which airport would you like to depart from?
Ms. Loppez	: Manchester.
Mr. James	: We have a flight departing from Manchester at 6:00 p.m. on January 19th. It lands on the 20th at 1:40 p.m. local time.
Ms. Loppez	: Perfect. Could you please book a business class seat for Teresa May?
Mr. James	: Of course. Is there anything else I can do for you?
Ms. Loppez	: Yes. Can you arrange a hotel in the centre and an driver to take Mrs. May there from the airport?
Mr. James	: I'll arrange a driver to meet her at the airport, and I'll make reservations with a top hotel. We'll send them to you with the tickets.
Ms. Loppez	: Great. Thanks so much.

① Ms. Loppez wants to reserve a hotel in the centre for her boss.

② The travel agent will organize a driver for Mrs. May.

③ Ms. Loppez works for Mrs. May's office.

④ A flight to Beijing will depart from Manchester at 1:40 p.m., on January 20.

④는 "We have a flight departing from Manchester at 6:00 p.m. on January 19th."에서 1월 19일 오후 6시에 비행기가 맨체스터를 출발한다고 하였으므로 설명이 맞지 않는다.

Mr. James	: 안녕하세요, ABC 여행사입니다. 무엇을 도와드릴까요?
Ms. Loppez	: 안녕하세요, 저희 사장님을 위해 비행기를 예약하려 하는데요. 1월 21일 10시까지 도착하려 합니다.
Mr. James	: 어느 공항에서 출발하실 건가요?
Ms. Loppez	: 맨체스터입니다.
Mr. James	: 맨체스터로부터 출발하는 비행기가 1월 19일 오후 6시에 있습니다. 현지시간으로 20일 오후 1시 40분 도착합니다.
Ms. Loppez	: 좋아요, Teresa May 이름으로 비즈니스석 예약해 주시겠어요?
Mr. James	: 알겠습니다. 다른 도와 드릴 것이 있나요?
Ms. Loppez	: 네. 도심에 호텔 예약과 공항에서 Mrs. May를 태워줄 운전자분을 주선해 주시겠어요?
Mr. James	: 공항에서 만날 운전자분을 주선해 드리겠습니다. 그리고 최상의 호텔을 예약해 놓겠습니다. 저희가 표와 함께 보내드리도록 하겠습니다.
Ms. Loppez	: 감사합니다.

61 상공에너지의 위임전결 규정의 일부가 아래 표와 같다. 아래 표에 의거하여 문서의 결재가 이루어졌다. A문서와 B문서의 안건이 알맞게 짝지어진 것은?

〈위임전결표〉

업무	팀장	부사장	대표이사
조직개편 사항			○
경영위원회 안건 제출		○	
예산 배정 요청	○		
경영분석 자료 제출	○		
인사규정의 개정			○
인사규정의 개정 요청		○	

〈문서의 결재상황〉

A 문서	대리 진서우	팀장 신준영	부사장 대결 박서현
B 문서	과장 한수진	팀장 대결 신준영	부사장 전결

① A : 조직개편 사항　　　　B : 경영위원회 안건 제출
② A : 경영위원회 안건 제출　B : 인사규정의 개정 요청
③ A : 인사규정의 개정 요청　B : 경영분석 자료 제출
④ A : 인사규정의 개정　　　B : 예산 배정 요청

해설　• 대표이사 : 조직개편 사항, 인사규정의 개정
　　　• 부사장 : 경영위원회 안건 제출, 인사규정의 개정 요청
　　　• 팀장 : 예산 배정 요청, 경영분석 자료 제출

The 알아두기　**결재의 종류**

• 정규결재 : 기안 작성자로부터 최고 결재권자까지 정상적인 절차를 거쳐 결재
• 전결 : 위임 전결(행정기관의 장으로부터 위임을 받은 자가 행하는 결재)
• 대결 : 급한 상황일 경우 그 일을 대리하는 자가 대리 결재
• 후결 : 대결 후 결재권자가 문서의 내용 검토

62 최근에는 문서가 이메일로 수신되는 경우가 빈번하여, 상사의 업무상 이메일을 비서가 열람하고 처리하는 경우가 있다. 이메일 접수에 관련한 비서의 업무가 바람직한 것으로 묶인 것은?

> 가. 정 비서는 상사의 업무메일을 주기적으로 확인하여 업무 처리가 늦어지지 않도록 주의하고 있다.
> 나. 조 비서는 상사가 직접 처리가 필요한 메일의 경우 이메일 내용을 인쇄하여 중요한 부분에 형광펜으로 표시하여 종이 문서의 형태로 상사에게 전달하였다.
> 다. 박 비서는 상사가 이메일 열람 권한을 주지 않아서, 상사가 전달해주는 이메일의 처리만을 하고 있다.
> 라. 강 비서는 상사의 이메일 중 다른 부서에서 처리해야 할 메일인 경우는 담당 부서담당자에게 포워드하였다.

① 가, 나
② 가, 나, 다
③ 가, 나, 라
④ 가, 나, 다, 라

해설 가, 나, 다, 라의 내용이 모두 옳은 설명이다.

이메일 관련 보안관리업무
- 상사의 이메일을 비서가 직접 관리할 경우 이메일 확인 범위를 사전에 상사와 협의한다.
- 상사의 이메일 아이디와 패스워드가 유출되지 않도록 한다.
- 상사를 대신하여 이메일을 작성할 경우에는 작성된 내용을 상사에게 확인받은 후에 발송한다.
- 이메일에 첨부된 문서도 안전하게 보관 · 관리한다.

63 다음 중 상사에게 온 우편물에 대한 처리방법으로 적절하게 처리한 것끼리 묶인 것은?

> 가. 내용증명으로 발송하기 위해서 원본 1부와 등본 2부를 준비한다.
> 나. 접수일부인을 서류의 아래쪽에 찍어 우편물의 발송날짜를 기입한다.
> 다. 상사가 100통이 넘는 우편물을 한꺼번에 발송하라고 지시해 요금별납으로 우표 대신 스탬프를 찍어서 발송한다.
> 라. 우편물을 정기간행물 등 크기가 큰 우편물을 위에 놓고 긴급서신, 중요서신, 개봉하지 않은 서신은 밑에 놓는다.

① 가, 나, 다, 라
② 가, 나, 다
③ 가, 다, 라
④ 가, 다

해설 나. 수신 문서는 받은 날짜가 중요하므로 문서는 개봉하여 서류의 여백에 접수일부인을 찍는다.
라. 긴급서신, 중요서신, 개봉하지 않은 서신은 위에 올려놓고 선전문서, 광고 등은 자료가 되는 것 이외에는 버린다.

64 다음은 학회 사무국에서 근무하고 있는 최시은 비서가 작성한 안내장이다. 다음 밑줄 친 표현 중 적절하지 못한 것을 모두 고른 것은?

> 회원님 안녕하십니까?
> (ㄱ) 근 20년 가까이 학회에 깊은 관심과 배려를 보여주신 회원님께 진심으로 감사드립니다. 학회 이사들이 (ㄴ) 서로 상의하여 올 4월에 학회 설립 20주년을 맞아 '미래의 산업교육'이라는 주제로 상공대학에서 (ㄷ) 총회를 개최하기로 결정하였습니다. 또한 이번 총회는 일본, 중국의 산업교육 전문가들이 모이는 국제 학회로 개최되는 (ㄹ) 수확을 거두게 될 예정입니다. 이에 회원님의 적극적인 참여가 있으시길 바라며 (ㅁ) 신년 새해에 복 많이 받으시고 학회 이사진은 (ㅂ) 맡은 바 임무를 다해 학회 발전을 위해 노력하겠습니다.

① (ㄱ), (ㄴ), (ㄷ)
② (ㄱ), (ㄴ), (ㄹ), (ㅁ), (ㅂ)
③ (ㄱ), (ㄴ), (ㄷ), (ㄹ), (ㅂ)
④ (ㄱ), (ㄴ), (ㄹ), (ㅂ)

해설 (ㄱ), (ㄴ), (ㄹ), (ㅁ), (ㅂ)는 서로 의미가 같은 말들이 반복되어 표현된 것이다(예 '근'과 '가까이', '서로'와 '상의', '수확'과 '거두다', '신년'과 '새해', '맡은 바'와 '임무').

65 감사장의 작성방법으로 가장 적절하지 않은 것은?

① 출장 중 상대방의 호의에 대한 감사장은 출장지에서 돌아온 후에 즉시 작성한다.
② 행사 참석에 대한 감사장에 행사 중 미진함으로 인해 불편을 준 것에 대해 사과의 말도 함께 적는다.
③ 출장 후 감사장은 출장지에서 신세를 많이 진 담당자에게 뿐만 아니라 그 상사에게도 보낸다.
④ 감사장 내용을 적을 때는 항목을 분류하여 요점만 간단히 기재하여 한눈에 이해하기 쉽도록 작성한다.

해설 ④ 감사장을 적을 때는 출장 등에서 돌아오는 즉시 모임의 성격과 주최자의 이름, 주소 등을 상사로부터 받아 비서가 간단한 내용을 카드나 편지에 적어 상사의 서명을 받아 보내도록 한다.

66 상공물산 해외사업본부장 비서인 이소진 씨는 상사로부터 받은 명함을 나라별로 정리한 후에 회사명으로 정리하려고 한다. 다음 정리 순서가 바르게 된 것은?

구 분	나라명	회사명
가	United States	Albert & Tailor Company
나	United Kingdom	Ace–American Insurance Inc.
다	United Kingdom	Ace Investment Inc.
라	United Kingdom	Anglo–American company
마	United States	Anglo Africa Investors Union
바	United States	Ace Amenity Incorporation

① 바 – 나 – 다 – 가 – 마 – 라
② 나 – 다 – 라 – 바 – 가 – 마
③ 바 – 다 – 나 – 가 – 마 – 라
④ 다 – 나 – 라 – 바 – 가 – 마

해설 우선 영문명의 나라이름을 알파벳 순서대로 정리한 후 회사명도 알파벳순으로 정리한다.

나라명	회사명
United Kingdom	Ace Investment Inc.
	Ace–American Insurance Inc.
	Anglo–American company
United States	Ace Amenity Incorporation
	Albert & Tailor Company
	Anglo Africa Investors Union

67 최 비서는 다음 신문기사를 분석해 보고서를 작성하려고 한다. ㉠ 부분의 자치구별 사망사고 수와 ㉡ 부분의 연령별 교통사고 사망자 비율을 표현하는 데 가장 적합한 그래프 형태를 바르게 연결한 것은?

2016년 상반기 서울시 교통사고 사망자는 171명으로, 교통사고 통계를 낸 이래 가장 적은 수치를 기록했다. 서울시 자료에 따르면 2015년 서울시 교통사고 사망자 수는 총 372명, 10만 명당 교통사고 사망자 수로 환산하면 3.81명이다.

㉠ 서울지방경찰청의 2016년 상반기 교통 사망사고 분석결과에 따르면 25개 자치구에서 사망사고가 가장 많은 구는 동작구(12명)고, 가장 적은 구는 종로구와 중랑구(2명)다. 6배나 차이가 나는 셈이다.

10만 명당 교통사고 사망자 수로 환산하면 성동구가 3.28명으로 가장 많고 가장 적은 지역은 중랑구(0.48명)로 조사됐다.

무단횡단 사망자를 연령대별로 살펴보면 60대 이상 노인층이 73명으로 60%를 차지한다. 서울시는 노인층의 교통사고를 줄이기 위해 2014년 6월 폐지수집 노인 6354명에게 안전 조끼와 손수레 안전 표시를 지급했다. 어르신 우대용 교통카드 발급 시 교통안전 의무교육도 하고, 노인보호구역도 해마다 20곳을 새로 지정해 늘려가고 있지만, ㉡ 교통사고 사망자 중 60대 이상이 차지하는 비율은 2010년 29.1%에서 2015년 37.4%로 꾸준히 늘고 있다. 노령인구 증가가 원인이기도 하지만, 노인들의 사회활동이 늘고 있는 데서도 원인을 찾을 수 있다.

[서울&] 2016년 8월 25일 기사 발췌

① 꺾은선 그래프 – 막대그래프
② 혼합 그래프 – 꺾은선 그래프
③ 막대그래프 – 원그래프
④ 분산 그래프 – 꺾은선 그래프

해설 ㉠ 25개 자치구의 사망사고 분석결과를 막대그래프로 나타내어 각 자치구별로 비교·분석하기 좋게 시계열로 나타내는 것이 좋다.
㉡ 전체 교통사고 사망자 중 노령인구의 사망자 비율을 백분율로 나타내어 하나의 원의 내부에 부채꼴로 구분한 원그래프 형식으로 나타내는 것이 좋다.

68 다음은 문서의 보존연한과 관련된 한국산업의 규정이다. 가장 적절히 문서를 폐기한 비서는 누구인가?

보존연한은 문서처리 완결일인 익년 1월 1일부터 기산한다.

① 최 비서는 2015년도 5월에 작성된 문서의 보존연한이 1년이라 2016년도 6월 초에 폐기했다.
② 김 비서는 2012년도 8월에 작성된 문서의 보존연한이 3년이라 2015년 12월 31일에 폐기했다.
③ 안 비서는 2013년도 1월에 작성된 문서의 보존연한이 2년이라 2015년도 2월 초에 폐기했다.
④ 정 비서는 2012년도 7월에 작성된 문서의 보존연한이 3년이라 2016년도 1월경에 폐기했다.

해설 ④ 2012년 7월에 작성된 문서이므로 그 다음 해(익년)인 2013년 1월 1일부터 기산하여 3년이 경과한 2016년 1월부터 폐기해도 된다.

69 아래 그림에서 사용한 문서 분류방법의 특징으로 가장 적절한 것은?

		기간이사회
		간사회의
회 의		
		전직, 전보
		채 용
		인사계획
인 사		

① 간접적인 정리 방법으로 비용이 많이 든다.
② 문서 내용을 언급할 필요가 없어 문서 보안에 용이하다.
③ 거래상대방이 있는 자료의 분류에 주로 사용되는 방법이다.
④ 같은 주제나 활동에 관련된 문서를 한곳에 모을 수 있다.

> **해설** ④ 회의, 인사는 대분류 문서 분류방법이고, 기간 이사회, 간사회의, 전직·전보, 채용, 인사계획 등은 소분류한 것으로 같은 주제나 활동별로 문서를 정리한 것이다.

70 노트북을 사용하는 최 비서가 저장공간 부족 문제 해결을 하기 위해 사용하는 방법으로 적절한 것끼리 묶인 것을 고르시오.

가. 마이크로 SD	나. DSLR
다. 외장형 하드디스크	라. SSD
마. SNS	바. 클라우드 서비스
사. CD-R	아. IoT

① 다, 라, 마, 사, 아　　　　　　② 가, 나, 마, 바, 사
③ 가, 나, 다, 마, 아　　　　　　④ 가, 다, 라, 바, 사

> **해설** • DSLR(Digital Single Lens Reflex) : 렌즈를 통해 받아들여진 빛을 이미지 센서를 사용하여 사진을 생성하는 디지털 카메라
> • SSD(Solid State Drive) : 반도체 메모리를 이용하여 정보를 저장하는 장치
> • SNS(Social Network Service) : 온라인상에서 이용자들이 인맥을 새롭게 쌓거나 기존 인맥을 강화할 수 있게 하는 서비스
> • IoT : 센서가 부착된 사물과 인터넷을 실시간으로 연결시켜 데이터를 주고받는 기술 혹은 환경

71 최진혜 비서의 회사에서는 전자결재시스템을 도입하였다. 종이로 결재하던 이전 방식과 전자결재 시스템을 비교한 설명으로 가장 적절하지 않은 것은?

① 전자결재시스템은 결재 상황 조회가 가능해 이전 방식에 비해 신속한 결재가 가능하다.

② 전자결재시스템을 사용한 후 결재라인에 따라 결재 파일이 자동으로 넘어가 이전에 비해 결재 과정의 시간낭비를 줄일 수 있다.

③ 결재문서의 작성부터 문서의 수신과 발신 및 배부가 온라인으로 처리되어 문서관리가 단순화 되었다.

④ 문서를 보관할 대용량 데이터베이스 설치 공간이 필요해 사무공간이 좁아지는 단점이 존재한다.

> 해설 ④ 종이결재 방식은 수정 시 결재문서를 재작성 하는 번거로움과 문서 양이 많아진다는 단점이 있지만, 전자결재는 그럴 필요 없이 회선을 통하여 결재시스템에 로그인 후 해당 결재란에 작성한 문서를 업로드만 하면 된다.

72 다음 중 정보보안 유지와 관련된 행동이 가장 적절한 비서는?

① 최 비서는 사무실에서 컴퓨터를 폐기할 때 문서 파일을 모두 삭제해 휴지통으로 이동시킨다.

② 김 비서는 퇴근할 때 중요한 서류는 집으로 가져갔다가 출근할 때 다시 가져온다.

③ 이 비서는 문서뿐 아니라 사용하지 않는 법인카드, 디스켓도 세단기를 이용해 파쇄한다.

④ 유 비서는 해킹에 대비해 공인인증서를 컴퓨터 하드디스크에 저장한다.

> 해설 ① 문서 파일을 모두 삭제할 때에는 휴지통에 이동시킨 후 휴지통에 있는 것을 영구 삭제한다.
> ② 중요 서류나 기밀 서류는 회사 이외의 외부장소에 노출되어서는 안 된다.
> ④ 공인인증서는 외장하드나 USB 등에 저장한다. 하드디스크에 저장하면 해킹의 염려가 있다.

73 아래 그림은 MS-Access로 작성한 내방객 데이터베이스 테이블의 디자인의 일부이다. 이 중 'ㅇ' 안에 열쇠 표시된 필드의 특징이 아닌 것은?

필드 이름	데이터 형식
방문번호	일련 번호
명함번호	숫자
방문일자	날짜/시간
방문목적	짧은 텍스트
동반자이름	짧은 텍스트

① 유일한 값이어야 한다.

② Null 값이어서는 안 된다.

③ 입력된 값을 변경할 수 있다.

④ 입력을 생략할 수 없다.

MS-Access의 '기본키'로 적합한 필드에는 각 행을 고유하게 식별하고, 필드는 비어 있거나 null이 아니며 항상 값을 포함한다. 또, 이 값은 거의 변경되지 않으며 전혀 변경되지 않는 것이 가장 좋다.

74 다음 중 금융감독원의 전자공시시스템에서 얻을 수 있는 기업 정보가 아닌 것은?

① 회사 재무상태

② 사업자 등록번호

③ 사업보고서

④ 소액주주명단

금융감독원의 전자공시시스템은 상장법인 등이 공시서류를 인터넷으로 제출하고, 이용자는 제출 즉시 인터넷을 통해 공시서류를 조회할 수 있도록 하는 기업공시시스템이다. 이 시스템에는 회사개황은 물론 얼마나 순이익을 내고 있는지, 매출액은 얼마인지 등이 잘 나타나 있다.

75 다음 비서의 정보보안에 관련한 행동 중에서 가장 올바르지 못한 경우는?

① 김 비서에게 주어진 모든 업무가 정보보안과 관련이 되어 있으므로 상사가 선호하는 방식과 회사의 규정을 준수하여 보안업무를 수행하였다.

② 서 비서는 상사의 암묵적 동의에 따라서 상사를 대신해서 조직의 중요기밀정보에 접근하여 취급하였다.

③ 정 비서는 상사의 개인정보를 제3자에게 제공하는 경우에 상사의 서면 동의를 받아서 제공하고 관리하였다.

④ 이 비서는 사용하는 업무용 컴퓨터의 중요 문서 보호를 위하여 정기적으로 외장하드에 백업을 받았다.

② 비서는 중요한 내용의 기밀 정보를 어떻게 관리할 것인지에 대하여 상사와 미리 상의를 해야 하며, 이에 기초하여 지속적으로 보안을 유지하려는 노력을 기울여야 한다. 비서는 '기본적으로 글로 된 것이든 말로 된 것이든 상사에게서 지시받은 모든 정보는 기밀이다'라는 원칙 아래 업무를 수행해야 한다.

76 다음 중 컴퓨터 범죄에 대한 대응 및 예방을 위한 조치가 가장 적절하지 않은 비서는?

① 황 비서는 스미싱 방지를 위하여 PC의 OS 보안패치 업데이트를 수시로 실시한다.

② 강 비서는 랜섬웨어를 방지하기 위하여 불확실한 문자메시지의 URL을 클릭하지 않는다.

③ 박 비서는 악성코드에 감염되는 것을 방지하기 위하여, 인터넷 사이트의 이미지를 다운받아 저장하지 않는다.

④ 신 비서는 신뢰할 만한 백신 1개를 중점적으로 사용하여 악성코드를 탐지하도록 한다.

> 해설 ① 스미싱은 문자 메시지(SMS)를 이용한 피싱(Phishing)의 합성어로 문자 메시지를 이용한 새로운 휴대폰 해킹 기법이다. 스미싱 피해 방지로는 URL 링크 클릭을 주의하고, 스팸필터링 서비스에 가입하며, 백신 앱을 설치 후 주기적인 검사를 실행한다.

77 다음 중 같은 종류의 어플리케이션끼리 짝지어지지 않은 것은?

① Google calendar – Outlook – Planner S

② 카카오톡 – 텔레그램 – Messenger

③ Remember – CamCard – BizReader

④ Office2 HD – EverNote – Camscanner

> 해설 ④ 'Office2 HD'는 엑셀파일을 볼 수 있는 어플리케이션이며, 'EverNote'는 정보를 축적하고 저장하기 위한 스마트 어플리케이션이다. 또, 'Camscanner'는 스캔을 간단하게 만들어주는 어플리케이션이다.
> ① 일정과 관련된 어플리케이션이다.
> ② SNS 모바일 메신저 어플리케이션이다.
> ③ 명함 관리 어플리케이션이다.

78 다음은 2016년 9월 28일 발효된 청탁금지법에 관련한 사례를 모아둔 기사 중 일부이다. 기사를 읽고 유추할 수 있는 사항으로 가장 적당하지 않은 내용은?

> 문 : 공직자 등이 직무 관련성이 있는 사람한테서 2만 원짜리 식사를 하고 나오는 길에 4만 원짜리 선물을 받아도 처벌되나요?
>
> 답 : 네, 그렇습니다. 식사와 선물, 경조사비를 같이 받는 경우엔 그 액수를 합산해서 가액기준 상한액이 가장 높은 가액을 넘기면 안 됩니다. 이 경우 6만 원 어치의 금품을 받아서 선물의 상한액인 5만 원을 넘겼기 때문에 과태료 부과 대상이 됩니다.
>
> 문 : 국립대병원 입원 순서를 앞당겨 달라고 병원 관계자에게 부탁하는 건 안 되나요?
>
> 답 : 안 됩니다. 입원 순서의 경우 특별한 사정이 없으면 접수 순서대로 하는 것이 정상적 관행입니다. 예를 들어, 입원 대기자가 제3자인 친구를 통해 원무과장에게 병원 입원 순서를 앞당겨 달라고 부탁을 한 것은 부정한 청탁입니다. 입원 대기자는 제3자를 통하여 부정청탁을 한 경우이므로, 1천만 원 이하 과태료, 친구는 제3자를 위하여 부정청탁을 했기 때문에 2천만 원 이하의 더 무거운 과태료가 부과됩니다.
>
> 문 : 기업체 직원이 공무원에게 부정청탁을 했을 경우, 회사도 같이 처벌받나요?
>
> 답 : 그렇습니다. 예를 들어 건설회사 직원이 "건축 허가를 해 달라"며 담당 지자체 공무원에게 부정청탁을 한 경우를 봅시다. 건설사 직원은 회사라는 제3자를 '위하여' 부정청탁을 했으므로 2천만 원 이하의 과태료 부과 대상이 됩니다. 건설사도 과태료 부과 대상입니다.
>
> 〈출처 : 한겨레신문, 2016.9.9.에서 일부 발췌〉

① 기업체 직원이 공무원에게 부정청탁을 할 경우에 직원과 기업체 모두 과태료 부과대상이 될 수 있다.

② 제3자를 위해서 부정청탁을 해준 경우는, 본인이 제3자를 통해서 부정청탁하는 것보다 과태료가 낮다.

③ 공직자가 직무관련자로부터 2만 원 짜리 식사를 대접받는 것은 과태료 부과대상이 아니다.

④ 식사와 선물, 경조사비를 같이 받을 경우 합산하여 가액기준 상한액이 가장 높은 가액을 초과하면 과태료 대상이다.

해설 ② 제3자를 통하여 직접 부정청탁을 한 경우에는 1천만 원 이하의 과태료가 부과되고, 제3자를 위하여 부정청탁을 해준 경우에는 2천만 원 이하의 과태료가 부과되므로, 제3자를 위해서 부정청탁을 해준 경우가 과태료가 더 높다.

79 다음 신문기사에 나오는 피해를 막기 위해 만들어진 정보보안 관련 서비스를 무엇이라 하는가?

> 헌법재판소는 주민번호의 기능이 53년 전 주민등록법 제정 때와 판이하게 달라졌다는 점도 근거로 들었다. 1962년 4월 국가재건최고회의는 주민등록법을 만들면서 '주민의 거주관계 파악'과 '행정사무의 적정한 처리' 등 두 가지 목적을 제시했다. 하지만 지금의 주민번호는 단순한 개인식별번호에서 전화번호, 집주소, 은행계좌 등 '개인정보를 통합하는 연결자'로 사용되고 있다는 것이 헌재의 판단이다. 주민번호의 악용 가능성에 대응할 필요성이 높아졌다는 얘기다.
>
> 특히 지난해 국민은행, 농협은행, 롯데카드 등에서 2000만 명의 개인정보가 한꺼번에 유출된 사건 등 불법 유출 혹은 오·남용 사례가 빈번하게 발생하고 관련 피해가 크다는 점도 주민번호 변경이 필요한 배경이다.
>
> [서울신문] 2015년 12월 24일 기사 발췌

① Active X
② Firewall
③ 백신 프로그램
④ i-PIN

> **해설** 아이핀(i-PIN ; Internet Personal Identification Number)
> 일종의 인터넷 가상 주민등록번호로 인터넷상에서 신분 확인을 위해 사용할 수 있는 식별번호로 주민번호 유출을 원천적으로 방지하여 안전한 인터넷 사용 환경을 가능하게 하는 것으로 한국인터넷진흥원이 개발한 사이버 신원 확인 번호 체계이다.

80 다음 (가), (나), (다), (라)에서 사용하여야 할 사무정보기기가 정확하게 순서대로 기재된 것을 고르시오.

> 비서로 일하고 있는 오성은 씨는 상사가 주관하는 회의 개최를 지원하고 있다. 노트북을 이용하여 발표하기를 원하는 김 이사님을 위해서 (가)를 준비하였고, 30페이지에 달하는 회의자료 내용이 기밀이라서 외부업체에 제작을 맡길 수 없어서 (나)를 이용하여 자료집으로 묶어서 제작하였다.
> 회의가 끝난 후 남은 회의 자료의 전자화를 위하여 (다)을/를 사용한 후 남은 회의 자료는 (라)를 이용하여 처리하였다.

① LCD프로젝터 – 링제본기 – 복사기 – 문서파쇄기
② 슬라이드프로젝터 – 문서재단기 – 스마트마커 – 열제본기
③ LCD프로젝터 – 열제본기 – 전자칠판 – 문서코팅기
④ 빔 프로젝터 – 와이어제본기 – 스캐너 – 문서파쇄기

> **해설** (가) 컴퓨터의 영상을 확대하여 스크린에 비추기 위해 '프로젝터'를 준비하여야 한다.
> (나) 회의자료 내용이 기밀이라서 외부업체에 맡길 수 없어 손쉽게 제본할 수 있는 '제본기'를 사용하여 제본한다.
> (다) 회의가 끝난 후 남은 회의 자료를 컴퓨터가 처리할 수 있는 형태로 정보를 변환하여 입력할 수 있는 장치인 '스캐너'를 이용하여 처리한다.
> (라) 남은 회의 자료는 '문서파쇄기'를 이용하여 처리한다.

2017

기출문제 및 해설

꿈을 꾸기에 인생은 빛난다.

– 모차르트 –

01 상사는 우리 회사의 새로운 고객이 된 ITC사의 강무원 대표이사와 다음 주에 점심식사를 하시겠다며 좋은 장소로 예약을 하라고 하신다. ITC사는 우리 회사가 많은 공을 들여 얻게 된 주요 고객사이다. 비서의 업무 자세로 가장 적절하지 않은 것은?

① 비서는 강무원 대표이사가 선호하는 음식점과 음식이 무엇인지 상대방의 비서에게 확인한 후 예약한다.

② 강무원 대표이사의 약력이나 ITC사와 관련된 최근 소식 등을 검색한 후 정리하여 상사에게 보고한다.

③ 강무원 대표이사 비서와 좋은 인간관계를 형성하기 위해 필요한 정보를 서로 교환할 것을 제안한다.

④ 식당 이동 경로와 이동 예상 시간을 확인하여 운전기사에게 미리 알려준다.

> 해설 비서는 의사 전달의 통로이기 때문에 함부로 정보를 서로 교환하는 것은 바람직하지 않은 행동이다. 정보는 상사와 상의하여 정보제공 범위를 결정하여 그 범위 내에서 제공하여야 한다.

[02~03] 다음의 사례를 읽고 질문에 답하시오.

> 우리회사는 싱가폴에 본사를 두고 있는 다국적 기업이다. 한국 지사 대표인 상사가 중국 출장 중일 때 김 비서는 싱가폴 본사 직원이라는 외국인의 전화를 받았다. 미국 내 샌프란시스코 지사의 전화번호를 알려달라고 하여 대표번호를 알려주자 다시 샌프란시스코 지사 소속직원들의 전화번호를 이메일로 전송해 달라는 요청을 받았다.

02 위의 상황에서 김 비서의 대처 방법으로 가장 바람직하지 못한 것은?

① 전화번호 등 개인적인 정보와 관련해서는 제3자가 제공하기 어렵다는 사실을 안내한다.

② 정보를 요청하는 사람의 이름과 신분이 확인되면 요청한 정보는 신속히 제공하는 것이 좋다.

③ 정보를 제공하기 전에 어떤 용도로 사용되며 누가 사용할 것인지에 대한 정보를 확인한 후 정보를 제공한다.

④ 필요 이상의 정보 제공을 요청받을 경우에는 상대방의 연락처를 받고 상부의 허락을 얻은 후에 처리하도록 한다.

03 상사의 출장 기간 중 중국 현지 시간으로 매일 오후 5시에 상사가 묵고 있는 중국 상하이 Four Seasons Hotel(Tel:86-21-2020-1000)로 전화를 통한 업무 보고를 하기로 되어 있다. 서울에 있는 김 비서가 전화를 걸어야 하는 시각과 국제전화 통화번호가 바르게 연결된 것은?

① 오후 5시, 00700-86-21-2020-1000
② 오후 6시, 00700-86-21-2020-1000
③ 오후 5시, 002-1-86-21-2020-1000
④ 오후 6시, 001-1-86-21-2020-1000

04 상사의 인적 네트워크를 관리하기 위해 비서가 할 수 있는 업무들에 대한 설명이다. 가장 적절하지 않은 것은?

① 효과적인 인적 네트워크 관리를 위해서 가장 먼저 상사의 인적 관계를 파악해야 한다.
② 상사의 인적 네트워크 정보를 수집하였다면, 이를 비공개로 유지하면서 데이터베이스화한다.
③ 출처가 불분명한 정보일지라도 필요할 경우 참고자료로 활용한다.
④ 인적 네트워크 정보는 외부 인사로 구성된 정보만을 그 내용으로 한다.

05 상사는 우리회사 주요 거래처의 이민영 대표이사를 김영숙 비서에게 1층 로비로 내려가서 접견실까지 모시고 오라고 지시하셨다. 우리 회사는 대형빌딩의 32층에 위치하고 있다. 다음 중 김 비서의 내방객 응대 자세로 적절하지 않은 것은?

① 김 비서는 32층에서 내리는 사람이 너무 많아 손님보다 먼저 엘리베이터에서 내려서 다음 길을 안내하였다.
② 접견실 문은 왼편으로 미는 문이라 왼손을 이용하여 문을 열고 손님보다 먼저 들어갔다.
③ 상사가 통화 중이라 손님을 접견실로 안내한 후 상사가 통화가 끝날 때까지 기다렸다.
④ 복도에서는 손님의 대각선 방향으로 비켜선 자세로 2~3걸음 앞서 가며 안내하였다.

06 로펌(Law Firm)에 근무하는 강 비서가 내방한 외국인으로부터 받은 명함이다. 강 비서가 손님을 응대하기 위한 요령으로 가장 바람직한 것은?

Ellen & Ivery LLP Singapore
www.ellenivery.com
Michael Cheng Esq.
Attorney—in—Law / NY Bar

70 Collyer Quay · 08—01 OUE Bayfront
Singapore 049321
e—mail : mich_cheng@ellenivery.com
T.+65 6671 6666 / F. +65 6671 7777

---

① Michael Cheng의 명함 이름으로 보아 화교출신일 가능성이 높으므로 중국어로 반갑게 인사한다.
② Michael Cheng이 돌아가고 난 다음에 명함에 명함을 받은 날짜와 인적 특징을 기재하였다.
③ 홍차가 유명한 싱가포르 출신 Michael Cheng이 방문한 시간이 오전 11시이므로 차를 내올 때 High Tea를 준비하여 드린다.
④ 점심식사 장소를 Singapore 사람들이 선호하는 Sea Food 음식점으로 예약하였다.

> 해설 ① 명함으로 고객의 신상을 추측하는 것은 옳은 방법이 아니다.
> ③ 차를 준비할 때에는 방문고객에게 여쭈어보고 준비하는 것이 좋다.
> ④ 식사와 관련된 사항은 상사에게 여쭈어보고 결정한다.

07 비서가 업무를 수행하면서 이루어지는 상사, 동료, 고객과의 인간관계에 대한 설명으로 가장 적절하지 않은 것은?

① 상사와 회사의 이익을 증진시킴으로써 자신의 이익을 도모할 수 있다는 믿음을 갖는다.
② 내게 부과된 책임이나 활동에 대해서 책임을 지고 수행한다. 특히, 자신의 책임사항에 관한 한 상사의 직접적인 감독 없이도 이행한다.
③ 동료 비서들이 나를 신뢰할 수 있도록 모든 약속을 충실히 이행하며, 임원 관련 업무 내용을 공유하여 협동 관계를 유지한다.
④ 방문객을 맞을 때나 전화응대를 할 때 회사의 이미지를 높이도록 노력한다.

> 해설 비서에게는 기밀성이 강조된다. 비서는 기밀이 누설되지 않도록 하여야 하므로 업무 내용을 공유하는 것은 안 된다.
> 특히, 상사나 상사의 부하 직원에 대한 개인신원자료, 공식적인 서류, 비공식적인 서류, 상사 개인의 상황이나 사생활 관련 내용은 보안 유지가 필요하다.

08 다음 주에 개최되는 신제품 발표회를 준비하느라 박서연 비서는 매우 바쁜 상황이다. 4시에 약속된 현대건설의 민태성 상무님이 약속시간보다 조금 일찍 방문하셨다. 상사가 지금 중요한 전화 통화 중이라고 말씀드리니 당신이 일찍 왔으니 기다리시겠다고 하셔서 접견실로 안내하고 자리로 돌아왔으나 상사는 진지한 표정으로 계속 통화 중이었다. 박 비서는 신제품 발표회 초청장 마무리 작업에 다시 몰두하였다. 그러다 시계를 보니 4시 10분이 지났고 상사도 전화를 끊고 업무 중이셨다. 이 경우 박 비서의 업무 자세로 가장 바람직한 것은?

① 상사에게 본인의 잘못을 말씀드리고 얼른 접견실로 상사를 안내한다.
② 접견실로 얼른 가서 오랫동안 기다리게 해서 죄송하다고 말씀드리고 상사 통화가 끝났으므로 곧 오신다고 말씀드린다.
③ 손님에게 자신의 실수로 오랫동안 기다리게 된 상황을 설명드리면서 전적으로 자신의 잘못임을 밝힌다.
④ 손님에게 자신의 잘못을 사과하고 상사에게도 자신의 실수를 알려 상사 또한 손님에게 사과할 수 있도록 한다.

> **해설** 약속한 시간이 지나도록 상사가 계속 통화 중일 때 메모 등을 이용하여 손님이 도착하였다고 상사에게 알렸어야 하지만 비서는 업무에 몰두하다 손님을 오래 기다리게 하였다. 이때 비서는 손님에게 자신의 잘못을 사과하고 상사에게도 자신의 실수를 알려 상사 또한 손님에게 사과할 수 있도록 조치를 취하여야 한다.

09 Z company의 장 전무는 개인비서인 양 비서에게 경리팀장과 회계팀장과의 회의일정을 잡으라고 지시하였다. 양 비서가 상사의 일정을 관리하기 위해서 수행한 업무 일부를 아래에 나열하였다. 상사의 일정을 효율적으로 관리하기 위해 수행한 업무를 가장 합리적인 순서로 나열한 것은 어느 것인가?

> (a) 경리팀장과 회계팀장에게에서 두 사람이 가능한 날짜와 시간대를 받았다.
> (b) 일정을 정리하여 상사에게 보고하고 확정하였다.
> (c) Z company의 연간 계획을 체크하여 일정표에 기록하였다.
> (d) 경리팀장과 회계팀장에게 장 전무가 가능한 날짜와 시간대를 알려 주었다.
> (e) 장 전무가 매월 정기적으로 참석하는 회의와 행사를 일정표에 기록하였다.
> (f) 경리팀장과 회계팀장과의 회의일정을 장 전무의 일정표에 기록하였다.

① c - e - d - a - b - f
② a - d - b - f - e - c
③ c - e - a - d - b - f
④ c - e - f - d - a - b

> **해설** 회의일정을 잡을 때에는 상사의 일정을 먼저 알아보고 다른 부서에게 상사의 가능한 날짜와 시간대를 알려준다. 그 다음 다른 부서에서 가능한 날짜와 시간대를 받아 상사에게 보고하고 확정한 후 상사의 일정표에 기록한다.
> 상사의 연간 계획을 체크하여 일정에 기록 → 상사의 월 계획을 체크하여 일정에 기록 → 타부서에 상사가 가능한 날짜 전달 → 타부서와 일정을 조율하여 상사에게 보고 · 확정 → 회의일정을 상사의 일정표에 기록

10 그림은 예약 업무의 순서도이다. (가)에 들어갈 업무 수행 방식에 대한 설명으로 가장 옳은 것은?

① 예약을 진행하면서 예약 이력 정보 목록을 수시로 업데이트한다.

② 예약 정리 목록을 근거로 구체적이고 상세하게 하여 문서로 보고한다.

③ 예약과 관련된 주요 내용을 간단명료하게 상사에게 보고한 후 상사의 승인을 받는다.

④ 구두로 보고할 때는 원칙에 근거하지 않고 예약 종류별로 필요한 핵심 내용을 간단명료하게 보고한다.

> **해설** 상사에게 예약 지시를 받으면 예약 연락처를 확인하고 관련 정보를 검색하여 간단하게 상사에게 보고한 후 상사의 승인을 받고 예약을 진행한다. 이 과정은 예약 업무 순서도에서 생략 가능한 수행 과정이다.

11 다음 메일의 내용을 읽고 아래의 설명 중 적절하지 않은 것은?

> **An e-mail from a Personal Assistant(PA) working in New York.**
> I keep a 'hard copy' Bring Forward (or BF) system at work. I work as a PA and I keep meeting papers, agendas and invitations in a filing system ie. files marked 1 to 31 representing each day of the month. So if my boss is attending a meeting on the 25th of the month, I would mark any papers relevant to that meeting (that I had received previously) in the "24th" file – so on the 24th I dig them out and put in his papers along with his diary sheet for the next day.

① 초청장의 리셉션 날짜가 7월 3일이므로 초청장을 숫자 '2'의 폴더에 넣어 둔다. 2일 아침 초청장을 꺼내어 상사에게 보고한 뒤 다음날 상사가 지참하고 행사에 참석할 수 있도록 보좌한다.
② Bring Forward Filing System을 활용하고 있는 비서의 사례이다.
③ 총 31개의 폴더를 마련하여 각 폴더의 귀에 1~31의 숫자를 마크해 둔다.
④ 7월 3일에는 7월 3일 폴더를, 8월 3일에는 8월 3일 폴더에 들어있는 내용물을 확인한다.

해설 상사가 25일에 회의에 참석하는 경우, 24번째 파일에 해당 회의와 관련된 문서를 표시해 놓고, 24일에 내용물을 확인하여 그 다음날 제출한다 했으므로, 7월 3일에는 7월 2일 폴더를, 8월 3일에는 8월 2일 폴더에 들어 있는 내용물을 확인해야 한다.

12 다음은 비서가 상사의 해외출장을 준비할 때 해야 할 업무들을 나열한 것이다. 다음 4가지 업무 중에서 세 번째에 할 업무는 어느 것인가?

① 호텔 예약 시 선결제를 요구하여 비서가 미리 결제한다.
② 출장 계획을 수립하여 상사의 결재를 받는다.
③ 출장 경비 규정을 확인한다.
④ 출장 신청서를 작성해 회사의 승인을 얻는다.

해설 출장 경비 규정 확인 → 출장 계획을 수립한 후 상사 결재 → 출장 신청서를 작성하여 회사 승인 진행 → 교통, 숙소 항공 예약 등의 업무수행 → 결과보고 → 비용정산

13 다음과 같은 상황에 적합한 회의장 좌석 배치 형태는 무엇인가?

> 김 비서 이번 주주총회에 참석하는 주주들의 명단을 내일까지 보고해 주세요.

① 네모형
② 원탁형
③ V자형
④ 교실형

교실형은 진행자를 향하여 책상과 의자를 일렬로 놓는 형태로 주로 정보전달, 주주총회, 설명회 등이 목적일 때 사용한다. 네모형이나 원탁형은 회의 참석자 수가 많은 경우, 자유로운 토론을 원하는 경우에 적당하며, 사회자는 진행이 편리한 곳에 위치한다. 반면, ㄷ자형, V자형, U자형의 좌석배치 형태는 소집단 회의 참석자들이 서로 마주보고 앉아서 회의하기 좋은 형태로 상호 의사소통과 협력이 잘되고 강연 집중도도 높다.

14 의전행사 준비를 위해 알아야 할 드레스코드(Dress Code)에 대한 설명으로 가장 적절하지 않은 것은?

① 초청장에 드레스코드가 명시된 경우 참석자는 드레스코드에 맞는 복장을 착용한다.

② 야회복(White Tie)은 상의의 옷자락이 제비 꼬리 모양을 하고 있어 연미복(Tailcoat)이라고도 하는데 무도회나 정식만찬 또는 저녁 파티 등에 사용된다.

③ 초청장에 Dress Blue or Equivalent라고 명시된 경우 군인의 경우 제복을 착용하면 된다.

④ 평상복(Informal)은 Lounge Suit, Business Suit라고도 하는데, 색깔은 제한이 없으며 재킷과 바지의 색깔이 다른 것을 입어도 된다.

④ 평상복(Informal)은 Lounge Suit, Business Suit라고도 한다. 평상복의 색깔은 진한 회색이나 감색이 적합하며, 재킷과 바지의 색깔이 다른 것을 입어서는 안 된다.

15 다음 중 국제매너에 있어서 기본적인 관례상의 서열 기준에 대한 설명으로 가장 적절하지 않은 것은?

① 부부 동반의 경우 부인의 서열은 남편과 동급이다.

② 여성 간 서열은 기혼, 미망인, 이혼, 미혼 순이다.

③ 내국인과 외국인이 있을 때는 내국인을 관례상 상위로 간주한다.

④ 높은 직위 쪽의 서열이 상위이다.

관례상 기본적인 서열 기준
- 부부 동반의 경우 부인의 서열은 남편과 동급이다.
- 여성 간 서열은 기혼, 미망인, 이혼, 미혼 순으로 서열이 정해진다.
- 내국인과 외국인이 있을 경우에는 외국인을 상위로 한다.
- 높은 직위 쪽의 서열을 따른다.
- 남성보다 여성을 우대한다. 단, 남성이 한 나라의 대표 자격으로 참석한 경우 제외한다.

16 다음은 비서들이 상사가 지시한 업무를 수행하거나 업무상 보고를 하면서 취한 행동을 설명한 것이다. 각 비서들이 취한 행동 중 효율적인 보고를 위해 가장 바람직한 예시는 어느 것인가?

① 고 비서의 상사는 어제 미국으로 출장을 가셨다. 상사가 출국하시기 전에 시간을 가지고 천천히 생각해 보라고 주신 업무를 빠르게 해결한 고 비서는 기쁜 마음에 시차를 체크하고는 바로 상사에게 전화로 보고드렸다.

② 이 비서는 상사가 급한 성격인 것을 잘 알고 있으므로, 구두보고를 드릴 때는 결론부터 먼저 말하고 난 후에 관련된 경과나 이유, 소견 등을 말하려고 노력해 왔다.

③ 장 비서에게 모레까지 상사에게 보고해야 할 내용이 생겼다. 이를 잊지 않기 위해서, 장 비서는 상사가 오찬을 마치고 들어 오시자마자 신속히 보고드렸다.

④ 안 비서는 보고용으로 기안한 문서가 한 장이면 상사에게 드릴 문서 한 장만을 들고 상사의 집무실로 가서 보고드렸다. 혹시라도 관련 참고 자료들이나 보고문서 여러 장을 함께 들고 갔다가, 정리가 안 되어 보이거나 잘못된 문서를 드리는 실수를 미연에 방지하고자 하였다.

> **해설** ② 상사에게 보고할 때에는 결론부터 설명하고, 그 다음 자세한 상황과 이유 등을 설명하여 상사의 이해를 돕는다.
> 보고가 끝나면 그 보고에 대한 상사의 의견이나 지시를 메모해서 필요에 따라 파일해 둔다.

17 다음은 다양한 보고 형태에 대한 설명이다. 가장 바르게 설명된 것을 고르시오.

① 지금은 오후 2시, 30분 뒤에 시작될 회의의 변경 소식을 들었다. 평소 상사는 문서보고를 선호하셔서 집무실에 계시는 상사에게 이메일로 회의시간 변경을 보고드린다.

② 상사가 성격이 급하신 편이라 보고서를 작성하며 문장을 개조식으로 간략하게 작성하려 노력 중이다.

③ 우연히 상사의 좌천에 대한 소식을 듣게 되었다. 아직 인사발표 전이나 이 사실을 직접 뵙고 전달하기가 부담스러워 상사에게 이메일로 알려드렸다.

④ 보고서 내용에 충실하기 위하여 그림이나 도표 삽입보다는 텍스트 위주로 성실히 작성하였다.

> **해설** ② 개조식 보고서는 빠른 이해와 충분한 파악이 되도록 하는 것이 목적이므로 성격이 급한 상사에게 알맞은 보고서이다.
> ① 집무실에 계시는 상사에게는 이메일보다 직접 구두나 메모로 회의시간 변경을 보고드린다.
> ③ 상사의 좌천소식을 알고 있더라도 인사발표 때까지 기다린다.
> ④ 텍스트 위주의 보고서보다 도표, 사진, 삽화 등 다양한 참고자료를 첨부하면 보고서 내용이 더 충실해진다.

18 사장 비서직을 담당하고 있는 이가현은 언론사에 노출되는 자사 관련 자료수집 및 관리를 담당하고 있다. 자사 관련 기사를 점검할 때 비서로서 갖추어야 할 태도 중 가장 부적절한 것을 고르시오.

① 회사 관련 기사를 읽을 때 자사 관련 상품 이름 또는 그 가격이 정확한지 확인한다.

② 우리 회사와 관련하여 기사화된 내용을 신속히 검색하여 관련부서에 보고한다.

③ 언론에서 사용된 대표자의 사진이 잘 나왔는지 확인한다.

④ 언론에서 보도된 기사의 전체 흐름이 자사의 이미지에 잘 어울리지 않을 경우 즉시 정정 보도를 요청한다.

> **해설** ④ 언론에서 보도된 기사의 전체 흐름이 자사의 이미지에 잘 어울리지 않을 경우 즉시 정정 보도를 요청할 것이 아니라 기사화된 내용을 신속히 검색하여 관련부서에 보고한다.

19 비서가 상사의 친지나 친구, 자사나 거래처 사람, 그리고 기타 관계자의 사망 소식을 들으면 할 수 있는 업무와 조문 예절에 대한 내용으로 옳지 않은 것은 어느 것인가?

① 사망 소식을 들으면, 즉시 사망 일시, 조문 장소, 발인 시각과 장지, 장례 형식, 상주 성명, 주소, 전화번호 등을 확인하여 상사에게 보고한다.

② 부의(賻儀), 근조(謹弔), 위령(慰靈), 하의(賀儀) 등의 문구가 쓰여진 겉봉투를 준비한다.

③ 조문을 위해 빈소에 도착하면 조객록에 서명을 한 다음 분향 또는 헌화한다.

④ 조문하는 중에 영정을 향해서 두 번 절을 한 후 반절을 하는데, 이때 남성은 오른손이 위로 가도록 하고, 여성은 왼손이 위로 가게 한다.

> **해설** ② 하의(賀儀)는 결혼식(結婚式)에 쓰는 용어이며 상가(喪家)에 쓰는 용어는 부의(賻儀), 근조(謹弔), 위령(慰靈), 추모(追慕), 조의(弔意) 등이 있다.

20 김영숙 비서는 상사의 정보관리자로서 상사에게 필요한 정보를 확인하여 보고하고 있다. 다음 중 정보관리자로서 비서의 업무로 보기 어려운 것은 무엇인가?

① 언론사 중 공신력 있는 사이트를 선정하여 인사, 부음, 동정 및 인물정보를 검색할 수 있는 사이트를 확인한 후 즐겨찾기에 등록하고 매일 확인한다.

② 매일 아침 상사와 관련된 신문기사를 검색하여 관련 기사를 상사에게 보고한다.

③ 인터넷 사이트에 올라와 있는 상사의 인물정보 및 프로필 등에 잘못된 부분이나 수정할 부분이 있을 경우 상사에게 보고하고 해당 사이트에 요청한다.

④ 상사의 개인적인 대외활동 내용이나 사진 등을 회사 블로그에 탑재함으로써 상사의 대외활동을 홍보한다.

> **해설** ④ 개인 활동을 회사 블로그에 탑재하는 것은 옳지 않다. 회사 블로그에는 회사와 관련된 내용을 올려야 한다.

21 다음 중 기업의 사회적 책임에 대한 설명으로 가장 옳지 않은 것은?

① 기업의 사회적 책임은 청렴, 공정, 존중 등의 기본원칙을 충실히 이행하려는 책임감에서 비롯된다.

② 기업의 사회적 책임은 기업의 소유주뿐만 아니라 기업의 모든 이해관계당사자들의 복리와 행복에 대한 기업의 관심과 배려에 바탕을 두고 있다.

③ 기업은 내부 거래자로 알려진 투자자들에게 기업의 비공개 내부정보를 제공할 사회적 책임이 있다.

④ 기업은 종업원의 급여, 승진, 인사평가 등을 공정하게 할 사회적 책임이 있다.

> 해설　내부정보는 일반인 또는 투자자에게 제공되지 않는 정보이다. 내부정보를 바탕으로 주식 또는 기타 증권을 거래하거나 타인이 거래할 수 있도록 정보를 제공하는 행위는 회사 방침에 반한다. 사회적 책임이란 기업 활동으로 인해 발생하는 사회적·경제적 문제를 해결함으로써 기업의 이해관계자와 사회일반의 요구나 기대를 충족시켜 주어야 하는 기업행동의 규범적 체계를 말한다.

22 다음 중 경영환경 변화의 성격에 대한 설명으로 가장 적절하지 않은 것은?

① 기업의 경제적 환경뿐만 아니라 사회적, 정치적 환경의 중요성이 부각되면서 경영환경의 범위가 확장되고 있다.

② 경영환경의 변화속도가 더욱 빨라지면서 기업의 신속한 대응과 변화를 예측하는 활동이 요구되고 있다.

③ 기업활동이 성공하려면 기업은 외부환경과 양립할 수 있는 기업 내부환경을 만들어야 한다.

④ 글로벌화로 인해 국제 표준이 강조되면서 경영환경의 복잡성은 줄어들고 불확실성이 낮아지고 있다.

> 해설　표준 및 국제표준화의 중요성이 강조되고 있는 이유는 경제적으로 국내제품의 국제시장 선점효과를 달성할 수 있고, 기술적으로는 국내 기술수준 향상 및 제품의 경쟁력 강화를 유도할 수 있으며, 사회적으로는 국가브랜드이미지를 제고할 수 있기 때문이다. 그러나 국제 표준이 강조되면서 경영환경은 더 복잡해지고 있다.

23 출자와 경영의 특징에 따라 기업형태를 구분할 때 이를 설명한 내용으로 다음 중 가장 적절한 것은?

① 합자회사는 2인 이상의 출자자가 회사의 채무에 연대무한책임을 지는 기업형태이다.

② 주식회사의 최고의사결정기관은 이사회이다.

③ 협동조합은 '영리주의'가 아닌 '이용주의' 원칙에 따른다.

④ 유한회사는 유한책임사원만으로 구성되므로 투명성 확보를 위한 재무제표에 대한 결산공고 등의 기업공개의무가 있다.

> **해설** ① 합자회사는 채권자에 대해 출자자가 범위 내에서만 책임을 지는 유한책임사원으로 구성된다.
> ② 주식회사의 최고의사결정기관은 주주총회이다.
> ④ 유한회사는 소수의 유한책임사원으로 구성되는 회사로 보유지분의 양도가 제한되어 기업의 폐쇄성이 강하다.

24 다음 중 기업의 인수 및 합병(M&A)에 대한 설명으로 가장 적절하지 않은 것은?

① 기업의 M&A는 자산가치가 높은 기업을 인수한 후 매각을 통한 차익획득을 위한 목적으로 진행되기도 한다.

② M&A 시장의 활성화를 통해 전문 경영인의 대리인 문제를 완화시키는 역할을 할 수 있다.

③ M&A를 통해 전략적으로 중요하지 않은 사업부문을 처분하여 내적 건실화 전략을 추구할 수 있다.

④ 우호적 M&A에서는 피매수 대상기업의 의사와 관계없이 인수합병이 진행될 때 매수기업의 저항이 나타난다.

> **해설** ④ M&A는 피인수 대상기업의 의사에 따라 우호적 M&A와 적대적 M&A로 구분된다. 우호적 M&A는 기존 대주주와 협상을 통해 지분을 넘겨 받아 기업 경영권을 인수하는 것이고, 적대적 M&A는 상대기업의 동의 없이 강행하는 기업의 인수합병을 말한다.

25 다음 중 기업의 다각화에 대한 설명으로 가장 적절하지 않은 것은?

① 다각화를 위한 방법으로 기업의 내부적 창업, 합작투자, 인수합병 등이 있다.

② 다각화된 기업은 내부의 자본력과 노동력을 적극적으로 활용할 수 있는 이점이 있다.

③ 다각화를 통해 경영 위험을 분산하고 기업경영의 안정성을 도모할 수 있다.

④ 자동차 제조회사가 타이어 제조업체를 인수하는 것을 다각화라고 할 수 있다.

> **해설** 기업의 다각화란 기업이 새로운 업종에 진출하여 기존업종과 병행하여 경영활동의 범위를 확대하는 것이다. 특히, 기업이 다각화를 시도할 때에는 기존 사업 분야와 어우러져 시너지 효과를 만들어낼 만한 사업 분야에 뛰어드는 것이 좋다.

26 다음에서 설명하는 '이것'에 해당하는 주식회사의 기관으로 가장 적절한 것은?

> • 이사나 감사를 선임하거나 타 회사와의 합병, 정관의 개정을 위해서는 반드시 '이것'의 승인을 얻어야 한다.
> • 3% 이상의 지분을 가진 주주는 '이것'의 소집을 청구할 수 있다.
> • 정관의 변경은 '이것'의 결의에 의해야 한다.

① 이사회
② 주주총회
③ 감사위원회
④ 사외이사

해설 주주총회
주식회사의 최고기관으로 전체 주주로 구성되고 이사나 감사의 선임 및 해임권이 있으며, 이사나 주주 등은 그 의결에 반드시 복종해야 한다. 또, 3% 이상의 지분을 가진 주주는 주주총회의 소집을 청구할 수 있고, 정관의 변경 또한 주주총회의 결의에 의해야 한다.

27 다음 중 기업집중형태에 대한 설명으로 가장 적절하지 않은 것은?

① 시장독점을 위하여 기업의 독립성을 상실하고 하나의 기업체로 합동하는 것을 트러스트라고 한다.
② 신제품이나 신기술 등 아이디어의 개발과 발명을 하는 모험적인 중소기업을 벤처기업이라고 한다.
③ 카르텔은 금융적 방법에 의한 기업집중의 형태이며 독점의 최고형태이다.
④ 콘체른은 법률적으로는 독립적인 기업들이 자본적 결합관계를 통해 결합하는 형태이다.

해설 ③ 카르텔은 주로 동종산업에 속하는 독립기업들 간의 수평적 결합을 의미하며 같은 종류의 상품을 생산하는 기업이 서로 가격이나 생산량, 출하량 등을 협정해서 경쟁을 피하고 이윤을 확보하려는 행위이다. 금융적 방법에 의한 기업집중의 형태이며 독점의 최고형태는 콘체른에 대한 설명이다.

28 다음 중 경영통제에 관한 설명으로 가장 적절하지 않은 것은?

① 경영통제는 경영순환과정의 마지막 단계로서 다음의 계획수립 단계에 피드백하는 활동이다.
② 권한위임이 활발한 조직에서 결과에 대한 책임을 확실히 하는 매커니즘으로 경영통제가 필요하다.
③ 네트워크 정보망에 따라 경영통제의 범위가 넓어지고 속도가 빨라지고 있으며 이에 따라 중간 경영층의 역할과 입지가 축소되는 경향이 있다.
④ 경영통제는 성과표준에 근거한 경영계획을 평가하는 활동으로 관리자는 이 과정에서 환경변화에 대한 조직적 대응이 어렵다.

- 의의 : 경영관리활동의 성과를 측정하고 계획과 비교하여 피드백 하는 과정으로 경영순환과정의 마지막 단계이다.
- 특 징
  - 좋은 품질을 창출하는 역할을 한다.
  - 기업 환경 변화에 대응하는 역할을 한다.
  - 제품이나 서비스의 순환주기를 빠르게 하는 역할을 한다.
  - 제품과 서비스의 가치를 증가시키는 역할을 한다.
  - 팀워크를 증진시키는 역할을 한다.
  - 조직 활동의 모든 부문을 통제하는 데 비용이 너무 많이 든다.
  - 중간경영층의 역할과 입지가 축소되는 경향이 있다.

29 현대사회에서 기업경영의 문제가 복잡해지고 자본이 분산됨에 따라 전문경영자가 출현하게 되었다. 다음 중 전문경영자에 대한 설명으로 가장 적절한 것은?

① 전문경영자는 단기적인 성과보다는 주주 이익의 극대화를 위해 장기적인 안목의 과감한 투자를 선호한다.

② 전문경영자는 소유경영자가 고용한 경영자로서 일부 경영활동을 위양받아 이 부분에 대해서만 책임을 진다.

③ 전문경영자는 경영합리화를 위해 종업원에게 권한을 위양하며 이를 통제하는 과정에서 대리인 비용을 발생시킨다.

④ 전문경영자는 출자기능은 없고 경영기능만 담당한다.

해설   ④ 전문적 지식과 능력을 갖추고 출자 여부와 관계없이 독립적으로 기업을 경영하는 사람이므로 출자기능은 없고 오직 경영기능만 행한다.
   ① 전문경영자는 임기가 제한되어 있어 자신의 임기 내에 가시적인 효과를 보여주고자 미시적인 성과를 노리는 경우가 많다.
   ② 전문경영자는 전문적인 경영지식과 능력을 가진 경영자로 기업의 소유권으로부터 독립해 기업에 대한 경영권을 확보하고 기업경영에서 유일한 의사결정주체로서의 역할을 하는 자를 가리킨다.
   ③ 대리인 비용이란 일반주주와 경영자 사이에 상호 안심시키기 위해 사용하는 비용을 말한다. 즉, 주주와 경영인 사이의 '이해 상충'과 '정확한 정보의 부족성'(정보의 비대칭성)이라는 두 가지 큰 전제하에 발생한다.

30 다음 중 경영관리의 포괄적 의미에 대한 설명으로 가장 적절한 것은?

① 경영관리란 조직목표를 설정하고 이를 달성하기 위한 절차와 방법을 찾는 것을 의미한다.

② 경영관리란 기업목표 및 경영목표를 보다 효과적으로 달성하기 위해 계획, 조직화, 지휘, 통제 등의 활동을 통해 기업의 제반자원을 배분, 조정, 통합하는 과정이다.

③ 경영관리란 수립된 계획이 수행할 수 있도록 인적자원과 물적자원을 배분하여 최적 결과가 도출될 수 있도록 하는 것이다.

④ 조직의 세부활동이 목적에 부합될 수 있도록 관리하고 통일되고 일관된 활동이 되도록 하는 것이다.

> **해 설** 경영관리란 기업이 경영활동 및 경영목표를 능률적으로 수행하도록 하기 위해 경영목적과 정책을 설정하고, 이를 달성하기 위해 인적 · 물적 · 재무적 · 기술적 요소를 계획 · 조직 · 지휘 · 조정 · 통제하는 모든 활동을 말한다.

31 다음은 동기부여이론의 설명이다. 이 중 가장 적절하지 않은 설명은 무엇인가?

① 매슬로우의 욕구단계이론은 생리적 욕구, 안전욕구, 사회적 욕구, 존경욕구, 자아실현의 욕구로 구성되어 있다.

② 허즈버그의 2요인이론은 동기 위생이론으로 위생요인은 직무불만족요인으로 성취감, 인정, 책임감, 직무 자체 등이 있다.

③ 맥클랜드의 성취동기이론은 성취욕구, 친교욕구, 권력욕구를 인간의 행위를 동기화시키는 주요요인으로 설명하고 있다.

④ 브룸의 기대이론은 조직원들은 성과달성을 위한 노력을 하기 전에 기대감, 수단성, 보상가치를 고려한다.

> **해 설** ② 허즈버그의 2요인이론은 동기 위생이론으로 위생요인에는 감독, 근무조건, 상호인간관계, 임금 및 안정적 고용, 회사정책과 경영방식 등이 있고, 동기요인에는 성취감, 인정, 책임감, 직무 자체, 승진 및 성장 등이 있다.

32 다음 중 집단의사결정기법에 대한 설명으로 가장 적절하지 않은 것은?

① 명목집단기법은 구성원들이 각자 독립적으로 의사를 개진함으로써 집단구성원의 적극적 참여를 유도할 수 있다.

② 델파이 기법은 전문가 집단의 의견을 수렴하고 분석하는 대면적 집단토의방법이다.

③ 브레인스토밍은 아이디어 창출을 위한 과정이므로 아이디어에 대한 비판이나 평가는 하지 않는다.

④ 브레인스토밍은 제시된 아이디어의 수정이나 개선을 허용함으로써 아이디어들의 융합을 가능하게 한다.

② 델파이 기법은 토론참가자들의 가치관이나 견해차로 인한 갈등과 대립을 회피하기 위하여 대면적 접촉을 하지 않고 익명의 전문가들을 선정하여 격리시킨 채 의견을 수렴하는 방법이다.

33 마케팅에서 시장세분화 전략을 성공적으로 수행하기 위한 요건에 대한 설명으로 다음 중 가장 적절하지 않은 것은?

① 세분시장별로 세분시장의 규모와 구매력이 측정 가능해야 한다.
② 세분시장 간에는 동질적인 소비자 욕구를 가져야 하고 세분시장 내에서는 이질성을 극대화할 수 있어야 한다.
③ 기업의 마케팅 활동이 해당 시장에 소속된 고객들에게 접근 가능해야 한다.
④ 경제성이 보장될 수 있는 충분한 시장규모를 가져야 한다.

해설 ② 기업이 서로 다른 욕구를 가진 다양한 소비자들의 집합인 하나의 시장을, 특정 제품군에 대한 태도, 의견, 구매행동 등에서 비슷한 성향을 가진 소비자들을 하나의 작은 집단으로 묶는 과정을 의미한다. 따라서 시장세분화의 결과는 세분시장 상호 간의 이질성을 극대화하고 세분시장 내에서의 동질성이 극대화되도록 해야 한다.

34 다음은 어떠한 직무평가방법을 서술한 내용인지 가장 적절한 것은?

> 평가하려는 직무를 사전에 규정된 등급 혹은 부류에 배정하여 직무를 평가하는 방법

① 서열법(Rank Method)
② 직무분류법(Job Classification Method)
③ 요소비교법(Fact Comparison Method)
④ 점수법(Point Rating Method)

해설 ① 직무의 상대적 가치에 기초를 두고, 각 직무의 중요도와 장점에 따라 순위를 결정하는 방법이다.
③ 가장 중심이 되는 몇 개의 기준 직무를 선정하고, 직무의 평가요소를 기준직무의 평가요소와 결부시켜 비교함으로써 직무의 가치를 결정하는 방법이다.
④ 직무와 관련된 각 요소들을 구성요소로 구분하고 그 중요도에 따라 숫자를 이용하여 점수를 준 후 그 합계에 따라 평가하는 방법이다.

35 다음 중 마케팅 관련 설명으로 가장 적절하지 않은 것은?

① 마케팅이란 고객의 욕구를 충족시키기 위하여 기업이 행하는 시장과의 커뮤니케이션, 적재적
소의 상품유통, 적정한 가격결정, 제품의 설계와 개발 등을 의미한다.

② 마케팅 믹스는 기업이 표적시장에서 마케팅 목표를 달성하기 위하여 활용할 수 있는 마케팅
변수를 말하며, 제품(Product), 가격(Price), 유통(Place), 기획(Planning) 등이 그것이다.

③ 마케팅 관리란 조직의 목표를 달성하기 위하여 마케팅 활동의 대상이 되는 고객을 만족시킬 수
있는 마케팅 전략과 계획을 수립하고, 그것을 실행 및 통제하는 일련의 활동을 말한다.

④ 마케팅 조사는 회사가 직면하고 있는 마케팅 문제와 관련된 시장환경이나 마케팅 활동의 성과
등에 대한 정보를 체계적이고 객관적으로 수집, 분석, 보고하는 일련의 활동을 말한다.

> **해설** 마케팅 믹스란 기업이 표적시장에서 마케팅 목표를 달성하기 위하여 활용할 수 있는 마케팅 변수를 말하며, 마케팅
> 믹스 전략은 4P, 즉 제품(Product), 가격(Price), 유통(Place), 촉진(Promotion) 전략을 적절히 조화하여 표적 시장에
> 도달시키는 것이다.

36 종업원이 직무에 관한 지식과 기술을 현직에 종사하면서 감독자의 지시하에 훈련받는 현장실무중심
의 현직훈련을 의미하는 직무현장훈련(OJT)에 해당하는 교육훈련방법은?

① 역할연기
② 도제식 훈련
③ e-러닝
④ 세미나

> **해설** 현장직무훈련(OJT ; On-the-Job Training)
> 현장직무훈련이란 업무시간 중에 실제 업무를 수행하면서 동시에 실시하는 교육으로서 상급자가 하급자에 대해
> 실시하는 방법을 말한다. 그 종류로는 도제식 훈련, 직무 오리엔테이션, 인턴십, 멘토링 등이 있다.

37 다음의 재무상태표(Statement of Financial Position)의 설명 중에서 가장 적절하지 않은 것은?

① 자산은 유동자산과 비유동자산으로 구분되는데, 유동자산은 투자자산, 유형자산, 무형자산
으로 구분하고, 비유동자산은 당좌자산과 재고자산으로 구분한다.

② 부채는 유동부채와 비유동부채로 구분한다.

③ 자산과 부채는 유동성이 큰 항목부터 배열하는 것을 원칙으로 한다.

④ 자본은 자본금, 자본잉여금, 자본조정, 기타포괄 손익누계액 및 이익잉여금으로 구분한다.

> **해설** ① 유동자산은 당좌자산과 재고자산으로 구분하고, 비유동자산은 투자자산, 유형자산, 무형자산, 기타 비유동자산으
> 로 구분한다.

38 다음 중 통화정책에 대한 설명으로 가장 옳은 것은?

① 경기가 활황기인 경우 이자율을 높여서 돈을 빌리는 비용을 증가시킨다.

② 통화량을 감소시키면 기업은 더 많은 돈의 사용이 가능해지고 경제는 더 빨리 성장한다.

③ 경기가 불황기인 경우 이자율을 높여서 돈을 빌리는 비용을 증가시킨다.

④ 경제성장을 늦추고 인플레이션을 막기 위해 통화량을 증가시킨다.

해설 ② 통화량을 증가시키면 기업은 더 많은 돈의 사용이 가능해지고 경제는 더 빨리 성장한다.
③ 경기가 활황기인 경우 이자율을 높여서 돈을 빌리는 비용을 증가시킨다.
④ 경제성장을 늦추고 인플레이션을 막기 위해 통화량을 감소시킨다.

39 (   )에 들어갈 수 있는 가장 적절한 용어는 무엇인가?

최근 중국 증시 급락세와 중국 경기 둔화는 글로벌 금융시장에서 (   )(으)로 부상하고 있다. (   )은(는)
발생확률이 매우 낮지만 발생하면 시장에 큰 충격을 주는 현상을 말한다.

① 블랙스완
② 블랙먼데이
③ 블랙마켓
④ 블랙프라이데이

해설 ① 발생할 가능성이 거의 없어 보이지만 일단 발생하면 엄청난 충격을 가져다 주는 것을 말한다.
② 미국 뉴욕에서 주가 충격적인 대폭락을 기록했던 1987년 10월 19일을 가리키는 용어로, 월요일 증시가 대폭락을
맞이하는 경우를 말한다.
③ 불법적인 거래가 이루어지는 시장, 즉 정상가격보다 상품이 싸거나 비싼 가격으로 거래되는 음성적인 시장을
가리킨다. 일명 암시장이라고 한다.
④ 11월 마지막 목요일인 추수감사절 다음날로, 미국에서 최대 규모의 쇼핑이 이뤄지는 날을 말한다.

40 다음은 무엇을 의미하고 있는지 가장 적절한 것은?

> 실질GDP, 소비, 투자, 고용 등 집계변수들이 장기추세선을 중심으로 상승과 하락을 반복하는 현상

① 장기불황
② 호황국면
③ 경기변동
④ 인플레이션

해설 ① 경기불황이 몇 년간 계속되면서 저소득층의 일자리가 줄어들고 소득까지 감소세로 돌아서는 것을 말한다.
② 경기회복이 시작되어 기업활동은 활발해지고 그에 따라 산출량과 고용량이 증가하는 시기를 말한다.
④ 통화량의 증가로 화폐가치가 하락하고, 물가수준이 지속적으로 오르는 경제현상을 말한다.

---

41 Choose one which has the least appropriate definition for the underlined words.

① A <u>detour</u> is a special route for traffic to follow when the normal route is blocked.
② The <u>venue</u> for an event or activity is the place where it will happen.
③ Your <u>autograph</u> is your name, written in your own characteristic way, often at the end of a document to indicate that you wrote the document or that you agree with what it says.
④ The <u>cabinet</u> is a group of the most senior ministers in a government, who meet regularly to discuss policies.

해설 ③ 서류, 계약서 등에 서명을 하는 것은 Signature, 유명인사가 자신의 저서나 사진 등에 기념으로 하는 것이 Autograph이다. 따라서 유명인사도 서류, 계약서 등에 서명을 하는 것은 Signature로 쓴다. 보통은 통틀어서 '사인'이라고 말하고 있으나 착각하지 않도록 주의해야 한다.
① 우회로는 정상 경로가 차단되었을 때 차량이 뒤따르게 하는 특별한 노선이다.
② (콘서트 · 스포츠 · 경기 · 회담 등의) 장소는 행사나 어떤 활동이 일어날 장소이다.
③ (유명인사의) 사인은 당신이 문서를 작성했거나 문서의 내용에 동의한다는 것을 나타내기 위해 종종 문서의 마지막 부분에 자기만의 독특한 방법으로 자신의 이름을 적는 것이다.
④ 내각은 정책을 논의하기 위해 정기적으로 모이는 정부 내 고위각료들의 그룹이다.

42 Choose one that does not match each other.

① DST : Daylight Saving Time

② ROI : Return on Investment

③ TBA : To Be Announced

④ GDP : Gross Domain Product

> **해설** ④ GDP : Gross Domestic Product, 국내 총생산
> ① DST : Daylight Saving Time, 일광 절약 시간제
> ② ROI : Return on Investment, 투자 수익률
> ③ TBA : To Be Announced, 발표 예정

43 Belows are sets of English sentence translated into Korean. Choose one which does not match correctly each other.

① My boss used to think he was superior to others.

　　→ 우리 사장님은 그가 다른 사람들보다 우월하다고 생각하곤 했었다.

② I am thinking about singing up for an online business class.

　　→ 나는 온라인 비즈니스 수업을 등록할까 생각 중이다.

③ He stayed up all night preparing for his presentation.

　　→ 그는 프레젠테이션을 준비하느라 밤을 샜다.

④ The secretary stopped to take minutes.

　　→ 비서는 회의록 작성하는 것을 멈추었다.

> **해설** ④ stop + ing : ~하는 것을 멈추다, stop + to : ~하기 위해 멈추다
> ① superior to : ~보다 우월하다
> ② sign up for : 등록하다
> ③ stay up : 밤을 새다

44 Which of the followings is correct in order?

ⓐ The meeting with you and your staffs was a great opportunity to share long term partnership between two companies and also to figure out how to collaborate effectively together.

ⓑ I sincerely thank you for sharing your time and hospitality when I visited your office.

ⓒ In closing, I thank you once again for your sincere hospitality and look forward to seeing you soon.

ⓓ I truly hope that this first meeting could be a good starting for our success in global Cosmetics market.

---

① ⓑ − ⓐ − ⓒ − ⓓ

② ⓑ − ⓐ − ⓓ − ⓒ

③ ⓐ − ⓑ − ⓓ − ⓒ

④ ⓓ − ⓐ − ⓑ − ⓒ

해설

ⓑ 제가 귀하의 사무실을 방문했을 때 시간을 내주시고 환대해 주셔서 진심으로 감사를 드립니다.

ⓐ 귀하와 귀하의 직원들과의 만남은 두 회사 간의 장기적인 파트너십을 공유하고 함께 효과적으로 협업하는 방법을 파악할 수 있는 좋은 기회였습니다.

ⓓ 이 첫 회의가 글로벌 화장품 시장에서 우리의 성공을 위한 좋은 출발이 될 수 있기를 진심으로 바랍니다.

ⓒ 마지막으로, 진심 어린 환대에 다시 한번 감사드리며 조만간 다시 만나기를 고대합니다.

---

45 Read the following memorandum and choose one which is not true?

From : John Taylor, Training Manager

To : All Department Heads

Date : February 10, 2016

Subject: In−house Human Relations Class

1. From March 1, Monday, Human Relations class will be held in the library. There will be two sessions: intermediate level (11a.m.) and advanced level (2p.m.).
   Please encourage your staff to attend one of the sessions.

2. Please send me the names of all interested staffs by February 20. They will be given a test so that we can decide which of the classes is best for them.

---

① Human Relations class is divided into two levels.

② The writer sent this memo to all department heads.

③ All interested staffs should attend two sessions of Human Relations class.

④ John Taylor is responsible for organizing the in−house training.

③ 두 회기의 인간관계 수업에 참석하는 것이 아니라 두 회기 중 하나에 참석해야 한다.

① 인간관계 수업은 두 단계로 구분된다.

② 편지를 쓴 사람은 이 메모를 모든 부서장에게 보냈다.

③ 관심이 있는 모든 직원은 두 회기의 인간관계 수업에 참석해야 한다.

④ John Taylor는 사내 교육 준비에 책임을 지고 있다.

> 1. 3월 1일 월요일부터 인간관계 수업이 도서관에서 개최됩니다. 중급(11a.m.)과 고급(2p.m.)의 두 가지 세션이 있습니다.
>   직원이 세션 중 하나에 참석하도록 독려해 주십시오.
> 2. 2월 20일까지 관심 있는 모든 직원의 이름을 보내주십시오. 수업 중 어느 것이 가장 적합한지 결정할 수 있도록 테스트가 주어질 것입니다.

46 Choose the set which arranges the correct order in a business letter.

Apple Business Software
554 Fourth Avenue, Suite 1619, New York, NY 10036
Tel. 212-877-1234 Fax. 212-877-5342

ⓐ Ms. Susan Jenkins
Marketing Manager
ABC Co., Ltd.

.
.

ⓑ With warm regards,
ⓒ October 17th, 2017
ⓓ Dear Ms. Jenkins :
ⓔ Robert Tan

① ⓐ → ⓒ → ⓓ → ⓔ → ⓑ

② ⓒ → ⓐ → ⓓ → ⓑ → ⓔ

③ ⓒ → ⓔ → ⓐ → ⓓ → ⓑ

④ ⓔ → ⓒ → ⓓ → ⓐ → ⓑ

날짜 → 이름 및 직급, 회사이름 → 수신인 → 끝말인사 → 이름 또는 서명 순이다.

47 Which of the followings is the most appropriate for the blank boxes?

G&C Merriam Company
Publishers of Merriam Webster Reference Books
883 Star House, Tsim Sha Tsui, Kowloon, HongKong

Stamp

①

②

MR JOSEPH BROWN
Vice President
WQR Corporation
10101 Claude Freeman Dr.
Charlotte, NC 28262

① ① HOLD FOR ARRIVAL ② VIA AIR MAIL
② ① CONFIDENTIAL ② PLEASE FORWARD
③ ① SPECIAL DELIVERY ② REGISTERED
④ ① CONFIDENTIAL ② PRIVATE

해설 ①에는 (Front나 Housekeeping에 수신과 동시에 도착시간 스탬프를 찍어 보관 중인) Hold for arrival stamp, 즉 우편물 도착 표시, ②에는 홍콩에서 노스캐롤라이나로 보내는 편지이므로 항공편 표시가 와야 한다.
① ① 우편물 도착 표시 ② 항공우편
② ① 친전(親展) ② 전송바람
③ ① 속달우편 ② 등기우편
④ ① 친전(親展) ② 개인편지

48 Choose the most appropriate expression that has the same meaning of the underlined word.

The financial manager gave down-to-earth advice to his long term client.

① practical ② profitable
③ critical ④ determined

해설 ① 현실적인, 실재적인
② 유익한
③ 비판적인
④ 단호한

재무 관리자는 그의 장기적인 고객에게 현실적인 조언을 해주었다.

49 What is the following passage referring to?

This is a speech that reveals the main theme of the event as a whole in public speaking. At political or industrial conventions and conferences and at academic conferences, this is delivered to set the underlying tone and summarize the core message or most important theme of the event. It even establishes the framework for the following events or agenda.

① Congratulatory remarks　　　　② Keynote address

③ Closing remarks　　　　　　　④ Welcoming speech

해설　② 기조 연설
　　　① 축 사
　　　③ 마무리 발언
　　　④ 환영사

이것은 공개연설에서 전체적으로 행사의 주요 주제를 드러내는 연설이다. 정치적이거나 산업적 컨벤션과 컨퍼런스 그리고 학술 대회에서 이것은 기본 분위기를 설정하고 이벤트의 핵심 메시지 또는 가장 중요한 주제를 요약하기 위해 전달된다. 이것은 뒤이어 나올 행사들이나 의제를 위한 틀을 정립하기도 한다.

50 Read the following conversation and choose one which is not true?

Agent 　　　: Hello, ABC Conference Supplies. May I help you?
Organizer : Hi, I'd like to order some equipment for a conference.
Agent 　　　: Sure. Where and when is the conference?
Organizer : It's at the Grand Hotel from the 23rd to the 26th of January.
Agent 　　　: And what supplies do you need?
Organizer : Well, we need a microphone and speakers in our auditorium, and we need a projector and a screen in there too.
Agent 　　　: Right, that's fine.
Organizer : We also have eight small meeting rooms. We'll need a flip chart in each one.
Agent 　　　: Okay. Anything else? Do you need any laptops?
Organizer : No, our speakers will bring their own.
Agent 　　　: Fine, we'll deliver those to the hotel on January 23rd.
Organizer : Thank you very much.

① The conference will be held at the Grand Hotel for four days.

② The customer doesn't need to order a laptop.

③ The organizer of the conference needs several conference equipment.

④ There are six small meeting rooms for a conference.

④ 6개가 아닌 8개의 작은 회의실이 있다.
① 컨퍼런스는 그랜드 호텔에서 4일간 개최된다.
② 고객은 노트북을 주문할 필요가 없다.
③ 회의 주최자는 몇몇 회의 장비가 필요하다.

> 상담원 : 안녕하세요, ABC 회의 용품입니다. 무엇을 도와드릴까요?
> 주최자 : 안녕하세요, 회의 장비를 주문하고 싶은데요.
> 상담원 : 네. 컨퍼런스는 언제 어디에서 개최됩니까?
> 주최자 : 1월 23일부터 26일까지 그랜드 호텔에서 열립니다.
> 상담원 : 어떤 용품이 필요하십니까?
> 주최자 : 우리는 강당에 마이크와 스피커가 필요해요. 그리고 거기에 프로젝터와 스크린도 필요합니다.
> 상담원 : 알겠습니다.
> 주최자 : 우리는 또한 8개의 작은 회의실이 있습니다. 각각의 룸에 플립차트가 필요할 것 같군요.
> 상담원 : 네. 그 외에 다른 건 없습니까? 노트북은 필요하지 않으세요?
> 주최자 : 아니요, 연사들이 자신의 노트북을 가져올 것입니다.
> 상담원 : 좋습니다. 1월 23일에 호텔로 배달해 드리겠습니다.
> 주최자 : 감사합니다.

51

Which of the followings is true to the itinerary prepared by a secretary for her boss as given below?

Trip Itinerary : September 6~8, 2015		
Sun., Sept. 6	9:30 a.m.	Depart from Incheon
	5:40 p.m.	Airport pick-up and transfer to Four Star Hotel, Kuala Lumpur, Malaysia
Mon., Sept. 7	9:00 a.m.	Convention at Four Star Hotel
	12:00 p.m.	Lunch meeting with Plant Managers
	3:00 p.m.	Visit to the Ministry of Commerce
Tues., Sept. 8	10:00 a.m.	Visit to Exxor Manufacturing Company
	12:00 a.m.	Luncheon with executives of Exxor
	3:00 p.m.	Depart from Kuala Lumpur
	10:20 p.m.	Arrive in Incheon

① The boss will go on a business trip for three business days.

② He will transfer to hotel by airport limousine.

③ The main purpose of this trip is to visit the Ministry of Commerce.

④ The place for lunch with Exxor members is not specified in the itinerary.

여행 일정 : 2015년 9월 6일~8일

일, 9월 6일	9:30 a.m.	인천 출발
	5:40 p.m.	5시 40분 공항픽업 및 4성급 호텔, 말레이시아 쿠알라 룸푸르로 이동
월, 9월 7일	9:00 a.m.	4성급 호텔 컨벤션
	12:00 p.m.	공장 관리자와의 오찬회의
	3:00 p.m.	상무부 방문
화, 9월 8일	10:00 a.m.	Exxor 제조 회사 방문
	12:00 a.m.	Exxor 중역들과 점심 식사
	3:00 p.m.	쿠알라 룸푸르 출발
	10:20 p.m.	인천 도착

52 Read the following sets of Q&A conversation and choose one that does not match each other.

① A : Why don't you go to a Korean tourist attraction near here?

　B : Great. Do you know anywhere you'd like to recommend?

② A : We had a three-hour layover in JFK airport.

　B : I'm glad to hear that. I've heard a lot about you from Ms. Jones.

③ A : Would you like to join us for dinner if you are not busy?

　B : Thank you. I'd like that very much.

④ A : Let me take one of your bags.

　B : That's very thoughtful of you.

해설
① A : 여기 근처 한국의 관광 명소에 가보지 않겠어요?
　B : 좋아요. 추천하고 싶은 곳을 아시나요?
② A : 우리는 JFK 공항에서 3시간 레이오버(중간 기착지에서 24시간 미만 체류) 했어요.
　B : 그 말을 들으니 기쁩니다. Ms. Jones에게서 당신에 대해 얘기 많이 들었어요.
③ A : 바쁘지 않다면 우리와 저녁식사 함께 하실래요?
　B : 고마워요.
④ A : 가방 하나 들어 드릴게요.
　B : 정말 고마워요.

53 Which of the followings is the most appropriate expression for the blank ⓐ?

> A : I'm sorry, I'm late. The traffic was backed up.
> B : No, not at all. I just got here myself. Please, come in. Let me take your coat.
> A : Thanks.
> B : Would you like something to drink?
> A : Yes, please. _____ ⓐ _____
> B : Two glasses of wine coming right up. Have a seat and make yourself at home.

① It smells delicious.

② I don't know anything about Korean food. What can you suggest?

③ I appreciate your invitation to dinner.

④ Whatever you're having will be fine.

해설　④ 아무것이나 괜찮아요.
　　　① 맛있는 냄새가 나는군요.
　　　② 전 한국음식에 대해 아무것도 몰라요. 추천해 주시겠어요?
　　　③ 저녁 초대에 감사드립니다.

> A : 늦어서 미안해요. 교통이 막혔어요.
> B : 아뇨, 괜찮아요. 저도 막 도착했는걸요. 어서 오세요. 코트 받아 드릴게요.
> A : 고마워요.
> B : 음료수 좀 드시겠어요?
> A : 네. _____ ⓐ _____
> B : 와인 두 잔을 바로 갖다 드릴게요. 앉으셔서 편히 쉬세요.

54 Read the following schedule. What activity is not on the schedule?

TIME	EVENT	PLACE	PERSON
8:30 A.M.	Completion of employment forms	Lounge	S.J Ted
9 A.M.	Human Resources – Introduction – Explanation of personal leave policy	Room C	Anna Davis
11 A.M.	Immunization records check	Room A	Dr. Romero
12 P.M.	Lunch and Director's welcome : "History and Mission of the Eastern Medical Center"	Auditorium	Jim Jenson
1 P.M.	Proper documentation of medical procedures	Room C	Dr. Yang
2 P.M.	Equipment and Computer training information : "Back safety in the workplace"	Ward A	Alice Evan

① Safety training

② Record keeping

③ Checking immunizations

④ Getting parking permits

④ 주차 허가증 받기

① 안전 교육

② 기록 보관

③ 예방접종 확인

8:30 A.M.	직원서류 작성
9 A.M.	H/R
	– 소 개
	– 개인 휴가정책 설명
11 A.M.	예방접종기록 확인
12 P.M.	점심 및 이사회 환영 : "동부 의료센터 역사와 사명"
1 P.M.	의료절차의 적절한 문서화
2 P.M.	장비 및 컴퓨터 교육 정보 : "직장 내 허리 안전"

55 Which of the followings is the most appropriate expression for the blank?

A : Hello. This is Lesley Morris from Green Cross Holdings. May I speak to Mr. Parker?

B : I'm sorry, but Mr. Parker is with a client and asked not to be disturbed.

A : I hate to ask you, but _____. I have an urgent matter to discuss with him.

B : Well, let me check, but I doubt I'll be able to put you through.

(To Mr. Parker) Ms. Lesley Morris is on the line. She said she had an urgent matter to discuss with you.

C : All right. Put her through.

① Please stop him for me.

② Could you please interrupt him for me?

③ Please tell him I'll call again.

④ I will get back to him.

② 저를 위해 중간에 끼어들어주시겠어요?

① 저를 위해 말려주세요.

③ 제가 다시 전화한다고 전해주세요.

④ 제가 다시 전화하겠습니다.

A : 안녕하세요. Green Cross 홀딩스의 Lesley Morris입니다. Mr. Parker와 통화할 수 있을까요?

B : 죄송하지만 사장님은 고객과 함께 계시고 방해받지 않도록 요청하셨습니다.

A : 이런 부탁드리기 싫지만, _____. 사장님과 논의할 긴급한 사안이 있습니다.

B : 확인해 보겠지만 통화하실 수 있을지 모르겠습니다.

  (Mr. Parker에게) Ms. Lesley Morris가 전화 중입니다. 논의할 긴급한 사안이 있다고 하십니다.

C : 좋아요. 연결해 주세요.

56 Choose one which is the most appropriate expression for the blank?

A : _____ ?

B : Yes. Do you know the country code and area code of the person you want to call?

A : I'm afraid I don't know.

B : You need to look up those numbers, first.

A : Hmm, I see.

B : It is not that difficult. Dial 001 when you are using regular phone and 011 for mobile phone. And then, press the country code and area code and enter the local number of the person you want to talk to.

① Do you know how to operate the fax machine?

② Do you know how to place an order in a restaurant?

③ Do you know how to make an overseas call?

④ Do you know how to use the new security system?

> **해 설** ③ 국제 전화를 하는 방법을 아시나요?
> ① 팩스기 사용법을 아시나요?
> ② 식당에서 주문하는 법을 아시나요?
> ④ 새로운 보안 시스템 사용법을 아시나요?

> A : _____ ?
> B : 전화하려는 사람의 국가 번호와 지역 번호를 아세요?
> A : 모르겠어요.
> B : 먼저 번호를 찾아야 해요.
> A : 음. 알겠어요.
> B : 그렇게 어렵지 않아요. 일반 전화를 사용할 때는 001을 누르고 휴대 전화를 사용하는 경우 011을 누르세요. 그런 다음 국가 번호와 지역 번호를 누르고 통화하고 싶은 사람의 지역 번호를 누르면 됩니다.

57 According to the given passage, which of the followings is true?

> A : Hello, Hilton Hotel Reservation Desk. Kang speaking. How may I help you?
> B : Hello. I'd like to book a room on October 13.
> A : How long will you be staying, sir?
> B : I'd like to stay for three nights.
> A : What type of room would you like, sir?
> B : A double room with a bath, please.
> A : We have double rooms available on the 11th floor.
> B : What's the room rate for that period?
> A : It's $175 per night.
> B : That's fine. I'll take it.

① The room rate is $175 for three nights.
② He is going to stay for three nights and four days.
③ The room where he will be stay is on the 13th floor.
④ He made a reservation a double room without a bath.

해 설 ① 일박에 $175이다.
③ 머무를 방은 11층이다.
④ 욕조가 딸린 더블룸을 예약했다.

> A : 안녕하세요. 힐튼 호텔 예약 데스크. 강입니다. 무엇을 도와드릴까요?
> B : 여보세요. 10월 13일에 방을 예약하고 싶습니다.
> A : 얼마 동안 계실건가요?
> B : 3일 밤 동안 묵고 싶습니다.
> A : 어떤 유형의 방을 원하십니까?
> B : 욕조가 딸린 더블 룸으로 해주세요.
> A : 저희 11층의 더블 룸을 이용하실 수 있습니다.
> B : 사용 기간 동안 객실료는 얼마인가요?
> A : 1박당 $175입니다.
> B : 좋습니다. 그걸로 할게요.

58 What should secretary do first, after the conversation with her boss?

> Boss : Could you arrange for a leadership training program for the employees?
> Secretary : How many people will be there? When and how long would it be?
> Boss : There will be 17 trainees. The program is for 2 weeks starting from September 7. I want the KTB's facility to be its venue.
> Secretary : Are you supposed to give lectures for the program?
> Boss : I'll give the first lecture for the first session as an opening. I'll leave the rest of the program to Jacob.
> Secretary : It's only a couple of weeks away. I need to expedite the process as quickly as I can.
> Boss : By the way, can I postpone the committee meeting up to tomorrow, say at 5:00? I have to finish my report and I'm behind my schedule.
> Secretary : I'll contact the members and delay the meeting.

① To call the committee members and reschedule the meeting

② To contact the lecturers for the training sessions

③ To contact KTB for the availability of the training facility

④ To make a checklist of equipment necessary for lectures

해설 상사가 회의스케줄을 다음날로 미루기를 원하므로 위원들에게 전화해서 회의일정을 조정하는 것이 급선무이다.
① 위원회 위원들에게 전화를 하고 회의일정을 다시 잡는다.
② 교육 프로그램 강사와 연락한다.
③ 교육 시설 이용 여부에 대해 KTB와 연락한다.
④ 강의에 필요한 장비 점검표를 작성한다.

> Boss : 직원을 위한 리더십 교육 프로그램을 준비해 주겠나요?
> Secretary : 몇 명이 참가하나요? 언제 얼마나 오래 하실 건가요?
> Boss : 17명의 연수생이 있을 거예요. 이 프로그램은 9월 7일부터 2주간 진행될 겁니다. KTB시설을 그 장소로 만들려고 해요
> Secretary : 그 프로그램에 강의를 하기로 하셨나요?
> Boss : 오프닝으로 첫 번째 세션의 첫 강의를 할 겁니다. 나머지 프로그램은 Jacob에게 맡길 거예요.
> Secretary : 몇 주밖에 남지 않았네요. 일을 최대한 빨리 처리해야겠어요.
> Boss : 그런데, 내일로 위원회 회의를 연기할 수 있나요, 5시로? 보고서를 끝내야 하고 일이 밀려있어요.
> Secretary : 제가 위원에게 연락하고 회의를 연기하도록 하겠습니다.

59 According to the conversation, which of the followings is not true?

A : Korea Airlines. May I help you?

B : I'd like to book a business-class seat for the August 23rd flight from Seoul to Hong Kong.

A : Two flights are available : one at 11:00 in the morning and the other at 1:30 in the afternoon.

B : I'll take the 11 o'clock flight. Can you tell me what time I arrive in Hong Kong?

A : You will arrive in Hong Kong at 3:00 p.m. Hong Kong time. Do you want to reserve a return flight?

B : Yes, I want an open-ended return ticket. Can I have an aisle seat?

A : Let me see... Yes, A-32 aisle seat is booked for you. Can I have your name and phone number, please?

B : My name is Freddy Jones and my cell phone number is 000-0000-0000.

A : Thank you, Mr. Jones. Your reservation number is Ar224876z.

B : Could you tell me what the baggage allowance is?

A : You can check in one baggage up to 30kg at no cost. US$10 will be added by 1kg if you carry more than 30kgs.

---

① Mr. Jones will travel business class.

② Mr. Jones did not reserve a return flight.

③ Mr. Jones did not decide the return date from HongKong to seoul.

④ Mr. Jones can check in one baggage up to 30kg free of charge.

해설 ② 귀국편 예약을 원하느냐는 질문에 'Yes'라고 대답했으므로 예약을 한 것이 맞다. Open-ended return ticket은 귀국날짜를 지정하지 않은 것이다.

① Mr. Johns는 비즈니스석으로 여행한다.

③ Mr. Johns는 홍콩에서 서울로 돌아오는 날짜를 결정하지 않았다.

④ Mr. Johns는 수하물을 최대 30kg까지 무료로 체크인할 수 있다.

A : 대한항공입니다. 무엇을 도와드릴까요?

B : 8월 23일 서울발 홍콩행 비즈니스석으로 예약하고 싶습니다.

A : 두 항공편이 이용 가능하십니다. 하나는 오전 11시 그리고 다른 하나는 오후 1시 30분에 있습니다.

B : 11시 항공편으로 하겠습니다. 홍콩에 몇 시에 도착하는지 말씀해 주실 수 있나요?

A : 홍콩 현지시각 오후 3시에 도착합니다. 귀국편 예약을 원하시나요?

B : 네 원합니다. 돌아오는 항공권을 날짜 제약 없이 해주세요. 통로 쪽 좌석에 앉을 수 있을까요?

A : 확인해보겠습니다... 네 A-32 통로 좌석으로 해드렸습니다. 성함과 전화번호를 알려주시겠어요?

B : 제 이름은 Freddy Jones이고 연락처는 000-0000-0000입니다.

A : 감사합니다. Jones 씨. 예약 번호는 Ar224876z입니다.

B : 수하물 허용 한도를 말씀해 주시겠어요?

A : 1팩 최대 30kg까지 수하물을 무료로 체크인할 수 있습니다. 30kg를 초과하는 경우 1kg당 US$10씩 부과됩니다.

60 Which of the followings is the most appropriate for the blank?

Jefferson : Hello, Mr. Kim. I need that data of your sales promotion. Can you fax it to us now?

Kim   : I'm still working on it. _____.

Jefferson : Good. I'll be waiting. But be sure to get in touch with me, will you?

Kim   : Sure. But it may take a while.

Jefferson : I'll check back with you if you don't get me first.

---

① So as soon as it's finished, I'll call you back, OK?

② The order will be faxed through to the manufacturer.

③ If you have any other questions, just feel free to call me.

④ You'll have to come in person in order to discuss that matter.

해설　① 끝나는 대로 바로 전화할게.
　　　　② 주문은 제조사에 팩스로 전송될 거야.
　　　　③ 다른 질문이 있으시면 언제든지 전화 줘.
　　　　④ 그 문제를 논의하려면 직접 와야 돼.

Jefferson : Mr. Kim. 판매 홍보 자료가 필요한데 지금 팩스로 보내줄 수 있어?

Kim   : 지금 작업 중이야. 끝나는 대로 바로 전화할게.

Jefferson : 좋아, 기다리고 있을게. 그렇지만 꼭 나에게 전화해야 해, 알겠지?

Kim   : 물론이지. 그런데 시간이 좀 걸릴 것 같아.

Jefferson : 나에게 먼저 연락이 닿지 않으면 다시 확인해볼게.

61 다음 중 밑줄 친 부분의 한글 맞춤법이 잘못 표기된 것을 고르시오.

① <u>왠지</u> 가슴이 두근거린다.
② 착한 사람이 <u>돼라.</u>
③ 비서<u>로서</u> 나의 위치
④ <u>출석율</u>을 살펴보면

해설 ④ 출석율 → 출석률
'율/률(率)'은 '비율'의 뜻을 더하는 접미사로, 앞말에 따라 '율'과 '률'로 달리 쓰인다. 앞말에 받침이 없는 경우엔 '율'로 쓰이고, 앞말이 'ㄴ' 받침으로 끝날 때도 '율'로 쓴다. 앞말의 받침이 'ㄴ'을 제외한 자음으로 끝나면 '률'을 사용한다.

62 다음 보기 중 비서가 우편제도를 제대로 활용하지 못한 경우를 모두 고르시오.

> 가. 황 비서는 외국에 샘플을 발송하기 위하여 EMS를 이용하였다.
> 나. 박 비서는 내일까지 부산에 도착해야 하는 계약서를 발송하기 위하여 익일특급을 이용하였다.
> 다. 이 비서는 인터넷에서 직접 작성한 문서를 우편물로 제작하여 배달해주는 에코우편 서비스를 이용하였다.
> 라. 김 비서는 내용증명으로 독촉장을 발송하기 위해서 같은 내용을 2통 작성하였다.

① 다
② 라
③ 다, 라
④ 가, 다

해설 다. 인터넷에서 고객이 작성한 문서를 우편물로 제작하여 받는 분에게 배달해주는 서비스는 e-그린우편이다.
라. 내용증명은 우체국에서 공적으로 증명하는 등기 취급 우편제도이다. 내용증명 작성 방법은 내용증명 우편물 3통을 작성해서 원본 1통은 수취인에게, 1통은 우체국이 보관하고 1통은 발송인이 보관한다. 내용증명서 상단 또는 하단에 보내는 사람과 받는 사람의 주소와 성명을 쓰고 내용증명서 봉투에도 똑같이 발송인과 수취인 정보를 기입하면 된다.

63 상사는 우 비서에게 주주총회 개최통지서를 주주들에게 발송하라고 지시하였다. 우편물 발송을 위해 레이블을 작성할 때 수신인 부분에 들어갈 말로 가장 적절한 것끼리 짝지어진 것은?

> 주주 (㉠)
> 상공상사 김철수 부장 (㉡)
> NCA국제연구회 (㉢)

① ㉠ 각위 ㉡ 귀하 ㉢ 좌하
② ㉠ 제위 ㉡ 귀하 ㉢ 귀중
③ ㉠ 귀중 ㉡ 님 ㉢ 귀하
④ ㉠ 님 ㉡ 각위 ㉢ 귀하

> **해설** • 제위 : '여러분'을 문어적으로 이르는 말로 수신자가 여러 사람일 경우에 사용
> • 귀하 : 사람을 수신인으로 하는 경우에 사용
> • 귀중 : 단체나 기관을 수신인으로 하는 경우에 사용

64 상사의 서류 및 우편물 개봉, 상사의 일정, 개인정보, 회사의 기밀내용 등과 관련된 업무처리 시 기본원칙으로 가장 잘못된 것은?

① 컴퓨터에 있는 정보는 수시로 백업해두고 암호를 설정한다.
② 정보의 접근권한과 범위에 대해 사내규정을 숙지한다.
③ 정보에 대한 외부요청이 있을 경우 상사가 선호하는 방식으로 처리한다.
④ 상사와 합의하여 비서의 정보접근권한과 범위를 정한다.

> **해설** ③ 정보에 대한 외부요청이 있을 경우 상사가 선호하는 방식이 아니라 회사 내부정보관리규정에 따라 처리해야 한다.

65 다음과 같이 결재된 문서에 대한 설명으로 가장 적절한 것은?

대한상공협회장		
대리 최우진	부장 대결 김철수 9/20	상무이사 전결

① 문서 담당자는 부장 김철수이며 상공협회장이 정규 결재하였다.
② 문서 담당자는 대리 최우진이며 부장 김철수가 전결하였다.
③ 문서 담당자는 대리 최우진이며 상무이사가 부장 김철수 대신에 대결하였다.
④ 상무이사가 전결하여야 하는 문서이나 부재로 부장 김철수가 대결하였다.

문서 담당자는 대리 최우진이며, 상무이사가 전결하여야 하는 문서이나 부장 김철수가 대결하였다. 전결은 행정기관의 장으로부터 사무의 내용에 따라 결재권을 위임받은 자가 행하는 결재이고, 대결은 결재권자가 휴가, 출장, 기타의 사유로 상당기간 부재중이거나 긴급한 문서의 경우 결재권자의 사정에 의하여 결재를 받을 수 없는 때에 그 직무를 대리하는 자가 행하는 결재를 말한다.

66 다음은 상공자동차의 문서관리규정 중 문서보존기간에 관한 사항이다. 아래 규정에 의거하여 2016년 2월에 폐기 여부를 검토할 수 없는 문서는?

10년 보존	주주명의 변경서 상업 장부 영업에 관한 서류(재무상태표)
5년 보존	세금 납부 관련 서류 수출입 관련 서류
3년 보존	임금 대장 시장 조사 및 홍보 관련 일반 서류
처리종결 후 수시처리	참고용 보고서 원본이 있는 문서의 사본 수정본 발행으로 보존 가치가 없는 자료

① 2010년의 세금 납부 관련 서류
② 2016년 1월에 작성한 보고서의 사본
③ 2006년 연차 회계 보고서
④ 2012년 2사분기 시장조사 보고서 원본

연차 회계 보고서는 문서관리규정에 언급되어 있지 않아 폐기 여부를 검토할 수 없다.

67 문서정리의 절차를 올바르게 연결한 것을 고르시오.

> 가. 문서의 처리가 끝나 정리를 해도 되는지 확인한다.
> 나. 문서의 제목으로 정한 주제에 붉은색 밑줄을 긋는다.
> 다. 문서 내용을 읽은 후 문서의 주제를 결정한다.
> 라. 문서를 분류하여 문서 분류법에 따라 정리한다.
> 마. 문서에 문서 정리인을 날인하고 담당 취급자의 날인과 처리날짜를 기입한다.

① 가 – 나 – 다 – 라 – 마
② 가 – 다 – 라 – 나 – 마
③ 가 – 마 – 다 – 나 – 라
④ 가 – 다 – 나 – 마 – 라

문서 처리가 마무리되어 파일 상태 여부를 검사 → 문서에 문서 정리인을 날인하고 담당 취급자의 날인과 처리 연월
일을 기입 → 문서 내용을 읽은 후 주제 결정(주제 결정이 어려운 경우 담당자에게 질의) → 문서의 제목으로 정한 주
제에 붉은색 밑줄 긋기 → 문서를 분류하여 문서 분류법에 따라 정리

68 다음 중 전자문서 결재시스템의 올바르고 효율적인 활용으로 가장 적절하지 않은 경우는?

① 장 비서는 사전에 전자문서 결재시스템에 탑재된 문서양식을 이용하여 문서기안을 함으로써
효율성을 높였다.

② 정 비서는 문서 유출에 대한 안전성을 확보하기 위하여 보안설정을 이중으로 관리한다.

③ 최 비서는 종이문서를 선호하는 상사를 위하여 전자결재가 완료된 문서를 종이로 보관하였다.

④ 오 비서는 결재선에 포함되지 않아서 상사가 결재하는 타부서의 서류에 대한 열람권한이 없었
으나, 추가 열람권한을 할당받아서 내용을 파악하였다.

③ 전자결재시스템은 문서작성 및 정보관리의 효율성을 증대하는 것이 목적이므로 전자결재가 완료된 문서를 종이
로 다시 보관하는 것은 옳은 행동이 아니다.

69 다음 중 전자문서 시스템에 대한 설명으로 가장 옳지 않은 것은?

① 전자문서 시스템과 전사적 콘텐츠 관리(ECM)는 최근 들어 더욱 분리되어 인식되고 있다.

② 전자결재는 미리 설정된 결재 라인에 따라 자동으로 결재파일을 다음 결재선으로 넘겨준다.

③ 저장된 결재 문서를 불러내 재가공하여 사용할 수 있다.

④ 전자결재를 할 때는 전자문자 서명이나 전자이미지 서명을 한다.

① 전사적 콘텐츠 관리(ECM ; Enterprise Content Management)는 기업 · 기관 내에서 생성되는 다양한 종류의 콘
텐츠를 하나의 통합 플랫폼을 통해 관리하는 것으로 기록문서의 보관이나 감사, 지식 공유, 콘텐츠의 개인으로의
이용이나 표준화 등의 업무 과정을 총괄하는 개념이다. ECM은 이처럼 콘텐츠 관리를 지원하는 CMS와 문서관리
를 위주로 하는 EDMS의 사상을 결합한 것이라 할 수 있다.

70 다음 중 전자문서에 대한 설명으로 가장 적절하지 않은 것은?

① 전자문서 국제 표준은 doc이다.

② 전자문서 시스템은 전자 결재 시스템과 전자문서 관리시스템(EDMS)으로 크게 나눌 수 있다.

③ 전자결재는 기본적으로 EDI 시스템하에서 이루어지는 것이다.

④ 전자결재시스템은 피결재자와 결재권자가 동시에 동일 위치에 존재하지 않아도 문서의 결재가 가능하여 시간적, 공간적 제약을 극복할 수 있다.

해설 ① 국제표준화기구(ISO)에서 지정한 전자문서 국제 표준 포맷은 PDF 파일이다. 특히 PDF/A는 국제표준화기구(ISO)에서 지정한 전자문서 장기 보관 및 보존을 위한 국제 표준 포맷이다.

71 다음 이메일의 머리글(Header)을 보고 이와 관련된 설명이 가장 적절하지 않은 것은?

From	Rodney Kim 〈bapo2001@uahoo.com〉
To	Guna Goh 〈guna0405@ddm.com〉
CC	yeaa@ddm.com
	hert@ddm.com
Bcc	rems@gsa.or.kr
Date	2017년 4월 18일 화요일, 04시 42분 31초
Subject	A business trip

① 이메일을 보낸 사람은 Rodney Kim이며 출장과 관련된 내용으로 구성되어 있다.

② 이메일은 총 4명의 사람에게 발송되지만 Guna Goh는 자기에게만 이메일이 발송되었는지 알고 있다.

③ yeaa@ddm.com은 hert@ddm.com이 이메일을 받은 걸 알고 있다.

④ hert@ddm.com은 rems@gsa.or.kr이 이메일을 받은 걸 모르고 있다.

해설 ② 수신(To)은 이메일을 쓸 때 받는 사람을 말한다. 누가 이메일을 읽어야 하는지를 지정하고, 내가 그 사람으로부터 답변을 기대한다는 의미이다.

이메일의 머리글(Header)
- 받는사람(To) : 메일을 받는 수신자, '받는 사람'에 복수를 지정하면(콤마 혹은 세미콜론으로 구분), 여러 사람에게 한꺼번에 메일을 보내는 것도 가능
- 참조(CC ; Carbon Copy) : 이메일의 수신자 외에도 내용을 숙지하고 있어야 할 사람에게 보낼 때 사용. 메일 수신자에게 '참조자(CC)'에게도 같은 내용을 보냈다는 것을 알리고 싶은 경우에도 사용
- 숨은 참조(Bcc ; Blind Carbon Copy) : 다른 수신자의 메일 어드레스를 모르게 하고 싶을 경우 사용. '숨은 참조'에 입력한 메일 주소는 수신자에게 보이지 않음

72 벤처회사에 다니는 나 비서는 상사를 위하여 프레젠테이션 자료를 준비하고 있다. 상사는 문장보다는 도해화한 프레젠테이션 자료를 선호하시는 편이라서 스마트아트를 활용하였다. 아래의 스마트아트를 사용하는 상황에 관한 설명이 가장 적절하게 이루어진 것은?

① : 상호 인접한 사항에 대한 연관성을 살펴볼 때 사용

② : 중앙의 내용에 대한 관계를 표시할 때 사용

③ : 비례관계 및 상호 연결 관계, 계층 관계를 표시할 때 사용

④ : 계획 또는 결과를 필터링하는 관계를 표시할 때 사용

> **해설** ③ 피라미드형 : 가장 큰 구성 요소가 아래쪽에 있고 위로 좁아지는 방식으로 비례 관계, 상호 연결 관계 또는 계층 관계를 표시
> ① 깔때기형 : 정보의 필터링 또는 부분이 전체로 병합되는 방법 표시. 최종 결과를 강조
> ② 육각형 클러스터형 : 그림을 연관된 설명 텍스트와 함께 표시. 텍스트 양이 적은 경우 적합
> ④ 오름차순 프로세스형 : 일련의 이벤트를 오름차순으로 표시. 첫 번째 수준 텍스트는 화살표 아래쪽에 표시하고 마지막 수준 텍스트는 화살표 위쪽에 표시

73 김 비서는 상사의 인맥관리를 위해 MS-Access 프로그램을 이용해 명함정리와 내방객 관리를 하고 있다. 다음 중 김 비서의 프로그램 사용법이 가장 적절하지 않은 것은?

① 테이블에 명함의 인적사항과 방문용건을 입력한다.
② 쿼리의 요약기능을 이용해 내방객의 연도별 평균 방문 횟수를 알 수 있다.
③ 입력한 명함을 내방객별로 보고 싶으면 폼 개체를 이용한다.
④ 매크로 기능을 이용해 연말 우편물의 레이블을 출력한다.

> **해설** ④ 매크로 기능은 엑셀(Excel)의 고급기능 중 하나이다. 매크로는 한 번의 클릭으로 적용할 수 있는 명령의 모음이다. 매크로를 사용하면 프로그램에서 수행하는 거의 모든 작업을 자동화하고 불가능할 것 같은 작업까지 수행할 수 있다.

74 다음의 신문기사의 분석내용으로 가장 적절하지 않은 것은?

> 한국은행 금융통화위원들이 올 하반기 우리 경제의 하방리스크가 커졌다며 우려감을 드러냈다. 한은이 전
> 망한 올해 성장률 2.7%를 또 다시 수정할지 주목된다.
> 한은이 29일 오후 공개한 8월 금통위 의사록에 따르면 A금통위원은 "하반기에는 소비나 투자심리 위축
> 등과 같은 하방리스크가 더 크게 나타날 가능성이 있다"는 의견을 냈다. 이 위원은 "하반기 달러화 강세 가
> 능성 등이 국제유가 하방압력으로 작용할 수 있고 OPEC의 감산논의에 대해 회의적으로 보는 시각이 많
> 다"며 "국제유가가 소비자물가, 수출입, 주요산업 구조조정 등에 미칠 영향을 감안해 국제유가의 향방을
> 면밀하게 살펴볼 필요가 있다"고 당부했다. B금통위원은 "국제유가 등 공급측면에서 하방리스크가 증대됐
> 기 때문에 하반기 소비자물가 상승률이 기존 전망경로를 하회할 가능성이 있다"며 "각종 근원물가지표 등
> 에 근거할 때 수요측면에서도 물가상승압력이 둔화되고 있는 것으로 보인다."고 판단했다.
> 일부 위원은 경제성장 흐름이 아직까지 한은의 전망대로 움직이고 있다고 평가했다. C위원은 "소비자물가
> 는 예상경로에서 크게 벗어나지 않았고 유가는 재차 하락할 경우 물가목표 수준에 도달하는 데 시간이 걸
> 릴 것으로 예상된다"며 "경제성장은 기존 전망경로에 부합된 것으로 보이나 불확실성이 여전히 상존한다."
> 고 밝혔다.
> 앞서 한은은 지난 7월 올해 경제성장률 전망치를 2.8%에서 2.7%로 0.1% 포인트 낮췄으며 오는 10월 한
> 차례 더 수정 전망을 발표할 예정이다. 당시 한은은 경제성장률을 낮추면서 대내적으로는 정부의 추가경정
> 예산(추경), '김영란법' 시행, 대외적으로는 영국의 유럽연합(EU) 탈퇴 영향, 국제유가 오름세 등을 반영했
> 다고 밝혔다. 하지만 예상치 못한 변수가 잇따라 발생하면서 성장률 전망치 변동 가능성도 제기되고 있다.
> 정부가 7~9월 전기요금에 대해 누진제를 한시적으로 완화하기로 결정하면서 공공요금 물가변화가 불가
> 피한 데다 석유 생산량이 늘어날 것으로 전망되면서 국제유가도 오름세가 더딘 상황이다. 환율도 대외적인
> 변수에 따라 급등락을 거듭하며 수출에서의 불확실성을 키우고 있다.
>
> 〈인터넷 A신문, 2016년 8월 30일 기사 중에서 발췌〉

① 경제성장 흐름은 한국은행의 전망대로 움직이는 편이라 평가할 수 있다.
② 소비투자심리 위축으로 하반기에는 소비자물가 상승률이 기존보다 올라갈 가능성이 있다.
③ 김영란법이나 영국의 EU 탈퇴 영향, 국제유가 오름세는 경제성장률을 낮출 가능성이 있다.
④ 국제유가는 소비자물가, 수출입, 주요산업 구조조정 등에 영향을 미치는 요소이다.

> **해설** ② 하반기에는 소비나 투자심리 위축 등과 같은 하방리스크가 더 크게 나타날 가능성이 있고, 국제유가 등 공급 측면
> 에서 하방리스크가 증대됐기 때문에 하반기 소비자물가 상승률이 기존 전망경로를 하회할 가능성이 있다고 분석
> 하고 있다.

75 다음 IP 주소가 올바르지 않은 것은?

① 192.245.0.253
② 192.245.0.254
③ 192.245.1.255
④ 192.245.1.256

> **해설** ④ IP 주소의 범위는 32비트로 보통 0~255 사이의 십진수 넷을 쓰고 '.'으로 구분하여 나타낸다. 따라서 0.0.0.0부터
> 255.255.255.255까지가 된다.

76 아래 그림은 리우올림픽 메달 성적에 관한 것이다. 이에 대한 설명으로 가장 올바른 것은?

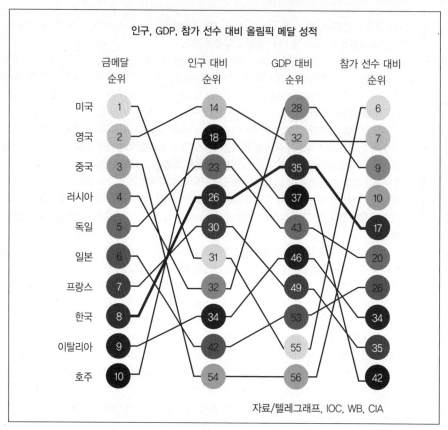

① 우리나라는 참가국 중에서 인구 대비 순위로는 4등이다.
② 미국은 GDP 대비 순위가 호주보다 높다.
③ 참가국 중에서 참가 선수 대비 순위가 가장 낮은 나라는 호주이다.
④ 일본은 우리나라보다 금메달 수는 많지만, 다른 순위는 모두 낮다.

해설 ① 우리나라는 참가국 중에서 인구 대비 순위로는 26위이다.
② GDP 대비 순위가 미국은 55위, 호주는 37위이므로 미국이 호주보다 낮다.
③ 이 표로는 호주가 참가국 중에서 참가 선수 대비 순위가 가장 낮은지 알 수 없다.

77 상사의 인적네트워크를 위한 정보 관리에 관한 사항으로 적절하지 않은 것끼리 묶인 것은?

> 가. 상사와 사적인 친분이 있는 인사도 포함하여 명단을 관리한다.
> 나. 상사의 인적관계 명단은 신속한 정보수정을 위해 업계에 공유한다.
> 다. 외부 인사뿐 아니라 내부 인사의 정보도 포함하여 관리한다.
> 라. 인물에 대한 자세한 정보를 가능한 모두 수집한다.
> 마. 출처가 불분명한 정보일지라도 필요할 경우 참고자료로 활용한다.

① 없 다
② 나
③ 나, 마
④ 나, 라, 마

해설 나. 상사의 인적네트워크는 상사가 공적 혹은 사적으로 관련된 인사에 대한 명단 작성부터 시작하여 명함, 동창 주소
록 등과 유료 인물 정보 사이트 자료를 수집해 데이터베이스화하면 명단 작성 때나 인적 사항 변경이 생길 때 손
쉽게 수정할 수 있다. 그러나 상사의 인적네트워크는 비공개 정보이므로 외부에 유출되지 않도록 해야 한다.

78 김 비서는 서울본사와 대전지사 두 곳의 집무실을 오가면서 업무를 수행하고 있는 상사를 모시고 있
다. 상사는 별도 휴대품 없이 김 비서와 함께 일하는 본사 집무실 컴퓨터에서 작업하던 문서를 대전
지사 집무실의 컴퓨터에서도 확인하고 작업하기를 원하신다. 2개의 집무실에 있는 각 컴퓨터에서
작업한 파일이 자동으로 동기화될 수 있어야 한다고 하셔서 김 비서는 다음과 같은 서비스를 사용하
실 것을 권유하였다. 이 경우에 가장 적절한 서비스에 해당하는 것은?

① SSD
② 소셜미디어
③ 클라우드 서비스
④ 이메일

해설 클라우드 서비스는 사용자의 데이터 및 자료를 온라인 서버에 저장해 두고 스마트폰이나 태블릿 PC를 포함한 어느
기기에서든지 다운로드하여 사용할 수 있는 서비스다. 인터넷 공간에서 문서의 작성, 수정, 공유 등 문서 작업을 바로
할 수 있다.

79 다음 중 성격이 유사한 어플리케이션끼리 짝지어지지 않은 것은?

① Uber – 카카오택시 – T맵택시
② 블루리본 – 카카오헤어 – 트립어드바이저
③ CamCard – 리멤버 – BIZ reader
④ Google calendar – Outlook – T cloud

해설 ④ Google calendar → 일정 어플리케이션, Outlook → 중요한 일과 수행하는 작업에 대한 통제권을 확보하는 데
도움이 되는 무료 전자 메일 및 일정 서비스, T cloud → SK텔레콤에서 제공하는 클라우드 서비스
① 택시 관련 어플리케이션
② 가격과 서비스 등을 미리 확인하고 비교할 수 있는 어플리케이션
③ 명함관리 어플리케이션

80 다음 감사장 작성에 관한 설명 중 가장 옳지 않은 것은?

① 취임 축하장에 대한 감사장은 취임에 대한 포부와 결의를 밝힌 후에 축하장에 대한 감사 인사를 하는 순서로 작성한다.
② 수상 축하장에 대한 감사장은 수상할 수 있게 된 것이 상대방 덕분이라는 표현을 먼저 하는 것이 좋다.
③ 출장 중 상대방의 호의에 대한 감사장은 가급적 출장지에서 돌아온 직후에 작성하는 것이 바람직하다.
④ 문상에 대한 답례장은 미사여구를 나열하는 것보다는 솔직한 감사의 인사를 전한다.

해설 ① 취임 축하장에 대한 감사장은 축하에 대해서 감사 인사를 한 후 포부와 결의를 밝히면서 마지막에 상대방의 지원을 부탁하는 글로 끝맺는다.

01 다음 중 김혜진 과장의 비서로서의 업무특성을 가장 잘 설명한 것은?

> 보람생명보험 회장실 비서 김혜진 과장은 삼십대 중반의 나이, 회장실 비서경력 12년차, 결혼 2년차, 식품
> 영양학과 출신, 현 보람생명보험, 회장실 비서 김혜진 과장의 프로필이다.
> 누구보다도 아침을 일찍 시작하는 김혜진 과장. 7시 출근 4시 퇴근의 회사 규정 때문이기도 하지만 아침을
> 여유롭게 시작해야 하루가 즐겁다고 말한다. 회장실 비서경력 12년차로 같은 분을 12년 보좌했지만 아직
> 까지 어려운 부분이 있다. 물론 많은 부분에서 익숙하고 업무상으로도 잘 알고 있지만 스스로가 매너리즘
> 에 빠지지 않으려고 매사에 노력한다고 한다. 주요 업무로는 회장님의 전반적인 스케줄 관리, 대외자료 정
> 보 보고, 문서관리, 문서 수신/발신 업무, 임원실 비서 관리 등을 주업무로 하고 있다. 그리고 관계사 후배
> 비서들을 대상으로 일 년에 1∼2번 정도 특강 형식의 교육훈련을 진행하게 되는 경우도 있다. 또한 그녀는
> 요즘 비서직으로 첫발을 내딛는 후배들의 경우에는 비서교육에서 배운 이론과 실제 현 업무의 차이점 때
> 문에 괴리감 및 심한 스트레스를 받는 사람이 많다며 안타까운 마음을 나타냈다.

① 업무내용의 가변성
② 상사에의 예속성
③ 다양한 업무
④ 취업분야의 다양성

해설 회장님의 전반적인 스케줄 관리, 대외자료 정보 보고, 문서관리, 문서 수신/발신 업무, 임원실 비서 관리 등을 주요
업무로 하고 있고, 관계사 후배비서들을 대상으로 일 년에 1∼2번 정도 특강 형식의 교육훈련을 진행한다고 하였으
므로 업무의 특성 중 다양한 업무에 대해 설명하고 있다.

02 한가을 비서는 원인터내셔널 비서실에서 부사장 비서로 일하고 있다. 원인터내셔널의 인사정책은 비서 입사 시 계약직으로 2년을 근무한 후에 평가를 받아 정규직으로 전환하고 있다. 그런데 한가을 비서는 연말 인사고과 후에 정규직으로 전환은 되었으나 마케팅 부서의 사무직으로 소속과 포지션이 전환되어 발령이 났다. 원인터내셔널은 근로조건이 매우 좋지만 비서를 위한 별도의 직급체계가 마련되어 있지 않아 2년 계약직으로만 비서를 고용하고 있다. 그래서 2년 계약기간이 끝난 한가을 비서는 정규직으로 전환되어 다른 부서로 발령이 난 것이다. 그러나 한가을 비서는 비서직으로 계속 근무하기를 희망하는 상황이다. 이때 한 비서가 자신의 경력관리를 위해 취할 수 있는 행동으로 가장 적절한 것은?

① 기회를 보아 상사에게 조심스럽게 비서직에 직급체계를 마련하여 운영하고 있는 다른 회사의 사례를 말씀드려 본다.

② 상사에게 자신의 인사고과가 좋을 뿐만 아니라 비서직무를 잘 수행하고 있음을 어필한 후 비서실에서 계속 근무할 수 있도록 회사 인사 규정을 수정해 줄 것을 요청한다.

③ 승진을 위해 기회가 있을 때마다 인사부장과 팀원들에게 비서실로 이동하고 싶다는 것을 이야기한다.

④ 한가을 씨는 전문비서를 희망하므로 원인터내셔널에서 경력개발을 할 수 없다면 퇴사하고 구직활동을 다시 시작한다.

> **해설** 한 비서가 취할 수 있는 최선의 방법은 다른 사람들에게 말하지 않고 상사에게 직접 이야기를 하는 것이다. 이때 무리한 요청을 하기보다는 다른 회사의 사례를 말씀드려서 상사가 현재 체계를 재고해 보도록 한다. 이를 통해 자연스럽게 자신이 계속 근무하기를 원한다는 것을 상사에게 알릴 수 있다.

03 상사 부재 시 전화응대에 대한 설명으로 적절하지 않은 것은?

① 상사의 부재 이유를 부정적으로 응답하지 않도록 한다.

② 상사가 어디로 외출했는지 혹은 어디로 출장 갔는지 집요하게 묻는 경우에는 비서가 아는 한도에서 친절하게 설명해 드리는 것이 좋다.

③ 예의 바르게 응대하다 과잉 친절이 되어 기밀 정보를 알려주는 일이 없도록 주의한다. 예를 들면 어디에 계신지 자세히 말하는 것보다 "방금 자리를 비우셨습니다." 또는 "외출 중이십니다."라고 한다.

④ 상사 부재 시에는 상사의 책상에 전화응대 메모를 갖다놓는다. 그리고 상사가 들어오면 메모 내용을 간단하게 말씀드리고 메모를 보았는지 확인한다.

> **해설** ② 상사의 외출에 대해서 행선지를 밝혀서는 안 된다. "○○시에 돌아오실 예정입니다. 연락이 되면 오셨다고 전해드리겠습니다."로 응답하는 것이 좋다.

04 다음은 대기업의 계열사인 택배회사의 사장님 비서로 근무 중인 고소영 씨가 전화를 받고 있는 장면이다. 내용 중 비서가 해야 하는 전화응대 방법으로 옳지 않은 구문이나 행동, 대처방법이 있으면 모두 고르시오.

사장님은 현재 사내에서 열리는 회의에 참석 중이며, 1시간 정도가 지난 후에 회의가 끝날 예정이다.
사장님실로 걸려온 전화가 비서실의 전화기에 연결되어 벨이 울렸다.
(가) 비서 고소영 씨가 벨이 2번 울리고 난 후에 수화기를 들고 통화를 시작하였다.
비서 : (나) (필기구를 들면서) 안녕하십니까? 빨리택배입니다.
고객 : 사장님 좀 바꿔주세요.
비서 : 실례지만, 어느 분이시라 여쭐까요?
고객 : 보석은행의 김유정 상무입니다.
비서 : (다) 네, 김 상무님. 안녕하십니까? 죄송합니다만, 사장님께서는 지금 회의 중이라 통화하실 수 없습니다. (말이 끝난 후, 전화를 부드럽게 끊기 위해 준비를 한다.)
고객 : 중요한 일로 통화를 해야 하는데, 어떻게 하면 될까요?
비서 : (라) 중요한 일이 무엇인지요?
고객 : 네, ABC회사와의 투자거래 계약서 건으로 통화 원한다고 해주세요.
비서 : (마) 네, 알겠습니다. 김 상무님, 연락 가능한 전화번호를 알려주세요.
고객 : 이천삼십에 천칠백번입니다.
비서 : (바) 네, 이공삼공에 일칠공공번 맞으시죠?
고객 : 네.
비서 : 김 상무님, 사장님 회의 끝나시면 메시지 전달해 드리도록 하겠습니다. (사) 전화 주셔서 감사합니다. (인사를 하자마자 바로 신속하게 수화기를 내려놓으며, 후크 스위치를 눌러 부드럽게 통화를 종료하였다.)

---

① (가), (나), (다)
② (가), (다), (마)
③ (나), (라), (사)
④ (다), (라), (사)

해설 (나) "안녕하십니까? ○○부의 ○○○입니다."라고 말하며 인사 후 소속과 이름을 밝힌다.
(라) 용건을 청취하고 메모한 후 상사에게 전해드리겠다고 한다.
(사) 인사를 하자마자 바로 전화를 끊지 않고 상대방이 수화기를 내려놓은 후 끊는다.

05 조이롬 비서는 상사를 찾아온 손님과 다음과 같은 대화를 나누었다. 비서가 올바르게 내방객을 응대한 부분을 고르시오.

> 비서 : 안녕하십니까? 어느 분을 찾아오셨습니까?
> 상대방 : 오 전무님 좀 뵈려고요.
> 비서 : 실례지만, 어느 분이시라 말씀드릴까요?
> 상대방 : 저는 무영물산의 김무열 대표이사입니다.
> 비서 : (가) 죄송합니다만, 전무님께서는 STFT-CM 중이라 만나 뵙기 어려울 것 같습니다.
> 상대방 : 그냥 저번부터 한번 들르라고 해서, 안부차 들렀으니 괜찮습니다.
> 비서 : (나) 혹시, 내일은 시간이 없으십니까? (다) 전무님께서 내일 일정이 여유 있으실 것 같으신데, 대표님도 가능하시면 일정을 잡아 드리겠습니다.
> 상대방 : 아닙니다. 다음에 전화 드리고 방문하죠.
> 비서 : (라) 여기까지 오셨는데, 못 뵙고 가시게 되어 죄송합니다. 다음번에 미리 연락 주시면 전무님이 가능한 시간으로 약속을 잡아 드리겠습니다. 안녕히 가십시오.

① (가), (라)
② (나), (다)
③ (다), (라)
④ 없 음

해설 (가) 상사의 업무를 상세히 밝혀서는 안 된다.
(나) 상사의 면회약속 승낙 후 면회약속을 잡아야 한다. 또 약속 일정을 정할 때 상대방에게 막연히 어느 때가 좋은지를 묻지 말고, 이쪽에서 가능한 시간을 2~3개 제시하여 상대방이 선택하도록 한다.
(다) 자신만의 판단으로 상사의 일정을 확정지어서는 안 된다.
(라) 면회약속 결정은 항상 상사의 승낙을 받아야 하며 먼저 상사의 일정을 고려해야 한다.

06 영은수 씨는 가나상사에 대표이사 비서로 입사한 신입사원이다. 다음의 상황에서 영은수 비서가 취할 수 있는 행동으로 가장 적절한 것은?

> 어느 날 영은수 비서가 상사가 지시한 업무를 처리하고 있는데 인사부 부장님이 오셔서 영 비서에게 커피를 달라고 한다. 영 비서는 처음에는 기분 좋게 커피를 타 드렸다. 그런데 그 후부터 다른 부서의 부서장들도 영 비서에게 커피뿐 아니라 자신의 부서의 일도 영 비서에게 처리하라고 지시하기도 한다. 게다가 영 비서가 일을 제대로 처리하지 못했다고 꾸중을 하기도 한다.
> 영 비서는 자신의 상사가 지시한 업무만으로도 벅차고 할 일이 많았는데 다른 부서의 부서장들이 시킨 일까지 해야 하니 너무 힘이 든다.

① 상사에게 자신의 상황을 말씀드리고 자신의 애로사항에 대해 상사의 의견을 구한다.
② 부서장들에게 대표이사 보좌에 집중해야 하므로 비서업무 외 업무와 커피 요청은 해드릴 수 없다고 분명하고 솔직하게 말한다.
③ 상급자인 부서장들의 요청에 마지못해 커피를 타 드리지만, 다시 요청하지 않도록 커피를 아주 맛없게 타서 드린다.
④ 타부서 부서장들이 대표이사를 만나러 올 때가 되면 잠시 자리를 비우는 등 가능한 마주치지 않도록 한다.

07 다음 중 직장 내 대인관계에 대한 설명으로 가장 적절한 것으로만 짝지어진 내용을 고르시오.

> (ㄱ) 결혼을 하게 되는 동료에게 진심으로 행복을 빌어주며 결혼생활에 대한 충고도 함께 해 준다.
> (ㄴ) 구조조정의 대상이 된 동료에게 그 구조조정의 배경에 대하여 탐색하여 알려준다.
> (ㄷ) 업무 중일 때 동료가 와서 가벼운 대화를 시도한다면 다른 때에 이야기를 나누자고 제안을 해보도록 한다.
> (ㄹ) 임신을 한 동료의 소식에 함께 기뻐해 주되 너무 꼬치꼬치 캐묻지 않는다.

① (ㄱ), (ㄴ)
② (ㄴ), (ㄷ)
③ (ㄷ), (ㄹ)
④ (ㄹ), (ㄱ)

08 다음 중 비서가 예약업무를 처리하는 방법에 대한 설명으로 가장 적절하지 않은 것은?

① 인터넷 사이트를 통해 예약 시에는 인터넷 오류로 인해 예약이 진행되었다가 취소되는 경우가 있으므로 반드시 예약성공 여부를 재확인하고 있다.
② 인터넷 사이트를 통해 예약 시에는 예약 진행과 동시에 결제가 진행되는 경우가 대부분이므로 결제정보를 미리 준비하고, 티켓이나 예약확인서를 프린터로 바로 출력하여 상사에게 보고하고 있다.
③ 정보가 많거나 복잡한 경우에는 전화를 이용해서 구두로 예약을 하고 있다. 예약내용을 구두로 확인하므로 정확성을 기할 수 있다.
④ 담당자와 직접 전화 통화하여 예약을 하면 실시간으로 정보 확인이 가능하지만 예약이 정확하게 진행되었는지 확인하기 위해 예약확인서를 받아 두고 있다.

09 항공 예약 시 알아야 할 항공 용어에 대한 설명으로 바르지 않은 것은?

① 오픈티켓(Open Ticket) : 일정이 확정되지 않아 돌아오는 날짜를 정확히 지정하기 어려운 경우, 돌아오는 날짜를 임의로 정하여 예약하고, 항공권의 유효 기간 내에서 일정변경이 가능한 항공권

② 초과 예약(Overbooking) : 항공편은 판매하지 못한 좌석에 대해 재판매가 불가능하므로 예약이 취소되는 경우와 예약 손님이 공항에 나타나지 않는 경우에 대비하여 실제 판매 가능 좌석 수보다 예약을 초과해서 접수하는 것

③ 경유(Transit) : 비행기가 출발지에서 출발 후 목적지가 아닌 중간 기착지에 내려서 기내식 준비, 청소, 연료 보급, 승객 추가 탑승 등의 이유로 1~2시간 정도 대기 후 동일한 비행기에 다시 탑승하는 것

④ 환승(Transfer) : 여정상 두 지점 사이에 잠시 체류하는 것으로 24시간 이상 체류 시에는 해당 국가 입국 심사를 마치고 위탁 수하물을 수령하여 세관 검사까지 마쳐야 하는 것

> 해설 환승은 경유와 비슷하나 비행기가 중간 기착지에 도착하면 다른 비행기로 갈아타고 목적지에 도착하는 것을 말한다.

10 회의를 개최하는 경우에 회의 시작 전과 회의 중, 회의 종료 후 할 수 있는 비서의 업무를 설명한 것으로 가장 적절하지 않은 것은 무엇인가?

① 회의 시작 전에 회의에 필요한 자료를 준비하는데, 과거 회의록이나 의제에 관련된 자료를 준비할 수 있다. 또한, 회의 일정표나 좌석 배치도 및 참석자 프로필, 발표문과 연설문 등의 자료가 준비되어야 할 경우가 있다.

② 회의 식음료는 회의 전에 계획되어, 필요에 따라 회의 중 공급될 수 있도록 준비한다. 일반적으로는 음료수와 다과가 준비될 수 있는데, 리셉션(Reception) 형태의 회의에서는 주류 혹은 핑거 푸드(Finger Food)가 추가되기도 한다.

③ 회의 시나리오는 시간 단위로 회의가 어떻게 진행되는지를 작성한 것으로 필요에 따라서 회의 중에 작성되기도 한다.

④ 회의 중에 회의 참석자에게 긴급한 연락이 있을 때는 해당 메모를 작성하여 전달할 수 있도록 준비하고, 필요에 따라 전화를 연결해 줄 수 있어야 한다.

> 해설 ③ 회의 시나리오는 회의 전에 작성하여 가능한 한 시나리오대로 진행하는 것이 좋다. 회의를 진행하면서 처음에 수립했던 안건이 빠짐없이 논의되는지 중간중간 체크하고, 이를 토대로 회의가 끝나고 회의록을 작성하도록 한다.

11 다음 초청장의 내용과 일치하지 않는 것은?

> In Celebration of the
> 238th Anniversary of the Independence of
> The United States of America
> The Ambassador of the United States of America
> Christopher D. Johnson
> requests the pleasure of your company
> at a Reception
> on Thursday, July 3, 2017
> from 6:30 p.m. to 8:30 p.m.
>
> Civilian : Business Suit   Grand Ballroom, Grand Hotel
> Military : Dress Blue of Equivalent   RSVP from Enclosed
> Please present the invitation card upon entry.

① 행사 후 만찬이 준비되며 상사의 좌석이 지정되어 있다.
② 입장할 때 반드시 초청장을 보여주어야 하므로 상사가 초청장을 소지하고 참석하도록 보좌한다.
③ 군인은 제복을 입으면 된다.
④ 참석 여부는 동봉된 참석 회신카드에 작성해서 보내야 한다.

> **해설** 위 초청장은 미국 독립 238주년 기념 축하행사에 미국대사인 Christopher D. Johnson 씨가 리셉션에 초대한다는 내용으로 동봉된 카드에 회신부탁(R.S.V.P : 참석 여부에 대해 회신 바란다는 의미의 약어), 민간인(Civilian)과 군인(Military)의 복장규정, 참석일자와 시간, 장소 등이 나타나있다.

12 행사 의전원칙에 대한 설명으로 적절하지 않은 것은?

① 의전원칙은 상대에 대한 존중(Respect), 문화의 반영(Reflecting Culture), 상호주의(Reciprocity), 서열(Rank), 오른쪽(Right)이 상석이라는 것이다.
② 행사 참석 인사에 대한 예우 기준은 행사의 성격, 행사에서의 역할과 당해 행사와의 관련성 등을 고려하여 결정된다.
③ 단상 좌석배치는 행사에 참석한 최상위자를 중심으로 하고 최상위자가 부인을 동반하였을 때에는 단 위에서 아래를 향하여 중앙에서 좌측에 최상위자를, 우측에 부인을 각각 배치한다.
④ 단하 좌석배치는 분야별로 좌석군을 정하는 것이 무난하며, 당 행사와의 관련성이 높은 사람들 순으로 단상에서 가까운 좌석에 배치한다.

> **해설** ③ 단상 좌석배치는 행사에 참석한 최상위자를 중심으로 하고, 최상위자가 부인을 동반하였을 때에는 단 위에서 아래를 향하여 중앙에서 우측에 최상위자를, 좌측에 부인을 각각 배치한다.

13 테이블 매너에 대한 설명으로 적절하지 않은 것은?

① 중앙의 접시를 중심으로 나이프와 포크는 각각 오른쪽과 왼쪽에 놓이게 된다. 따라서 나이프는 오른손으로, 포크는 왼손으로 잡으면 된다.

② 사용 중일 때는 포크와 나이프를 접시 오른쪽에 평행하게 나란히 두며, 식사가 끝났을 때는 포크와 나이프가 팔(八)자로 접시 위에서 서로 교차하도록 놓는다.

③ 식사 중에 대화를 나누다가 포크와 나이프를 상대방을 향해 바로 세워 든 채 팔꿈치를 식탁에 놓고 말을 하는 것은 대단한 실례이다.

④ 나이프는 사용 후 반드시 칼날이 접시 안쪽으로 향하도록 한 후 포크와 가지런히 놓는다.

해설 ② 식사 중일 때는 포크와 나이프는 팔자 모양으로 접시 위에 놓아두고, 식사를 마쳤을 때는 일자 모양으로 놓아둔다.

14 다음 중 비서실 비품을 점검하기 위한 순서가 바르게 나열된 것은?

> ⊙ 비품 관리표를 바탕으로 필요한 비품을 구입한다.
> ⓒ 비품을 사무용품, 사무기기 등으로 구분하여 확인한다.
> ⓒ 비품의 종류, 잔여수량, 최근 구매일과 추가 수량 등을 구분하여 정리한다.
> ⓔ 비품은 사용 빈도에 따라서 소모되는 속도가 다르므로 주기적으로 비품 관리표를 이용하여 비품의 상태와 수량을 확인한다.

① ⊙ – ⓒ – ⓒ – ⓔ
② ⊙ – ⓒ – ⓒ – ⓔ
③ ⓒ – ⓒ – ⓔ – ⊙
④ ⓒ – ⓒ – ⓔ – ⊙

해설 비품을 종류별로 확인한 후 재고량과 구입 여부를 체크하고 비품 관리표를 작성하여 필요한 비품을 구입한다.

15 아래 전화메모를 보고 송선미 비서가 후배 황하나에게 업무내용을 확인, 질문한 표현으로 가장 적절한 것을 고르시오.

> 김일구 사장 비서 송선미는 본인이 회의에 참석하는 동안 전화응대를 후배비서 황하나에게 부탁하였다. 회의종료 후 황하나로부터 다음과 같은 전화메모를 받았다.
>
> > 자리를 비우신 동안에 사장님께 런던에 계시는 <u>박영구</u> 님으로부터 전화가 왔었습니다.
> > 2017년 9월 30일 오후
> > 발신자 : 박영구
> > ● 전화 요망(TEL : 44 7751 653992)
> > ○ 다시 거시겠다고
> > ○ 그냥 전화했다고만
> > ○ 급한 용무시라고
> > ○ 기 타

① "황하나, 박영구 씨 소속회사가 어디에요?"
② "하나야, 박영구 님이 추가적으로 남긴 말은 없니?"
③ "황하나 씨, 박영구 님의 소속을 함께 표기하면 좋을 것 같아요."
④ "하나 씨, 박영구 님이 추가적으로 남기신 말씀도 기재해 주시면 고맙겠습니다."

해설 ③ 친밀한 사이일지라도 회사에서는 경어를 쓰는 것이 좋고, 발신자가 전화 회신을 원하므로 발신인의 소속을 표기해야 해당 회사와 부서로 연락할 수 있다.

16 김영숙 비서는 갑작스러운 사고로 1주일간 출근하지 못했다. 김 비서의 일을 도와주는 다른 직원도 없는 상황이어서 1주일 만에 사무실에 출근해 보니 밀린 일들이 산더미처럼 쌓여 있었다. '갑작스러운 사고나 질병 및 퇴사 등의 이유로 자리를 비우게 되는 경우에 대비해서 조직구성원은 자신의 업무매뉴얼을 작성해 두어야 한다.'라는 것이 생각이 났다. 김 비서는 자신의 업무매뉴얼을 지금 당장 만들기로 결심했다. 김 비서가 업무매뉴얼을 만드는 방식으로 적절하지 않은 것은?

① 김 비서가 수행하는 업무의 종류를 구분하여 목차와 세부사항을 먼저 작성하였다.
② 김 비서가 수행하는 업무를 종류별로 구분한 후 업무수행순서를 도해화하여 정리하였다.
③ 업무수행과 관련하여 필요한 주관적인 의견도 함께 명시하였다.
④ 업무내용은 가능한 간단하게 정리함으로써 다른 비서들이 김 비서의 업무를 대행할 때 도움이 되도록 하였다.

해설 ④ 김 비서의 업무가 다른 비서들에게는 생소할 수 있으므로 업무 내용은 가능한 한 자세히 작성해야 다른 비서들이 김 비서의 업무를 대행할 때 도움이 될 수 있다.

17 다음 중 비서의 상사 신상정보관리업무 수행자세로 적절하지 않은 것은?

① 상사에 관한 신상정보는 예전 기록이나 예약 관련 서류 등을 통해 파악할 수 있는데, 출장관련 서류를 통해 여권정보, 비자 및 항공사 마일리지 정보 등을 알 수 있다.

② 상사의 신상카드를 작성할 때 상사의 건강과 관련된 정보를 수집하여 정리하고, 식사예약이나 간식준비 시 참고한다.

③ 상사의 이력 사항은 업무에 참고할 뿐만 아니라 대내·외적인 필요에 의해 공개하거나 제출할 경우가 있는데, 이런 경우 비서는 상사의 이력서 내용을 외부에 공개하고 추후 상사에게 보고해야 한다.

④ 상사 신상카드에는 상사의 사번, 주민등록번호, 운전면허증, 신용카드번호와 각각의 만기일, 여권번호, 비자 만기일, 가족사항, 은행 계좌번호 같은 내용을 정리하며 기밀유지를 위해 암호화하여 보관한다.

> 해설 ③ 상사의 신상카드를 작성하는 등의 과정을 통해 상사에 대한 이해가 이루어지면 비서의 업무 처리에 많은 도움이 된다. 이력서 내용을 대내·외적인 필요에 의해 공개하거나 제출할 경우 반드시 상사의 허락을 얻어야 한다.

18 미래연구소의 강철수 소장은 '2017 제1차 연구윤리 포럼'에 기조강연을 요청받았다. 비서인 김 비서는 초청장을 이메일로 받고 일정표를 다시 확인하는 과정에서 포럼 측과 협의했던 날짜와 포럼 초청장의 개최일시가 다르다는 사실을 뒤늦게 알게 되었다. 포럼일자가 일주일밖에 남지 않았는데, 상사 기조강연 시간에 중요한 임원회의 일정이 수립되어 있다. 이때 김 비서가 일정을 보고하고 조율하는 방법으로 가장 바람직한 것은?

2017 제1차 연구윤리 포럼

Research Ethics : Practical issues and policies

일시 2017년 11월 17일 (화) 10:00~17:00
장소 대한상공회의소 (서울 중구 세종대로 39)

프로그램		
		전체 사회 : 강준성 한국대학교 교수
개회식 & 기조강연		
10:00~10:10	개회식	개회사 : 이순신 – 학술단체총연합회장 축사 : 강감찬 – 연구재단 학술진흥본부장
10:10~11:00	기조강연	Recent Advances in Research Integrity 강철수 미래연구소장
11:10~12:20	발표1	예술 연구윤리와 교육현장의 과제 김지운 민국대학교 교수 ▣ 토론 한정주(영재대)
12:20~13:30	중 식	
연구윤리		
13:30~14:40	발표2	연구윤리 확보를 위한 가이드라인 방향과 논점 홍길동–나라대학교 교수 ▣ 토론 한석봉(창의대)
14:40~15:00	휴 식	
15:00~17:00	발표3	인간대상연구와 대학 IRB의 필요성과 과제 이율곡–대한연구소 소장 ▣ 토론 성삼문(융합대)

① 11월 17일 오전에 일정이 중복되었음을 보고하고 두 일정 모두 중요한 일정이므로 상사의 선택에 따른다.
② 기조강연과 임원회의 중 우선순위가 어떤 것인지 비서가 먼저 판단한 후 상사에게 선약되어 있는 임원회의에 참석하실 것을 권유한다.
③ 포럼 측에서 알려준 날짜는 11월 16일이었다는 것을 증명할 수 있는 이메일을 찾아 포럼 측에 알려주고 일정상 상사가 참여할 수 없음을 알린다.
④ 임원회의는 사내회의이므로 조정이 가능하므로 임원회의 일자를 미루고 대외활동인 포럼에 참석하여 기조강연을 하는 것이 우선순위에 적합하다는 의견을 상사에게 말씀드린다.

해설 ① 불가피하게 일정이 겹칠 경우 우선순위는 상사가 정하도록 신속하게 보고를 해야 하며 비서는 상사의 직접적인 지시나 예정된 요청 없이 독단적으로 결정이나 행동을 해서는 안 된다.

19 비서의 보고업무자세로 적절하지 않은 것은?

① 상사가 지시한 내용을 이행하는 중에 상황이 변경되었을 때, 처리 기간이 오래 소요될 때, 실수를 범했을 때, 상사가 지시한 범위를 벗어날 때, 상사가 지시한 방침이나 방법으로는 원활한 수행이 불가능할 때는 미루지 말고 즉시 중간보고를 해야 한다.

② 비서가 2인 이상의 상사를 모시는 경우 비서는 긴급도와 중요도에 따라서 우선순위를 정하여 지시 내용을 이행하며, 직속 상사 이외의 내 · 외부 고객으로부터 지시를 받은 경우 반드시 직속 상사에게 보고해야 한다.

③ 상사가 궁금해하는 것을 먼저 보고해야 하는데, 이는 상사입장에서 나에게 질문을 해 봄으로써 파악이 가능하다.

④ 보고할 때는 서론, 본론, 결론의 순서대로 체계적이고 논리적으로 말한다.

> 해설　④ 보고할 때는 결론을 먼저 말하고 필요가 있다면 이유, 경과 등의 순으로 보고한다.

20 다음의 내방객 응대업무에 대한 비서의 업무수행방식에서 적절하지 않은 것은?

① 면담이 예정된 시간보다 길어지거나 다음 일정이 잡혀 있는 경우에는 상사가 적절한 시간에 면담을 마칠 수 있도록 다음 일정을 상사에게 메모로 전해 준다.

② 여러 사람이 회의를 하고 있는데 그중 한 사람에게 급한 전화가 온 경우에는 회의 중이므로 통화가 불가능하다고 하고 회의가 끝난 후 내용을 전달한다.

③ 내방객이 운전기사가 있는 승용차로 온 경우 주차장에 연락하여 내방객의 승용차를 정문 입구에 대기시키도록 한다. 승용차 번호, 운전자 이름 등을 내방객의 비서에게 미리 확인하여 내방객 기록 카드에 적어 놓도록 한다.

④ 내방객 카드에는 인적사항뿐 아니라 내방객의 인상착의나 특징, 기호 등을 적어 두는데, 내방객 카드가 없는 경우에는 명함 뒷면에 필요한 내용을 간단히 적어 내방객 카드 대용으로 사용할 수도 있다.

> 해설　② 급한 전화가 온 경우 메모지에 적어 회의실로 들어가 당사자에게 전달하고 지시대로 따른다.

21 다음은 기업윤리에 대한 설명이다. 이 중 가장 거리가 먼 것은 무엇인가?

① 기업윤리의 초점은 기업의 운영환경 내에서 발생하는 올바르거나 잘못된 행동과 관련된다.

② 기업의 윤리적인 의사결정을 위해 가장 우선적으로 고려해야 하는 부분은 주주의 최대수익이다.

③ 기업의 의사결정이 미치는 영향은 간혹 소비자의 이상적인 생각과 마찰을 일으킬 수 있기에 의사결정에 신중을 기할 필요가 있다.

④ 미국의 존슨 앤 존슨사의 경영윤리에 대한 신조(Creed)는 기업을 경영하는 데 있어 시사하는 바가 크다.

해설 ② 기업의 윤리적인 의사결정을 위해서는 고객 → 직원 → 지역사회 → 수익성 → 주주 순으로 고려되어야 한다.

22 다음 중 경영환경에 관한 설명으로 가장 옳지 않은 것은?

① 과업환경은 고객, 공급자, 경쟁자, 노동조합 등을 말한다.

② 자연적 환경은 출생률, 사망률, 고령의 증가, 교통의 변화 등을 말한다.

③ 경제적 환경은 국제수지, 경제성장률, 1인당 GDP, 소비구조의 변화 등을 말한다.

④ 기술적 환경은 제조공정, 원재료, 제품, 정보기술 등을 말한다.

해설 ② 자원환경은 인적자원(노동자원, 대학, 직업훈련원 등), 재무자원(주식시장, 금융기관), 물적자원(부동산, 원자재, 부자재, 기계 등) 등 다양한 형태로 나눌 수 있다.

23 다음의 경영환경에 관한 설명을 읽고, 괄호에 들어갈 내용이 올바르게 연결된 것은 무엇인가?

> (   )은/는 동일하거나 유사한 제품 또는 서비스를 (   )에게 제공하는 중요한 기업의 경영환경요인이다. 기업 조직은 (   )로서, 외부로부터 인적자원, 물적자원 등 여러 자원들을 (   )로부터 받는다. 최근 각광받고 있는 (   )는 (   )가 (   )를 선정하여 지속적으로 기술지원하면서 우수한 재료나 부품을 공급받는 Win-win 전략의 하나이다.

① 기업, 소비자, 서비스체제, 공급자, 공급사슬관리, 공급자, 소비자

② 기업, 소비자, 서비스체제, 공급자, 공급사슬관리, 수요자, 공급자

③ 경쟁자, 소비자, 개방체제, 공급자, 공급사슬관리, 공급자, 소비자

④ 경쟁자, 소비자, 개방체제, 공급자, 공급사슬관리, 수요자, 공급자

경쟁자는 동일하거나 유사한 제품 또는 서비스를 소비자에게 제공하는 중요한 기업의 경영환경요인이다. 기업조직은 개방체제로서, 외부로부터 인적자원, 물적자원 등 여러 자원들을 공급자로부터 받는다. 최근 각광받고 있는 공급사슬 관리는 수요자가 공급자를 선정하여 지속적으로 기술지원하면서 우수한 재료나 부품을 공급받는 Win-win 전략의 하나이다.

24 다음의 괄호에 들어갈 가장 적당한 용어로 구성된 것은 무엇인가?

> 50인 이하의 유한책임사원으로 구성된 (　　) 사원은 의결권 등에서는 주식회사와 유사하지만, 사원수의 제약으로 주식회사보다 자본규모가 작고 출자 지분의 양도도 (　　)의 승인을 받는 등 제약을 받는다. 소수의 사원과 소액의 자본으로 운영되는 (　　)에 적당한 기업형태이다.

① 합자회사 - 사원총회 - 중소기업
② 합자회사 - 이사회 - 중소기업
③ 유한회사 - 사원총회 - 중소기업
④ 유한회사 - 이사회 - 중소기업

유한회사는 소수의 유한책임사원으로 구성되는 회사로 보유지분의 양도가 제한되어 기업의 폐쇄성이 강한 면이 있으나 중소기업에 적합한 회사형태이다. 주식회사와 같이 출자자 전원이 유한책임을 지고 그 범위도 극히 한정되어 있으며 출자자의 수도 50인 이하로 하고 있다.

25 다음의 괄호는 무엇을 설명하고 있는지 가장 적합한 것은 무엇인가?

> (　　)은 기업의 외적성장을 위한 발전전략이므로, 특정 기업이 다른 기업의 경영권을 인수할 목적으로 소유지분을 확보하는 제반과정이라 할 수 있다. 이러한 (　　)의 발전배경은 기존 기업의 내적 성장한계를 극복하고 신규사업참여에 소요되는 기간과 투자비용의 절감, 경영상의 노하우나 숙련된 전문인력 및 기업의 대외적 신용확보 등 경영전략적 측면에서 찾을 수 있다.

① 인수합병   ② 집중매입
③ 자회사전략   ④ 다국적기업

기업의 '인수'란 한 기업이 다른 기업의 주식이나 자산을 취득하면서 경영권을 획득하는 것이며, '합병'이란 두 개 이상의 기업들이 법률적으로나 사실적으로 하나의 기업으로 합쳐지는 것을 말한다. 이러한 M&A의 목적은 기존 기업의 내적 성장한계를 극복하고 보기와 같은 경영전략적 측면을 추구하기 위해서이다.

26 다음 중 주식회사에 대한 설명으로 가장 적절하지 않은 것은?

① 주식의 증권화제도를 택하고 있다.

② 주식회사는 어디까지나 회사의 일종이기 때문에 사단법인이며 영리를 목적으로 한다.

③ 이사회는 회사의 업무집행에 대해 주주가 의사표시를 하는 최고의사결정기관이다.

④ 주주는 회사의 자본위험에 대한 유한책임을 진다.

> **해설** 이사들로 구성되는 주식회사의 필요상설기관으로 회사의 업무집행에 관한 모든 의사결정을 할 권한이 있을 뿐 업무집행권, 회사대표권은 가지지 않는다.

27 다음은 기업집중에 대한 설명으로, 괄호에 적합한 용어를 순서대로 열거하면 무엇인가?

> • (   )은/는 다수의 동종 또는 유사제품을 생산하는 기업들이 경쟁을 방지하고 이익을 확보하기 위해 시장이 독점적 지배를 목적으로 협정을 맺는 기업의 결합형태이다.
> • (   )은/는 시장독점을 목적으로 둘 이상의 기업이 경제적으로 독립성을 완전히 상실하고 새로운 기업으로 합동하는 기업 집중형태이다.

① 트러스트 – 카르텔   ② 카르텔 – 트러스트
③ 콘체른 – 트러스트   ④ 트러스트 – 콘체른

> **해설** • 카르텔(Cartel) : 독점을 목적으로 하는 기업 간의 협정 또는 협정에 의한 횡적 결합
> • 트러스트(Trust) : 기업합동이라고도 하며 법률로써 그리고 경영상 내지 실질적으로도 완전히 결합된 기업 결합형태

28 다음의 설명 중 지식경영과 가장 거리가 먼 내용은 무엇인가?

① 현대사회는 지식 및 정보가 경영의 핵심자원이기에 지식의 활용이 기업생존 여부에 큰 영향을 미친다.

② 기업환경의 변화속도가 빨라짐에 따라 새로운 지식을 생산하고 그것을 활용/공유하는 것이 중요한 요소가 된다.

③ 기업에서는 개인 및 조직이 지닌 지적자산을 체계적으로 발굴하여 조직의 공통지식을 공유해야 한다.

④ 조직 내의 지식이 더 잘 공유될 수 있도록 조직구조를 집권화해야 한다.

> **해설** ④ 상부관리자에서 하부관리자로의 위임 정도가 높은 경우를 분권화라 하고, 위임의 정도가 낮은 경우를 집권화되어 있는 조직이라고 말한다.

29 다음 중 기업가정신(Entrepreneurship)의 핵심요소로서 가장 적절하지 않은 것은?

① 창의성과 혁신

② 안전성과 보수주의

③ 도전정신과 가치창출

④ 창업자적 전문경영자 정신

해설 ② 기업가정신이란 혁신이나 창의성과 함께 위험을 무릅쓰는 모험정신으로 표현할 수 있다. 안전성과 보수주의는 이와 상반되는 개념이다.

30 다음 중 경영의사결정에 대한 설명으로 가장 적절하지 않은 것은?

① 현실적으로 대부분의 기업에서는 집단에 의한 의사결정보다 개인에 의한 의사결정방법을 더 많이 사용하지만, 집단의사결정은 시간이 절약된다는 장점이 있다.

② 경영자는 조직 내에서 의사결정을 수행하는 역할을 하고 있다.

③ 의사결정의 중요도와 내용을 대상으로 하여 전략적 의사결정, 관리적 의사결정, 일상적 의사결정으로 나눌 수 있다.

④ 의사결정이란 기업의 경영활동에서 나타나는 문제를 발견, 인식, 해결하는 일련의 과정을 말한다.

해설 ① 법인의 경우 중요한 의사결정을 할 때는 상법이나 주주총회 또는 이사회에서 위임된 권한의 범위 내에서 이루어지므로 시간이 많이 소요되고 신속한 의사결정이 어렵다.

31 다음의 조직문화에 대한 설명 중 가장 적절한 것은?

① 조직문화란 조직의 구성원들의 행동을 만들고 인도하는 무정형의 개념이나, 기업의 성과달성에는 영향을 미치지 않는다.

② 조직문화는 조직구성원이 부딪히는 문제를 정의하고 분석함으로써 해결방법을 제시하지만, 조직을 결속하는 데는 오히려 어려움이 있다.

③ 사회화란 새로운 구성원이 조직의 가치, 규범, 문화를 배우며, 기존 구성원이 공유하는 행위와 태도를 배우는 과정이라고 할 수 있다.

④ 조직문화는 시간의 경과에 따라 형성되며, 한번 형성되면 고정적으로 바뀌지 않는다.

해설 ① 조직문화는 구성원들의 조직몰입과 직무만족, 기업 성과에도 직접적인 영향을 준다.
② 조직문화는 조직구성원들의 공통된 경험을 바탕으로 하여 이루어진 것이므로 조직이라는 하나의 공동체를 결속시켜 준다.
④ 조직의 목적과 일치시키기 위해 긍정적인 문화는 더 높이고 부정적인 문화는 개선하여 조직문화를 변화시키기도 한다.

32 일부 기업에서는 근로자가 일정 연령에 도달한 시점부터 임금을 삭감하는 대신 근로자의 고용을 보장해 주는 제도를 시행하고 있다. 이를 나타내는 용어로 가장 적합한 것은?

① 갠트임금제
② 임금피크제
③ 유연근무시간제
④ 포괄임금제

해설 ② 임금피크제는 기본적으로는 정년보장 또는 정년연장과 임금삭감을 맞교환하는 제도라 할 수 있다.

33 다음 중 인사고과의 방법에 관한 설명으로 가장 적절하지 않은 것은?

① 행위기준평정법(BARS)은 피평가자 간의 상대적 서열로 평가하는 방법이다.
② 평정척도법(Ranking Scales)은 단계식 평정척도법, 도식 평정척도법 등이 있다.
③ 대조리스트법(Checklist)은 직무상 행동을 구체적으로 표현하여 피평가자를 평가하는 방법이다.
④ 순위법(Ranking)은 피평가자에게 순위번호를 붙여 주관적으로 평가하는 방법이다.

해설 ① 직무와 관련된 피평가자의 구체적인 행동을 평가의 기준으로 삼는 고과방법이다. 이 기법은 평정척도법의 결점을 시정하기 위해 개발되었으며 평정척도법과 중요사건 서술법을 혼용하여 보다 정교하게 계량적으로 수정한 기법이다.

34 다음의 빅데이터(Big Data)에 의한 가치창출이 가능한 분야에 대한 설명 중 가장 거리가 먼 것은?

① 고객의 패턴을 추출해서 실시간 예측 및 미래 예측이 가능하다.
② 고객의 일상데이터로부터 새로운 패턴을 발견하여 숨은 니즈 발견이 가능하다.
③ 고객 개인별로 차별화해서 유용한 정보를 제공하여 맞춤형 서비스가 가능하다.
④ 고객의 니즈가 빠르게 변하기 때문에 실시간 대응이 어렵다.

해설 ④ 고객 거래 데이터를 분석하고, 파악된 고객 니즈를 즉시 행동에 옮길 수 있는 실시간 정보처리가 가능하다.

35 다음의 기사를 읽고, 가장 적합한 내용의 보기를 고른다면 무엇인가?

> A사는 에어컨을 생산하는 중견기업으로 다른 대기업에 비해 인지도 측면에서 상대적인 열세에 있었다. 그러나 축적된 기술력과 시장에서의 특화를 통해 김치냉장고를 개발 및 공략하여 중소기업이라는 약점에도 불구하고 김치냉장고 시장에서 가장 선호되는 경쟁력을 유지하고 있다.

① 브랜드관리   ② 데이터베이스마케팅

③ 시장세분화   ④ 가격경쟁

해설 수요층별로 시장을 분할화 또는 단편화하여 각 층에 대해 집중적으로 마케팅 전략을 펴는 것이다.
시장세분화의 목적
- 시장기회 탐색
- 소비자의 욕구 충족
- 변화하는 시장수요에 능동적 대처
- 자사와 경쟁사의 약점과 강점을 효과적으로 평가

36 한국기업은 A제품을 생산판매하고 있다. A제품의 제품 단위당 판매가격이 9천 원, 단위당 변동비가 3천 원, 총 고정비가 300만 원일 때 손익분기점(BEP) 판매량으로 가장 옳은 것은?

① 100개   ② 250개

③ 500개   ④ 1000개

해설 손익분기점은 한 기간의 매출액이 당해기간의 총비용과 일치하는 점을 말한다.
- 500개 만드는 비용은 3000원×500개+300만 원=450만 원
- 500개 팔면 500개×9000원=450만 원이다.

37 다음의 내용을 가장 잘 보여주는 재무정보는 무엇인가?

> 영업 : 사업을 운영하는 것과 관련된 현금거래들
> 투자 : 기업의 투자활동을 통해 사용되거나 유입되는 현금
> 재무 : 새로운 채권이나 주식을 발행하여 유입된 현금, 운영비용, 배당지급에 사용된 현금

① 손익계산서   ② 대차대조표

③ 현금흐름표   ④ 결산대조표

해설 현금흐름표는 기업회계에 대하여 보고할 때 사용하는 것으로 일정 기간 동안의 기업의 현금흐름을 나타내는 표이다. 수입과 지출을 크게 영업활동, 재무활동, 투자활동으로 구분한다.

38 다음 중 브렉시트(Brexit)와 관련된 내용으로 가장 거리가 먼 것은?

① 이민정책, EU분담금 문제로 EU와 갈등
② 캐머런 총리의 EU 탈퇴 국민투표
③ 하원에서 EU 탈퇴 국민투표 시행법안 통과
④ 국민투표에서 채권단 긴축안 부결

> 해설 ④ 브렉시트 찬반 국민투표에서 투표에 참여한 영국 국민 51.9%가 찬성하여 EU 탈퇴가 결정되었다.

39 다음 중 실업에 대한 설명으로 가장 적절한 것은?

① 마찰적 실업은 근로여건에 대한 불만족으로 직장을 그만두고 새로운 직업을 찾는 경우에 발생한다.
② 계절적 실업은 경기가 나빠지거나 침체기에 빠질 때 발생하는 실업이다.
③ 경기적 실업은 노동의 질적인 차이 등으로 발생하는 실업이다.
④ 구조적 실업은 농작물 재배와 같이 매년 노동의 수요가 변화하는 경우에 발생한다.

> 해설 마찰적 실업이란 상업 간 또는 지역 간의 노동력 이동과정에서 일시적 수급불균형으로 인해 생기는 실업을 말한다.

40 다음의 내용을 읽고 괄호에 들어갈 용어로 가장 적합한 것은?

> ( )을 실생활에 응용한 예를 보자. 뷔페식당은 다양한 음식을 갖추어 놓고 일정한 식사비만 내면 얼마든지 먹게 한다. 어떻게 그런 무모한 마케팅 전략을 세울 수 있는가? 이는 ( )이 성립되기 때문이다.

① 무차별곡선 법칙
② 총효용의 법칙
③ 수요균등의 법칙
④ 한계효용체감의 법칙

> 해설 한계효용체감의 법칙이란 한 소비재의 소비량만 늘려 나갈 때 궁극적으로 한계효용이 점차 감소한다는 법칙이다.

41 According to the below mail, which of the following is true?

As we are in the final week before our meeting at Alps Resort in Pyeongchang, please find below additional details for your information. All attendees will need to download and show an admission letter to gain access to Pyeongchang Resort. In-house guests can also use their hotel confirmation letters.

Please download the applicable letter for the dates you require.
- 7 – 10 July
- 8 – 10 July

If you are extending to attend additional Marketing meeting, please contact your respective meeting organiser for extension letters.
Please contact me via email or mobile if you have any questions or require further information.
Thanks and see you in Pyeongchang!

C. J. Park
Director, Executive Events

① The meeting venue is in Pyeongchang.
② All meeting attendees will receive their admission letters via express mail.
③ Meeting attendees can't choose their stay according to their schedule.
④ The meeting attendees who want to attend additional Marketing meeting can ask C. J. Park for their extension letters.

해설 ① 회의 장소는 평창이다.
② 모든 회의 참석자는 속달 우편으로 입장허가서를 받게 된다.
③ 회의 참석자는 일정에 따라서 머무를 것을 선택할 수 없다.
④ 추가 마케팅 회의에 참석하고자 하는 회의 참석자는 C. J. Park에게 연장서를 요청할 수 있다.

평창 알프스 리조트 미팅 전 마지막 주입니다. 아래에 귀하의 정보에 대한 자세한 부가사항이 기재되어 있습니다. 평창 리조트에 입장하려면 모든 참가자가 입장허가서를 다운로드받아 제시해야 합니다. 호텔 투숙객은 호텔의 확인서를 사용할 수 있습니다.
원하시는 날짜에 해당 신청서를 다운로드하십시오.
- 7월 7일-10일
- 7월 8일-10일
추가 마케팅 회의에 참석하기 위해 연장하는 경우, 각 회의 주최자에게 연장서를 문의하십시오.
궁금한 점이 있거나 추가 정보가 필요하면 전자 메일이나 모바일을 통해 저에게 연락하십시오.
감사합니다. 평창에서 만나요!

42 Choose one that does not correctly explain each other.

① Shredder – a machine that makes paper copies of pages

② Paper clip – an object that slides over papers to keep them together

③ Folder – an object to store and organize papers in

④ Scanner – a device that reads images and copies them into a computer

해설 Shredder는 서류를 폐기처리하는 파쇄기를 뜻한다.

① 파쇄기 – 페이지를 복사하는 기계
② 클립 – 서류를 한데 모으기 위해 종이에 끼워 두는 기구
③ 폴더 – 안에 서류를 정리하고 모아두도록 하는 물건
④ 스캐너 – 이미지를 읽고 컴퓨터에 복사하는 장치

43 Which statement gives the most inappropriate description of an invoice?

① It is a commercial document issued by a seller to a buyer.

② It normally contains the description of items sold, their prices and quantities.

③ It is regarded as the letter of credit(L/C) between the trading partners which guarantees payment for the items.

④ It sometimes serves as a request for payment for the items sold.

해설 ③ 무역 상대국 간의 신용장(L/C)으로 간주된다.

① 구매자에게 판매자가 발행한 상업용 문서이다.
② 일반적으로 판매된 품목, 가격 및 수량에 대한 설명을 포함한다.
③ 상품 대금 지급을 보장하는 무역 상대국 간의 신용장(L/C)으로 간주된다.
④ 때로는 판매된 품목에 대한 지불 요청서로 사용된다.

44 Which element of a business letter cannot be inferred from the information on the envelope below?

James Anderson
Accounting Manager
ABC Corporation
2010, 1st Avenue
Waterloo, Ontario, Canada N2L4P3

SPECIAL DELIVERY

CONFIDENTIAL

Mr. Mark Harrison
Director of Finance
Alan Master Corporation
100 E Main Street
Seattle, WA 98685
USA

① Letterhead
② Inside Address
③ Writer's name
④ Subject of Letter

해설 ④ 편지의 제목은 나타나 있지 않다.
① Letterhead는 편지지 위쪽에 인쇄 문구(로고, 회사명, 소재지, 전화번호 등)가 찍힌 것을 말하므로 위 봉투 내용으로도 추론 가능하다.
② 편지의 왼쪽 상단에 표기되어 있다.
③ Writer's name은 James Anderson이다.

45 Choose one that is the most appropriate subject for the following letter.

After reviewing your resume, we are pleased to invite you for an interview for the position of a marketing manager. Your interview is scheduled for Monday, May 15th at 10:00 a.m. If that is not convenient, please contact me to reschedule.
We look forward to meeting you.

① Applying for a job
② Cancelling an interview
③ Requesting an interview
④ Rejecting an applicant

해설 ③ 인터뷰 요청
① 일자리 지원
② 인터뷰의 취소
④ 지원자 거절

이력서 검토 후 영업부장 직책의 인터뷰를 위해 귀하를 초대하고자 합니다. 귀하의 인터뷰는 5월 15일 월요일 오전 10시에 예정되어 있습니다. 시간이 안 되실 경우 저에게 연락하여 스케줄을 변경하여 주시기 바랍니다. 당신을 만나 뵙기를 고대합니다.

46 Which of the following is the most appropriate job title for the underlined blank ⓐ?

Horizon Corp.
445 Main, Wellington, New Zealand
Tel : (708) 231-8877, Fax : (708) 231-8870

ABC, Inc.
1234 Main Street
Businessville, OK 43210

Dear Sir or Madam,

My previous company has dealt with you for many years and enjoyed both your merchandise and your business like way of dealing with customers. I am now with a new company and have recommended to them that they do business with you.
Please send your brochure and price list, including shipping information and available discounts, to my attention at the address shown above.
Thank you very much.
Yours truly,
Jacob Elli
_____ ⓐ _____
JE : me

① Merchandise Manager
② Research and Development Manager
③ Personnel Director
④ Legal Affairs Executive

해설 ① 머천다이즈 매니저
② 연구개발부장
③ 인사부장
④ 법무담당이사

저의 전 회사는 수년간 귀하와 거래해 왔으며 귀하의 상품과 고객을 대하는 비즈니스 방식을 누렸습니다. 지금 저는 새로운 회사에 몸담고 있으며 새 회사가 귀하와 비즈니스를 하도록 추천하고 있습니다.
안내책자 및 가격표(배송 정보 및 할인 혜택 포함)를 위에 표시된 주소로 제게 보내주십시오.

47 다음은 회의에서 사용되는 용어들이다. 용어에 대한 설명이 바르지 않은 것은?

① minutes : an official record of the proceedings of a meeting, conference, convention, etc.

② agenda : one of the items to be considered in a meeting.

③ quorum : the maximum number of people that a committee needs in order to carry out its business officially.

④ vote : a choice made by a particular person or group in a meeting or an election.

해설 ③ 공식적으로 사업을 수행하기 위해 위원회가 필요로 하는 최대한의 인원수라고 하였으므로 옳지 않다.
• 회의록(Minutes) : 회의, 대규모 회의, 컨퍼런스 등의 절차에 관한 공식 기록
• 의제(Agenda) : 회의에서 고려해야 할 항목 중 하나
• 정족수(Quorum) : 공식적으로 사업을 수행하기 위해 위원회가 필요로 하는 최소한도의 인원수
• 투표(Vote) : 회의나 선거에서 특정 개인이나 집단에 의해 행해진 선택

48 Choose one that has the least appropriate definition for the underlined meeting and conference related words.

① Stroll is drinks and small amounts of food that are provided during a meeting.

② Place card is a piece of stiff paper or thin cardboard on which something is written or printed.

③ The closing address is at the end of the conference.

④ Session is a period of time that is spent doing a particular activity.

해설 Stroll은 한가롭게 거니는 것을 말한다.

① 산책은 회의 중에 제공되는 음료수와 약간의 음식을 말한다.
② 좌석표는 무언가가 써졌거나 인쇄된 딱딱한 종이 또는 얇은 카드보드지이다.
③ 폐회사는 회의 종료 때 행해진다.
④ 세션은 특정 활동을 하는 데 소요되는 시간이다.

49 According to the following invitation, which is not true?

> We are pleased to invite you to ERP Conference which is being held at New York City, NY(U.S.A.) from November 21 to 23, 2017. Presentations, chats and panel discussions will be held on the recent ERP issues. Please join this exclusive Conference to network, socialize, and engage directly with ERP Systems technologists.
>
> To Register
> Click on the registration link for the ERP session you wish to attend. Three sessions will be held.
> On the resulting page, select the 'Enrol' button, located on the top-left side of the page.
> You will receive an email confirmation and a calendar entry.

① ERP session에 참석 가능 인원이 채워지면 등록 버튼이 작동하지 않는다.
② 회의 내용은 최근 ERP 관련 사안들이다.
③ 참석자들은 자신들이 원하는 ERP session에 등록 가능하다.
④ 이번 회의에서는 전문가들의 패널 토론도 진행될 예정이다.

해설 ①의 내용은 본문에 나와 있지 않다.

> 우리는 2017년 11월 21일부터 23일까지 뉴욕(미국)에서 개최되는 ERP 컨퍼런스에 여러분을 초대하게 되어 기쁩니다. 최근의 ERP 문제에 대한 발표, 이야기 나누기 및 패널 토론이 진행될 것입니다. 이 특별 회의에 네트워크로 참여하고, 함께 어울리며, ERP 시스템 최신 과학 기술 분야 전문가들과 직접 소통하십시오.
>
> 등록
> 참석하고자 하는 ERP 세션의 등록 링크를 클릭하십시오. 3회의 세션이 개최됩니다.
> 결과 페이지에서 페이지의 왼쪽 상단에 있는 '등록' 버튼을 선택하십시오.
> 그러면 이메일 확인 및 일정 입력을 받게 됩니다.

50 Read the following conversation and choose one which is not true.

> A : Good morning, sir. Could you tell me your name, please?
> B : I'm Paul Evans. I'm from Handbridge and Son.
> A : Ah yes, here's your nametag. Could you sign in, please?
> B : Of course. There you are. What time does everything start?
> A : Mr. Daniel's giving a welcoming address at ten o'clock in the auditorium. After that, there's a lecture. Here's a program of events for you.
> B : Thanks.
> A : You'll also need to sign up for the sessions.
> B : Sessions?
> A : Yes. The morning workshops are assigned already, but there's a choice of seminars in the afternoon. The lists are over there.
> B : Oh, I didn't realize. I'll sign up now.
> A : And there are refreshments available in the lobby.
> B : Thanks for your help.

① Lobby allows attendees to have a break between events.
② The lecture will take place in the auditorium.
③ Attendees will need to register one of the seminars in the afternoon.
④ There is no official event in the morning.

해설 ┃ 아침 워크샵은 이미 배정되었다고 했으므로 아침에는 공식 행사가 없다고 한 ④가 사실과 다르다.
① 로비는 참석자들에게 이벤트 사이에 휴식을 제공한다.
② 강의는 강당에서 열린다.
③ 참석자는 오후에 세미나 중 하나를 등록해야 한다.

> A : 안녕하세요. 성함이 어떻게 되세요?
> B : 저는 Paul Evans이고, Handbridge와 Son에서 왔습니다.
> A : 이름표가 여기 있네요. 서명하고 들어가 주시겠어요?
> B : 물론이죠. 여기 있습니다. 모든 게 몇 시에 시작하죠?
> A : Mr. Daniel이 강당에서 10시에 환영사를 하실 겁니다. 그 후에 강연이 있습니다. 여기 이벤트 프로그램이 있습니다.
> B : 감사합니다.
> A : 그리고 세션을 위해 등록하셔야 합니다.
> B : 세션이요?
> A : 네. 아침 워크샵은 이미 배정되었지만 오후에는 세미나를 선택할 수 있습니다. 저쪽에 목록이 있습니다.
> B : 오, 몰랐네요. 지금 등록할게요.
> A : 로비에는 다과가 준비되어 있습니다.
> B : 도와주셔서 감사합니다.

51 Which one is the most appropriate for the blank?

A : This is the United States operator. Is this 345-7890?

B : Yes, it is.

A : We have an overseas for Mr. Kim from Mr. John Smith of Minnesota. Will you accept the charges?

B : Yes.

A : Your party is on the line. Go ahead, please.

---

① caller identification   ② extension call

③ collect call   ④ conference call

해설 ③ 수신인 요금 지불 통화
① 발신자 식별
② 내선 통화
④ 전화 회의

A : 미국 교환입니다. 345-7890이신가요?
B : 네, 그렇습니다.
A : 미네소타의 John Smith 씨가 Mr. Kim께 거는 국제 수신인 요금 지불 통화입니다. 요금을 부담하실 건가요?
B : 네.
A : 전화상에 계십니다. 받아보십시오.

52 Look at the following sales table and choose one which is not explained correctly.

Year-End Sales Figures
Sales performance for each quarter last year is broken down by product category. Earnings for the previous year far exceeded projected sales.

	Q1	Q2	Q3	Q4
Cosmetics	3,427	37,560	32,990	32,423
Costumes	14,500	7,300	16,950	17,600
Jewelry	2,550	3,150	3,100	3,210
Accessories	4,225	4,560	4,750	4,840

① The sales of cosmetics have reached the peak in the second quarter.

② The item whose sales picked up substantially in the third quarter compared to second one is Jewelry.

③ There was no observable change in the sales of Accessories throughout the year.

④ The sales figure of cosmetics has decreased slightly from the third quarter to the fourth quarter.

해 설 ② 2분기에 비해 3분기에 매출이 크게 증가한 품목은 보석이 아니라 옷이다.
① 2분기 화장품 판매가 정점에 도달했다.
③ 1년 내내 액세서리 판매에서 눈에 띄는 변화는 없다.
④ 화장품 매출액은 3분기부터 4분기로 소폭 감소했다.

작년 분기별 판매 실적은 제품 카테고리별로 분류됩니다. 전년도의 수입은 예상 판매량을 훨씬 초과했습니다.

53 According to the followings, which is true?

Hotel Information

At check in, the front desk will verify your check-out date. Rates quoted are based on check-in date and length of stay. Should you choose to depart early, price is subject to change.

Check-in : 3:00 pm
Check-out : 12:00 pm

Smoking : Non-Smoking
(THIS HOTEL IS 100% NON SMOKING.)

Parking :
Self parking : $21.00 (Self parking only, 10% tax will be added.)
Valet : Not Available

Pets :
Pets allowed : No

① If you check-out the hotel early in the morning, the room charge can be changed.
② Dogs & pets are allowed at the hotel.
③ Valet parking service is available for the hotel guests.
④ You can smoke at the hotel lobby.

애완동물 동행은 허용되지 않고 투숙객에게 발렛 파킹은 가능하지 않으며 호텔은 100% 금연지역이다. 따라서 정답은 ①이다.

체크인 시 프론트 데스크에서 체크아웃 날짜를 확인합니다. 제시된 요금은 체크인 날짜와 체류 기간을 기준으로 합니다. 일찍 떠나시면 가격이 변경될 수 있습니다.

체크인 : 오후 3시
체크아웃 : 오후 12:00

흡연 : 금연
　　　(이 호텔은 100% 금연입니다.)

주차 :
　　　셀프 주차 : $ 21.00 (셀프주차만 가능. 10%의 세금이 추가됩니다.)
　　　주차 서비스 : 사용 불가

애완동물 :
　　　애완동물 동행 : 불가

---

54 Which of the following is the most appropriate expression for the blank?

A : _____?
B : I'd say I'm about 60% done.
A : Can you finish it by the day after tomorrow?
B : I don't think so. I'll need at least three more days.
A : It has to be done before next Thursday's meeting.
B : OK. I'll make every effort to get it done at least by Wednesday afternoon.

---

① How often do you check your manual?

② How frequently do you make each note per month?

③ How far along are you with the report?

④ How many times should I have to review your work?

---

③ 바로 아래의 대답이 약 60% 정도 진행되었다고 했으므로 보고서가 얼마나 되었냐고 묻는 것이 적합하다.

A : 보고서가 어느 정도 되었나요?
B : 약 60% 정도예요.
A : 모레까지는 끝낼 수 있나요?
B : 아니요. 최소한 3일은 더 걸릴 거예요.
A : 다음 주 목요일 회의 전까지는 마쳐야 해요.
B : 좋아요. 적어도 수요일 오후까지는 끝내기 위해 최선을 다할게요.

---

55 Which of the following is the most appropriate expression for the blank?

A : Hello? May I speak to Mr. Thomas? This is Jane from the ABC Corporation.
B : Jane, hi. How are you doing?
A : Not bad, Mr. Thomas. _____.
B : How about Wednesday at around 2 p.m.?
A : Let me check my schedule first before we can make any sort of arrangement.
B : Okay, I will hold.
A : I'm sorry, but I can't make it that day. How about Friday instead?
B : Sure. That would be fine with me. Then I'll see you on Friday.

① I would like to set a date for our next meeting.
② I'm going to cancel our appointment.
③ I will check my schedule again.
④ What's up?

해설　① 아래 문장에 날짜를 제안하고 있으므로 약속을 정하는 말이 나오는 것이 자연스럽다.
② 우리의 약속을 취소하겠습니다.
③ 제 일정을 다시 점검하겠습니다.
④ 무슨 일이세요?

A : 여보세요? ABC 회사의 Jane인데 Mr. Thomas와 통화할 수 있을까요?
B : 안녕하세요, Jane. 어떻게 지내세요?
A : 그런대로요. Mr. Thomas. _____.
B : 수요일 오후 2시경 어때요?
A : 일정을 잡기 전에 제 일정을 먼저 확인해 보겠습니다.
B : 알겠어요. 보류해둘게요.
A : 죄송하지만 그날은 안되겠네요. 대신 금요일은 어떠세요?
B : 좋습니다. 그럼 금요일에 뵐게요.

56 According to the following conversation, which one is true?

A : Good morning. May I help you?
B : Yes, please. I'm looking for the Sales Department. I was told that it's on this floor.
A : I'm sorry, but the Sales Department has moved to the 21st floor.
B : I see. Is there any stairs nearby?
A : Yes, just around the corner, sir. But you had better take the elevator on your left. You are on the fifth floor.
B : You're right. Thank you.
A : Sales Department is on the right side of the elevator.

① Take the elevator to go to the Sales Department.

② Go straight down the hall and turn left.

③ Sales Department is by the stairs.

④ The stairs are down the end of the hall.

해설 ① 엘리베이터를 타고 영업부로 가십시오.
② 복도를 따라 쭉 내려가서 왼쪽으로 돌아가십시오.
③ 영업부는 계단 옆에 있습니다.
④ 계단은 복도 끝에 있습니다.

A : 안녕하세요. 도와드릴까요?

B : 네, 영업부를 찾고 있습니다. 영업부가 이 층에 있다고 들었는데요.

A : 죄송하지만 영업부는 21층으로 옮겼습니다.

B : 알겠습니다. 이 근처에 계단이 있나요?

A : 예, 코너를 돌면 있습니다. 그렇지만 당신의 왼쪽에 있는 엘리베이터를 타시는 게 좋을 것 같습니다. 지금 5층에 계십니다.

B : 그렇군요. 감사합니다.

A : 영업부는 엘리베이터 오른쪽에 있습니다.

57 According to the following phone messages, which one is not true?

This is Juliet Kim. I'm sorry I'm not able to answer the phone at the moment as I'm on a business trip until next Tuesday. If you like to leave a message, please do after the beep. In ask of any urgency, please contact Mrs. J. S. Lee, extension 242. Thank you.

Hi, Juliet, this is James Park of City Corp. It's 10:50 a.m. Thursday, November 2nd. I was calling to let you know that we don't need your project report until next Friday. You don't need to return my call. Bye.

① Juliet Kim is not able to answer the phone until next Tuesday.

② James Park of City Corp. left the message on Juliet's answering machine.

③ James Park left a message on Juliet's answering machine to ask for a call to him.

④ Juliet asked Mrs. J. S. Lee to handle any urgency in her absence.

해설 회신이 필요없다고 했으므로 정답은 ③이다.
① Juliet Kim은 다음 화요일까지 전화를 받을 수 없다.
② City Corp.의 James Park이 줄리엣의 자동 응답기에 메시지를 남겼다.
③ James Park이 Juliet의 자동 응답기에 전화를 요구하는 메시지를 남겼다.
④ Juliet은 J. S. Lee에게 그녀의 부재로 인해 긴급사항을 처리해줄 것을 요청했다.

Juliet Kim입니다. 다음 화요일까지 출장 중이므로 전화를 받을 수 없습니다. 신호음이 울린 후 메시지를 남겨주십시오. 긴급한 사안이 있으시면 내선 242번으로 Mrs. J. S. Lee에게 연락하십시오. 고맙습니다.

Juliet, 여기는 City Corp.의 James Park입니다. 11월 2일 목요일 오전 10시 50분입니다. 다음 주 금요일까지 당신의 프로젝트 보고서가 필요 없게 되어 알려드리려고 전화 드렸습니다. 회신은 안하셔도 됩니다. 안녕히 계세요.

58 What is the purpose of this conversation?

A : Do you have any vacancies today?
B : Yes, we do. How long are you planning to stay?
A : I'm planning to stay for four days.
B : Would you like a single or a double room?
A : A double, please. And can I have a smoking room with a balcony?
B : Okay. Anything else, sir?
A : How much do you charge per night?
B : $300.
A : Does that include breakfast?
B : Yes, it does. Please fill out this guest registration card.

① to confirm a reservation for business trip
② to check in at a hotel
③ to make an appointment with guest
④ to make a reservation for a customer

해설 ② 이 대화의 목적은 호텔에 체크인을 하기 위한 것이다.
① 출장 예약 확인을 하기 위해
③ 손님과 약속을 정하기 위해
④ 고객 예약을 하기 위해

A : 오늘 빈 방이 있나요?
B : 네, 있습니다. 얼마나 오래 머무르실 계획인가요?
A : 4일간 머물 계획입니다.
B : 싱글 룸을 원하십니까, 더블 룸을 원하니까?
A : 더블 룸으로 해주세요. 발코니가 딸린 흡연실로 할 수 있을까요?
B : 알겠습니다. 다른 사항이 있으십니까?
A : 1박에 얼마인가요?
B : 300달러입니다.
A : 아침 식사가 포함되어 있나요?
B : 네, 그렇습니다. 이 투숙객 등록 카드를 작성해 주십시오.

59 Choose one which is the most appropriate expression for the blank.

> A : I need an one-way ticket to Las Vegas.
> B : When do you need it, sir?
> A : This Saturday. By the way, is it a nonstop flight?
> B : No. You have a 2-hours _____ in L.A. I'm afraid we don't have any nonstop flight to Las Vegas.
> A : O.K. Then can you tell me what flights are available for the day?
> B : We have two flights available for that day, one at 10:00 a.m. and the other at 4:30 p.m.
> A : I'll take 10:00 a.m. flight.

① stopover

② direct flight

③ round-trip flight

④ open-ended ticket

해설 ① 기 착
② 직항편
③ 왕복 항공편
④ 돌아오는 항공권 날짜 제약을 두지 않은 표

> A : 라스베이거스로 가는 편도 티켓이 필요합니다.
> B : 언제 필요하십니까?
> A : 이번 주 토요일입니다. 그런데 논스톱 비행기인가요?
> B : 아닙니다. L.A.에서 2시간 기착이 있습니다. 라스베이거스로 가는 직항 항공편은 없습니다.
> A : 그럼 그날 이용할 수 있는 항공편을 알려주시겠어요?
> B : 그날 두 편의 비행이 가능합니다, 오전 10시와 오후 4시 30분입니다.
> A : 오전 10시 비행기로 할게요.

60 This is Mr. M. Lee's itinerary. Which one is true?

Monday, January 10 (Seoul to New York)

9:00 a.m.	Leave Incheon Airport on OZ902 for JFK Airport.
9:25 a.m.	Arrive at JFK Airport.
1:00 p.m.	Meeting with Roger Harpers, President, ACF Corporation at Garden Grill.
7:00 p.m.	Dinner Meeting with Joyce Pitt, Consultant, American Business System at Stewart's Restaurant.

Tuesday, January 11 (New York)

9:30 a.m.	Presentation 'The Office Environment – Networking' at the National Office Systems Conference, City Conference Center
12:00 p.m.	Luncheon with Raym ond Bernard, Vice President, Wilson Automation, Inc., at the Oakdale City Club.

---

① Mr. M. Lee is going to fly to USA on OZ902.

② Mr. M. Lee will make a presentation at the City Conference Center after lunch.

③ Mr. M. Lee will have a luncheon meeting at Garden Grill on January 11th.

④ Mr. M. Lee will arrive at JFK airport at 9:25a.m. on January 11th Seoul time.

해설 ① Mr M. Lee는 OZ902편으로 미국에 갈 예정이다.
② Mr M. Lee는 점심 식사 후 City Conference Center에서 프레젠테이션을 한다.
③ Mr M. Lee는 1월 11일 Garden Grill에서 오찬 모임을 갖는다.
④ Mr M. Lee는 서울 시간으로 1월 11일 오전 9시 25분에 JFK 공항에 도착한다.

1월 10일 월요일 (서울~뉴욕)

오전 9:00	인천공항에서 JFK 공항으로 OZ902편으로 출발
오전 9:25	JFK 공항 도착
오후 1:00	Garden Grill에서 ACF Corporation의 회장인 Roger Harpers 씨와 미팅
오후 7:00	Stewart's 레스토랑에서 American Business System 컨설턴트 Joyce Pitt 씨와 저녁미팅

1월 11일 화요일 (뉴욕)

오전 9:30	City Conference Center의 전국 사무소 시스템 컨퍼런스에서 '사무환경 – 네트워킹'에 관한 프레젠테이션
오후 12:00	Oakdale City Club에서 Wilson Automation, Inc. 부사장인 Raym ond Bernard 씨와 오찬

61 아래 경우에서 설명하는 문서의 효력발생 시점에 해당하는 것은?

> 사원총회소집의 통지는 다수의 대상자에게 우편물을 발송하는 것으로 효력을 인정한다. 일부 우편물을 받지 못하여 총회소집에 대해 인지하지 못하는 경우에도 총회소집 통지는 유효한 것으로 본다. 다수인에게 동일한 통지를 하는 경우 상대방에게 발송하는 것으로 효력이 있다고 본다.

① 도달주의
② 발신주의
③ 표백주의
④ 요지주의

해설　② 발신주의는 의사표시가 상대방에게 발신된 때에 그 효력이 발생한다는 입법태도이다. 통지주의라고도 하며 도달주의와 반대되는 개념이다.
　　　민법에 예외적으로 발신주의를 취하는 경우
　　　• 사원총회소집의 통지
　　　• 채권자의 채무인수에 대한 승낙의 확답
　　　• 무능력자의 상대방의 최고에 대한 본인의 확답
　　　• 격지자 사이의 계약의 승낙의 통지
　　　• 무권대리인의 상대방의 최고에 대한 본인의 확답

62 비서들이 업무상 문서를 작성하고 있다. 문서의 성격에 맞추어 가장 적절하게 작성하는 경우는?

① 이나영 비서는 특정인을 대상으로 무료로 행사에 초대하기 위해서 안내장을 작성하였다.
② 안수아 비서는 안내장을 작성할 때에 초청장을 작성할 때보다 예의와 격식을 갖추었다.
③ 정소연 비서는 격식과 기밀을 요하는 문서가 신속하게 전달되어야 하는 경우에 이메일로 발송하였다.
④ 권진서 비서는 상사의 취임안내에 대한 인사장을 보내면서 품격 있는 문장을 사용하지만 어려운 한자어 중심의 표현을 자제하였다.

해설　① 특정인을 대상으로 행사에 초대하기 위해서는 초청장을 작성하여야 한다.
　　　② 초청장은 안내장보다 예의와 격식이 더 필요하다.
　　　③ 기밀문서, 친전문서 등 개봉하기에 부적절하다고 인정되는 문서는 봉투에 문서 처리인을 날인하여 해당자에게 송부한다.

63 다음은 문장부호의 사용법이다. 이 사용법에 맞는 문장은?

> • 겹낫표(『 』)와 겹화살괄호(≪ ≫)는 책의 제목이나 신문 이름 등을 나타낼 때 쓴다.
> • 홑낫표(「 」)와 홑화살괄호(〈 〉)는 소제목, 그림이나 노래와 같은 예술 작품의 제목, 상호, 법률, 규정 등을
> 나타낼 때 쓴다.

① 사무실 밖에 『해와 달』이라고 쓴 간판을 달았다.
② ≪한강≫은 사진집 〈아름다운 땅〉에 실린 작품이다.
③ 이 곡은 베르디가 작곡한 「축배의 노래」이다.
④ 이 그림은 피카소의 ≪아비뇽의 아가씨들≫이다.

해설 ① 『해와 달』은 상호이므로 (「 」)나 (〈 〉)를 쓴다.
② 〈아름다운 땅〉은 책 제목이므로 (「 」)나 (≪ ≫)가 와야 하고, ≪한강≫은 소제목이므로 (「 」)나 (〈 〉)를 쓴다.
④ 그림의 제목이므로(「 」)나 (〈 〉)를 쓴다.

64 다음 중 우편물 처리가 적절한 비서로만 묶인 것은?

> • 최 비서는 경품행사에 당첨된 고객 200명에게 통화등기로 상품권을 발송했다.
> • 김 비서는 일본 바이어에게 새로 나온 상품견본을 내용증명으로 발송했다.
> • 고 비서는 협력업체에 계약서를 발송하면서 배달증명을 통해 수령을 확인했다.
> • 박 비서는 요금별납을 통해 다음 달에 우편물 발송 요금을 지불했다.
> • 남 비서는 사옥이전 안내장을 e그린우편을 이용하여 대량발송하였다.

① 김 비서, 박 비서
② 최 비서, 남 비서
③ 고 비서, 남 비서
④ 최 비서, 고 비서

해설 • 최 비서 : 통화등기는 우편으로 현금을 직접 수취인에게 배달하는 서비스이다. 동일 규격의 우편물을 대량으로 발
송할 때 우편요금을 감액해 주는 제도인 우편요금감액제도를 이용해야 한다.
• 박 비서 : 우편물 발송을 다음 달에 했으므로 요금후납이 되어야 한다.

65 다음 공문서 작성 방법이 올바르게 연결된 것을 모두 고른 것은?

> ㉠ 서기 2017. 8. 10.
> ㉡ 2017. 8. 10.
> ㉢ 오후 5:30
> ㉣ 17:30
> ㉤ 금123,450원(금일십이만삼천사백오십원)

① ㉠, ㉣, ㉤

② ㉡, ㉢, ㉤

③ ㉠, ㉢, ㉤

④ ㉡, ㉣, ㉤

해설 ㉠ 서기 2017. 8. 10. → 2017. 8. 10.로 표기한다.
㉢ 오후 5:30 → 17:30로 표기한다.

66 다음 감사장의 빈칸에 들어갈 가장 알맞은 인사말을 고르시오.

> 삼가 인사를 올립니다.
>
> _____
>
> 이번에 저희 상공전자가 대한민국 소비자 만족 대상을 받게 된 것을 축하해 주셔서 감사합니다. 저희 상공전자가 상을 받을 수 있었던 것은 축하해 주신 여러분 모두의 도움 때문이라 생각합니다. 더욱 열심히 노력하여 각계각층의 기대에 어긋나지 않은 상공전자가 되겠습니다. 앞으로도 따뜻한 격려 부탁드립니다.
>
> 2017년 5월 15일
> 상공전자(주)
> 대표이사 최진우

① 가만히 있어도 땀방울이 맺히는 폭염의 더위가 계속되는 나날입니다.

② 한 해의 결실을 맺는 시기에 귀사의 무궁한 발전을 기원합니다.

③ 신록의 푸름이 디해 기는 계절에 귀사의 무궁한 발전을 기원합니다.

④ 세상의 생명들이 결실을 맞이하는 계절에 귀사가 날로 번창하길 기원합니다.

해설 날짜가 5월 15일로 되어있으므로 계절에 맞는 인사가 필요하다. ①은 여름, ②는 가을, ④는 겨울의 계절인사로 적합하다.

67 황 비서는 상사가 미국 출장에서 가져온 명함을 정리하고 있다. 파일링 규칙에 따라서 올바른 순서대로 나열한 것은?

가. Ellen Taylor
나. Mrs. Ann Marie Taylor
다. Mr. Edward A. Trump, Jr.
라. Edward A. Trump
마. Alice Trump
바. Dr. Ann-Marie Taylor

① 마 - 나 - 바 - 다 - 라 - 가
② 마 - 바 - 라 - 가 - 다 - 나
③ 나 - 바 - 가 - 마 - 다 - 라
④ 나 - 바 - 가 - 마 - 라 - 다

해설 '성'을 기준으로 알파벳순으로 정리하고, 성까지 동일할 경우 이름을 기준으로 알파벳순으로 정리한다.

68 문서의 회람에 대한 적절한 설명끼리 묶인 것은?

가. 여러 사람이 읽어야 할 문서는 여러 장 복사해서 회람한다.
나. 최대 10명으로 제한하여 신속하게 완료될 수 있도록 한다.
다. 다수의 사람이 모여 의견을 교환하는 활동을 정리할 때 활용한다.
라. 한 장소에 모여 의견을 나누고 그 실시사항을 결정하는 경우에 활용한다.

① 없 음
② 가
③ 가, 나
④ 가, 다

해설 회람 문서는 각 부서나 직원들에게 업무와 관련하여 전달하고자 하는 내용이 담긴 문서로 회람문 또는 회람이라고 부르기도 한다. 기업이나 단체에서 전달해야 하는 내용을 개별적으로 발송하기 어려운 경우 한 문서로 여러 직원들에게 전달하고자 할 때 편리한 문서라고 볼 수 있다. 단기간 내에 여러 사람에게 읽혀야 할 것은 여러 장 복사해서 필요한 사람들에게 배포하기도 한다. 이때 원본에는 배포한 장소를 기입해야 한다.

69 SD카드(Secure Digital Card)에 대한 설명으로 가장 적절하지 않은 것은?

① 스마트폰, MP3에 주로 사용되는 손톱만 한 크기의 SD카드와 디지털카메라에 주로 쓰이는 크기가 더 큰 마이크로SD카드가 있다.

② 디지털기기의 저장공간이 부족할 때 메모리슬롯에 SD카드를 장착하면 저장공간을 확장할 수 있다.

③ 마이크로SD카드를 SD카드 어댑터에 꽂으면 일반SD카드를 쓰는 기기에 사용할 수 있다.

④ 마이크로SD카드와 SD카드에서 클래스는 속도를 의미하며 클래스 숫자가 커질수록 속도가 빨라진다.

> **해설** 우표 크기의 플래시 메모리 카드로 매우 안정적이고 높은 저장 능력을 갖고 있으며, 개인 휴대 정보 단말기(PDA), 디지털 카메라, 디지털 뮤직 플레이어, 노트북, 컴퓨터, 휴대 전화, 디지털 캠코더 등의 디지털 제품에 사용된다.

70 아래의 기사를 통해서 알 수 있는 내용으로 가장 거리가 먼 것은?

> 월스트리트저널(WSJ)은 경제협력개발기구(OECD) 자료를 인용해 주요 45개국의 경제가 올해 성장의 궤도에 올랐다고 보도했다. 이들 중 33개국은 지난해부터 성장세에 가속이 붙고 있다고 덧붙였다. 가장 눈에 띄는 곳은 유로존이다. 유로존 19개국의 성장률은 올 1분기 미국을 앞질렀다. 실업률도 8년 만에 가장 낮은 수준인 9.1%로 떨어졌다. 더욱 긍정적인 것은 성장세가 유로존 전역으로 고르게 퍼지는 것이다. 아랫목이었던 독일과 네덜란드뿐만 아니라 스페인과 포르투갈 등 그동안 냉골이었던 윗목까지 온기가 옮겨가는 모습이다. 심지어 유로존의 골칫거리였던 그리스도 회복의 신호를 보내고 있다. OECD는 올해 그리스의 경제성장률을 1.08%로 전망했다. 미미해 보이는 수치지만 10년 만의 최고치다. 지난달에는 2014년 이후 3년 만에 처음으로 국채 발행에 성공해 글로벌 채권시장에 성공적으로 복귀했다. 유로존의 약한 고리였던 국가들이 체력을 회복하는 것과 함께 유가 하락 등 원자재 가격 약세에 흔들렸던 브라질과 러시아 등도 기력을 찾아가고 있다. 유가 급락으로 최악의 침체를 겪었던 브라질은 올해 0.3% 성장할 것으로 예상된다. 원자재 가격이 회복된 데 따른 것이다. 국제통화기금(IMF)에 따르면 원자재 가격지수는 지난해 초 이후 27% 상승했다. 브라질의 주요 수출품인 철광석은 최근 저점보다 27%나 올랐다. 〈중략〉
>
> 세계 경제가 동반 성장이라는 단계에 이른 데는 세계금융위기 이후 각국 중앙은행과 정부가 통화 완화 정책과 각종 부양책을 통해 돈 줄을 푼 덕분이다. 문제는 사상 유례 없는 저금리가 이어지며 주식과 부동산 시장이 과열 양상을 보이는 것이다. 블룸버그에 따르면 올 들어 24일까지 아르헨티나(27.08%)와 홍콩(24.2%), 한국(25.6%) 등의 주식 시장은 20% 넘게 상승했다. 거품의 신호가 나타나기 시작한 것이다. WSJ은 "급등한 주식과 부동산 가격이 어느 순간 갑자기 경기하락을 야기하는 위험 요인으로 돌변할 수 있다"고 지적했다.
>
> 〈중앙일보 2017. 8. 24일자 발췌〉

① OECD 45개 회원국의 경제가 올해 성장 궤도에 올랐다.

② 그리스는 경제가 회복되면서 국채발행에도 성공하였다.

③ 브라질이 원자재 가격 상승 덕분에 경제 성장될 것으로 예상되고 있다.

④ 우리나라 증시는 20% 넘는 상승으로 거품의 신호가 나타나고 있다.

> **해설** ①은 경제협력개발기구(OECD) 자료를 인용해서 언급한 것이지 OECD 45개 회원국에 대해 언급한 것이 아니다.

71 다음 중 전자문서에 관한 내용으로 가장 적절하지 않은 것은?

① 우리나라의 전자문서 국가 표준과 전자문서 장기보존 국제 표준은 동일하다.

② 전자문서는 전자문서 정보 처리 시스템에 의해서 전자적 형태로 작성, 송신, 수신 또는 저장된 정보로 생성된 문서를 의미한다.

③ JPG, GIF, MP3 등과 같은 디지털 콘텐츠도 전자문서의 범주에 속한다.

④ 종이문서를 일반 스캐너로 이미지화한 문서는 전자문서로서의 법적 효력을 보장받을 수 없다.

해설　① 우리나라의 전자문서 국가 표준은 PDF이고, 전자문서 장기보존 국제 표준은 PDF/A-1(보관용 PDF)이다.

72 다음 용어에 대한 설명이 올바르게 짝지어지지 않은 것은?

① 블루투스 : 휴대기기를 서로 연결해 정보를 교환하는 근거리 무선 통신 기술 표준

② IoT : Internet of Things의 약자로서 각종 사물에 센서와 통신기능을 내장하여 인터넷에 연결하는 기술

③ RFID : Radio Frequency Identification의 약자로서 IC칩과 무선을 통해서 다양한 개체의 정보를 관리할 수 있는 인식기술

④ QR코드 : QR은 Quick Recognition의 약자로서 바코드보다 훨씬 많은 양을 담을 수 있는 격자무늬의 2차원 코드

해설　④ QR코드 : QR은 'Quick Response'의 약자로 빠른 응답을 얻을 수 있다는 의미이다.

73 다음에서 설명하는 데이터 모델에 해당하는 것은?

> 현재 가장 안정적이고 효율적인 데이터베이스로 알려져 있으며, MS-Access 외 여러 상용 DBMS의 기반이 되고 있다. 개체를 테이블로 사용하고 개체들 간의 공통속성을 이용해 서로 연결하는 독립된 형태의 데이터 모델이다.

① 하나의 조직이 여러 구성원으로 이루어지는 형태의 계층형 데이터베이스

② 도로망이나 통신망 같은 네트워크형 데이터베이스

③ 은행의 입출금처럼 데이터 양이 많지만 구조가 간단한 업무에 적합한 관계형 데이터베이스

④ 데이터와 프로그램을 독립적인 객체의 형태로 구성한 객체지향형 데이터베이스

해설　관계형 데이터베이스는 데이터를 계층 구조가 아닌 단순한 표(관계)로 표현하는 형식의 데이터베이스를 말한다. 종래 CODASYL형의 데이터베이스의 경우, 데이터끼리 관계 지은 포인터 등을 더듬어 찾지만, 관계형 데이터베이스에서는 그럴 필요가 없고, 표로 자유롭게 가로세로의 항목을 액세스할 수 있도록 되어 있다.

74 다음에 설명된 개념을 의미하는 용어가 순서대로 연결된 것은?

> ㉠ 다양한 형태의 문서와 자료를 그 작성부터 폐기에 이르기까지의 모든 과정을 일관성 있게 전자적으로 통합 관리하기 위한 시스템이다.
> ㉡ 기업과 직원 간의 전자상거래를 뜻한다.
> ㉢ 기업 내 생산, 물류, 재무, 회계, 영업과 구매, 재고 등 경영활동 프로세스들을 통합적으로 연계해 관리해 주며, 기업에서 발생하는 정보들을 서로 공유하고 새로운 정보의 생성과 빠른 의사결정을 도와주는 전사적 자원관리시스템을 뜻한다.
> ㉣ 온라인 인맥 구축을 목적으로 개설된 커뮤니티형 웹사이트이다.

① ERP – C2B – EDI – INTRANET
② EDI – B2C – ERP – INTRANET
③ EDMS – B2C – EDI – SNS
④ EDMS – B2E – ERP – SNS

해설 ㉠ EDMS : 전자문서 관리시스템
㉡ B2E : Business to Employee의 약어로 기업과 직원 간의 전자상거래
㉢ ERP : 기업자원관리, 기업 내 통합정보시스템 구축
㉣ SNS : Social Network Services의 약어로 온라인상의 인맥 관계망을 구축

75 아래와 같은 형태의 그래프에 사용하기에 가장 적합한 차트제목은?

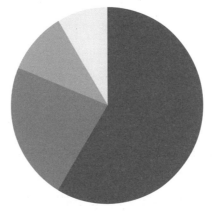

① 취업 아카데미 참석자 구성 비율
② 취업 아카데미 분기별 참석자 구성 비교
③ 취업 아카데미 연도별 만족도 비교
④ 취업 아카데미 참석자 수 비교와 주제별 비중 분석

해설 ① 원그래프는 데이터 전체를 원의 면적 100%로 하여 그 구성 항목을 비율에 의해 부채꼴 형태로 구분한 그래프이다. 따라서 비율을 나타내기에 적합한 그래프이다.

76 다음에 설명된 파워포인트 기능에 대한 개념이 가장 적절하게 연결된 것은?

> ㉠ 파워포인트 슬라이드를 완성한 뒤 그 결과를 보여주는 것으로 필요한 슬라이드만 골라서 실행할 수도 있다.
>
> ㉡ 파워포인트 디자이너들이 미리 디자인한 색상표, 글꼴, 특수 효과로 기본으로 제공된다.
>
> ㉢ 프레젠테이션 진행 중에 참고할 내용 등을 발표자가 입력할 수 있는 공간으로 실제 프레젠테이션을 진행하는 동안에는 표시되지 않는다.
>
> ㉣ 여러 슬라이드에 동일하게 삽입되는 슬라이드 배경, 제목, 텍스트, 본문 텍스트 등의 슬라이드 구성 요소들을 미리 설정해 놓은 서식 슬라이드를 의미한다.

① 디자인 테마 – 슬라이드 쇼 – 슬라이드 마스터 – 슬라이드 노트
② 슬라이드 쇼 – 슬라이드 노트 – 슬라이드 유인물 – 디자인 테마
③ 슬라이드 쇼 – 디자인 테마 – 슬라이드 유인물 – 슬라이드 마스터
④ 슬라이드 쇼 – 디자인 테마 – 슬라이드 노트 – 슬라이드 마스터

해설 • 슬라이드 쇼 : 파워포인트에서 모든 장면의 슬라이드를 완성한 뒤 그 결과를 보여주는 것으로 실제 발표할 때 사용하며, 모니터 전체 화면으로 슬라이드를 보여준다.
• 디자인 테마 : 미리 디자인한 색상표, 글꼴, 특수 효과로 테마를 이용하면 더욱 다양하고 세련된 서식으로 프레젠테이션을 디자인할 수 있다.
• 슬라이드 노트 : 발표자가 해당 슬라이드에서 발표할 내용을 구체적으로 입력할 수 있는 공간이다.
• 슬라이드 마스터 : 여러 슬라이드에 동일하게 삽입되는 슬라이드 배경, 제목, 텍스트, 본문 텍스트 등의 슬라이드 구성 요소들을 미리 설정해 놓은 서식 슬라이드이다.

77 정보에 대한 위협은 나날이 늘어가고 있으며 허락되지 않은 접근, 수정, 노출, 훼손, 파괴 등 여러 가지 위협으로부터 정보를 지켜나가야 한다. 정보보안의 특성으로 가장 적절하지 않은 것은?

① 허락되지 않은 사용자가 정보의 내용을 알 수 없도록 하는 기밀성 유지
② 허락되지 않은 사용자가 정보를 함부로 수정할 수 없도록 하는 무결성 유지
③ 허락된 사용자가 정보에 접근하려 하고자 할 때 이것이 방해받지 않도록 하는 가용성 유지
④ 허락된 사용자가 정보시스템의 성능을 최대화하기 위해 정보보안을 100% 달성해야 하는 완벽성 유지

해설 정보보안의 특성은 정보의 비밀을 유지하고(기밀성), 비인가된 변경으로부터 안전하며(무결성), 필요할 때 언제든지 사용할 수 있도록 하고(가용성), 부가적으로 적법한 사용자 인증(인증) 및 참여사실을 부인할 수 없도록 하는(부인방지) 활동 및 기술이다.

78 다음은 컴퓨터 범죄에 관한 기사이다. 다음의 기사의 (A), (B), (C)에 들어갈 용어가 순서대로 표시된 것은?

〈전략〉

E시큐리티에 따르면 최근 특정 가상화폐 거래소 이용자를 대상으로 (A) 메일이 다량 배포됐다. 공격자는 국내 유명 비트코인 거래소 중 한 곳을 사칭해 '출금완료 알림' 내용으로 조작한 (A) 메일을 유포했다. 메일 본문에 '새로운 기기에서의 로그인 알림' 내용을 띄웠다. 다른 IP주소에서 수신자 로그인이 발생한 것처럼 보안 안내를 한다. 최근 가상화폐 거래소 해킹이 심해 보안에 신경을 쓰고 있는 대상자 심리를 역으로 이용한 방법이다. 회원이 로그인한 것이 아니라고 의심되면 보안을 위해 계정을 동결하라고 하며 클릭을 강요한다. 해당 URL을 클릭하면 실제와 거의 유사한 가상화폐거래소 화면으로 이동한다. 해당 사이트는 co.kr로 끝나는 정상사이트와 달리 or.kr 도메인을 쓴다. (A) 사이트에 연결하면 이메일과 비밀번호 등 계정 정보 입력을 유도한다. 가상화폐 거래소에 접속하는 ID와 비밀번호를 털린다.

(B)도 발생했다. Z거래소 로그인 알림을 위장했다. 문자로 다른 IP에서 로그인됐다며 가짜 거래소 링크를 보내고 ID와 비밀번호 유출을 시도한다.

가상화폐 거래소 직원을 표적한 (C)도 감지된다. 직원을 해킹하면 기업 내부를 장악할 수 있다. 공격자는 금융감독원, 금융보안원, 국세청, 공정거래위원회 등으로 위장해 금융관련 규제와 위법 내용을 가상화폐 거래소나 블록체인, 핀테크 기업 직원에게 이메일을 보낸다. 해당 문서를 열면 악성코드가 감염되는 형태다. 개인 PC를 감염시킨 뒤 기업 네트워크로 침입해 고객정보를 유출한다. 이를 이용해 다시 가상화폐 계좌를 해킹하는 것으로 알려졌다.

〈전자신문 http://www.etnews.com/ 2017.8.27.에서 발췌〉

	(A)	(B)	(C)
①	파 밍	스미싱	피 싱
②	파 밍	스피어피싱	스미싱
③	피 싱	스피어피싱	스미싱
④	피 싱	스미싱	스피어피싱

해설 • 피싱 : 금융기관 등으로부터 개인정보를 불법적으로 알아내 이를 이용하는 사기수법
• 스미싱 : 스마트폰 문자메시지를 통해 소액 결제를 유도하는 피싱 사기수법
• 스피어피싱 : 특정한 개인들이나 회사를 대상으로 한 피싱공격

79 다음과 같이 사무기기 이용 시 발생한 문제를 해결하기 위해 노력하고 있다. 다음 중 상황에 따른 가장 적절한 행동으로 보기 어려운 것은?

① 프린터가 컴퓨터에서 제대로 인식되지 않은 경우 관련 드라이버와 프로그램을 삭제한 후 재설치한다.

② 복사기에서 경고등이 울리면서 복사가 중단되면, 복사기 덮개를 열어서 복사하려던 원본 문서를 제거한다.

③ 네트워크 프린터가 작동하지 않은 경우, 메인PC 본체가 켜져 있는지 확인하고 네트워크 연결 상태를 확인한다.

④ 문서세단기에서 파기가 시작되다가 멈추면 역방향으로 돌려 뭉쳐있는 종이를 빼낸다.

> 해설 ② 경고등 관련 문제를 해결해 주어야 한다. 즉, 용지가 떨어졌는지, 잉크 카트리지가 부족한지 먼저 확인해본다.

80 다음 중 성격이 같은 어플리케이션끼리 적절하게 묶인 것은?

① 조르테 – 구글 캘린더 – 리멤버

② 구글 캘린더 – 어썸노트 – 캠카드

③ 어썸노트 – 조르테 – 구글 캘린더

④ 리멤버 – 캠카드 – 조르테

> 해설 조르테, 구글 캘린더, 어썸노트는 스케줄·시간 관리 앱이고 리멤버와 캠카드는 명함 관리 앱이다.

2018

기출문제 및 해설

많이 보고 많이 겪고 많이 공부하는 것은
배움의 세 기둥이다.

– 벤자민 디즈라엘리 –

제1과목 비서실무

01 다음 중 비서의 업무에 대한 설명으로 적절하지 않은 것은?

① 비서는 상사의 다양한 경영적 잡무를 덜어주며, 사무실의 절차와 업무의 흐름이 능률적이 되도록 조정하고 유지하는 업무를 수행한다.

② 비서의 업무는 조직에서의 상사의 역할과 위치, 상사의 업무수행방식, 비서에게 업무를 위임하는 정도, 조직의 특성 등에 따라 차이가 있다.

③ 상사의 지시를 받아서 주어진 시간 내에 수행해야 하는 비서업무로는 우편물 처리, 전화 및 내방객 응대, 사무기기 및 환경관리 업무 등이 있다.

④ 비서는 문서서식개발, 정보검색 및 자료준비, 업무수행방법 및 절차개선과 같은 창의적 업무를 수행할 수 있다.

해 설 ③ 우편물 처리, 전화 및 내방객 응대, 사무기기 및 환경관리 업무는 매일같이 반복해서 수행하는 일상적인 성격의 업무로 지시를 받아서 주어진 시간 내에 수행해야 하는 업무라고 볼 수 없다.

02 비서직무를 통한 자기개발에 대한 설명으로 적절하지 않은 것은?

① 직무경험을 통한 학습은 자기개발에 매우 효과적이다.

② 직무를 통한 학습은 현재의 직무수행능력을 향상시킬 수 있을 뿐 아니라 미래에 더 많은 책임을 맡을 수 있는 능력을 개발하는 것을 의미한다.

③ 비서는 상사의 의사결정방법과 업무처리방법을 보면서, 자신이라면 어떻게 처리할 것인가 또 그 결과는 어떻게 달라질 것인가에 대해 여러 각도로 분석하는 능력을 개발할 필요가 있다.

④ 비서는 상사에게 배달되는 우편물을 개봉하고, 개인적인 편지나 인사(人事)에 대한 기밀사항을 파악함으로써 업무에 대한 이해를 높이면서 자기개발도 가능하다.

해 설 ④ 상사 앞으로 배달되는 개인적인 편지나 인사(人事)에 대한 기밀사항은 개봉하지 않도록 하며 실수로 보게 되었으면 외부에 누설하지 않도록 주의한다.

03 G사의 한국 지사장을 보좌하는 오성숙 비서는 상사와 뉴욕 본사 회장 그리고 런던 지사장과 3자 국제전화회의를 준비 중이다. 이를 위한 업무내용으로 가장 부적절한 것은?

① 회의참석자들에게 전화회의 개최시간을 알릴 때 한국 기준 시간임을 알려야 한다.

② 전화회의에 필요한 전화번호, 패스코드(Pass Code)를 미리 확인해 둔다.

③ 상사의 편의를 위하여 회의시간을 우리 시간 오전 10시로 제안한다.

④ 회의에 필요한 자료가 있을 경우 사전에 회의참석자들에게 메신저나 이메일 등을 이용하여 전달한다.

> **해설** ③ 회의시간은 회의참석자들의 일정에 맞추도록 한다.

04 전화응대업무에 대한 설명으로 가장 적절하지 않은 것은?

① 부재중 전화메모에는 걸려온 시각을 반드시 기록한다.

② 상사 휴대폰번호를 요청하는 상대방에게는 일단 상대방의 연락처를 받은 후 상사에게 연락을 드려 상사 전화번호를 알려줘도 되는지를 확인한다.

③ 상대방이 급한 용무로 외출 중인 상사와의 통화를 원할 경우는 상사의 휴대폰번호를 알려주고 직접 연락하실 수 있도록 조치한다.

④ 급한 용무로 회의 중인 상사와 통화를 원할 경우 상대방의 소속과 이름, 용건을 메모하여 회의 중인 상사에게 전달한다.

> **해설** ③ 상사의 개인정보는 함부로 발설하지 않는다.

05 현재 상사는 해외출장 중이다. 상사의 동창이라는 분이 방문하여 급한 일이므로 즉시 연락하고 싶다고 한다. 비서는 상사는 출장 중이므로 명함을 두고 가시라고 말씀드렸으나 모바일 메신저로라도 연락하고 싶다고 한다. 비서의 가장 적절한 응대방법은?

① 핸드폰번호를 몰라도 아이디만 알아도 연락이 되는 모바일 메신저가 있으므로 아이디를 알려드리고 연락드려보라고 한다.

② 모바일 메신저로 연락할 때 시차를 고려하라고 조언 드린다.

③ 핸드폰번호는 규정상 알려드릴 수 없다고 말씀드리고 상사에게 방문객에 관해 보고하지 않아도 된다.

④ 상사는 출장 중이므로 용건과 명함을 두고 가시면 상사에게 가능한 빨리 연락드리겠다고 말씀드린다.

> **해설** ④ 일단 상대방의 연락처를 받은 후 상사에게 연락을 드리고 지시에 따른다.

06 박해정 비서는 내방객 정보관리 데이터베이스를 구축하고자 한다. 이 데이터베이스 항목으로 중요도가 가장 낮은 것을 고르시오.

① 내방객 최초 방문일자와 방문목적
② 상사와의 관계 및 동반 방문자
③ 내방객 기호 및 회사에서 드린 기념품
④ 내방객이 이용한 교통수단 및 내방객 복장

해설 ④ 내방객이 이용한 교통수단 및 내방객 복장은 다른 항목에 비해 바뀔 가능성이 높으므로 중요도가 낮다.

07 김 비서는 신입비서가 작성한 보고서에서 오류를 발견하였다. 김 비서의 대응자세로 가장 적절한 것은?

① 김 비서가 수정하여 제출 후 추후 신입비서의 오류내용을 정리하여 신입비서 교육에 활용할 계획이다.
② 신입비서를 질책하며 보고서의 문제점을 하나하나 언급한다.
③ 신입비서에게 오류를 알려주고 수정하도록 지시한다.
④ 사소한 오류인 경우는 굳이 알리지 않고 김 비서가 직접 수정하여 전송한다.

해설 ③ 오류를 알려주고 수정하도록 지시하면 추후에 실수를 줄일 수 있다.

08 회사를 사직할 때의 자세로 가장 적절한 것은?

① 충분한 인수인계 기간을 갖기 위하여 최소 한 달의 여유를 두고 사직서를 제출한다.
② 문서정리는 내가 일하기 좋았던 방식으로 정리하고 나만의 업무노하우를 전수한다.
③ 그동안 작성해둔 거래처 전화번호나 상사 신상명세서 등은 파기하여 보안에 신경 쓴다.
④ 사직 후에도 회사에 자주 방문하여 후임의 업무수행방식의 잘못된 점을 지적해준다.

해설 ② 문서는 회사의 규정대로 정리한다.
③ 거래처 전화번호나 상사 신상명세서 등은 정리하여 후임에게 인수인계한다.
④ 사직 후에 후임의 요청이 없다면 회사에 자주 방문하는 것은 예의가 아니다.

09 골프장 예약 시 가장 적절하지 않은 것은?

① 예약 전에 동반자 수를 확인한다.

② 티오프 타임(Tee-off Time)이 06:38 a.m이어서 06:30 a.m의 오타인 것으로 보여 상사에게 06:30 a.m이라고 보고한다.

③ 상사가 처음 가는 골프장이라 가는 길을 검색하여 알려드린다.

④ 골프장 예약취소규정을 확인한다.

> **해 설** ② 분 단위로 티오프 시각을 정하는 경우가 많으므로 예약 시 시각을 혼동하는 일이 없도록 한다.

10 상사는 저녁 8시로 식당예약을 지시하면서 와인을 가져갈 예정이라고 하였다. 관련 예약업무 후 비서가 상사에게 보고해야 할 필수사항으로 짝지어진 것을 고르시오.

① Last Order 시간과 식당에서 제공하는 '오늘의 메뉴'

② Corkage 가능 여부 및 Last Order 시간

③ 테이블 개수와 Corkage 비용

④ 식당에서 제공하는 '오늘의 메뉴'와 개인이 지참할 수 있는 와인 수

> **해 설** ② 따로 가져온 와인을 마실 때 술잔을 제공해주는지, 마지막으로 주문할 수 있는 시간이 언제인지 확인 후 상사에게 보고한다.

11 다음 중 공식적으로 유로화가 통용되지 않는 나라는?

① 프랑스

② 독 일

③ 영 국

④ 벨기에

> **해 설** ③ 영국은 브렉시트 찬반 국민투표의 결과로 유럽연합을 탈퇴하여 공식적으로 유로화가 통용되지 않는다.

12 만찬행사 시 의전원칙으로 가장 적절하지 않은 것은?

① 만찬초청장은 행사 2~3주 전에 발송하는 것이 바람직하다.

② 전화로 참석 여부를 물어보고 참석하겠다고 답변한 경우는 일의 효율성을 위하여 굳이 정식 초청장을 보낼 필요는 없다.

③ 만찬행사 시 플레이스 카드(Place Card)는 참석자가 착석하면 치운다.

④ 복장은 'Business Casual'이어서 넥타이를 착용하지 않는다.

> **해설** ② 전화로 참석 여부를 확인하였어도 정식 초청장을 보내는 것이 좋다.

13 다음 중 표기가 잘못된 것을 고르시오.

① 수의계약(隨意契約) : 경쟁이나 입찰에 의하지 않고 상대편을 임의로 선택하여 체결하는 계약

② 갹출(醵出) : 같은 목적을 위하여 여러 사람이 돈을 나누어 냄

③ 계인(契印) : 두 장의 문서에 걸쳐서 찍어 서로 관련되어 있음을 증명하는 도장

④ 결제(決裁) : 결정할 권한이 있는 상관이 부하가 제출한 안건을 검토하여 허가하거나 승인함

> **해설** ④ 決裁 : 결재

14 비서의 사무실 환경관리에 관한 내용이다. 가장 적절하지 않은 것은?

① 상사 접견실에 있는 난초화분은 매일 아침 물을 준다.

② 탕비실에 구비된 다양한 차의 유통기한을 눈에 띄게 상자에 적어놓았다.

③ 상사 책상 위의 필기구는 확인하여 잘 나오지 않으면 바로 교체한다.

④ 기밀문서 작업이 많은 비서의 컴퓨터 모니터는 화면보호기가 자주 작동하도록 설정해 둔다.

> **해설** ① 난초는 각각의 특성에 맞게 관리한다.

15 사원 김미란 비서는 예성희 과장으로부터 다음과 같은 업무지시를 받았다. 제시된 문장 중 대화의 마지막에 들어갈 표현으로 가장 부적절한 것은?

> 예성희 : 미란 씨, 내가 파일을 하나 보낼 테니 도표 몇 개 작성해 줄래요?
> 김미란 : 예, 확인해 보겠습니다. (확인 후) 3년간 누적자료를 거래처별과 품목별로 정리하는 내용이네요.
> 예성희 : 맞아요. 혹시 누락된 내용이 있을지 모르니 월별 수치도 확인해 주세요.
> 김미란 : (   )

① 네, 알겠습니다. 언제까지 완료할까요?
② 네, 알겠습니다. 혹시 자료 보면서 궁금한 점 있으면 여쭤봐도 될까요?
③ 제가 지금 이성길 대리 업무를 지원하고 있는데 이 대리님 승인 없이는 수행할 수 없습니다.
④ 아마 전체 내용 검토하고 도표 작성하는 데 2시간 정도 소요될 것 같습니다.

해설 ③ 예성희 과장의 직위가 더 높으므로 이성길 대리의 승인은 필요 없다.

16 다음 중 외부인 출입 관리에 대한 비서의 태도로 가장 적절하지 않은 것은?

① 내방객은 허가된 지역에 한하여 출입하고 필요하다면 방문증을 대여, 패용할 수 있도록 안내한다.
② 방문객이 시설의 견학을 요청하여 상사의 동의하에 허용하였다.
③ 건물 입장 시 신체 및 휴대품의 보안검사가 있음을 상대방에게 미리 알린다.
④ 주요 인사가 우리 회사를 방문할 경우 주차관리실에 차량번호를 등록해둔다.

해설 ② 외부인 출입 관리는 회사의 규정대로 실시한다.

17 전자세금계산서란 인터넷 등 전자적인 방법으로 세금계산서를 작성 및 발급하여 그 내역을 국세청에 전송하는 것을 말한다. 전자세금계산서에 대한 설명으로 가장 적절하지 않은 것은?

① 전자세금계산서는 매출자, 매입자 모두 조회가 가능하다.
② 매출자가 ERP 시스템을 이용하여 세금계산서를 발급한 경우에 합계표 조회는 당일 바로 가능하다.
③ 전자세금계산서에 있는 공급자의 사업자등록번호가 정확한지 확인한다.
④ 전자세금계산서를 발급하면 세금계산서 합계표 명세 제출 및 세금계산서 보관의무가 면제되어 편리하다.

해설 ② 합계표 금액은 당일 발급집계 금액이 다음 날 반영된다.

18 비서의 경조사 업무처리방식 중 가장 적절하지 않은 것은?

① 매일 신문의 경조사란을 읽어보고 상사와 관련된 인사의 경조사가 있는지를 파악하여야 한다.

② 회사의 동아리 활동에 참여하여 얻게 되는 경조사 소식도 사실 확인 후 처리한다.

③ 경조사에 화환을 보낼 때도 원하는 품질로 배달되었는지 확인한다.

④ 정기적으로 상사의 지인들에게 문자나 전화를 통해 바쁜 상사를 대신하여 최근에 경조사가 있는지 확인한다.

해설 ④ 상사의 지인들에게 직접 확인하기보다 신문, 사내 공지사항, 단체 메시지 등을 통하여 경조사를 확인한다.

19 의전원칙 5R을 설명한 것으로 적절한 것을 모두 고른 것은?

a. 의전은 상대에 대한 배려(Respect)이다.
b. 의전은 문화의 반영(Reflecting Culture)이다.
c. 의전은 합리성(Rationality)이 원칙이다.
d. 의전에서 원칙적으로 상석은 오른쪽(Right)이다.

① a, b, c, d

② a, b, d

③ b, c, d

④ a, b, c

해설 의전의 5R 원칙
• 존중(Respect)
• 상호주의(Reciprocity)
• 문화의 반영(Reflecting Culture)
• 서열(Rank)
• 오른쪽(Right)

20 김 비서는 주주총회와 이사회에 관한 업무교육을 받고 있다. 다음 중 보기에서 적절한 것을 모두 고른 것은?

> a. 정기 주주총회는 보통 매년 1회 열린다.
> b. 주주의 의결권은 주주평등의 원칙에 따라 1주 1의결권이 주어진다.
> c. 대표이사 선임은 이사회에서 결정하여야 하며 주주총회에서 결정하는 것은 절대 불가하다.
> d. 이사회는 투자전략이나 신사업 진출의 결정 등 회사의 운영에 관한 결정을 하는 곳이다.

① a, b, c, d
② b, c, d
③ a, c, d
④ a, b, d

해설 c. 대표이사는 원칙적으로 이사회에서 선임하지만, 정관(定款)에 의하여 주주총회(株主總會)에서 직접 선임할 수도 있다.

21 최근 기업윤리가 경쟁력의 원천으로 떠오르면서 윤리경영을 실천하는 기업이 증가하고 있다. 다음 중 기업이 지켜야 할 주요 윤리원칙에 대한 설명으로 가장 바람직하지 않은 것은?

① 가격 결정, 허가, 판매권 등 모든 활동에 대해 협력업체와 정보를 공유하고 계약에 따라 적시에 대금을 지급한다.
② 주주 투자가의 요구, 제언, 공식적인 결정을 존중한다.
③ 지역문화의 보존을 존중하고 교육, 문화에 자선을 기부한다.
④ 종업원 삶의 환경 개선을 위해 최소한 종업원의 생계비를 감당할 수 있는 수준에서 평균임금수준을 결정한다.

해설 ④ 최소한 종업원의 생계비를 감당할 수 있는 수준에서 평균임금수준을 결정하는 것은 바람직하지 않다.

22 (A)는 계약에 의한 해외시장진출방식에 대한 설명이다. 다음 보기 중 (A)에 대한 내용으로 가장 적절한 것은?

> (A)은/는 특정 국가에서 외국기업에게 특허권, 상표, 기술, 제조 프로세스, 이미지 등을 사용하도록 허가하고 이에 대한 사용료나 로열티를 받는 방식을 말한다.

① 상대적으로 적은 비용으로 해외 진출이 가능하므로 해외 직접투자에 비해 대체로 수익성이 높은 편이다.
② 프랜차이징방식으로 마케팅 프로그램에 대한 교육이나 경영노하우 등을 기업에게 직접 제공해 줌으로써 표준화된 마케팅 활동을 수행할 수 있다.
③ 현지국에 고정자본을 투자함으로써 정치적 위험에 노출될 수 있다는 단점이 있다.
④ 수입장벽을 우회하는 전략적 특징이 있어서 진출 예정국에 수출이나 직접투자에 대한 무역장벽이 존재할 경우에 유리하다.

해설 라이센싱(Licensing)
- 상표등록된 재산권을 가지고 있는 개인 또는 단체가 기업이 소유하고 있는 브랜드를 사용하도록 허가해주고 제공받은 디자인이나 제조기술을 활용하여 국내에서 영업할 수 있도록 하는 합작 또는 제휴의 형태이다.
- 진출 예정국의 무역장벽이 높을 경우, 라이센싱이 수출보다 진입위험이 낮으므로 진입전략으로 유리하다.
- 해외에 진출하는 제품이 서비스인 경우 수출과 이전비용이 적게 소요되므로 직접투자보다는 라이센싱을 선호한다.

23 다음은 경영환경요인에 대한 설명이다. 이 중 가장 적절하지 않은 설명은?

① 기업에 직접적인 영향을 미치느냐의 여부에 따라 직접환경요인과 간접환경요인으로 분류할 수 있다.
② 내부환경요인은 주주, 종업원, 경영자, 경쟁자 등이 포함된다.
③ 소비자, 금융기관, 정부 등의 요인은 외부환경요인 중 직접환경에 포함된다.
④ 기술, 정치, 법률, 사회문화요인은 외부환경요인이다.

해설 ② 내부환경은 기업의 내부에 존재하는 요소와 상황을 의미하며 여기에는 조직목표, 기업문화, 최고경영자의 관리스타일, 회사방침 및 종업원, 노조 등이 있다.

24 다음은 어떤 기업형태를 설명한 것인지 가장 가까운 보기를 고르시오.

> 두 사람 이상의 당사자가 조합계약을 체결하고 각각 출자하여 공동으로 사업을 경영하며 그 손익을 분배하는 조직체를 말한다. 두 사람 이상이 경영주체가 되는 공동기업일지라도 외부에 대해 활동할 때는 단일의 회사나 조합으로서 행동하는 것이 아니고 별개의 조합원으로서 행동한다.

① 합명회사
② 합자회사
③ 유한회사
④ 조합기업

> 해설　① 합명회사 : 2인 이상이 공동으로 출자하고 회사의 채무에 대해서 유한책임을 지면서 직접 회사경영에 참여한다.
> ② 합자회사 : 무한책임을 지는 출자자와 유한책임을 지는 출자자로 구성되는 기업형태이다.
> ③ 유한회사 : 2인 이상 50명 이하의 유한책임사원으로 구성되며, 주식회사보다 설립절차가 간편하여 중소기업에 적합한 기업형태이다.

25 다음은 기업의 인수합병을 설명한 것이다. 이 중 거리가 가장 먼 것은 무엇인가?

① 흡수합병이란 한 기업이 다른 기업을 완전히 흡수하는 것을 의미한다.
② 신설합병은 통합된 두 기업이 완전히 소멸되어 제3의 기업이 탄생하는 것이다.
③ 합병은 피인수기업을 그대로 존속시키면서 경영권을 행사하는 방법을 의미한다.
④ 두 회사를 통합하여 하나의 회사로 변신하는 것을 합병이라고 한다.

> 해설　③ 합병은 두 개 이상의 기업들이 법률적·사실적으로 하나의 기업으로 합쳐지는 것을 의미한다.

26 다음은 주식회사에 대한 설명이다. 이 중 가장 적절하지 않은 것은 무엇인가?

① 현대사회에서 가장 대표적인 기업으로 모두 유한책임사원으로 구성되는 자본적 공동기업이다.
② 자본을 모두 증권화하고 있으며, 이러한 증권화제도를 의제자본이라고도 한다.
③ 주식회사는 소유와 경영이 분리될 수 있으며, 주주가 많아지고 주식분산이 고도화될수록 투자자들은 경영에 대한 관심보다 주로 자본이득에 관심을 갖게 된다.
④ 주식회사의 사원은 주로 출자자와 경영자로 분류되며, 자신의 투자액, 즉 주식매입가격 한도 내에서만 책임을 지는 엄격한 유한책임제도를 갖는다.

> 해설　④ 주식회사의 출자자인 주주는 모두 유한책임사원으로서 출자액을 한도로 회사의 적자, 채무, 자본 리스크에 대한 책임을 진다.

27 다음 중 중소기업과 대기업의 비교에 대한 설명으로 가장 적절하지 않은 것은?

① 대기업은 경기변동에 있어서 중소기업보다 상대적으로 탄력적이고 신축적이다.

② 대기업은 소품종 대량생산에 의하여 시장수요에 대응하고 중소기업은 주문에 의한 다품종 소량생산에 의존하는 경향이 있다.

③ 대기업과 비교해서 중소기업은 저생산성과 저자본비율이라는 특성을 가지고 있다.

④ 중소기업의 지역사회관계는 일반적으로 대기업보다 밀접하며 지역문화 형성에 큰 역할을 담당한다.

해설 ① 중소기업은 경기변동에 있어서 대기업보다 상대적으로 탄력적이고 신축적이다.

구 분	대기업	중소기업
장 점	• 수출의 주역 • 국가 발전의 원동력 • 제조업 중심의 경제 성장 주도 • 높은 생산성으로 타 기업 선도 • 조세를 부담하여 사회에 이바지 • 인재의 산실	• 새로운 개념 도입과 신제품 출시의 혁신적 경영 • 틈새시장 확보에 유리 • 지역경제 발전에 기여 • 개인의 경제적 욕구 및 아이디어 실현 • 경영 의사결정 신속 • 기업환경의 변화에 빠르게 대응 • 강하고 인간적인 유대관계
단 점	• 과잉중복 투자 • 무분별한 다각화 • 과도한 차입 경영 • 작업의 단순화로 인한 작업의욕 감퇴 • 시장변화에 대응하는 탄력성이 적음 • 관리비용 증대	• 허술한 경영 • 부족한 자금 • 정부의 과도한 규제 및 관료주의에 따른 부담 • 자본의 영세성 • 기업의 낮은 신용도 • 동종 업종 간 치열한 경쟁 • 독립성 유지 곤란

28 다음은 경쟁가치모형에 따른 조직문화의 유형을 나타낸 그림이다. 다음 중 A~D의 조직문화를 가장 맞게 표현한 것으로 짝지어진 것은?

① 혁신문화(A) − 시장문화(B)
② 관계문화(A) − 혁신문화(B)
③ 시장문화(C) − 관계문화(D)
④ 위계문화(C) − 혁신문화(D)

> 해설 • A : 관계문화
> • B : 혁신문화
> • C : 위계문화
> • D : 시장문화

29 다음의 대리인 문제에 대한 설명 중 가장 거리가 먼 것은?

① 대리인 문제는 주체와 대리인의 이해관계가 일치하지 않아 생기는 문제를 의미한다.
② 주주는 대리인이 주주들을 위해 일하고 있는지 감시해야 하는데 이때 소요되는 비용을 확증비용(Bonding Cost)이라고 한다.
③ 전문경영자가 기업을 위한 최적의 의사결정을 하지 않음으로써 발생하는 기업가치손실비용을 잔여손실(Residual Loss)이라고 한다.
④ 전문경영자는 주주의 이익보다 개인의 이익을 우선할 때 도덕적 해이(Moral Hazard)가 생길 수 있다.

> 해설 ② 확증비용은 대리인이 주체에게 해가 되는 행위를 하지 않고 있음을 확증하기 위해 대리인이 부담하는 비용이다.

30 다음 경영의 기능 중에서 조직화(Organizing)와 관련된 내용으로 가장 적합한 것은?

① 조직이 달성해야 할 목표를 설정한다.

② 조직구성원을 동기부여한다.

③ 성과를 측정하고 피드백을 제공한다.

④ 수행할 업무를 분할하고 필요한 자원을 배분한다.

> **해 설** ④ 조직화는 과업활동이 보다 원활히 이루어지도록 하기 위해 과업과 자원을 할당하는 것이다.

31 다음의 의사소통에 관한 설명 중 가장 적절하지 않은 것은?

① 의사소통이란 정보와 구성원들의 태도가 서로 교환되는 과정이며, 이때 정보는 전달뿐 아니라 완전히 이해되는 것을 의미한다.

② 의사소통의 목적은 통제, 지침, 동기부여, 문제해결, 정보전달 등이 포함된다.

③ 직무지시, 작업절차에 대한 정보제공, 부하의 업적에 대한 피드백 등은 하향식 의사소통에 포함된다.

④ 동일계층의 사람들 간의 의사전달, 부하들의 피드백, 새로운 아이디어 제안 등은 수평식 의사소통에 포함된다.

> **해 설** ④ 하급자의 성과, 의견, 태도 등이 상위의 계층으로 전달되는 의사소통은 수직적 의사소통 중 상향적 의사소통으로 볼 수 있다.

32 다음 중 변혁적 리더십에 관한 설명으로 가장 적절하지 않은 것은?

① 변혁적 리더는 부하 개개인의 감정과 관심, 그리고 욕구를 존중함으로써 동기유발시킨다.

② 변혁적 리더는 부하들에게 비전을 제시하고 비전달성을 위해 함께 협력할 것을 호소한다.

③ 변혁적 리더십의 구성요인은 조건적 보상과 예외에 의한 관리이다.

④ 변혁적 리더는 부하들에게 자신의 이익을 초월하여 조직의 이익을 위해 관심을 가지고 공헌하도록 고무시킨다.

> **해 설** **변혁적 리더십**
> • 리더는 바람직한 가치관, 존경심, 자신감을 구성원들에게 심어줄 수 있어야 하며 비전을 제시할 수 있어야 한다.
> • 리더는 구성원들이 개인적 성장을 이룩할 수 있도록 그들의 욕구를 파악하고 알맞은 임무를 부여해야 한다.
> • 리더는 구성원들이 상황을 분석하는 데 있어 기존의 합리적 틀을 뛰어넘어 보다 창의적인 관점을 개발하도록 격려한다.
> • 구성원의 노력에 대하여 칭찬하고 감정적으로 기운을 북돋아 주며 활기를 불어넣어 준다.

33 다음의 마케팅에 관한 설명 중 가장 적절하지 않은 것은?

① 선행적 마케팅 활동은 마케팅 조사활동, 마케팅 계획활동 등을 말한다.

② 관계 마케팅은 충성도를 증진시키기 위해 멤버십카드 등을 활용하기도 한다.

③ 자사의 상품에 대한 구매를 의도적으로 줄이는 마케팅 활동을 심비오틱 마케팅이라고 한다.

④ 동시화 마케팅은 제품 및 서비스의 공급능력에 맞추어 수요발생시기를 조정 또는 변경한다.

> **해설** ③ 디마케팅에 대한 설명으로 소비자들의 건강 및 보호 등 기업의 사회적 책임을 강조하여 기업이미지를 긍정적으로 바꾸는 효과를 기대하거나 소비자 심리를 자극하여 수익성을 제고하는 방법이다.

34 다음의 사례에서 제품의 수명주기(Product Life Cycle) 중 (A)는 어떤 시기에 해당되는 것인지 보기에서 고르시오.

> 인스턴트 커피가 도입되었을 때 사람들은 레귤러 커피만큼 좋아하지 않았으나, 어느 정도 시간이 흐르고 어떤 시점 이후에서는 인스턴트 커피가 빠르게 대중화되었고, 많은 브랜드들이 출시되었다(A). 그 이후 점차 시간이 지나면서 사람들은 한 브랜드를 선호하게 되고 매출은 안정상태가 되었다.

① 성숙기

② 성장기

③ 도입기

④ 쇠퇴기

> **해설** 제품수명주기
> • 도입기 : 도입기는 신제품이 처음 시장에 선을 보이면서 시작된다. 이 시기의 마케팅 활동은 소비자들과 중간상인들에게 제품의 존재와 제품의 이점을 알리는 데 중점을 두게 되며, 광고와 판매촉진에 많은 투자를 한다.
> • 성장기 : 성장기에는 소비자들이 제품에 대해서 이미 어느 정도 알게 되었고, 그 제품을 취급하는 점포도 늘었기 때문에 판매가 급속히 증가한다.
> • 성숙기 : 자사제품의 독특한 점을 부각시켜 자사제품이 경쟁제품과 구별되도록 하는 데 주안점을 둔다.
> • 쇠퇴기 : 판매부진과 이익감소로 인하여 몇몇 회사는 시장을 떠나고, 남은 회사들은 광고와 판매촉진비를 줄이고 가격을 더 낮추며, 원가관리를 강화하는 등의 자구책을 강구하게 된다.

35 다음의 직무관리내용에 대한 설명 중 가장 거리가 먼 것은?

① 직무분석은 직무를 수행함에 있어 요구되는 지식, 숙련도, 능력 및 책임과 같은 직무상 여러 요건을 결정하는 과정이다.

② 직무분석을 실시하는 데는 직무분석의 방법, 직무분석의 담당자, 직무에 대한 사실 등의 연구가 필요하다.

③ 직무분석에 대한 결과는 직무기술서와 직무명세서에 서술된다.

④ 직무기술서는 직무분석결과에 따라 직무에 요구되는 개인적 요건에 중점을 두고 정리한 문서이다.

> **해설** ④ 직무기술서는 직무 자체의 내용, 요건, 특성을 기술한 문서이고, 직무명세서는 직무에 따라 요구되는 개인적 요건에 중점을 두고 정리한 문서이다.

36 다음 중 전자상거래에 대한 설명으로 가장 적절하지 않은 것은?

① 전자상거래는 기업, 정부기관과 같은 독립된 조직 간 또는 개인 간에 다양한 전자적 매체를 이용하여 상품이나 용역을 교환하는 것이다.

② 전자상거래는 인터넷의 등장과 함께 발전하고 있는데, 그 이유 중 하나는 인터넷 전자상거래가 기존의 상거래에 비해 비교적 많은 마케팅 이익 및 판매 이익을 주고 있기 때문이다.

③ 전자상거래는 도매상과 소매상을 거치지 않고 인터넷 등을 통해 직접 소비자에게 전달되기 때문에 물류비의 절감을 통해 경쟁력을 높일 수 있다.

④ 전자상거래는 소비자의 의사와는 상관없이 기업의 일방적인 마케팅 활동을 통해 이루어진다.

> **해설** ④ 전자상거래는 다품종 소량생산으로 소비자의 다양한 기호에 부응하는 개별적 맞춤형 상품과 서비스를 제공한다.

37 다음의 투자안의 경제성 분석기법에 관한 설명으로 가장 옳지 않은 것은?

① 회수기간법은 회수기간 이후의 현금흐름은 고려하지 않는다.

② 회계적 이익률법은 화폐의 시간적 가치를 고려한다.

③ 순현재가치법은 내용연수 동안의 모든 현금흐름을 고려한다.

④ 내부수익률법은 투자기간 동안 자본비용이 변하는 경우에는 적용하기 어렵다.

> **해설** ② 회계적 이익률법은 자료를 쉽게 얻을 수 있고 계산이 간편하며 이해가 쉽지만, 미래의 실제 현금흐름과 차이가 있으며 화폐의 시간가치를 고려하지 않는다.

38 아래의 보기에서 나타난 (A)에 해당하는 용어로 가장 적절하지 않은 것은?

> 글로벌 디스플레이 시장에서 중국의 물량공세가 본격화되면서 LCD패널 시장에서 (A)이/가 나타날 전망
> 이다. (A)에 따른 경쟁은 지속적으로 가격을 인하하고 과감히 설비투자를 집행하면서 손해를 감수하더라
> 도 점유율을 늘리는 방식으로, 시장에서 상대방을 밀어내는 출혈경쟁을 하게 되는 것을 말한다. 결국 타
> 업체들이 항복함에 따라 마지막까지 버틴 기업이 최후의 승자가 될 수 있다.

① 치킨 게임   ② 죄수의 딜레마
③ 제로섬 게임   ④ 세 명의 총잡이 게임

해설 ① '매와 비둘기 게임(Hawk-Dove Game)' 또는 '겁쟁이 게임(Coward Game)'이라고도 한다. 치킨 게임은 양쪽 참가
자 모두 차를 타고 좁은 도로 양쪽 끝에서 서로를 향해 마주 달리는 것이 게임의 규칙이며, 자신을 향해 달려오는
차량에 겁을 먹고 먼저 운전대를 꺾는 사람이 겁쟁이로 취급된다.

39 최근 대두되고 있는 4차 산업혁명에 대한 설명 중 가장 거리가 먼 것은?

① 2015년 세계경제포럼에서 언급되었으며, 기계 중심 기반의 새로운 산업시대를 대표하는 용어
이다.
② 3차 산업혁명(정보혁명)에서 한 단계 더 진화한 혁명으로 일컬어진다.
③ AI, 사물인터넷, 클라우드 컴퓨팅, 빅데이터 등 지능정보 기술과 기존산업과의 결합이 가능하다.
④ 초연결, 초지능을 특징으로 하기에 기존산업혁명에 비해 더 넓은 범위에 더 빠른 속도로 큰 영
향을 미친다.

해설 ① 4차 산업혁명은 2016년 세계경제포럼에서 언급되었으며, 첨단정보통신기술이 경제·사회 전반에 융합되어 혁신
적인 변화를 가져오는 차세대 산업혁명이다.

40 다음은 무엇을 설명하는 용어인지, 가장 가까운 보기를 고르시오.

> (   )은/는 제품과 서비스의 수입을 제한하는 정부의 규제로, 이를 지지하는 사람들은 자국 생산자들의 성
> 장에 기여하고 더 많은 일자리를 만들 것이라 주장한다. 주요 방법으로는 관세, 수입쿼터, 금수조치가 있다.

① 자국우선주의   ② 역외아웃소싱
③ 보호무역주의   ④ 경제성장주의

해설 ③ 보호무역주의는 자국산업이 국제경쟁력을 갖출 때까지 국가가 국내산업을 보호·육성하면서 무역에 대한 통제를
가하는 정책이다.

41 Which of the followings is most appropriate for the blank?

> Guarantee and Cancellation Policy
> There is a credit card required for this reservation. If you wish to cancel, please do so 1 day prior to arrival to avoid cancellation _____ .

① penalties
② fees
③ payment
④ fares

> **해설**
> 보증 및 취소 정책
> 예약 시 신용카드가 필요합니다. 취소하고자 하는 경우, 위약금을 피하기 위해 도착 1일 전에 취소하시기 바랍니다.

42 Who is Ms. Chillingworth MOST likely to be?

> Date : 14 February　　　　　　　　　Subject : Slembrouck BVBA
> From : Manager　　　　　　　　　　 To : Ms. Chillingworth
>
> I am very surprised that Slembrouck BVBA are not going to deliver the coffee and the rest of the tea until the end of the month. We have now found a new supplier, so please cancel our order with them.
> You can also tell them that we are sorry, but we do not intend to do any more business with them.

① a purchasing & sales supervisor
② HR manager
③ a PR manager
④ a production manager

> **해설**
> 날짜 : 2월 14일　　　　　　　　　　주제 : Slembrouck
> 발신인 : 매니저　　　　　　　　　　수신인 : Ms. Chillingworth
>
> 나는 Slembrouck사가 월말까지 커피와 나머지 차를 배송하지 않을 것이라는 사실에 매우 놀랐습니다. 이제 새로운 공급 업체를 찾았으므로 주문을 취소하고자 합니다.
> 또한 미안하지만 우리는 더 이상 그들과 거래하지 않기로 했다고 그들에게 말해도 됩니다.

43 Choose one that does not correctly explain each other.

① Voice mail : a system where people leave recorded telephone messages

② Staple : a metal object pressed through papers to hold them together

③ Tape : a sticky material that keeps objects together

④ Atlas : a room or building where books are kept

> 해설 ④ 지도책 : 책을 보관하는 방 또는 건물

44 Choose the sentence which does not have a grammatical error.

① I will be out of town on a business trip July 5 through 12.

② This is to conform that Ms. Dalton's hotel booking has cancelled.

③ FYI, I have been forwarded the below email and attached.

④ If you'll have any queries regarding this new health benefit program, please call me at Ext. 1004.

> 해설 ② 호텔 예약(Hotel Booking)이 취소하는 것이 아닌 '취소되는 것'이어야 맞다. 따라서 수동태인 has been cancelled 가 와야 한다.
> ③ been forwarded(be p.p)라는 수동태를 사용하는 것이 아니라, 내가 이메일을 보냈다는 능동태를 사용해야 한다.
> ④ 시간 조건의 부사절에서는 will을 쓰지 않는다. If you'll이 아닌 If you라고 써야 한다.

286 비서 1급

43 ④ 44 ① 정답

45 Please put the sentences in order.

> (a) Even though I appreciate your invitation and would very much like to attend the Seminar, I will be out of town during the said period.
>
> (b) I have just received your kind invitation to the 11th Computer Graphics Seminar during April 16~18, 2018 this morning.
>
> (c) With your permission, I am planning to have one of our senior staff members attend the Seminar on my behalf.
>
> (d) Meanwhile, if there is anything our company can do for you in organizing the Seminar, please let me know.

① (b) − (a) − (c) − (d)

② (c) − (a) − (b) − (d)

③ (c) − (b) − (a) − (d)

④ (a) − (c) − (b) − (d)

해설
(b) 오늘 아침 2018년 4월 16~18일에 열리는 제11회 컴퓨터 그래픽 세미나에 대한 친절한 초대장을 받았습니다.
(a) 귀하의 초청에 감사드리며 세미나에 참석하고 싶습니다만 그 기간 동안 저는 시내에 없습니다.
(c) 귀하의 허락하에 간부 중 한 명을 저를 대신하여 세미나에 참석시키고자 합니다.
(d) 그리고 세미나를 구성할 때 당사가 할 수 있는 것이 있다면 알려주십시오.

46 Which English translation is grammatically INCORRECT?

① 참고가 되는 통계를 첨부합니다.

　Statistics are attached for reference.

② 이 공장 기계는 한국제입니다.

　This machine tool was made in Korea.

③ 저희 최신 공장은 공업 단지에 있습니다.

　Our most new plant is located on the industrious zone.

④ 재고는 계절에 따라 오락가락합니다.

　The inventory fluctuates up and down depending on the season.

해설 ③ most new → newest

※ Read the following message and answer the questions (47~48).

> Dear Ms. Shin,
>
> I am grateful for your very kind ⓐ _____ while I stayed in Seoul. I thoroughly enjoyed my tour of the city and the wonderful meals that you ⓑ _____ for me.
>
> I ⓒ _____ you a lot. I'd like to return your kindness. Please visit Tokyo in the near future. Thanks again.
>
> Kind regards,
>
> Danaka Takuya

47 What kind of letter is this?

① Invitation Letter　　　　② Announcement Letter

③ Thank you Letter　　　　④ Inquiry Letter

> 해설 신 선생님께
> 서울에 머무르는 동안 친절하게 대접해 주셔서 감사드립니다. 덕분에 대단히 즐거운 도시 여행과 훌륭한 식사를 즐겼습니다.
> 신세 많이 졌습니다. 당신의 친절에 보답하고 싶습니다. 가까운 시일 내에 도쿄에 방문해 주세요. 다시 한 번 감사드립니다.
> 안부를 전하며,
> 다나카 타쿠야

48 Which of the following is the most appropriate expression for the blanks ⓐ, ⓑ, and ⓒ.

① ⓐ welcome　　ⓑ prepared　　ⓒ obtain

② ⓐ hospitality　　ⓑ arranged　　ⓒ owe

③ ⓐ entertain　　ⓑ booked　　ⓒ deserve

④ ⓐ reception　　ⓑ provided　　ⓒ receive

> 해설 ⓐ hospitality : 환대, 후대
> ⓑ arranged : 마련하다, (일을) 처리하다
> ⓒ owe : (돈을) 빚지고 있다, 신세를 지고 있다

49 Belows are sets of English sentence translated into Korean. Choose one which does not match correctly each other.

① You shouldn't hurry through a business report.

   → 사업 보고서를 대충대충 작성해서는 안 됩니다.

② We're about a month behind schedule.

   → 예정보다 한 달 정도 빨리 끝날 것 같습니다.

③ I think we need to wrap it up for today.

   → 오늘은 이만 해야겠네요.

④ Refer to the quarterly report for the last year.

   → 작년 분기별 보고서를 참조하세요.

> **해설** ② 우리는 일정보다 한 달 늦었습니다.

50 According to the following, which is MOST proper?

January 22 (Monday) (Mr. Yoon)	
10:30∼11:30	Investor Relations Presentation, First Securities Corporation 25 Portman Square, London W1H7BH
12:00∼14:00	Luncheon with Executives of the FSC Strand Restaurant, Sofitel St. James London
15:00∼16:30	Final Discussion with the Investment Banking Team
17:00∼18:30	Dinner on your own
19:00	Arrive at Eurostar London Waterloo Station
19:30	Eurostar to Paris
21:45	Arrive at Eurostar Paris Gare du Nord Station
22:30	Check in at Hotel Astra Opera 30, rue Caumartin, 75010 Paris

① This is the Europe sightseeing trip itinerary for Mr. Yoon.

② Mr. Yoon will sleep in London on January 22.

③ Dinner is important for Mr. Yoon to discuss the current issues with others.

④ Mr. Yoon has dinner in London.

> **해설** ④ 런던에서 파리로 떠나기 전에 식사가 있었다.

1월 22일(월요일) (윤 선생님)	
10:30∼11:30	London W1H7BH, 25 Portman Square에서 퍼스트 증권사 투자 설명회
12:00∼14:00	Sofitel St. James London에서 FSC Strand 레스토랑의 임원들과 오찬
15:00∼16:30	투자은행팀과 최종 논의
17:00∼18:30	개별 저녁식사
19:00	유로스타 London Waterloo역에 도착
19:30	유로스타 Paris행
21:45	유로스타 Paris Gare du Nord역에 도착
22:30	Paris 75010, rue Caumartin, Astra Opera 30 호텔 체크인

51 According to the followings, which is true?

> Hotel Information
> At check in, the front desk will verify your check-out date. Rates quoted are based on check-in date and length of stay. Should you choose to depart early, price is subject to change.
>
> Check-in : 3:00 p.m
> Check-out : 12:00 p.m
>
> Smoking : Non-Smoking
>   (THIS HOTEL IS 100% NON SMOKING.)
>
> Parking :
>   Self parking : $21.00(Self parking only, 10% tax will be added.)
>   Valet : Not Available
>
> Pets :
>   Pets allowed : No

① If you check-out the hotel early in the morning, the room charge can be changed.
② Dogs & pets are allowed at the hotel.
③ Valet parking service is available for the hotel guests.
④ You can smoke at the hotel lobby.

해설

호텔 안내
체크인 시 프론트 데스크에서 체크아웃 날짜를 확인합니다. 제시된 요금은 체크인 날짜와 체류기간을 기준으로 합니다. 일찍 출발하시면 가격이 변경될 수 있습니다.

체크인 : 오후 3:00
체크아웃 : 오후 12:00

흡연 : 금연
    (이 호텔은 100% 금연입니다.)

주차 :
    셀프 주차 : $21.00(셀프 주차만 가능, 10%의 세금이 추가됩니다.)
    주차 서비스 : 사용 불가

애완동물 :
    애완동물 동행 : 불가

52 Which of the following should you NOT do when transferring a call?

① Tell the caller to whom he is being transferred.

② Be polite and professional.

③ Disconnect the caller.

④ Ask the caller for permission before you make the transfer.

해설 ③ 발신자와의 연결을 끊어서는 안 된다.

53 According to the following dialogue, which is not true?

A : Good morning. May I help you?

B : Good morning. I'd like to see Mr. Taylor.

A : May I ask your name and the nature of your business?

B : I'm Mary Chung of P&G Consumer Products Company. I just want to talk to him about our new products.

A : I see. Let me see if Mr. Taylor is available. Could you please wait for a while.

B : Sure.

A : Thank you for waiting, Ms. Chung. I'm sorry but Mr. Taylor is going to attend a meeting soon. Could you please make an appointment before you visit him?

B : I will. Here is my business card. Please give it to him.

---

① Ms. Chung belongs to P&G Consumer Products Company.

② Mr. Taylor can't meet Ms. Chung because of his schedule.

③ Ms. Chung didn't want to introduce herself to Mr. Taylor.

④ Ms. Chung visited Mr. Taylor's office without appointment.

해설

A : 안녕하세요. 도와드릴까요?

B : 안녕하세요. Mr. Taylor를 만나러 왔습니다.

A : 성함과 용건을 알 수 있을까요?

B : 저는 P&G 소비자 제품 회사의 정마리입니다. 우리의 신제품에 대해 이야기하고 싶습니다.

A : 알겠습니다. Mr. Taylor가 시간이 있는지 알아보겠습니다. 잠시 기다려 주십시오.

B : 네.

A : 기다려 주셔서 감사합니다. 죄송합니다만 Mr. Taylor는 곧 회의에 참석하셔야 합니다. 방문하시기 전에 약속을 잡아주시겠습니까?

B : 알겠습니다. 제 명함입니다. 그 분에게 전해주세요.

54 Fill in the blanks of the phone call discourse with the best word(s).

> Kelly : Kelly Clarkson speaking.
> Yoonho : Hi Kelly, this is Yoonho Lee of Zenux. You must have come back from your business trip. How was it?
> Kelly : It was all right.
> Yoonho : Aren't you suffering from (　　)?
> Kelly : Slightly, but I'm all right.
> Yoonho : I'm calling to remind you (　　) on September 20th.
> Kelly : Yes, of course I remember.

① phone calls － to our meeting

② the trip － by our meeting

③ jetlag － of our meeting

④ jet plane － for our meeting

해설

> Kelly : Kelly Clarkson입니다.
> 윤호 : 안녕하세요? Kelly. 저는 Zenux의 이윤호입니다. 출장에서 돌아오셨지요. 어떠셨나요?
> Kelly : 괜찮았어요.
> 윤호 : 시차 때문에 힘들진 않으셨나요?
> Kelly : 약간은요, 하지만 괜찮아요.
> 윤호 : 9월 20일 회의를 상기시켜드리려고 전화했습니다.
> Kelly : 네, 물론 기억하고 있습니다.

55 Which of the following is the most appropriate expression for the blank?

> A : Good morning, Axa Electronics, Helen Watson speaking. How may I help you?
> B : I'd like to speak to Mr. White, please. I don't have his extension though.
> A : May I ask who is calling?
> B : Oh, sorry. This is Jihyun Park from Korea International.
> A : _____.
> B : Sure.
> A : I'm sorry, Mr. Kim. But he's not available at the moment. Would you like to leave a message?
> B : That's okay. I will try to call him another time. Thank you.
> A : Good day, sir.

① I'll put you through to Mr. White.

② His extension number is 1234.

③ Just a moment, please. I will see if he's in.

④ The lines are crossed. Please call me again.

A : 안녕하세요. Axa 전자의 Helen Watson입니다. 무엇을 도와드릴까요?

B : Mr. White와 통화하고 싶습니다. 내선번호를 잘 몰라서요.

A : 누구신지 여쭤봐도 될까요?

B : 죄송합니다. 저는 코리아 인터내셔널의 박지현입니다.

A : 잠시만 기다려 주세요. 계시는지 알아보겠습니다.

B : 네.

A : 죄송합니다. 지금 안 계세요. 메시지 남기시겠습니까?

B : 괜찮습니다. 다음에 다시 전화하겠습니다. 감사합니다.

A : 좋은 하루 보내세요.

56 Choose one which is not true to the given text.

TELEPHONE MEMO

To   Mr. S. Y. Kim

Date 2017. 2. 2.   Time 2:20 p.m

WHILE YOU WERE OUT

Mr. Paul Robinson

of International Home Appliances

phone 555-2485   Ext 144

■ Telephoned   □ Please Call

□ Returned Your Call   □ Will Call Again

□ Came to see You   □ Wants to see you

Message : Mr. Robinson'd like to cancel the meeting of February 4th, Monday at 2 o'clock. He has to leave for New York tonight and will be back on February 12th.

taken by Michelle Lee

---

① Mr. Paul Robinson left this message to Ms. Michelle Lee.

② Mr. Paul Robinson called Mr. Kim to cancel the meeting of February 4th.

③ Ms. Michelle Lee is working for International Home Appliances.

④ This message should be given to Mr. S. Y. Kim as soon as possible.

③ Mr. Paul Robinson is working for International Home Appliances.

57 This is Mr. M. Lee's itinerary. Which one is true?

Monday, January 10 (Seoul to New York)	
9:00 a.m	Leave Incheon Airport on OZ902 for JFK Airport.
9:25 a.m	Arrive at JFK Airport.
1:00 p.m	Meeting with Roger Harpers, President, ACF Corporation at Garden Grill.
7:00 p.m	Dinner Meeting with Joyce Pitt, Consultant, American Business System at Stewart's Restaurant.
Tuesday, January 11 (New York)	
9:30 a.m	Presentation 'The Office Environment – Networking' at the National Office Systems Conference, City Conference Center
12:00 p.m	Luncheon with Raymond Bernard, Vice President, Wilson Automation, Inc., at the Oakdale City Club.

① Mr. M. Lee is going to fly to USA on OZ902.

② Mr. M. Lee will make a presentation at the City Conference Center after lunch.

③ Mr. M. Lee will have a luncheon meeting at Garden Grill on January 11th.

④ Mr. M. Lee will arrive at JFK airport at 9:25 a.m. on January 11th Seoul time.

해설

1월 10일 월요일 (서울~뉴욕)	
오전 9:00	인천공항에서 JFK 공항으로 OZ902편으로 출발
오전 9:25	JFK 공항 도착
오후 1:00	Garden Grill에서 ACF Corporation의 회장인 Roger Harpers 씨와 미팅
오후 7:00	Stewart's 레스토랑에서 American Business System 컨설턴트 Joyce Pitt 씨와 저녁미팅
1월 11일 화요일 (뉴욕)	
오전 9:30	City Conference Center의 전국 오피스 시스템 컨퍼런스에서 'The Office Environment – Networking'에 관한 프레젠테이션
오후 12:00	Oakdale City Club에서 Wilson Automation, Inc. 부사장인 Raymond Bernard 씨와 오찬

58 Read the below conversations. Which of the following DOES NOT fit the blank?

> A : I finally finished making the handouts for the meeting.
> B : We have (a) _____.
> A : Okay. Make the document a Powerpoint document.
> B : OK, will.
> A : Print out a copy and then (b) _____.
> B : Do you want me to use waste paper?
> A : You know what our boss wants.
> B : Umm, where did I put the used paper?
> A : What's keeping you so late?
> B : (c) _____ to finish the report. I'm afraid my computer (d) _____.
> A : Oh, no! Not again!
> B : I know, I cannot access the Internet.
> A : Why don't you use a different computer then?
> B : All of the computers in the office are too old. We need to purchase some newer models.
> A : Let's ask the manager to see when he comes back from the meeting.

① (a) only 20 minutes to go
② (b) make ten copies of it
③ (c) My computer is too slow
④ (d) infects a computer virus

해설 ④ (d) is infected with a computer virus

A : 드디어 회의 유인물 제작을 완료했습니다.
B : 이동시간이 20분밖에 남지 않았습니다.
A : 알겠습니다. 문서를 파워포인트로 만드세요.
B : 네, 알겠습니다.
A : 한 부 프린트하시고, 사본 10부를 만드세요.
B : 이면지를 사용할까요?
A : 상사가 뭘 원하는지 생각해 보세요.
B : 음, 내가 사용한 종이를 어디에 뒀지?
A : 왜 이렇게 느립니까?
B : 제 컴퓨터가 너무 느려서 보고서를 마칠 수 없습니다. 제 컴퓨터가 바이러스에 감염된 것 같습니다.
A : 오, 안 돼! 또 이렇다니!
B : 인터넷에 접속할 수 없습니다.
A : 다른 컴퓨터를 사용해 보는 것이 어떻습니까?
B : 사무실 컴퓨터는 너무 오래되었습니다. 최신모델을 구입해야 합니다.
A : 매니저가 회의에서 돌아올 때 확인해보겠습니다.

59 According to the following conversation, which one is not true?

A : Ms. Lee, could you tell me my schedule for today?

B : Yes. Mr. Taylor, there'll be a meeting on TV advertising at 10:30. Mr. Y. G. Seo, Marketing Director would like you to join the meeting. At 12:00 you have a lunch appointment with Ms. Jill Sander at the cafeteria.

A : Cafeteria on the first floor?

B : Yes, it is. After lunch, at two o'clock Lawyer Kim will visit you to discuss the labor agreement.

A : All right. Tell me how you've planned my business trip to New York.

B : You're leaving Seoul at 9:30 on Tuesday morning on OZ780 and arriving at JFK Airport at 10 o'clock on the same day. Mr. John Park will meet you at the airport and take you to the headquarters.

A : Good.

B : You will be staying at the Royal Garden Hotel for 5 nights.

A : And on the way back?

B : The return flight will leave at 4 o'clock on Sunday afternoon and will arrive at the Incheon Airport at 9:00 p.m next Monday. Mr. Kim, the driver will meet you at the airport.

① Mr. Taylor is going to be on a business trip to New York.

② Mr. Taylor has a lunch appointment with Ms. Jill Sander at the cafeteria on the first floor today.

③ Mr. Taylor will fly to New York on OZ780 on Tuesday morning.

④ Mr. John Park will take you to the Royal Garden Hotel after you arrive at the JFK Airport.

해설

A : 이 비서, 오늘 내 스케줄을 말해줄 수 있습니까?

B : 네. 10시 30분에 TV 광고회의가 있습니다. 마케팅 디렉터 서 선생님께서 회의에 참석하길 원합니다. 12시에 Ms. Jill Sander와 카페테리아에서 점심약속이 있습니다.

A : 1층 카페테리아에서요?

B : 네. 점심 후 2시에 김 변호사가 노동협약에 대해 의논하기 위해 방문할 예정입니다.

A : 알겠습니다. 뉴욕 출장을 어떻게 계획했는지 말해주세요.

B : 화요일 아침 9시 30분에 OZ780로 서울에서 출발하고 같은 날 10시에 JFK 공항에 도착합니다. Mr. John Park이 공항에서 본사로 데려다 줄 것입니다.

A : 좋아요.

B : 로얄가든 호텔에서 5박 숙박하실 예정입니다.

A : 그리고 돌아갑니까?

B : 귀국 항공편은 일요일 오후 4시에 출발하며 다음 월요일 오후 9시에 인천공항에 도착합니다. 운전기사 김 선생님이 공항에 나올 겁니다.

60 According to the followings, which one is not true?

This is the overview of the Millennium Royal Hotel in New York City.

- 3 Diamond downtown hotel with indoor pool.
- The Millennium Royal 55 Church Street is a few minutes walking distance from One World Trade Center and Wall Street. Approximately a 15 minute walk to Battery Park and the Metro (Cortland) is located outside the front door of the hotel.
- We have Business Center, Fitness Center, Meeting Rooms, too.
- All guests get free standard Wi-Fi in-room and in the lobby.

① You can use Wi-Fi anywhere in the hotel free of charge.
② The hotel is located close to the Wall Street.
③ The hotel is located in the downtown of New York City.
④ There is a Metro station near the hotel.

해설

뉴욕의 밀레니엄 로얄 호텔에 대한 개요입니다.

- 실내 수영장이 딸린 3성 시내호텔
- 밀레니엄 로얄 55 교회 거리는 One World 무역 센터와 월 스트리트에서 도보로 몇 분 거리에 있습니다. Battery 공원까지는 도보로 약 15분 정도 걸리며, 지하철(코트랜드)은 호텔 정문 바깥에 있습니다.
- 비즈니스 센터, 휘트니스 센터, 회의실도 있습니다.
- 모든 손님들은 객실 및 로비에서 표준 와이파이 인터넷을 무료로 이용할 수 있습니다.

61 다음 중 문서의 발신기관과 관련된 내용이 가장 잘못된 것은?

① 대외문서의 경우 기획부에서 작성한 문서라 할지라도 행정기관 또는 행정기관의 장의 명의로 발송한다.

② 발신기관 정보는 문서의 내용에 관하여 의문사항이 있을 때 질의하거나 당해 업무에 관하여 협의할 때 용이하게 활용할 수 있는 중요한 정보이므로 반드시 기록한다.

③ 발신기관 주소는 층수와 호수까지 기재한다.

④ 전자우편주소는 최종결재권자의 행정기관 공식 전자우편주소를 기재한다.

해 설   ④ 실무자의 전자우편주소를 기재한다.

62 다음 중 기안문의 수신표시가 가장 부적절한 것은?

① 수신자 청양군수(기획과장)

② 수신자 청양군

③ 수신자 수신자 참조

④ 수신자 가47(예산업무 담당과장)

해 설   ② 수신표시는 가능한 한 정확히 하는 것이 좋다.

63 사단법인의 팀비서로 일하고 있는 전 비서가 문서의 수발신업무를 아래와 같이 하고 있다. 다음 보기 중 올바르지 않은 것끼리 묶은 것을 고르시오.

> 가. 접수문서를 접수하여 문서등록대장에 기재한 후 담당자에게 전달하였다.
> 나. 기밀문서를 발송할 때는 기밀유지를 위해서 발신부 기록을 생략하였다.
> 다. 상품 안내서와 광고문의 경우는 즉시 폐기해서 유통량을 줄였다.
> 라. 여러 부서원이 보아야 할 문서는 원본으로 회람하였다.
> 마. 공문서 발송 직전 법인이사장관인을 날인 받아서 복사본을 보관해두었다.
> 바. 팀원에게 온 친전문서를 개봉하여 확인 후 전달하였다.
> 사. 팀장님의 지시로 경조금 10만 원을 통화등기로 결혼식장에 바로 발송하였다.

① 가, 나, 다, 사   ② 나, 다, 라, 바

③ 나, 다, 마, 사   ④ 나, 라, 마, 사

나. 발신부는 작성하고, 봉투를 봉하여 전달한다.

다. 상품 안내서와 광고문이라 하더라도 업무와 관련 있는 내용은 보관한다.

라. 여러 부서원이 보아야 할 문서는 사본으로 회람한다.

바. 친전문서는 개봉하지 않고 전달한다.

※ 사. 통화등기의 경우 우체국 홈페이지에 따르면 결혼식장, 장례식장, 사서함 등 일시적인 장소에는 배달되지 않는다. 문제에 오류가 있는 것으로 간주된다.

64 다음은 상공주식회사의 비용부문에 관한 위임전결규정의 일부 표이다. 이 규정에 맞게 가장 효율적이고 적절하게 문서결재가 처리된 것을 고르시오.

구 분	내 용	금액기준	결재서류	전결/결재권자		
				팀 장	본부장	대표이사
접대비	거래처 식 · 주대, 조의금, 축의금 등	20만 원 이하	1. 접대비지출품의서(건별) 2. 지출결의서(월간)	● ■		
		30만 원 이하			● ■	● ■
		30만 원 초과				
여비 교통비	국내출장비	30만 원 이하	1. 출장계획서 2. 출장비신청서	● ■		
		50만 원 이하		●	■	
		50만 원 초과		●		■
	해외출장비		1. 출장계획서 2. 출장비신청서	●		■

※ 전결 구분
● : 지출결의서, 세금계산서, 발행요청서, 각종 신청서
■ : 기안서, 출장계획서, 접대비지출품의서

① 20만 원의 국내출장비가 필요한 출장계획서를 팀장이 부재중이여서 본부장이 대결하였다.

② 대표이사 비서실에서는 산학협력기관의 한국대 김명수 교수의 아들 결혼식 축의금 10만 원 처리를 위하여 대표이사에게 접대비 지출품의서를 결재받았다.

③ 본부장의 해외출장 계획서를 결재권자가 해외출장중이여서 팀장이 대결하였다.

④ 본부장의 제주포럼 참가 출장비 100만 원 처리를 위한 출장비신청서를 팀장이 전결하였다.

① · ③ 대결은 회사나 기관의 의사를 결정할 권한이 있는 결재권자의 부재 시에 직무 대행자가 행하는 결재이다.

② 20만 원 이하의 접대비는 팀장에게 결재받는다.

65 한국상공(주)의 대표이사 비서인 이나영 씨는 거래처 대표이사가 새로 취임하여 축하장 초안을 작성하고 있다. 다음 축하장에서 밑줄 친 부분의 맞춤법이 바르지 않은 것끼리 묶인 것은?

> 귀사의 무궁한 번영과 발전을 기원합니다.
> 이번에 대표이사로 새로 취임하심을 진심으로 기쁘게 생각하며 ⓐ 축하드립니다. 이는 탁월한 식견과 그동안의 부단한 노력에 따른 결과라 생각합니다. 앞으로도 저희 한국상공(주)와 ⓑ 원할한 협력 관계를 ⓒ 공고이 해 나가게 되기를 기대하며, 우선 서면으로 축하 인사를 대신합니다.
> ⓓ 아무쪼록 건강하시기 바랍니다.

① ⓐ, ⓑ
② ⓑ, ⓒ
③ ⓑ, ⓓ
④ ⓒ, ⓓ

해설 ⓑ 원할한 → 원활한
　　　 ⓒ 공고이 → 공고히

66 교회비서로 근무하는 김 비서는 교회에서 생산, 거래되는 문서를 파일링하기 위해 다음과 같은 방법을 사용하였다. 먼저 문서는 1차로 '예배, 법적 재산, 교구재정, 인사기록, 각종서신, 목회자료, 출판물'로 분류한다. 김 비서가 사용한 1차 문서분류 방법은 무엇인가?

① 주제별 파일링(Subject Filing)
② 번호순 파일링(Numeric Filing)
③ 수문자 파일링(Alphanumeric Filing)
④ 알파벳순 파일링(Alphabetic Filing)

해설 주제별 파일링(Subject Filing)
문서의 내용으로부터 주제를 결정하고 이 주제를 토대로 문서를 분류 · 정리하는 방법이다.

장 점	• 같은 내용의 문서를 한곳에 모을 수 있다. • 무한하게 확장할 수 있다.
단 점	• 분류하는 것이 어렵다. • 색인카드가 필요하다. • 잡건의 취급이 어렵다. • 어떠한 관점으로도 찾을 수 있도록 상호참조를 해야 한다.

67 다음 중 감사장을 적절하게 작성하지 않은 비서를 고르시오.

> 가. 강 비서는 상사가 출장 후 도움을 준 거래처 대표를 위한 감사장을 작성하면서 도움을 준 내용과 금액 등을 상세하게 언급하면서 감사장을 작성하였다.
>
> 나. 나 비서는 창립기념행사에 참석해서 강연해준 박 교수에게 감사편지를 작성하면서 회의주제를 구체적으로 언급하면서 감사의 내용을 기재하였다.
>
> 다. 배 비서는 상사 대표이사 취임축하에 대한 감사장을 작성하면서 감사인사와 함께 앞으로 포부와 결의도 작성하였다.
>
> 라. 성 비서는 상사의 빙모상의 문상에 대한 답례장을 작성하면서 메일머지를 이용하여 부의금액을 정확하게 기재하면서 감사의 내용을 기재하였다.
>
> 마. 양 비서는 문상 답례장을 작성하면서 계절인사와 미사여구는 생략하고 담백하게 문상에 대한 감사의 내용을 기재하였다.

① 나 비서, 성 비서

② 배 비서, 양 비서

③ 강 비서, 나 비서

④ 강 비서, 성 비서

해설 가. 감사장에는 도움받은 금액을 언급하지 않는다.
　　　라. 문상에 대한 답례장에는 부의금액을 기재하지 않는다.

68 아래 보기에 스마트폰 애플리케이션이 2개씩 짝지어져 있다. 2개의 사용목적이 서로 다른 것끼리 짝지어진 것은?

> ㉠ 월드카드모바일(WorldCard Mobile)
> ㉡ 캠카드(CamCard)
> ㉢ 이지플래너
> ㉣ 조르테(Jorte)
> ㉤ 리멤버

① ㉠, ㉡

② ㉠, ㉣

③ ㉡, ㉤

④ ㉢, ㉣

해설 • 일정 · 시간관리 : ㉢ 이지플래너, ㉣ 조르테
　　　• 명함관리 : ㉠ 월드카드모바일, ㉡ 캠카드, ㉤ 리멤버

69 다음 중 기업이 존재하는 한 영구보존해야 하는 종류의 문서가 아닌 것은?

① 주주총회 회의록

② 정 관

③ 특허 관련 서류

④ 재무제표

> **해 설** 영구보존문서
> • 복원 불가능
> • 정관, 중요 계약관계 서류
> • 등기, 특허 관련 서류
> • 품의서, 주주총회 관계 서류 등

70 일정관리파일을 이용해 온라인으로 일정을 관리하는 방법이 가장 잘못된 비서는?

① 고 비서는 작성된 부서일정을 인트라넷을 통해 공유했다.

② 김 비서는 지속적으로 일정관리파일을 업데이트했다.

③ 최 비서는 한글프로그램으로 만든 일정파일의 파일명을 구체적인 일정과 날짜를 기입하여 관리한다.

④ 이 비서는 일정관리파일을 기간별로 정리하여 파일링하고 일＞주간＞월＞연간 단위순서로 하위폴더를 생성한다.

> **해 설** ④ 일정관리파일은 한눈에 보기 편하게 정리하는 것이 좋다.

71 엑세스를 활용한 명함 데이터베이스 관리의 특징으로 가장 잘못된 것은?

① 엑셀보다 다양한 데이터형식인 OLE개체, 일련번호, 첨부파일 등을 지원한다.

② 엑셀에서 입력한 데이터파일을 엑세스로 불러와서 활용할 수 있다.

③ 엑셀로 데이터를 내보내서 안내장, 편지라벨작업 등을 할 수 있다.

④ 엑세스에서는 편지병합기능을 이용한 편지작성, 라벨작업 등을 사용할 수 없다.

> **해 설** ④ 엑세스에서도 편지병합기능을 이용한 편지작성, 라벨작업 등을 사용할 수 있다.

72 다음 기사를 읽고 유추하기에 가장 부적절한 것은?

> 농림축산식품부는 유엔식량농업기구(FAO)가 발표한 8월 세계식량가격지수가 전월보다 1.9% 상승한 165.6포인트를 기록했다고 11일 밝혔다. 이는 지난달 반년 만에 하락했던 지수가 한 달 만에 다시 반등한 것이다. 특히 8월 식량가격지수는 2015년 5월 이후 최고 수준이고, 작년 같은 달보다도 7% 높았다.
>
> 곡물을 제외한 모든 품목의 가격이 상승한 가운데 유제품의 상승폭이 가장 컸다. 유제품은 전월보다 8.6% 상승한 154.6포인트를 기록했다. 유럽연합(EU)의 우유 생산량 감소 등으로 수출량이 예상치보다 적을 것으로 전망됐기 때문이다. 유지류의 경우 석 달 연속 떨어졌던 식물성 유지류의 가격이 전월보다 7.4% 상승한 169.1포인트를 기록했다. 주요 생산국인 말레이시아의 낮은 생산량과 부족한 세계 재고량, 수요 증대 등이 맞물리며 가격이 석 달 만에 상승세로 돌아선 것이다.
>
> 설탕은 세계 최대 설탕생산국인 브라질 통화의 달러 대비 강세로 가격지수가 2012년 10월 이후 최고 수준을 기록했고, 육류도 전월보다 0.3% 소폭 상승해 162.2포인트를 기록했다. 반면 곡물의 경우 밀이 수확시기를 맞아 공급이 늘면서 가격이 내려갔고, 쌀도 수확시기가 다가오고 구매수요는 줄면서 가격이 하락했다.
>
> (연합뉴스, 2016. 9. 11일자)

① 2016년 8월 세계식량가격지수가 1년 3개월 만에 역대 최고치를 갱신했다.
② 설탕은 브라질 통화의 강세로 인해서 2012년 11월보다 가격이 높아졌다.
③ 2016년 8월 기준으로 곡물 가격은 하락하였으나, 오히려 식량가격지수는 상승한 셈이다.
④ 유럽연합의 우유 수출량 감소 전망으로 인해 유제품 가격상승폭이 커졌다.

해설 ① 8월 식량가격지수는 2015년 5월 이후 최고 수준이지만 역대 최고치를 갱신한 것인지는 알 수 없다.

73 다음 그래프에 대한 설명이 가장 올바른 것은?

밀폐공간 질식사고 발생 추이

자료 : 안전보건공단

① 사고건수가 많으면 사망자 수도 비례해서 많아진다.
② 이 그래프는 혼합형 그래프로서 이중축 중 한 개 축이 보이지 않게 설정되었다.
③ 2014년에는 밀폐공간 질식사고가 나면 전원 사망하였다.
④ 2013년에는 전년 대비 사고건수는 감소했으나, 사망자 수가 늘어났다.

74 광고대행사인 상공기획에 근무하는 정은숙 비서는 상사의 광고수주를 위한 프레젠테이션 자료를 작성하고 있다. 이 중 가장 바람직하지 못한 것은?

① 우리회사의 광고대행 연간실적 추이를 보여주기 위하여 꺾은선 그래프를 이용한 차트를 포함하였다.

② 우리회사에서 전에 제작한 광고 중 관련된 분야의 히트친 광고 동영상을 서두에 보여주면서 시선을 끌었다.

③ 시선을 지속적으로 끌기 위해서 매 슬라이드마다 화려한 화면전환 효과와 현란한 애니메이션 기능을 활용하였다.

④ 광고주가 요청한 사항을 어떻게 처리할 것인지를 명쾌하게 전달할 수 있도록 도식화하였다.

해설 ③ 시선을 분산시켜서 집중도를 떨어뜨릴 정도의 화려한 애니메이션, 화면전환 등은 피해야 한다.

75 다음 중 컴퓨터 바이러스 랜섬웨어에 대한 설명이 가장 적절하지 않은 것은?

① 랜섬웨어는 이메일, 웹사이트, P2P 서비스 등을 통해 주로 퍼진다.

② 랜섬웨어에 걸렸을 경우 컴퓨터 포맷은 가능하나 파일을 열거나 복구하기가 힘들다.

③ 랜섬웨어 예방법으로는 컴퓨터를 켜기 전에 랜선을 뽑아두거나 와이파이를 꺼두는 방법이 효과적이다.

④ 랜섬웨어 예방을 위해서는 랜섬웨어가 생기기 전의 오래된 윈도우즈가 효과적이므로 오래된 운영체계로 변경하도록 한다.

해설 ④ 최신 운영체계로 업데이트하는 것이 랜섬웨어 예방에 더 효과적이다.

76 다음 보기와 같은 비서의 행동 중에서 가장 적절하지 않은 것으로 묶인 것은?

> 가. 문서세단기가 없어서 문서내용을 확인할 수 없도록 가위로 작게 잘라 버렸다.
> 나. 컴퓨터의 OS와 웹브라우저를 최신버전으로 주기적으로 업데이트하였다.
> 다. 상사의 근황을 묻는 방문객의 질문에 일체 답변하지 않았다.
> 라. 상사 부재 시에 찾아온 내방객에게 상사의 예정 귀사 시간을 알렸다.
> 마. 컴퓨터 작업 시에 스크린세이버 기능을 활성화시켜 두었다.
> 바. 대외비에 해당하는 문서는 사내에서는 자유롭게 열람하도록 공개하였다.
> 사. 상사의 집무실 비밀번호를 정기적으로 변경하였다.
> 아. 상사의 개인 정보를 외부에서 요청해와서 상사에게 개인정보동의서를 직접 날인 받아서 함께 전달하였다.
> 자. 상사의 내외부 고객의 명함을 분실대비와 관리상의 편리를 위해 데이터로 입력해서 관리 보관하였다.

① 다, 라
② 다, 바
③ 다, 자
④ 다, 라, 바, 자

해설 다. 방문객이 상사의 근황에 관하여 필요 이상으로 자세히 물을 때에는 일단 주의하여 개략적인 답변만 한다.
바. 사내에서도 대외비에 해당하는 문서는 비밀유지에 주의하여야 한다.

77 다음 중 클라우드 서비스에 대한 설명으로 가장 적절하지 않은 것은?

① 클라우드 서비스의 종류는 Dropbox, OneDrive, 구글드라이브 등이 있다.
② 저장할 수 있는 공간은 종류에 따라 다르게 제공한다.
③ 동영상, 사진, 문서 등 파일의 형태를 가리지 않고 저장이 가능하다.
④ 언제 어디서든 인터넷이 가능하지 않아도 저장한 파일을 불러올 수 있다.

해설 ④ 인터넷이 가능해야 저장한 파일을 불러올 수 있다.

78 다음은 기업에서 발생한 컴퓨터 범죄의 예이다. 이 사례에 해당하는 컴퓨터 범죄는 무엇인가?

> 특정 기업의 기밀정보를 탈취할 목적으로 공격자는 목표가 되는 기업임원에게 제품문의를 가장한 악성메일을 발송하였다. 공격자는 메일 발신자를 협력업체 직원의 메일주소로 위장하여 기업의 임원이 의심 없이 첨부된 악성코드를 실행하도록 유도하였다. 메일에 첨부된 문서파일 실행 시 취약점에 의해 내부에 저장된 악성코드 파일이 자동생성 및 실행되며, 위장용으로 문서파일을 보여주었으나 빈 문서였다. 악성코드는 자동적으로 실행되어 임원 컴퓨터에 있는 기업의 기밀정보를 유출하게 되었다.

① 스파이웨어
② 하이재킹
③ 스피어피싱
④ 디도스공격

> **해설** ③ 스피어피싱은 특정한 개인들이나 회사를 대상으로 한 피싱공격으로, 공격자가 목표에 대한 정보를 수집·분석하여 피싱공격을 한다.

79 김 비서는 신제품 런칭을 위한 상사의 프레젠테이션을 준비하고 있다. 다음 업무를 처리하기 위해 필요한 사무기기가 순서대로 나열된 것은?

> (가) 프레젠테이션 발표용 시각자료 준비
> (나) 발표자료 제본
> (다) 프레젠테이션을 보여주기 위한 준비
> (라) 신제품을 청중에게 선보이기

① (가) 파워포인트 – (나) 열제본기 – (다) OHP – (라) 팩시밀리
② (가) 키노트 – (나) 인쇄기 – (다) 실물환등기 – (라) 프로젝터
③ (가) 프레지(Prezi) – (나) 문서재단기 – (다) 빔프로젝터 – (라) 실물화상기
④ (가) 프레지(Prezi) – (나) 링제본기 – (다) LCD프로젝터 – (라) 실물화상기

> **해설** • 프레지(Prezi) – (가)
> • 링제본기 – (나)
> • LCD프로젝터 – (다)
> • 실물화상기 – (라)

80 IT 관련 회사에 다니고 있는 황 비서는 아래의 해외 거래처와 주고받은 문서정리를 위하여 알파벳순으로 파일링을 하고 있다. 이때 각 폴더의 순서가 가장 올바른 것은?

가. Hewlett-Packard
나. HP Supplies, Inc.
다. Microsoft Japan
라. Micro-soft Singapore
마. Hewlett Johnson Enterprise

① 마 - 가 - 나 - 라 - 다
② 나 - 마 - 가 - 라 - 다
③ 마 - 가 - 나 - 다 - 라
④ 가 - 나 - 마 - 다 - 라

해설 하이픈(-)의 위치에 주의한다.
명칭별 정리의 장·단점

장점	• 동일한 개인 혹은 회사에 관한 문서가 한곳에 집중된다. • 직접적인 정리와 참조가 가능하며 색인이 불필요하다. • 가이드나 폴더의 배열 방식이 단순하다. • 잡건(雜件)의 처리가 용이하다.
단점	• 비슷한 명칭이 밀집해 있다. • 명칭, 특히 조직명의 표시 방법에 관련하여 문서가 분산된다.

01 비서직에 대한 설명으로 가장 적절하지 않은 것은?

① 비서직은 산업혁명 이후 기업이 급격히 증가함에 따라 보편적인 직업이 되었다.

② 비서직은 사회변화와 함께 지속적으로 변화해 왔으며 최근 기업구조조정과 기술혁명, 전자 사무시스템 등의 출현으로 팀을 보좌하는 역할에 대한 요구가 확대되고 있다.

③ 비서는 업무수행 시 상사의 지시에 한정하여 정확하고 신속하게 업무를 처리해야 한다.

④ 비서는 지속적인 자기개발을 할 수 있도록 비서 재교육이 이루어질 필요가 있다.

> 해설 본인 업무 이외에도 두루 살피려고 하는 업무태도를 함양하는 것이 중요하다.

02 IT 기업에 근무하는 박노을 비서는 어문학을 전공한 3년차 비서이다. 박 비서는 최근 구조조정으로 회사의 분위기가 예전 같지 않은 상황이라 이직을 고민하고 있다. 다음 중 박 비서의 경력개발계획으로 가장 적절한 것은?

① 박 비서는 전문비서를 희망하므로 현재 재직 중인 회사에서 경력개발을 할 수 없다면 즉시 퇴사하고 구직활동을 다시 시작한다.

② 박 비서는 먼저 자신의 경력에 관한 장기적인 목표를 확실히 한 후, 이에 따라 현재 실천할 수 있는 단기적이고 구체적인 계획을 수립한다.

③ 박 비서는 IT회사에 재직한 경험을 바탕으로 유망한 4차 산업기술 관련 대학원에 진학한다.

④ 박 비서는 회사가 불안정한 상황이므로 이직 준비를 위해 회사근무시간 중에 여유시간을 이용하여 이력서와 자기소개서를 업데이트한다.

> 해설 **효과적 목표설정**
> • 목표는 반드시 원대할 필요는 없으며, 현재의 능력, 환경 등을 고려하여 실현할 수 있는 합리적인 목표를 세운다.
> • 실현 가능한 목표를 세우되 너무 쉽게 성취할 수 있는 목표보다는 도전할 만한 가치가 있는 목표를 세운다.
> • 애매모호한 목표보다는 구체적인 목표를 설정한다.
> • 단기목표와 장기목표가 서로 조화되도록 설정한다.
> • 목표는 일정시간이 지난 후에 평가할 수 있도록 정한다.

03 다음의 전화 대화 중 적절하지 않은 항목으로 묶인 것은?

> 비서 : ⓐ 안녕하십니까? 가나전자 사장실입니다.
> 고객 : 네, 삼신물산 김동훈 부장인데 사장님 통화 가능한가요?
> 비서 : ⓑ 죄송합니다만 사장님은 지금 통화 중이십니다. 잠시 기다려주십시오.
> 고객 : 예.
> 비서 : 예, 부장님. 그럼, 통화 끝나시는 대로 연결해 드리겠습니다.
>   ⓒ (비서는 통화 버튼을 눌러놓는다.)
>   (통화가 길어진다.)
> 비서 : 부장님, 죄송합니다만 사장님께서 통화가 좀 길어지시는 것 같습니다. 계속 기다리시겠습니까?
>   아니면 통화 끝나는 대로 연결해 드릴까요?
> 고객 : 그럼, 사장님 통화 끝나시는 대로 전화 부탁해요.
> 비서 : 네, 알겠습니다. ⓓ 김 부장님, 제가 전화번호를 확인할 수 있을까요?
> 고객 : 515-7745입니다.
> 비서 : 네, 515-7745번이요. 사장님께서 통화 끝나시는 대로 연락드리겠습니다. 안녕히 계십시오.

① ⓐ, ⓑ   ② ⓐ, ⓒ
③ ⓑ, ⓒ   ④ ⓒ, ⓓ

해설 • 오래 기다리게 할 때(ⓑ)
    – 상사가 금방 전화를 받지 못할 경우에는 상대방에게 상황을 알리고 계속 기다릴지 혹은 메시지를 남긴 후 다시
      통화연결을 원하는지를 물어본다.
    – 계속 기다린다고 하더라도 상사의 다른 전화통화가 금방 끝나지 않을 것으로 예상되거나, 상대방의 직위가 상사
      보다 높거나 고객인 경우 통화가 끝나는 대로 비서가 연결할 것을 제의한다.
• 전화를 연결할 때(ⓒ)
    – 다른 사람에게 전화를 연결할 때에는 보류버튼을 누르거나 송화구를 손으로 막고, 상대방의 성명과 용건을 간단
      히 전하고 연결한다.
    – 다른 부서로 연결할 때에는 끊어질 경우를 대비하여 내선번호나 전화번호를 안내해주고 연결한다.
    – 즉시 바꿔주지 못하고 지연될 때에는 수시로 중간상황을 알린다.

04 다음 중 전화부가서비스 이용에 대한 설명으로 적절하지 않은 것은?

① 상사가 이번 포럼에 참가했던 100명이 넘는 참가자에게 동일 메시지를 보내야 해서 크로샷 서
비스를 이용해서 문자메시지를 발송하였다.
② 해외출장 중인 상사 휴대폰 로밍 시에 무제한요금제는 비용이 많이 발생하므로, 이동 중에 공
유해야 할 자료와 정보는 별도로 이메일로 전송하였다.
③ 해외지사와 연락을 할 때 시차로 업무시간 중 통화가 힘들어 전화사서함을 이용해서 메시지를
주고받았다.
④ 비서가 상사와 함께 외부에서 개최하는 회의에 종일 참석하게 되어 착신통화 전환을 해서 외부
에서 사무실 전화처리를 할 수 있도록 하였다.

해설 무제한 데이터 요금제 등에 가입하거나 로밍에그를 사용하면 요금폭탄을 피할 수 있으며, 이 밖에 요금이 지나치게
많이 나오지 않도록 데이터 로밍 요금상한 서비스를 신청하는 방법도 있다.

05 김 비서가 근무하는 상공물산 사옥 준공식에 산업통상자원부 차관이 참석하게 되었다. 김 비서의 업무처리 중 가장 적절한 것은?

① 차관의 일정은 기밀이므로 차관이 몇 시에 행사에 도착하는지 몇 시에 행사장을 떠나야 하는지 등에 대해서는 그 누구에게도 확인해서는 안 되고 차관실에 전적으로 맡겨야 한다.

② 상공물산 주차관리실에 연락하여 차관의 차량번호를 등록해 놓는다.

③ 의전원칙에 따라 준공식이 시작한 후 차관이 도착하도록 일정을 수립한다.

④ 바쁜 차관의 일정을 고려하여 일정 중간에 자리를 비울 수 있도록 차관의 자리는 출입문 옆쪽으로 정한다.

> **해설** ① 차관이 행사장에 도착하는 시간 및 떠나는 시간 등은 미리 알아두어야 결례를 범하지 않을 수 있다.
> ③ 준공식을 시작하기 전 차관이 도착하도록 일정을 수립하여야 차관을 맞이하고 자리를 안내하는 데 차질이 생기지 않는다.
> ④ 좌석의 배치는 사내 의전규정을 따르며 일반적으로 의장의 좌석은 의사진행을 하기 좋은 중앙에 배치한다. 내빈과 상사는 될 수 있는 대로 상석에 배치하며 주최 측 중 회의운영 관련자는 입구 가까운 곳에 배치한다.

06 다음 중 비서의 자세로 가장 적절하지 않은 것은?

① 비서는 상사의 인간관계 관리자로서 상사의 인간관계에 차질이 생기지 않도록 최근에 만남이 소원했던 사람들이 누구인지 말씀드린다.

② 마감일이 임박해서야 일을 서두르는 상사에게 미리 미리 업무를 처리하는 것이 업무의 효율성을 높일 수 있음을 말씀드린다.

③ 비서는 상사의 장점은 대외적으로 높이고 약점은 비서가 보완할 수 있는 방안을 찾도록 노력한다.

④ 상사의 지시사항 수행 중 발생된 문제는 업무 중간에 보고하고 상사의 의견을 듣는다.

> **해설** ② 마감일이 오기 전에 상사가 해야 할 일을 잊고 있는 것 같으면 미리 언질을 주어야 업무 마감 일정에 차질이 생기는 것을 방지할 수 있다.

07 최근 벤처회사 대표비서로 이직한 A비서는 급증한 업무량으로 매일 야근을 하면서 스트레스를 받고 있다. 다음 중 A비서의 업무 문제해결방법으로 가장 적절한 것은?

① 상사에게 솔직하게 어려움을 이야기한 후 비서 업무분장을 조정해 줄 것을 상사에게 요청한다.

② 상사에게 업무의 우선순위를 검토해 줄 것을 요청한 후 우선순위가 높은 비서업무에만 집중하는 것이 업무의 효율성을 높이는 데 도움이 됨을 상사에게 말씀드린다.

③ 가급적이면 쉬운 일을 먼저 끝내 어려운 업무를 할 수 있는 시간을 확보한다.

④ A비서의 업무 중 사무관리시스템으로 처리가 가능한 업무를 선별하여 사무관리시스템으로 처리될 수 있는 방안을 담당부서와 논의해 본다.

해설 ③은 단기적으로만 효과가 있는 방법이다. 무리하게 일이 많은 경우 어떤 부분이 비효율적인지를 스스로 파악하고 검토하여 처리시스템을 변경할 것을 협의하는 ④의 해결책이 바람직하다.

08 다음 중 비서의 일정관리 업무수행방식으로 가장 적절하지 않은 것은?

① 상사가 참석하는 행사에서 상사의 역할을 확인한 후 관련 자료를 준비하는 등의 보좌업무를 수행한다.

② 상사의 사정으로 일정을 변경해야 하는 경우 신속히 관련자에게 연락을 하여 새로운 일정을 수립한다. 새 일정 수립 시 상대방의 일정을 우선 고려한다.

③ 회의나 면담 직전에 자주 일정을 변경하는 상사의 스타일을 고려해 일정변경이나 취소 시 즉각적으로 연락을 취할 수 있는 방안을 마련해 상사의 대내외 신뢰도를 유지할 수 있도록 한다.

④ 상사의 일정은 상사를 비롯하여 관련 부서나 담당자들, 수행비서나 운전기사에게 전달하여 공유해야 하는데, 일정을 공유할 때 최대한 구체적 내용을 공유해 상사의 일정이 원활하게 진행되도록 한다.

해설 ④ 일정표의 내용이 상사의 직무에 관련하여 기밀 사항이 되어 있는 경우에는 특히 보안 유지에 주의해야 한다.

09 상사가 처음 만나는 중요한 손님과 오찬일정이 잡혔다. 이 경우 비서의 업무자세로 가장 적절하지 않은 것은?

① 손님의 약력과 소속회사와 관련된 뉴스 등을 검색하여 정리한 후 상사에게 보고한다.

② 식사장소까지 이동하는 데 걸리는 시간을 Door to Door 시간으로 예측하여 일정을 수립하였다.

③ 처음 만나는 손님과 편안한 대화를 시작할 수 있도록 상대방의 주요관심사가 무엇인지 알아본 후 상사에게 보고한다.

④ 항상 최근의 트렌드를 중요시하는 상사의 취향을 고려하여 최근 방송에 나온 인기 있는 음식점을 식사장소로 예약했다.

> **해설**　④ 상사의 취향보다는 손님의 취향을 고려하여 식사장소를 정하는 것이 좋다.

10 다음 중 항공권에 표기된 제한사항에 대한 설명으로 잘못된 것은?

① NON-REF : 환불불가

② NO MILE UPGRADE : 마일리지 없이 업그레이드 가능

③ NON-ENDS : 다른 항공사로 티켓 변경 불가

④ NON-RER : 다른 여정으로 변경 불가

> **해설**　② NO MILE UPGRADE : 마일리지 좌석 업그레이드 사용 불가

11 상사 외부행사 참석 시 비서의 의전업무 순서로 가장 알맞은 것은?

> ㉠ 상사의 좌석배치를 확인한다.
> ㉡ 상사의 동선을 파악한다.
> ㉢ 행사에서 상사의 역할을 확인한다.
> ㉣ 행사장 배치도를 확인한다.
> ㉤ 운전기사와 행사정보를 공유한다.

① ㉠ - ㉡ - ㉢ - ㉣ - ㉤

② ㉢ - ㉣ - ㉠ - ㉡ - ㉤

③ ㉢ - ㉣ - ㉡ - ㉠ - ㉤

④ ㉣ - ㉢ - ㉡ - ㉠ - ㉤

> **해설**　행사에서 상사의 역할을 확인한다. → 행사장 배치도를 확인한다. → 상사의 동선을 파악한다. → 상사의 좌석배치를 확인한다. → 운전기사와 행사정보를 공유한다.

12 다음 달에 해외출장을 계획하고 있는 상사를 보좌하는 비서의 업무수행 방법으로 적절하지 않은 것은?

① 항공권 예약 시 경비절감을 위해 항공료가 저렴한 항공일정 변경이나 취소 시 위약금이 발생하는 항공권을 예약하였다.

② 항공권 예약 시 발권마감일 전에 결재할 수 있도록 발권마감일을 일정표에 기록해 두었다.

③ 항상 시간에 쫓기는 상사를 위해 공항에서 빠르게 수속을 마칠 수 있는 프리미엄 체크인 시스템을 확인해 두었다.

④ 출장지의 정치 · 경제적 상황에 관한 뉴스를 검색한 후 보고하였다.

> **해설** 저렴한 항공일정 변경이나 취소 시 위약금이 발생하는 항공권을 예약하면 추후 일정변경이 있을 때 어려움을 겪을 수 있다.

13 회사 창립기념식 행사 시 최상위자인 회장과 회장 배우자가 참석한다. 이때 회장 배우자의 좌석 위치는?

단상좌석	6	5	4	회 장	1	2	3

단하의 청중좌석

① 1   ② 4
③ 3   ④ 6

> **해설** VIP 내외분 참석 시 단상 좌석배치도에 따라 회장(VIP)의 배우자는 VIP 부인의 위치(문제의 그림에서 1의 위치에 해당)에 착석하는 것이 좋다.
>
> **단상 좌석배치**
> • VIP 참석
>
>
>
> | 4 | 2 | VIP | 1 | 3 | 5 |
> |---|---|---|---|---|---|
>
> | 단 상 |
> |---|
>
> • VIP 내외분 참석
>
>

14 다음 중 매너에 맞는 행동은?

① 초청장에는 'Smart Casual'이라 되어 있어서 최신유행에 맞게 캐쥬얼한 자유복장으로 청바지와 티셔츠로 갈아입고 참석하였다.

② 오늘 만찬 주최자인 ABC 회장이 연회장을 돌아다니면서 와인을 따라 주기에 잠시 자리를 비운 옆의 손님의 와인까지 회장에게 요청하여 받아두었다.

③ 식사 도중에 급한 전화가 걸려 와서 냅킨을 접어 테이블 위에 올려놓고 나가서 전화를 받았다.

④ 디저트 과일로 씨 없는 포도가 나와서 손으로 먹었다.

> **해설** 디저트 식사예절
> • 디저트는 프랑스어로 디즈빌(치우다)에서 유래한다.
> • 디저트는 약간 달콤한 종류로 과일이나, 아이스크림, 케이크, 푸딩 등이 나온다.
> • 디저트가 제공되기 전 건배가 제의되기도 한다.
> • 프랑스에서는 디저트 전에 치즈를 먹기도 한다.
> • 수분이 많은 과일은 스푼으로 먹는다.
> • 포도의 씨와 껍질은 손바닥 안에 뱉어 접시에 살짝 놓는다.
> • 핑거볼은 한손씩 교대로 씻는다.

15 다음은 상사의 친부상을 치르고 난 후 발송할 감사인사장 내용의 일부이다. 한자가 바르지 않은 것은?

① 보내주신 따뜻한 위로와 厚意에 감사드립니다.

② 후일 댁내에 愛敬史가 있을 때 언제든지 연락 주시기 바랍니다.

③ 일일이 찾아뵙지 못하고 인사 말씀 전하게 됨을 넓은 마음으로 惠諒하여 주십시오.

④ 김영철 拜上

> **해설** ② 애경사 : 哀慶事

16 다음 중 비서의 보고자세로 가장 적절한 것은?

① 상사의 집무실에 들어가 보고할 때 비서의 보고위치는 상사의 앞이다.

② 대면보고 시에는 결론부터 논리적으로 구두로 설명하는 것이 바람직하므로 문서보고까지 병행하여 상사의 시간을 빼앗아서는 안 된다.

③ 보고 전에 상사가 가장 관심 있는 내용을 확인한 후 육하원칙을 기본으로 결론부터 보고한다.

④ 보고는 상사가 물어보기 전에 하고 보고할 때는 비서의 의견을 먼저 말씀드려 상사가 바른 의사결정을 할 수 있도록 해야 한다.

- 명령·지시받은 일을 끝내면 즉시 보고한다.
- 보고는 결론을 먼저 말하고 필요가 있다면 이유, 경과 등의 순으로 한다.
- 미리 보고할 내용을 정리하여 육하원칙에 따라 요점을 순서 있게 메모해 둔다.
- 보고는 적당히 끊어서 요점을 강조하되 추측이나 억측은 피하고 사실을 분명하게 설명한다.
- 시일이 걸리는 일은 중간보고를 통하여 경과, 상황 등을 빠짐없이 보고한다.
- 보고는 지시한 사람에게 한다. 그러나 지시한 사람이 직속상사가 아닌 경우에는 상사에게도 보고한다.

17 상사를 보좌하는 비서의 업무처리 방식에 대한 설명으로 가장 적절하지 않은 것은?

① 비서는 업무를 하는 동안 상사에 관한 다양한 정보를 취득하게 되는데 취득된 정보는 잘 기록해 필요시 업무에 활용한다.

② 상사의 이력을 대내·외적인 필요에 의해 공개하거나 제출해야 할 경우 비서는 상사의 이력서 내용 전문을 제공하도록 한다.

③ 인물 데이터베이스를 제공하는 포털사이트나 언론사 사이트에서 상사의 경력사항이 잘못되거나 누락되었을 경우 정보수정을 요청한다.

④ 상사 개인 신상에 관한 정보는 예전 기록이나 관련 서류 등을 통해 파악할 수 있다.

해설 ② 상사의 이력을 대내·외적인 필요에 의해 공개하거나 제출해야 할 경우 비서는 상사의 이력서 내용 전문보다는 요구되는 부분 위주로 제공한다.

18 다음 중 업무처리가 가장 적절하지 않은 것은?

① A비서는 상사 주재 컨퍼런스에서 외부강연 특강료가 통장에 늦지 않게 입금되도록 강연자에게 주민등록증과 통장사본을 미리 제출해 달라고 부탁하였다.

② 비서실 예산계획서는 경비항목별로 예산액과 전년도 예산액을 비교하여 전년도 대비 증감액을 표시하였다. 경우에 따라서 증감액 상세 이유와 내역을 주석으로 작성하였다.

③ C비서는 회의 저녁식대로 일인당 50,000원짜리 정식을 명수만큼 예약한 후, 법인카드로 지출 후 세부내역이 나온 간이영수증을 첨부하였다.

④ D비서는 비서실에서 사용하는 소액현금(Petty Cash)을 필요시 사용하고, 소액현금보고서는 매달 영수증을 첨부하여 경리과에 제출하였다.

해설 접대비는 신용카드, 직불카드, 세금계산서, 계산서, 기명식 선불카드, 현금영수증 등으로 지출 증빙이 가능하지만, 3만 원이 초과하는 간이영수증의 경우는 지출증빙처리가 불가능하다.

19 거래처 사장의 빙부 부고소식을 전화로 듣고 비서가 상사에게 보고 전에 반드시 확인해야 할 사항이 아닌 것은?

① 장 지
② 빈 소
③ 발인일
④ 호상 이름

해 설 부고알림에서 필수적으로 들어가는 부분(장지, 장례식장, 발인장소, 장일 등)은 반드시 확인해서 보고해야 한다. 이밖에 별세일, 상주 및 호상의 이름도 부고알림에 기재될 수 있으나 이는 필수적으로 전달할 사항은 아니다.

20 다음 중 비서의 내방객 응대방식으로 가장 적절한 것은?

① 삼호물산 김희영 본부장이 처음 우리 회사를 방문하였다. 비서가 "사장님! 삼호물산 김희영 본부장님이십니다. 그리고 이 분은 저희 회사 김영철 사장님이십니다."라고 소개를 한 후 자리로 안내하였다.

② 상사가 급하게 외출하게 되어 선약된 손님과 약속을 못 지키게 되었다. 상사로부터 아무 지시도 못 받은 비서는 할 수 없이 관련 업무담당자를 섭외하여 방문한 손님과 만나도록 주선하였다.

③ 상사로부터 지시받지 못한 부분에 대해 내방객이 질문을 하여 비서는 추후 확인한 후 말씀드리겠다고 하였다.

④ 대기실에서 여러 명의 내방객이 기다리게 되어 비서는 내방객들을 서로 소개시킨 후 차를 대접하였다.

해 설 손님응대 시 예절
• 손님응대 시의 올바른 예절이란 아름다운 매너와 자세, 적극적인 마음가짐으로 상대방의 입장을 배려하는 것으로 상대방에게 현재 무엇이 필요한지를 적극적으로 파악하여 응대하는 것이다.
• 친절한 말씨로 상대방에게 공손히 말하고, 상대방의 이야기를 끝까지 들어주며 자신의 주관적인 감정을 표현하지 않는다.
• 손님응대 시 유의사항
  – 손님이 기다리지 않도록 먼저 적극적인 태도를 보인다.
  – 손님과의 논쟁은 금하고 친절함을 잃지 않는다.
  – 무관심은 금물이며, 성의를 가지고 대한다.
  – 손님의 이야기를 가로막지 않고 끝까지 들어 준다.

21 다음은 기업의 윤리적 기준을 기술하는 윤리적 행동에 대한 여러 가지 접근법에 대한 설명이다. 다음 중 가장 옳지 않은 것은?

① 이기주의 접근법은 이윤극대화, 능률성, 경쟁 등 조직이익 우선의 개념을 정당화한다.

② 공리주의 접근법은 비용-효익분석이라고도 하며 행위의 동기가 아닌 객관적 결과에 의해 판단하려는 것이다.

③ 도덕적 권리 접근법의 일환으로 나온 법안으로 공정거래법, 공해방지법 등이 있다.

④ 사회적 정의 접근법에서는 정당성, 공정성, 공평성을 중시한다.

> **해설** 이기주의 접근법에서 이기주의는 윤리적 이기주의를 말하며 이타주의, 부분적으로는 공리주의와 대립된다. 개인의 선(善=이익)이라는 목적을 행동의 의무, 올바름의 유일한 기준으로 삼는 점에서 실제로는 목적론적 윤리관의 한 형태를 취한다.

22 기업의 입장에서 볼 때 그 대상을 파악할 수 있기 때문에 영향력 행사가 가능하며, 관리 가능한 환경은 다음 중 무엇인가?

① 일반환경   ② 문화환경

③ 과업환경   ④ 경쟁환경

> **해설** **과업환경**
> 특정한 기업이 목표설정 및 목표를 달성하기 위한 의사결정을 내리는 데에 직접적으로 영향을 미치는 환경을 말하며 각 기업에 따라 다르다. 과업환경에 대한 분류 역시 학자마다 견해가 다양하다. 과업환경은 기업의 행동에 직접적인 영향을 미치며, 그 범위가 일반환경에 비해서 작고, 기업이 어느 정도 통제할 수 있다는 점 등이 특징이다.

23 다음 중 기업의 경영환경에 대한 설명으로 가장 적절하지 않은 것은?

① 거시환경과 미시환경은 기업에 대해 서로 상호연관된 형태로 영향을 미친다.

② 기업의 조직문화, 조직목표 등도 조직경영에 영향을 미칠 수 있으므로 기업 내부환경으로 본다.

③ 기업환경은 기업의 활동에 위협이 되기도 하므로 기업에게는 외부환경 변화에 대한 신축적 대응이 필요하다.

④ 오늘날 기업환경 변화의 특성은 오랫동안 계속되는 지속성을 가지고 있으므로 변화의 원인을 쉽게 예측할 수 있다.

> **해설** 환경은 수시로 변하며, 변화의 방향이 불확실하다.

24 다음은 대기업과 비교하여 상대적인 중소기업의 유리한 점에 대해 기술한 것이다. 보기 중 가장 거리가 먼 것은?

① 대기업에 비해 신제품 출시와 개발속도가 빠르고 자금과 인력이 적게 든다.

② 개인별 맞춤서비스를 원하는 특수분야 시장에는 중소기업이 유리하다.

③ 소수의 몇 사람이 출자하여 직접 경영에 참여하며 기업의 생명이 소유주 개인에 달려있다.

④ 대기업이 쉽게 진출하지 않는 수요량이 적은 틈새시장 공략에 유리하다.

> **해설** **중소기업**
> • 새로운 개념도입과 신제품 출시의 혁신적 경영
> • 틈새시장 확보에 유리
> • 지역경제 발전에 기여
> • 개인의 경제적 욕구 및 아이디어 실현
> • 경영 의사결정 신속
> • 기업환경의 변화에 빠르게 대응
> • 강하고 인간적인 유대관계

25 다음 중 공기업의 특징에 대한 설명으로 가장 적절하지 않은 것은?

① 국가예산의 범위에 한정된 자금으로 운영되므로 자본조달의 어려움이 따르는 경우가 많다.

② 법령이나 예산에 구속되어 경영상의 자유재량이 결여되기 쉽다.

③ 조세감면의 특혜를 받아 세금이나 공과금이 면제되거나 낮은 경우가 많다.

④ 공기업은 이익추구와 함께 공익추구도 함께 고려하여야 하며, 투자의사결정은 공기업의 공공성을 달성할 수 있도록 수행되는 경우가 많다.

> **해설** **공기업의 특징**
> • 매년 국회의 의결을 얻어 확정되는 예산에 의해 운영된다.
> • 예산회계 및 감사 관계법령의 적용을 받는다.
> • 직원은 공무원이며 그들의 임용방법, 근무조건 등은 일반 공무원과 동일하다.
> • 이 형태의 공기업은 중앙관서 또는 그 산하기관의 형태로 운영된다.
> • 정부부처의 형태를 지닌 공기업은 창의력과 탄력성을 상실하기 쉽다. 그래서 많은 국가에서 정부부처의 형태를 지닌 공기업을 공사로 전환하고 있다.

26 다음 중 벤처캐피털의 특징에 대한 설명으로 가장 옳지 않은 것은?

① 벤처캐피털은 위험은 크지만 고수익을 지향하는 모험자금이다.

② 벤처캐피털은 투자기업을 성장시킨 후 보유주식을 매각하여 자본이익을 얻고자 투자한다.

③ 벤처캐피털은 투자기업의 경영권 획득이 목적이 아니라 사업에 참여방식으로 투자하는 형식을 취한다.

④ 벤처캐피털은 투자심사에 있어서 기업의 안정성, 재무상태, 담보능력을 가장 중요시한다.

> **해설** 벤처캐피털의 특징
> - 투자방식 : 자본참여(주식에 대한 투자형식)
> - 자금원천 : 고수익, 고위험 지향의 투기성 자금
> - 투자관심사 : 기업의 경영능력, 기술성, 성장성, 수익성 중시
> - 연대의식 : 투자기업의 성장이 수익과 직결되어 연대의식이 강함
> - 회수방법 : 소유주식의 매각, 배당
> - 투자기간 : 비교적 장기투자
> - 담보유무 : 무담보, 무보증 투자가 주류

27 다음 중 여러 가지 조직구조에 대한 설명으로 가장 적절하지 않은 것은?

① 수평적 분화는 부문화와 직무의 전문화 등으로 나타난다.

② 조직의 공식화 수준이 높을수록 조직구성원 개인의 직무수행에 대한 재량권이 증가한다.

③ 집권화가 큰 조직은 의사결정권한을 상위층의 경영자가 보유하게 된다.

④ 분권적 관리조직은 신속한 의사결정이 가능하지만 공동비용의 발생으로 비용증가의 가능성이 있다.

> **해설** 조직의 구조적 변수
> - 공식화
>   - 조직 내 직무가 표준화되어 있는 정도
>   - 조직구성원들이 수행하는 업무들이 어느 정도 공식적인가에 대한 개념
>   - 공식화가 고도화된다는 것은 개인의 재량권이 낮다는 것을 의미 → 공식화가 너무 지나치면 개인의 자유 재량권을 제한
> - 집권화와 분권화
>   - 집권화는 조직이 사용 가능한 자원분배와 관련된 의사결정의 집중 정도. 조직구성원 간의 직무수행에 관계된 직위권한이 어떻게, 얼마나 분배되는지에 따라 집권화 또는 분권화가 결정됨
>   - 최근에는 집권화에서 분권화 쪽으로 권한관계가 변화되는 경향이 있어, 과거의 수직적인 간호조직에서 팀제나 파트장이라는 분권화된 직책으로 개편되는 조직이 증가
>   - 대규모 조직인 경우에는 일반적으로 분권화가 더 적절
>   - 비교적 일상적이고 규칙적인 직무의 경우에는 집권화가 적절한 반면, 일정하지 않고 불규칙적인 직무의 경우에는 하부의 실무계층에 위임하는 분권화가 적절

28 아래 내용의 ⓐ, ⓑ에 해당되는 용어를 짝지어 놓은 것으로 가장 적절한 것은?

> • ⓐ는 동일지역 또는 인접지역에 있고 서로 관련성이 있는 여러 업종의 기업이 유기적으로 결합된 2개 이상의 기업결합체를 말한다.
> • ⓑ는 몇 개의 기업이 법률적 독립성을 유지하면서 금융적, 자본적으로 결합된 기업결합형태를 말한다.

① ⓐ 콤비나트(Kombinat) – ⓑ 콘체른(Concern)
② ⓐ 컨글로메리트(Congolmerate) – ⓑ 트러스트(Trust)
③ ⓐ 컨글로메리트(Congolmerate) – ⓑ 콘체른(Concern)
④ ⓐ 콤비나트(Kombinat) – ⓑ 트러스트(Trust)

해설 기업집중의 유형
• 카르텔(Cartel) : 독점을 목적으로 하는 기업 간의 협정 또는 협정에 의한 횡적 결합으로 기업연합이라고도 한다.
• 트러스트(Trust) : 기업합동이라고도 하며 법률로써 그리고 경영상 내지 실질적으로도 완전히 결합된 기업결합형태이다.
• 콘체른(Concern, Konzern) : 법률적으로 독립해 있는 몇 개의 기업이 출자 등의 자본적 연휴를 기초로 하는 지배종속관계에 의해 형성되는 기업결합체로 기업결합이라고도 한다.
• 콤비나트(Kombinat, Combinat) : 상호보완적인 여러 생산부문이 생산기술적인 관점에서 결합하여 하나의 생산집합체를 구성하는 결합형태이다.
• 컨글로메리트(Conglomerate) : 눈사람처럼 쌓여 자꾸만 확대되는 것을 의미하고, 흔히 '집괴기업'이라고도 불리며 복합합병의 일종이다.

29 다음 중 조직문화의 기능에 대한 설명으로 가장 옳지 않은 것은?

① 조직구성원 간의 정서적 유대감을 높여준다.
② 조직구성원 간의 커뮤니케이션 효율성을 높인다.
③ 강한 조직문화를 가진 기업의 경우, 전념도가 높아져 조직의 결속이 높아진다.
④ 조직문화는 항상 조직의 의사결정 효율성을 저해하는 요인으로 작용한다.

해설 조직문화의 기능
• 조직정체성의 확립 : 정체성과 일체감은 외부상황이 급변할 때 조직구성원의 결속력을 강화시키고 일체화된 조직으로 뭉치게 하는 힘이 된다.
• 조직몰입 형성
 – 조직몰입은 조직구성원이 조직에 대해 갖는 태도라고 할 수 있는데, 조직의 목표를 달성하기 위해 자기가 속한 조직에 기꺼이 충성을 다하려고 노력하게 된다.
 – 일단 조직에 속하게 되면 시간이 지남에 따라 동질감을 느끼게 되고 공유의식과 문화의 수용은 집단의 번영 내지는 영속적 활동을 위해 전념하도록 만들어 준다.
• 기업 전체의 안정성 강화 : 강한 조직문화를 보유한 기업은 조직의 전념도가 향상됨에 따라 결근율과 이직률이 줄어들며 구성원의 사기는 증대된다. 이와 같은 조직의 안정적인 상태는 구성원의 단결심과 일체감을 높인다.
• 행동의 지침 제공 : 일반적으로 특별한 문제가 없는 경우 평소 해왔던 방식으로 일을 처리하며 위기상황이 닥쳤을 때 공유된 문화가 해야 할 것과 하지 말아야 할 것에 대해 해답을 제공해준다.

30 다음 중 민츠버그(Mintzberg)가 주장한 조직의 경영자에 대한 설명으로 가장 옳은 것은?

① 경영자는 대인적, 정보적, 의사결정적 역할을 수행한다고 주장하였다.

② 종업원을 채용, 훈련, 동기유발 시키는 등의 리더로서의 역할은 경영자의 의사결정적 역할을 보여주는 것이다.

③ 기업 내외의 여러 이해집단과 접촉하는 것은 경영자의 정보적 역할을 보여주는 것이다.

④ 분쟁해결자, 협상가로서의 역할을 수행하는 것은 경영자의 대인적 역할을 보여주는 것이다.

> **해설** 경영관리자의 역할(민츠버그의 경영자역할론)
> • 대인관계적 역할 : 상징적 대표자, 지도자, 연락자
> • 정보관리적 역할 : 청취자, 전파자, 대변자
> • 의사결정적 역할 : 기업가, 분쟁조정자, 자원배분자, 교섭자

31 다음 중 리더십이론에 대한 설명으로 가장 적절하지 않은 것은?

① 피들러(Fiedler)의 상황이론에 따르면, 집단상황이 리더에게 매우 호의적인 상황에서 관계지향적 리더가 가장 효과적인 것으로 나타났다.

② 허시(Hersey)와 블랜차드(Blanchard)의 상황이론에 의하면, 부하의 성숙도가 매우 높은 경우에는 위임형 리더십 스타일이 적합하다.

③ 블레이크(Blake)와 머튼(Mouton)의 관리격자모형은 생산에 대한 관심과 인간에 대한 관심으로 리더의 행동을 유형화하였다.

④ 하우스(House)의 경로-목표이론에 의하면, 리더는 개인이나 집단구성원이 추구하는 목표에 길잡이가 될 수 있을 때 효과적인 리더라고 할 수 있다.

> **해설** 피들러의 상황이론에 따르면, 집단상황이 리더에게 매우 호의적이거나 호의성이 낮은 경우 과업중심 리더가, 집단상황에서 호의성이 중간수준인 경우 관계지향적 리더가 효과적이다.

32 다음의 임금피크제에 대한 설명으로 가장 옳은 것은?

① 근속연수에 따라 호봉과 임금이 한없이 증가하는 것이다.

② 고령의 사원을 낮은 임금에 고용보장을 해주기 위해 마련한 제도이다.

③ 임금하한제로서 기업의 임금부담을 줄일 수 있는 방안이다.

④ 저임금 노동자를 보호하기 위해 마련된 제도이다.

> **해설** 임금피크제는 기본적으로는 정년보장 또는 정년연장과 임금삭감을 맞교환하는 제도라 할 수 있다.

33 다음은 각 동기부여이론에서 주장하고 있는 특성을 설명한 것이다. 가장 옳지 않은 것은?

① 욕구단계이론 : 하위계층의 욕구로부터 단계적으로 나타난다.

② ERG이론 : 사람은 존재, 관계, 성장에 관한 세 단계의 욕구를 갖는다.

③ 동기-위생이론 : 동기요인은 만족요인, 위생요인은 불만족요인으로 설명하고 있다.

④ 강화이론 : 사람은 행동과정에서 동기력 값이 가장 큰 대안을 선택하여 강화한다.

> **해설** 동기부여의 과정이론 : 강화이론
> 행동작동과정에서 강화요인(Reinforcer)을 도구로 사용하며, 개인의 욕구동기를 자극시켜 개인의 습관적 행동을 유도하여 행동변화를 정착시킨다.

34 다음 중 경영정보시스템(MIS)에 대한 설명으로 가장 옳지 않은 것은?

① 경영정보시스템은 인사관리, 판매관리, 재고관리, 회계관리 등의 분야에 걸쳐 다양하게 적용된다.

② 기업의 외부자원과 내부자원을 통합하여 고객의 요구에 맞게 서비스함으로써 업무생산성을 향상시키고, 고객 외부사업 파트너, 내부 종업원을 통일된 인터페이스를 통해 하나로 묶을 수 있는 e-Business를 의미한다.

③ 경영정보시스템의 역할은 운영적 역할, 관리적 역할뿐 아니라 기업전체의 전략적 우위확보를 지원하는 전략적 역할을 포함하고 있다.

④ 경영정보시스템의 기능구조로는 거래처리시스템, 정보처리시스템, 프로그램화 의사결정시스템, 의사결정지원시스템, 의사소통시스템 등이 있다.

> **해설** 경영정보시스템(Management Information System, MIS)
> 관리자들에게 정보를 제공하며, 조직 내의 운용과 경영 및 관리자의 의사결정기능을 지원하는 종합적인 사용자-기계시스템(Man-Machine System)으로 정의된다. 기업의 목적달성을 위해 업무관리, 전략적 의사결정을 합리적으로 수행할 수 있도록 기업 내외의 정보를 제공하는 조직체로 컴퓨터의 하드웨어, 소프트웨어, 수작업절차, 분석 및 계획모형, 통제와 의사결정 및 데이터베이스, 모델, 정보통신 등을 활용함으로써 그 기능을 수행한다. 서브시스템으로 경영정보시스템이 사용할 자료를 처리하는 자료처리시스템(DPS)이 있다.

35 다음의 제품수명주기(PLC)에 따른 특징과 마케팅 전략에 대한 설명으로 가장 옳지 않은 것은?

① 도입기 : 제품홍보를 알리는 공격적 광고홍보전략

② 성장기 : 매출이 증가하는 단계로 기존고객유지전략

③ 성숙기 : 경쟁이 가속화되는 관계로 시장점유방어전략

④ 쇠퇴기 : 판매부진과 이익감소로 원가관리강화전략

제품수명주기
- 도입기 : 도입기는 처음 시장에 신제품을 선보이면서 시작된다. 이 시기의 마케팅 활동은 소비자들과 중간상인들에게 제품의 존재와 이점을 알리는 데 중점을 두게 되며, 광고와 판매촉진에 많은 투자를 한다.
- 성장기 : 성장기에는 소비자들이 제품에 대해서 이미 어느 정도 알게 되었고, 그 제품을 취급하는 점포도 늘었기 때문에 판매가 급속히 증가한다.
- 성숙기 : 자사제품의 독특한 점을 부각시켜 자사제품이 경쟁제품과 구별되도록 하는 데 주안점을 둔다.
- 쇠퇴기 : 판매부진과 이익감소로 인하여 몇몇 회사는 시장을 떠나고, 남은 회사들은 광고와 판매촉진비를 줄이고 가격을 더 낮추며, 원가관리를 강화하는 등의 자구책을 강구하게 된다.

36 다음은 경영분석에서 사용되는 주요분석방법들 중 하나를 설명한 내용이다. 아래의 분석기법은 무엇을 설명한 것인가?

> - 기준연도의 재무제표 각 항목수치를 100%로 하고 비교연도의 각 항목수치를 이에 대한 백분율로 표시한다.
> - 매출액 증가율, 순이익 증가율 등 성장성을 파악하는 데 활용한다.

① 구성비율분석   ② 관계비율분석
③ 추세비율분석   ④ 유동비율분석

추세비율분석
- 추세분석(Trend Analysis)이라고도 함
- 시간의 경과에 따라 재무제표 각 항목의 변화를 분석
- 기준연도의 수치를 100%로 정한 다음 비교연도의 항목을 표시하여 백분율로 대비하여 관찰

37 다음 중 손익계산서에서 나타내는 산식으로 가장 옳은 것은?

① 매출총이익 = 매출액 − 판매비
② 영업이익 = 매출총이익 − 판매비와 일반관리비
③ 법인세차감전 순이익 = 영업이익 + 영업외수익
④ 당기순이익 = 매출총이익 − 영업이익

손익계산서의 구성(수익 − 비용 = 순이익 or 순손실)
- 수익 : 일정 기간 동안 경영활동을 통해 벌어들인 자산 및 자본의 증가
  - 예 매출액, 영업외수익(이자수익, 임대료, 유가증권처분이익, 외환차익 등), 특별이익(보험차익 등)
- 비용 : 수익을 얻기 위해 일정 기간 동안 소비한 자산 및 자본의 감소[매출원가, 판매비와 관리비, 영업외비용(이자비용, 유가증권처분손실, 평가손실 등), 특별손실(재해손실 등), 법인세비용]
- 순이익 : 수익>비용 → 당기순이익, 수익<비용 → 당기순손실

38 설계·개발, 제조 및 유통·물류 등 생산과정에 디지털 자동화 솔루션이 결합된 정보통신기술(ICT)을 적용하여 생산성, 품질, 고객만족도를 향상시키는 지능형 생산공장을 일컫는 용어는 다음 중 무엇인가?

① 인더스트리 4.0
② 스마트공장
③ 사물인터넷
④ 공장자동화

> **해 설** ① 인더스트리 4.0 : 제조업의 경쟁력 강화를 위해 독일 정부가 추진하고 있는 제조업 성장 전략
> ③ 사물인터넷 : 유·무형의 객체들이 다양한 방식으로 서로 연결되어 개별 객체들이 제공하지 못했던 새로운 서비스를 제공
> ④ 공장자동화 : 컴퓨터 및 각종 계측장비를 이용해서 공장의 생산공정을 자동화한 것

39 다음의 물가지수(Price Index)에 대한 설명으로 가장 옳지 않은 것은?

① 종합적인 물가수준을 일정한 기준에 따라 지수로 나타낸 것이다.
② 어느 해의 물가지수가 105라면 기준연도에 비해 평균 물가수준이 5% 감소하였다는 것을 나타낸다.
③ 물가지수는 상품별로 중요한 정도에 따라 가중치를 다르게 적용한다.
④ 물가지수라 하면 보통 생산자물가지수와 소비자물가지수를 말한다.

> **해 설** ② 어느 해의 물가지수가 105라면 기준연도에 비해 평균 물가수준이 5% 증가하였다는 것을 나타낸다.

40 다음 중 아래의 내용과 관련된 용어로 가장 적절한 것은?

> 투자자들 사이에 어떤 회사의 주식가치, 더 나아가 전체 주식시장의 가치가 고평가되었는지 가늠할 수 있는 잣대로서 현재시장에서 매매되는 특정 회사의 주식가격을 주당순이익으로 나눈 값을 말한다. 이것이 낮은 주식은 앞으로 주식가격이 상승할 가능성이 크다.

① ROI   ② PER
③ KPI   ④ CVR

> **해 설** ① ROI(투자자본수익률) : 기업의 순이익을 투자액으로 나눈 값
> ③ KPI(핵심성과지표) : 목표를 성공적으로 달성하기 위하여 핵심적으로 관리하여야 하는 요소들에 대한 성과지표
> ④ CVR(전환율) : 웹사이트 방문자가 구매, 회원가입, 소프트웨어 다운 등 사이트가 의도하는 행동을 취하는 비율

41 Choose one that does not correctly explain each other.

① Folder : a thin, flat folded piece of paper

② Coat rack : a piece of furniture where you can hang your coat, hat, etc.

③ Encyclopedia : a book of facts about many different subjects

④ Shredder : a machine that you are able to buy things like candy, soda etc.

> **해설** ④의 Shredder는 파쇄기를 의미하나 설명은 캔디, 소다 등의 물건을 살 수 있는 기계로 자판기(Vending Machine)에 대한 설명이다.

42 Read the following conversation and choose one which is not true.

> The Honorable Tony Knowles, Governor, the State of Alaska
> & Mrs. Susan Knowles
> request the pleasure of your company
> at a reception
> to honor the growing ties
> between the Republic of Korea and State of Alaska
> on Monday,
> the 23rd day of September, 2018,
> from 6 until 8 P.M.
>
> R.S.V.P. 02)739-8058~9 (Ms. Susan Park)
> The favor of a reply is requested by September 13.
>
> The Grand Ballroom Shilla Hotel (Seoul)

① The governor of Alaska and his wife are the hosts of the upcoming party.

② Recipient has to contact Ms. Park after September 13.

③ Both sides agreed to cooperate with each other closely.

④ The reception will be held in Seoul.

> **해설** 초대장 수령인에게 9월 13일까지 Ms. Park에게 회신을 줄 것을 요청하고 있다.

43 Which English sentence is grammatically LEAST correct?

① 10년 내에, 저는 이 회사 최고의 비서가 되고 싶어요.

Within 10 years, I would like to become the very best secretary in this company.

② 문서를 팩스로 보내 주실 수 있나요?

Could you fax the document to us, please?

③ 요청하신 자료입니다.

This is the information you requested.

④ 첨부 파일을 보세요.

Please look for the attaching file.

해설 look for는 '찾다, 바라다'라는 의미를 지닌다.

44 According to the below, which of the followings is not true?

Secretary Wanted

Royal Insurance has an opening for a motivated, independent, self-starter. Must be a team player with good organizational and communication skills. Knowledge of Word Perfect 9.0 for Windows, Excel, Powerpoint experience required. Responsible for clerical duties including expense reports and schedules. A minimum of 60 wpm typing. We offer an excellent benefits package.

For immediate consideration, mail/fax resume to :
Human Resource Manager, Royal Insurance, 2 Jericho Plaza, Jericho, NY 11733, Fax#516-937.

– Royal Insurance

---

① Royal Insurance는 조직력과 의사소통기술을 갖춘 비서를 채용하고자 한다.

② Royal Insurance 비서직에 관심이 있는 사람은 이력서를 인사부장에게 우편이나 팩스를 통해 보내기 바란다.

③ 컴퓨터 활용능력뿐 아니라 비서경력을 갖춘 사람이어야 한다.

④ 최소 1분에 60단어 이상의 타이핑능력을 갖추어야 한다.

해설 필수적으로 요구되는 것은 조직력과 뛰어난 의사소통기술, 컴퓨터 활용능력이며 비서경력에 대한 언급은 따로 없다.

45 Read the following conversation and choose one that is the most appropriate expression for the blank.

A : I still say we have to diversify our product line within this year.
B : Can we delay this issue and move on to another topic?
A : Yes, but it's something that _____.
B : I know but we are really getting bogged down at the moment.
A : Let's take a short break and come back after ten minutes.
B : OK. Would you like a cup of coffee?

---

① we should address as soon as possible.
② we've just covered all the topics.
③ we do not need to deal with this issue.
④ we highlight the gist of our discussion.

해설

A : 올해 안으로 제품라인을 다양화해야 한다고 말하고자 합니다.
B : 이 문제를 보류하고 다른 문제로 넘어가면 안 될까요?
A : 예. 하지만 이 문제는 가능한 한 빨리 해결해야만 하는 것입니다.
B : 알긴 하지만 계속 거기에 발목 잡혀서는 안 됩니다.
A : 잠깐 쉬고 10분 뒤에 돌아오도록 하죠.
B : 네. 커피 드실래요?

46 Which of the following is MOST appropriate?

---

① May 5, 2018.

Supplies Limited
316 Wilson boulevard
Arlington, VA 22207
USA

② Dear sir or madam,

This morning I received a carton of computer printout paper(stock number CP4-9). This paper is useless. The carton was damaged and wet, I'm returning it under separate cover.

We'd like a replacement as soon as possible.

③ Please call me if there are any questions?
Thank you for your cooperation.

④ Cordially yours,

Sophie Yang

---

① May 5, 2018.

② Dear sir or madam,

③ Please call me if there are any questions?

④ Cordially yours,

해설 비즈니스레터 순서
1. Letterhead 혹은 Return Address
2. Date
3. Inside Address
4. Salutation
5. Body of the Letter
6. Complimentary Close
7. Signature Block
8. Final Notations

47 Choose one that is the most appropriate subject for the blank.

Subject : _____
From : kje@han.com
To : stevep@free.com

Dear Mr. Park,

We were given your name by Shcmidt Ltd. in Germany. My name is Jeongeun Kim, and I am in charge of my company's PR Department. I'm emailing you regarding a future relationship between my company and yours. We wish to provide you with some information on our latest equipment. Should you wish to receive further information regarding this matter, please do not hesitate to contact me at the e-mail address.

I look forward to hearing from you.

Sincerely yours,

Jeongeun Kim
PR Manager

---

① New Terms and Conditions
② Asking for Additional Information
③ A Future Relationship
④ Introducing a New Employer

해설 Shcmidt Ltd.로부터 Mr. Park을 소개받은 한 회사의 PR Manager인 Jeongeun Kim이 앞으로의 거래를 위해 Mr. Park에게 보내는 편지의 내용이다.

48 Refer to the following envelope and choose one which is not true.

Asia Technology Co., Ltd.
43, Sambong-ro, Jongno-gu
Seoul, Korea 11042

STAMP

VIA AIRMAIL

Mr. John M. Baker
PERSONAL
12/Floor, St. John's Building
33 Garden Road
Central, Hong Kong

---

① Sender works in Asia Technology Company in Seoul.

② The lower right hand side deals with the recipient's information.

③ This letter will be sent by airplane.

④ Mr. Baker's executive assistant can open the letter without permission.

해설 PERSONAL은 본인에게 전하라는 친전의 의미이므로 개인비서가 허락 없이 편지를 개봉할 수 없다.

49 What is INCORRECT about the following?

---

1. From July 21, Monday, Accounting class will be held in the library. There will be two sessions : intermediate level(11 a.m.) and advanced level(2 p.m.). Please encourage your staff to attend one of the sessions.
2. Please send me the names of all interested staff by July 12. They will be given a test so that we can decide which of the classes is best for them.

---

① The type of this writing is Memorandum.

② There are two different levels in Accounting class.

③ The receiver of this is another company which has business with the company of the writer.

④ All the people who want to take the class should take a test.

해설 사내에서 열리는 회계학 강좌에 대한 안내와 이에 대한 참석 여부를 전달하라는 내용이므로 사내에서 공유되는 내용으로 볼 수 있다.

50 What is the purpose of the following passage?

> As the project schedule is overdue, I need to stay more in Seoul.
> My room at InterContinental is up to this coming Monday, 20th January. I tried to extend my booking but the hotel told me there is no available room.
> Please select a hotel near the project place. I need a room to 2nd of February.

① to extend a hotel reservation
② to reserve a hotel room
③ to reschedule the project
④ to select a project room

해설 서울에서의 체류기간이 연장되었으나 현재 묵고 있는 호텔에서는 해당 기간 빈방이 없어 다른 호텔에 예약을 의뢰하는 내용이다.

51 Ms. Kim, a secretary, should prepare a workshop based on the letter. Which is INCORRECT about the letter?

> Thank you for your kind invitation to be the guest speaker at your organization's May meeting. I am happy to do so.
> Per your request, I will give a lecture and slide show in the morning and present a workshop in the afternoon. The workshop is limited to twenty participants. We'll need long table(6ft × 2ft) for the workshop, one per participant plus two additional ones for my use.
> I am enclosing a contract for your convenience. Please note that 25% of the lecture and workshop fees are payable upon signing. The remainder, including transportation costs, can be paid at the conclusion of the workshop. As soon as the contract is returned, I will have my travel agent book the trip to take advantage of the lowest possible airfare.

① This is the reply to the invitation as a guest speaker.
② At the conclusion of the workshop, the writer can get 75% of the whole fees.
③ The writer asks the receiver of the letter to reserve the trip ticket.
④ The writer wants to use two long tables for the workshop for himself.

해설 계약이 체결되면 자신의 여행사가 가장 저렴한 비용으로 항공권을 구매할 것이라는 내용이므로 ③의 내용은 맞지 않다.

52 Belows are sets of phone conversation. Choose one that does not match correctly each other.

① A : Isn't that Seattle then?

   B : No, you must have the wrong area code.

② A : Ms. Pearce asked me to call this morning.

   B : May I speak to Ms. Pearce?

③ A : We can let you know what sizes are available.

   B : Thanks. I can order what we need then.

④ A : When can I reach you?

   B : I'll be in all evening.

> 해설   ② A : Ms. Pearce가 저에게 오늘 오전에 전화할 것을 요청하였습니다.
>   B : Ms. Pearce와 통화할 수 있을까요?

53 Read the following conversation and choose one which is not true?

> A : I'd like to reserve a round-trip ticket to Tokyo.
> B : Business class or economy?
> A : I want to travel executive class.
> B : When do you want to travel?
> A : On April 8th. And I'd like to get an open-ended return ticket, please.
> B : Certainly. Shall I reserve it?
> A : Yes, thanks.
> B : I'll contact you when the ticket arrives.

① The airline needs to get in touch with customer regarding the ticket.

② The customer would like to book a business class.

③ The airline knows the customer's return date.

④ The customer is scheduled to leave for Tokyo on April 8th.

> 해설   오픈티켓을 요청하고 있으므로 돌아오는 날짜는 지정되어 있지 않다.

54 Which of the following is the most appropriate expression for the blank?

A : Could you tell us about your company?
B : Sure. It was founded in 1971, and we have approximately a quarter of a million employees.
A : What about your gross profit?
B : We have a gross profit of over $150 million per annum.
A : _____. Where is the head office?
B : It's based in Incheon, which is on the outskirts of Seoul.
A : That's interesting. I would have thought the head office would be in Seoul.
B : It is located in that city for many reasons.

① I have one more question to ask you.
② You can ask me questions any time.
③ People here are working in three shifts.
④ Our company has a good reputation.

해설

A : 귀사에 대해서 말씀하여 주실 수 있을까요?
B : 네. 당사는 1971년에 설립되었고 약 25만 명이 근무하고 있습니다.
A : 귀사의 총수익은 어느 정도인지요?
B : 연간 150만 불 이상입니다.
A : 질문이 하나 더 있습니다. 본사가 어디인지요?
B : 서울 외곽에 있는 인천에 있습니다.
A : 특이하네요. 본사가 서울에 있다고 생각했습니다.
B : 다양한 이유로 인천에 있게 되었습니다.

55 According to the following conversation, which one is true?

> A : Good morning. May I help you?
> B : Yes, please. I'm looking for the Marketing Department. I was told that it's on this floor.
> A : I'm sorry, but the Marketing Department has moved to the 21st floor.
> B : I see. Is there any stairs nearby?
> A : Yes, just around the corner, sir. But you had better take the elevator on your left. You are on the fifth floor.
> B : You're right. Thank you.
> A : Marketing Department is on the right side of the elevator.

① Take the elevator to go to the Marketing Department.
② Marketing Department is on the fifth floor.
③ Marketing Department is by the stairs.
④ The stairs are down the end of the hall.

해설 ② Marketing Department is on the 21st floor.
③ Marketing Department is on the right side of the elevator.
④에 대한 언급은 없다.

56 According to the following phone messages, which one is not true?

> This is Juliet Kim. I'm sorry I'm not able to answer the phone at the moment as I'm on a business trip until next Tuesday. If you like to leave a message, please do after the beep. In ask of any urgency, please contact Mrs. J. S. Lee, extension 242. Thank you.
>
> Hi, Juliet, this is James Park of CityCorp. It's 10:50 am Thursday, November 2nd. I was calling to let you know that we don't need your project report until next Friday. You don't need to return my call. Bye.

① Juliet Kim is not able to answer the phone until next Tuesday.
② James Park of CityCorp left the message on Juliet's answering machine.
③ James Park left a message on Juliet's answering machine to call him back.
④ Juliet asked Mrs. J. S. Lee to handle any urgency in her absence.

해설 James Park은 내용을 전달한 뒤 따로 전화답변을 할 필요가 없다고 말하고 있다.

57 Read the following conversation and choose one which is not true?

Mr. Louis : I'm here for the convention, as a visitor.

Ms. Jenkins : Okay. Can I have your ID, please? Every visitor has to be registered.

Mr. Louis : Certainly. Here you are.

Ms. Jenkins : Okay... Here's your ID back. We have our welcoming pack in this bag. In the welcoming pack, there should be a map of the hall so you can find your way. There is also a list of the participanting companies and information about them.

Mr. Louis : Thank you. Would it be possible to get some extra brochures? I want to share them with my colleagues.

Ms. Jenkins : Sure, here you are, sir. If you need any help, please let me know.

---

① All visitors have to present their identification.

② Mr. Louis wants to give brochures to his colleagues.

③ Ms. Jenkins didn't prepare anything for the participants.

④ Mr. Louis can get information about participating companies.

해설 Ms. Jenkins는 홀 지도와 함께 참가자의 명단과 정보가 들어 있는 Welcoming Pack을 준비하였다.

58 Which is NOT the work that David has to do as a junior clerk?

Manager : As a junior clerk, you will have to do a lot of different jobs.

David : I understand that and I am prepared.

Manager : Well, that sounds very promising. Now, you will have to sort out the mail every morning and take it round to put on the office desks.

David : Yes, sir.

Manager : Next, you have to check all the newspapers to see if our advertisements have been printed correctly. That's very important. Are you careful at checking details?

David : I think so. I used to help my father check the books for his business. I am sometimes a bit slow, I am afraid.

---

① He has to arrange the mail everyday.

② He has to check the company's advertisements in the newspapers.

③ He has to check the books for business.

④ He has to check whether the advertisements are printed correctly or not.

해설 ③의 업무는 자신의 아버지의 업체에서 일할 때 했던 내용이다.

59 Which is INCORRECT about the schedule?

> Mr. Chun : Tell me how you've planned my next trip to New York.
> Secretary : You're leaving Seoul at 9:25 on Tuesday morning on KE840 and arriving in New York at 10 o'clock on the same day. Mr. John Smith will meet you at the John F. Kennedy airport and take you to the headquarters.
> Mr. Chun : Good.
> Secretary : You'll be staying at the New York Millennium Hilton.
> Mr. Chun : And on the way back?
> Secretary : The return flight leaves at 4 o'clock on Saturday afternoon and arrives in Seoul at 9:00 p.m. on Sunday. Mr. Kim will meet you at the baggage claim.

① At 6 p.m. on Saturday, Mr. Chun is in the plane coming to Seoul.

② Mr. Chun arrives in New York on Tuesday.

③ Mr. Chun will stay at Hilton for 5 nights.

④ The first schedule in New York starts in the headquarters.

해설 ③ Mr. Chun will stay at Hilton for 4 nights.

60 Which of the following is the most appropriate expression for the blank?

> A : Ms. Kidman, how are you this morning?
> B : Couldn't be better, thank you. And you?
> A : Fine, thanks. Did you read over the brochure about plants?
> B : Yes, I'm looking forward to visiting the plants.
> A : There's nothing like seeing for oneself.
> B : _____.
> A : You'll have a rewarding visit even though you have a tight schedule.
> B : I'm quite used to having a tight schedule.

① I don't agree with your opinion.

② The schedule is subject to change.

③ I'll take you to the plant.

④ You can say that again.

해설 ④는 I agree completely 및 I know that already와 동일한 의미를 갖는다. 문맥상 동의하는 표현이 들어가는 게 적당하다.

61 다음 중 외래어 표기법에 따라 올바르게 표기된 것으로 묶인 것은?

① 팜플렛, 리더십, 까페

② 리더쉽, 악세서리, 타블렛

③ 악세사리, 리플렛, 팸플릿

④ 카페, 리더십, 리플릿

해설　올바른 외래어 표기 : 팸플릿, 리더십, 카페, 액세서리, 태블릿, 리플릿

62 공기업 홍보팀에서 팀비서를 하고 있는 홍지영 비서가 다음과 같은 직무위임표에 의거해서 결재 관련 업무를 진행한 것 중에서 가장 올바르지 않게 진행된 것은?

업무내용	전결권자			
	사 장	부사장	본부장	팀 장
홍보기본 계획 수립	○			
홍보성 행사 주관			○	
공고 및 홍보물 제작				○
광고비 결재(3억 원 이상)		○		
광고비 결재(3억 원 미만)			○	
공보업무-보도자료 관리 등				○

① 홍보팀장 책임하에 작성한 2019년도 홍보기본 계획을 본부장, 부사장 검토를 거쳐서 사장님에게 최종결재를 받았다.

② 홍보팀원으로서 홍보행사 기획안을 작성하여 본부장에게 결재를 받으려 했으나 휴가 중이어서 부사장에게 대결을 받았다.

③ 3억 원의 광고비 결재를 위해서 부사장의 전결을 받았다.

④ 신제품 출시에 관한 보도자료를 작성하여 홍보팀장의 전결을 받아서 언론기관에 배부하였다.

해설　②는 본부장의 대결을 받아야 하는 내용이다.

63 공문서를 올바르게 작성하기 위해서는 올바른 문장부호 및 띄어쓰기, 순화어 등을 사용하여야 한다. 이 원칙에 따라 공문서에 작성된 사항 중 올바른 것을 모두 고르시오.

> 가. 2018. 9. 18(화)
> 나. 원장 : 김진수
> 다. 4. 23.~5. 23.
> 라. 296억 달러
> 마. 총 300여 명의

① 모 두
② 없 음
③ 가, 다, 라, 마
④ 다, 라, 마

해설 **공문서 작성**
- 구성 : 두문, 본문, 결문으로 구성한다.
- 용지의 규격 : 문서 및 서식작성에 쓰이는 용지의 기본규격은 가로 210mm, 세로 297mm(A4용지)로 한다.
- 용지의 여백 : 위로부터 3cm, 왼쪽으로부터 2cm, 오른쪽으로부터 1.5cm, 아래로부터 1.5cm → 문서의 편철위치나 용도에 따라 각 여백을 달리할 수 있다.
- 용지 및 글자의 색깔 : 특별한 사유가 있는 경우를 제외하고 용지는 흰색으로 하고, 글자는 검은색 또는 푸른색으로 한다.
- 문서작성의 기본원칙
  - 문안 : 어문규범에 맞게 한글로 작성하되, 괄호 안에 한자 그 밖의 외국어를 넣어 쓸 수 있으며, 특별한 사유가 있는 경우를 제외하고는 가로로 쓴다.
  - 숫자 : 아라비아 숫자로 쓴다.
  - 날짜 : 숫자로 표기하되 연·월·일의 글자는 생략하고 그 자리에 온점(.)을 찍어 표시한다.
  - 시간 : 시·분 표기는 24시간제에 따라 숫자로 하되, 시·분의 글자는 생략하고 그 사이에 쌍점(:)을 찍어 구분한다.
  - 금액 : 문서 및 유가증권에 금액을 표시하는 때에는 아라비아 숫자로 쓰되, 숫자 다음에 괄호를 하고 한글로 기재한다.
- 표시위치 및 띄기
  - 첫째 항목부호는 제목의 첫 글자와 같은 위치에서 시작한다.
  - 첫째 항목 다음 항목부터는 바로 앞 항목의 위치로부터 2타(한글은 1자, 영문·숫자는 2자)씩 오른쪽에서 시작한다.
  - 항목부호와 그 항목의 내용 사이에는 1타를 띄운다.
  - 하나의 항목만 있을 경우에는 항목구분을 생략한다.
- 문서의 수정
  - 종이문서의 경우 : 원 안의 글자를 알 수 있도록 삭제 또는 수정하는 글자의 중앙에 가로로 두 선을 그어 삭제 또는 수정한다.
  - 전자문서의 경우 : 수정한 내용대로 재작성하여 결재를 받아 시행하되, 수정 전의 문서는 기안자·검토자 또는 결재권자가 보존할 필요가 있다고 인정하는 경우에는 이를 보존하여야 한다.
- 문서의 "끝" 표시
  - 본문이 끝났을 경우 : 1자(2타) 띄우고 "끝" 표시
  - 첨부물이 있는 경우 : 붙임 표시문 끝에 1자(2타) 띄우고 "끝" 표시
  - 본문의 내용이 표 형식으로 끝나는 경우 표의 중간까지만 작성한 경우에는 "끝" 표시를 하지 않고 마지막으로 작성된 칸의 다음 칸에 "이하 빈칸"으로 표시
  - 서식의 칸 밖 다음 줄의 왼쪽 기본선에서 1자 띄우고 "끝"자를 표시
- 기 타
  - 수신기관이 여럿인 경우는 '수신'란에 '수신자 참조'라고 기재하고, 결문의 발신명의 다음 줄에 '수신자란'을 만들어 수신자 기호 또는 수신자명을 표시
  - 두문의 여백에는 행정기관의 로고, 상징, 마크, 홍보문구 또는 바코드 등을 표시 가능

64 행정기관에서 일하고 있는 김 비서는 2017년 11월 1일 자로 변경된 공문서 작성방법에 따라서 기안문을 작성하고 있다. 다음 중 가장 적절하지 않은 것은?

① 공문서를 작성할 때 숫자를 아라비아 숫자로 표기하였다.

② 음성정보나 영상정보와 연계된 바코드를 표기하였다.

③ 상위 항목부터 하위 항목은 1., 가., 1), 가), (1), (가) 순으로 하였다.

④ 본문의 첫째 항목(1., 2., 3.)은 왼쪽에서 6타를 띄어서 제목 밑에서 시작하도록 하였다.

> 해설 **표시위치 및 띄기**
> • 첫째 항목부호는 제목의 첫 글자와 같은 위치에서 시작한다.
> • 첫째 항목 다음 항목부터는 바로 앞 항목의 위치로부터 2타(한글은 1자, 영문·숫자는 2자)씩 오른쪽에서 시작한다.
> • 항목부호와 그 항목의 내용 사이에는 1타를 띄운다.
> • 하나의 항목만 있을 경우에는 항목구분을 생략한다.

65 무역회사에 다니는 정 비서는 영문명함을 정리하고 있다. 아래 명함을 알파벳순으로 정리하시오.

> 가. Allyson Berberich
> 나. Eric Burgess, Jr.
> 다. Dr. Veronica Cochran
> 라. Kim, Creig
> 마. Burgess, Lynn
> 바. Amy-Lynn Gochnauer, CMP

① 가 – 바 – 다 – 나 – 라 – 마

② 가 – 나 – 다 – 라 – 바 – 마

③ 가 – 나 – 마 – 다 – 바 – 라

④ 가 – 나 – 마 – 다 – 라 – 바

> 해설 성을 기준으로 알파벳순으로 늘어놓으면 아래의 순서가 된다.
> 가. Allyson Berberich
> 나. Eric Burgess, Jr.
> 마. Burgess, Lynn
> 다. Dr. Veronica Cochran
> 바. Amy-Lynn Gochnauer, CMP
> 라. Kim, Creig

66 아래와 같은 이메일 머리글의 일부분을 보고 알 수 있는 사항으로 가장 적절하지 않은 것은?

```
From : Ashley Taylor ⟨ashley@abc.com⟩
To : Yuna Lee ⟨yuna2016@bcd.com⟩
CC : ⟨tiffany@bcd.com⟩; ⟨irene@abc.com⟩; ⟨sjones@bcd.com⟩
Bcc : ⟨secretaryjean@abc.com⟩
Date : Fri 10 Aug 2018 08:27:18 AM
Subject : Monthly Report (July 2018)
```

① 이 이메일을 받아서 다른 사람에게 포워드할 수 있는 사람은 모두 5명이다.
② Yuna Lee가 이메일을 받은 일시는 2018년 8월 10일 오전 8시 27분 18초이다.
③ secretaryjean@abc.com이 받은 메일에는 자신의 메일주소가 기재되어 있지 않다.
④ tiffany@bcd.com은 secretaryjean@abc.com이 해당 메일을 받았다는 사실을 모른다.

> **해 설** 2018년 8월 10일 오전 8시 27분 18초는 이메일을 보낸 시간으로 국가별, 인터넷 상태 등으로 시간차가 발생하기 때문에 받은 일시를 정확히 알기는 어렵다.

67 다음에서 열거된 전자문서에 관한 설명으로 가장 적절하지 않은 것은?

① 전자문서는 특별히 규정되지 않는 한 종이 문서와 동일하게 효력을 갖는다.
② 전자문서는 종이문서에 비해 작성, 유통, 보관, 검색이 용이하지만, 종이문서에 비해 유실과 같은 사고에는 취약하다.
③ 전자문서 사용은 문서보관에 필요한 공간이나 공간 유지비용을 절감시켜 준다.
④ 전자문서 작성자가 수신확인을 조건으로 전자문서를 송신한 경우 작성자가 수신확인통지를 받기 전까지 그 전자문서는 송신되지 않은 것으로 간주된다.

> **해 설** ② 전자문서는 종이문서에 비해 유실 가능성이 적고 영구보관도 할 수 있다.

68 건설회사에 근무하는 고 비서는 정보보안에 신경 쓰라는 상사의 지시에 따라 대외비 전자문서에 보안을 설정하고 있다. 다음 중 전자문서에 보안 및 암호설정에 관한 내용이 가장 적절하지 않은 것은?

① 한글 2010 파일은 [보안]탭에서 [암호설정]을 선택 후 설정한다.
② PDF 파일은 Acrobat Pro 소프트웨어를 이용해서 암호를 설정한다.
③ 엑셀 2010 파일은 암호를 1자 이상으로 설정 가능하다.
④ 한글 2010 파일은 인쇄를 제한하는 배포용 문서로 저장하는 것은 불가능하다.

> **해 설** 한글 2010 파일은 인쇄를 제한하는 배포용 문서로 저장할 수 있다.

69 다음과 같이 어플리케이션을 이용하여 업무처리를 하고 있다. 이 중 가장 적합하지 않은 경우는?

① 상사가 스마트폰에서도 팩스를 수신하실 수 있도록 모바일 팩스 앱을 설치해 드렸다.

② 상사가 스마트폰으로 항공기 탑승 체크인을 하기를 원해서 항공권을 구입한 여행사 앱을 설치해 드렸다.

③ 상사가 스마트폰을 이용하여 발표자료 편집을 원하셔서 Keynotes 앱을 설치해 드렸다.

④ 종이문서를 스마트폰으로 간단히 스캔하기 위해서 Office Lens 앱을 사용하였다.

해설 여행사가 아니라 해당 항공사 앱을 설치하여야 한다.

70 다음 중 신문기사에 대한 내용으로 가장 연관이 적은 것은?

> 우정사업본부는 9월 3일 우체국 펀드 판매사업을 개시한다고 밝혔다.
> 우체국은 펀드 판매사업 논의 10년 만인 지난 6월 27일 금융위원회로부터 인가를 받고, 그동안 내부직원 대상 시범기간을 운영하는 등의 준비를 거쳐 전국 222개 총괄 우체국에서 전 국민을 대상으로 펀드 판매를 시작한다. 판매상품은 공모 펀드 중 원금손실 위험도가 낮은 머니마켓 펀드, 채권형 펀드와 주식비중이 30% 이하인 채권혼합형 펀드 상품 중 안정적이고 보수가 낮은 13개 상품이다.
> 우정사업본부는 백령도 등 도서지역뿐만 아니라 해남 땅끝 마을까지 전국 농어촌 등 금융 소외 지역까지 넓은 투자접점을 제공한다. 또 누구나 편리하게 펀드거래를 하게 해 서민자산형성을 지원한다는 방침이다. 이와 함께 펀드 수수료 인하 등 펀드 판매 시장의 혁신을 선도하는 메기역할을 수행하겠다고 다짐했다.
> 또 윤리 의식과 가입자 중심의 금융사업 영위를 위해 6단계 표준판매 절차를 적용하고, 불완전판매 자가점검, 해피콜, 자체 미스터리 쇼핑검사 등을 실시한다. 이와 함께 펀드 투자광고도 준법감시인 사전승인과 금융투자협회 심사를 거칠 예정이다. 전국 총괄 우체국과 지방우정청에 내부통제담당자를 지정하는 등 내부통제체계를 확립하고, 펀드 준법지원시스템 신설과 사고예방시스템을 개선해 금융사고도 예방할 계획이다.
> 우정사업본부는 펀드 판매 개시에 맞춰 신규가입자 대상 추첨을 통해 우체국쇼핑 상품 등 경품지급 행사도 진행한다.
> 강OO 본부장은 "우체국이 국영금융으로서 서민금융 실현과 착한 금융의 역할을 지속적으로 확대해나갈 것"이라며 "모든 국민이 편리하게 우체국에서 펀드에 가입하고, 민간 수준 이상의 이용자 보호 의무를 보장받을 수 있도록 내부통제 확립과 불완전판매를 원천 차단하겠다."고 밝혔다.

① 9월 3일부터는 모든 우체국에서 우체국 펀드에 가입할 수 있다.

② 펀드에 투자할 경우 원금손실 가능성이 있다.

③ 비교적 원금손실 위험도가 낮은 상품을 판매할 계획이고, 불완전판매 차단을 위해 노력할 계획이다.

④ 다양한 방법을 통해 펀드 이용자를 보호할 계획을 세우고 있다.

해설 전국 222개 총괄 우체국에서 판매하는 것으로 전 국민이 대상이다.

71 의료기관에서 근무하는 최 비서는 지원금 신청을 위해 고용보험 홈페이지에 접속하였다. 고용보험 홈페이지는 업무처리를 위해 공인인증서가 필요하여 인증서를 발급받으려고 한다. 공인인증서와 관련된 내용이 가장 적절하지 않은 것은?

① 공인인증서는 유효기간이 있으므로 발급기관으로부터 갱신해서 사용해야 한다.
② 공인인증서 안에는 발행기관 식별정보, 가입자의 성명 및 식별정보, 전자서명 검증키, 인증서 일련번호, 유효기간 등이 포함되어 있다.
③ 공인인증서의 종류는 범용 공인인증서와 용도제한용 공인인증서로 나뉜다.
④ 공인인증서 발급비용은 종류에 관계없이 모두 무료이다.

해설 공인인증서는 종류에 따라 개인, 법인 등에 따라 유·무료로 다양하다.

72 데이터베이스를 사용할 때 데이터베이스에 접근하여 데이터의 속성을 정의하고 데이터를 검색, 삽입, 갱신, 삭제하는 데 사용되는 데이터베이스의 하부언어는?

① HTML
② VBA
③ SQL
④ C언어

해설 ① HTML : 홈페이지 만들기에서 웹의 기본인 하이퍼텍스트를 만들기 위한 언어로 문서와 문서의 구조나 형식 그리고 다른 문서가 서로 연결되도록 하는 태그(Tag)들의 모임이다.
② VBA : 마이크로소프트사의 프로그램용 매크로 언어로, 매크로 언어를 범용화, 공통화한 것이다.
④ C언어 : 벨연구소의 리치(D. Ritchie)가 개발한 운영체제나 언어 처리계 등의 시스템 기술에 적합한 프로그래밍 언어이다.

73 다음은 K은행에서 고시한 오늘 자 외환시세표이다. 이에 관한 사항 중에서 가장 적절하지 않은 내용은?

통화명	현 찰		송 금		매매 기준율	미화 환산율
	사실 때	파실 때	보내실 때	받으실 때		
미국USD	1,142.80	1,103.50	1,134.12	1,112.17	1,123.15	1.0000
일본JPY100	1,025.87	990.59	1,018.11	998.36	1,008.23	0.8977
유로EUR	1,322.84	1,271.22	1,310.00	1,284.06	1,297.03	1.1548
중국CNY	171.13	155.03	164.82	161.56	162.78	0.1455

① 일본 10,000엔을 현금으로 살 때 필요한 돈은 102,587원이다.
② 200유로를 팔아서 받은 현금으로 20,000엔을 살 수 있다.
③ 일본엔화와 중국위안화는 미화보다 가치가 높고, 유로화는 미화보다 가치가 낮다.
④ 4개국 통화 모두 동일금액의 외화를 현금으로 사는 것보다 송금을 보낼 때 돈이 덜 든다.

해설 유로화는 미화보다 가치가 높고, 일본엔화와 중국위안화는 미화보다 가치가 낮다.

74 다음 그래프에 관한 설명 중 가장 적절하지 않은 것은?

주요국 대인 신뢰도 변화

'대부분의 사람을 믿을 수 있다'에 동의한 국민비율

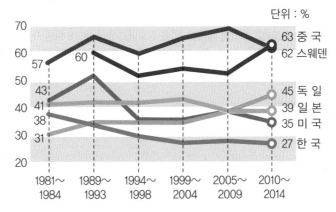

① 1990년 이후 우리나라 국민은 위 5개국 국민들보다 다른 사람을 못 믿는 편이다.
② 2005~2009년의 대인신뢰도는 독일, 일본, 미국이 거의 비슷하다.
③ 중국은 1981~1984년의 대인신뢰도 조사결과 자료가 없다.
④ 이 그래프는 누적 꺾은선 그래프로서 시간흐름에 따른 변화를 보기에 편하다.

해설 이 그래프는 꺾은선 그래프이다.

75 상공상사(주) 김미소 비서는 상사 집무실의 프린터를 스마트폰에서 바로 인쇄를 할 수 있는 기종으로 바꾸기 위하여 적당한 프린터를 3개 정도 조사하여 상사에게 보고하려고 한다. 이때 프린터에 필요한 기능끼리 묶인 것은?

① 와이브로 기능, 와이파이 기능
② 블루투스 기능, 와이파이 기능
③ 와이파이 기능, MHL 기능
④ 블루투스 기능, MHL 기능

해설
- 와이파이 : 무선 접속 장치가 설치된 곳에서 전파나 적외선 전송 방식 등을 이용해 일정 거리 안에서 무선 인터넷을 할 수 있는 근거리 무선망
- 블루투스 : 휴대폰, 노트북, 이어폰·헤드폰 등의 휴대기기를 서로 연결해 정보를 교환하는 근거리 무선 기술 표준

76 다음의 신문기사 내용에 해당하며 ★에 들어가야 할 컴퓨터범죄는?

'중요한 보안경고'란 제목으로 포털사에서 전송한 것처럼 위장한 ★메일이 발견됐다. 안전하게 계정을 보호하고 싶은 이용자의 심리를 이용한 사회공학적 기법의 공격으로 이용자들의 세심한 주의가 필요하다. 지난 21일 전송된 ★메일은 포털사이트 D사에서 보낸 것처럼 위장하고 있다. '중요한 보안경고' 제목과 함께 "다른 IP 위치에서 귀하의 메일계정에 불법적인 시도를 발견했다"며 "안전을 위해 계정을 계속 사용하려면 '지금 여기를 누르십시오' 버튼을 클릭할 것"을 권고하고 있다. 특히, 보낸 사람은 D사로 되어 있지만, 이메일 주소를 살펴보면 발전기 관련 업체 메일이 기재돼 있다. 이는 공격자가 특정 기업을 해킹해 해당 기업이 악용된 것으로 추정할 수 있는 대목이다. 〈후략〉

〈보안뉴스, 2018.8.23.발췌〉 www.boannews.com

① 파 밍
② 피 싱
③ 스미싱
④ 디도스

해설
① 파밍 : 악성코드로 감염시켜서 이용자가 인터넷 즐겨찾기나 포털사이트 검색을 통하여 금융회사의 정상적인 주소로 접속하여도 피싱사이트로 유도되어 개인금융정보를 몰래 빼내가는 수법
③ 스미싱 : 문자메시지(SMS)와 피싱(Phishing)의 합성어로 무료쿠폰 제공, 결혼식 초대장 등을 내용으로 하는 문자메시지에 들어있는 인터넷주소를 클릭하면 악성코드가 설치되어 소액결제 피해나 금융정보를 탈취하는 수법
④ 디도스 : 해킹방식의 하나로서 여러 대의 공격자를 분산배치하여 동시에 서비스 거부 공격을 함으로써 시스템이 더 이상 정상적인 서비스를 제공할 수 없도록 만드는 것

77 비서가 상사의 개인정보 및 인맥관리를 위한 주소록 관리를 담당하고 있다. 다음 중 개인정보처리와 관련한 업무처리가 가장 올바른 것은?

① 상사의 주민등록번호 및 각종 아이디 및 패스워드가 기재된 개인정보 파일은 매우 빈번하게 사용하므로, 업무 중에는 암호화를 풀고, 퇴근 시에 암호를 걸어 보관하였다.

② 상사의 여권번호를 포함한 개인정보파일 및 외부인 연락처 파일이 저장된 컴퓨터 전체를 비밀번호로 로그인하도록 암호화하였으므로 개별파일은 암호화하지 않았다.

③ 상사에게 비서가 개인정보를 제공하고 활용하는 데 동의한다고 하는 개인정보제공 및 활용 동의서를 미리 받아두었다.

④ 상사의 개인정보 신상카드에 비어 있는 난이 있는 경우, 상사에게 여쭈어서 모든 난을 채워놓는다.

> **해설** 개인정보제공 및 활용동의서를 미리 받아두고 상사 부재 시 융통성 있게 활용하는 것이 좋다.

---

78 다음 중 감사장을 적절하게 작성하지 않은 비서를 묶은 것은?

> 가. 김 비서는 상사가 출장 후 도움을 준 거래처 대표를 위한 감사장을 작성하면서 도움을 준 내용을 상세하게 언급하면서 감사장을 작성하였다.
> 나. 이 비서는 창립기념행사에 참석해서 강연해준 박 교수에게 감사편지를 작성하면서 강연주제를 구체적으로 언급하면서 감사의 내용을 기재하였다.
> 다. 최 비서는 상사 대표이사 취임축하에 대한 감사장을 작성하면서 포부와 결의를 언급하면서 보내준 선물품목을 상세히 언급하면서 감사의 글을 작성하였다.
> 라. 나 비서는 상사의 부친상의 문상에 대한 답례장을 작성하면서 메일머지를 이용하여 부의금액을 정확하게 기재하면서 감사의 내용을 기재하였다.
> 마. 서 비서는 문상 답례장을 작성하면서 계절인사를 간략하게 언급하고 담백하게 문상에 대한 감사의 내용을 기재하였다.

① 김 비서, 이 비서
② 김 비서, 서 비서
③ 최 비서, 이 비서
④ 최 비서, 나 비서

> **해설** 감사장 작성 시 유의사항
> • 겸손하고 정중하게 서식에 맞추어 작성 : 상대방이 베푼 호의와 친절, 정성에 대해 감사를 드리는 것이므로 예의에 어긋나지 않도록 겸손하고 정중하게 서식에 맞춰 작성하는 것이 중요하다.
> • 상대방의 성의와 관심, 열정에 감사드리는 내용을 작성 : 선물에 대한 감사장의 경우, 선물 자체에 대한 언급을 자세하게 해 자칫 상대의 성의 자체를 소홀히 하는 우를 범하지 않도록 조심한다.
> • 소개, 추천의 경우라든지 재해, 병문안에 대한 감사의 경우 그 뒤의 경과나 결과를 간략하게 알려주는 것이 예의다.
> • 감사장은 대부분 기업에 보내는 것이 아니라 개인에게 직접 감사를 표시하기 때문에 형식에 치우치지 않고, 읽은 사람이 정성과 믿음을 느낄 수 있도록 작성하는 것이 좋다.

79 다음의 컴퓨터 용어 중 설명이 틀린 것은?

① 게이트웨이(Gateway) : 서로 다른 프로토콜 사이를 변환하는 하드웨어 또는 소프트웨어, 또는 다른 시스템에 대한 액세스를 제공하는 모든 메커니즘을 말한다.

② 도메인 이름 서버(DNS Server) : 도메인 이름을 IP 주소로 변환하기 위해 DNS를 사용하는 서버이다.

③ 디버깅(Debugging) : 컴퓨터 프로그램이나 하드웨어 장치에서 잘못된 부분(버그)을 찾아서 수정하는 것

④ 라우터(Router) : PC나 노트북, 휴대폰 등 각종 저장매체 등에 남아 있는 디지털정보를 분석하는 기술 또는 작업

해설 ④ 라우터(Router) : 서로 다른 네트워크를 연결하는 장치

80 다음과 같이 문서 및 우편물을 발송하는 업무를 진행하고 있다. 이때 가장 적절하지 않은 업무처리끼리 묶인 것은?

> 가. 문서를 발송하기 전에 상사의 서명날인을 받은 후 스캔본을 보관해두었다.
> 나. 월 임대료를 석 달째 미납하고 있는 임차업체에 최고장을 작성하여 내용증명으로 발송하였다.
> 다. 창립기념식 초청장 발송용 우편물 레이블을 파워포인트를 이용하여 메일머지해서 작성하였다.
> 라. 고객사은품으로 상품권을 현금등기로 발송하였다.
> 마. 주주총회 안내문을 우편으로 발송하면서 요금후납제도를 이용하였다.

① 가, 나, 다, 라, 마
② 나, 다, 라, 마
③ 다, 라, 마
④ 다, 라

해설 다. 수령인의 주소가 다양하기 때문에 메일머지 기능을 사용하는 것은 어려울 수 있다.
라. 소액 상품권이라고 해도 엄연히 유가증권이므로 등기우편으로 보낼 땐 유가증권등기로 발송하여야 한다.

2019

기출문제
및
해설

무언가를 위해 목숨을 버릴 각오가 되어 있지 않는 한
그것이 삶의 목표라는 어떤 확신도 가질 수 없다.

– 체 게바라 –

01 상사가 외부 행사에 참석할 예정이다. 그런데 지금 행사장 앞에서 행사를 반대하는 시위가 있다. 이 때 전문비서로서의 역할로 가장 적절하지 않은 것은?

① 상사에게 상황을 보고하고 행사 참석 여부를 결정해 줄 것을 부탁한다.

② 상사가 행사에 참석하는 것이 좋을지 아니면 다른 사람이 대신 참석하는 것이 좋을지 상사가 결정할 수 있도록 시위 관련 정보를 신속히 보고한다.

③ 상사가 참석하지 못할 경우 행사에 어떤 불이익이 있을지에 대해 행사 담당자와 논의한다.

④ 상사가 참석하지 못할 경우 상사 대신 누가 참석하는 것이 좋을지에 대해 상사와 논의한다.

> **해설** ① 어떤 대안이나 해결책을 위한 정보도 포함하지 않은 채 있는 사실 그대로만을 보고하는 것은 전문비서의 행동으로 보기 어렵다.

02 의사소통자로서 비서의 자기개발로 가장 적절하지 않은 것은?

① 상사의 관심분야에 대한 정보를 가능한 많이 수집한다.

② 상사에게 전달되는 정보의 정확성을 분석한다.

③ 상사에게 직접 보고하는 회사 임원진들과 원활한 의사소통을 할 수 있도록 임원진의 소속 부서의 상황을 면밀히 파악하려고 노력한다.

④ IT나 Mobile 기기를 능숙하게 사용할 수 있는 능력을 함양한다.

> **해설** 자기개발이란 스스로의 역량을 높이기 위해 끊임없이 배우고 노력함으로써 자신과 조직뿐 아니라 자신이 속한 분야의 전문성을 높이는 데 기여하는 것을 의미한다. ③은 자기개발로 보기 어렵다.

03 비서를 통하지 않고 주요인사가 직접 전화를 하여 상사와 통화를 원한다. 상사는 현재 통화 중이라고 말씀드리자 기다리겠다고 한다. 이때 비서의 업무수행으로 가장 적절한 것은?

① 주요인사가 기다리는 것은 예의에 어긋나므로 상사가 통화를 마치는 대로 바로 전화를 드리겠다고 말씀드리고 전화번호를 받아 둔다.

② 상대방이 기다리는 동안 상대방과 관련된 최근 소식, 예를 들어 최근 신문 인터뷰 기사 잘 보았다는 등의 대화로 상대방에 대한 관심을 표현해도 좋다.

③ 상사의 통화가 길어져서 상대방이 계속 기다려야 할 경우 전화를 건 상대방에게 상황을 말씀드리고 계속 대기할지 여부를 다시 확인한다.

④ 통화 중인 상사의 집무실로 즉시 들어가서 말씀드리고 통화하실 수 있도록 한다.

해설 **상대를 오래 기다리게 할 때의 전화통화 예절**
- 상사가 금방 전화를 받지 못할 경우에는 상대방에게 상황을 알리고 계속 기다릴지 혹은 메시지를 남긴 후 다시 통화연결을 원하는지를 물어본다.
- 계속 기다린다고 하더라도 상사의 다른 통화가 금방 끝나지 않을 것으로 예상되거나, 상대방의 직위가 상사보다 높거나, 고객인 경우 통화가 끝나는 대로 비서가 연결할 것을 제의한다.

04 우리 회사는 미국에 본사를 두고 있는 다국적 기업이라 본사에서 오는 손님이 많은 편이다. 이번에 미국에서 2명의 남자 임원과 1명의 여성 임원이 우리 회사를 방문하였다. 외국인 내방객 응대 시 비서의 업무자세로 가장 적절한 것은?

① 본사 현관 입구에 환영문구를 적을 때 이름 알파벳 순서로 배치하였다.

② 차 대접을 할 때는 선호하는 차의 종류를 각 손님에게 여쭈어 본 후 내 · 외부인사의 직급 순으로 대접하였다.

③ 처음 인사를 할 때는 Mr. Ms. 존칭 뒤에 Full Name을 넣어 불렀다.

④ 처음 인사를 나눈 후에는 친근감의 표시로 First Name을 불렀다.

해설 ① 여성임원을 남성임원에 우선하여 배치한다.
③ 처음 인사를 할 때는 Mr. 혹은 Ms. 등의 존칭 뒤에 Family Name을 넣어 부른다.
④ First Name은 친숙해지면 사용하는 표시이므로 처음 인사를 나눈 후에 부르는 것은 바람직하지 않다.

05 국제상사 영업부에 근무하는 나애리는 홍길동 전무의 비서이다. 아래의 상황을 읽고 비서의 업무처리로 가장 적절한 것은?

> 12월 1일 홍 전무는 상공회의소에서 개최하는 세미나에 참석하고 있다. 오후 1시가 조금 지났을 때 상사의 대학동기라고 하면서 신라증권 이순신 본부장이라는 사람으로부터 전화가 걸려 왔다. 이순신 씨는 서울로 출장을 왔는데 휴대폰을 두고 와서 상사의 회사 이름을 어렵게 기억하여 전화를 했으며, 내일 아침 대구로 돌아가기 때문에 가능하다면 오랜만에 저녁식사나 함께 하고 싶다고 오후 6시경 콘래드호텔 2401호로 연락 달라고 부탁을 하였다.

① 상사는 12월 1일 하루 종일 세미나에 참석한 후 저녁식사까지 있어서 이순신 본부장을 만날 수 없다고 판단되어 이순신 본부장에게 저녁식사가 어려울 것 같다고 말한다.
② 이순신 본부장이 휴대폰이 없는 상황이므로 상사의 핸드폰 번호를 알려주고 세미나 끝나는 시간에 연락할 수 있도록 한다.
③ 세미나 중인 상사에게 문자 메시지를 보내어 이순신 본부장으로부터의 메시지와 호텔번호를 알려준다.
④ 상사가 세미나 중이므로 상공회의소 세미나 담당자에게 연락해둔다.

> **해 설** ① 자신만의 판단으로 상사의 일정을 확정지어서는 안 된다.
> ② 이순신 본부장은 연락받을 시간과 연락받을 곳을 남기기도 했으므로 상사의 연락처를 알려주는 것은 적절하지 않다.
> ④ 상공회의소 세미나 담당자가 아닌, 상사에게 직접 연락해둔다.

06 나이가 어느 정도 드신 손님이 찾아와 상사가 지금 있는지를 비서에게 물어봐서 부재중이라고 했더니 그냥 가려고 하였다. 비서가 이름과 용건을 남겨달라고 했더니, 괜찮다고 다음에 다시 오겠다고 하였다. 이 경우 가장 적절한 응대법은?

① 다음에 오실 때는 사전예약을 하고 오시라고 말씀드리고 친절하게 배웅을 했다.
② 메모지와 봉투를 손님에게 주면서 이 안에 성함이라도 적어 봉투에 넣어 밀봉해 주시면 전달해 드리겠다고 하였다.
③ 손님이 굳이 알리고 싶어 하지 않으므로 그냥 가시게 하였다.
④ 상사에게 지금 전화 연결을 해 드린다고 적극적인 자세를 취하였다.

> **해 설** 내방객의 성함조차 모르고 돌려보내는 것은 예의가 아니고 상사에게 보고드리는 것에도 문제가 생길 수 있으므로 ②처럼 제안한다.

07 상사는 다음 주에 주요인사들이 참석하는 저녁식사에 초대를 받았다. 이 모임을 준비하는 비서의 자세로 가장 적절하지 않은 것은?

① 모임의 성격, 참석자들의 특성 등을 확인하여 상사에게 사전에 보고한다.
② 모임 주최자에게 우리 회사 및 상사와 관련된 최근 인터뷰 기사를 보내 상사가 모임에서 빛날 수 있도록 한다.
③ 모임에서 내 상사의 역할이 무엇인지 확인한 후 필요한 자료 등을 준비한다.
④ 상사와 같은 테이블에 앉는 사람들이 누구인지 사전에 확인한다.

> **해설** ② 주최자에 대한 결례로 볼 수 있다.

08 상사의 출장 후 업무처리에 관한 내용이다. 가장 부적절한 것은?

① 출장보고서 제출마감일과 보고대상을 확인한다.
② 출장보고서에는 출장기간, 출장지역, 출장목적, 출장업무내용 등을 포함시킨다.
③ 출장경비정산서를 기한 내에 관련 부서에 제출한다.
④ 출장보고서를 업무 관련자들에게 참고용으로 배포한다.

> **해설** 기밀사항이 있을 수 있기 때문에 보고대상자 이외의 관련자에게 배포해서는 안 된다.

09 다음의 회의용어에 대한 설명 중 바르지 않은 것은?

① 동의 : 의결을 얻기 위해 의견을 내는 일, 또는 예정된 안건 이외의 내용을 전체 회의에서 심의하도록 안을 내는 것
② 의안 : 회의에서 심의하기 위해 제출되는 안건
③ 정족수 : 회의를 개최하는 데 필요한 최소한의 출석 인원수
④ 의결 : 몇 개의 제안 가운데서 합의로 뽑는 것

> **해설** ④ 의결 : 의논하여 결정하는 것

10 상사가 출장 중일 때 주요한 거래처의 결혼식이 있다. 이때 비서의 가장 올바른 업무처리는?

① 출장 후 상사가 직접 연락하도록 결혼식 알림 내용을 보관해 둔다.

② 결혼식 일자가 상사 출장일정과 겹친 경우이므로 그냥 지나가도 무방하다.

③ 대리 참석할 사람을 미리 알아보아 상사에게 보고한다.

④ 상사에게 축의금, 화환 등을 보낼지, 대리인을 보낼지 등을 문의한 후 처리한다.

> **해설** 상사 부재중에 진행되는 일정이므로 그냥 지나치지 말고 상사에게 어떻게 할지 물어보고 방침을 결정해야 한다.

11 일정을 자주 변경하는 상사를 보좌하는 비서의 자세로 가장 적절하지 않은 것은?

① 막판에 일정을 변경 및 취소해야 할 경우를 대비해 즉각 연락해야 할 사람과 전화번호를 정리해 둔다.

② 일정을 수없이 바꾸더라도 비서는 상사를 보좌하는 데에 전념해서 상사가 일정변경으로 어려움을 겪지 않도록 보좌한다.

③ 일정의 변경으로 상사의 대내외 신뢰도가 낮아지고 있음을 상사에게 말씀드려 상사가 일정을 변경하지 않도록 보좌한다.

④ 상사는 업무가 바빠 일정을 모두 잘 기억하기 어려우므로 일정을 자주 상기시킨다.

> **해설** 상사는 스케줄이 많고 바쁘기 때문에 일정변경은 늘 있을 수 있는 일임을 이해하고 이러한 상사에 맞추어 갑작스러운 변경이 생겨도 이에 대처할 수 있도록 하는 것이 비서의 올바른 자세이다.

12 예약업무를 수행하는 비서의 자세로 적절하지 않은 것은?

① 모임의 성격에 맞는 장소를 추천할 수 있도록 다양한 장소에 대해 정보를 수집한다.

② 좋은 음식점을 많이 알아두는 것이 비서업무에 도움이 되므로 음식점 블로그 등에 나와 있는 음식점들의 특징이나 장단점을 정리해 둔다.

③ 골프모임이 잦은 상사를 위해 골프장 예약 담당자들에게 연말에 회사홍보용 선물을 보낸다.

④ 예약을 변경하거나 취소할 경우 위약금이나 벌점 등 불이익이 있는지 미리 확인한다.

> **해설** ③ 평소에 예약 담당자의 이름을 기억하고, 친절하게 인사를 건네며 사소한 도움에도 감사를 전하는 등 담당자와 좋은 관계를 유지하는 것이 중요하다.

13 회사 20주년을 축하하는 기념식 행사를 준비하는 비서가 의전계획을 수립할 때 다음 중 가장 적절하지 않은 것은?

① 만찬 음식 선정 시 특정 음식을 꺼리는 손님에 대해서는 별도메뉴를 준비한다.
② 비서는 행사에서 상사의 역할을 미리 확인한 후 필요한 업무를 준비한다.
③ 행사 당일에는 내외빈의 동선 및 좌석을 확인하여 안내에 실수가 없도록 한다.
④ 주요 참석자의 프로필을 미리 작성해 둔다.

> **해 설** ③ 사전에 내외빈의 동선 및 좌석을 확인하여야 행사 당일 실수가 생기지 않는다.

14 다음 한자에 대한 설명이 잘못된 것은?

① 決濟 : 일을 처리하여 끝냄
② 決裁 : 상사가 부하가 제출한 안건을 검토하여 허가하거나 승인함
③ 榮轉 : 좋은 장소로 이전함
④ 華婚 : 다른 사람의 혼인을 아름답게 부르는 말

> **해 설** ③ 영전(榮轉) : 이전보다 더 높거나 좋은 자리 혹은 직위로 옮김

15 다음은 공식행사에 참석하는 상사를 보좌하는 비서의 업무내용이다. 가장 적절하지 못한 것은?

① 공식행사에 초대받은 상사를 위해 드레스코드(Dress Code)에 맞는 의상이 무엇인지 인터넷으로 검색한 사진을 인쇄해 드렸다.
② 공식만찬에 초대받은 상사를 위해 주최 측에 연락하여 상사의 좌석이 어디인지 확인한 후 보고한다.
③ 신원확인 후 출입이 가능하다고 연락을 받은 경우, 늦어도 공식행사 시작시간 1시간 전에는 도착하도록 일정을 잡는다.
④ 식사 중간에 이동이 가능하지 않으므로 만찬종료 이전에 다른 일정은 잡지 않았다.

> **해 설** ③ 신원이 확인되고 출입이 가능하다고 연락을 받았으면 1시간 전에 도착할 필요는 없다.

16 다음의 의전 설명 중 가장 바르게 제시된 것을 고르시오.

① 2개국 간 국제회의 시 좌석배치

높은 서열순 1 → 5, a → e

● 수석대표자

② 다수국 간 국제회의 시 좌석배치

높은 서열순 A → Z

높은 서열에서 낮은 서열순

③ 비행기에서 상석은 비행기 종류에 따라 다르지만 최상석은 비행기 내부에서 보았을 때 앞쪽으로부터 왼쪽 열 첫 번째 창가좌석으로 보는 경우가 많다.

④ 승강기에서 상석은 들어가서 오른쪽의 안쪽, 즉 내부에서 보면 왼쪽 안쪽이며, 상급자가 먼저 타고 먼저 내리는 것이 원칙이다.

> **해설** **상석의 기준**
> • 중앙과 그 주변 : 중앙
> • 높은 곳과 낮은 곳 : 높은 곳
> • 상석에 가까운 곳과 먼 곳 : 상석에 가까운 곳
> • 편한 곳과 불편한 곳 : 편한 곳

17 신문기사 작성법으로 적절하지 않은 것은?

① 두괄식 또는 역피라미드 방식으로 중요한 것부터 차례로 작성한다.

② 주 제목은 핵심내용으로, 부 제목에는 사람들의 관심을 끌 수 있는 제목을 뽑아야 한다.

③ 표, 그래프, 사진 등 필요한 자료를 준비한다.

④ 기사 끝에는 반드시 자료작성자나 문의처를 적는다.

> **해설** **보도자료를 잘 쓰는 요령**
> • 사건의 의미와 중요성을 강조한다.
> • 신뢰감을 주고 인상적이어야 한다.
> • 간명하고 함축적인 제목을 써야 한다.
> • 말을 하듯이 글을 쓴다.
> • 첫 문장에서 전체 윤곽을 잡아야 한다.
> • 본문은 역피라미드 형식(가장 중요한 정보를 앞부분에 쓰고 뒤로 갈수록 덜 중요한 내용을 나열하는 방식)으로 작
>   성해야 한다.
> • 독자의 입장에서 쉽게 작성한다.
> • 육하원칙에 따라 핵심내용을 요약해서 쓴다.
> • 핵심이 분명하고 일관성이 있어야 한다.
> • 문장은 짧고 명료하게 써야 하는데, 신문 기사의 경우 한 문장의 평균 글자 수가 60자 정도이다.
> • 긴 보도자료는 본문과 해설로 분리하고, A4용지 2페이지를 넘기지 않는 것이 좋다.
> • 사진과 동영상을 삽입하면 뉴스의 주목도가 크게 높아진다.
> • 문의처, 회사소개, 웹주소를 기재한다.
> • 대중이 잘 사용하는 적절한 키워드를 넣어서 작성하는 것이 좋다.

18 업무추진비 등 비서실의 예산관리 업무수행 방법으로 적절하지 않은 것은?

① 상사의 업무추진비 정산 시 비서는 업무추진 결과도 보고해야 한다.

② 업무추진비는 집행 목적, 일시, 장소, 집행 대상 등을 증빙서류에 기재해야 한다.

③ 비서실에서 사용되는 경비 등 예산 지출에 대해서는 사소한 것이라도 예산 수립 목적에 맞게
   사용될 수 있도록 꼼꼼히 관리해야 한다.

④ 업무추진비는 기관의 장 등이 기관을 운영하고 정책을 추진하는 등 업무를 처리하는 데 사용되
   어야 한다.

> **해설** ① 비용정산과 관련된 업무만 수행하면 된다.

19 다음은 경조사와 관련하여 비서가 알아야 할 용어들이다. 용어에 대한 설명이 바르지 않은 것은?

① 발인(發靷) : 장례에서 사자가 빈소를 떠나 묘지로 향하는 절차

② 단자(單子) : 부조나 선물 등의 내용을 적은 종이. 돈의 액수나 선물의 품목, 수량, 보내는 사람의 이름 등을 써서 물건과 함께 보낸다.

③ 부의(賻儀) : 부조금 봉투, 선물 포장지나 리본, 축전 등에 기록하는 문구

④ 호상(護喪) : 상례를 거행할 때 처음부터 끝까지 모든 절차를 제대로 갖추어 잘 치를 수 있도록 상가 안팎의 일을 지휘하고 관장하는 책임을 맡은 사람

해설 ③ 부의(賻儀) : 상가집에 부조로 보내는 돈이나 물건 혹은 그러한 행위 자체

20 회의 진행 시 새로운 안건을 위한 의사 진행순서로 바르게 나열된 것을 고르시오.

ㄱ. 동의 채택을 선언한다.
ㄴ. 발언권을 얻는다.
ㄷ. 동의를 지지한다.
ㄹ. 동의를 제안한다.
ㅁ. 제안 이유를 설명한다.

① ㄴ - ㅁ - ㄷ - ㄹ - ㄱ
② ㅁ - ㄹ - ㄴ - ㄷ - ㄱ
③ ㄴ - ㄹ - ㄷ - ㄱ - ㅁ
④ ㄱ - ㄴ - ㅁ - ㄷ - ㄹ

해설 의사 진행순서
발언권을 얻는다. → 동의를 제안한다. → 동의를 지지한다. → 동의 채택을 선언한다. → 제안 이유를 설명한다.

21 김OO 비서는 입사 후 비서로서 경영현황 지식을 갖추기 위해 다음과 같은 활동을 하였다. 가장 거리가 먼 행동은?

① 조직의 재무제표를 수집하여 분석하였다.
② 기업의 경영관련 모든 루머를 수집해서 바로 상사에게 보고하였다.
③ 기업에서 생산되는 제품과 서비스에 대한 정보를 수집하여 공부하였다.
④ 기업의 경영이념을 숙지하여 업무에 적용하였다.

> 해설 ②는 해서는 안 되는 행동이다.

22 다음 중 특성산업 내의 경쟁 강도에 대한 설명으로 가장 적절하지 않은 것은?

① 진입장벽이 낮은 산업일수록 경쟁이 치열하다.
② 산업성장률이 높은 경우는 성장률이 낮은 경우보다 경쟁이 치열하다.
③ 시장점유율이 비슷한 경우 경쟁이 치열하다.
④ 대체재의 수가 많은 경우 경쟁이 치열하다.

> 해설 ② 특성산업의 성장세가 더딘 경우 상대기업이 점유한 시장을 빼앗아야 하므로 시장점유율 확보를 위해 경쟁이 치열해진다.

23 다음 중 정관에 특별한 계약이 없는 한 전원이 공동출자하여 무한책임을 지므로 신뢰관계가 두터운 가족이나 친지 간에 이용되는 기업형태는 무엇인가?

① 합자회사   ② 합명회사
③ 익명조합   ④ 주식회사

> 해설 ① 합자회사 : 무한책임사원과 유한책임사원으로 구성되어 있기 때문에 이원적 회사라고 불리며 폐쇄적인 성격이 강하다. 채권자에 대해 출자자가 범위 내에서만 책임을 지는 유한책임사원으로 구성된다.
> ③ 익명조합 : 상법의 규정에 의거한 조합으로 출자를 함과 동시에 업무를 담당하는 조합원(영업자)과 단순히 출자만을 하는 조합원(익명조합원)으로 구성된다. 합자회사와 비슷하지만 법인은 아니며, 경제적으로 공동기업이지만 법률상 조합의 사업은 영업자 개인의 사업이며 재산은 영업자의 재산이다.
> ④ 주식회사 : 주식의 발행을 통해 자본을 조달하는 현대 기업의 대표적인 형태로, 주식회사의 출자자인 주주는 모두 유한책임사원으로서 출자액을 한도로 회사의 적자, 채무, 자본 리스크에 대한 책임을 진다.

24 기업들은 글로벌시장에서 경쟁하기 위해 다양한 전략을 구사한다. 다음의 내용을 읽고 어떤 전략을 설명한 것인지 가장 가까운 것을 고르시오.

> 외국의 기업이 생산한 개별제품에 자신의 브랜드와 상표를 부착하는 개념으로, 예를 들어 델은 대만의 노트북 제조회사인 퀀타 컴퓨터와 계약을 맺고 제조되는 노트북에 델의 브랜드를 부착하도록 하는 방법이다. 이러한 방법은 공장설립과 같은 과중한 진입비용에 따른 부담을 주지 않고 새로운 시장을 경험할 기회를 제공한다.

① 라이센싱(Licensing)   ② 프랜차이징(Franchising)
③ 위탁제조(Contract Manufacturing)   ④ 해외자회사(Foreign Subsidiaries)

해설 ① 라이센싱(Licensing) : 라이센서(공여기업)와 라이센시(수혜기업) 간에 라이센싱 계약을 체결하고 이 계약하에 공여기업이 보유하고 있는 특허, 기업비결, 노하우, 등록상표, 지식, 기술공정 등의 상업적 자산권을 사용할 수 있는 권리를 수혜기업에게 제공하고 그 대가로 일정한 로열티, 수수료 등을 받는 계약협정
② 프랜차이징(Franchising) : 가맹주가 가맹점에 비즈니스 노하우와 경영시스템, 브랜드, 마케팅 지원 등을 제공하면 이에 대한 대가로 가맹점이 상표사용권에 대한 로열티, 초기 자본, 교육 및 컨설팅 비용 등을 부담하는 형태
④ 해외자회사(Foreign Subsidiaries) : 현지법인이라고도 하며 현지의 법률에 의하여 설립되며 본사와는 독립된 별개의 법인체로 취급. 본사와 상관이 없는 독자적인 경영조직을 가지고 업무를 수행하며 회계상으로 본사와는 별도의 예산을 수립·집행하며 현지법이 요구하는 바에 따라 외부감사기관의 감사를 받게 됨

25 다음 중 기업의 인수·합병(M&A)에 관한 설명으로 가장 적절하지 않은 것은?
① 투자자본과 운전자본 소요액이 증가하여 기업의 재무구조가 악화될 우려가 있다.
② 원가가 절감되는 규모의 경제성을 기대할 수 있으며, 특히 수직적 M&A의 경우 영업효율성이 증대될 수 있다.
③ 상이한 성격의 기업끼리 M&A를 하면 분산투자에 의한 위험분산의 이점이 있다.
④ 수평적 M&A의 경우 시장점유율 확대로 지배적 위치를 확보할 수도 있다.

해설 인수·합병의 재무적 동기
• 위험분산효과 : 기업 인수·합병을 통한 사업의 다각화는 현금흐름의 안정, 수익구조의 다각화, 환경변화에 따른 경쟁력 제고 등을 실현하여 전체적인 경영위험 감소효과를 가져온다.
• 조세절감 : 이월결손금에 대한 조세혜택 및 자본소득세가 없거나 낮은 경우 대주주 입장에서 기업 인수·합병을 통해 보유주식을 매각하여 상속세, 증여세의 절감효과를 가진다.

26 다음 중 대기업의 특성에 대한 설명으로 가장 옳은 것은?

① 대기업은 수평적 조직으로 조직이동 등의 유연한 관리가 가능한 유기적 조직이다.

② 대기업은 경기침체기에 가장 먼저 위상이 흔들리고 경기성장기에 쉽게 살아난다.

③ 아웃소싱을 다양화함으로써 기업전체의 비용절감과 사업다각화가 가능하다.

④ 대기업은 수요량이 적은 틈새시장 공략에 유리하다.

해설 대기업과 중소기업의 장단점

구 분	대기업	중소기업
장 점	• 수출의 주역 • 국가 발전의 원동력 • 제조업 중심의 경제 성장 주도 • 높은 생산성으로 타 기업 선도 • 조세를 부담하여 사회에 이바지 • 인재의 산실	• 새로운 개념 도입과 신제품 출시의 혁신적 경영 • 틈새시장 확보에 유리 • 지역경제 발전에 기여 • 개인의 경제적 욕구 및 아이디어 실현 • 경영 의사결정 신속 • 기업환경의 변화에 빠르게 대응 • 강하고 인간적인 유대관계
단 점	• 과잉중복 투자 • 무분별한 다각화 • 과도한 차입 경영 • 작업의 단순화로 인하여 작업의욕감퇴 • 시장변화에 대응하는 탄력성 적음 • 관리비용 증대	• 허술한 경영 • 부족한 자금 • 정부의 과도한 규제 및 관료주의에 따른 부담 • 자본의 영세성 • 기업의 낮은 신용도 • 동종 업종 간의 치열한 경쟁 • 독립성 유지 곤란

27 다음은 주식회사에 대한 설명이다. 옳지 않은 것은?

① 주식회사는 투자자와 별개의 법적 지위를 갖는 법인이다.

② 주식회사의 투자자는 회사가 파산하거나 손해를 보아도 자신이 출자한 지분에 대해서만 책임을 진다.

③ 주식회사의 설립과 청산은 상대적으로 복잡하나 법적 규제는 약한 편이다.

④ 주식회사는 많은 사람들로부터 출자를 유도할 수 있어 거대 자본으로 회사운영이 가능하다.

해설 주식회사

주식의 발행을 통해 자본을 조달하는 현대 기업의 대표적인 형태로, 주식회사의 출자자인 주주는 모두 유한책임사원으로서 출자액을 한도로 회사의 적자, 채무, 자본 리스크에 대한 책임을 진다. 대중으로부터 대규모의 자본조달이 가능하며, 주주의 개인재산과 주식회사의 재산은 뚜렷이 구별된다.

28 다음 중 경영의 기본 관리기능에 대한 설명으로 가장 적절하지 않은 것은?

① 계획화는 조직의 목표를 세우고 이를 달성하기 위한 방법을 찾는 일종의 분석과 선택의 과정을 말한다.

② 조직화는 조직목표를 달성하기 위해 요구되는 업무를 수행하도록 종업원들을 독려하고 감독하는 행위를 말한다.

③ 통제화는 경영활동이 계획과 부합되도록 구성원의 활동을 측정하고 수정하는 기능이다.

④ 조정화는 이해와 견해가 대립된 제 활동과 노력을 결합하고 동일화해서 조화를 기하는 기능이다.

해설 경영관리의 기능(페욜의 관리기능)

- 계획기능(Planning) : 계획은 경영활동의 목표, 방침, 절차 등을 사전에 설정하는 기능으로 계획설정에는 기업체의 모든 계층에서 수행하는 모든 활동을 포함시켜야 한다. 어떠한 형태의 계획이든 그것은 통제의 전제가 되는 점에서 계획은 그 중요성이 크다.
- 조직기능(Organizing) : 직무를 분석하여 구성원에게 할당하고 책임과 권한을 확정하는 기능으로 사람과 직무를 결합시키는 것이다.
- 지휘기능(Directing) : 지휘는 기업체가 기대하는 것이 무엇인가를 부하(종업원)들에게 인식시키고, 또한 그들이 맡은 바 직책을 능률적으로 수행하여 기업의 목적달성에 기여하도록 인도하고 감독하는 경영자의 기능이다.
- 조정기능(Coordinating) : 업무 수행상의 이해관계와 의견의 대립 등을 조정·조화시켜 협력 체제를 이루게 하는 기능이다.
- 통제기능(Controlling) : 통제는 계획된 목표와 실적을 측정·비교·수정하고 처음 계획에 접근시키는 기능이다. 통제기능을 발휘하려면 경영자는 계획대로 집행활동이 이루어지고 있는지 또는 이루어졌는지를 파악하고, 만일 이루어지지 않았을 때에는 집행활동을 시정시켜야 한다. 통제기능은 집행활동의 실시 중에는 물론이고 실시 후에도 수행되어야 한다.

---

29 다음의 괄호에 들어가는 말을 순서대로 열거한 것을 고르시오.

> - (   )은 특정제품에 관련되는 경영활동은 해당 사업부문의 책임자가 맡는다.
> - (   )은 특정한 목표를 달성하기 위해 팀을 구성하며, 목표달성 후 해체되는 형태로서, 전체 조직의 구조와 업무에 영향을 미치지 않는다.
> - (   )은 전통적인 기능부분조직과 프로젝트조직의 결합 형태로 구성원은 2중으로 소속되어 있다.

① 사업부제조직 − 프로젝트조직 − 매트릭스조직

② 사업부제조직 − 매트릭스조직 − 결합조직

③ 라인스탭조직 − 프로젝트조직 − 매트릭스조직

④ 라인스탭조직 − 매트릭스조직 − 결합조직

해설
- 사업부제조직 : 분권조직의 대표적인 형태로서 독립적인 사업부로 부문화된 후 각 사업부 내부에 기능식 부문화가 이루어지는 형태의 조직
- 프로젝트조직 : 전통적인 라인·스탭조직과 사업부제조직의 보완조직으로서 특정한 목표 혹은 특정한 계획이나 과업을 달성하기 위해 일시적으로 조직 내의 인적·물적 자원을 결합시키는 조직
- 매트릭스조직 : 계층적인 기능식 구조에 수평적인 사업부제조직을 결합한 부문화의 형태로서 기능식 구조이면서 동시에 사업부제적인 구조를 가진 상호연관된 구조

30 의사결정 유형은 수준과 범위에 따라 전략적–관리적–업무적 의사결정으로 분류한다. 다음 중 의사결정 유형에 대한 설명으로 가장 적절하지 않은 것은?

① 전략적 의사결정은 주로 기업내부에 관한 의사결정으로, 의사결정에 필요한 능력으로는 기업 내부의 부문 간 조율을 위해 대인관계능력이 강조된다.

② 관리적 의사결정은 주로 중간경영층에서 이루어지고 최적의 업적능력을 내도록 기업의 자원을 조직화하는 것과 관련이 있다.

③ 업무적 의사결정은 주로 하위경영층에 의해 이루어지고 생산, 마케팅, 인사 등과 관련한 일상적으로 이루어지는 의사결정을 포함한다.

④ 업무적 의사결정을 하는 데 필요한 능력으로 업무의 문제를 발견하고 해결하는 기술적 능력이 있다.

> **해 설** **전략적 의사결정의 특징**
> • 최고경영자의 의사결정(전사적 의사결정) 필요
> • 대규모의 자원동원 필요
> • 기업의 경영성과에 장기적인 영향을 미침
> • 미래지향적
> • 비정형적, 비반복적

31 다음 중 동기부여이론에 대한 설명으로 가장 옳지 않은 것은?

① 알더퍼(Alderfer)의 ERG이론은 인간의 욕구는 존재욕구–관계욕구–성장욕구로 분류한다.

② 허즈버그(Herzberg)의 이요인이론(Two Factor Theory)에 의하면, 임금 인상이나 작업환경 개선으로는 종업원의 만족도를 높일 수 없다.

③ 아담스(Adams)의 공정성 이론(Equity Theory)은 욕구를 5단계로 분류하여 하위에서 상위 욕구까지를 설명한 과정이론이다.

④ 브룸(Vroom)의 기대이론은 직무수행을 위한 구성원의 노력에서 보상까지의 과정에 있어 동기유발을 이해하기 위한 접근방법이다.

> **해 설** ③ 매슬로우(Maslow)의 욕구위계이론에 대한 내용이다.

32 다음 중 리더십이론의 설명으로 가장 옳지 않은 것은?

① 특성이론은 가장 오래된 이론으로 성공적인 리더들은 타인과 다른 개인적 특성을 가지고 있으며, 이는 선천적으로 태어난다는 이론이다.

② 행동이론은 리더의 행동양식에 초점을 맞춘 것으로 리더의 행동이 구성원에게 만족도와 생산성에 영향을 준다는 이론이다.

③ 상황이론은 상황에 따라 바람직한 유형의 리더가 달라진다는 이론이다.

④ 변혁적 리더십은 오직 상사의 막강한 권력만이 부하를 변혁시킨다는 이론이다.

> **해설** **변혁적 리더십**
> • 리더는 바람직한 가치관, 존경심, 자신감들을 구성원들에게 심어줄 수 있어야 하고 비전을 제시할 수 있어야 한다.
> • 리더는 구성원들이 개인적 성장을 이룩할 수 있도록 그들의 욕구를 파악하고 알맞은 임무를 부여해야 한다.
> • 리더는 구성원들이 상황을 분석하는 데 있어 기존의 합리적 틀을 뛰어넘어 보다 창의적인 관점을 개발하도록 격려해야 한다.
> • 구성원의 노력에 대한 칭찬, 감정적으로 기운을 북돋아 준다거나 활기를 불어넣어야 한다.

33 다음 중 가격관리에 대한 설명으로 가장 적절하지 않은 것은?

① 초기 고가격전략은 신제품의 도입 초기에 높은 소득층의 구매력을 흡수하기 위해 높은 가격을 설정하는 전략을 말한다.

② 가격결정에서 제품의 원가는 가격결정의 하한선이 된다.

③ 수요중심 가격결정은 제품단위당 원가와 경쟁사의 제품가격을 기준으로 가격을 결정하는 방법이다.

④ 고객의 제품에 대한 가치지각은 가격결정의 상한선이 된다.

> **해설** **수요중심가격결정**
> • 가치지각 가격결정법 : 구매자의 제품에 대해 지각된 가치에 입각하여 결정
> • 수요차 가격결정법 : 수요의 정도에 따른 가격 결정

34 기업회계 기준에 의한 손익계산서를 작성할 때 배열순서로 가장 올바른 것은?

① 매출총수익 – 당기순손익 – 영업손익 – 특별손익

② 매출총수익 – 특별손익 – 당기순손익 – 법인세차감후순손익

③ 매출총수익 – 영업손익 – 법인세차감전순손익 – 당기순손익

④ 매출총수익 – 특별손익 – 영업손익 – 당기순손익

> **해설** **손익계산서**
> 기업의 일정 기간 경영성과를 나타내는 동태적 보고서로서, 모든 수익과 비용을 대비시켜 당해 기간의 순이익을 계산하여 나타낸다.

35 다음 중 기업이 보상수준을 결정할 때 중요하게 고려해야 할 요인에 대한 설명으로 가장 적절하지 않은 것은?

① 보상수준은 기본적으로 종업원의 생계를 보장할 수 있는 수준이 되어야 한다.

② 보상수준은 기업의 지불능력 한도 내에서 결정되어야 하며 지불능력에 따라 임금수준의 하한선이 결정된다.

③ 정부의 최저임금제도나 노동력의 수급상황 등과 같은 환경적 요인도 보상수준을 결정하는 데 영향을 미친다.

④ 임금관리의 공정성을 확보하기 위하여 동종업계의 임금수준을 조사할 필요가 있다.

> **해설** 보상(Compensation)
> 아래 사항을 포함하는 것으로 종업원이 받는 모든 형태의 금전적 대가, 무형적 서비스 및 혜택
> · 임금(Wage) : 사용자가 노동의 대가로 노동자에게 봉급, 급여, 보너스 등의 명칭으로 지급하는 금품
> · 봉급(Salary) : 사무직에게 장기간 기준으로 지급되는 주급, 월급, 연봉
> · 급여(Pay) : 복리후생을 제외한 일체의 금전적 보상
> · 기본금(Base) : 회사가 정해진 룰에 의해 종업원들에게 공통적 · 고정적으로 지급하는 현금
> · 수당(Allowance) : 기본급 외에 추가적으로 지급되는 금전적 보상(예 식비, 교통비, 명절 보너스 등)
> · 보너스(Bonus) : 종업원과 기본적으로 약속한 금액보다 추가되는 일체의 보상
> · 장려금(Incentive) : 종업원을 동기화시키려고 성과에 따라 일시적 포상의 의미로 지급하는 보상
> · 복리후생(Benefits) : 종업원의 생활안정, 생활향상을 위해 부가적으로 지급되는 일체의 현금급여(예 수당, 퇴직금 등)와 현물급여(예 사원 아파트, 탁아소, 문화사업 등)

36 기업의 신용등급 및 평가와 관련된 설명으로 옳지 않은 것은?

① 신용평가는 기업의 사업전망, 재무분석 등을 실시하여 평가한다.

② 신용등급은 돈을 빌려 쓰고 약속한 대로 갚을 수 있는 능력을 평가하여 상환 능력의 정도를 기호로 표시한 것이다.

③ 기업이 금융기관에서 돈을 빌리고자 할 때 신용등급이 크게 영향을 주지는 않는다.

④ 신용도를 조사 · 분석하여 평가하는 것을 전문으로 하는 신용평가회사가 있다.

> **해설** ③ 기업이 금융기관에서 돈을 빌리고자 할 때 신용등급이 매우 중요하게 고려된다.

37 브릭스(BRICS)는 2000년대를 전후해 경제성장 가능성이 높은 신흥경제국 5개국을 하나의 경제권으로 묶어 지칭하는 용어이다. 매년 정상회담을 개최하여 브릭스 회원국 간의 상호 경제협력을 강화하는 움직임을 이어가고 있다. 다음의 국가 중 브릭스(BRICS)의 회원국이 아닌 국가는?

① 러시아   ② 중 국
③ 남아프리카공화국   ④ 멕시코

> **해설** 브릭스 5개국
> 브라질(Brazil), 러시아(Russia), 인도(India), 중국(China), 남아프리카공화국(Republic of South Africa)

38 다음 중 인적자원관리 기능프로세스 중 가장 거리가 먼 것은?

① 확보관리   ② 스카웃관리
③ 평가관리   ④ 개발관리

> **해설** 인적자원관리의 핵심활동
> • 개발관리 : 인적자원의 잠재능력을 개발하도록 지원하며 이는 종업원에 대한 교육훈련, 승진관리, 직무순환을 포함한다.
> • 보상관리 : 인적자원의 조직 공헌에 따라 금전적, 비금전적 대가를 제공하는 활동으로, 기본급 임금체계, 수당 및 퇴직금 지급 등을 포함한다.
> • 평가관리 : 평가의 여러 가지 구성요소를 효율적으로 다루는 일련의 질적 통제절차이다.
> • 확보관리 : 조직의 목표달성에 적절한 인력의 수와 질을 획득하는 활동으로 직무분석을 통한 인력계획, 채용관리 활동을 포함한다.

39 〈 A 〉는 저소득층의 소득증가가 결과적으로 국가전체의 경기부양으로 이어진다는 경제용어이다. 이는 저소득층의 소득수준이 올라가면 총 소비가 늘어나고, 기업측면에서는 생산 투자할 여력이 많아지기 때문에 경기가 활성화돼 부유층의 소득도 높아진다는 것이다. 이는 부유층으로부터 세금을 더 걷어 저소득층의 복지정책을 늘리자는 정책과 상통한다. 여기서 〈 A 〉를 뜻하는 용어는 무엇인가?

① 낙수효과
② 낙타효과
③ 분수효과
④ 풍선효과

> **해설** ① 낙수효과 : 고소득층의 소득증대가 소비 및 투자 확대를 가져와서 결국 저소득층의 소득도 증가하게 되는 현상
> ④ 풍선효과 : 어떤 현상이나 문제를 해결하면 다른 현상이나 문제가 새로이 나타나는 현상

40 다음 중 전사적 자원관리(Enterprise Resource Planning, ERP)에 대한 설명으로 가장 적절하지 않은 것은?

① 기업의 경쟁력 강화를 위해 부서별로 분산되어 있고 유기적으로 연결되어 있지 못한 자원을 서로 연결하는 시스템이다.

② ERP의 목적은 기업의 모든 자원을 공유함으로써 자원의 효율화를 추구한다.

③ 최근 ERP솔루션은 클라우딩 컴퓨팅 기반으로 빠르게 전환하고 있는 추세이다.

④ ERP는 반드시 기업 스스로가 독자적으로 개발해야만 하기 때문에 비용과 기술로 인하여 대기업에서만 개발하여 사용할 수 있는 시스템이다.

> **해설** 전사적 자원관리(ERP)
> • 기업활동을 위해 사용되는 기업 내의 모든 인적 · 물적 자원을 효율적으로 관리하여 궁극적으로 기업의 경쟁력을 강화시켜 주는 역할을 하는 통합정보시스템
> • 기업 경영활동의 수행을 위해 필요한 생산 · 판매 · 인사 · 회계 · 자금원가 · 고정자산 등의 운영시스템을 전 부문에 걸쳐 하나의 체계로 통합시스템을 재구축함으로써 생산성을 극대화하려는 기업 리엔지니어링 기법
> • 어느 한 부문에서 데이터를 입력하면 회사의 전 부문이 동시에 필요에 따라서 정보로 활용할 수 있게 하는 것

제3과목 사무영어

---

41 Choose one that does NOT match each other.

① IOW : In other words

② ROI : Return on Interest

③ NRN : No reply necessary

④ YOLO : You only live once

> **해설** ② ROI : Return on Investment(투자자본수익률)

42 Ms. Han's company needs to import some fibers from a foreign company. After examining the advertisements in the magazine, Ms. Han wants to get more information. Whom does she have to contact?

① Credit Manager   ② Sales Manager

③ HR Manager   ④ Public Relations Manager

지문의 상황은 Ms. Han의 회사가 해외기업에서 섬유를 수입해야 하는데, Ms. Han이 잡지광고를 검토하여 추가정보를 얻어야 한다는 결론이 나왔을 때 누구와 연락해야 하는지와 관련된다. 이 경우 판매부의 사람에게 연락하는 것이 일반적이다.

43

Belows are sets of English sentence translated into Korean. Choose one which does NOT match correctly.

① Thank you for your hard work.
→ 당신의 노고에 감사드립니다.

② On behalf of my boss, I am here to sign the contract.
→ 사장님을 대신해서 제가 계약서 사인을 하러 왔습니다.

③ I forgot to attach the file in my email.
→ 제 이메일에 파일을 첨부했던 것을 깜박했습니다.

④ We are running out of time.
→ 우리는 시간이 얼마 없습니다.

③ I forgot to attach the file in my email.
→ 제 이메일에 파일을 첨부하는 것을 깜박했습니다.

44

Which of the following is the MOST appropriate expression for the blank?

> A : Let's look at the agenda for this meeting.
> B : Yes. I'm hoping for a productive outcome in the end.
> A : How long do you think our meeting will last?
> B : This meeting will be two hours with a short break in the middle.
> A : OK, I may need to step out early. I have to (   ) 3 o'clock.
> B : No problem. I understand.

① leave a phone call by

② call an important phone of

③ take an important phone call on

④ make an important phone call at

지문의 내용에서 A가 회의가 어느 정도 열릴지를 묻는 상황에서 B가 2시간 정도라고 말하자 A가 자기는 좀 일찍 나가봐야 한다는 내용이다. 그 이유에 대하여 설명하는 내용이므로 ④의 "3시에 중요한 전화를 하기로 했습니다(I have to make an important phone call at 3 o'clock)"의 내용이 적합하다. 다른 보기는 내용상(①), 어법상(② · ③) 부정확하다.
• make a phone call : 전화를 걸다

45 Which is INCORRECT about the following letter?

Dear Mr. Smith,

Within the next four months, I will be moving to Chicago where I would like the opportunity to put my ten years of accounting experience to work for your company. I am currently working as a financial controller for the Morano Supermarket Group in Seattle.

I am responsible for the group's financial direction and control. I have not yet informed my employer of my intention to leave the company. Therefore, I would appreciate your confidentiality in this regard.

Sincerely,
Mary Tailor

① Mary wants to move into another company.
② Mr. Smith is a HR manager.
③ Mary wants to move to Chicago.
④ Mary quit her job temporarily to apply for another company.

해설 ④번은 Mary가 다른 회사에 지원하기 위해 그녀의 직장을 일시적으로 그만둔다는 뜻의 문장이다. 본문에서는 4개월 내에 그녀가 Chicago로 이사 갈 것이며 Mr. Smith의 회사에서 일하기를 원한다는 내용이 나와 있다. 하지만 그녀가 직장을 일시적으로 그만둔다는 표현은 나와 있지 않으므로 ④번이 편지의 내용과 적합하지 않은 내용이다.

46 What is MOST proper as a closing of the letter?

① I'm writing to apologize for the wrong order we sent.
② Thank you for your quick reply.
③ I'm looking forward to hearing from you soon.
④ I have received your letter of May 1st.

해설 서한의 말미에 들어갈 말로 가장 적합한 것은 ③의 "귀하로부터 곧 소식을 들을 것을 고대하겠습니다(I'm looking forward to hearing from you soon)"이다.

47 Which is INCORRECT about the letter?

Dear Mr. Trump,

In Ms. Silverman's absence, I am answering your request for information about our Model XX3 Laser printer. I enclose a brochure describing its many new features.

I hope this information will be of some help to you until Ms. Silverman returns to the office early next week. She will be in touch with you then to answer any further questions you may have about this new model which we have in stock.

Sincerely yours,
Kate Brown

① Mr. Trump asked for the information about Model XX3 Laser printer before.
② Next week, Ms. Silverman will answer to Mr. Trump directly.
③ Kate Brown is a buyer of the Laser printer.
④ This is a reply to the inquiry.

해설 레이저프린터를 구매하려고 하는 쪽은 Mr. Trump측이다.

48 According to the following invitation, which is NOT true?

New Media Showcase
• Date & Time : 09:30~11:00 a.m. on Tuesday, February 17, 2019
• Venue : Cheil Mills Factory next to the Time Square in Kangnam
• Presenter : James Lee, Stuart Morris, Susan Sullivan
• Participants : 200 nation-wide media and social influencers and 50 corporate guests
• Program : Refer to details in the timetable below
• Dress Code : Business suit (dark color) w/ tie

Please check your calendar and RSVP by return email to Meesook Lee (mslee@gmail.com) by February 10.
If you have any questions, please let me know.

① 이 New Media Showcase 행사에는 250명의 주요인사들이 참석한다.
② 행사 참석복장은 넥타이를 착용한 짙은 색의 정장 차림이다.
③ 행사 참석 여부는 행사일 1주일 전까지 담당자에게 이메일로 알려야 한다.
④ 행사 프로그램은 행사 당일 제시된다.

해설 시간표 아래에 세부적인 프로그램이 제시되어 있다고 나와 있다.

49 According to the followings, which is NOT true?

Hotel Information

At check in, the front desk will verify your check-out date. Rates quoted are based on check-in date and length of stay. Should you choose to depart early, price is subject to change.

Check-in : 3:00 pm
Check-out : 12:00 pm

Smoking : Non-Smoking (THIS HOTEL IS 100% NON-SMOKING)

Parking :
     Self parking: $21.00 ($21.00 plus tax)
     Valet: $55.00, + $10.00 SUV

Pets : Pets not allowed

Wi-Fi :
     In-Room and Lobby Wi-Fi: Free for Hilton Honors members who book direct; $14.95 for all other guests.

---

① If you check-out the hotel early in the morning, the room rate can be changed.

② Dogs & pets are not allowed at the hotel.

③ Self parking charge is cheaper than Valet parking charge.

④ Every hotel guest can use free Wi-Fi at the lobby.

> **해설** ④ 와이파이는 직접 예약한 힐튼 멤버십 회원은 무료이고 다른 손님들은 $14.95를 지불하여야 한다.

50 Which of the following is the MOST appropriate expression for the blanks ⓐ, ⓑ and ⓒ?

A : Do you have any plans after this?

B : Nothing in particular. I will go back to the hotel and get some rest.

A : Then, now that you have tried Korean food, ⓐ _____ go to a Korean tourist attraction near here?

B : Great. Do you know anywhere you'd like to ⓑ _____ ?

A : There is Insadong in Jongno, a very popular place among foreign visitors. You can experience traditional Korean culture in Insadong. This includes Korean paintings, handicrafts and traditional clothing.

B : That sounds interesting. Maybe I could shop for some ⓒ _____ there as well.

A : Good!

---

① ⓐ how do you　　ⓑ suggest　　ⓒ gift wrap

② ⓐ why do you　　ⓑ propose　　ⓒ valuable

③ ⓐ why don't we　　ⓑ recommend　　ⓒ souvenirs

④ ⓐ when do you　　ⓑ notify　　ⓒ product

해설 • why don't we~ : ~하는 게 어때(요)?; ~합시다(권유, 청유)
• souvenir : 기념품(선물)

A : 이 다음에 무슨 계획이 있습니까?

B : 특별한 건 없습니다. 호텔로 돌아가서 쉴까 하는데요.

A : 그렇다면, 이제 한국음식도 먹었고, 주변에 있는 한국관광 명소로 가보는 게 어떨까요?

B : 좋습니다. 추천하고 싶은 장소가 있습니까?

A : 종로에 인사동이라고 외국관광객들에게 아주 인기 있는 곳이 있습니다. 인사동에 가면 그림, 수공예, 전통복식과 같은 한국의 전통문화를 경험할 수 있습니다.

B : 괜찮을 것 같네요. 거기서 기념품 역시 살 수 있겠지요.

A : 그렇지요!

51 According to the following dialogue, which is NOT true?

> A : Good morning. May I help you?
> B : Good morning. I'd like to see Mr. Taylor.
> A : May I ask your name and the nature of your business?
> B : I'm Mary Chung of P&G Consumer Products Company. I just want to talk to him about our new products.
> A : I see. Let me see if Mr. Taylor is available. Could you please wait for a while?
> B : Sure.
> A : Thank you for waiting, Ms. Chung. I'm sorry but Mr. Taylor is going to attend a meeting soon. Could you please make an appointment before you visit him?
> B : I will. Here is my business card. Please give it to him.

① Ms. Chung belongs to P&G Consumer Products Company.
② Mr. Taylor can't meet Ms. Chung because of his schedule.
③ Ms. Chung didn't want to introduce herself to Mr. Taylor.
④ Ms. Chung visited Mr. Taylor's office without appointment.

해설 대화의 내용과는 다른 것을 고르는 문제로 Ms. Chung은 Mr. Taylor에게 자신의 회사 신제품 관련 이야기를 하러 찾아온 점, 말미에 자신의 명함을 Mr. Taylor에게 전하도록 한 점 등으로 미루어 보아 ③의 내용을 답으로 볼 수 있다.

52 Belows are sets of English sentence translated into Korean. Choose one which does NOT match correctly.

① We've run into some problems with the project.
  → 프로젝트가 몇 가지 문제에 봉착했습니다.
② I think you're asking a little too much.
  → 좀 무리한 주문이라는 생각이 듭니다.
③ I'm afraid that I might get laid off.
  → 이 물건들을 처분해야 할 것 같아요.
④ We'll ship the overdue goods immediately.
  → 선적이 지연된 물품들을 조속히 발송할 예정입니다.

해설 ③ 내가 해고될까 봐 두렵습니다.
  • lay off : (정리) 해고하다

53 According to the followings, which one is NOT true?

Visitor	Food Restriction	Coffee/Tea	Drinks	Meal Preference	Dessert
Dan Ammann	None	Black Coffee	Sparkling Water	Steak	Chocolate
Chuck Stevens	No Tomato	Hot Americano	Diet Pepsi	Salmon	Chocolate Cookies
Jim DuLuca	No Peanuts	Black Coffee with Milk	Sparkling Water		Candy
Stefan Jacobi	None	Milk Tea			
Gerard Connell	No Pork				Ice Cream

① Dan Ammann has no food restriction.

② Chuck Stevens doesn't want to have meal with tomato.

③ Jim DuLuca may have peanut allergy.

④ You can buy Gerard Connell pork steak.

해설　Gerard Connell은 돼지고기를 먹지 못한다.

54 Which of the following is the Most appropriate expression for the blank?

> A : Hello. Export and Import Department.
> B : Can I speak to Mr. Taylor, please?
> A : Sorry, but (　　　　　　　　　)
> B : Gee. It's only 2 o'clock.
> A : Yes, but he was coming down with flu. So he left early. Will you leave a message?
> B : No, just tell him John called.

① he comes back.

② he went home already.

③ he didn't come today.

④ his line is busy.

해설　괄호 안에 들어갈 적합한 말은 ②의 "그는 이미 퇴근하였습니다(he went home already)"가 적합하다. Mr. Taylor는 출근을 하였으나 독감으로 몸이 너무 좋지 않아 조퇴하였다.

55 Choose one which is NOT true to the given text.

TELEPHONE MEMO

To Mr. S. Y. Kim of Min Company
Date 2019. 2. 2. Time 2:20 pm

WHILE YOU WERE OUT

Mr. Paul Robinson of International Home Appliances
phone 555-2485 Ext 144

■ Telephoned	□ Please Call
□ Returned Your Call	□ Will Call Again
□ Came to see You	□ Wants to see you

Message : Mr. Robinson'd like to cancel the meeting of February 5th, Monday at 2 o'clock. He has
to leave for New York tonight and will be back on February 12th.

taken by Michelle Lee

---

① Mr. Robinson left this message to Ms. Michelle Lee.

② Mr. Robinson called Mr. Kim to cancel the meeting of February 5th.

③ Ms. Michelle Lee is working for International Home Appliances.

④ This message should be given to Mr. S. Y. Kim as soon as possible.

> 해설 Ms. Michelle Lee는 사내 메모를 남긴 사람으로 Min Company 소속일 확률이 높다.

56 What is the MOST proper expression for the underlined part?

A   : Can I speak to Mr. Chung?
Secretary : He is not in the office at the moment.
A   : Oh really? Then, 미스터 정 씨가 돌아오는 즉시 저에게 전화해 주도록 해 주시겠습니까?

---

① Could you let him to call me back as soon as he gets in?

② Could you have him call me back as soon as he will get in?

③ Could you have him call me back as soon as he gets in?

④ Could you let him calling me back as soon as he will get in?

> 해설 as soon as 등 시간의 부사절을 이끄는 접속사는 현재시제로 미래 시점을 나타낸다.
> • let + 목적어 + 원형부정사 : 목적어가 ～하게 하다
> • as soon as : ～하자마자

57 Which of the following is the MOST appropriate expression for the blank?

A : I've called today's meeting to ask about the current status of the project. (　　　　　　)
B : Let me brief you on the latest developments. We are almost done developing the smart energy-saving air conditioner and this function will be shown for the first time in Korea.
A : Then, we've got to move up the release date.
B : I think that would be nice.

① Could you tell me where you got that information?
② How is the project going?
③ Could you make two copies of this document?
④ Let's call it a day.

해설 A가 미팅을 소집한 것은 프로젝트의 현황에 대하여 알아보기 위한 것이라고 하므로 ②의 표현이 들어가는 것이 적합하다.
　　• call a meeting : 회의(미팅)를 소집하다

58 Which is most INCORRECT about the schedule?

Secretary : Mr. Smith, Mr. Kim would like to see you this week.
Mr. Smith : Let me see. Well, Tuesday's not possible. I'm at a seminar until Wednesday lunchtime.
Secretary : Are you coming back to the office Wednesday afternoon?
Mr. Smith : No, the seminar is in Pusan and I'm driving back to our factory in Chongju.
Secretary : How about Thursday then?
Mr. Smith : Yes, that's fine but I prefer the morning.
Secretary : O.K. Would 10 o'clock be fine with you?
Mr. Smith : Actually it's a bit early. Can we adjust it?

① On Wednesday morning, Mr. Smith is in Pusan.
② Mr. Smith visits Chongju in the afternoon of Wednesday.
③ Mr. Smith wants to have an appointment before 10 o'clock.
④ Mr. Smith and Mr. Kim will meet on Thursday.

해설 ③ Mr. Smith는 10시가 조금 이른 시간이어서 시간을 조금 (이후로) 조정하기를 원하고 있다.

59 According to the followings, which one is NOT true?

> This is the overview of the Millennium Royal Hotel in New York City.
>
> 3 Diamond downtown hotel with indoor pool.
> The Millennium Royal 55 Church Street is a few minutes walking distance from One World Trade Center and Wall Street. Approximately a 15 minute walk to Battery Park and the Metro (Cortland) is located outside the front door of the hotel.
> We have Business Center, Fitness Center, Meeting Rooms, too.
> All guests get free standard Wi–Fi in–room and in the lobby.
> Free cancellation is available up to 5 days before arrival.

① You can cancel your reservation up to 5 days before your arrival without charge.

② The hotel is located close to the Wall Street.

③ The hotel is located in the downtown of New York City.

④ There is not a Metro station near the hotel.

해설   ④ 호텔의 정문 바깥으로 약 15분 정도 떨어진 거리에 공원과 전철역이 있다.

60 Belows are in the envelope. Which of the followings is INCORRECT?

① 항공 우편 – Via Air Mail

② 속달 우편 – Express Delivery

③ 반송 주소 – Inside Address

④ 긴급 – Urgent

해설   Inside Address는 우편물 안에 적는 주소를 말한다. 반송 주소는 Return Address이다.

61 다음 중 띄어쓰기가 잘못된 것을 모두 고르시오.

> 상사 : ⑤ 김철수 이사는 ⑥ 대한 고등학교를 나왔나?
> 비서 : 아닙니다. ⑥ 서울 대학교 사범 대학 부속 고등학교를 나오셨습니다. 부장님, 이번에 ② 얼마 짜리
> 로 이사님 감사패를 제작할까요?
> 상사 : 저번 달에 제작한 ⑩ 감사패 만큼 예산을 책정 해보지.

① ⑥, ⑥   ② ⑥, ②, ⑩
③ ②, ⑩   ④ ⑤, ⑥, ②

해설 ② 얼마짜리, ⑩ 감사패만큼

62 다음 우편서비스 중에서 기본적으로 등기 취급되는 것에 해당하지 않은 것은?

① 국내특급우편   ② 민원우편
③ e-그린우편   ④ 배달증명

해설 e-그린우편은 편지 내용문과 주소록을 우체국이나 인터넷 우체국에 접수하면 내용문 출력부터 봉투에 넣어 배달해
주는 전 과정을 대신해주는 서비스이다.

63 (주)한국기업에서 아래와 같이 결재가 처리되었다. 다음 중 아래의 결재처리에 대한 설명이 가장 적
절한 것은?

대 리	부 장	전 무	부사장	사 장
김철수	임승석(11/10)	대 결	전 결	박주민(11/12)

① 이 문서의 기안자는 임승석 부장이다.
② 이 문서는 박주민 사장이 결재한 문서이다.
③ 이 문서는 대리-부장-전무 순서로 결재된 문서이다.
④ 이 문서는 부사장이 사장 대신에 결재한 문서이다.

해설 전결은 기관의 장으로부터 사무의 내용에 따라 결재권을 위임받은 자가 행하는 결재이고, 대결은 결재권자가 휴가,
출장, 기타의 사유로 상당기간 부재중이거나 긴급한 문서의 경우 결재권자의 사정에 의하여 결재를 받을 수 없는 때
에 그 직무를 대리하는 자가 행하는 결재를 말한다.

64 다음은 각종 인사장 및 감사장에 대한 설명이다. 내용이 잘못 기술된 것은?

① 협조에 대한 감사장 작성 시에는 앞으로 성원을 부탁하는 내용과 함께 상대의 발전을 기원하며 축원하는 내용을 덧붙여 기재하는 것이 좋다.

② 신년 인사장은 작성 목적에 따라 자유롭게 내용을 구성할 수 있으며, 새해를 상징하는 이미지 등을 삽입하여 개성 있게 작성할 수 있다.

③ 취임 인사장은 새로운 취임자가 취임에 대한 감사의 인사와 포부를 전하기 위한 것으로 전임 직무자들이 이룩한 성과에 대한 언급과 함께 앞으로의 포부와 계획 등을 밝힌다.

④ 축하에 대한 감사장 작성 시에는 내용을 일반화하고 정형화하여 감사를 표하고자 하는 사람의 상황과 성격, 감정 등과 무관하게 격식을 차려 정중하게 작성하여야 한다.

> **해설** ④ 감사장은 대부분 기업에 보내는 것이 아니라 개인에게 직접 감사를 표시하기 때문에 형식에 치우치지 않고, 읽은 사람이 정성과 믿음을 느낄 수 있도록 작성하는 것이 좋다.

65 다음 중 문서 정리의 기본 원칙으로 볼 수 없는 것은?

① 문서 정리 방법에 대한 회사 내부의 규정을 제정하여 표준화한다.

② 시간이 지나서 쓸모없게 된 문서는 정해진 규칙에 의하여 폐기하는 것을 제도화한다.

③ 자료는 필요한 사람에게만 배포하고 원본이 명확하게 정리되어 있다면 불필요한 복사본은 가지고 있지 않도록 한다.

④ 문서 보관 서류함이나 서랍의 위치는 보안을 위하여 소재를 명시하지 않도록 한다.

> **해설** 문서를 정리할 때에는 필요한 문서를 쉽게, 그리고 신속하게 찾아낼 수 있도록 문서가 보관된 서류함이나 서랍의 위치를 누구나 쉽게 알 수 있도록 소재를 명시해 둔다.

66 다음 중 전자문서에 대한 설명이 적절하지 못한 것을 모두 고르시오.

> 가. 전자문서의 보존기한은 종이문서의 보존기한과 동일하게 적용한다.
> 나. 컴퓨터 파일상의 전자문서를 출력하거나 복사할 경우라도 전자문서 출력대장 또는 복사대장에 기록을 남긴다.
> 다. 전자문서의 보존기간이 10년 이상의 장기보존일 경우 스캔하여 이미지 파일로 변환하여 보존한다.
> 라. 전자문서의 폐기는 재포맷하거나 덮어쓰기를 통해 파괴한다.

① 가, 라

② 나, 다, 라

③ 다

④ 가, 나, 다, 라

67 다음 중 유통대상에 의해 분류한 경우 문서의 성격이 다른 하나는?

① 보고서   ② 사내 장표
③ 견적서   ④ 회의록

68 다음은 김미소 비서가 상사의 지시로 마케팅 팀장들에게 보내는 이메일이다. 다음 중 수정이 가장 적절하지 않은 것은?

TO : ㉠ pupu@abc.com
제목 : ㉡ 안녕하십니까? 비서실 김미소 대리입니다.

[본 문]
마케팅 팀장님들께,
㉢ 안녕하십니까?
———— 중략 ————
첨부된 회의자료를 미리 검토하여 주시기 바랍니다.
그러면 본사 마케팅 회의날 뵙겠습니다. 감사합니다.

[결 문]
㉣ 비서실 김미소 대리 귀하
서울시 양천구 오목로 298
직통번호 : 02)123-1234
이메일주소 : aaa@abc.com

① ㉠ 박철수 팀장님〈pupu@abc.com〉   ② ㉡ 마케팅 팀장 회의 자료 전달
③ ㉢ 이메일에는 인사말을 생략한다.   ④ ㉣ 비서실 김미소 대리 배상

69 다음 중 문서관리에 관한 설명으로 가장 적절하지 않은 것은?

① 분산식 보관방식을 채택하고 있어서 작년도 부서에서 작업했던 문서를 부서 내 보관소에 보관 했다.

② 전자결재시스템을 이용하고 있어서 기안문을 따로 보관하지 않아도 서버에 보관되어 있다.

③ 보관문서철 명칭을 정할 때 ○○관계철과 같은 포괄적인 표현이 바람직하다.

④ 보관문서를 보존서고로 옮기는 절차 및 행위를 이관이라고 한다.

`해설` 보관문서철 명칭을 정할 때는 한눈에 찾을 수 있는 세부적인 표현을 사용한다.

70 다음 중 전자문서관리를 가장 부적절하고 비효율적으로 처리한 비서는?

① 박 비서는 '마케팅촉진전략회의_발표자료_20180920'으로 저장한 전자문서 파일명을 '발표자 료'로 변경했다.

② 김 비서는 전자문서를 분류해서 보관할 때 폴더 안에 하위 폴더를 생성해 구분을 명확히 해서 저장했다.

③ 최 비서는 업무가 진행 중인 전자문서의 경우 문서의 진행 처리 단계에 따라서 문서의 파일명 을 변경하거나 변경된 폴더로 이동시켜서 정리, 보관하였다.

④ 고 비서는 장기 보존할 전자문서를 PDF/A 형식으로 저장하였다.

`해설` ① 포괄적인 명칭을 사용하면 문서를 열어봐야만 내용을 확인할 수 있다.

71 다음 중 아래 신문기사에 대한 내용으로 가장 연관이 적은 것은?

> KISA(한국인터넷진흥원)가 보안 인프라가 부실한 지방에 '지역사이버안전망'을 구축한다. 이를 통해 보안
> 사각지대를 없애고 지역 정보보호산업 육성에 나선다는 방침이다.
> KISA 지역정보보호총괄센터장은 지난달 31일 "사이버 침해 사고의 98%가 중소기업에서 일어나지만 직원
> 수나 매출 규모가 작은 중소기업들은 정보보호에 100만 원을 투자하는 것조차 어려워하는 게 현실"이라며
> "지역사이버안전망을 구축해 국내 기업들의 정보보안을 한 단계 끌어올릴 계획"이라고 말했다.
> 대부분의 정보보호기업들은 수도권에 집중돼 있다. 지방에 50여 개 정도의 기업이 존재하지만 장비판매나
> 유지보수의 기업이 대다수다. 정보보호 컨설팅을 받고 싶어도 받기 힘들다. 이처럼 열악한 보안 인프라에
> 지역 기반 중소기업들은 보안에 취약할 수밖에 없다는 게 KISA의 판단이다.
> 지역사이버안전망은 지역의 정보보호 생태계 조성에도 긍정적 역할을 할 것이라고 KISA는 기대하고 있다.
> 지방대학을 통해 배출되는 정보보안 인재들이 갈 곳이 없어 서울로 올라오게 되는데 이 같은 인력을 지역
> 사이버안전망이 흡수할 수 있을 것이란 설명이다.
> KISA는 2014년부터 과학기술정보통신부의 지원을 받아 지역 정보보호지원센터를 운영해왔다. 현재 총
> 7곳이 운영 중이며 올해는 울산 센터가 새롭게 운영을 시작했다. 이를 앞으로 확대, 수도권과 지역의 보안
> 불균형을 맞춘다는 계획이다.
> 먼저 지역 정보보호지원센터를 내년 중 1개소를 늘리고 2020년까지 10개로 늘린다. 또 지역 정보보호 기
> 업육성센터를 구축하고 지역거점 침해사고 대응체계 구축에도 나선다. 또 정보보호 바우처를 제공, 이를
> 활용해 정보보호 컨설팅 등을 받을 수 있도록 할 계획이다. 바우처는 1000만 원으로 컨설팅에 700만 원,
> 솔루션에 300만 원을 사용할 수 있다. 5월부터 바우처 시스템을 도입, 현재 100군데가 바우처를 활용하고
> 있다.
> KISA 센터장은 "영세 중소기업을 위한 SECaaS(Security as a Service)를 도입하는 등의 방안도 검토 중"
> 이라며 "향후 예산이 더 확보된다면 영세기업들을 위한 정보보안 프로그램을 확대할 계획"이라고 말했다.

① 지방 중소기업들은 금전적인 문제와 정보보호기업들의 수도권 집중화로 인해 보안 사각지대에
   놓여있다.
② 현재 지방에는 총 10개의 정보보호지원센터가 운영 중에 있다.
③ 영세 중소기업을 위한 '서비스로서의 보안' 도입방안을 계획 중에 있다.
④ 지방에 있는 중소기업 보안을 위해서는 보다 저렴하고 손쉽게 보안서비스를 이용할 수 있는 방
   안이 도입되어야 한다.

[해설] ② 현재 지방에는 최근 개설된 울산을 포함하여 총 8개의 정보보호지원센터가 운영 중에 있다.

72 우리나라의 국가 인터넷주소 관리기관인 한국인터넷진흥원이 제공하는 인터넷주소의 등록 및 할당 정보를 확인하는 서비스로서, IP주소로 도메인 네임이나 해당 주소 소유자를 확인하거나, 도메인 네임으로 해당 도메인 소유자를 찾을 수 있는 서비스는 무엇인가?

① DOMAIN FINDER
② IP TRACER
③ WHOIS
④ ADDRESS BOOK

> 해설 ③ 인터넷 통신망 정보제공 서비스인 WHOIS에 대한 내용이다.

73 투자회사에 근무하는 이 비서는 상사인 김 부사장으로부터 몇몇 상장기업에 관해 아래 표와 같은 정보를 정리해 보고하라는 지시를 받았다. 이 경우 가장 최신의 공신력 있는 정보를 일괄적으로 수집할 수 있는 곳은?

구 분	영문회사명	대표자명	법인 구분	법인등록번호	사업자등록번호	최근 공시정보
A회사						
B회사						
…						

① 각 회사의 홈페이지
② 국가통계포털 KOSIS
③ 연합뉴스 기업 정보
④ 금융감독원 DART

> 해설 전자공시시스템[Data Analysis, Retrieval and Transfer System(DART)]
> 기업이 공시서류를 인터넷으로 제출하면 제출 즉시 이용자가 인터넷을 통해 조회할 수 있도록 하는 시스템

74 다음은 2017년 8월 신문에 기재된 기사에 포함된 경상수지 추이 그래프이다. 이 그래프를 통해 유추할 수 있는 기사 내용으로 가장 적절한 것은?

① 2017년 1월 서비스수지 적자폭은 전년 동월 대비 증가하였다.
② 2017년 상반기 중 전년 동월 대비 감소율이 가장 낮은 달은 5월이다.
③ 2017년 상반기 경상수지가 흑자이기 때문에 서비스수지가 적자를 면치 못하였다.
④ 2017년 상반기의 서비스수지의 적자로 인해서 경상수지 흑자폭이 축소되었다.

해설 ① · ② · ③ 현재 데이터만으로는 알 수 없는 내용들이다.

75 정보수집 및 문서에 자료인용 시 유의해야 할 내용으로 가장 적절하지 않은 것은?

① 자료수집의 단계에서부터 인용을 대비해 서지사항을 정확히 기재한다.
② 인터넷 자료의 경우 웹 페이지의 주소(URL)만 정확히 기록해 두면 된다.
③ 인용을 할 때 각주를 활용하여 참고문헌에서 인용의 정도와 인용처리 방식을 분명히 해주는 것이 좋다.
④ 직접 인용할 만큼의 가치를 갖는 내용은 원문의 표현을 그대로 옮겨두고 쪽수까지 정확히 기록해 두는 습관이 필요하다.

해설 ② 인터넷 자료라고 해도 인쇄물과 동일하게 취급하여 저작권 여부를 살피고, 필요한 경우 웹 글 기재자의 사용 허락을 받아야 한다.

76 인터넷 및 정보관리와 관련된 다음의 용어 중 설명이 잘못된 것은?

① 사이버불링(Cyber Bullying) : 이메일, 휴대전화, SNS 등 디지털 서비스를 활용하여 악성댓글이나 굴욕스러운 사진을 올림으로써 이루어지는 개인에 대한 괴롭힘 현상

② 빅데이터(Big Data) : 기존 데이터보다 너무 방대하여 기존의 방법으로 도구나 수집/저장/분석이 어려운 정형 및 비정형 데이터

③ 큐레이션 서비스(Curation Service) : 정보과잉시대에 의미 있는 정보를 찾아내 더욱 가치 있게 제시해 주는 것으로서 개인의 취향에 맞는 정보를 취합하고, 선별하여 콘텐츠를 제공해주는 서비스

④ 핑크메일(Pink Mail) : 사내 활성화된 온라인 의사소통을 통하여 동료들에게 동기부여를 고취하는 일련의 메시지

> **해설** ④ 핑크메일(Pink Mail) : 직원 해고 혹은 거래처와 거래를 끊을 때 보내는 메일

77 자동차 부품회사에 근무하는 김 비서는 상사에게 정보보안에 대해 더 철저하게 신경 쓰라는 지시를 받았다. 김 비서의 정보보안 업무 중 가장 적절하지 못했던 것은?

① 상사의 일정과 관련하여 공개 및 공유할 수 있는 범위를 상사와 명확히 의논하여 업무에 반영하였다.

② 상사의 중요 서류나 문서를 팩스로 송신할 경우, 문서를 받을 상대방에게 먼저 전화를 걸어 팩스를 보낼 것이라고 알려주었다.

③ 상사와 친분이 있는 고객이 상사의 정보를 요청할 경우라도 반드시 원칙대로 상사와 의논 후 지시에 따라 행동하였다.

④ 처리가 완료되지 못한 문서작업을 집으로 가져가 작업하기 위해 대외비문서반출 목록에 기입한 후 반출하였다.

> **해설** ④ 사내문서를 외부로 가져가는 것은 분실, 도난 등의 문제가 생길 수 있어 정보보안을 유지하는 데 심각한 위협이 될 수 있는 행동이다.

78 사무정보기기 및 사무용 SW를 다음과 같이 사용하고 있다. 이 중 가장 적절하게 활용을 하고 있는 비서는?

① 김 비서는 상사가 180도 펼쳐지는 상태의 제본을 선호하기 때문에 열제본기를 주로 사용한다.

② 백 비서는 상사의 컬러로 된 PPT 자료가 잘 구현되도록 실물화상기를 세팅했다.

③ 황 비서는 각종 자료를 한곳에서 정리하고 관리하며, 공유도 하기 위해서 에버노트 앱을 이용하였다.

④ 윤 비서는 상사의 업무일정 관리를 원활하게 하기 위해서 리멤버 앱을 사용하였다.

에버노트(Evernote)

- 메모용 스마트폰 애플리케이션
- 크롬, 파이어폭스, 아이폰, 안드로이드, 윈도우 등 다양한 플랫폼에서 실행
- 한 기기에서 메모를 작성할 경우 다른 플랫폼끼리 메모의 동기화 가능
- 녹음, 파일 첨부, 사진 저장, 저장한 메모에 대한 위치 정보 추가, 태그에 따른 메모 분류, 키워드에 따른 메모 검색, 텍스트, 이미지 및 링크를 포함하여 웹 페이지의 일부 또는 전체를 스크랩하는 클리핑 기능 제공

79 다음은 사무정보기기의 구분에 따른 종류를 나열한 것이다. 구분에 부적합한 사무기기가 포함된 것은?

① 정보처리기기 : PC, 노트북, 스마트폰
② 정보전송기기 : 전화기, 스캐너, 팩스, 화상회의시스템
③ 정보저장기기 : 외장하드, USB, CD-ROM
④ 통신서비스 : LAN, VAN, 인터넷, 인트라넷

해설 ② 정보전송기기 : 팩시밀리, 화상전화기, 전자우편시스템, 원격화상회의시스템, 이동전화 등(스캐너는 정보처리기기에 해당)

80 다음의 상황을 대비하기 위하여 김 비서가 이행할 수 있는 방법으로 가장 부적절한 것은?

> 컨퍼런스에서 발표를 맡게 된 김 비서는 발표자료를 조금 수정도 할 겸 리허설 시간보다 일찍 행사장에 도착했다. 이 행사장은 발표자료를 발표자 포디엄에 직접 USB를 꽂아 연결할 수 있도록 되어 있어 그 자리에서 수월하게 자료수정도 마칠 수 있었다. 무사히 발표를 마치고 사무실로 복귀한 김 비서는 업무용 노트북에 USB에 저장해온 발표자료 최종본을 옮겨 놓았다. 그런데 며칠 뒤 사내 보안팀에서 연락이 왔다. 김 비서의 컴퓨터를 통해 사내에 악성코드가 확산했다는 것이다.

① 외부 컴퓨터에서 사용했던 이동식 저장매체를 사무실에서 사용할 경우 바이러스검사를 실시한다.
② 이동식 저장매체의 자동실행 기능을 비활성화하여 자동으로 USB가 시스템에 연결되는 것을 예방한다.
③ 편리한 USB 사용을 위하여 USB 자동실행 기능을 평상시에 켜둔다.
④ 노트북의 USB 드라이브 자동검사 기능을 활성화해 둔다.

해설 ③ 정보보안에 위배되는 행동이다.

제1과목   비서실무

01 다음 중 비서직에 대한 설명으로 가장 올바른 것은?

① 비서 업무의 범위는 상사의 지위와 업무 위임 정도에 따라 달라진다.

② 모든 조직은 표준화된 비서 직무 기술서(Job Description)에 따라 비서의 자격, 업무, 권한 등이 명시되어 있다.

③ 비서는 경력과 상사의 신임도에 따라 상사의 위임 없이도 업무 의사결정을 할 수 있다.

④ 비서는 조직의 업무 절차 및 문서 서식 등을 상사에 맞추어 개선 및 개발하는 등의 창의적 업무 수행이 가능하다.

> **해 설** ② 비서의 자격, 업무, 권한 등을 명시한 표준화된 직무 기술서(Job Description)는 거의 없다.
> ③ 비서는 경력과 상사의 신임도에 따라 상사의 위임을 받아서 업무 의사결정을 할 수 있다. 참고로 미국의 전문비서 협회(IAAP)는 "비서는 사무기술에 숙달되어 있고 맡은 일에 능력을 보이며 판단력과 창의력을 갖추고 있어 주어진 권한 안에서 의사결정을 할 수 있다"라고 정의하였다.
> ④ 조직에서 사용하는 서식을 개발하는 것이 비서의 창의적 업무에 포함되기는 하지만, 그것을 상사에 맞출 필요는 없다. 창의적 업무에는 이 밖에도 상사가 보고서를 작성할 때 이에 필요한 서류를 상사의 요구 없이 미리 준비해 두거나 신문 · 전문 서적 · 논문 등에서 주요 기사를 발췌하여 상사의 능률을 높이기 위한 참고 자료로 준비하는 일 등이 있다.

02 다음은 비서들의 자기개발 사례이다. 다음의 사례 중 비서의 자기개발 태도로 가장 적절하지 않은 것은?

① 강진물산의 허 비서는 요즘 SNS 영상 업로드에 관심이 많아 퇴근 후 영상편집을 배우러 다니고 있다.

② 한국유통의 이 비서는 평생교육원에서 야간에 개설하는 경제 수업을 수강하고 있다.

③ 두리제과의 금 비서는 대학시절 인연으로 멘토가 된 A기업 부장에게 상사에 대한 고민도 얘기하고 상사가 지시한 업무 관련 조언도 구한다.

④ 제이상사의 오 비서는 상사가 진행하고 있는 업무의 파악을 위해 상사에게 보고되는 문서들의 내용을 살펴본다.

③ 업무와 관련된 기밀을 지키는 것은 일반 사원에게도 요구되는 직업윤리지만, 특히 비서는 기밀사항을 다루는 경우가 많으므로 주의해야 한다. 따라서 고의는 물론 실수로 비밀사항을 엿듣거나 누설하는 일이 없도록 해야 한다.

03 다산제강 대표이사의 비서인 이빛나가 회사에 방문한 손님을 응대하는 태도로 가장 적절한 것은?

① 상사와 선약되지 않은 손님이 방문 시 "잠시 자리에 앉아 계시면 사장님께 안내해 드리겠습니다."라고 말하며 손님이 상사를 만날 수 있도록 친절히 도왔다.

② 상사와 개인적으로 약속한 손님이 방문한 경우 이를 사전에 알지 못했을 때 손님에게 "죄송합니다. 사장님께서 제게 알려주지 않으셔서 오늘 방문하시는 것을 미처 몰랐습니다."라고 솔직히 말한다.

③ 상사의 대리로 내방객을 응대할 때 상사로부터 지시받지 못한 부분에 대해 질문을 받자 자신이 알고 있는 모든 지식과 추측을 더하여 손님의 질문에 답하였다.

④ 선약된 손님이 방문하였을 때 상사가 먼저 방문한 손님과 면담이 길어지자 약속이 지연될까 염려되어 손님이 기다리고 있다는 내용을 상사에게 메모로 전달하였다.

> 해 설 ① 선약하지 않은 손님인 경우 상사가 반가워하지 않거나 만나고 싶지 않은 손님일 수 있으므로 손님 앞에서 바로 상사에게 연락하기보다는, 별도의 방에서 연락하여 지시를 받도록 한다.
> ② 상사와 개인적으로 약속한 손님이 방문한 경우 이를 사전에 알지 못했을 때는 손님에게 상사와의 선약을 확인하지 못한 점을 사과한다. 상사가 알려주지 않아서 몰랐다는 사실을 내방객에게 알려서는 안 된다.
> ③ 비서는 스스로 판단해서 기밀이 누설되지 않도록 최선을 다해야 하며 이를 위해 '필요 없는 말은 화제로 삼지 않는다'는 마음가짐을 가지고 행동하여야 한다.

04 다음 중 신입비서의 행동으로 가장 적절하지 않은 것은?

① 비서실뿐 아니라 일반부서의 직원들과도 좋은 인간관계를 형성하기 위해 노력하였다.

② 상사 두 분이 동시에 업무를 지시할 때는 직급이 높은 상사의 일을 항상 먼저 처리하였다.

③ 예약하지 않은 방문객이 회사에 찾아와도 하던 일을 멈추고 친절하게 인사하였다.

④ 선배비서가 알려준 업무처리 방식이 학교에서 배운 것과 조금 달랐지만 아직은 회사의 처리방법과 규정을 모르므로 우선은 선배가 알려주는 방법에 따라 일을 처리하였다.

> 해 설 두 명 이상의 상사를 위해 공동으로 업무를 수행하는 비서의 경우, 직위가 높은 상사의 업무를 우선으로 처리하되, 될 수 있으면 업무의 중요성이나 소요 시간을 생각하여 우선 순위를 정하고 업무를 처리할 수 있도록 미리 계획을 세운다.

05 다음 상황을 읽고 비서의 응대가 적절하지 않은 것을 모두 고르시오.

(전화벨이 울림)

비 서 : 안녕하십니까? 사장실입니다. (a)

상대방 : 사장님 계신가요?

비 서 : 사장님은 지금 안 계십니다. 누구신가요? (b)

상대방 : 잘 아는 사람인데 언제 통화 가능할까요?

비 서 : 지금 유럽 출장 중이셔서 다음 주나 돼야 돌아오십니다. (c)

상대방 : 알겠습니다.

비 서 : 그럼 다음 주 전화해 주시면 사장님과 통화되실 겁니다. (d)

(전화 통화를 마침)

---

① (a), (b)

② (b), (c)

③ (b), (c), (d)

④ (a), (b), (c), (d)

전화 받는 요령

전화 받는 순서	사 례
수화기는 왼손(오른손잡이의 경우)	적어도 벨이 세 번 울리기 전에 수화기를 든다.
인사 후 소속과 이름	• "안녕하십니까?" • "○○ 부의 ○○○입니다."
상대방 확인 · 인사	• "실례지만. 어디십니까?" • "그동안 안녕하셨습니까?"
용건 청취 · 메모	• "전하실 말씀이 있으십니까?" • 메모를 할 때 적어야 할 것을 미리 살펴둔다.
통화 내용 요약 · 복창	"전하실 용건은 ~에 관한 것 맞습니까?"
끝맺음	• "감사합니다. 안녕히 계십시오." • 상대방이 끊고 난 후 조용히 수화기를 놓는다.

06 다음은 비서의 전화응대 사례이다. 다음의 사례 중 비서의 응대로 가장 적절한 것은?

① 사장 비서인 엄 비서는 상사가 자녀의 졸업식에 참석 후 출근하는 상황에서 가나유통 한 전무가 전화하여 상사를 찾자 "사장님은 오늘 외부일정으로 오후 1시쯤 사무실에 도착하실 예정입니다."라고 하였다.

② 사장 비서인 박 비서는 회장이 전화하여 상사와 통화를 원하자 통화 연결 전 "회장님, 어떤 용건으로 전화하셨다고 전해 드릴까요?"라고 공손하게 여쭈어보았다.

③ 사장 비서인 고 비서는 전화를 받고 자신이 잘 모르는 이름이었지만 상대방이 상사와 친한 사이라고 이야기하자 미처 몰랐다고 사죄드린 후 바로 상사에게 연결해 드렸다.

④ 사장 비서인 최 비서는 총무팀으로 연결될 전화가 비서실로 잘못 연결되자 "연결에 착오가 있었나 봅니다. 제가 연결해 드리겠습니다."라고 한 후 전화를 연결했다.

② 상급자가 하급자를 찾는 전화에 용건을 물어보는 태도는 바람직하지 않다. 또한 상사보다 직급이 높은 경우에는
용건을 묻지 않아도 무방하며 가능하면 곧바로 연결한다.

③ 처음 전화를 건 사람이 자신의 신분을 밝히지 않으면서 상사를 연결해달라고 하는 경우에는 즉시 연결하지 말고,
메모를 받아 두어야 한다.

④ 전화를 다른 부서로 연결할 때는 끊어질 경우를 대비하여 내선 번호나 전화번호를 안내해주고 연결한다.

07 손 비서는 오늘 오전 10시에 업무체결 가능성을 타진하기 위해 회사를 방문할 호주의 ABC Corp.
의 Mr. Richard Miller 본부장을 맞이할 준비를 하고 있다. 상사로부터 중요한 방문객이므로 준비를
철저히 하라는 지시를 받은 손 비서의 응대준비로 가장 적절한 것은?

① 경비실과 안내실에 미리 전화하여 방문객의 정보를 알려주고 도착 즉시 연락을 부탁하였다.

② 상사와 처음 만나는 분이므로 방문객에 대해 사전 정보를 얻고자 궁금한 점을 정리하여 일주일
전에 여유를 두고 호주 본부장 비서에게 이메일을 보냈다.

③ 상사와 함께 회의에 참석할 사내 임원진들에게 10시까지 회의실에 모이도록 사전에 연락해두
었다.

④ 회사 소개 및 협력방안 프레젠테이션 자료를 사전에 ABC 회사에 보내 주어 검토를 부탁하였다.

② · ③ · ④는 손님 응대 전 준비사항이다.

08 비서 A는 회장 비서로 3년차이고 비서 B는 사장 비서로 6개월 전에 입사하였다. 둘은 같은 층에서
근무하고 있다. 다음 예시 중 원만한 인간관계를 위한 비서의 행동으로 가장 적절한 것은?

① 비서 A는 비서 B에게 비서라는 직업은 상사와 회사에 관한 보안업무가 많으므로 직장 내 동호
회에 가입하지 말라고 조언하였다.

② 비서 B는 비서 A가 입사 선배이고 상사 직위도 높으므로 비서 A의 지시를 따르기로 하였다.

③ 비서 업무평가표가 합리적이지 않다고 판단하여 비서 A와 비서 B는 의논하여 시정 건의서를
작성하여 각자의 상사에게 제출하였다.

④ 비서 B는 사장을 보좌할 때 애로사항이 많아 입사 선배인 비서 A에게 상사보좌의 노하우를 물
어보고 업무 시 적용해 보는 노력을 했다.

① 원만한 인간관계를 위해 비서 동호회나 계열사 비서들 간의 모임 등 온라인, 오프라인을 통한 친목관계를 형성하
는 것은 바람직하므로 비서 A의 조언은 적절하지 않다.

② 비서는 자신이 보좌하는 상사의 지시를 따라야 하며 입사 선배 혹은 모시는 상사의 직위가 높다고 하여 그 지시를
따라서는 안 된다.

③ 자신이 상당한 책임을 지고 업무를 수행할 수 있게 되었을 때 개선을 시도하는 것이 좋다.

09 정도건설 양영수 회장은 오늘 저녁 이수상사 김영한 사장과 우진면옥에서 만찬이 예정되어 있다. 그러나 양 회장 집에 급한 일이 생겨 만찬을 취소해야 하는 상황이다. 이 경우 양 회장 비서의 행동으로 가장 적절한 것은?

① 김영한 사장 비서에게 전화를 걸어 상사의 정보이므로 이유는 말해줄 수 없지만 부득이하게 오늘 약속을 취소해야 한다고 전하였다.

② 김영한 사장 비서에게 전화를 걸어 김영한 사장의 가능한 대체 일정을 먼저 확인하였다.

③ 따로 예약금을 지불해 놓은 상황은 아니므로 우진면옥에 예약취소 전화를 하지는 않고 자동 취소 되기를 기다렸다.

④ 만찬 취소 완료 후 새로운 일정을 기입하고자 이전의 일정을 삭제하였다.

해설 약속의 변경요령 및 취소요령

약속의 변경요령	약속의 취소요령
• 일정이 변경되는 경우에는 잊지 말고 반드시 상사용 일정표와 비서용 일정표를 동시에 고쳐 기록한다. • 신속하게 관련 부서 및 담당자, 그리고 운전기사 등 관계자 전원에게 변동사항을 알린다. • 상대방이 이해할 수 있도록 공손하고 예의 바르게 설명한다. • 상대방의 일정에 차질이 없도록 상의하여 조정한다.	• 상대방의 일정에 차질이 없도록 신속하게 통보해야 한다. • 취소 사유를 정확히 전해야 하며, 취소 이유를 정확히 전해주는 것을 피해야 하는 경우 너무 긴 변명을 늘어놓지 않도록 한다.

10 다음 중 식당 예약업무를 진행하는 비서의 태도로 가장 적절한 것은?

① 이금자 비서는 상사가 요청한 식당으로 4월 15일 오후 6시 예약을 시도하였지만 그날 자리가 만석으로 예약이 불가하다는 식당 측 답변을 들었다. 하지만 포기하지 않고 4월 14일까지 취소자리를 기다리다가 그때도 자리가 없자 상사에게 보고하였다.

② 한영희 비서는 상사가 횟집 '서해마을' 예약을 지시하자 여러 지점 중 상사가 주로 이용하는 '서해마을 일산점'으로 예약을 진행하였다.

③ 윤영아 비서는 상사가 지시한 이태리 식당에 예약을 하며 상사의 이름과 비서의 연락처로 예약을 진행하였다.

④ 고은정 비서는 상사가 7시 가나호텔 식당 예약을 지시하자 오후 7시 만찬으로 예약을 하였다.

해설 ① 예약 진행 중에 문제가 발생하면 즉시 상사에게 중간보고를 해야 한다.
② 장소는 회사 인근으로 예약해야 한다.
④ 예약 날짜를 정확히 확인해야 하며 날짜 확인 시 요일도 확인하여 날짜를 혼동하는 일이 없도록 해야 한다.

11 다음 중 회의 용어를 적절하게 사용하지 못한 것은?

① "오늘 심의할 의안을 말씀드리겠습니다."

② "김영희 위원님의 동의로 사내 휴게실 리모델링이 의결되었습니다."

③ "이번 안건에 대해서는 표결(票決)로 채결을 하겠습니다."

④ "오늘 안건을 추가로 발의하실 분 계십니까?"

> **해설** ② '동의(同意)'는 의안이나 발언에 찬성하는 것이고, '의결(議決)'은 '표결에 부친 안건에 대해 가결 혹은 부결을 최종적으로 결정하는 것'이므로 두 언어를 함께 사용하는 것은 적절하지 않다.

12 다음 중 비서의 상사 해외 출장관리 업무로 가장 적절한 것은?

① 휴가철이라 인천공항이 붐비는 관계로 상사 자택과 가까운 도심공항터미널에서 탑승수속을 먼저하고 수하물은 인천공항에서 바로 부칠 수 있게 했다.

② 3주 후 상사의 유럽 출장이 계획되어 있어 비서는 전임 비서가 추천한 기업요금(Commercial Rate)이 적용되는 호텔을 예약하였다.

③ 상사가 출장지에서 업무지시를 원활하게 할 수 있도록 스마트 기기에 애플리케이션을 설치해 드렸다.

④ 6개월 전 미국 출장을 다녀온 상사가 다시 미국으로 출장을 가게 되어 사전입국 승인을 위해 ESTA 작성을 했다.

> **해설** ① 도심공항터미널은 공항이 아닌 시내에서 짐 부치기를 포함한 모든 탑승수속을 할 수 있는 곳이므로 수하물을 따로 인천공항에서 부칠 필요 없이 모든 수속을 마치고 공항으로 가면 된다. 국제공항은 탑승 수속을 하려는 사람들로 항상 붐비기 때문에 이곳을 이용하면 편리하다. 서울에는 삼성동과 서울역에, 지방 대도시에는 대부분 도심공항 터미널이 있지만 이용 가능 여부는 항공사에 따라 다르기 때문에 이용할 항공사의 카운터가 있는지 확인해야 한다.
> ② 전임 비서가 추천한 호텔을 예약하기보다 출장지의 위치와 업무장소, 상사의 취향, 호텔등급, 숙소 내부시설, 서비스 등을 참고하여 정한다.
> ④ 여권에 미국 비자가 있으면 ESTA(전자여행허가제)의 유효기간(2년) 안에는 ESTA를 다시 작성할 필요가 없다.

13 다음 달에 미국 샌디에고에 위치한 다국적 기업인 ABC회사와 기술제휴 업무협약식을 가질 예정이다. 이를 위해 ABC회사의 대표이사, 국제교류 이사, 그리고 기술개발 연구팀장 3인이 방문할 예정이다. 우리 회사 측에서는 김영철 사장, 권혁수 상무, 김진표 해외영업 팀장, 이진수 기술개발 팀장 4인이 업무협약식에 참석할 예정이다. 김영철 사장 비서는 협약식장의 좌석을 아래 그림과 같이 배치하였다. 다음 내용 중 가장 잘못된 것은?

① 단상에 위치한 교차기는 앞에서 볼 때 왼쪽에 태극기가 오도록 한다.
② 단상의 대표 A자리에는 우리 회사의 대표인 김영철 사장이 앉는다.
③ 참석자의 기관명, 직함, 이름을 기재한 명패는 참석자 앞에 상대방에게 글자가 보이도록 놓는다.
④ 협약서는 참석자 수대로 준비하여 식순과 함께 참석자 앞에 준비해 둔다.

해설 ④ 식순을 단상에 올려놓아서는 안 된다.

14 다음 행사 의전에 대한 설명 중 관례상 서열에 관한 설명으로 가장 적절하지 않은 것은?
① 지위가 비슷한 경우 여자는 남자보다 상위에 위치한다.
② 지위가 비슷한 경우 내국인이 외국인보다 상위에 위치한다.
③ 기혼부인 간의 서열은 남편의 직위에 따른다.
④ 지위가 비슷한 경우 연장자가 연소자보다 상위에 위치한다.

해설 ② 지위가 비슷한 경우 외국인이 내국인보다 상위에 위치한다.

15 다음 중 비서의 공식 만찬 행사 준비로 가장 올바른 것은?

① 만찬의 드레스코드가 'Business suit w/ tie'라 비서는 상사에게 타이를 매지 않아도 된다고 말씀드렸다.

② 부부 모임의 만찬이므로 사각 테이블의 왼쪽에는 남자가, 오른쪽에는 부인들이 앉도록 자리를 배치하였다.

③ 만찬 오프닝에는 최근의 정치적 이슈와 관련된 내용이 논의될 수 있도록 간략하게 자료를 준비하였다.

④ 만찬 초대장에는 식사 시작 시간을 명시하였다.

> **해설** ① 'Business suit w/ tie'에서 w/는 'with'를 뜻하므로 이 드레스코드는 '비즈니스 정장에 타이 매기'다. 따라서 비서는 상사에게 타이를 매라고 말씀드려야 한다(※ w/o = without).
> ② 사각 테이블의 오른쪽에는 남자가, 왼쪽에는 부인들이 앉도록 자리를 배치하여야 한다.
> ③ 만찬 오프닝은 보통 환영 인사말을 하는 짧은 시간이다.

16 상사가 오전 11시에 비서를 호출하여 갑자기 오늘 제주에 급히 내려갈 일이 생겼으니 항공권을 바로 예매하라는 지시를 하였다. 가능하면 KAL로 예약을 하라고 하였다. 이 지시에 대한 비서의 가장 바람직한 보고는?

① "사장님, 보고드리기 죄송합니다만 요즘이 휴가철이라 대한항공의 당일 예매권은 없습니다. 어떻게 할까요?"

② "사장님, 보고드립니다. KAL은 당일표가 없어서 가장 빨리 갈 수 있는 제주항공편 14시로 일단 예약을 했고, 대한항공편으로 12시 30분 출발하는 비행기가 있어서 대기자 명단에는 올려두었습니다."

③ "사장님, 송구합니다. 오늘 대한항공 발권은 불가능한데, 죄송합니다만 내일로 일정을 미루실 수는 없으신가요?"

④ "사장님, 바로 알아본 결과 원하시는 대한항공편은 오늘 예약이 안 되는데 다른 항공사 티켓이 있는지 알아볼까요?"

> **해설** 비서는 상사로부터의 지시를 바르게 이해하여 충실히 이행해야 하고 그러기 위해서는 지시에 대한 목적, 내용, 방법, 순서 등을 정확히 알고 있어야 한다. 결과 보고를 할 때는 결론 먼저 간단명료하게 보고한 후에 구체적으로 설명을 첨가해야 한다.

17 다음의 보고서 내용 중 ㉠~㉢의 한자 연결이 올바른 것은?

> 1. 4사분기 경영(㉠) 실적 회의의 주요 정책(㉡) 사항
> 2. 아시아 법인(㉢) 실적 개선을 위한 분석(㉣) 내용

① ㉠ 經營 – ㉡ 政策 – ㉢ 法人 – ㉣ 分析
② ㉠ 經營 – ㉡ 定策 – ㉢ 法人 – ㉣ 分石
③ ㉠ 京營 – ㉡ 定策 – ㉢ 法印 – ㉣ 分石
④ ㉠ 京營 – ㉡ 政策 – ㉢ 法印 – ㉣ 分析

해설 ㉠ 經(날 경) 營(경영할 영)
㉡ 政(정사 정) 策(채찍 책)
㉢ 法(법 법) 人(사람 인)
㉣ 分(나눌 분) 析(가를 석)

18 다음 중 상사를 보좌하기 위한 비서의 행동으로 가장 적절하지 않은 것은?

① 상사에게 온 우편물을 중요도와 긴급도에 따라 분류하여 올려드렸다.
② 상사의 일정은 매일 아침 출근하여 그날의 일일 일정표를 작성하였다.
③ 상사의 개인 파일에 상사의 사번, 주민등록번호, 운전면허증, 신용카드번호와 각각의 만기일 등을 기록하고 암호화하였다.
④ 상사가 참여하고 있는 각 모임의 이름과 구성원들의 이름, 소속, 연락처, 기념일 등을 정리해 두었다.

해설 ② 상사의 일정은 연간 일정표, 월간 일정표, 주간 일정표, 당일 일정표 등을 작성해야 한다.

19 다음 중 경조사 업무를 처리하는 비서의 태도로 가장 바람직하지 않은 것은?

① 경조사가 발생하면 화환이나 부조금을 준비하는 데 회사의 경조 규정을 참고한다.

② 신문의 인물 동정 관련 기사를 매일 빠짐없이 확인하고, 사내 게시판 등에 올라오는 경조사도 확인한다.

③ 경조사가 발생했을 경우에는 시기가 중요하므로 비서가 먼저 처리한 후 추후 상사에게 보고한다.

④ 평소 화원이나 꽃집을 한두 곳 선정해두고 경조사 발생 시 전화나 인터넷을 통하여 주문한다.

> **해 설** ③ 경조사가 발생했을 경우에는 상사와 상의하여 경조사에 대한 전화 혹은 문자메시지와 화환 등을 보내고, 상사가 직접 참석해야 하는 경조사는 위치 · 시각 등을 정확히 확인한다.

20 다음은 사내 이메일로 구성원들에게 전송할 상사 모친상의 조문 답례글을 비서가 작성한 것이다. 잘못된 한자어로만 묶인 것은?

> 삼가 감사의 (ㄱ) 人事를 드립니다.
>
> 이번 저희 어머니 (故○○○) (ㄴ) 葬禮에 (ㄷ) 弔義와 (ㄹ) 厚意를 베풀어 주신 데 대하여 감사드립니다. 직접 찾아 뵙고 人事드리는 것이 당연한 도리이오나 아직 경황이 없어 이렇게 서면으로 대신함을 너그럽게 (ㅁ) 惠亮해 주시기 바랍니다.
>
> 귀하의 (ㅂ) 哀事에 꼭 은혜를 갚도록 하겠습니다.
> 항상 건강하시고 댁내 平安하시기를 기원합니다.
>
> ○○○ (ㅅ) 拜相

① ㄱ, ㄴ, ㄷ

② ㄴ, ㄷ, ㄹ

③ ㄷ, ㄹ, ㅁ

④ ㅁ, ㅂ, ㅅ

> **해 설** ㅁ. 理解(다스릴 이, 풀 해), ㅂ. 哀思(슬플 애, 생각할 사), ㅅ. 拜上(절 배, 위 상)

21 다음 중 기업의 사회적 책임 범위에 대한 설명으로 가장 적절하지 않은 것은?

① 기업은 이해관계자 집단 간의 이해충돌로 발생하는 문제해결을 위한 이해조정의 책임이 있다.

② 정부에 대해 조세납부, 탈세 금지 등 기업의 영리활동에 따른 의무를 갖는다.

③ 기업은 자원보존의 문제나 공해문제에 대한 사회적 책임을 갖는다.

④ 기업은 이윤 창출을 통해 주주의 자산을 보호하고 증식시켜줄 의무는 갖지 않는다.

> **해설** ④ 기업은 이윤 창출을 통해 주주의 자산을 보호하고 증식시켜줄 의무가 있다.

22 다음은 기업 형태에 대한 설명이다. (   ) 안에 알맞은 말로 올바르게 짝지은 것은?

> (A)은/는 자본적인 결합 없이 동종업종 또는 유사업종 기업들이 경쟁을 제한하면서 수평적으로 협정을 맺는 기업결합 형태이며, (B)은/는 자본적으로나 법률적으로 종래의 독립성을 상실하고 상호결합하는 기업집중 형태를 말한다.

① (A) 콘체른, (B) 지주회사   ② (A) 카르텔, (B) 트러스트

③ (A) 지주회사, (B) 콤비나트   ④ (A) 트러스트, (B) 콘체른

> **해설** • 콘체른 : 법률적으로 독립된 몇 개의 기업이 출자 등의 자본적 연휴를 기초로 하는 지배종속관계에 의해 형성되는 기업결합체로 기업결합이라고도 한다.
> • 지주회사 : 여러 주식회사의 주식을 보유함으로써 다수 기업을 지배하려는 목적으로 이루어지는 대규모의 기업집중 형태이다.
> • 콤비나트 : 상호보완적인 여러 생산부문이 생산기술적인 관점에서 결합하여 하나의 생산 집합체를 구성하는 결합 형태이다.

23 이사회는 주식회사의 제도적 기관으로 필요상설기관이다. 다음 중 이사회의 결의만으로 효력을 가질 수 없는 내용으로, 이사회가 집행할 수 있는 업무 권한으로 보기에 가장 적절하지 않은 것은?

① 대표이사의 선임   ② 감사의 선임

③ 주주총회의 소집   ④ 사채발행의 결정

> **해설** ② 감사의 선임은 주주총회의 권한이다. 주주총회는 주식회사의 최고기관으로 전체 주주로 구성되고 이사나 감사의 선임 및 해임권이 있으며, 이사나 주주 등은 그 의결에 반드시 복종해야만 한다.

24 다음은 기업을 둘러싸고 있는 경영환경의 예이다. 그 속성이 다른 것은?

① 시장의 이자율, 물가, 환율에의 변동
② 새로운 기술 개발 및 기술 혁신
③ 노동조합 설립
④ 공정거래법, 노동법, 독과점 규제법 강화

해설 **기업의 경영환경**

외부환경 (통제 불가능 요인)	과업환경(미시환경)	고객, 경쟁자, 공급자, 노조, 종업원 등
	일반환경(거시환경)	경제적, 사회적, 정치적, 법률적, 기술적 환경 등
내부환경 (통제 가능 요인)	기업의 연혁, 역량, 조직문화, 조직분위기, 기업 내부자원 등	

25 다음은 대기업과 비교하여 중소기업의 필요성 및 특징을 설명한 것이다. 이 중에서 가장 거리가 먼 것은?

① 시장의 수요변동이나 환경변화에 탄력적으로 대응하기 어렵지만 효율적인 경영이 가능하다.
② 기업의 신용도가 낮아 자본조달과 판매활동에 불리하여 대기업의 지배에 들어가기 쉽다.
③ 악기나 도자기, 보석 세공같이 소비자가 요구하는 업종으로 대량생산에 부적당한 업종도 있기 때문이다.
④ 가발제조업과 같이 대규모 시설투자는 필요하지 않고 독특한 기술이나 숙련된 수공을 요하는 업종이 존재하기 때문이다.

해설 ① 중소기업은 시장의 수요변동이나 환경변화에 탄력적으로 대응하기 쉽다.
중소기업
국민경제에서 차지하는 비중이 크고 대기업과의 상호보완적인 관계를 유지하여 기업 간의 분업을 담당하며 대기업이 제공하지 못하는 재화나 서비스를 제공하여 국민경제 발전에 기여하는 등 중요한 역할을 한다. 중소기업의 개념은 그 범위와 대상 등이 일정하지 않으며 국가별, 시기별 기준에 따라 변하는데 질적·양적인 면에서 대기업에 대한 상대적인 개념으로 파악할 수 있다.

정답 24 ③ 25 ①   제2회 기출문제 및 해설 **397**

26 다음 중 공동기업의 기업형태에 대한 설명으로 옳은 것은?

① 합자회사는 2인 이상의 무한책임사원이 공동출자하여 정관을 법원에 등기함으로써 설립되는 기업형태이다.

② 합명회사는 출자만 하는 유한책임사원과 출자와 경영을 모두 참여하는 무한책임사원으로 구성된 기업형태이다.

③ 익명조합은 조합에 출자를 하고 경영에 참여하는 무한책임영업자와 출자만 하고 경영에는 참여하지 않는 유한책임사원의 익명조합원으로 구성되는 기업형태이다.

④ 주식회사는 2인 이상 50인 이하의 사원이 출자액을 한도로 하여 기업채무에 유한책임을 지는 전원 유한책임사원으로 조직되는 기업형태이다.

> **해 설** ① 합자회사 : 무한책임사원과 유한책임사원으로 구성되기 때문에 이원적 회사라고 불리며 폐쇄적인 성격이 강하다.
> ② 합명회사 : 출자자 전원이 무한책임을 지는 개인적 성격이 강한 회사이다. 2인 이상의 사원이 공동으로 정관을 작성하고, 총사원이 기명날인 또는 서명함으로써 설립된다.
> ④ 주식회사 : 주식의 발행을 통해 자본을 조달하는 현대 기업의 대표적인 형태로, 주식회사의 출자자인 주주는 모두 유한책임사원으로서 출자액을 한도로 회사의 적자, 채무, 자본 리스크에 대한 책임을 진다.

27 다음의 기업 사례들은 무엇으로부터 비롯된 것인지, 보기 중 가장 적합한 것은?

> A기업 : 최고경영진 3명과 중간관리자들의 분식회계를 통한 이익 허위공시, 2001년도 파산
> B기업 : 분식회계를 통한 수익조작, 2002년도에 410억 달러의 부채와 함께 파산 신고

① 조직의 창업주 및 경영이념

② 조직 규범 및 문화

③ 경영자의 도덕적 해이

④ 조직의 사업 및 회계범위의 확장

> **해 설** **도덕적 해이**
> 본래 미국에서 보험가입자들의 비도덕적 행동을 가리키는 말로 사용한 것으로, 이해당사자들이 책임을 다하지 않고 상대방을 배려하지 않는 양상을 가리킨다. 경영에서는 주주가 경영을 맡긴 경영자가 내부자 거래로 주주에게 손해를 입히거나 법과 제도의 허점을 악용하여 책임을 등한시하는 등의 문제를 가리키며 그러한 일이 발생하는 이유를 보통 법과 제도의 허점, 정보 획득의 불균등, 혹은 개인의 책임의식 결여 등으로 본다.

28 다음 중 최고경영자 계층의 유형과 역할에 대한 설명으로 가장 거리가 먼 것은?

① 최고경영자 계층은 수탁관리층, 전반관리층, 부문관리층 등으로 나눌 수 있으며 이 중 부문관리층은 대개 이사로 선임되어 있는 각 사업부문의 장을 의미한다.

② 최고경영자 계층은 조직 전체와 관련된 총괄적이고 종합적인 의사결정을 행한다.

③ 공장건설, 신제품개발, 기술도입, 기업의 인수와 같은 전략적인 의사결정 문제를 주로 한다.

④ 불확실하고 대개 반복적인 경영전략 수립 등 장래의 정형적인 업무의 의사결정을 주로 한다.

> **해 설** ④ 불확실하고 대개 반복적인 경영전략 수립 등 장래의 정형적인 업무의 의사결정을 주로 하는 계층은 중간관리층이다.

29 SWOT분석은 기업의 전략적 계획수립에 빈번히 사용하는 기법이다. 다음 A반도체의 SWOT분석 내용 중 O에 해당하지 않는 것은?

① 브랜드 신뢰도 확보 및 반도체 시장점유율 확대

② 미국과 중국의 반도체 수요 증가

③ 4차 산업혁명에 따른 메모리 반도체 수요 증가

④ 반도체 산업의 활황세

> **해 설** ① 브랜드 신뢰도 확보 및 반도체 시장점유율 확대는 S(Strength, 강점)에 해당한다.
> SWOT분석

구 분	의 미	비 고
강점(Strength)	우리 기업의 강점	우리 기업 내부의 분석
약점(Weakness)	우리 기업의 약점	
기회(Opportunity)	기업의 발전에 기여할 수 있는 요인	외부 환경의 분석
위협(Threat)	기업의 생존에 위협을 주는 요인	

30 다음 중 조직문화의 구성요소인 7S에 대한 설명으로 가장 적절한 것은?

① 기업의 구조(Structure)는 기업의 컴퓨터 및 기계장치 등 물리적 하드웨어를 의미한다.

② 공유가치(Shared Value)는 구성원을 이끌어 가는 전반적인 조직관리 형태로 경영 관리제도와 절차를 포함한다.

③ 구성원(Staff)은 기업의 인력 구성, 능력, 전문성, 구성원의 행동패턴 등을 포함한다.

④ 전략(Strategy)은 기업의 단기적 방향에 따라 실행하는 비공식적인 방법이나 절차를 의미한다.

해설　조직문화의 구성요소(조직문화의 7S)

공유가치 (Shared Value)	• 조직구성원이 함께 가지는 신념이나 믿음을 말하며, 이것은 다른 조직문화의 구성요소에 영향을 줄 수 있다. • 일반적으로 조직의 비전을 달성하기 위해 공유된 가치를 강조하며, 조직문화 형성에 의미 있는 역할을 한다.
전 략 (Strategy)	• 조직의 장기적인 방향과 기본 성격을 결정할 수 있으며, 다른 조직문화 구성요소에 큰 영향을 줄 수 있다. • 조직목표의 달성을 위해 추구하는 방향성을 의미하며, 이러한 전략은 조직의 사명이나 비전에 의해 도출될 수 있다.
조직구조 (Structure)	• 조직체의 전략수행을 위한 기본 틀로 권한 관계와 방침, 조직구조와 직무설계 등 구성원의 역할과 그들의 상호관계를 지배하는 공식요소를 포함한다. • 조직의 전략에 따른 목표 달성을 위해 요구되는 조직 및 부서 등의 특정한 형태를 말한다. • 고유의 조직구조에 따라 부서마다 다른 직무를 수행하고 권한이나 책임 등의 범위가 결정될 수 있다.
조직시스템 (System)	• 조직을 더 효과적으로 운영하기 위해 조직 내에서 실행하는 여러 제도들을 의미한다. • 조직경영의 의사결정과 일상 운영의 틀이 되는 보상 시스템, 복리후생제도, 성과 관리 시스템, 경영계획과 목표설정 시스템, 경영정보와 의사결정 시스템, 결과측정과 조정 · 통제 등 경영 각 분야의 관리제도와 절차를 포함한다.
조직구성원 (Staff)	• 조직구성원의 인력 구성에 따른 특징을 의미한다. • 구성원들의 능력, 신념, 전문성, 욕구와 동기, 과업 수행에 필요한 행동이나 조직에 대한 태도와 행동 등을 포함한다.
관리 기술 (Skill)	• 관리자가 조직구성원을 통제하거나 목표를 달성하기 위해 사용할 수 있는 기법을 의미한다. • 조직체 내 변화 관리, 갈등 관리와 같은 문제를 다루는 데 필수적이라고 할 수 있다.
리더십 스타일 (Style)	• 조직의 구성원을 이끌어 가는 관리자의 유형을 말한다. • 구성원들의 동기부여와 상호작용, 조직분위기 및 조직문화에 직접 영향을 끼친다.

31 다음 중 리더가 갖는 권력에 대한 설명으로 옳은 것은?

① 준거적 권력과 강제적 권력은 공식적 권력의 예이다.

② 합법적 권력은 부하직원들의 봉급인상, 보너스, 승진 등에 영향력을 미치는 리더의 권력이다.

③ 전문가 권력은 부하직원의 상사에 대한 만족도에 긍정적 영향을 미친다.

④ 보상적 권력은 부하직원의 직무수행에 부정적 영향을 미친다.

해설 리더가 갖는 권력의 유형

강제적 권력	리더의 강압적 권한에 의해 발생한다.
합법적 권력	리더의 공식적인 권위와 개인적인 능력에 의하여 발휘되는 영향력이다.
준거적 권력	리더가 조직에 우호적이고 매력적인 카리스마를 가짐으로써 조직원들에게 믿음을 주며 생기는 영향력이다.
보상적 권력	리더가 조직원에게 원하는 보상을 줄 수 있을 때 발생하는 능력이다.
전문가 권력	능력, 전문 기술, 지식 등 리더의 개인적인 실력을 통하여 발휘되는 영향력이다.

32 다음 중 허즈버그의 2요인 이론에 대한 설명으로 가장 적합한 것은?

① 만족과 불만족을 동일한 개념의 양극으로 보지 않고 두 개의 독립된 개념으로 본다.

② 작업환경, 관리자의 자질, 회사정책은 동기요인에 속한다.

③ 위생요인을 충족시켜주면 직무만족도가 증가하고 결핍되면 직무불만족에 빠지게 된다.

④ 경영자는 종업원의 직무동기를 유발하기 위해서는 종업원의 급여나 대인관계와 같은 동기요인에 관심을 기울여야 한다.

해설 ② 작업환경, 관리자의 자질, 회사정책 등은 위생요인에 속한다.

③ 동기요인을 충족하면 직무만족도가 증가하고 결핍되면 직무불만족에 빠진다.

④ 경영자는 종업원의 직무동기를 유발하기 위해 종업원의 업무에 관한 성취나 성장과 같은 동기요인에 관심을 기울여야 한다.

33 아래의 사례를 설명하기에 가장 적합한 경제용어는?

> (사례1) 비서 C씨의 사무실 근처 거리에 같은 메뉴를 파는 두 음식점이 있다. A음식점은 줄을 서서 기다리는 반면 B음식점은 한두 테이블에만 사람이 앉아 있다. 비서 C씨는 '사람이 없는 곳은 다 이유가 있겠지'라는 생각에 A음식점을 선택한다.
> (사례2) 비서 C씨는 유행에 따라 물건을 구입하는 경향이 있다.

① 백로효과 ② 밴드왜건효과
③ 베블런효과 ④ 분수효과

해설 ② 밴드왜건효과 : 유행에 따라 상품을 구입하는 소비현상을 뜻하는 경제용어로 한 소비자가 어떤 재화를 소비할 때, 다른 소비자들이 그 재화를 많이 소비하여 소비가 증가하는 경우를 말한다.
① 백로효과 : 밴드왜건효과와는 반대로, 우아한 백로와 같이 다른 사람들과 다르게 보이려고 사람들이 많이 구매하여 희소성이 떨어진 것이 아닌 다른 상품을 구매하는 경우를 말한다.
③ 베블런효과 : 가격이 오르는데도 수요가 줄어들지 않고, 오히려 증가하는 상류층 소비자들의 소비 행태이다. 즉, 필요해서 구입하는 경우가 아니라 자신의 부를 과시하거나 허영심을 채우기 위해 구입하는 현상을 뜻한다.
④ 분수효과 : 낙수효과와는 반대로, 부유층의 세금을 늘리고 복지정책 등으로 저소득층의 소득을 증대시켜 경기를 활성화시키면 결국 고소득층의 소득도 올라가는 효과를 뜻하며 마케팅에서는 맨 아래층에 있는 고객을 위층으로 올라오게 하여 모든 매장이 활기를 띠게 하는 효과를 가리킨다.

34 다음 중 기업의 복리후생제도에 대한 설명으로 가장 적합하지 않은 것은?

① 법정복리후생은 법률에 의해 실시가 의무화되며 종류에 따라 기업이 전액을 부담하거나 기업과 종업원이 공동으로 부담하기도 한다.
② 법정복리후생에는 건강보험, 연금보험, 산업재해보상보험, 고용보험이 있다.
③ 법정외복리후생은 기업이 자율적으로 또는 노동조합과의 교섭에 의해 실행한다.
④ 복리후생은 기본급, 수당 등의 노동에 대한 금전적 보상뿐만 아니라 비금전적 보상도 포함한다.

해설 ④ 기본급은 본봉 등 기본적인 급여를 말하는 것으로 복리후생이 아니다.

35 IT기술과 자동화시스템이 기업 전반에 영향을 미치면서 과거에는 없었던 컴퓨터 및 정보 관련 문제가 대두되었다. 이에 기업은 전산침해나 정보유출로부터 안전을 유지하기 위한 다양한 대책을 마련하고 있는데, 이 중 적절한 대책으로 가장 거리가 먼 것은?

① 방화벽 설치
② 인증시스템 도입
③ 개인 USB 사용 금지
④ 패스워드 격년별 정기교체

해설 ④ 기업에서 패스워드 교체는 보통 90일마다 요구한다.

36 다음 보기의 내용은 마케팅 전략 중 무엇을 설명하는 것인가?

> • A커피회사는 미국 서부에는 진한 커피를, 동부에는 약한 커피를 공급한다.
> • B백화점은 각 층별로 영캐주얼층, 남성층, 여성층 등으로 나누어 전시한다.

① 포지셔닝(Positioning)
② 시장세분화(Segmenting)
③ 표적시장(Targeting)
④ 통합화(Integrating)

해설 ② 시장세분화(Segmenting) : 하나의 제품시장을 전체 소비자들의 니즈나 행동, 특성 면에서 유사한 하부집단으로 구분하는 것이며, 이때 사용할 수 있는 기준은 인구통계, 사회계층, 문화, 라이프 스타일 등이 될 수 있다.
① 포지셔닝(Positioning) : 소비자들의 마음속에 자사제품의 바람직한 위치를 형성하기 위하여 제품 효익을 개발하고 커뮤니케이션하는 활동을 말한다.
③ 표적시장(Targeting) : 세부시장 중에서 기업이 집중 공략하는 시장을 말한다.
④ 통합화(Integrating) : 산업의 성장성이 높은 경우에 기존 유통경로의 일부를 통합함으로써 시장에서 경쟁적 우위를 확보하려는 성장 전략이다.

37 단체교섭에 대한 설명으로 옳지 않은 것은?

① 노동조합이 없는 회사에서는 노사교섭의 수단이 전혀 없다.
② 근로자 단체교섭권은 헌법에 명시된 노동3권 중 하나이다.
③ 근로자가 노동조합을 통하여 사용자와 교섭을 벌여야만 단체교섭이다.
④ 단체교섭에서 결정된 사항이 작성된 규정문서를 단체협약서라고 한다.

해설 ① 노동조합이 없는 회사는 '노동자 대표'가 노사교섭에 참여하여 노동자의 권리를 대변할 수 있다. 근로기준법에 의하면 '근로자의 과반수를 대표하는 자'에 대한 제도가 있고, 근로자참여 및 협력증진에 관한 법률(근로자참여법)에 의하면 노사협의회 '근로자위원' 제도가 있다.

38 A기업의 자본총계는 1억 6천만 원이고 부채총계는 4천만 원이다. 이때 A기업의 자산총계와 부채비율은 각각 얼마인가?

① 자산총계 : 1억 2천만 원, 부채비율 : 20%

② 자산총계 : 1억 6천만 원, 부채비율 : 400%

③ 자산총계 : 2억 원, 부채비율 : 25%

④ 자산총계 : 2억 4천만 원, 부채비율 : 17%

> **해설** • 자산총계 = 자본총계 + 부채총계 = 160,000,000 + 40,000,000 = 200,000,000
> • 부채비율 = (타인자본/자기자본) ×100 = 40,000,000 ÷160,000,000 ×100 = 25%

39 제조 설비를 가지지 않은 유통 전문업체가 개발한 상표로, 유통전문업체가 스스로 독자적인 상품을 기획한 후, 생산만 제조업체에게 의뢰하여 제조된 제품을 무엇이라 하는가?

① NB 제품(National Brand)

② PB 제품(Private Brand)

③ OB 제품(Objective Brand)

④ IB 제품(International Brand)

> **해설** PB 제품(Private Brand)은 '개별상표' 상품으로 유통업체가 자체개발한 상품(Store Brand 상품)을 가리키고 NB 제품 (National Brand)은 '전국상표' 상품으로 제조업체에 의해 개발·생산·프로모션 등에 관한 활동이 이루어지고 여러 유통업체에 의해 판매되는 상품을 가리킨다.

40 다음 중 기업의 자금조달 방식에 대한 설명으로 가장 적합하지 않은 것은?

① 주식은 주식회사의 자본을 이루는 단위로 주주의 권리와 의무를 나타내는 증권이다.

② 회사채는 기업이 일정 기간 후 정해진 액면금액과 일정한 이자를 지급할 것을 약속하는 증서를 말한다.

③ 직접금융은 기업의 장기설비 투자를 위한 자금 조달에 용이하다.

④ 간접금융은 자금의 공급자와 수요자 사이에 정부가 신용을 보증하는 방식으로 주식, 채권 등을 통해 이루어진다.

> **해설** ④ 간접금융은 자금의 공급자와 수요자 사이에 금융기관(은행)이 신용을 보증하는 방식이며 당좌차월, 어음할인, 외화차입 등이 이에 속한다. 이에 대응하는 개념인 직접금융은 기업이 금융기관(은행)을 통하지 않고 직접 주식·채권 등의 발행으로 자금을 조달하는 방식이며 자금조달 기간이 길기 때문에 기업의 장기설비 투자를 위한 자금 조달에 용이하다.

41 Choose one that does NOT match each other.

① AKA : Also Knows As

② ISP : Internet Service Product

③ ROI : Return On Investment

④ BOE : Board Of Executives

> 해설 ② ISP(Internet Service Provider) : 인터넷 서비스 공급자
> ① AKA(Also Known As) : ～로도 알려진
> ③ ROI(Return On Investment) : 투자 수익률
> ④ BOE(Board Of Executives) : 중역회의

42 Choose one that does NOT match each other.

① Branch is one of the offices, shops, or groups which are located in different places.

② Personnel department is responsible for hiring employees and interviewing with candidates.

③ Marketing department talks to clients and persuades them to buy products.

④ Accounting department organizes financial aspects of business.

> 해설 ③ 고객이 제품을 구매할 수 있게끔 이야기하거나 설득하는 것은 마케팅부(Marketing Department)가 아니라 영업부(Sales Department)의 일이다.
> ① 지점은 회사, 매장 혹은 그룹의 하나로 다른 곳에 있는 것을 말한다.
> ② 인사과는 인력 고용과 지원자 면접을 책임진다.
> ④ 경리과는 기업의 재정 측면을 편성한다.

43 Which English sentence is grammatically LEAST correct?

① 경제 성장률이 현재 4%에 머무르고 있다.

→ Economic growth now stands at 4 percent.

② 우리는 3년간 흑자입니다.

→ We have been in the red for three years.

③ 올해 순이익은 3천 4백만 달러에 달했다.

→ Net income of this year was $34 million.

④ 파업으로 우리의 매출이 급감했다.

→ Our profits fell sharply because of strikes.

> **해설** ② 'be in the red'는 적자라는 의미이다. 흑자를 표현할 때는 'be in the black'이라고 한다.

44 Which is a LEAST proper English expression?

① 주문하신 제품을 배송하였음을 알려드립니다.

This is to let you know that we've shipped your order.

② 저는 품질 보증부의 Jack Owen입니다.

My name is Jack Owen in the Warranty Department.

③ 저희 로스엔젤레스 지사의 부장, Michael Hong께서 귀하의 존함을 알려주셨습니다.

I was given by your name of the Director Michael Hong for our Los Angeles office.

④ 제가 도와드릴 수 있는 일이 또 있으면 연락 주십시오.

If there's anything else I can help you, please let me know.

> **해설** ③ 주어진 문장은 "The Director Michael Hong for our Los Angeles office gave me your name."이라는 4형식 능동태 형식을 간접목적어(me)를 주어로 하여 수동태 형식으로 바꾼 것이다. 이럴 경우 어순은 '간접목적어(I) + be p.p + 직접목적어 + by 행위자'이므로 "I was given your name by the Director Michael Hong for our Los Angeles office."가 옳은 표현이다.

45 Which of the followings is the MOST appropriate order?

Mr. Banta
Personnel Director
AAA Ltd.
Dear Mr. Banta,

(a) I have been working as a marketing manager at Media.com. I am in charge of directing market research in addition to recommending business strategies and planning.
(b) I believe my education and experience have given me the background you desire for the position.
(c) I would like to apply for the position of marketing manager, which you advertised in the recruiting site on November 10, 2018.
(d) Thank you very much for your consideration, and I look forward to hearing from you soon.
(e) The enclosed resume will provide you further details of my qualifications, and I would appreciate it if you could give me a chance to have an interview.

Sincerely yours,

① (c) − (b) − (a) − (e) − (d)
② (b) − (c) − (e) − (a) − (d)
③ (c) − (d) − (b) − (e) − (a)
④ (b) − (e) − (c) − (d) − (a)

해설 예문은 Cover letter이며 Resume와 함께 자기소개서를 첨부해 보내기 위해서 지원의사를 밝히는 편지로 (c) 지원경로, (b) 지원동기, (a) 자격요건, (e) 간단한 자기 PR, (d) 마무리 순으로 작성한다.

(c) 귀사에서 2018년 11월 10월에 채용 사이트에 공고하신 마케팅 책임자 자리에 지원하고 싶습니다.
(b) 제가 받은 교육과 제가 한 경험이 저에게 귀사에서 그 자리에 바라는 배경이 되어 주리라 확신합니다.
(a) 저는 Media.com에서 마케팅 책임자로 일했습니다. 저는 사업 전략과 계획을 권고하는 일에 덧붙여 시장조사를 총괄하는 일을 맡았습니다.
(e) 동봉한 이력서에 저의 자격요건에 대해 더 자세히 제시했고 귀사에서 저에게 면접 볼 기회를 주신다면 감사하겠습니다.
(d) 배려에 감사드리며 좋은 소식이 있기를 바랍니다.

46 According to the following text, which one is NOT true?

To : "Jackie Yang"〈jyang@cellfirst.com〉
From : "Samuel Lewis"〈slewis@cellfirst.com〉
Date : Monday, October 1, 2019 13:25:30
Subject : Dinner

Dear Jackie,
This is to remind you of our dinner meeting next Thursday, October 14. Are you okay at 19:00 at the Plough on Harborne Road? I heard this new restaurant has a terrace and it's fabulous. My treat, of course.
Please confirm and I look forward to seeing you then.

Warm regards,
Sam

---

① Plough restaurant has a good condition for dinner.
② It was sent via e-mail.
③ Jackie will be serving meals to Samuel.
④ Dinner was promised in advance.

해설 ③ Samuel이 'My treat(제가 살 거예요)'이라고 말했으므로 식사를 대접하는 사람은 Jackie가 아니라 Samuel이다.

Jackie,
10월 14일 다음 주 목요일 저녁식사에 대해 다시 한 번 알려드립니다. Harborne Road에 있는 Plough에서 저녁 7시 괜찮으신가요? 이 새로 생긴 식당에 테라스가 있는데, 정말 훌륭하다고 들었습니다. 물론 제가 살 거예요. 확인 부탁드리며 그때 뵙기를 고대합니다.

따뜻한 안부를 전하며,
Sam

47 Which is NOT correct about this?

> The Honorable Tony Knowles, Governor, the State of Alaska & Mrs. Susan knowles request the pleasure of your company at a reception to honor the growing ties between the Republic of Korea and State of Alaska on Monday, the 23rd day of September, 2019, from 6 until 8 p.m.
> R.S.V.P. 739–8058/9 (Ms. Susan Kim) The Grand Ballroom
> The favor of a reply is requested by September 13. Westin Chosun Hotel

① This is the invitation letter to a reception.

② The letter specifies the time, date and venue to invite.

③ The receiver of this letter should notify of the attendance.

④ Tony Knowles and Mrs. Susan Knowles are the receivers of the letter.

해설 ④ 'request the pleasure of your company(참석해 주시기를 바랍니다)'라는 표현으로 보아 Knowles 부부(Tony Knowles와 Mrs. Susan Knowles)가 초대장의 수신자(Receiver)가 아니라 발신자(Sender)임을 알 수 있다.

2019년 9월 23일 월요일 오후 6시부터 8시까지 알래스카의 주지사이신 Tony Knowles와 Susan Knowles 부부가 한국과 알래스카주의 커가는 유대관계를 축하하기 위한 연회를 준비했으니 꼭 참석해 주시기를 바랍니다.
대연회장 [739–8058/9 (Ms. Susan Kim)]으로 회신 부탁드립니다.
9월 13일까지 Westin Chosun 호텔로 회신해 주시면 감사하겠습니다.

48 What is MOST proper in the blank?

Dear Mr. Lawler,
We received your Purchase Order 456-99.
Unfortunately, the item below is _____ :
Item No. 45-BC Black Chair

We will back order this item and ship it by February 15.
The rest of your order is being processed and will be shipped by January 20.
We appreciate your business and look forward to serving you in the future.

---

① in stock
② ready
③ not in stock
④ packed

> 해설 ③ 문장 앞에 'Unfortunately(유감스럽게도)'라는 표현이 있으므로 밑줄에 들어갈 알맞은 말은 'not in stock(재고가 없음)'이다.
>
> > Mr. Lawler,
> > 귀하께서 보내신 주문서 456-99를 받았습니다.
> > 유감스럽게도 아래 물품은 재고가 없습니다.
> > 물품 번호 45-BC 검은색 의자
> >
> > 저희는 이 물품을 다시 주문했고 2월 15일까지 구입할 예정입니다.
> > 귀하께서 주문하신 나머지 물품은 처리 중이고 1월 20일까지 도착할 것입니다.
> > 거래해 주셔서 감사드리며 다음에도 주문해 주시기를 바랍니다.

49 Which of the following is a LEAST appropriate expression when closing a meeting?

① Thank you for coming and for your contributions.
② Let's call it a day.
③ Would you like to start with the first point?
④ I declare this meeting adjourned.

> 해설 ③ 'Would you like to start with the first point(첫 번째 사항으로 시작해볼까요)?'라는 말은 회의를 시작할 때 사용하는 표현이다.
> ① 참석과 기여에 감사드립니다.
> ② 오늘은 여기까지 하겠습니다.
> ④ 이 회의의 휴정을 선언합니다.

50 What is the MOST appropriate answer in the conversation?

> A : Miss Lee, when is the board meeting?
> B : _____.

① It's scheduled of the 9th, Friday within 1:00 p.m.

② It's scheduling in Friday the 9th, in 1:00 p.m.

③ It's scheduling on 1:00 p.m. Friday the 9th.

④ It's scheduled on the 9th, Friday at 1:00 p.m.

해설 ④ 때를 표현할 경우에는 '날짜(the 9th) + 요일(Friday) + 시간(1:00p.m.)'순으로 쓰고, 특정한 날 앞에는 전치사 'on'과 정관사 'the'를 사용(on the 9th)한다.

> A : Miss Lee, 이사회는 언제죠?
> B : 9일, 금요일 오후 1시로 잡혀 있습니다.

51 Which is LEAST correct according to the following?

> I have been attempting to schedule a trip to Korea for the past 6 weeks without success. I have been thinking about my schedule this fall and I have realized that it has been a year since the last audit. I would like to schedule an Audit visit on the 1st week of Oct. (6th~10th). Please let me know if there are two consecutive days of this week that are available. I will send the paperwork and agenda for this activity by Sept. 5, 2019.
> Sincerely yours,
> John Kim

① John could not visit Korea for the last six weeks.

② John is planning to visit Korea.

③ The recent audit was done last year.

④ John would like to do the audit only on Oct. 6th and 10th.

해설 ④ John이 10월 첫째 주에 회계감사 방문 일정을 잡기를 원한다(I would like to schedule an Audit visit on the 1st week of Oct)고 했으므로 '10월 6일과 10일만(Oct. 6th and 10th)'이라고 한 보기 ④는 옳지 않다.
① John은 지난 6주간 한국을 방문할 수 없었다.
② John은 한국을 방문할 계획이다.
③ 최근 회계감사는 지난해에 한 것이다.

> 저는 지난 6주간 한국행 일정을 잡으려고 애썼지만 잡지 못했습니다. 올가을 일정에 대해 생각하다가 지난 회계감사 이후 1년이 지났다는 것을 깨달았습니다. 저는 10월 첫째 주에 회계감사 방문 일정을 잡기를 원합니다. (6일~10일). 이번 주에 이틀 연속으로 시간을 사용할 수 있는 날이 있으면 저에게 알려주십시오. 2019년 9월 5일까지 이 일에 필요한 문서 업무와 안건을 보내드릴 것입니다.

52 According to the following dialogue, which one is NOT true?

> Ms. Park : Good morning. May I help you?
> Mr. Lee : Good morning. My name is John Lee of ABC Company. I have an appointment with Mr. Howard at 10 o'clock.
> Ms. Park : Yes, Mr. Lee. I'll call Mr. Howard's office. One moment, please(Mr. Howard의 비서에게 Mr. Lee의 방문을 알려줌).
> Ms. Shin : Oh, yes. Please send him up.
> Ms. Park : Yes, thank you. Thank you for waiting, Mr. Lee. Mr. Howard is expecting you. Please take the elevator on your right to the 7th floor. Mr. Howard's office is on the left side.
> Mr. Lee : Thank you.

① Ms. Shin is a secretary of Mr. Howard.
② Ms. Park's occupation is receptionist.
③ Mr. Lee made an appointment in advance and visited Mr. Howard.
④ Ms. Park and Ms. Shin are on the same floor.

해설　④ Ms. Shin이 Ms. Park에게 '그를(John Lee) 올려 보내 달라(send him up)'고 했고 Ms. Park이 그(John Lee)에게 '오른쪽에 있는 엘리베이터를 타고 7층으로 올라가라(Please take the elevator on your right to the 7th floor)'고 했으므로 Ms. Shin은 7층에 있고 Ms. Park은 7층에 있지 않다는 것을 알 수 있다. 그러므로 Ms. Park과 Ms. Shin 이 같은 층에 있다고 한 보기 ④는 옳지 않다.
　① Ms. Shin은 Mr. Howard의 비서다.
　② Ms. Park이 있는 곳은 안내 데스크이다.
　③ Mr. Lee는 미리 Mr. Howard와 만날 약속을 했다.

> Ms. Park : 안녕하세요? 무엇을 도와드릴까요?
> Mr. Lee : 안녕하세요. 저는 ABC 회사의 John Lee입니다. 10시에 Mr. Howard와 만날 약속이 있습니다.
> Ms. Park : 예, Mr. Howard의 사무실로 전화하겠습니다. 잠시만 기다려주세요(Mr. Howard의 비서에게 Mr. Lee의 방문을 알려줌).
> Ms. Shin : 아, 예. 올라오게 해주세요.
> Ms. Park : 예, 고맙습니다. 기다려주셔서 감사합니다. Mr. Howard가 기다리고 계십니다. 오른쪽 엘리베이터 를 타고 7층으로 올라가십시오. Mr. Howard의 사무실은 왼쪽에 있습니다.
> Mr. Lee : 감사합니다.

53 What are the BEST expressions for the blank ⓐ and ⓑ?

> Most hotels have an alarm clock in each room; however, some hotels use _____ⓐ_____.
> Check-out time is usually between 11:00 a.m. and 1:00 p.m. Most hotels have a
> _____ⓑ_____, if you need to store your luggage after checking out.

① ⓐ get up calls ⓑ baggage claim area

② ⓐ morning calls ⓑ luggage allowance

③ ⓐ give up calls ⓑ laundry service

④ ⓐ wake up calls ⓑ luggage storage room

해설 앞에 alarm clock(자명종)이 나와 있으므로 ⓐ에는 그에 대비되는 명사가 나와야 하므로 모닝콜을 의미하는 'wake up calls'가 들어가야 하고, 뒤에 store your luggage(짐을 보관하다)가 나와 있으므로 ⓑ에는 보관실을 의미하는 'luggage storage room'이 들어가는 것이 적절하다.

> 호텔은 대부분 객실마다 자명종이 있다. 하지만 일부 호텔은 ⓐ모닝콜을 사용한다. 퇴실 시간은 대개 오전 11시에서 오후 1시다. 퇴실 시간 후에 짐을 보관해야 한다면 대부분 호텔은 ⓑ보관실이 있다.

54 What are the BEST expressions for the blank ⓐ and ⓑ?

> Waiting areas for visitors ⓐ 다릅니다 different companies. Usually visitors wait near the receptionist, but sometimes they may be shown directly to the meeting room and wait there.
> Coffee or tea is not always served. If you are served coffee, it may be in a cup, a mug or even a ⓑ 일회용 컵. You may also be asked to help yourself to coffee or a soft drink.

① ⓐ differ on ⓑ recycled cup

② ⓐ varies on ⓑ tumbler

③ ⓐ vary in ⓑ disposable cup

④ ⓐ have various ⓑ paper cup

해설 '다양하다' 혹은 '여러 가지다'의 의미를 표현할 때는 'vary in'을 사용하며, 일회용 컵의 바른 영어 표현은 'disposable cup'이므로 정답은 ③번이다.

> 방문자 대기실은 회사마다 다르다. 보통 방문객들은 안내원 옆에서 기다리지만 때로는 곧바로 회의실로 안내되어 그곳에서 기다린다.
> 커피나 차가 반드시 제공되는 것은 아니다. 커피를 제공받는다면, 컵이나 머그잔, 어떨 때는 일회용 컵으로 제공받을지도 모른다. 또한 커피나 청량음료를 마음껏 드시라는 안내를 받을 수도 있다.

55 Which is CORRECT according to the phone conversation?

> S1 : Good morning. Is that Sales Manager's office?
>
> S2 : Yes, it is. How can I help you?
>
> S1 : I'm Miss Chang, secretary to Mr. Brown, Vice President of Diwon Company. Mr. Brown would like to see him to discuss the new products around this week, if that is convenient.
>
> S2 : Yes, Miss Chang. I shall have to check with the Sales Manager. May I call you back?
>
> S1 : Certainly. I'll be here all morning. My number is 254-3928 extension 133.

① Mr. Brown himself called first.

② Sales manager called the Vice President.

③ Vice President had an appointment to meet the Sales Manager this afternoon.

④ Secretary of Sales Manager will call back to Miss Chang.

해설 대화 마지막의 'May I call you back?(전화 드릴까요?)'과 'Certainly(그렇게 해주세요)'로 영업부장의 비서가 Chang 비서에게 전화하리라는 사실을 짐작할 수 있으므로 정답은 ④이다. Brown 부회장이 먼저 전화를 했거나 영업부장이 부회장에게 전화했다는 근거는 대화 중에 나타나지 않았고, Brown 부회장과 영업부장이 만날 날은 아직 정해지지 않았기 때문에 ① · ② · ③은 오답이다.

① Brown 부회장이 먼저 전화했었다.

② 영업부장이 부회장에게 전화했었다.

③ 부회장은 오늘 오후에 영업부장을 만날 약속이 있었다.

④ 영업부장의 비서가 Chang 비서에게 전화할 것이다.

> S1 : 안녕하세요? 영업부장실인가요?
>
> S2 : 예, 맞습니다. 무엇을 도와드릴까요?
>
> S1 : 저는 회사 Diwon의 Brown 부회장님 비서인 Miss Chang입니다. 괜찮으시다면, Brown 부회장님이 이번 주쯤에 영업부장님을 만나서 신제품에 대해 의논하고 싶어 하십니다.
>
> S2 : 예, 알겠습니다. 영업부장님께 확인해보겠습니다. 전화 드릴까요?
>
> S1 : 그렇게 해주세요. 오전 중에는 자리를 비우지 않을 것입니다. 전화번호는 254-3928이고, 내선번호는 133입니다.

56 What is the BEST sentence for the blank?

Operator : This is the United States operator. Is this 395-4007?

S : Yes, it is.

Operator : We have an overseas collect call for Mr. Kim from Mr. John Smith of Pittsburgh. Will you accept the charges?

S : Yes, thank you.

Operator : _____ Go ahead, please.

① How much do you charge?

② Your party is on the line.

③ Put him through.

④ Who do you want to speak to?

해설 ② S가 통화료를 부담하고 전화를 받겠다('Will you accept the charges?' 'Yes, thank you')고 했으므로 전화교환원이 전화를 건 사람에게 그 사실을 알려준 ②번이 정답이다.

① 요금은 얼마입니까?

③ 연결해드리겠습니다.

④ 누구와 통화하기 원하십니까?

전화 교환원 : 저는 미국의 전화 교환원입니다. 전화번호가 395-4007 맞습니까?

S : 예, 그렇습니다.

전화 교환원 : 피츠버그에 사시는 Mr. John Smith로부터 Mr. Kim에게 외국 수신자요금부담 전화가 왔습니다. 받으시겠습니까?

S : 예, 감사합니다.

전화 교환원 : 통화하실 분이 전화를 받았습니다. 말씀하십시오.

57 Belows are sets of phone conversation. Choose one that does NOT match correctly each other.

① A : I'll be waiting, but be sure to call me, will you?

　B : Sure thing. But it may take a while.

② A : We've been out of touch lately, so I thought I'd give you a call.

　B : Thanks. Let's have a drink one of these days.

③ A : Can you tell me how to get there from the hotel?

　B : If you have any question, feel free to call.

④ A : Can I pick you up in front of your house at 9 o'clock?

　B : Thank you. Please do.

해설 ③ A가 호텔에서 그곳에 가는 길을 물었으므로 B는 길을 가르쳐주거나 길을 모른다고 대답해야 하는데, '어떤 것이라도 질문이 있으면 언제든지 전화하세요.'라고 답했으므로 ③번이 오답이다.

> ① A : 기다리기는 할 건데 꼭 전화해야 해. 알겠지?
> 　B : 물론이지. 하지만 시간이 좀 걸릴 거야.
> ② A : 우리가 최근에 연락이 뜸해서 너에게 전화해야겠다고 생각했어.
> 　B : 고마워. 조만간 한 잔 하자.
> ④ A : 9시에 너희 집 앞으로 데리러 갈까?
> 　B : 고마워. 그렇게 해줘.

58 Which is LEAST correctly inferred about the schedule?

> Boss : What is today's afternoon schedule?
> S　　: At 3, Mr. Robert White of AIO Insurance Co. will be here to introduce the new chairman. At 4 o'clock, Mrs. Brown wants to see you about purchasing our new products. At 5 o'clock, Mr. Thomas Lee of China Trading Co. would like to see you about your business trip to Taiwan next month. At 6 o'clock, there is a formal sitdown dinner party at the Imperial Hotel to commemorate our 25th anniversary in our business.
> Boss : Please call my wife and remind her about the party tonight.
> S　　: Yes, Mr. Kim.

① The schedule of Mr. Kim is occupied this afternoon.

② Mr. Kim is supposed to be introduced a new chairman at 3 p.m.

③ Mr. Kim's wife is supposed to attend the dinner party.

④ Casual clothes are appropriate for dinner party.

④ formal sitdown dinner party(공식 싯다운 디너 파티)라고 했으므로 평상복이 아닌 예복이 적합하다.

① Mr. Kim의 일정은 오늘 오후에 꽉 차있다.

② Mr. Kim은 오후 3시에 신임 회장에게 소개될 예정이다.

③ Mr. Kim의 부인은 디너파티에 참석하기로 되어 있다.

> 사장 : 오늘 오후 일정은 어떻게 되나요?
>
> S   : 3시에 AIO Insurance Co.의 Mr. Robert White가 신임 회장을 소개하기 위하여 이곳으로 올 것입니다. 4시에는 Mrs. Brown이 우리 회사의 신제품 구매와 관련하여 사장님을 만나고 싶어 합니다. 5시에는 China Trading Co.의 Mr. Thomas Lee가 다음 달 있을 사장님의 대만 출장과 관련하여 사장님을 만나고 싶어 합니다. 6시에는 임페리얼 호텔에서 우리 회사의 창립 25주년을 기념하는 공식 싯다운 디너 파티(앉아서 음식을 제공받는 파티)가 열립니다.
>
> 사장 : 내 아내에게 전화해서 오늘 밤 파티를 다시 한 번 알려주세요.
>
> S   : 알겠습니다.

59 Which is LEAST correct about Mr. Kim's itinerary?

Itinerary for Mr. Kim

April 3(Monday)

Note : All times are local times.

16:00	Check in at Incheon Airport, Korea Airlinescounter.
18:00	KAL724 to San Francisco
10:45 a.m.	Arrive at San Francisco International Airport
12:00	Check in at St. Francisco Hotel 100 Post Street San Francisco, CA94110
13:00	Lunch with Mr. Jones at Grotto#9 Restaurant at Fishermen's Wharf
15:00~17:00	Staff Meeting at San Francisco Downtown Branch office

① Mr. Kim will have lunch with Mr. Jones in USA.

② The destination of Mr. Kim's flight is San Francisco.

③ Mr. Kim will attend staff meeting in the afternoon at San Francisco.

④ At 14:00 of local time in San Francisco, he is in flight.

④ 13:00부터 15:00까지 Mr. Jones와 점심식사를 하는 것으로 되어 있으므로 Mr. Kim은 샌프란시스코 현지 시간으로 14:00에는 비행기를 타고 있는 것이 아니라 점심식사를 할 것이다. 그러므로 ④번이 오답이다.

① Mr. Kim은 Mr. Jones와 미국에서 점심을 먹을 것이다.

② Mr. Kim의 비행 목적지는 샌프란시스코다.

③ Mr. Kim은 샌프란시스코에서 오후에 직원 회의에 참석할 것이다.

60 Which of the following is CORRECT?

> Boss : Miss Lee, please come in.
> Secretary : Yes, Mr. Kim.
> Boss : I want you to deliver this copy to Mr. Park, Mr. Kang, and Mr. Cho.
> Secretary : Yes, I will, right away.
> (After 20 minutes)
> Secretary : Mr. Kim, Mr. Park said to please go ahead with it. Mr. Kang said he has some questions,
> so he would like to have 15 minutes of your time after lunch. Mr. Cho was out, so I gave
> it to his secretary, Miss Han and asked her to have him contact you upon his return.
> Boss : Thank you.

① Mr. Park rejected the suggestions of Mr. Kim.

② Mr. Kang wants to meet Mr. Kim in the morning.

③ Miss Han is going to contact Mr. Kim.

④ Mr. Cho will get in touch with Mr. Kim when he gets in.

해설 Mr. Park은 그렇게 추진해 달라(to please go ahead with it)고 했으며, Mr. Kang은 사장님께 점심식사 후에 시간을 내달라(to have 15 minutes of your time after lunch)고 했고, Miss Han은 Mr. Cho의 비서로 그에게 사장님과 연락하라고 전달할 사람이므로 ① · ② · ③은 오답이다.

① Mr. Park은 Mr. Kim의 제안을 거절했다.

② Mr. Kang은 아침에 Mr. Kim을 만나고 싶어 한다.

③ Miss Han은 Mr. Kim에게 연락할 예정이다.

> 사장 : Miss Lee, 들어오세요.
> 비서 : 예, 사장님.
> 사장 : 이 사본을 Mr. Park, Mr. Kang, Mr. Cho에게 전달해주세요.
> 비서 : 예, 지금 바로 전달하겠습니다.
> (20분 후에)
> 비서 : 사장님, Mr. Park은 그렇게 추진해달라고 말했습니다. Mr. Kang은 질문이 있다고 점심식사 후에 15분 간 시간을 내주셨으면 한다고 했습니다. Mr. Cho는 자리에 없어서 Han 비서에게 사본을 전달하고 그가 돌아오면 사장님과 연락하게 해달라고 했습니다.
> 사장 : 고마워요.

61 다음은 공문서의 두문과 결문이다. 이 문서에 관한 설명으로 올바른 것은?

대 한 사 회 과 학 회

수신자 상공대학교 총장 (인문사회연구소장)
(경유) 사회과학데이터센터장
제목 사회과학연구지 논문모집 안내

–내용 생략–

대 한 사 회 과 학 회 장   직인생략

★ 연구원 홍미순   편집국장 김주현   학회장 양지석
협조자 사무국장 윤정혜
시행 편집 2019–093 (2019. 8. 2) 접수

① 대한사회과학회에서 상공대학교 사회과학데이터센터로 발송되는 문서이다.
② 홍미순 연구원이 기안해서 김주현 국장의 검토를 거쳐서 양지석 학회장이 결재한 후 윤정혜 사무국장에게 협조받은 문서이다.
③ 이 문서는 사회과학데이터센터의 사무국에서 발송되었다.
④ 이 문서를 최종적으로 받는 사람은 상공대학교 인문사회연구소장이다.

> 해설 **공문서의 형식**
> • 두문 : 행정기관명, 수신자
> • 본문 : 제목, 내용, 붙임
> • 결문 : 발신명의
> – 기안자, 검토자, 협조자, 결재권자의 직위 또는 직급 및 서명
> – 생산등록번호와 시행일자, 접수등록번호와 접수일자
> – 발신기관의 우편번호, 주소, 홈페이지 주소
> – 발신기관의 전화번호, 모사전송번호, 담당자 전자우편주소

62 다음 중 우편제도를 가장 부적절하게 사용한 경우는?
① 김 비서는 상사의 지시로 결혼식장으로 바로 경조금을 보내기 위해 통화등기를 이용하였다.
② 배 비서는 50만 원 상당의 백화점 상품권을 전달하기 위해서 유가증권등기를 이용하였다.
③ 안 비서는 미납금 변제 최고장 발송을 위해 내용증명을 이용하였다.
④ 신 비서는 인터넷으로 작성한 내용을 우편으로 발송하기 위해 e–그린우편을 이용하였다.

해설 통화등기(현금배달서비스)는 결혼식장, 장례식장, 사서함 등 일시적인 장소에는 배달되지 않는다. '유가증권등기'는
수표류, 우편환 증서 등을 발송해 주는 서비스로 2천만 원 이내에서 가능하고, '내용증명'은 발송인이 수취인에게 어
떤 내용의 문서를 언제 발송하였다는 사실을 우편관서가 증명하여 주는 증명취급제도이며 'e-그린우편'은 편지 내용
문과 주소록을 우체국이나 인터넷 우체국에 접수하면 내용문 출력부터 봉투에 넣어 배달해주는 전 과정을 대신해 주
는 서비스를 말한다.

63 상공건설에 근무하는 김 비서가 아래와 같이 문서 수발신 업무를 처리하고 있다. 다음 중 바람직하
지 않은 것끼리 묶인 것은?

> 가) 내일까지 상대편에서 받아야 하는 문서여서 익일특급으로 발송하고 등기번호를 기록해두었다.
> 나) 다른 부서에 전달할 기밀문서는 봉투에 넣어서 봉한 후 직접 전달하였다.
> 다) 직인을 찍어 시행문 발송 후 보관용으로 최종 수정한 워드 파일을 보관해두었다.
> 라) 기밀문서를 발송할 경우에도 문서 발송 대장에 기입해 두었다.
> 마) 문서접수 부서에서 전달받은 문서 중 상품안내와 광고문은 즉시 폐기 처리하였다.

① 가), 라)   ② 나), 다)
③ 다), 마)   ④ 라), 마)

해설 다) 발신 문서는 전자 파일로 보관하되, 필요시 복사본을 만들어 보관하는 것이 원칙이다.
     마) 상품안내와 광고문 등은 자료가 되는지 확인하고 자료가 되지 않는 것은 폐기 처리해야 한다.

64 아래 감사장 내용과 작성에 관련한 설명이 가장 적절하지 않은 것은?

> 감사의 글
> 신록의 계절을 맞이하여 귀하의 건강과 발전을 기원합니다. 이번 본인의 대표이사 취임을 축하해 주신 문
> 철수 사장님의 많은 관심과 배려에 감사드립니다. 미약한 능력이나마 제게 맡겨진 역할과 임무에 최선을
> 다해 노력하겠습니다. 아무쪼록 지금과 같이 아낌없는 관심과 지원 부탁드립니다. 시간을 내어 축하해 주
> 신 모든 분을 찾아뵈어야 하는데 서면으로 인사를 드리게 되어 송구스럽습니다.
>
> 주식회사 상공상사
> 대표이사 최진우

① 대표이사 취임을 축하해 준 문철수 사장에 대한 감사인사를 하기 위해 작성한 것이다.
② 많은 사람에게 동일한 내용을 발송하는 경우 수신자의 이름과 직책은 메일머지를 사용하면 편
   리하다.
③ 축하해 주신 분을 직접 찾아뵙고 감사인사를 드릴 예정임을 미리 알리는 서신이다.
④ 취임에 대한 축하를 받은 후에 일주일 이내에 작성해서 발송하는 것이 좋다.

해설 ③ 감사장은 축하나 위문 등을 받았을 때 또는 업무상 협조나 편의를 제공받았을 때 상대방의 호의와 도움에 감사하는 마음을 전하기 위해 작성하는 문서이다.

65 다음 외국인의 명함을 알파벳 순으로 정렬하려고 한다. 순서가 맞는 것은?

> (가) Dr. Anne Arthur
> (나) Mr. Andrew Arthur, Jr.
> (다) Andrew Kim
> (라) Ms. April Clinton
> (마) Catherine Clinton, ph.D.
> (바) Clinton, Alice, CPA

① (나) – (다) – (가) – (라) – (마) – (바)
② (나) – (가) – (바) – (라) – (마) – (다)
③ (다) – (마) – (바) – (가) – (나) – (라)
④ (바) – (나) – (가) – (라) – (마) – (다)

해설 **영문명의 명함정리**
· 첫째, '성'을 기준으로 알파벳순으로 정리한다.
· 둘째, 성까지 동일할 경우 '이름'을 기준으로 알파벳순으로 정리한다.

66 다음 보기 중에서 문서유형 구분이 동일한 것끼리 묶인 것은?

① 사내문서, 사문서
② 접수문서, 배포문서
③ 대외문서, 폐기문서
④ 공람문서, 의례문서

해설 **문서유형의 구분**
· 목적 또는 작성주체에 의한 문서의 종류 : 공문서, 사문서
· 문서의 성질에 의한 문서의 종류 : 법규문서, 지시문서, 공고문서, 비치문서, 민원문서, 일반문서
· 수신대상에 의한 문서의 종류 : 사내(대내)문서, 사외(대외)문서[의례문서는 사외(대외)문서 유형에 속함]
· 처리 단계에 의한 분류 : 접수문서, 배포문서, 기안문서, 완결문서, 시행문서, 보관문서, 보존문서, 폐기문서, 이첩문서, 공람문서, 미결문서
· 문서의 형태에 의한 문서의 종류 : 종이문서, 전자문서

67 다음 중 전자결재 및 전자문서에 관한 설명으로 가장 적절하지 않은 것은?

① 전자결재를 할 때에는 전자문서 서명이나 전자이미지 서명 등을 할 수 있다.

② 전자문서 장기 보관 관리를 위한 국제 표준 포맷은 EPUB이다.

③ 전자결재는 미리 설정된 결재라인에 따라 자동으로 결재 파일을 다음 결재자에 넘겨준다.

④ 전자결재는 기본적으로 EDI 시스템하에서 이루어지는 것이다.

> **해설** ② 전자문서 장기 보관 관리를 위한 국제 표준 포맷은 PDF/A이다.
> **PDF 파일**
> • 국제표준화기구(ISO)에서 지정한 전자문서 국제 표준 포맷이다. 특히 PDF/A는 국제표준화기구(ISO)에서 지정한 전자문서 장기 보관 및 보존을 위한 국제 표준 포맷이다.
> • 컴퓨터 기종이나 소프트웨어 종류와 관계없이 호환이 가능한 문서 형식이다.
> • 암호화 및 압축 기술을 통해 내용의 변조가 어렵다.

68 마케팅 이사의 비서로서 상사 및 회사의 소셜미디어 관리를 지원하고 있다. 소셜미디어 관리에 관한 사항으로 가장 적절하지 않은 것은?

① 소셜미디어에 올라온 우리회사 및 상사와 관련한 정보에 대해 항상 유의한다.

② 우리회사 SNS의 주요 게시물 및 고객의 반응에 대해 모니터링한다.

③ 경쟁사의 소셜미디어 게시물 및 고객 반응에 대해서 모니터링한다.

④ 사용자 수가 감소세에 있는 매체보다는 최근에 사용자 수가 증가하고 있는 매체 중심으로 내용을 업데이트한다.

> **해설** ④ 다양한 SNS에 관심을 가져야 하며 최근 사용추이와 새로운 소셜미디어가 무엇인지 등에 대해 확인해야 한다.

69 인터넷을 통해서 정보를 찾고 있다. 다음 중 가장 적절하지 않은 방법은?

① 잘 모르는 시사경제용어가 있어서 네이버 지식백과사전을 활용하여 내용을 확인했다.

② 한국공항공사 홈페이지에서 항공기 이착륙 정보를 확인하였다.

③ 경쟁회사의 소액주주명단 확인을 위해서 전자공시시스템에서 검색하였다.

④ 국가직무능력표준에 입각한 채용을 위하여 NCS홈페이지에서 직무정보를 확인하였다.

> **해설** ③ 전자공시시스템은 회사개황, 순이익, 매출액 등 기업의 '신체검사'가 잘 나타나 있는 기업공시시스템으로, 소액주주명단은 이 시스템에 나타나지 않는다.
> **금융감독원의 전자공시시스템**
> 상장법인 등이 공시서류를 인터넷으로 제출하고, 이용자는 제출 즉시 인터넷을 통해 공시서류를 조회할 수 있도록 하는 기업공시시스템이다. 이 시스템에는 회사개황은 물론 얼마나 순이익을 내는지, 매출액은 얼마인지 등 기업의 '신체검사'가 잘 나타나 있다.

70 다음 신문기사를 통해서 알 수 있는 내용으로 가장 적절하지 않은 것은?

올해 상반기 자유무역협정(FTA) 발효국과 교역액이 3천605억 달러로 작년 동기 대비 5.3% 감소했다고 관세청이 30일 밝혔다. 수출은 1천981억 달러로 작년보다 7.9% 감소했고 수입은 1천624억 달러로 2.0% 줄었다. 상반기 우리나라의 전체 해외 교역액은 5천235억 달러로 작년 대비 6.9% 감소한 가운데 FTA 비발효국의 교역액은 1천630억 달러로 작년보다 10.3% 감소한 것으로 집계됐다.

FTA 비발효국과 무역수지는 166억 달러 적자인데 비해 발효국과 무역수지는 357억 달러 흑자를 달성했다. 그러나 흑자 규모는 작년 상반기 493억 달러에 비해선 27.5% 줄었다. 관세청은 "글로벌 경기침체에도 불구하고 FTA 교역이 무역수지에 긍정적인 영향을 줬다"고 평가했다.

미국과 교역량은 673억 달러로 작년 동기보다 6.1% 늘어났지만 유럽연합(EU)은 545억 달러로 10.5% 줄었고 중국은 1천198억 달러로 8.6% 감소했다.

상반기 FTA 활용률은 수출 75.0%, 수입 73.5%로 작년 동기 대비 각각 0.9% 포인트, 1.1% 포인트 증가했다. 수출 활용률은 특혜대상품목 수출액 대비 수출신고서상 원산지증명서 발급 수출액의 백분율이며, 수입 활용률은 특혜대상품목 수입액 대비 실제 특혜관세가 적용된 수입액의 백분율이다.

FTA 협정별로 수출은 캐나다(96.0%), EU(86.7%), 미국(85.3%), EFTA(84.6%) 등의 활용률이 높게 나타났고 수입은 칠레(99.6%), 뉴질랜드(93.8%), 콜롬비아(85.7%), 호주(84.4%) 순으로 높게 나타났다. 산업별로는 자동차 등 기계류(85.5%), 비금속광물·광물성연료 등 광산물(80.4%)은 수출에서 높은 활용률을 보였고 농·축·수산물 및 가공품(91.5%), 섬유류(85.3%) 등은 수입 활용률이 높았다.

지역별로 대기업이 밀집한 서울(85.3%), 울산(79.8%), 인천(78.5%), 전남(77.4%) 순으로 수출 활용률이 높았고 대구(85.9%), 경북(84.4%), 광주(84.3%), 대전(82.0%) 순으로 내륙지역에서 수입 활용률이 높게 나타났다.

(매경 2019. 7. 30)

① 우리나라의 상반기 해외 교역액이 작년 대비 감소했다.
② FTA 비발효국과는 수출액이 수입액보다 많다.
③ FTA 발효국과는 수출액이 수입액보다 많다.
④ 서울의 FTA 수출활용률이 다른 지역보다 높다.

해설 ② 'FTA 비발효국과 무역수지는 166억 달러 적자'라고 했으므로, FTA 비발효국과는 수출액이 수입액보다 적다.

71 컴퓨터를 이용하여 정보관리를 하고 있다. 다음 중 가장 적절하지 않은 사항은?

① 김 비서는 사용이 익숙한 윈도우즈 XP가 설치된 컴퓨터를 사용한다.
② 정 비서는 사용 중인 PC의 IP주소를 확인하기 위해서 IPCONFIG 명령어를 사용하였다.
③ 박 비서는 컴퓨터 보안을 위해서 CMOS에 비밀번호를 지정해 두었다.
④ 한 비서는 백신 프로그램을 주기적으로 업데이트하고 실시간 감시를 켜두었다.

해설 ① 윈도우즈 XP는 2014년에 지원이 중단되었다. 윈도우즈 XP를 계속 사용할 수는 있지만 보안과 바이러스에 취약하기 때문에 정보관리에 위험이 따르므로 사용해서는 안 되며, 최신 버전의 윈도우즈를 사용해야 한다.

72 다음 중 사무정보기기 사용이 가장 올바르지 않은 것은?

① 자동공급투입구(ADF)를 이용해 스캔하기 위해 스캔할 면을 아래로 향하게 놓았다.

② 라벨프린터를 이용하여 바코드를 출력하였다.

③ NFC기능 프린터를 이용하여 스마트폰의 문서를 출력하였다.

④ USB를 인식하는 복합기를 사용해서 USB저장매체에 저장된 문서를 바로 출력했다.

> **해설** ① 자동공급투입구(ADF)를 이용해 스캔할 때는 스캔할 면을 위로 향하게 놓아야 한다.

73 상공홀딩스 대표이사 비서로 일하고 있는 지우정 비서는 상사의 명함 및 내방객 관리 데이터베이스를 MS-Access 프로그램을 이용하여 업무에 활용하고 있다. 다음 중 관리 및 활용이 잘못된 것은?

① 명함스캐너를 이용하여 수집된 데이터를 테이블로 내보내기 하여 저장하였다.

② 연하장 봉투에 붙일 주소를 출력하기 위해서 페이지 기능을 활용하였다.

③ 명함 내용과 방문현황을 화면상에서 한눈에 보기 위해서 하위 폼 기능을 이용하였다.

④ 월별 내방객 수를 계산하여 데이터시트 형태로 보기 위해서 쿼리를 이용하였다.

> **해설** ② 페이지의 기능은 액세스에 저장된 데이터를 웹페이지에서 볼 수 있게 하는 것이다.

74 최근 정보검색과 관련된 추세로서 가장 적절하지 않은 것은?

① 검색 플랫폼의 축소로 동영상 검색의 신뢰도 저하

② 모바일 중심 이용자 맥락을 반영한 검색 방식 및 편의성 개선

③ 인공지능 및 딥러닝 등 다양한 기술과의 접목

④ 검색 디바이스의 확장으로 인공지능 스피커를 활용한 검색

> **해설** ① 검색 플랫폼의 확대로 동영상 검색의 신뢰도는 상승하고 있다.

75 다음 중 전자결재시스템의 특징에 관한 설명으로 옳지 않은 것을 모두 고르시오.

> 가. 문서 작성 양식이 적용되어 작성이 용이하다.
> 나. 문서 사무처리 절차가 복잡하다.
> 다. 문서 작성자의 익명성이 보장된다.
> 라. 문서 유통 과정이 투명해진다.
> 마. 문서 보관 시 공간확보가 용이하다.

① 가, 나　　　　　　　　　　　　　　② 나, 다
③ 나, 다, 라　　　　　　　　　　　　④ 나, 다, 라, 마

해설　나. 결재문서의 작성부터 문서의 수신과 발신 및 배부가 온라인으로 처리되어 문서 관리가 단순화된다.
　　　다. 결재권자, 검토자, 문서의 최초 기안자가 자동으로 입력되므로 익명성이 보장된다고 보기는 어렵다.

76 상사의 업무를 효율적으로 지원하기 위해 문서작성 업무를 아래와 같이 수행하고 있다. 이 중 가장 적절하지 않은 경우는?

① 정 비서는 상사를 대신하여 인사장을 작성하면서 상사가 평소 자주 사용하는 표현을 활용하여 작성하였다.
② 황 비서는 상사에게 제출할 업무보고서를 작성하면서 한 페이지에 내용이 모두 들어가도록 글자 크기를 작게 줄였다.
③ 최 비서는 문서를 전달해야 할 시기가 촉박하므로, 가장 적당한 전달방법을 고려하면서 작성하였다.
④ 윤 비서는 결론적인 메시지가 눈에 잘 띄도록 하였고, 전달할 메시지는 분명하고 간결하게 표현하였다.

해설　② 업무보고서를 작성할 때 내용이 꼭 한 페이지에 모두 들어가게 할 필요는 없고 글자 크기가 너무 작으면 보기에 불편하므로 10~12포인트를 사용한다.

77 상사를 위해 프레젠테이션 자료를 준비 중에 있다. 일련의 단계를 통해 여러 개의 혼란스러운 내용이 통합된 목표 또는 내용으로 이어질 수 있는지를 보여 주기에 가장 적절한 스마트 아트는?

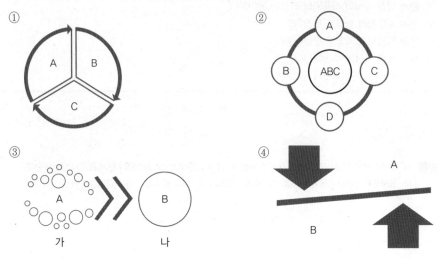

① A B C

② A B ABC C D

③ 가 A 나 B

④ A B

해설 ① 작업 단계, 일의 진행 방향이나 순서를 보여주기에 적합하다.
② 중심에 있는 아이디어와의 관계를 보여주기에 적합하다.
④ 반대되는 두 개의 개념 혹은 아이디어를 보여주기에 적합하다.

78 대한기업 대표이사 비서는 회의자료 작성을 위해서 다음의 자료를 차트화하려고 한다. 각 자료에 가장 적합한 그래프의 유형으로 순서대로 표시된 것은?

> (가) 대한기업의 지역별 1월~10월 영업실적 비교
> (나) 대한기업의 주요 주주 구성 현황

① (가) 분산형 그래프　　　(나) 선그래프
② (가) 가로 막대그래프　　(나) 100% 누적 막대그래프
③ (가) 다중 선그래프　　　(나) 도넛형 그래프
④ (가) 누적 막대그래프　　(나) 원그래프

해설 ・분산형 그래프 : 두 개 이상의 보고서에 있는 데이터 모음과 요약을 활용하여 중요한 정보를 표시할 때 가장 적합하다.
・선그래프 : 시간별 추세를 표시할 때 가장 적합하다.
・가로 막대그래프 : 거리 혹은 시간을 비교할 때 가장 적합하다.
・100% 누적 막대그래프 : 여러 가지 집단이 있을 때 각 집단에 대한 값 사이의 비율이나 각 집단의 합계를 확인할 때 가장 적합하다.
・누적 막대그래프 : 데이터를 구분 짓고 개개의 데이터를 비교하여 각 카테고리의 차이를 확인할 때 가장 적합하다.
・원그래프 : 전체를 구성하는 개개의 요소 상태를 비율로 파악할 때 가장 적합하다.

79 다음 중 문장부호 사용법이 잘못된 것은?

① "어디 나하고 한번...."하고 민수가 나섰다.

② 광역시 : 광주, 대구, 대전, …

③ 날짜 : 2019. 10. 9.

④ 상사는 "지금 바로 출발하자."라고 말하며 서둘러 나갔다.

> **해설** ② 열거할 어구들을 생략할 때 사용하는 줄임표 앞에는 쉼표를 쓰지 않으므로, '광역시 : 광주, 대구, 대전…'이라고 써야 한다.

80 다음 중 결재받은 공문서의 내용을 일부 삭제 또는 수정할 때의 처리 중 가장 부적절한 내용은?

① 문서의 일부분을 삭제 또는 수정하는 경우, 수정하는 글자의 중앙에 가로로 두 선을 그어 삭제 또는 수정한 후 삭제 또는 수정한 자가 그곳에 서명 또는 날인한다.

② 원칙은 결재받은 문서의 일부분을 삭제하거나 수정할 때에는 수정한 내용대로 재작성하여 결재를 받아 시행하여야 한다.

③ 시행문 내용을 삭제하는 경우, 삭제하는 글자의 중앙에 가로로 두 선을 그어 삭제한 후 그 줄의 오른쪽 여백에 삭제한 글자 수를 표시하고 관인으로 날인한다.

④ 문서의 중요한 내용을 삭제 또는 수정한 때에는 문서의 왼쪽 여백에 수정한 글자 수를 표시하고 서명 또는 날인한다.

> **해설** ④ 문서의 중요한 내용을 삭제 또는 수정한 때는 문서의 여백에 삭제 또는 수정한 자수를 표시하고 서명 또는 날인한다.

교육이란 사람이 학교에서 배운 것을
잊어버린 후에 남은 것을 말한다.

-알버트 아인슈타인-

2020

기출문제 및 해설

모든 전사 중 가장 강한 전사는 이 두 가지, 시간과 인내다.

– 레프 톨스토이 –

2020

제 1 회 기출문제 및 해설

01 김 비서는 태평양지역 본부장의 비서로 근무하고 있다. 매월 말에 각 지역 본부장의 월별 일정을 본사에 보고해야 하므로 일정관리 소프트웨어인 아웃룩(Outlook)을 이용하려고 한다. 다음 중 비서의 행동으로 가장 부적절한 것은?

① 상사가 아웃룩에 익숙하지 않다면 비서가 작성한 아웃룩상의 일정을 상사가 원하는 때에 살펴볼 수 있도록 '캘린더 공유하기(Share Calendar)' 기능부터 설명해 드린다.

② '캘린더 공유하기' 기능에서 비서가 상사의 일정을 볼 수 있도록 설정하면 편리하다.

③ 상사가 '캘린더 공유하기'를 승낙하면 관련된 사람들과도 공유하여 상사의 일정을 열람, 수정 가능하도록 설정한다.

④ 아웃룩으로 일정을 작성해서 비서의 업무용 핸드폰과도 연결하여 수시 확인이 되도록 한다.

> **해설** 상사가 '캘린더 공유하기'를 승낙한다 할지라도 관련된 사람들과 함부로 상사의 일정을 공유하거나 특히 상사의 일정을 수정 가능하도록 설정해서는 안 된다.

02 인공지능 관련 기술이 급속히 발달하고 있는 시대의 흐름에 발맞추어 '미래 비서 직무를 위한 포럼'이 개최되었다. A 회사의 비서들도 포럼에 참가하였고 참가 후 사내 세미나를 열었다. 아래는 포럼에 참가한 비서들의 대화인데 이 중 가장 부적절한 것은?

① "비서의 직무 수행 시 기밀보장, 책임감, 정직, 자기개발, 충성심 등 직업윤리는 앞으로도 중요한 비서의 자질이다."

② "인공지능 기술의 발달로 인해 비서의 직무 중 상사의 경영 활동 보좌는 줄어들고 상사의 행정 업무 보좌에 집중하게 될 것이다."

③ "비서의 직무는 다른 사무직과 비교하여 상대적으로 정형적이지 않고 동시 다발적으로 다양한 업무를 수행하므로, 자동화로 대체할 수 없는 부분에서 역량을 향상시키려는 노력이 요구될 것이다."

④ "4차 산업혁명 시대에는 인공지능 기술의 도움을 받을 것이므로 단순 사무 지원 업무보다는 산업에 대한 이해와 업무 관련 IT 기술을 갖춘 실무역량이 요구될 것이다."

인공지능 기술의 발달로 일상적인 업무와 반복적인 업무는 대체될 수 있겠지만, 경영 활동과 행정 업무를 막론하고 비서의 창의력이 필요한 업무나 대인관계 업무 혹은 비상사태 등이 발생했을 경우와 같이 대체될 수 없는 활동의 보좌에 집중하게 될 것이다.

03 다음 중 경조사 종류에 해당하는 한자어가 잘못 연결된 것은?

① 결혼 : 祝結婚, 祝華婚, 祝聖婚
② 문병 : 賻儀, 謹弔, 弔意
③ 축하 : 祝就任, 祝昇進, 祝榮轉
④ 개업, 창업 : 祝開業, 祝開館, 祝創立

② 賻儀(부의), 謹弔(근조), 弔意(조의)는 사람의 죽음과 관련된 단어이다.
① 祝結婚(축결혼), 祝華婚(축화혼), 祝聖婚(축성혼)
③ 祝就任(축취임), 祝昇進(축승진), 祝榮轉(축영전)
④ 祝開業(축개업), 祝開館(축개관), 祝創立(축창립)

04 다음은 정도물산 김정훈 사장의 비서인 이 비서의 내방객 응대 태도이다. 가장 적절하지 않은 것은?

① 김정훈 사장이 선호하는 내방객 응대 방식을 파악해 두었다.
② 약속이 되어 있는 손님에게는 성함과 직책을 불러드리면서 예약 사항을 비서가 알고 있음을 알려드렸다.
③ 비서가 관리하는 내방객 카드에 회사 방문객의 인상이나 특징을 적어두었다.
④ 내방객 중 상사와 각별하게 친분이 있는 경우, 선착순 응대에 예외를 둔다.

상사와 각별하게 친분이 있는 경우라도 선착순 응대에 예외를 두는 행동은 삼가야 한다.

05 비서가 상사의 대외활동을 위해 지원하는 업무로 가장 적절한 것은?

① A 비서는 상사의 소셜미디어를 관리하는 차원에서, 올라오는 질문이나 댓글에 답변을 달고 주제별로 답변을 분류하여 매주 보고드리고 있다.

② SNS를 통하여 기업 내·외와 소통을 하는 상사를 위해, B 비서는 자신의 개인 소셜미디어를 활용해 회사와 상사에 관한 글들을 자주 올리고 있다.

③ C 비서는 자신의 개인 소셜미디어에 본인의 소속과 이름, 직책을 명확하게 밝힌 상태에서 회사 제품을 홍보하고 있다.

④ D 비서는 상사의 SNS에 팔로워로 동참하면서 불만사항으로 올라온 글들을 이슈별로 정리하여 상사에게 보고하고 소통할 수 있는 방안을 제시해 드리고 있다.

> **해설** ① 상사의 소셜미디어에 올라오는 질문이나 댓글에 대해 비서가 임의로 답변을 달아서는 안 된다.
> ② 비서 개인의 소셜미디어에 회사와 상사에 관한 글들을 올리는 것은 비서의 첫 번째 덕목인 기밀성을 위반하는 행위가 될 수 있다.
> ③ 비서 자신의 개인 소셜미디어라 할지라도 본인의 소속과 이름 직책을 명확하게 밝히면 회사에 관한 정보나 상사에 관한 정보가 유출될 수 있으므로 조심해야 한다.

06 사장은 김 비서에게 다음과 같이 지시를 내렸다. 이때 비서의 지시받는 모습 중 가장 올바른 대처는?

> "김 비서! 요즘 '직장 내 괴롭힘 금지법'이 큰 이슈라 우리 회사도 이에 대한 매뉴얼을 얼른 만들어야 할 것 같아요. 인사팀장에게 지금 연락해서 위원구성이랑 앞으로 어떻게 대책을 마련할 것인지에 대해 구상해서 내게 보고 좀 하라고 해주세요."

① "네 알겠습니다."라고 대답을 한 뒤 바로 인사팀장에게 전화를 걸어 "팀장님, 사장님께서 '직장 내 괴롭힘 금지법'에 관한 매뉴얼을 만들어서 보고하라고 하십니다. 언제까지라는 말씀은 없으셨습니다."라고 말씀드린다.

② 지시를 받은 후 "사장님, 그럼 팀장님께는 '직장 내 괴롭힘 금지법' 매뉴얼을 언제까지 만들어서 보고하라고 전달할까요?"라고 질문을 하였다.

③ "네. 알겠습니다."라고 대답을 한 뒤 바로 인사팀장에게 전화를 걸어 "팀장님, 사장님께서 '직장 내 괴롭힘 금지법' 관련 위원회를 구성해 매뉴얼 구상을 보고하라고 하십니다. 언제까지라는 말씀은 안하셨습니다."라고 말씀드린다.

④ 지시를 받은 후 "사장님! '직장 내 괴롭힘 금지법'과 관련해서 우리 회사의 대책 방안에 관한 보고는 언제까지 올리라고 전달할까요?"라고 질문을 하였다.

> **해설** 상사가 '직장 내 괴롭힘 금지법'에 대한 매뉴얼을 인사팀장으로부터 받기를 원하고 있다. 비서는 지시를 수행하기 전에 상사에게 구체적인 기한을 물어 본 다음 인사팀장에게 내용을 전달하는 것이 좋다.

07 다음은 상사의 미국 출장 일정이다. 비서의 업무 수행 내용으로 가장 적절한 것은?

No	편 명	출 발	도 착	기 종
1	KE085	Seoul (ICN) 4 Apr 11:00	New York (JFK) 4 Apr 10:25	Boeing747
2	KE086	New York (JFK) 9 Apr 21:50	Seoul (ICN) 06:45 (+1)	Boeing747

〈ICN : 인천공항, JFK : 존 F 케네디공항〉

① 비서는 상사의 출장기간을 고려하여 출장 후 국내 협약식 참가 일정을 4월 10일 오전 11시로 계획하였다.
② 출장 전에 참가하여야 할 전략기획회의 일정이 조정되지 않아 4월 4일 오전 7시 조찬으로 전략기획회의 일정을 변경하였다.
③ 비서는 예약된 호텔의 Check-in과 Check-out 시간을 확인하여 상사에게 보고하였다.
④ 상사는 4월 9일 새벽에 인천공항에 도착하므로 시간 맞춰 수행기사가 공항에 나가도록 조치하였다.

해설
① 출장에서 돌아온 다음 날은 출장과 관련하여 처리해야 할 업무들이 많으므로 일정 계획을 세우는 것을 가급적 피한다.
② 출장 전날에도 출장과 관련하여 준비하고 처리해야 할 업무들이 많으므로 가급적 피한다.
④ 소요 시간 등을 확인하여 수행기사가 공항에 미리 도착할 수 있도록 조치해야 한다.

08 박 비서는 상사가 개최하는 행사를 보좌하는 업무를 수행하게 되었다. 다음 중 박 비서의 업무태도로 가장 옳지 않은 것은?

동아은행 김영수 행장 비서로 근무하는 박 비서는 서울에 있는 25개 외국계 금융 기관의 지점장과 본행 임원 및 영업 담당 실무자 15명이 참여하는 회의 개최 준비를 지시받았다. 회의의 명칭은 '사업 추진 전략 회의'이며, 의제는 '현장 지원 중심의 마케팅 활동 강화', 회의 일정은 2020년 6월 26일 오전 9시~오후 6시이다. 오전에는 마케팅 현장 전문가 강연, 오후에는 우수 은행 A와 B의 마케팅 사례발표가 있다. 회의 장소는 웨스틴호텔 2층 다이너스티 룸이며, 회의 이후 Black-tie Dinner가 예정되어 있다.

① 박 비서는 회의 이후 예정된 만찬의 좌석 배치에 관해 상사에게 보고하였다.
② 박 비서는 육하원칙에 따라 Who(김영수 행장), When(2020년 6월 26일), Where(웨스틴호텔 2층 다이너스티 룸), Why(현장 지원 중심의 마케팅 활동 강화), What(사업 추진 전략 수립), How(전문가 강연, 사례발표)로 회의 내용을 정리하였다.
③ 참석자들에게는 행사 후 일주일 이내에 감사장을 보내되, 내용은 우선 감사의 말을 쓰고, 당일 행사 중에 혹 실례를 범했다거나 불편을 준 것은 없었는지 염려하는 마음을 담아 보냈다.
④ 저녁 만찬은 참석자의 서열에 따라 원형 테이블로 배치하고 드레스코드는 격식을 갖춘 연미복 차림이므로 사전에 참석자와 행장님께 알려 드렸다.

행사의 복장은 주최자가 모임의 성격이나 품격을 고려하여 정하게 된다. 따라서 드레스코드는 행장님께 먼저 여쭈어 본 뒤 정하는 것이 좋다. 또한 연미복은 야간 공식연회 행사나 무도회, 야간 결혼식, 겨울철 만찬 등에서 주로 입는 의복이다. 만찬복의 경우 남자는 흑색 상·하의에 흑색 허리띠 또는 조끼를 입고 백색 셔츠를 입는 것이 일반적이다. 여자의 경우 디너 드레스(짧은 것도 가능)에 비단신과 장신구를 착용한다.

09 다음 중 상사와 원만한 인간관계를 위하여 비서가 취할 가장 적절한 행동은?

① 비서 A는 상사의 급한 성격 때문에 스트레스를 받아 사내 스트레스 관리 프로그램에 참여하여 매주 자신의 사례를 공유하며 조언을 받았다.

② 비서 B는 상사의 업무지시가 과다하다고 판단되어 상사에게 이메일로 자신의 상황을 전달하였다.

③ 비서 C는 본인 역량을 넘어선 높은 수준의 업무가 주어지자 상사에게 본인의 업무영역이 아니 므로 적절한 사람을 추천하겠다는 의견을 제시하였다.

④ 비서 D는 상사의 지시를 받고 나와 보니 이전의 지시와 상반된 내용이 있어 업무를 시작하기 전에 상사에게 확인하였다.

① 비서에게는 기밀성이 강조된다. 상사와 관련된 내용을 함부로 공유하여서는 안 된다.
② 비록 상사의 업무지시가 과다하다고 판단되더라도 상사에게 곧바로 이메일로 자신의 상황을 전달하기보다는 자 신이 해결할 수 있는 한 능력을 발휘하여 업무를 수행하도록 해야 한다.
③ 비서는 직무수행에 있어 책임감이 높아야 한다. 다른 사람에게 위임하기보다는 어느 정도 도움을 받더라도 자신 이 직접 수행하려는 자세가 필요하다.

10 전화응대 업무에 대한 설명으로 가장 적절한 것은?

① 상사가 해외에 상품 주문을 요청하여 상품 재고 여부를 직접 전화로 알아보기 위해 국제클로버 서비스가 가능한지 확인해 보았다.

② 업무상 자리를 두 시간 정도 비울 예정이라 발신 전화번호 서비스를 이용하였다.

③ 상사가 회의 중일 때 당사 대표이사로부터 직접 전화가 와서 비서는 상사가 지금 회의 중임을 말씀드리고 회의가 끝나는 대로 바로 전화 연결하겠다고 응대하였다.

④ 상사가 연결해달라고 요청한 상대방이 지금 통화가 힘들다고 하여 비서는 다시 전화하겠다고 한 후 이를 상사에게 보고하였다.

② 걸려오는 전화를 다른 번호에서도 받을 수 있도록 착신을 전환하는 서비스인 착신전환 서비스를 이용하거나 걸려 오는 전화를 받을 수 없을 때 부재중으로 인해 전화를 받을 수 없음을 알려주는 부재중 안내 서비스를 이용하는 것이 좋다.
③ 회의가 끝난 후 말씀드려야 하지만 상대방이 상사보다 직위가 높거나 급한 용건일 경우 메모지에 기재한 후 상사 에게 전달하는 것이 바람직하다.
④ 상대방에게 통화하기 어려운 이유를 물어본 뒤 그 사유를 상사에게 전달해야 한다.

11 비서의 방문객 응대 태도로 가장 적절한 것은?

① 비서 홍여진 씨는 사장님을 만나고 싶다는 손님이 안내데스크에서 기다린다는 연락을 받았다. 현재 사장님은 부재중이고 선약이 된 손님은 없는 시간이었으므로 사장님이 안 계신다고 손님에게 전해달라고 안내데스크에 이야기하였다.

② 비서 박희진 씨는 약속한 손님이 정시에 도착하였으나 상사가 면담 중이라 양해를 구하고 접견실로 안내하였다. 그리고 면담 중인 상사에게 손님이 기다린다는 메모를 전달하였다.

③ 비서 김영희 씨는 평소처럼 손님에게 차 종류를 여쭈어보았더니 시원한 물로 달라고 했으나 손님에게 물을 대접하는 것은 예의가 아닌 듯하여 시원한 주스를 드렸다.

④ 비서 채미영 씨는 2시에 예약된 A 손님이 기다리고 있는 시간에 상사와 개인적으로 약속을 한 B 손님과 겹치게 되어 당황했으나 A 손님에게 양해를 구하고 B 손님을 먼저 안내하였다.

> **해설**　① 손님에게 상사의 부재를 알린 뒤, 방문하신 손님의 소속과 성함 용건 등을 간략히 물어본 후 메모를 남겨 상사에게 전달한다.
> ③ 손님이 건강상 등의 이유로 마시지 못하는 음료가 존재할 수 있으니, 손님의 기호에 맞춘 음료를 제공하는 것이 바람직하다.
> ④ 비서가 독자적으로 판단하기보다는 상사에게 상황 보고 후 지시에 따라야 한다.

12 비서의 자기개발 방법으로 가장 적절한 것은?

① 결재 올라온 문서들을 읽으면서 회사의 경영환경 동향을 파악하기 위해 노력한다.

② 상사의 업무처리 방법과 아랫사람을 대하는 태도를 닮도록 노력한다.

③ 회사 거래처 자료를 보관해 두었다가 퇴사 후에도 지속적으로 거래처와 연락을 취하여 그들과의 인간관계가 잘 유지되도록 노력한다.

④ 좀 더 많은 사람들과 좋은 인간관계를 맺기 위해서는 항상 상대방에게 맞추는 연습을 한다.

> **해설**　② 비서는 상사를 보좌하는 입장에서 정중함을 잃지 않아야 한다. 그러기 위해서는 상사의 아랫사람이 자신의 아랫사람이라고 은연중에라도 착각하는 일이 없어야 한다.
> ③ 비서는 무엇보다 기밀유지를 하는 것이 중요하다. 퇴사 후 개인적으로 회사 거래처 자료를 보관해 두어서는 안 되며 그 거래처와 연락을 취하여 관계를 유지하는 행동도 옳지 못하다.
> ④ 항상 상대방에게 맞추는 연습을 하기보다는 분별력을 가지고 행동할 줄 알아야 한다.

13 상사의 인간관계 관리자로서 비서의 역할에 대한 설명으로 가장 적절하지 않은 것은?

① 상사가 조직 내외의 사람들과 유기적인 관계가 잘 유지될 수 있도록 상사의 인간관계에 항상 관심을 기울인다.

② 조직 내에 소외되는 사람들이 있을 경우 상사에게 보고하여 상사가 적절한 조치를 취할 수 있도록 한다.

③ 상사의 대내외 인사들과의 만남이 균형 있게 이루어지도록 관련 내용을 데이터베이스화해 둔다.

④ 상사가 지역 유관기관들과 지속적인 관계를 유지하도록 비서는 스스로 판단하여 필요한 정보를 유관기관들과 공유하도록 한다.

> **해설** 비서 스스로 판단하여서는 안 되며, 독자적인 판단 아래 정보를 유관기관들과 공유하는 것 또한 매우 위험한 행동이다.

14 예약 매체에 따른 예약방법에 대한 설명으로 가장 적절하지 않은 것은?

① 전화 예약은 담당자와 직접 통화하여 실시간으로 정보 확인을 하여 구두로 예약이 가능하므로 추후 다시 확인을 하지 않아도 되는 방법이다.

② 전화 예약 시에는 예약 담당자와 예약 정보를 기록해 두고 가능하면 확인서를 받아 두는 것이 좋다.

③ 인터넷 사이트를 통한 예약은 시간 제약 없이 실시간 정보를 확인하여 직접 예약을 할 수 있으나 인터넷 오류로 인해 문제가 발생되는 경우가 있으므로 반드시 예약 확인이 필요하다.

④ 팩스나 이메일을 통한 예약은 정보가 많거나 복잡하고 문서화가 필요한 경우 주로 사용하는 예약 방법이며, 발신 후 반드시 수신 여부를 확인할 필요가 있다.

> **해설** 구두로 예약이 진행되므로 예약이 정확하게 진행되었는지 재차 확인해야 한다. 예약 담당자와 예약 정보를 기록해 두고 가능하면 확인서를 받아두어야 한다.

15 상사와 개인적으로 약속을 한 내방객이 방문을 하였다. 같은 시간 선약이 되어 있는 내방객이 있는 경우 비서의 응대 자세로 가장 적절하지 않은 것은?

① 일정표에 기록되어 있지 않아 예상하지 못한 내방객이기는 하나 난처한 표정을 짓지 않고, 평소와 다름없이 맞이한다.

② 내방객 응대 원칙에 따라 방문객의 소속, 성명, 방문 목적, 선약 유무 등을 확인한다.

③ 상사가 개인적으로 약속하였다는 것을 알게 되었으므로 상사에게 보고 후 지시에 따른다.

④ 개인적 약속을 한 손님에게 양해를 구한 후 예약 순서 원칙에 따라 선약된 손님부터 응대한다.

> **해설** 상사에게 상황을 보고한 후 상사의 지시에 따른다.

16 다음 중 적절한 화법은?

① "앞으로 나와 주시기를 바라겠습니다."
② "당사는 고객을 위해 고군분투하겠습니다."
③ "양해 말씀 드립니다."
④ "사장님, 저희 나라는 최근 경기가 좋아지고 있습니다."

해 설
① '바라다'는 그 자체가 추측의 의미를 가졌으므로 '겠'을 쓸 필요가 없다. 따라서 "앞으로 나와 주시기를 바랍니다."
라고 해야 한다.
③ '양해'란 남의 사정을 잘 헤아려 너그러이 받아들이는 것을 의미한다. 따라서 "양해 말씀 드립니다."는 양해를 구
해야 될 사람이 반대로 양해를 하겠다는 의미가 된다. "양해하십시오." 혹은 "사과 말씀 드립니다." 등이 적절하다.
④ '저희 나라'는 틀린 표현이다. '우리나라'라고 써야 한다.

17 상사의 해외출장 보좌업무를 수행하는 비서의 업무수행 방법으로 적절하지 않은 것은?

① 해외 출장 중 호텔이나 교통편, 식당 이용 시 현금으로 팁을 제공하는 경우가 많으므로 이를 대
비하여 소액권을 준비했다.
② 미국은 전자여행허가제(ESTA)를 통해 허가를 받으면 90일 동안 무비자로 체류가 가능하므로,
이를 신청하기 위해 전자 여권을 준비했다.
③ 상사가 외국인이기 때문에 여권 관련 업무를 위해 비서가 대신 한국대사관에 방문해서 업무를
처리했다.
④ 상사가 해외 현지 상황을 대비해 출장 준비할 수 있도록 현지 정보를 미리 수집하고 정리하여
상사에게 보고했다.

해 설
여권 관련 업무는 대리인이 처리할 수 없는 업무도 존재한다. 또한 상사가 속한 국적의 대사관에 방문해야 한다. 예
를 들어 상사가 미국인일 경우 주한미국대사관에 방문해서 업무를 처리해야 한다.

18 다음 예약업무 중 가장 올바르게 처리한 것은?

① 출장지 숙박업소에 대한 정보는 출장지 관계자에게 문의하면 그곳의 사정을 잘 알고 있기 때문
에 도움을 받을 수 있다.
② 항공편 예약 시 상사가 선호하는 항공사와 좌석 선호도를 우선으로 예약하되 항공 기종은 신경
쓰지 않았다.
③ 도착지에 공항이 여러 개가 있는 경우, 가능하면 시설이 편리한 큰 공항으로 도착하는 비행기
편으로 예약하였다.
④ 해외에서 사용할 렌터카의 예약 시 여권이 운전면허증을 대신하므로 여권 앞장을 복사해서 보
내고, 만약에 대비해 여권 앞장을 상사 스마트폰에 저장하였다.

② 항공 기종에 따라 좌석등급이나 좌석 위치에 차이가 있을 수 있으므로 항공 기종도 신경 써야 한다.
③ 시설이 편리한 큰 공항보다는 공항의 위치가 출장지와 얼마나 떨어져 있는지를 고려하는 것이 좋다.
④ 해외에서 렌터카를 사용하려면 국제면허증이 필요하다.

19 국제회의를 준비하며 국기를 게양할 때 가장 적절한 것은?

① 한국, 브라질, 칠레 3개 국가의 국기를 게양 시, 한국 국기를 단상을 바라보았을 때 맨 왼쪽에 게양하고, 브라질과 칠레의 국기는 알파벳순으로 그 오른쪽에 차례대로 게양하였다.

② 한국과 외국 3개 국가의 국기를 게양 시 우리 국기를 단상을 바라보았을 때 오른쪽에 게양하고 외국 국기를 알파벳순으로 그 왼쪽에 게양하였다.

③ 한국과 중국의 국기를 교차 게양하는 경우, 왼쪽에 태극기가 오도록 하고 그 깃대는 중국 국기의 깃대 앞쪽에 위치하게 하였다.

④ 여러 나라 국기를 한꺼번에 게양할 때는 우리나라의 국기의 크기를 가장 크게 게양하였다.

① 한국 국기를 중앙으로 하고 브라질 국기를 왼편에, 칠레 국기를 오른편에 게양해야 한다.
② 국가가 홀수일 경우 우리 국기를 중앙으로 하고 외국 국기는 단상으로 향해 국명의 알파벳순으로 왼편에 둘째, 오른편에 셋째, 그 밖의 왼편에 넷째, 오른편에 다섯째 등의 순서로 게양한다.
④ 여러 나라 국기를 한꺼번에 게양할 때는 국기의 크기나 깃대의 높이를 똑같이 해야 한다.

20 송파구청장 비서 A양은 서울시 주최, 송파구청 주관으로 한성 백제박물관 개관식 행사를 준비하고 있다. 행사개요는 아래와 같다. 주요 인사들이 많이 초청된 행사라, 자리배치 등 의전에 각별히 신경을 써서 준비하라는 구청장의 특별 지시가 있었다. 테이프커팅식 때 일반적으로 주요 인사들의 서 있는 위치가 정면에서 보았을 때 올바르게 배치된 것은?

행사개요
일시 : 20XX. 4. 30(월) 09:00~11:05
장소 : 한성백제박물관(송파구 방이동 올림픽공원)
참석 : 500여 명
주요참석인사 : 서울시장, 송파구청장, 국회의원, 시의회의장, 문체부차관

※ ① : 서울시장, ② : 문체부차관, ③ : 시의회의장, ④ : 국회의원, ⑤ : 송파구청장

① ④ ② ① ③ ⑤   ② ⑤ ③ ① ② ④

③ ① ② ③ ④ ⑤   ④ ⑤ ④ ③ ② ①

행사장의 귀빈들을 배치하는 경우에는 행사에 참석한 최상위자를 가운데로 하고, 최상위자의 우측에 차상위자, 좌측에 그 다음 인사를 배치한다. 즉, 최상위자 자리를 중심으로 우-좌 순으로 교차 배치해야 한다.

21 다음은 기업윤리를 설명한 내용이다. 이 중 가장 적합한 내용은?

① 기업은 소비자와의 관계에서 고객을 통해 얻은 이익을 소비자 중심주의를 채택하여 소비자의 만족도를 높여야 한다.

② 기업이 종업원과의 관계에서 종업원의 승진, 이동, 보상, 해고 등에 대한 내용들은 기업윤리와 상관이 없다.

③ 기업은 투자자와의 관계에서 그들의 권리보장은 관계없이 수익을 최우선적으로 증대시키기 위해 노력해야 한다.

④ 기업은 매일 수없는 윤리논쟁에 직면하고 있는데, 일반적으로 크게 소비자와의 관계, 기업구성원과의 관계, 기업투자자와의 관계, 국제기업과의 관계로 나눌 수 있다.

> **해설** ② 기업은 인적 차원의 경영자나 구성원을 보다 중요시해야 한다. 따라서 종업원의 승진, 이동, 보상, 해고 등에 대한 내용들도 기업윤리와 상관이 있다.
> ③ 기업은 수익 창출에 대한 책임도 있지만 투자자들의 권리 또한 보장해주어야 한다.
> ④ 국제기업과의 관계는 글로벌 경영과 관련이 있다.

22 다음의 경영환경요인들이 알맞게 연결된 것은 무엇인가?

> A. 소비자, 경쟁자, 지역사회, 금융기관, 정부
> B. 경제적, 기술적, 정치, 법률적, 사회/문화적 환경

① A : 외부환경, 간접환경
② B : 외부환경, 과업환경
③ A : 외부환경, 직접환경
④ B : 내부환경, 일반환경

> **해설** 기업의 외부환경은 기업 외부에 존재하는 환경으로 다양한 기회와 위협을 제공하는 일반환경과 기업목표달성에 직·간접으로 영향을 미치는 이해관계자 집단을 포함하는 과업환경으로 나눌 수 있다. 직접환경은 기업에 직접적으로 영향을 미치는 환경을 말하며, 간접환경은 광범위하고 포괄적이며 장기적으로 영향을 미치는 환경을 말한다. A는 과업환경으로서 외부환경에 포함되며, 직접적으로 기업에게 영향을 미치는 요인이기 때문에 직접환경이다. B는 외부환경(일반환경), 간접환경에 해당한다.

23 다음은 카르텔에 대한 설명이다. 옳지 않은 것은?

① 카르텔은 동종 내지 유사 산업에 속하는 기업이 연합하는 것이다.

② 독립적인 기업들이 연합하는 것으로 서로 기업 활동을 제한하며 법률적, 경제적으로도 상호 의존한다.

③ 카르텔의 종류로 판매 카르텔, 구매 카르텔, 생산 카르텔이 있다.

④ 일부 기업들의 가격담합 등의 폐해가 심각하여 국가에 의한 강제 카르텔 외에는 원칙적으로 금지 또는 규제하고 있다.

> **해설** ② 카르텔 참가기업들은 법률적으로나 경제적으로 독립성을 유지하면서 협약에 의거, 시장통제에 관한 일정 사항에 관해서 협정을 체결한다.
>
> **카르텔(Cartel)**
> 독점을 목적으로 하는 기업 간의 협정 또는 협정에 의한 횡적 결합으로 기업연합이라고도 한다. 같거나 유사한 기업 전부나 대부분이 경쟁의 배제로 시장을 통제하고 가격을 유지하기 위해 각자의 독립성을 유지한 채 협정에 가맹하는데, 그 내용에 따라 여러 가지 카르텔로 분류된다. 판매조건을 협정하는 조건 카르텔, 판매가격의 최저한을 협정하는 가격 카르텔, 생산량 또는 판매량의 최고한도를 협정하는 공급제한 카르텔, 판매 지역을 협정하는 지역 카르텔 등이 있다. 우리나라에서는 독점규제 및 공정거래법에 의해 카르텔이 금지된다.

24 다음 (㉠)은/는 무엇에 대해 기술한 것인지 보기 중 가장 가까운 답을 고르시오.

> 기업은 하나의 개방시스템으로 자신을 둘러싼 (㉠)과/와 상호작용을 한다. (㉠)은/는 계속해서 변화하는 특징을 가지고 있으며, 경우에 따라서 기업의 활동에 의해 변화하기도 한다. 따라서 경영자는 (㉠)의 중요성을 충분히 인식하고 변화를 사전에 예측하여 이에 적극적으로 대처할 수 있는 통찰력과 판단력을 갖추어야 성공적인 기업경영을 이룰 수 있다.

① 경영통제

② 경영환경

③ 조직문화

④ 정부정책

> **해설** ① 경영통제란 기업에서 결정한 목표 달성을 위해 업무의 실행이 제대로 이루어지고 있는지를 확인하여 시정하도록 하는 것이다.
> ③ 조직문화란 집단 안에서 개인과 집단이 협력하는 방식을 특징짓는 가치, 규범, 신념, 행동양식의 구성을 의미한다.
> ④ 정부정책이란 정부에 의해 결정된 행동방침을 의미한다.

25 다음 중 벤처캐피탈의 특징에 대한 설명으로 가장 적합하지 않은 것은?

① 투자수익의 원천을 주식 매각으로부터 얻는 자본수익보다는 배당금을 목적으로 투자하는 자금이다.

② 벤처캐피탈은 위험이 크지만 고수익을 지향하는 투기성 자금이라고 할 수 있다.

③ 투자심사에 있어서 기업의 경영능력, 기술성, 성장성, 수익성 등을 중시한다.

④ 투자기업의 경영권 획득을 목적으로 하지 않고 사업에 참여 방식으로 투자하는 형식을 취한다.

해설 벤처캐피탈은 투자기업을 성장시킨 후 보유주식을 매각하여 자본이익을 얻고자 투자한다.

26 다음은 인수합병의 장점과 단점을 요약한 것이다. 이 중 가장 거리가 먼 것은?

① 시장에의 조기 진입 가능

② 취득자산 가치 저하 우려

③ 투자비용의 절약

④ 자금유출로 인한 재무 강화

해설 기업들이 인수합병 전략을 선택하는 동기에는 자금유출이 아닌 규모의 경제 확보, 조세절감, 자금조달 능력의 확대 등으로 인한 재무가 강화되는 데 있다.

27 다음 중 주식회사의 특징으로 가장 거리가 먼 것은?

① 자본의 증권화, 즉 출자 단위를 균일한 주식으로 세분하여 출자를 용이하게 하고, 이를 증권시장에서 매매가 가능하도록 한다.

② 주식회사가 다액의 자본을 조달하기 쉬운 이유는 출자자의 유한책임제도를 이용하기 때문이다.

③ 주주는 자신의 이익을 위하여 활동하고, 주주들의 부의 극대화가 저해될 때 대리인문제가 발생할 수 있다.

④ 출자와 경영의 분리제도로 주주는 출자를 하여 자본위험을 부담하고, 중역은 경영의 직능을 담당하게 한다.

해설 주식회사인 경우 주주가 직접 일을 할 수 없어 대리인인 전문경영자에게 경영활동을 위임한다. 대리인문제란 대리인이 자신의 이익을 위하여 활동할 때 발생된다.

28 기업조직의 통제기능의 필요성을 설명한 내용으로 가장 거리가 먼 것은?

① 끊임없이 변화하는 경영환경으로 이미 수립된 계획의 타당성 확인을 위해

② 조직의 규모와 활동이 복잡하고 다양화됨에 따라 조직 내에서 발생하는 다양한 활동의 조정 및 통합을 위해

③ 경영자의 의사결정의 오판이나 예측오류의 발생을 예방하고 정정하기 위해

④ 경영자가 조직의 중앙집권화를 위해 권한위임을 최소화하고 부하 구성원 활동에 대한 감독을 강화하기 위해

> **해설** 기업조직의 통제기능은 기업의 목표를 결정하고 이를 달성하기 위한 행동이다. 실제의 경영활동이 계획된 대로 진행될 수 있도록 감시하고, 또 그 계획으로부터 벗어나는 것을 예방하고 수정하는 활동 등을 의미하는 것이 경영자가 조직의 중앙집권화를 위해 권한위임을 최소화하고 부하 구성원 활동에 대한 감독을 강화하기 위해 필요한 것이라고는 보기 어렵다.

29 다음은 경영자의 의사결정역할에 대한 설명이다. 경영자의 의사결정역할에 대한 설명으로 거리가 먼 것은?

① 경영자는 새로운 아이디어를 내고 자원 활용과 기술 개발에 대한 결정을 한다.

② 경영자는 기업 외부로부터 투자를 유치하고 기업 홍보와 대변인의 역할을 수행한다.

③ 경영자는 주어진 자원의 효율적 활용을 위해 기업 각 기능의 역할 및 자원 배분에 신중을 기한다.

④ 경영자는 협상에서 많은 시간과 노력을 들여 유리한 결과를 이끌어내도록 최선을 다한다.

> **해설** 경영자의 정보적 역할 중 대변인의 역할에 해당한다.

30 다음 중 공식조직을 구조화할 때, 고려해야 할 사항에 대한 설명으로 옳지 않은 것은?

① 그레이프바인 시스템 활성화

② 권한의 위양 정도

③ 조정 절차 매뉴얼

④ 구체적인 정책 수립

> **해설** 그레이프바인은 비공식조직에 해당한다.

31 아래 도표와 같이 부하직원을 내집단과 외집단을 구분하여 설명하고 있는 리더십 이론은 무엇인가?

① 리더참여이론
② 상황적합이론
③ 경로—목표이론
④ 리더—부하 교환이론

> **해 설** ① 부하들이 구조화되지 않은 과업을 수행 시 필요한 리더십 유형으로서 리더가 부하에게 의사결정 등에 참여하게 함으로써 과업과 역할 기대를 학습하도록 하는 유형이다.
> ② 리더의 효과성은 상황에 의해 결정된다고 보고 리더의 스타일을 과업 지향적 리더, 인간관계 지향적 리더로 분류하는 이론이다. 상황이 유리하거나 불리할 때는 과업 지향형이, 중간정도의 상황에서는 인간관계 지향형이 적합하다고 결론 내린다.
> ③ 하우스와 에반스의 경로—목표 이론은 부하의 특성과 근무환경의 특성에 따라 리더십의 유형을 네 가지로 나눈 것을 말한다. 리더십의 유형에는 지시적, 지지적, 참여적, 성취지향적이 있다.

32 다음은 매슬로우의 욕구이론과 앨더퍼의 ERG이론을 비교 설명한 것이다. 가장 거리가 먼 내용은 무엇인가?

① 매슬로우의 생리적 욕구와 앨더퍼의 존재욕구는 기본적으로 의식주에 대한 욕구로 조직에서의 기본임금이나 작업환경이 해당된다.
② 앨더퍼의 관계욕구는 매슬로우의 안전의 욕구 및 사회적 욕구, 존경의 욕구 각각의 일부가 이에 해당된다.
③ 앨더퍼의 성장욕구는 매슬로우의 자아실현욕구에 해당하는 것으로 조직 내에서의 능력개발이라기보다는 개인이 일생을 통한 자기능력 극대화와 새로운 능력개발을 말한다.
④ 매슬로우 이론과는 달리 앨더퍼는 욕구가 좌절되면 다시 퇴행할 수 있고, 동시에 여러 욕구가 존재할 수 있다고 주장한다.

> **해 설** 앨더퍼의 성장욕구는 개인과 직무에 대한 계속적인 성장과 발전에 대한 욕망에 해당하는 욕구로 매슬로우 이론의 존중욕구 및 자아실현욕구에 해당한다.

33 다음은 4P 마케팅 믹스의 구체적 내용이다. 옳지 않은 것은?

① Place : 재고, 서비스, 품질보증

② Price : 할인, 보조금, 지불기간

③ Promotion : 광고, 인적판매, 판매촉진

④ Product : 품질, 디자인, 브랜드명

해설 Place는 유통에 해당되며, 배송, 재고, 물류, 매장 등을 말한다.

34 다음 (A)제약의 사례는 보기 중 어느 것에 해당되는 것인가?

> (A)제약은 일반 무좀약 시장으로부터 손발톱 무좀약 시장을 독립시켰다. 손발톱 무좀이라는 피부병이 따로 있다는 사실을 잘 모르고 있던 소비자들에게 이를 알리고 새로운 시장을 개척하였다.

① 제품차별화

② 시장세분화

③ 표적시장결정

④ 제품포지셔닝

해설 ② 시장세분화란 한 제품시장을 전체 소비자들의 니즈나 행동, 특성 면에서 유사한 하부집단으로 구분하는 것이다. 이것이 성공적으로 이루어지기 위해서는 측정가능성, 접근가능성, 경제적 시장규모, 안정성, 차별적 반응 등의 요건이 충족되어야 한다. 이때 사용될 수 있는 기준은 인구통계, 사회계층, 문화, 라이프스타일 등이 될 수 있다.

① 제품차별화란 판매 전략의 하나로서 기업이 자사 제품에 타사 제품과는 다른 특징이나 특성을 부여하는 것을 의미한다.

③ 표적시장결정이란 상품을 표적으로 하는 시장을 결정하는 것을 의미한다.

④ 제품포지셔닝이란 기업이 자신들의 제품을 사람들에게 바람직한 위치에 인식시키기 위해 마케팅 전략상 이미지를 설정·구축하는 것을 의미한다.

35 경영활동에 활용되는 정보기술의 보고기능에 대한 설명으로 가장 적합하지 않은 것은?

① 데이터마트는 기업경영자료를 2차원 또는 3차원으로 나타내어 사용자가 시각적으로 쉽게 자료를 이해할 수 있도록 지원한다.

② 온라인분석처리(OLAP)는 사용자가 다차원 분석도구를 이용하여 의사결정에 활용하는 정보를 분석하는 과정을 말한다.

③ 데이터마이닝은 데이터 사이의 관련성을 규명하여 의사결정에 도움을 주는 고차원의 통계적 알고리즘을 사용한 기법을 의미한다.

④ 의사결정시스템은 경영자들에게 요약, 조직화된 데이터와 정보를 제공함으로써 의사결정을 지원하는 정보시스템을 말한다.

데이터마트는 데이터의 한 부분으로서 특정 사용자가 관심을 갖는 데이터들을 담은 비교적 작은 규모의 데이터 웨어하우스를 의미한다. 일반적인 데이터베이스 형태로 갖고 있는 다양한 정보들을 사용자의 요구항목에 따라 체계적으로 분석하여 기업의 경영 활동을 돕기 위한 시스템을 말한다.

36 다음 중 인사고과에서 발생할 수 있는 오류에 관한 설명으로 가장 적절하지 않은 것은?

① 종업원을 실제보다 높거나 후하게 평가하는 관대화경향이 발생할 수 있다.

② 출신지역, 직무, 인종 등의 특징이나 고정관념으로 평가자의 편견에 비추어 종업원을 평가하는 상동적 태도가 나타날 수 있다.

③ 비교 대상이 무엇인지에 따라 평가결과가 달라지는 대비 오류가 나타날 수 있다.

④ 종업원의 한 면만을 기준으로 다른 것까지 평가해 버리는 중심화경향이 나타날 수 있다.

해설 종업원의 한 면만을 기준으로 다른 것까지 평가해 버리는 것은 후광효과이다. 중심화경향이란 종업원에 대한 평가점수가 보통 또는 척도상의 중심점에 집중하는 경향을 의미한다.

37 다음은 재무상태표(대차대조표)를 작성할 때 각각의 계정과목에 대한 설명이다. 이 중 가장 거리가 먼 것은?

① 유동자산은 재고자산과 당좌자산으로 구성되며, 차변에 기재한다.

② 부채는 유동부채와 비유동부채로 구성되며, 대변에 기재한다.

③ 비유동자산은 유형자산, 무형자산, 투자자산으로 구성되며, 차변에 기재한다.

④ 자본은 자본금, 자본잉여금, 이익잉여금으로 구성되며, 차변에 기재한다.

해설 자본은 자본금, 자본잉여금, 이익잉여금, 자본조정, 기타포괄 손익누계액 등으로 구성되며 대변에 기재한다.

38 아래의 글이 설명하는 용어로 가장 적합한 것은?

> 무리한 인수 · 합병으로 회사 전체가 위험에 빠지고 결국 경영에 독이 되는 현상이 나타나는 경우를 말한다. 예를 들면, 인수자금을 마련하기 위해 빌린 돈의 이자를 부담할 수 없는 상황에 빠져 모기업의 현금흐름마저 이를 감당할 수 없게 되어 기업전체가 휘청거리는 상황에 이르는 현상이다.

① 곰의 포옹   ② 흑기사

③ 독약 처방   ④ 승자의 저주

① 곰의 포옹이란 기업 인수합병 전략의 하나로, 사전 경고 없이 매수자가 목표 기업의 경영진에게 편지를 보내 매수 제의를 하고 신속한 의사 결정을 요구하는 방법을 의미한다.
② 흑기사란 적대적 기업 인수합병을 시도하는 사람이나 기업이 단독으로 필요한 주식을 취득하기가 현실적으로 어려울 때 제3자를 찾아 도움을 구하는 것을 의미한다.
③ 독약 처방이란 적대적 기업 인수합병 시도가 있을 경우 이사회 결정만으로 신주를 발행해 인수자를 제외한 모든 주주에게 시가의 절반 이하의 가격으로 살 수 있도록 하여 기업 인수합병을 저지하는 방법을 의미한다.

39 최근 승차공유서비스인 카풀의 경우 택시업계와 갈등을 빚어 왔으며, 승합차 호출서비스와 개인택시 간에 서비스 불법논란이 불거지고 있다. 이처럼 한번 생산된 제품을 여럿이 함께 협력 소비를 기본으로 한 방식을 일컫는 용어를 무엇이라 하는가?

① 공유소비
② 공유경영
③ 공유경제
④ 공유사회

해설 공유경제
제품이나 서비스를 소유하는 것이 아니라, 필요에 의해 서로 공유하는 활동을 일컫는다. 공유경제는 유형과 무형을 모두 포함하며 불필요한 낭비가 감소하고 상대적으로 저렴한 가격으로 제품과 서비스를 이용할 수 있는 등의 장점이 있지만, 공동 소유의 경우 관리 책임이 불명확하며 현행 법령을 어길 수 있는 가능성 등의 문제점이 있다.

40 빅데이터 분석에 대한 설명으로 가장 적절치 않은 것은?

① 스마트폰 및 소셜미디어 등장으로 생산, 유통, 저장되는 정보량이 기하급수적으로 늘면서 대규모의 디지털 데이터에서 일정한 패턴을 읽고 해석하는 것이다.
② 일반 데이터와의 차이를 3V로 설명할 수 있는데, 용량(Volume), 유효성(Validity), 다양성(Variety)이 있는 자료를 말한다.
③ 빅데이터 분석은 정보량이 방대해 지금까지 분석하기 어렵거나 이해할 수 없던 데이터를 분석하는 기술을 의미한다.
④ 소셜미디어 서비스에서 유통되는 내용을 통해 대중의 심리변화와 소비자의 요구사항도 파악할 수 있어 마케팅 전략에도 이용이 가능하다.

해설 빅데이터의 3V는 크기(Volume), 속도(Velocity), 다양성(Variety)을 의미한다.

41 According to the following Mr. Lee's schedule, which one is NOT true?

Day & Date	Time	Schedules	Location
Monday 06/22/2020	10:20 am	Appointment with Mr. James Brook of KBC Bank	Office
	11:00 am	Division Meeting with Managers	Meeting Room 304
	6:00 pm	SME Association Monthly Meeting	ABC Hotel, 3rd Floor, Emerald Hall
Tuesday 06/23/2020	9:30 am	Meeting with Branch Managers	Meeting Room 711
	12:00 pm	Lunch with Ms. David Smith of Madison Company	Olive Garden
	4:00 pm	Keynote Speech at the 5th Annual Conference for Administrative Specialists	City Conference Center, 2nd Floor

① Mr. Lee는 월요일 오후 6시에 SME 협회 월간 회의에 참석할 예정이다.
② Mr. Lee는 화요일 오전 9시 30분에 지점 관리자들과 회의실에서 회의가 있다.
③ Mr. Lee는 화요일 오후 4시에 씨티 컨퍼런스 센터에서 폐회사를 한다.
④ Mr. Lee는 월요일 오전 10시 20분에 사무실에서 Mr. James Brook과 만날 예정이다.

해설 Mr. Lee는 화요일 오후 4시에 City Conference Center에서 기조연설을 한다.

42 According to the followings, which one is true?

This is the overview of the Sejong Hotel in Seoul.

- Three Diamond downtown hotel with indoor pool
- The Sejong Hotel is a few minutes walking distance from Cityhall Subway Station and Namsan Tower. Approximately a 15-minute walk to Gyeongbokgung Palace and Kyobo Tower is located outside the front door of the hotel.
- We have Business Center, Fitness Center, and Meeting Rooms.
- All guests get free standard Wi-Fi in-room and in the lobby.
- Free cancellation is available up to 5 days before arrival.

① There is no subway station near the hotel.

② Business Center and Fitness Center are in the Sejong Hotel.

③ You can use standard Wi-Fi in your room with charge.

④ You can cancel your reservation up to 3 days before your arrival without charge.

해설   ① 세종 호텔 근처에는 Cityhall 지하철 역이 있다.
　　　③ 모든 방문객들은 호텔 로비와 방 안에서 무료 와이파이를 이용할 수 있다.
　　　④ 예약은 도착 5일 전까지 무료로 취소할 수 있다.

43 Which is true according to the following conversation?

Mr. Smith : Good morning, Miss Kim.

Secretary : Good morning, Mr. Smith. What can I do for you?

Mr. Smith : Can I see Mr. Wilson if he is free?

Secretary : Mr. Wilson is quite busy now. But let me check with him. Mr. Wilson, Mr. Smith wants to see you now.

Mr. Wilson : Well, I don't want to be interrupted now. I have to finish this report on which I am working. Could you ask Mr. Smith whether it is an urgent matter?

Secretary : Certainly. Mr. Smith, Mr. Wilson is working on important report and he wants to know if you want to talk about something urgent.

Mr. Smith : I have a VIP Resort Club brochure with me and I want to explain it to Mr. Smith. It's not that urgent and I can come back tomorrow.

Secretary : Then, let me check his schedule. How about tomorrow afternoon, 3 o'clock?

Mr. Smith : That will be fine. Thank you, Miss Kim.

① Mr. Smith는 Mr. Wilson과 선약이 되어 있었다.

② Mr. Smith는 급한 업무로 Mr. Wilson을 만나기를 원했다.

③ Mr. Smith는 VIP Resort Club 브로슈어를 Mr. Wilson에게 설명하고자 하였다.

④ Mr. Wilson은 자신의 일을 미루고 Mr. Smith를 바로 만나기로 하였다.

해설   ① Mr. Smith는 Mr. Wilson와 선약이 되어 있지 않은 상태이다.
　　　② Mr. Smith는 급한 업무가 아니며, 내일 다시 올 수도 있다고 비서에게 얘기하고 있다.
　　　④ Mr. Wilson은 자신의 업무가 급하니 비서에게 Mr. Smith의 용건이 급한 일인지 물어볼 것을 요청하고 있다.

44 Which is the MOST appropriate expression for the blank below?

A : Hello. This is Tim Starbuck from Starbucks Holdings. May I speak to Mr. Park?
B : I'm sorry, but Mr. Park is in a meeting and asked not to be disturbed.
A : I'm afraid to ask you, but _____. I have an urgent matter to discuss with him.
B : Well, let me see, but I doubt whether I'll be able to put you through.
    (To Mr. Park) Mr. Tim Starbuck of Starbucks Holdings is on the line. He said he had an urgent matter to discuss with you.
C : All right. Put him through.

① could you please interrupt him for me?
② please ask him to be on the line.
③ I can't wait until he is on the line.
④ please tell him that I'm on the line.

해설 B가 A에게 Mr. Park이 지금 회의 중에 있으며 그가 방해받지 않기를 요청했다고 말했으나, A가 그래도 Mr.Park과 긴급한 문제로 논의할 것이 있다며 전화가 연결되기를 원하는 상황이다. 'could you please interrupt him for me?'는 위의 상황상 자신을 위해서 미팅 중인 Mr.Park에게 전화를 받을 수 있도록 방해해줄 수 있는지 요청하는 표현으로 가장 적합하다.

45 According to the following memo, which is true?

TELEPHONE MEMO

Date	: May 7, 2020	Time :	2:30 p.m.

For   : Mr. Max Fisher
From   : Ms. Barbara Black of HSB Bank

Tel No. 554–2302   ext. 122
■ Telephoned   □ Please call
□ Wants to see you   □ Will call again
□ Returned your call   □ URGENT
□ Was here to see you

□ Message : Ms. Black says the meeting on Monday is postponed. Please reschedule for Thursday morning if possible.

Taken by Julie Smith

① Mr. Fisher에게 걸려온 전화의 메모를 Julie Smith가 작성하였다.

② HSB Bank의 Ms. Black은 월요일 회의가 목요일로 연기되었음을 알리기 위해 연락하였다.

③ Mr. Fisher의 전화번호는 554-2302이고 내선번호는 122이다.

④ Ms. Black은 Mr. Fisher가 가능한 한 빨리 전화해주기를 바란다.

해설 ② HSB Bank의 Ms. Black은 월요일 회의가 연기되었으며, 가능하다면 목요일 아침으로 일정을 변경하여 줄 것을
요청하고 있다.

③ Ms. Barbara Black의 전화번호가 554-2302이며 내선번호는 122이다.

④ 가능한 한 빨리 연락을 바란다는 것은 나타나 있지 않다.

46 According to the following invitation, which is NOT true?

You are invited to attend Sales Managers Workshop of March 21, 2020.

To Register
 • Click on the registration link for the session you wish to attend. Three sessions will be held.
 • On the resulting page, select the 'Enrol' button located on the top-right side of the page.
 • You will receive an email confirmation and a calendar entry.

Each session has a maximum capacity of 24 seats. Enrolment is on a 'first come first served' basis.
If you register but are unable to attend, please send an email to Mirae Lee to cancel your registration.

---

① 영업 관리자 워크숍에 참석 가능한 최대 인원은 총 72명이다.

② 워크숍 참석 신청은 컴퓨터를 이용해서 3개의 세션에 모두 신청 등록을 해야 한다.

③ 'Enrol' 버튼은 결과 페이지의 상단 오른쪽에 위치한다.

④ 워크숍 참석 신청을 위한 등록은 선착순이다.

해설 참석하고 싶은 세션에만 등록하면 된다.

정답 46 ②   제1회 기출문제 및 해설 **451**

47 Read the following letter and choose the one which is NOT true.

> Dear Ms. Kim :
>
> In reply to your advertisement in Korea Times, I am applying for the position of a secretary. Words such as "responsible" and "administrative ability" in the description of the position immediately appealed to me.
>
> I believe I have the necessary qualification; therefore, I would like to be considered for this position. An examination of my personal data sheet will show that I am well prepared by training and experience for secretarial work. In addition, my extracurricular activities, described in the enclosed personal data sheet, have prepared me work with other people.
>
> I would very much like the opportunity to work in your company and convert my knowledge and well-prepared training to practical use. I should be grateful if you would grant me an interview.
>
> I look forward to hearing from you soon.

① 이 편지는 지원자가 기관의 채용 광고를 본 후 관심 있는 직종에 지원의사를 밝히기 위해 작성한 것이다.
② 지원자는 본 문서에 본인의 이력서를 첨부하였다.
③ 지원자는 비서 경험이 없는 신입비서로서, 입사 후 비서직에서 훈련받기를 원한다는 내용이다.
④ 지원자는 다양한 과외 활동을 통해 협업 능력을 길렀다.

해설   ③ 지원자는 비서 업무를 위한 훈련과 경험이 있는 사람이다.

> 친애하는 Ms. Kim에게.
> 저는 코리아 타임즈에 실린 당신의 광고를 보고 비서직에 지원하게 됐습니다. 직책에 대한 설명인 "책임이 있는"과 "행정 수행 능력"이라는 단어들이 곧바로 저에게 다가왔습니다.
> 저는 제가 필요한 자격을 갖추고 있다고 생각합니다. 그러므로 이 직책에 있어 제가 고려되기를 원합니다. 제 개인 데이터 시트를 검사해 보시면 비서 업무를 위한 훈련과 경험으로 준비가 잘 되어 있다는 것을 알 수 있을 것입니다. 또한 동봉된 개인 데이터 시트에 기술되어 있듯이 저의 특별 교육 활동을 통해 저는 다른 사람들과 일할 수 있도록 준비되었습니다.
> 귀사에서 일하며 제 지식과 잘 준비된 교육을 실용화할 수 있는 기회가 있었으면 좋겠습니다. 당신이 저에게 인터뷰를 허락해 준다면 무척 감사할 것입니다.
> 저는 곧 당신으로부터 소식을 들을 수 있기를 고대하겠습니다.

48 다음 편지의 구성요소 중 가장 바르게 표현된 것은 무엇인가?

November 15, 2020

Ms. Catherine A. Cox
Manager
Worldwide Travel, Inc.
450 Canyon View Drive East
① Flagstaff. AZ 86001

Dear Ms. Cox :
Our company has decided to hold its regional sales meeting in Scottsdale, Arizona, during the second week of December. I need information on a suitable conference site. We will need a meeting room with 30 computer workstations, a LCD display, and a microphone and podium.
A final decision on the conference site must be made within the next two weeks. Please send me any information you have for a suitable location in Scottsdale immediately. Thank you for your help.

Sincerely yours,

② Mr. Bill McKay
③ Marketing Manager
④ Enclosing

/jse

---

① Flagstaff. AZ 86001

② Mr. Bill McKay

③ Marketing Manager

④ Enclosing

해설 ① '.'이 아닌 ','를 사용해야 한다.
② 서명 혹은 이름이 들어가야 하는 곳이므로 Bill McKay만 써야 한다.
④ 첨가되는 자료가 있을 경우 Enclosure라고 써야 한다.

49 다음 밑줄 친 단어의 사용이 바르지 않은 것은?

① The <u>minutes</u> of a meeting is the written records of the things that are discussed or decided at it.

② <u>Exchange rate</u> is the money that you need to spend in order to do something.

③ When someone gives you a <u>quotation</u>, he/she tells you how much he/she will charge to do a particular piece of work.

④ An <u>agenda</u> is a list of the items that have to be discussed at a meeting.

> **해설** ② Exchange rate는 환율을 의미한다.
> ① 회의록은 회의에서 논의되거나 결정된 사항에 대한 서면 기록이다.
> ③ 누군가 당신에게 견적을 준다는 것은, 그 혹은 그녀가 특정한 작품을 하기 위해 얼마를 청구할지를 알려주는 것이다.
> ④ 안건은 회의에서 논의해야 할 사항의 목록이다.

50 Which is the MOST appropriate expression for the blank?

A : Ms. Lee, can you come to my office now? I have something to ask you.

B : Sure.

A : Can you make copies of these paper?

B : Yes, just one copy for each?

A : No, I need two copies for them. One for me and the other for the sales manager.

B : Ok. I'll make two copies for them.

A : And please enlarge the size of them. _____.

B : No problem. I'll make it enlarged size. Is there anything else?

A : No. Thank you, Ms. Lee.

---

① Please reduce this paper to 50%.

② The letters are too small to read.

③ Make color copies, please.

④ I've done about half for it.

> **해설** A는 B에게 서류의 카피본의 사이즈를 더 크게 만들어 달라고 요청하고 있다. 따라서 글자가 읽기에 너무 작으니 사이즈를 크게 만들어 달라고 하는 것이 가장 적절하다.

51 Read the following conversation and choose one which is NOT true.

> Mr. Park : Ms. Kim. Do I have an appointment this morning?
> Ms. Kim : Yes. Mr. Hong of Taomi will be here at 11:00.
> Mr. Park : Ok. After that?
> Ms. Kim : You have a luncheon meeting with the board of directors at the Grace Hotel at noon.
> Mr. Park : I'm in busy schedule this morning.
> Ms. Kim : Yes. To be on time for the luncheon meeting, you should leave here at 11:30 a.m. But there is no appointment after lunch.
> Mr. Park : Hum... If possible, can I meet Mr. Hong 30 minutes earlier?
> Ms. Kim : I'll contact him now to see if he can change the schedule.
> Mr. Park : Thank you.

① Mr. Park has a full schedule in the afternoon.
② Mr. Park wants to meet Mr. Hong at 10:30.
③ Ms. Kim will call Mr. Hong immediately after talking to her boss.
④ Grace Hotel is located about 30 minutes away from Mr. Park's company.

해설 ① Mr. Park은 점심 이후의 일정이 없다.

> Mr. Park : Ms. Kim, 오늘 아침 나의 약속이 있나요?
> Ms. Kim : 네. Taomi의 Mr. Hong과 이곳에서 11시에 약속이 있습니다.
> Mr. Park : 알겠습니다. 그 다음에는요?
> Ms. Kim : 정오에 Grace Hotel에서 이사회와 오찬 회동이 있습니다.
> Mr. Park : 오늘 아침은 바쁘군요.
> Ms. Kim : 네. 오찬 회동에 제 시간에 도착하기 위해 이곳에서 오전 11시 30분에 출발하셔야 합니다. 그러나 점심식사 이후에는 약속이 없으십니다.
> Mr. Park : 음... 만약 가능하다면 Mr. Hong을 30분 일찍 만날 수 있습니까?
> Ms. Kim : 약속 시간을 바꿀 수 있는지 그에게 지금 연락해서 알아보겠습니다.
> Mr. Park : 감사합니다.

52 What is the MOST proper expression for the blank?

> If a business is "open 24/7", it _____ .

① is open for 24 days and closed for seven days every month

② opens at 7:00 in the morning

③ never closes

④ is open for seven hours each day

> **해설** open 24/7은 하루 24시간 1주 7일 동안을 의미한다. 따라서 '문을 닫지 않는다.'라는 의미의 ③번이 적절하다.
> ① 24일 동안 문을 열고 매달 7일간은 문을 닫는다.
> ② 아침 7시에 문을 연다.
> ④ 매일 7시간 동안 문을 연다.

53 Which English sentence is grammatically LEAST correct?

① May I ask what your visit is in regard to?

② I'd like to schedule a meeting for discuss with the project.

③ I think we need at least two hours to plan for that project.

④ You may be asked to help yourself to a soft drink.

> **해설** discuss는 타동사이므로 뒤에 전치사 with가 나와서는 안 된다.

54 Followings are sets of conversation. Choose one that does NOT match correctly each other.

① A : Did you get an email from him?

  B : I should have gotten it done tomorrow.

② A : How's the project going?

  B : Everything is okay with it.

③ A : I'm sick and tired of writing a report.

  B : So am I. I think I have written as many as 200 reports this year.

④ A : Did you finish the sales report?

  B : Oops! It slipped my mind.

① A : 그에게서 이메일을 받았습니까?

B : 나는 내일까지 이것을 끝냈어야 했습니다.

② A : 프로젝트는 어떻게 진행되고 있습니까?

B : 순조롭게 진행되고 있습니다.

③ A : 보고서를 작성하느라 아프고 피곤합니다.

B : 나도 그렇습니다. 이번 연도에 무려 200장만큼의 많은 보고서를 작성한 것 같습니다.

④ A : 매출 보고서의 작성을 다 끝냈습니까?

B : 아이고! 깜빡 잊어버렸습니다.

55 Followings are sets of Korean sentence translated into English. Which is the LEAST appropriate expression?

① 그 마을에 있는 역사적인 건물들의 본래 외관은 보존될 것이다.

→ The original appearance of the town's historic buildings will be preserved.

② 다른 회사와 합병하는 것은 언제나 어렵고 민감한 문제이다.

→ Merging another company are always a difficult and sensible issue.

③ 숙련된 조립라인 작업자들이 좀 더 세심한 경향이 있다.

→ Experienced assembly-line workers tend to be more attentive.

④ Mr. Nick Jordan은 나의 직속 상사이다.

→ Mr. Nick Jordan is my immediate supervisor.

Merging another company는 동명사로 시작하는 주어이다. 동명사는 단수취급 하므로 복수동사 are이 아닌 단수동사 is가 들어가야 한다.

56 Followings are the mailing information phrases of an envelope. Which is the MOST appropriate description?

① Do not bend : It will break easily.

② Fragile : It should be sent as quickly as possible.

③ Urgent : Keep it flat.

④ Confidential : Only the addressee should read it.

④ 기밀 우편 : 오로지 수신인만 읽을 수 있다.

① 구부리지 마십시오 : 이것은 쉽게 부서질 것이다.

② 깨지기 쉬운 : 이것은 가능한 한 빨리 전달되어야 한다.

③ 긴급한 : 평평하게 유지해야 한다.

57 Choose one to fill in the blank below with the MOST appropriate vocabulary term.

_____ immediately, the marketing services division has been reorganized as follows. There will be four separate departments; Customer Services, Market Research, Advertising, and Field Sales.

---

① Efficient

② Efficiently

③ Effective

④ Effection

해설 Effective immediately는 '지금부터, 즉시, 곧바로'라는 뜻으로 관용구로 쓰이는 말이다.

> 곧바로 마케팅 서비스 부서는 다음과 같이 재편성되었다. 4개의 부서가 별도로 있다; 고객서비스, 시장 조사, 광고, 현장 판매.

58 Which of (a) ~ (d) has most AWKWARD part?

A : (a) I'm finding for Ms. Johnson's office. I was told that it was on this floor.
B : I'm sorry, but (b) her office moved to the fifth floor. (c) Please take the elevator over there.
A : Thank you.
B : (d) You're welcome.

---

① (a)   ② (b)

③ (c)   ④ (d)

해설 ① find for은 '~에게 유리한 판결을 내리다, ~를 위해 찾다'라는 의미로 쓰인다. look for을 사용하는 것이 적절하다.

> A : 나는 Ms. Johnson의 사무실을 찾고 있습니다. 나는 이 층에 그녀의 사무실이 있다고 들었습니다.
> B : 그녀의 사무실은 5층으로 이동했습니다. 저쪽에 있는 엘리베이터를 타세요.
> A : 감사합니다.
> B : 천만에요.

59 Which is the MOST appropriate expression for the underlined Korean sentence?

> I will be on a business trip to London for two weeks. I'm going to meet sales managers and marketing managers in UTS company. I will also attend two conferences and an exhibition. <u>미스 리가 2주 동안 제 업무를 대신할 것입니다.</u>

① I will substitute Miss Lee for two weeks.

② Miss Lee will get me to replace her work for two weeks.

③ Miss Lee will cover for me for two weeks.

④ I will work instead of Miss Lee for the next two weeks.

해설 ③ cover for은 '~을 대신하다'라는 의미로 쓰인다. 나머지 ①, ②, ④번은 '내가 2주 동안 미스 리의 업무를 대신할 것이다'는 의미를 내포하고 있다.

> 나는 런던으로 2주 동안 출장을 갈 것입니다. 나는 UTS 회사의 판매 매니저와 마케팅 매니저를 만날 것입니다. 또한 두 번의 회의를 참석하고 전시회를 한 번 방문할 예정입니다.

60 Followings are expressions to confirm an appointment that has already been made. Which is the MOST appropriate expression?

① Would you like to meet on the 2nd at 10:00?

② I'd like to remind you of the meeting on the 2nd at 10:00.

③ Do you have any schedule on the 2nd at 10:00?

④ Are you free on the 2nd at 10:00?

해설 이미 약속되어 있는 것을 확인하기 위한 표현을 골라야 한다. 따라서 2일 10시에 있는 약속을 상기시켜주고 싶다는 의미를 내포한 ②번이 가장 적절하다. 나머지 보기는 2일 10시에 약속을 잡기 위해 상대방에게 물어보는 것을 의미하고 있다.

61 다음은 네트워크와 관련 장비에 대한 설명이다. 가장 적절하지 않은 설명은?

① 랜카드(LAN card) : LAN선을 연결하기 위한 장치로서 회선을 통해 사용자 간의 정보를 전송하거나 전송받을 수 있도록 변환하는 역할을 한다.

② 허브(Hub) : 여러 대의 컴퓨터를 LAN에 접속시키는 네트워크 장치이다.

③ 포트(Port) : 컴퓨터가 통신을 위해 사용해야 하는 컴퓨터의 연결 부분으로 이 장치를 통하여 전용 회선, 프린터, 모니터 등의 주변 장치와 연결이 가능하고 주로 컴퓨터 뒷면에 부착되어 있다.

④ 엑스트라넷(Extranet) : 기존의 인터넷을 이용해 조직 내부에서만 사용하는, 조직 내부의 정보를 공유하며 업무를 통합하는 정보시스템이다.

> **해설** 엑스트라넷은 기업들이 외부 보안을 유지한 채 협력업체들과 서로의 전산망을 이용하여 업무 처리를 도울 수 있도록 협력업체들의 인트라넷을 인터넷으로 연결한 것을 의미한다.

62 다음 중 아래 신문기사에 대한 내용으로 가장 연관이 적은 것은?

5G 서비스 만족도 30%대 불과…커버리지 불만多

5G 이동통신 서비스 가입자가 400만 명을 넘어섰으나, 소비자 만족도는 30%대에 그치는 것으로 조사됐다. 특히, 커버리지에 대한 불만이 가장 많은 것으로 나타났다.

이동통신 전문 리서치기관 컨슈머인사이트는 5G 스마트폰 이용자 3만3295명을 대상으로 조사한 결과, 이같이 집계됐다고 14일 밝혔다.

구체적으로 데이터 속도에서는 ○○텔레콤 34%, □□텔레콤 36%, ☆☆텔레콤 37%의 만족률을 보였다. 5G 커버리지(전국망) 만족률은 ○○텔레콤 28%, □□텔레콤 30%, ☆☆텔레콤 29%다.

5G 데이터 품질(안정성, 끊김 없음)은 ○○텔레콤 32%, □□텔레콤 32%, ☆☆텔레콤 34%, 5G 데이터 전반적 만족도는 ○○텔레콤 31%, □□텔레콤 32%, ☆☆텔레콤 33%에 그쳤다.

컨슈머인사이트는 "통신 3사 간 5G 만족도에 큰 차이가 없었으며, 전반적인 만족 수준이 낮다는 점이 특징"이라며 "특히 커버리지 만족률은 3사 모두 30% 이하로 낮은 평가의 원인이 됐다"고 지적했다.

이 같은 5G 만족률은 LTE에 크게 못 미치는 수준이다. 컨슈머인사이트의 올해 상반기 조사에 따르면, 전반적인 LTE 데이터 만족도는 53%였다. 당시 LTE 데이터 만족률은 ○○텔레콤 59%, □□텔레콤 49%, ☆☆텔레콤 47% 순이었다.

컨슈머인사이트는 또, 5G 가입자의 빠른 증가 원인으로 예상보다 높지 않은 단말기 가격을 꼽았다. 5G 단말기의 실구입가(프로모션, 보조금 등 제외시)는 71만 5000원으로 조사됐다. 이는 지난해 같은 기간 조사 때 LTE 스마트폰의 실구입가 65만 1000원과 5만 4000원밖에 차이나지 않았다.

컨슈머인사이트는 "통신사들이 5G 가입자 유치를 위한 프로모션을 펼치면서 실질적인 단말 가격 상승은 크지 않았음을 알 수 있다"고 분석했다.

> 한국통신사업자연합회(KTOA)에 따르면, 지난달 말 기준 5G 가입자는 433만 명을 넘어선 상태다. 이는 전체 휴대전화 이용자의 6%에 달한다.
> 소비자들은 5G 서비스에서 고화질, 고용량 콘텐츠에 대한 기대(32%)가 가장 컸다. 그러나 '특별히 기대한 것 없음(저렴해서 구입 등)'이라는 응답이 두 번째로 많아(27%) 5G 특유의 장점을 모르거나 중요하지 않다고 느끼며 구입한 경우도 상당했다.

① 가격에 의한 요인으로 5G 가입자는 빠른 속도로 증가하고 있다.

② 5G에 대한 소비자의 만족도는 특히 5G 커버리지(전국망) 만족률에서 낮게 나타났다.

③ 5G 만족도는 통신 3사 모두 낮으며 데이터 속도와 커버리지 만족도는 ○○텔레콤이 가장 높다.

④ 지난달 말 기준 5G 가입자는 전체 휴대전화 이용자의 1/10이 되지 않았다.

해설 ③ 데이터 속도에서는 ☆☆텔레콤이 37%로 가장 만족도가 높으며 커버리지 만족도는 ㅁㅁ텔레콤이 30%로 가장 높다.
① 예상보다 높지 않은 단말기 가격이 5G 가입자를 빠른 속도로 증가시키고 있다.
② 커버리지 만족률은 3사 모두 30% 이하로 만족도 조사에서 가장 낮게 나타났다.
④ 5G 가입자는 전체 휴대전화 이용자의 6%에 달한다.

63 다음 중 모바일 기기의 특징으로 가장 적절하지 않은 것은?

① 무선통신   ② 휴대성
③ 긴 라이프사이클   ④ 터치방식의 입력

해설 라이프사이클은 상품의 수명을 의미한다. 모바일 기기의 라이프사이클은 짧은 편에 속한다.

64 다음 중 문서관리의 원칙과 설명이 적절하게 연결되지 않은 것은?

① 표준화 : 누가, 언제 처리하더라도 같은 방법이 적용될 수 있도록 문서 관리 시스템을 표준화 시킴으로써 원하는 문서를 신속하게 처리할 수 있다.

② 간소화 : 중복되는 것이나 불필요한 것을 없애고 원본이 명확하게 정리되어 있는데도 불필요한 복사본을 가지고 있지 않도록 한다.

③ 전문화 : 문서 사무의 숙련도를 높이고 문서 사무의 능률을 증대시킬 수 있다.

④ 자동화 : 필요한 문서를 신속하게 찾을 수 있다. 문서가 보관된 서류함이나 서랍의 위치를 누구나 쉽게 알 수 있도록 소재를 명시해 둔다.

해설 필요한 문서를 신속하게 찾을 수 있고 문서가 보관된 서류함이나 서랍의 위치를 누구나 쉽게 알 수 있도록 소재를 명시해 두는 것은 '신속화'이다. '자동화'는 문서 관리를 자동화함으로써 신속하고 편리하게 관리할 수 있는 것을 의미한다.

65 다음은 여러 가지 문서작성을 위한 자료수집방법이다. 가장 적절하지 않은 것은?

① 초대장을 작성하는 경우 해당 장소로의 접근 방법(이동 경로, 교통편, 주차장 이용 등)에 대한 자료수집이 필요하다.

② 감사장을 작성할 경우 감사장을 받을 상대가 어떤 호의를 왜 베풀었는지에 관한 내용을 수집하는 것이 가장 중요하다.

③ 상사를 대신하여 일처리를 하기 위해 위임장을 작성하는 경우 위임할 사람의 정보, 위임받을 사람의 정보 등이 필요하다.

④ 이메일로 문서를 작성할 경우 전달 방법이 전자적인 형태일 뿐, 문서의 내용상 수집할 사항은 종이문서와 비교하여 특별히 달라지는 것은 아니다.

> **해설** 감사장은 상대방의 호의와 도움에 감사하는 마음을 전하기 위하여 작성하는 문서이다. 따라서 '언제·어디서 호의를 받았는지', '어떤 일로 호의를 받았는지' 등을 구체적으로 기술하여야 하며 공손하고 진심 어린 마음이 담겨 있어야 하고, 감사의 기분을 강조하여 작성하는 것이 중요하다. 또한 겸손하고 정중하면서도 서식에 맞추어서 작성해야 한다.

66 다음 중 문장부호와 띄어쓰기가 공공언어 바로 쓰기에 맞춰 올바르게 바뀐 것은?

항목	수정 전	수정 후
가	4.29~10.31	4.29.~10.31.
나	1950.7월~1953.1월	1950.7.~1953.1.
다	융·복합	융복합
라	장·차관	장차관
마	21,345천원	2,134만 5천 원

① 가, 나, 다, 라, 마
② 가, 나, 라, 마
③ 가, 나, 다, 마
④ 가, 나, 마

> **해설**
> • 가운뎃점은 열거할 어구들을 일정한 기준으로 묶어서 나타낼 때 사용하거나 짝을 이루는 어구들 사이에 사용, 공통 성분을 줄여서 하나의 어구로 묶을 때 사용한다. '장차관'은 표준 국어 대사전에 한 단어로 올라 있어 굳이 가운뎃점을 쓰지 않아도 된다.
> • 공문서로 날짜를 표기할 때는 숫자로 표기하되 연·월·일의 글자는 생략하고 그 자리에 마침표(.)를 찍어 표시한다. 숫자로 연·월·일을 표시할 때 '일'의 마지막에 마침표를 찍어야 한다.
> • '원'은 화폐의 단위를 나타내는 말로 앞 말과 띄어 써야 한다.

67 다음은 사내 문서의 유형을 분류한 것이다. 유형과 종류가 잘못 연결된 것끼리 묶인 것은?

유 형	종 류
연락 문서	명령서, 통지서, 기획서 등
보고 문서	업무 보고서, 출장 보고서, 조사 보고서, 영업 보고서 등
지시 문서	안내문, 게시문, 업무 협조문, 조회문, 회람문, 통지서 등
기록 문서	회의록, 인사카드, 장표 등
기타 문서	상사의 연설문, 발표 문서 등

① 연락 문서, 기타 문서
② 보고 문서, 지시 문서
③ 기록 문서, 기타 문서
④ 연락 문서, 지시 문서

해설 • 연락 문서 : 안내문, 게시문, 협조문, 조회문, 회람문, 통지서 등
• 지시 문서 : 명령서, 지시서, 통지서, 기획서 등

68 전자문서 관리에 대한 설명으로 틀린 것은?

① 파일명이 문서 내용을 충분히 반영하여 파일명만으로도 충분히 문서 내용을 유추할 수 있는지 확인한다.
② 전자문서의 경우, 종이문서와 동일하게 두 가지 이상의 주제별 정리를 이용할 경우 Cross Reference를 반드시 표시해 두어야 한다.
③ 조직의 업무 분류 체계를 근거로 하여 문서의 종류, 보안 등급에 따라 접근에 대한 권한을 부여하여 분류한다.
④ 진행 중인 문서의 경우, 문서의 진행 처리 단계에 따라서 문서의 파일명을 변경하거나 변경된 폴더로 이동시켜서 정리 · 보관한다.

해설 **상호 참조 표시(Cross Referencing)**
두 개 이상의 제목으로 요청될 가능성이 있는 문서의 경우, 주된 제목의 폴더에 이 문서를 넣어두고 관계가 적은 편인 제목의 폴더에는 상호 참조표를 넣어둠으로써 어느 경우라도 검색이 용이하도록 한다. 혹은 복사를 하여 양쪽에 보관할 수도 있다. 상호 참조를 위한 문서 제목에는 밑줄을 긋고 옆에 ×로 표시한다.

69 비서가 업무상 문서를 작성할 때 유의할 사항으로 잘못 기술된 것은?

① 주요 메시지를 문서 작성 시작부분에서 기술하며, 그 이후에는 이에 대한 세부 내용을 구체화하는 형식인 두괄식 구성이 사무 문서에서 대체로 선호된다.

② 간단명료한 문서 작성을 위해 가급적 단어를 적게 사용하면서도 메시지를 분명하게 전달한다.

③ 비서가 상사를 대신하여 작성하는 문서는 상사가 직접 문서를 작성할 수 없는 상황임을 상세하게 밝히고 비서의 이름으로 나가는 것이 원칙이다.

④ 문서가 제시간에 전달되지 못하면 작성된 목적을 달성할 수 없으므로 시간 내 전달되기 위한 방식에 맞추어서 문서를 작성하여야 한다.

> **해설** 상사를 대신하여 작성하는 문서라 하더라도 초안 작성 후 상사의 최종 검토와 확인을 받아서 발송되도록 해야 한다. 따라서 상사가 직접 문서를 작성할 수 없는 상황임을 상세하게 밝히고 비서의 이름으로 나가는 것은 원칙이 아니다.

70 MS-Access로 만들어진 방문객 관리 DB를 이용하여 업무처리를 하고 있다. 월별 방문객 수 및 방문 목적별 방문객 수와 같이 데이터의 계산을 할 수 있는 개체는?

① 테이블
② 페이지
③ 쿼 리
④ 매크로

> **해설** 쿼리(Query)의 요약 기능
> 쿼리는 데이터베이스에서 특정한 테이블에 특정한 조건을 주어 검색하는 기능을 뜻하며 데이터베이스에서 기본적이면서도 매우 중요한 요소이다. 테이블을 데이터베이스 자체라고 한다면, 쿼리는 이 데이터베이스에서 필요한 것만을 뽑아내어 가공하는 형태라고 할 수 있다. 요약 기능은 하나 이상의 테이블에서 조건에 맞는 데이터를 검색하여 원하는 순서대로 데이터를 보여주는 기능이다. 또한 데이터를 그룹화하여 합계, 개수, 평균, 기타 요약 계산을 수행할 수 있다.

71 다음 그래프를 통해서 알 수 있는 내용으로 가장 적절하지 않은 것은?

전력원별 발전 비중 추이

1~6월 기준

① 신재생 에너지의 비중이 매년 조금씩 증가하고 있는 추세이다.
② 석탄의 비중은 2019년은 2018년에 비해서 4% 감소했다.
③ 원자력은 2018년에는 감소했으나, 2019년에는 2017년 수준으로 거의 회복했다.
④ 2018년에는 석탄>LNG>원자력>신재생 순으로 비중이 높았다.

> **해 설** 위의 그래프는 1~6월 기준이라고 표기되어 있으며 2019년도는 '잠정'이라고 나와 있다. 따라서 상반기 기준으로 2019년이 2018년도에 비해서 4% 감소했다고 단정 지을 수는 없다.

72 다음 중 문서의 보존기간과 문서의 종류가 잘못 짝지어진 것은?

연 번	문서 보존기간	문서의 종류
ㄱ	영구보존	정관, 중요 계약 서류, 등기 · 특허 서류, 품의서, 주주 총회 관련서류 등
ㄴ	10년 보존	세무 관련 서류, 월차 결산서 · 상업장부, 주주 명의부 등
ㄷ	3~5년 보존	왕복 문서, 통지 서류, 일보 · 월보, 조사서, 참고서 등
ㄹ	6개월~1년 보존	주요 전표, 거래 관련 서류, 문서의 수발신 기록, 사원 이동, 급료 수당 관련 서류 등

① ㄱ, ㄴ ② ㄴ, ㄷ
③ ㄷ, ㄹ ④ ㄹ, ㄱ

해설 문서 보존기간에 따른 분류

영구보존	• 복원 불가능 • 정관, 중요 계약 관계 서류 • 등기, 특허 관계 • 품의서, 주주 총회 관계 등
10년 보존	• 복원 가능(비용이 많이 듦) • 세무 관계 • 월차 결산서, 상업장부 관계 • 주주 명부 관계 등
3~5년 보존	• 복원 가능(비용이 적게 듦) • 주요 전표, 거래 관계 • 문서의 수발신 기록 • 사원 이동, 급료 수당 관계 등
6개월~1년 보존	• 복원할 필요 없음 • 왕복 문서, 통지 서류 관계 • 일보, 월보 관계 • 내용의 통 · 폐합

73 전자결재시스템의 특징으로 볼 수 없는 것은?

① 전자결재시스템을 통해 시간적, 공간적 제약성을 극복할 수 있으나, 여러 사람이 동시에 내용을 열람하는 것은 불가능하다.
② 결재권자가 출장 중이라도 평소와 같은 통상적인 업무 수행이 가능하다.
③ 경영 의사결정 사이클을 단축하는 효과를 지닌다.
④ 결재 과정을 단축시키고 직접 접촉에 의한 업무 수행의 제한점을 극복할 수 있다.

해설 전자결재시스템을 사용함으로써 시간적 · 공간적 제약을 극복할 수 있으며, 여러 사람이 동시에 내용을 열람할 수도 있다.

74 윈도우 운영체제를 사용하는 내 컴퓨터의 IP주소를 찾기 위해서, cmd를 실행하여 명령 프롬프트를 연 후 사용할 수 있는 명령어는?

① IPCONFIG　　　　　　　　　② CONFIGIP

③ IPFINDER　　　　　　　　　④ MSCONFIG

해설 IP를 확인할 때는 IPCONFIG를 사용한다. cmd는 command(명령어)의 약자이다.

75 다음 중 컴퓨터나 원거리 통신 장비 사이에서 메시지를 주고받는 양식과 규칙의 체계에 해당하지 않는 것은?

① HTTP

② TELNET

③ POP3

④ RFID

해설 ④ RFID는 무선 주파수를 이용하여 물건이나 사람 등과 같은 대상을 식별할 수 있도록 해주는 기술을 의미한다.
　　① HTTP는 인터넷상에서 정보를 주고받기 위한 프로토콜로 주로 HTML 문서를 주고받는 데 쓰인다.
　　② TELNET은 원격지 컴퓨터에 접속해서 자신의 컴퓨터처럼 사용할 수 있는 것을 말한다. 멀리 떨어져 있는 컴퓨터와 자신의 컴퓨터를 연결하여 터미널을 만들어 주는 프로토콜로, PC통신 등을 인터넷에 연결하면 TELNET으로 들어갈 수 있다.
　　③ POP3는 메일 서버에 도착한 메일을 클라이언트 사용자가 전송받을 때 이용하는 프로토콜이다.

76 다음 중 밑줄 친 한글맞춤법이 잘못된 것은?

① 신용카드 결제일이 매월 25일이다.

② 난 겨울이 되면 으레 감기가 걸린다.

③ 상무님이 이따가 처리할 테니 두고 가라고 하신다.

④ 도대체 어따 대고 삿대질이야?

해설 ④ 어따 대고 → 얻다 대고

77 사이버 환경에 적용 가능한 인증기술 동향에 대한 설명으로 가장 부적절한 것은?

① 지식기반 사용자 인증방식은 사용자와 서버가 미리 설정해 공유한 비밀 정보를 기반으로 사용자를 인증하는 것으로 패스워드 인증이 일반적이다.

② 패스워드 인증 방식은 별도 하드웨어가 필요 없어 적은 비용으로 사용자 편의성을 높이는 장점이 있다.

③ 소유기반 사용자 인증방식은 인증 토큰을 소유하고 이를 기반으로 사용자를 인증한다. 소프트웨어 형태의 예로 OTP 단말기와 하드웨어 형태의 예로 공인인증서로 구분된다.

④ 소유기반 사용자 인증방식은 사용자 토큰에 관련한 인증 시스템 구축이 어렵고, 최소 1회 이상 인증기관 또는 등록 기관과 본인임을 확인해야 한다.

해설 하드웨어 형태의 예가 OTP 단말기이며 소프트웨어 형태의 예가 공인인증서이다.

78 다음 중 랜섬웨어 감염을 예방하기 위한 행동이 나열되어 있다. 이 중 적절하지 않은 것은?

> 가. SNS에 올라온 사진 다운로드 시 주의가 필요하다.
> 나. 신뢰할 수 없는 사이트의 경우 가급적 방문하지 않는다.
> 다. P2P사이트에서 파일을 다운로드받지 않는다.
> 라. 출처가 분명한 이메일이라도 첨부파일 실행은 주의한다.
> 마. 중요한 자료는 자주 백업해 둔다.
> 바. PC운영체제 및 소프트웨어를 최신 버전으로 유지한다.
> 사. 백신을 반드시 설치하고 주기적으로 업데이트 및 점검한다.

① 없 음
② 가
③ 다
④ 라

해설 랜섬웨어(Ransomware)는 사용자 컴퓨터 시스템에 침투하여 시스템에 대한 접근을 제한하고 금품을 요구하는 악성 프로그램으로, 보기의 모든 문항이 랜섬웨어 감염을 예방하기 위한 행동에 해당한다.

79 다음은 ㈜진우 기업의 문서 접수 대장이다. 문서 접수 대장에 대한 설명이 가장 적절하지 않은 것은?

일련 번호	접수 일자	발신처	문서 번호	문서 제목	상사 전달	전달일	담당 부서	인수자	기 타
20-112	20.3.16.	보람 카드	–	2월 카드명세서	○	3.16			
20-113	20.3.16.	상공 협회	상공 20-15	국가자격증 안내		3.16	인사팀	최문영	
20-114	20.3.17.	한울 대학	교무-35	취업교육 의뢰		3.17	교육팀	김세인	

① 2020년 3월 16일에 접수한 문서는 두 건이다.
② 한울대학에서 온 취업교육의뢰 문서는 교육팀 김세인 씨가 비서실로 전달해주었다.
③ 상공협회에서 온 국가자격증 안내문서는 인사팀에서 처리할 문서이다.
④ 보람카드에서 온 카드명세서는 상사의 개인 카드명세서여서 봉투를 개봉하지 않고 전달했다.

해 설 한울대학에서 온 취업교육의뢰 문서는 교육팀 김세인 씨가 인수하였다.

80 프레젠테이션 과정은 발표 내용결정, 자료작성, 발표준비, 프레젠테이션 단계의 4단계로 구분할 수 있다. 보기 중 나머지와 단계가 다른 하나를 고르시오.

① 프레젠테이션의 목적 및 전략 설정 과정
② 프레젠테이션 스토리 설정 과정
③ 수신인에 대한 정보 수집 및 분석 과정
④ 청중이 이해하기 쉽게 일상적인 것과 비교할 수 있는 수치 제시 과정

해 설 프레젠테이션의 목적 및 전략 설정, 스토리 설정, 수신인에 대한 정보 수집 및 분석 과정은 발표 내용결정에 해당하며 청중이 이해하기 쉽게 일상적인 것과 비교할 수 있는 수치를 제시하는 과정은 프레젠테이션에 해당한다.

01 다음 비서의 자질과 태도에 관한 설명 중 가장 적합하지 않은 것은?

① 다양한 사무정보 기기를 능숙히 다루기 위하여 많은 노력을 기울인다.

② 바쁜 업무시간 틈틈이 인터넷 강의를 들으며 외국어 공부를 한다.

③ 평소 조직 구성원들과 호의적인 관계를 유지하기 위해 노력한다.

④ 상사의 직접적인 지시가 없어도 비서의 권한 내에서 스스로 업무를 찾아 수행한다.

해설 끊임없는 자기개발이 필요한 비서의 직무 특성상 외국어 능력을 키우는 것도 중요하지만 급하게 처리해야 할 업무가 있거나 많은 양의 업무로 바쁜 경우에는 업무를 처리하는 것이 우선이다.

02 아래는 전문 분야에서 일하고 있는 비서들의 경력개발 사례이다. 가장 적절한 것은?

① A : A씨는 국제기구의 사무총장 비서이다. 다음 달에 상사가 국제회의에 참석하셔야 하므로 이에 대비해.해당 국가에 가서 연수를 받고자 급하게 한 달간의 단기 연수 교육신청을 하였다.

② B : B씨는 종합병원 원장 비서이다. 병원 조직의 효율적인 관리와 의사결정을 위해 의료 서비스 관련법과 행정매뉴얼을 숙지하려고 노력하고 있다.

③ C : C씨는 대형로펌의 법률 비서이다. 법률상담 업무를 능숙하게 하기 위해 법률관련 문서와 판례를 평소에 꾸준하게 읽고 있다.

④ D : D씨는 벤처기업 사장 비서이다. 상사의 투자자를 찾아내고 섭외하는 업무를 보좌하기 위해 투자 관련 용어를 학습하고 있다.

해설 비서는 상사가 업무에 전념할 수 있도록 보좌하는 역할을 하는 사람이다. ① · ② · ③번 모두 상사가 해야 할 업무에 대해 비서가 과도하게 학습하는 상황이다.

03 다음 중 전화응대 대화 내용으로 가장 적절한 것은?

① "안녕하세요, 이사님. 저는 상공물산 김영호 사장 비서 이인희입니다. 비 오는데 오늘 출근하시는 데 어려움은 없으셨는지요? 다름이 아니고 사장님께서 이사님과 다음 주 약속을 위해 편하신 시간을 여쭈어보라고 하셔서 전화드렸습니다."

② "안녕하세요, 상무님. 다음 주 부사장님과 회의가 있는데요, 부사장님은 목요일 점심, 금요일 점심에 시간이 나십니다. 부사장님은 목요일에 관련 회의를 하고 나서 상무님을 뵙는 게 낫다고 금요일이 더 좋다고 하십니다. 언제가 편하신가요?"

③ "전무님, 그럼 회의시간이 금요일 12시로 확정되었다고 사장님께 말씀드리겠습니다. 장소도 확정되면 알려 주십시오."

④ "상무님, 사장님께서 급한 일정으로 회의를 취소하게 되었습니다. 제가 사장님을 대신해서 사과드립니다."

> **해설** ① 전화를 하여 인사를 통해 자신을 밝힌 후에는 곧바로 통화 목적으로 들어가는 것이 좋다.
> ② 용건을 주고받을 때는 예의 바르고 조리 있게 자신의 용건을 이야기하고 상대방이 응답할 기회를 주어야 한다. 또한 용건을 표현할 때는 전화를 건 목적, 이유, 설명의 순으로 이야기한다.
> ④ 비서가 사장님을 대신해서 사과드린다고 표현하지 않고, 사장님이 사과의 말씀을 전해 달라 하셨다고 표현하는 것이 더 바람직하다.

04 다음 중 회의 용어를 올바르게 사용하지 못한 것은?

① "이번 회의는 정족수 부족으로 회의가 성원 되지 못했습니다."
② "김영희 부장이 동의(動議)를 해 주셔서 이번 발의를 채택하도록 하겠습니다."
③ "동의를 얻은 의안에 대해 개의해 주실 분 있으신가요?"
④ "이번 안건에 대해 표결(表決)을 어떤 식으로 할까요?"

> **해설** 의사나 의견을 같이함을 나타내는 동의는 '同意'라고 써야 한다.

05 김 비서의 회사는 현재 비전 컨설팅에 조직개발에 관해 컨설팅 의뢰를 해 둔 상태이다. 다음 대화 중 사장 비서인 김 비서(A)의 전화응대 태도로 가장 적절한 것은?

① A : 안녕하십니까? 상공물산 대표실입니다.

　B : 비전 컨설팅 김태호 대표입니다. 사장님 자리에 계십니까?

　A : 무슨 용건이신지요?

② A : 안녕하십니까? 상공물산 대표실입니다.

　B : 비전 컨설팅입니다. 김태호 대표님께서 사장님과 통화를 원하시는데 사장님 계십니까?

　A : 제가 먼저 연결하겠습니다.

③ A : 안녕하십니까? 상공물산 대표실입니다.

　B : 비전 컨설팅 김태호 대표입니다. 사장님 계십니까?

　A : 지금 외출 중이십니다. 사장님 돌아오시면 연락드리겠습니다.

④ A : 안녕하십니까? 상공물산입니다.

　B : 비전 컨설팅 김태호 대표입니다. 사장님 계신가요?

　A : 사장님은 통화 중이십니다. 잠시만 기다리시겠습니까? 아니면 사장님 통화 마치시면 저희가 전화드릴까요?

　B : 기다리겠습니다.

> **해설** 상사에게 연결해야 하는데 상사가 곧바로 전화를 받지 못하는 경우(부재중, 통화 중 등)에는 그러한 이유를 알리고 계속 기다릴지, 아니면 전화를 이쪽에서 다시 걸지의 여부를 물어보아야 한다. 따라서 ④번이 정답이다.

06 다음은 비서의 내방객 응대에 관한 대화이다. 가장 부적절한 것은?

(약속된 내방객이 들어선다.) 비서　　　 : 안녕하세요. 10시에 약속하신 통일위원회 김영호 위원장님이시죠?……㉠ 김 위원장 : 네, 그렇습니다. 비서　　　 : 원장님께서 기다리고 계십니다. 이쪽에 앉아 잠시만 기다려 주십시오.……㉡ 김 위원장 : 네. 비서　　　 : 위원장님, 원장님께 어떠한 용건이라고 말씀드릴까요?……㉢ 김 위원장 : 직접 뵙고 말씀드릴 겁니다. (원장님께 김 위원장님이 도착하셨음을 알린다.) 비서　　　 : 위원장님, 기다려 주셔서 감사합니다. 이쪽으로 모시겠습니다.……㉣ (좌석을 안내한다.) 비서 : 차는 녹차와 커피가 있습니다. 어느 것으로 올릴까요?

① ㉠　　　　　　　　　　　　　　　② ㉡

③ ㉢　　　　　　　　　　　　　　　④ ㉣

> **해설** 비서는 내방객의 약속 여부, 신분 확인, 음료 및 다과 접대, 배웅 등의 기본적인 응대까지만 하면 된다.

07 상공기획(주) 이영준 대표이사는 중요한 업무 파트너인 서준희 회장님과 중식당에서 오찬을 마친 후 회사 회의실에서 1시간 정도 실무진 임원과 함께 미팅 예정이다. 김미소 비서가 내방객을 맞이하기 위한 준비 업무로 가장 적절치 않은 것은?

① 김 비서는 상사의 회사 도착시각을 예측하기 위해 기사에게 사전에 오찬장소에서 출발할 때 연락을 하도록 부탁한다.

② 김 비서는 서준희 회장의 내방객 카드를 찾아 평소 즐기는 차의 종류를 미리 확인하여 준비한다.

③ 김 비서는 상사와 서준희 회장이 회의실에 도착하기 전에 회의에 동석하기로 되어 있는 홍보담당 전무에게 연락하여 회의실에 미리 와 있도록 한다.

④ 회의 자료는 회의 참석자에게 며칠 전에 이메일로 전송하였으므로 참석자에게 상사와 서준희 회장이 회의실에 도착하기 직전에 자료 확인 문자를 넣도록 한다.

> **해설** 회의 자료 확인에 대한 것은 미리 문자를 넣어야 하고, 회의 자료는 회의 시작 전 출력하여 준비해 놓아야 한다.

08 사무실에 자주 내방하시던 상사의 오랜 지인이 어느 날 강 비서에게 늘 도와줘서 감사하다며 함께 점심식사를 하자고 하신다. 이에 대처하는 강 비서의 태도로 가장 바람직한 것을 고르시오.

① 감사하지만 다른 일정으로 참석이 어려움을 밝힌다. 이후 상사에게는 관련 사실을 보고한다.

② 상사 지인에게 단호하게 거절하며 불쾌함을 분명히 표현한다.

③ 사내 여사원 온라인 게시판에 익명으로 관련 내용을 문의한다.

④ 평소에 잘 알고 지내온 터라 편한 마음으로 식사를 함께 하며 상사에게는 특별히 언급하지 않는다.

> **해설** 상사의 지인과 상사를 배제한 채 사적인 만남을 갖는 것은 바람직하지 못하다. 다른 일정이 있어 참석이 어렵다고 말씀드린 뒤 상사에게 이러한 일이 있었다는 사실을 보고하여야 한다.

09 다음 중 상사의 교통편을 예약할 시, 가장 적절한 업무 태도는?

① 해외 항공권 예약 시에는 e-티켓으로 예약 확인하고 한 번 더 예약확인서를 문자로 요청하였다.

② 성수기로 항공권 예약이 어려울 것을 예측하여 우선 비서의 이름과 여권번호로 항공권 예약을 해서 좌석을 확보해 둔다.

③ 상사가 선호하는 항공편의 좌석이 없을 때는 일단 다른 비행기를 예약하고, 상사가 원하는 항공편의 좌석이 나왔는지 수시로 확인한다.

④ 상사가 동행인이나 관계자가 있는 경우, 상대방의 형편도 고려하여 출발시간을 잡아 예약한다.

10 상사가 출장 출발 전에 비서가 확인해야 할 사항으로 가장 적절하지 않은 것은?

① 출장 중 상사 업무 대행자가 처리할 업무와 출장지의 상사에게 연락해야 할 업무 등을 구분하여 상사로부터 미리 지시를 받는다.

② 상사와 일정한 시간을 정해 놓고 전화 통화를 하거나 e-mail, SNS 등을 이용하면 편리하게 업무보고와 지시를 받을 수 있다.

③ 비서는 상사 출장 중에 그동안 밀렸던 업무를 처리한다.

④ 상사 업무 대행자 지정은 상사가 출발한 후 조직의 규정에 따라 지정하면 된다.

11 회사 50주년을 축하하는 기념식 행사를 준비하는 비서가 행사장의 좌석배치 계획을 수립할 때 다음 중 가장 부적절한 것은?

① 단상에 좌석을 마련할 경우는 행사에 참석한 최상위자를 중심으로 단 아래를 향하여 우좌의 순으로 교차 배치한다.

② 단하에 좌석을 마련할 경우는 분야별로 좌석 군을 정하는 것이 무난하여, 당해 행사의 관련성을 고려하여 단상을 중심으로 가까운 위치부터 배치한다.

③ 단하에 좌석을 마련할 경우 분야별로 양분하는 경우에는 단상에서 단하를 바라보아 연대를 중심으로 왼쪽은 외부초청 인사를, 그 오른쪽은 행사 주관기관 인사로 구분하여 배치한다.

④ 주관기관의 소속 직원은 뒤에, 초청 인사는 앞으로 한다. 행사 진행과 직접 관련이 있는 참석자는 단상에 근접하여 배치한다.

12 다음 중 한자어가 잘못 기입된 것은?

① 단자(單子) : 부조나 선물 따위의 내용을 적은 종이
② 장지(葬地) : 장사하여 시신을 묻는 장소
③ 빈소(殯所) : 상여가 나갈 때까지 관을 놓아두는 방
④ 발인(發人) : 상여가 떠나는 절차

해설 발인의 한자어는 '發靷'이다.

13 초청장에 명시된 복장규정의 설명이 맞지 않는 것은?

① Business Suit : 남성 정장으로 색, 무늬, 스타일 등의 제한을 받는다.
② Lounge Suit : 남성 정장으로 조끼와 자켓을 갖추어 입는다.
③ Black Tie : 예복으로 남성의 경우 검은 나비 타이를 착용한다.
④ Smart Casual : 티셔츠에 면바지가 허용되는 편안한 복장이다.

해설 캐주얼이라는 단어가 들어갔다고 해서 티셔츠에 면바지가 허용되는 편안한 복장을 의미하는 것은 아니다. 라운지 수트(진한 회색이나 감색 정장 등)보다는 편안히 입되, 드레스 셔츠나 넥타이 블레이저 등을 갖춰 입어야 한다.

14 다음 중 보고 업무를 수행하고 있는 비서의 자세로 가장 적절하지 않은 것은?

① 위기에 처했을 때 보고하는 것도 중요하지만 평소에 중간보고를 충실히 하여 예측되는 문제를 미연에 방지한다.
② 업무 진행 상황을 자주 보고하여 상사가 일이 어느 정도 속도로, 또 어떤 분위기로 진행되고 있는지 알 수 있도록 한다.
③ 업무의 절차적 당위성을 확보하기 위해 조직 내 공식적인 채널을 통해서만 보고한다.
④ 업무 중간 중간에 상사의 의견을 물어 잘못되었을 경우 수정할 수 있는 시간을 갖는다.

해설 업무의 성격에 따라 공식적인 채널과 비공식적 채널을 적절하게 이용하여 보고하여야 한다.

15 비서의 직업윤리와 그에 해당하는 상황 설명이 윤리에 적합한 것은?

	직업윤리	상 황
㉠	시간을 남용하거나 낭비하지 않아야 하므로 근무 시간에 자신의 의무를 충실히 이행하여야 한다.	퇴근 시간이 다가오면 퇴근 후의 일정을 계획하려고 장시간 메신저를 한다.
㉡	회사 비품이나 금전을 개인적인 용도로 쓰지 않아야 한다.	회사에서 직원들을 위해 비치한 생수나 커피 재고가 많이 남아 직원들과 나누어 가져갔다.
㉢	회사나 자신의 지위를 이용하여 개인적인 이득을 얻고자 하지 않는다.	고객이 감사하다며 비서에게 선물을 하여 거절하였다.
㉣	회사나 사업에 관련된 기밀이나 정보를 외부에 누출하지 않는다.	퇴근 후 친구와 SNS로 회사의 고충 상황을 의논하였다.

① ㉠   ② ㉡

③ ㉢   ④ ㉣

해설 ① 퇴근 시간까지 맡은 바 업무를 수행해야 한다. 퇴근 후의 일정을 계획하거나 장시간 메신저를 하는 등의 행동을 해서는 안 된다.
② 회사 비품을 가져가는 등의 행동은 하지 않아야 한다.
④ 비서에게는 무엇보다 기밀성이 강조된다. 많은 사람들에게 노출될 수 있는 SNS 등으로 회사의 고충 상황을 의논하는 것은 옳지 않다.

16 마케팅부 이미영 비서는 '기업의 SNS 마케팅' 특강을 준비하였다. 특강비용처리와 관련하여 가장 적절하지 않은 것은?

> 마케팅부 이미영 비서는 마케팅부서 직원 50명을 대상으로 '기업의 SNS 마케팅' 특강을 준비하고 있다.

① 특강에 필요한 물품을 먼저 구입 후 12만 원 비용처리를 위해 경리부에 간이영수증을 전달하였다.
② 특강료를 지급하기 위해 외부강사의 주민등록증과 은행계좌를 받아 원천징수한 금액을 외부 강사의 통장으로 입금하였다.
③ 특강강사에게 3만 원 이하로 선물을 준비하라는 사장님의 지시를 받고, 선물 구입 후 간이영수증을 제출하였다.
④ 특강 후 상사와 강사, 그리고 특강 수강자들과의 저녁식사가 있어 법인카드를 사용하였다.

해설 3만 원이 초과하는 경우에는 간이영수증 지출증빙처리가 불가능하다.

17 다음은 상사의 해외 출장 일정이다. 상사의 일정을 관리하는 방법으로 가장 옳지 않은 것은?

Itinerary			
편명/좌석번호	EK323 / 14A	클래스	Business
출 발	ICN 08 Aug 23:55	도 착	DXB 09 Aug 04:25
비행시간	09H 30M	마일리지	4189
편명/좌석번호	EK237 / 9A	클래스	Business
출 발	DXB 11 Aug 08:40	도 착	BOS 11 Aug 14:15
비행시간	13H 35M	마일리지	6662
편명/좌석번호	EK201 Operatedby KE086 / 17H	클래스	Business
출 발	JFK 15 Aug 00:50	도 착	ICN 16 Aug 04:10
비행시간	14H 20M	마일리지	6906

* Business Class Service : Chauffeur-drive Services, Business Class Lounge

① 상사의 전체 출장일정은 ICN-DXB-BOS-JFK-ICN 일정으로 8박 9일이다.
② 상사의 DXB 체류 기간은 2박 3일로 여유가 있으므로 도착 당일인 8월 9일 이른 오전 시간부터 업무 일정을 수립하지 않는 것이 바람직하다.
③ 상사가 8월 11일 BOS 시내에서 오후 4시에 개최되는 행사의 Keynote Speech를 할 수 있도록 준비하였다.
④ 상사가 8월 16일 새벽에 도착하므로 주요 일정을 오전에 수립하지 않았다.

> **해설** 상사는 13시간 35분 동안 비행을 하고 BOS에 오후 2시 15분에 도착한다. 따라서 제대로 휴식을 취할 시간도 없이 오후 4시에 시작하는 행사의 기조연설을 할 수 있도록 준비하는 것은 바람직하지 않다.

18 국회의원 비서로 일하고 있는 비서 A씨는 상사 의정 활동 홍보업무를 하고 있다. 다음 중 가장 적절한 것은?

① 보좌하고 있는 의원의 활동을 보도하기 위해 배포할 내용을 언론사의 배포 부서별로 선정을 해 두었다.
② 작성된 보도 자료는 보안을 위해 언론사에 직접 방문하여 제출하였다.
③ 보도하고자 하는 내용은 최대한 상세하게 육하원칙에 의해 작성한다.
④ 연설문, 기고문, 축사는 홍보의 내용이 아니므로 전문가의 의견까지 받을 필요가 없다.

> **해설** ② 수많은 언론사들이 존재하므로 그러한 언론사마다 직접 방문하여 보도 자료를 제출하는 것은 효율성이 떨어진다.
> ③ 육하원칙에 따라 핵심내용을 요약해서 쓴다.
> ④ 전문가와 상의하여 작성하는 것이 좋다.

19 김 비서의 업무용 프린터가 갑자기 고장났다. 업무 지연을 방지하기 위하여 서둘러 구매하려고 한다. 다음 중 바르지 않은 것은?

① 지출 결의서를 작성하여야 하는데, 지출 결의서란 올바른 회계처리를 하기 위한 기초 자료임과 동시에 대표자나 경영진이 올바른 자금 집행을 하기 위한 중요한 서식이다.

② 업무용 프린터 구입이므로 일반 경비 지출 결의서에 작성한다.

③ 매년 정기적으로 구매하는 프린터 용지, 프린터 토너 등의 구입 시에도 지출 요청일 최소 5일 이전에 결재받아야 한다.

④ 예산 한도 내에서 결제할 때는 결재받을 필요가 없다.

> **해설** 예산 한도 내일지라도 결재를 받아야 한다.

20 외국에서 중요한 손님이 우리 회사를 방문할 때 비서의 의전 관련 업무 수행 시 적절하지 않은 것은?

① 외국 손님의 인적사항은 공식 프로필에서 확인하는 것이 원칙이다.

② 국가에 따라 문화가 다르므로 상호주의 원칙을 따른다.

③ 의전 시 서열 기준은 직위이나 행사 관련성에 따라 서열 기준이 바뀔 수 있다.

④ 손님의 선호하는 음식이나 금기 음식을 사전에 확인하여 식당 예약을 한다.

> **해설** 공식 프로필을 확인하되, 손님에 대한 비공식적인 정보가 있으면 그러한 것들을 모두 고려하여 손님을 맞이하는 것이 좋다.

21 기업의 다양한 이해관계자에 대한 설명으로 가장 옳은 것은?

① 지역사회 : 비즈니스 환경에서 동행하며 이들의 요구를 충족시키는 것은 기업 성공의 최고 핵심 조건이다.

② 파트너 : 기업과 파트너십을 맺고 있는 협력업체와의 신뢰 확보는 기업 경쟁력의 버팀목이다.

③ 고객 : 기업이 사업장을 마련하여 이해관계를 같이 하는 곳이다.

④ 투자자 : 기업을 믿고 지지한 주주로서 기업의 고객과 가장 가까운 곳에 위치한다.

> 해설 ① 지역사회 : 일정한 지역, 주민, 공동체 의식을 그 구성요소로 고용 및 소득증대, 지역사회 개발 등을 목적으로 한다. 최근 공해 및 환경 파괴 등으로 기업의 사회적 책임이 부각되면서 그 중요성이 더욱 증가하고 있다.
> ③ 고객 : 제품소비시장을 형성하면서 구매력과 구매의욕을 가지고 기업이 생산한 상품이나 서비스를 반복하여 구매하는 개인 또는 사회의 여러 기관과 같은 소비주체를 말한다.
> ④ 투자자 : 기업의 금융 또는 실물 자본 중 자기자본에 해당하는 부분을 제공하는 개인이나 투자집단 또는 투자기관을 말하는데, 투자자가 기업의 고객과 가장 가까운 곳에 위치하지는 않는다.

22 다음 중 기업의 공유가치창출(CSV) 활동의 사례로 보기에 가장 적절한 것은?

① 종업원들에게 경영참가제도와 복지후생제도를 도입 활용한다.

② 제3세계 커피농가에 합리적 가격을 지불하고 사들인 공정무역커피를 판매한다.

③ 저소득층 가정의 학생들에게 아침밥을 제공한다.

④ 제3세계 농부들에게 코코아 재배에 관한 교육을 제공하여 숙련도를 높이고 양질의 코코아를 제공받아 초콜릿을 생산한다.

> 해설 공유가치창출(CSV)이란 기업의 경제적 가치와 공동체의 사회적 가치를 조화시키는 경영을 의미하는 것으로 사회적 약자와 함께 경제적 이윤과 사회적 가치를 함께 만들고 공유하는 활동을 일컫는다. 따라서 기업의 사업 기회와 지역사회의 필요가 만나 사업적 가치를 창출하는 ④번이 정답이다.

23 다음 중 협동조합에 관한 설명으로 가장 적절한 것은?

① 협동조합은 출자액의 규모와 관계없이 1인 1표의 원칙을 갖고 있다.

② 협동조합은 영리를 목적으로 설립한 공동기업의 형태이며 조합원들에게 주식을 배당한다.

③ 소비자협동조합은 비영리 조합원 소유의 금융협동체로서 조합원들에게 대출 서비스를 주요 사업으로 한다.

④ 협동조합은 소수 공동기업으로 운영되며 이익이나 손실에 대해 조합장이 유한책임을 진다.

> **해설** ② 협동조합은 이윤의 배제를 목적으로 공동 사업을 영위하는 것이며, 따라서 영리를 목적으로 한 일반 회사기업과는 다르다.
> ③ 소비자협동조합은 소비자들이 불필요한 유통경로 같은 불편을 제거하기 위해 각자 연합해 조합을 조직하고 물품을 생산자로부터 직접 대량으로 구입해 소비자에게 직접 분배하려는 조합이다.
> ④ 협동조합은 소비자, 소규모 생산자 등과 같은 경제적 약자들이 협동하는 조합이며 조합원은 유한책임을 진다.

24 협상을 통해 두 기업이 하나로 합치는 인수합병(M&A)은 '실사-협상-계약-합병 후 통합' 과정을 거치는데, 각 단계에 대한 설명으로 가장 옳은 것은?

① 실사 : 기업의 인수합병계약 전 대상기업의 재무, 영업, 법적 현황 등을 파악하는 절차

② 협상 : M&A 과정 중 가장 중요한 단계로 계약서를 작성하는 단계

③ 계약 : 계약 체결을 위해 대상기업과의 교섭 단계

④ 합병 후 통합 : 대상기업과의 인수가격, 인수형태 등 법적 절차를 협상하는 단계

> **해설** ② '계약' 단계이다.
> ③ · ④ '협상' 단계이다.

25 다음 중 기업의 외부환경분석 중 포터(M. Porter)의 산업구조분석모형에서 다섯 가지 세력 (5-Forces)에 해당하지 않는 것은?

① 기존 산업 내 경쟁 정도

② 공급자의 협상력

③ 신규 시장 진입자의 위협

④ 정부의 금융 · 재정정책

> **해설** 포터의 산업구조분석모형에서 다섯 가지 세력은 새로운 경쟁기업의 진출위협, 공급자의 협상력, 구매자의 교섭력, 대체품의 위협, 기존 기업 간의 경쟁강도 등이다.

26 대기업과 비교할 때 중소기업의 특징에 대한 다음 설명 중 가장 옳지 않은 것은?

① 자금과 인력의 조달이 어렵다.
② 경영진의 영향력이 커서 실행이 보다 용이하다.
③ 규모가 작아 고용 증대에 큰 기여를 하지 못한다.
④ 환경의 변화에 보다 신속하게 대응할 수 있다.

해설 중소기업은 생산과 고용의 증대에 기여를 하며, 산업구조의 저변을 형성한다.

27 경영 조직화의 설명 중 가장 거리가 먼 것은?

① 조직화의 의미는 부서 수준에서 부장, 과장, 대리 등으로 직무를 설계하여 업무가 배분되고 조정되도록 하는 것을 의미한다.
② 조직화 과정에는 일반적으로 계획된 목표달성을 위해 필요한 구체적인 활동을 확정하는 단계가 있다.
③ 구체적인 활동이 확정되면 개개인이 수행할 수 있도록 일정한 패턴이나 구조로 집단화시키는 단계가 있다.
④ 조직화란 과업을 수행하기 위해 구성원과 필요한 자원을 어떻게 배열할 것인가를 구상하는 과정이다.

해설 경영 조직화 활동은 기업의 목표 달성을 최상의 방법으로 실현할 수 있도록 인적·물적 경영 자원 등을 배분하고 조정하는 활동을 의미한다. 따라서 부서 수준이 아닌 조직 전체의 수준에서도 일어날 수 있는 일이다.

28 다음 중 조직구조의 유형에 관한 설명으로 가장 적합하지 않은 것은?

① 유기적 조직은 환경이 급변하고 복잡한 경우 기계적 조직보다 적합하다 할 수 있다.
② 기계적 조직은 유기적 조직에 비해 집단화 정도와 공식화 정도가 높다.
③ 유기적 조직은 직무내용이 유사하고 관련성이 높은 업무를 우선적으로 결합하여 업무의 전문성을 우선시하는 조직이라 할 수 있다.
④ 라인(Line)구조는 조직의 목표 달성에 직접적인 책임을 지고 있는 기능을 가지고 있다.

해설 직무내용이 유사하고 관련성이 높은 업무를 우선적으로 결합하여 업무의 전문성을 우선시하는 조직구조는 기계적 조직이다.

29 민쯔버그가 제시한 경영자의 역할 중에서 종업원을 동기부여하는 역할로서 가장 적절한 것은?

① 정보적 역할

② 대인적 역할

③ 의사결정적 역할

④ 협상자 역할

해 설 ② 대인적 역할은 종업원들에게 동기를 부여하고 격려하며, 조직 내 갈등을 해소하는 역할이다.
　　　 ① 정보적 역할에는 정보를 수집하고 관찰하는 모니터 역할, 수집된 정보를 조직 구성원들에게 알리는 전파자 역할,
　　　　 투자 유치와 기업 홍보를 위한 대변인의 역할이 있다.
　　　 ③ 의사결정적 역할에는 창업자로서의 기업가 역할, 조직 내 갈등을 극복하는 문제해결사로서의 분쟁조정자 역할, 주
　　　　 어진 자원을 효율적으로 배분하는 자원배분자 역할, 외부와의 협상에서 회사에 유리한 결과를 이끌어내는 협상자
　　　　 역할이 있다.
　　　 ④ 협상자 역할은 외부와의 협상에서 경영자가 회사에 유리한 결과를 이끌어내도록 최선을 다해야 하는 것을 의미한다.

30 다음 중 리더십이론에 대한 설명으로 가장 적절하지 않은 것은?

① 블레이크와 모튼의 관리격자이론에서 (1.9)형은 과업형 리더유형이다.

② 피들러는 리더십의 결정요인이 리더가 처해있는 조직 상황에 있다고 주장한다.

③ 허쉬와 블랜차드는 부하의 성숙도가 가장 높을 때는 지시형 리더보다는 위임형 리더가 더 효과
　적이라고 제안한다.

④ 번즈의 변혁적 리더십은 카리스마, 지적자극, 개별적 배려로 구성되어 있다.

해 설 블레이크와 모튼(머튼)의 관리격자이론에서 (1.9)형은 친목형 리더유형이다.

31 다음 중 유한회사의 설명으로 가장 거리가 먼 것은?

① 유한회사의 사원은 의결권 등에서는 주식회사와 유사하다.

② 50인 이하의 유한책임사원과 무한책임사원으로 구성된다.

③ 주식회사보다는 자본규모가 작고 출자지분의 양도도 사원총회의 승인을 받아야 한다.

④ 소수의 사원과 소액의 자본으로 운영되는 중소기업에 적당한 기업형태이다.

해 설 유한회사는 주식회사와 같이 출자자 전원이 유한책임을 진다.

32 경영의사결정이 어려운 이유를 설명한 것 중 가장 거리가 먼 것은?

① 의사결정과 관련된 문제의 복잡성, 모호성, 가변성 등으로 문제를 정확하게 파악하기 어렵다.

② 의사결정과 관련된 기초자료의 불확실성, 주변환경과의 불확실성, 의사결정 후의 불확실성 등으로 의사결정이 어렵다.

③ 의사결정과정은 문제인식, 결정기준의 명시, 대안 도출, 대안 평가, 대안 선정의 과정을 포함한다.

④ 다양한 선택기준으로 대안을 비교할 때 하나의 기준이 아닌, 기업의 이익, 비용, 규모, 이미지 등 여러 요소를 고려해야 하기에 의사결정이 어렵다.

> **해설** ③은 경영의사결정이 어려운 이유를 설명한 것이 아닌, 의사결정을 수행하기 위해 취하는 단계를 설명한 것이다.

33 다음의 내용은 무엇에 대한 설명인가?

> (A)은/는 제조공정, 제품개발 등에서 혁신을 가져왔고, 앞으로 (B)로/으로 발전할 것이다. (B)은/는 (A) 을/를 부품 등의 설계도를 출력하면 스스로 조립하여 물체가 완성되는 개념으로 무생물인 물질에 생명을 불어넣는 것으로 알려진 (B)의 사례는 여러 가지가 존재한다.

① (A) ERP   (B) CRM

② (A) ERP   (B) ES

③ (A) 3D프린팅   (B) 자율자동차

④ (A) 3D프린팅   (B) 4D프린팅

> **해설** 3D프린팅은 프린터로 입체도형을 찍어내는 것을 말한다. 3차원 공간 안에 실제 사물을 인쇄하는 기술로 다양한 종류의 물건을 만들어 낼 수 있는 것이 특징이다. 4D프린팅은 미리 설계된 시간이나 임의의 환경조건이 충족되면, 스스로 모양을 변경, 제조하여 새로운 형태로 바뀌는 제품을 3D프린팅하는 기술이다. 3D프린팅과 4D프린팅은 의료산업 등 다양한 분야에서 활용될 수 있다.

34 인사관리 중 선발의 경우, 면접 시 생길 수 있는 오류의 설명 중 바르게 설명된 것은?

① 현혹효과는 후광효과라고도 하는데, 이는 한 측면의 평가결과가 전체 평가를 좌우하는 오류를 말한다.

② 관대화경향은 평가할 때 무조건 적당히 중간 점수로 평가하여 평가치가 중간에 치중하는 현상을 나타나게 하는 오류이다.

③ 스테레오타입오류는 피그말리온효과라고도 하는데, 자기충족적 예언을 의미한다.

④ 다양화오류는 사람들이 경험을 통한 수많은 원판을 마음에 가지고 있다가 그 원판 중에 하나라도 비슷하게 맞아떨어지면 동일한 것으로 간주해버리는 오류를 의미한다.

> 해설 ② 관대화경향은 피고과자의 능력이나 성과를 실제보다 더 높게 평가하는 것이다.
> ③ 스테레오타입오류는 특정한 사람에게 갖고 있는 고과자의 지각에 의해 나타나는 것이다. 예를 들어 고과자가 평소 특정 종교나 사회단체에 좋지 않은 감정을 갖고 있을 때 이러한 감정이 피고과자의 평가에 영향을 미치는 경우이다.

35 BSC(Balanced Score Card) 인사평가에서 균형이란 성과평가에서 재무적·비재무적 성과를 모두 균형있게 고려한다는 것이다. 재무적 성과와 비재무적 성과를 고려하는 BSC 평가 관점이 아닌 것은?

① 재무적 성과 : 고객 관점

② 재무적 성과 : 재무 관점

③ 비재무적 성과 : 외부 프로세스 관점

④ 비재무적 성과 : 학습과 성장 관점

> 해설 ③ 비재무적 성과 : 내부 프로세스 관점

36 다음 중 기업에서 활용되는 다양한 마케팅 활동에 대한 설명으로 가장 적합하지 않은 것은?

① 디마케팅(Demarketing)은 자사 제품이나 서비스에 대한 수요를 일시적 또는 영구적으로 감소시키려는 마케팅이다.

② 퍼미션(Permission)마케팅은 같은 고객에게 관련된 기존상품 또는 신상품을 판매하는 마케팅이다.

③ 자극(Stimulation)마케팅은 제품에 대한 지식이나 관심이 없는 소비자에게 자극을 주어 욕구를 가지게 하는 마케팅이다.

④ 바이럴(Viral)마케팅은 네티즌들이 이메일이나 다른 전파매체를 통해 자발적으로 제품을 홍보하는 메시지를 퍼트리는 것을 촉진하는 마케팅이다.

> **해설** 퍼미션마케팅은 고객에게 동의를 받은 마케팅 활동을 말한다.

37 포괄손익계산서 보고서 양식은 다음과 같다. 각 과목에 대한 산정방식으로 옳지 않은 것은?

보기		과목	계산방식
①	(1)	순매출액	(1)−(2)
	(2)	매출원가	
	(3)	매출총이익	
	(4)	영업비용(판매비와 일반관리비)	
	(5)	영업이익	
	(6)	영업외손익(금융손익 등)	
②	(7)	법인세비용 차감전 순이익	(5)−(6)
	(8)	법인세비용	
③	(9)	당기순이익	(7)−(8)
	(10)	기타포괄손익	
④	(11)	총포괄손익	(5)+(9)

① (3) 매출총이익 = (1)−(2)

② (7) 법인세비용 차감전 순이익 = (5)−(6)

③ (9) 당기순이익 = (7)−(8)

④ (11) 총포괄손익 = (5)+(9)

> **해설** 총포괄손익 = 당기순이익(9)+기타포괄손익(10)

38 다음 중 아래의 설명이 나타내는 용어로 가장 적합한 것은?

> 고객 중에는 간혹 물건을 오랜 기간 사용하고 물건에 하자가 있다고 환불이나 교환을 요구하거나 멀쩡한 음식물에 고의적으로 이물질을 넣어 보상금을 챙기는 사람들이 있다. 이와 같이 악성민원을 고의적, 상습적으로 제기하는 소비자를 뜻하는 말이다.

① 블루슈머
② 레드슈머
③ 트윈슈머
④ 블랙컨슈머

해설　① 블루슈머란 경쟁자가 없는 새로운 시장인 블루오션에 존재하는 소비자를 일컫는 말이다.
　　　③ Twin(쌍둥이)과 Consumer(소비자)의 합성어로서 다른 사람들이 제품을 사용한 경험을 중요하게 여겨 사용 후기를 참고하여 물건을 구매하는 소비자를 일컫는다.

39 다음 중 아래와 같은 상황을 뜻하는 용어로 가장 적절한 것은?

> 어느 한 제품의 가격을 올리면 그 제품을 만드는 기업이 유리해진다. 그러나 모든 제품의 가격이 오르면 모든 기업이 이익을 얻으므로 아무도 유리해지지 않으며 오히려 물가만 올라가 나쁜 영향만 미치는 상황이 만들어진다.

① 구성의 오류
② 매몰비용의 오류
③ 인과의 오류
④ 도박사의 오류

해설　② 매몰비용의 오류 : 미래에 발생할 효용이 크지 않음에도 불구하고 과거에 투자한 비용이 아까워서 일을 중단하지 못하는 행동을 의미한다.
　　　③ 인과의 오류 : 어떤 현상이 그 후에 발생한 현상보다 먼저 일어났다고 해서 앞서 일어났던 현상이 원인이라고 단정하는 오류를 말한다.
　　　④ 도박사의 오류 : 도박에서 계속 잃기만 했던 사람이 이번에는 자신이 승리할 것이라고 생각하는 오류를 말한다.

40 은행이 고객으로부터 받은 예금 중에서 중앙은행에 의무적으로 적립해야 하는 비율을 일컫는 용어는?

① 현금통화비율

② 현금비율

③ 지급준비율

④ 본원통화

> 해설　① 현금통화비율이란 민간보유현금(현금통화)을 통화총량으로 나눈 것으로 민간의 현금보유성향을 일컫는다.
> ② 현금비율이란 유동자산 중 특히 현금예금과 유동부채와의 관계를 표시해 주는 비율을 말하는데, 유동부채 100에 대해 현금이 몇 %나 되는가를 나타내는 비율이다.
> ④ 본원통화란 중앙은행인 한국은행이 지폐 및 동전 등 화폐발행의 독점적 권한을 통하여 공급한 통화를 말한다.

제3과목　사무영어

41 Which pair is NOT proper?

① 도착 서류함 : In-tray

② 연필깎이 : Sharpener

③ 소화기 : Fire End

④ (회사명이 들어있는) 편지지 : Letterhead Paper

> 해설　소화기 : Fire Extinguisher

42 Choose the one which does NOT correctly explain the abbreviations.

① MOU : Merging of United

② IT : Information Technology

③ CV : Curriculum Vitae

④ M&A : Merger and Acquisition

> 해설　MOU : Memorandum Of Understanding 양해각서

43 Choose the sentence which does NOT have a grammatical error.

① First, let me congratulate you the rapid growth of your operation.

② I'm pleased to learn of the succession you have been.

③ He will be scheduled an appointment with you within a few day.

④ I would like to arrange an appointment with you so that we can go over any questions you might have.

> 해설 ① you the rapid growth → you to the rapid growth
> ② succession은 연속, 승계의 뜻이다. 문맥상 성공의 의미인 'success'를 사용해야 한다.
> ③ a few day → a few days

44 What is INCORRECT about the following envelope?

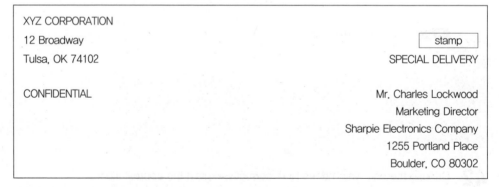

XYZ CORPORATION
12 Broadway
Tulsa, OK 74102

CONFIDENTIAL

stamp
SPECIAL DELIVERY

Mr. Charles Lockwood
Marketing Director
Sharpie Electronics Company
1255 Portland Place
Boulder, CO 80302

① 수신인은 마케팅 이사인 Charles Lockwood이다.

② 이 서신은 빠른우편으로 배송되었다.

③ 이 서신의 내용은 인비이므로 Lockwood가 직접 개봉해야 한다.

④ 이 서신의 발송지는 미국 Oregon주이다.

> 해설 이 서신의 발송지는 미국 오클라호마주(Oklahoma, 약자 : OK)이다.

45 What is the LEAST correct information about the below fax?

FAX from : Jefferey Duncan

                ICN Co. ESH Singapore

                Tel. +65 6426 7823

                Fax +65 6426 7824

# of Pages : 1 including this page

DATE   : May 2, 2020

FAX to   : Kevin Meier of ABC company +81 3 5277 061

MESSAGE

Dear Mr. Meier :

Thank you for your fax. Most of all, we apologize for the delay in shipping your order.

We normally keep to our delivery dates, but in this case our suppliers shipped to us late. Your order will be shipped today, and the date of delivery will be May 11.

We are very sorry for the inconvenience, and will make every effort to prevent a recurrence.

---

① ICN Co. has had a business with ABC company.

② Kevin Meier is expected to get the ordered goods on May 2.

③ The main purpose of this fax is to apologize for the delay and inform the delivery date.

④ Kevin Meier must have sent a fax to ask for the shipment of his order.

해설 Kevin Meier가 주문한 물건은 오늘 발송되어 5월 11일에 도착할 예정이다.

46 Which of the following is the MOST appropriate expression for the blanks ⓐ, ⓑ and ⓒ?

Dear Dr. Grondahl,

Charles Lewis has asked me to ⓐ _____ your luncheon meeting with him and a representative of Third Millennium at noon on Monday, June 3.
The Moonsoon Restaurant, ⓑ _____ the Metropolis Hotel at 29 West 49th Street, is convenient to numerous midtown offices and the prime shopping and entertainment districts, and you should have no trouble finding it. You will be Mr. Lewis's guest for lunch.
I am ⓒ _____ a map of the New York City area for your convenience.

Sincerely,
Jane Jones

---

① ⓐ cancel   ⓑ placed in   ⓒ sending
② ⓐ confirm   ⓑ located in   ⓒ enclosing
③ ⓐ remake   ⓑ to be placed ⓒ attaching
④ ⓐ call off   ⓑ located on   ⓒ forwarding

해설
- cancel : 취소하다
- placed in, located in, located on : ∼에 위치하다
- remake : 새로 만들다
- attaching : 첨부하다
- call off : 취소하다
- forwarding : 추진, 발송

Dr. Grondahl께,

Charles Lewis 씨가 6월 3일 월요일 정오에 있을 Third Millennium 대표와의 오찬 회동에 대한 확인을 부탁한다고 요청했습니다.
West 49번가 29번지에 위치한 Metropolis Hotel에 있는 Moonsoon 레스토랑은 수많은 미드타운 사무실과 최고의 쇼핑 및 놀이시설을 편리하게 이용할 수 있으며, 당신은 이곳을 찾는 데 어려움이 없을 것입니다. 당신이 Mr. Lewis의 점심식사 손님이 될 것입니다.
제가 당신의 편의를 위하여 뉴욕지역의 지도를 첨부하였습니다.

Jane Jones 올림.

47 Which is NOT true according to the following Mr. Smith's itinerary?

WEDNESDAY, MAY 6

01:30 p.m.   Leave Chicago/O'Hare Field

American Airlines Flight No. 836

Nonstop

05:10 p.m.   Arrive Boston/Logan Int.

Hotel Transportation Provided

Phone : 617-267-9314

Hotel : Revere Square Hotel, 9135 Revere Square

Dates : May 6 and 7

Confirmation No. 156J92CD (by Joan)

Guaranteed Arrival

Note. Upon arrival, contact TomKennedy regarding conference presentation.

THURSDAY, MAY 7

10:00 a.m.   Presentation to National Pharmaceutical Sales

Conference, Decker Hall, Revere Square Hotel

11:45 a.m.   Luncheon w/ John Blake, new accountant, Pullman Room, Revere Square Hotel

04:00 p.m.   Meeting w/ all regional sales managers, Hall B, Revere Square Hotel

07:30 p.m.   Conference Banquet, Diamond Hall, Revere Square Hotel

FRIDAY, MAY 8

10:00 a.m.   Leave Boston/Logan Int.

American Airlines Flight No. 462

Nonstop

---

① 스미스 씨는 2박 일정으로 Revere Square 호텔을 예약하였다.

② 호텔 예약과 관련하여 문제가 발생했을 경우는 Joan과 연락하면 된다.

③ 연회는 저녁 7시 30분에 Pullman Room에서 개최될 예정이다.

④ 스미스 씨는 수요일 오후 1시 30분 시카고 O'Hare 공항을 떠나는 일정이다.

해설 연회는 저녁 7시 30분에 Diamond Hall에서 개최될 예정이다.

48 Fill in the blanks with the BEST ones.

> A : Intercontinental Hotel. How may I direct your call?
> B : Reservations, please.
> A : Just a moment, please.
> C : Reservations. How may I help you?
> B : I'd like to make a reservation. Do you have a double room available from the 15th of March through the 17th?
> C : Yes, we have. Your room _____ from March 15th to 17th. May I have your credit card number _____ your reservation?

① is booked – to guarantee

② booked – to confirm

③ is booked – for reconfirming

④ booked – for making

해설 방의 예약이 '되다'는 의미의 수동태를 사용해야 하므로 'is booked'라고 써야 하며 예약을 보증하기 위한 신용카드 번호가 필요하므로 'guarantee'를 사용해야 한다.

> A : Intercontinental Hotel입니다. 어디로 연결해드릴까요?
> B : 예약부서로 연결해주세요.
> A : 잠시만 기다려주세요.
> C : 예약부서입니다. 무엇을 도와드릴까요?
> B : 예약을 하고 싶습니다. 3월 15일부터 17일까지 더블룸 예약이 가능한가요?
> C : 네. 방이 있습니다. 3월 15일부터 17일까지의 방 예약이 완료되었습니다. 당신의 예약을 보증하기 위한 신용카드 번호를 알려주시겠습니까?

49 Which English sentence is LEAST proper for the given Korean meaning?

① 이사회에 정성어린 축하를 전해주시기 바랍니다.

→ Please pass on our kindest wishes to the board of directors.

② 귀사의 주요 고객 중 한 분인 Mr. Anderson 씨에게 귀사에 대해 들었습니다.

→ I've heard about your company from Mr. Anderson, one of your major clients.

③ 용도에 맞게 쓰시라고 전자 상품권을 발행해 드렸습니다.

→ An electronic voucher has issued for your use.

④ 귀하가 우리 대리점에서 겪으신 불편에 대해 알고 염려가 되었습니다.

→ We were concerned to learn that you have experienced an inconvenience in our agency.

해설 용도에 맞게 쓰시라고 전자 상품권을 발행해 드렸습니다. → An electronic voucher has been issued for your use.

50 What is LEAST proper as a phrase for ending the conference?

① Can we have a quick show of hands?

② Let's try to keep each item to 15 minutes.

③ Thank you for coming and for your contributions.

④ I think we've covered everything on the agenda.

> **해설** ② 각각의 아이템을 15분 동안 유지하도록 하자는 의미로, 회의를 종료하는 데 쓰이는 어구로는 적절하지 않다.

51 Choose the MOST appropriate expression.

> A: Miss Jung, (a) 이사회가 몇 시로 예정되어 있죠?
> B : (b) 9일, 금요일 오후 1시입니다.

① (a) when is the board meeting scheduled?

　(b) On the 9th, Friday at 1:00 p.m.

② (a) when is the board meeting scheduling?

　(b) On Friday, the 9th at 1:00 p.m.

③ (a) when does the board meeting scheduling?

　(b) In the 9th, Friday at 1:00 p.m.

④ (a) when has the board meeting been scheduled?

　(b) By Friday, the 9th at 1:00 p.m.

> **해설** 이사회가 '예정되다'의 의미이므로 수동태를 사용해야 한다. 따라서 is(be) scheduled를 사용해야 하며 날짜 앞에는 전치사 'on'을 사용한다.

52 What is MOST appropriate expression for the underlined part?

Visitor	: I'd like to see Mr. Han for a few minutes.
Secretary	: <u>어떤 용무로 그를 만나시려는지 여쭤봐도 될까요?</u>
Visitor	: I'd like to talk to him about our new sales strategies.

① May I ask why you wish to see him?

② May I ask why do you wish to see him?

③ May I ask the reason you wish to see him about?

④ May I ask the reason do you wish to see him?

> **해설** 간접 의문문의 형태는 의문사–주어–동사 순으로 적어야 한다. 따라서 why you wish to see him으로 적은 ①번이 정답이다.

53 Among the phone conversations, which is LEAST proper?

① A : Is this Bill speaking?

　 B : No, it isn't. He is not in right now.

② A : I'm sorry, may I ask who's calling, please?

　 B : I'm afraid Jaeho Kim doesn't work here.

③ A : Hello, is this Sinae Travel Service?

　 B : I'm sorry. You have the wrong number.

④ A : May I take a message for him?

　 B : No, thanks. I will call later.

> **해설**
> ① A : 전화받고 있는 분이 Bill 씨 인가요?
> 　 B : 아뇨 아닙니다. 그는 지금 이곳에 없습니다.
> ② A : 실례지만, 혹시 지금 전화받고 있는 분은 누구신가요?
> 　 B : 죄송하지만 김재호 씨는 이곳에서 일하지 않습니다.
> ③ A : 안녕하세요. Sinae 여행 서비스가 맞습니까?
> 　 B : 죄송합니다만 전화 잘못 거셨습니다.
> ④ A : 그에게 메시지를 남겨드릴까요?
> 　 B : 아뇨 괜찮습니다. 제가 나중에 다시 전화하겠습니다.

54 According to the followings, which is LEAST true?

> S : Mr. Chang. Can I come in and fill you in on your schedule for today?
>
> B : Well, I looked it through before I left home this morning, but come in Ms. Lee. It doesn't harm to double check, does it?
>
> S : Not at all sir. Actually, Mr. Trevor of the finance department dropped by yesterday after you left for home. He wanted to see you to discuss funding for the next year's project.
>
> B : I can see him now.
>
> S : Well. Mr. Trevor has a department meeting at the moment. He will come to see you at 11:00. Mr. Chang, you don't have anything scheduled from 11 until noon.
>
> B : 11 o'clock is good. Let me know when he is here. Anything else?
>
> S : You are scheduled to go to the 5th Annual Meeting for Seoul SME Executives Association.
>
> B : What time is the meeting and where should I go?
>
> S : It is at 6:00 p.m. at the ABC Hotel. Because it's rush hour, I suggest your leaving at least an hour earlier.
>
> B : OK. Thank you. Ms. Lee.

① Mr. Chang will leave for ABC Hotel around 5 o'clock.

② Mr. Trevor wanted to see Mr. Chang yesterday, but he couldn't.

③ Mr. Chang already looked through today's schedule this morning.

④ Ms. Lee is Mr. Trevor's secretary.

해설 Ms. Lee는 Mr. Chang의 비서이다.

55 Which of the following is the MOST appropriate expression for the blank?

> A : Hello. This is Paul Morris from Shilla Holdings. May I speak to Mr. Park?
> B : I'm sorry, but Mr. Park is in a meeting and asked not to be disturbed.
> A : I feel sorry to ask you, but _____. I have an urgent matter to discuss with him.
> B : Well, let me check, but I doubt I'll be able to put you through.
> (To Mr. Park) Mr. Paul Morris from Shilla Holdings is on the line. He said he had an urgent matter to discuss with you.
> C : All right. Put him through.

① please ask him to be on the line now.

② could you please interrupt him for me?

③ please tell him Mr. Morris on the line.

④ I will wait for a while.

해설   Mr. Park이 B에게 회의 중에 있으니 회의를 방해받지 않기를 원한다고 말했으나 Paul Morris는 급한 문제로 Mr. Park과 연결되기를 원하는 상황이다. 따라서 자신을 위해서 그를 방해해 줄 수 있냐고 물어보는 ②번이 정답이다.

> A : 안녕하세요. Shilla Holdings의 Paul Morris입니다. Mr. Park과 전화 연결이 가능합니까?
> B : 죄송하지만 Mr. Park은 지금 회의 중에 있습니다. 그리고 그는 회의를 방해받지 않기를 원한다고 했습니다.
> A : 이렇게 요청드려서 죄송하지만, 저를 위해서 그를 방해해 주실 수 있겠습니까? 급한 문제로 그와 의논할 것이 있습니다.
> B : 음, 한번 확인해 볼게요. 그러나 연결이 될지는 장담하지 못합니다.
> (Mr. Park에게) Shilla Holdings의 Paul Morris 씨와 전화 연결이 되어 있습니다. 그가 급한 문제로 당신과 의논할 것이 있다고 합니다.
> C : 알겠습니다. 연결해주세요.

56 What kind of letter is this?

Mr. Benjamin Button
HR Director
New Bridge Finance, Ltd.

Dear Mr. Button :

It is my great pleasure to write for Stacy Truman for the opening position in your company.
During the past three years that Ms. Truman was with us, I have come to know her as a hard-working, diligent and optimistic person with tremendous initiative. She began as a part-time secretary in Finance division but quickly demonstrated her potential and was promoted to executive secretary within a year's time.
Though I will be disappointed to see her go, I also know that Ms. Truman's ambition should not be held back. I'm sure she will make a valuable asset to any company.

Sincerely,
Richard Branson
Richard Branson,
Executive Vice President

① Condolence Letter
② Congratulatory Letter
③ Resignation Letter
④ Recommendation Letter

해설 ④ 추천편지
① 문상편지
② 축하편지
③ 사직서

Stacy Truman이 귀사에서 직책을 맡게 되어 매우 기쁩니다.
Truman 씨가 우리와 함께 있었던 지난 3년 동안 나는 그녀가 엄청난 진취성을 가지고 열심히 일하고, 부지런하며, 낙천적인 사람이라는 것을 알게 되었습니다. 재무부에서 시간제 비서로 일하기 시작했지만 그녀는 그녀의 잠재력을 빠르게 보여주었고, 1년 안에 경영 간부 비서로 승진했습니다.
비록 그녀가 가는 것을 보면 속상하겠지만, Truman 씨의 야망이 억제되어서는 안 된다는 것도 알고 있습니다. 나는 그녀가 어떤 회사에도 귀중한 자산이 될 것이라고 확신합니다.

57 Which of the followings is MOST appropriate for the blank?

> S : Good afternoon. How may I help you?
>
> V : Excuse me. Can I see Mr. Parker for a moment?
>
> S : May I have your name, please?
>
> V : I am Kelly Lee.
>
> S : I'm sorry, but Mr. Parker is booked up all day today. But let me check if he is available to see you. _____
>
> V : Oh, I just want to say hello to him. I'm his old friend.
>
> (비서가 상사에게 방문객에 대해 보고한다.)
>
> S : Mr. Parker. Ms. Kelly Lee is here to see you. She said she just dropped by to say hello to you.
>
> B : Oh, really? Please show her in. By the way, do I have any scheduled meeting now?
>
> S : Not right now. But you have an appointment in 20 minutes.
>
> B : OK. Please let her in.
>
> (비서가 내방객에게)
>
> S : Ms. Lee. Please go in.
>
> V : Thank you.

① May I take your message?

② May I ask what the business is?

③ May I ask your name and the nature of your business?

④ May I have your contact number just in case?

해설 상사(Parker)의 오늘 예약은 다 차있는 상태이고, 비서가 상사에게 Kelly Lee 씨가 방문해 상사를 만나고 싶어 한다는 사실을 알리고 있다. 빈칸에 들어갈 말에 대한 대답으로 Kelly Lee가 그의 오랜 친구로서 단지 그를 잠깐 보러 왔다고 대답하고 있다. 따라서 비서가 Kelly Lee 씨에게 어떠한 용건으로 상사를 만나고 싶어 하는지를 물어 본 것이 가장 적절하다.

② 어떠한 용건인지 여쭤봐도 될까요?

① 메시지를 남겨드릴까요?

③ 성함과 어떠한 비즈니스를 하고 계시는지 여쭤봐도 될까요?

④ 혹시 모르니 연락처를 알려주시겠습니까?

58 According to the following conversation, which one is NOT true?

A : Ms. Lee, could you tell me my schedule for today?

B : Yes. Mr. Taylor, there'll be a meeting on our new product promotion at 10:30. Mr. Y. G. Seo, Marketing Director, would like you to join the meeting. At 12:00 you have a lunch appointment with Ms. Jill Sander at the cafeteria.

A : Cafeteria on the first floor?

B : Yes, it is. After lunch, at two o'clock Lawyer Park will visit you to discuss the labor agreement.

A : All right. Tell me how you've planned my business trip to New York.

B : You're leaving Seoul at 9:30 on Tuesday morning on OZ780 and arriving at JFK Airport at 10 o'clock on the same day. Mr. John Park will meet you at the airport and take you to the headquarters.

A : Good.

B : You will be staying at the Royal Garden Hotel for 5 nights.

A : And on the way back?

B : The return flight leaves at 4 o'clock on Sunday afternoon and arrives at the Incheon Airport at 9:00 p.m. next Monday. Mr. Kim, driver, will meet you at the airport.

① Mr. Taylor has a meeting at 10:30 regarding new product promotion.

② Mr. Taylor has a lunch appointment with Ms. Jill Sander at the cafeteria on the first floor today.

③ Mr. Taylor will fly to New York on a business trip.

④ Mr. John Park will stay at the Royal Garden Hotel for 5 days.

해설 ④ Mr. Taylor가 Royal Garden Hotel에서 5일을 머무를 것이다.

A : Ms. Lee, 오늘 일정을 말해주시겠습니까?

B : 네. Mr. Taylor. 10시 30분에 우리의 신제품 프로모션 미팅이 있습니다. 마케팅 디렉터 Y. G. Seo 씨가 당신이 회의에 참석하기를 원합니다. 12시에는 Jill Sander 씨와 카페테리아에서 점심 약속이 있습니다.

A : 일 층에 있는 카페테리아 말하는 것인가요?

B : 네 맞습니다. 점심 이후 2시에 변호사 Park 씨가 노사협의로 의논할 것이 있어 방문할 것입니다.

A : 알겠습니다. 뉴욕 비즈니스 출장 계획은 어떻게 되는지 말씀해주세요.

B : 화요일 아침 9시 30분에 OZ780를 타고 서울을 떠나 JFK공항에 같은 날 10시에 도착할 것입니다. Mr. John Park이 공항에 마중 나올 것이며 본사로 데려갈 것입니다.

A : 좋습니다.

B : 당신은 Royal Garden Hotel에서 5일간 머무를 것입니다.

A : 그리고 돌아오는 편은 어떻게 됩니까?

B : 돌아오는 비행은 일요일 오후 4시에 떠나는 비행기로, 인천공항에 그 다음 날인 월요일 아홉 시에 도착할 것입니다. 운전기사 Mr. Kim께서 공항에 마중 나갈 것입니다.

59 What is the main purpose of the following contents?

> Travellers can reduce the effects of jet lag by changing their eating and drinking patterns. If you want to sleep on a plane, you should eat foods such as bread, pasta or cakes. Avoid eating high protein foods such as meat, eggs or cheese. Don't drink tea or coffee for two days before flying. Remember that you don't have to eat and drink everything that they offer you on a plane. You should avoid alcohol and drink at least two liters of water on a six-hour flight. Exercise also helps. You can do simple exercises in your seat, or walk around the plane.

① Rule of conduct on a plane

② Effective Diet Method

③ How to avoid jet lag

④ How to keep your health

해 설 ③ 시차로 인한 피로감을 줄이는 방법
① 비행기에서의 행동 규칙
② 효과적인 다이어트 방법
④ 건강을 지키는 방법

> 여행자들은 그들의 식사와 음주 패턴을 변화시킴으로써 시차 적응의 영향을 줄일 수 있습니다. 비행기에서 자고 싶다면 빵이나 파스타, 케이크 같은 음식을 먹어야 합니다. 고기, 계란 또는 치즈와 같은 고단백 음식을 먹는 것을 피해야 합니다. 비행기 타기 이틀 전에는 차나 커피를 마시는 것을 피해야 합니다. 그들이 제공하는 모든 것을 비행기에서 먹고 마실 필요는 없다는 것을 기억하십시오. 당신은 술을 피하고 6시간 비행 시 적어도 2리터의 물을 마셔야 합니다. 운동도 도움이 됩니다. 좌석에서 간단한 운동을 하거나 비행기 주변을 걸을 수 있습니다.

60 Choose one pair of dialogue which does NOT match each other.

① A : It's a little bit early for dinner but would you like to have something?

  B : Why don't we have a sandwich?

② A : Do I have any meetings tomorrow?

  B : I'll let you know the schedule for tomorrow.

③ A : Do you have any particular brand of car in mind?

  B : No, but I'm looking for a compact car.

④ A : Is there some sort of a landmark you can tell me about?

  B : You can take a taxi, but it's within walking distance.

① A : 저녁을 먹기에는 조금 이른 시간이지만, 무언가를 좀 드시겠습니까?

　 B : 샌드위치를 먹는 게 어떻습니까?

② A : 내일 회의가 잡힌 것이 있습니까?

　 B : 내일 일정을 알려드리겠습니다.

③ A : 마음에 두고 있는 특정한 브랜드의 차가 있습니까?

　 B : 아니오. 그러나 나는 소형차를 찾고 있습니다.

④ A : 나에게 말해줄 랜드마크 같은 것이 있습니까?

　 B : 당신은 택시를 탈 수 있지만, 걸어서 갈 수 있는 거리입니다.

---

61 다음은 공문서 작성 시 항목(1., 2., 3., 4.⋯)을 구분하여 작성하는 방법이다. 항목 작성 시 표시위치와 띄어쓰기에 관한 설명이 가장 적절하지 않은 것은?

① 첫째 항목기호는 왼쪽 처음부터 띄어쓰기 없이 왼쪽 기본선에서 시작한다.

② 하위 항목부터는 상위 항목 위치에서 오른쪽으로 2타씩 옮겨 시작한다.

③ 항목이 한 줄 이상인 경우에는 항목기호(1., 2., 3., 4.⋯) 위치에 맞추어 정렬한다.

④ 항목이 하나만 있는 경우 항목기호를 부여하지 아니한다.

해설　항목이 두 줄 이상인 경우에 둘째 줄부터는 항목 내용의 첫 글자에 맞추어 정렬한다(예 Shift + Tab키 사용).

62 다음 중 소통성을 높이고 정확한 표현 사용을 위한 공공언어 바로 쓰기에 맞춰 올바르게 수정되어 변경된 것은?

항 목	수정 전	수정 후
가	MOU	업무협정
나	적극적으로 뒷받침하기 위해	적극 뒷받침하기 위해
다	최선을 다할	만전을 기해 나갈
라	지자체	지방자치단체(이하 지자체)
마	제고하기	높이기

① 가, 나, 다, 라, 마　　　　　　② 가, 다, 라, 마

③ 가, 나, 다, 마　　　　　　　　④ 가, 라, 마

63 다음 중 문서의 종류에 대한 설명이 가장 적절하지 못한 것은?

① 공문서 중 비치문서는 민원인이 행정 기관에 허가, 인가, 그 밖의 처분 등 특정한 행위를 요구하는 문서와 그에 대한 처리문서를 뜻한다.

② 비서실에서는 거래 문서보다 초대장, 행사 안내문, 인사장, 축하장, 감사장 등과 같은 문서의 비중이 높은 편이다.

③ 전자문서 시스템, 사무용 소프트웨어뿐 아니라 홈페이지 게시 등과 같이 작성되는 문서도 전자문서에 속한다.

④ 문서 작성 소프트웨어에 의해 작성되었다고 하더라도 인쇄되어 종이의 형태로 유통된다면 종이문서라고 할 수 있다.

64 다음 중 문장부호의 사용이 가장 올바르지 않은 것은?

① ≪영산강≫은 사진집 〈아름다운 우리나라〉에 실린 작품이다.

② 이번 회의에는 두 명[이혜정(실장), 박철용(과장)]만 빼고 모두 참석했습니다.

③ 내일 오전까지 보고서를 제출할 것.

④ "설마 네가 그럴 줄은….”라고 경수가 탄식했다.

65 다음과 같이 감사장을 작성하고 있다. 아래에서 메일머지의 데이터를 이용해서 작성하는 것이 더 효율적인 것이 모두 포함된 것은?

> (가) 상공에너지 (나) 대표이사 (다) 김채용 귀하
> 안녕하십니까?
> 지난 (라) 9월 10일 개최된 (마) 4차산업도래로 인한 사회 변혁포럼에 참석해 주셔서 진심으로 감사의 말씀 드립니다. 이번 포럼에서 강연해 주신 (바) "빅데이터의 기업활용 성공 사례" 덕분에 포럼이 더욱 성황리에 마무리되었습니다. 회의 중에 불편한 점이 있으셨다면 양해해 주시기 바랍니다. 일일이 찾아 뵙고 인사드리는 것이 도리이오나 서면으로 대신함을 양해해 주시기 바랍니다. 앞으로도 더 좋은 자리에서 다시 뵙게 되기를 바라며, 항상 건강과 행운이 함께 하시길 바랍니다.
>
> (사) 2020. 9. 15.
>
> (아) 한국상공포럼 대표 (자) 김준하

① (나), (다), (바), (사)
② (라), (마), (아), (자)
③ (가), (나), (다), (바)
④ (가), (나), (다), (마)

해설 **메일머지**
여러 사람의 성명, 직책, 부서 등이 들어있는 데이터 파일과 본문의 내용은 같고 성명, 직책, 부서 등의 개인별 인적 사항이 다른 '초대장', '안내장', '시행문' 발송 등의 본문 파일을 병합하여 서로 다른 문서를 한꺼번에 작성하는 기능이다. 동일한 내용의 편지를 받는 사람의 정보만 달리하여 여러 명에게 보낼 때 사용한다.

66 다음은 상사가 해외 출장 후 박 비서에게 전달한 명함이다. 정리순서대로 올바르게 나열한 것을 고르시오.

> (가) Stephen Lee
> (나) Dr. Stephanie Leigh
> (다) Kimberley, Charles
> (라) Mr. Charlie Kimberly, CAP
> (마) Eugene Maslow, Jr.
> (바) Eric-Charles Maslow, ph.D

① (나) – (바) – (마) – (다) – (라) – (가)
② (다) – (라) – (가) – (나) – (바) – (마)
③ (라) – (바) – (마) – (다) – (나) – (가)
④ (다) – (라) – (나) – (가) – (마) – (바)

해설 영문명의 명함정리는 먼저 '성'을 기준으로 알파벳순으로 정리한다. 성까지 동일할 경우 이름을 기준으로 알파벳순으로 정리한다.

67 다음 전자문서에 대한 설명으로 가장 올바르지 않은 것은?

① 비서실에서 종이문서를 일반스캐너를 이용하여 이미지화한 문서는 종이문서와 동일하게 법적 효력을 인정받는다.

② 전자문서는 특별규정이 없는 한 전자적인 형태로 되어 있다는 이유로 문서로서의 효력이 부인되지 않는다.

③ 전자문서는 일반 문서 작성용 소프트웨어를 사용하여 작성, 저장된 파일도 해당한다.

④ 전자적 이미지 및 영상 등 디지털 콘텐츠도 전자문서에 해당한다.

> **해설** 전자문서의 객관적 증거력(법적, 일반적)을 증명하는 중요한 판단 기준은 전자문서와 관련되어 발생하는 모든 행위에 대한 내역을 생성, 저장, 관리하는 '추적' 행위와 관련이 있다. 추적은 전자문서가 폐기(삭제)되어 더 이상 관리되지 않은 시점까지 전자문서와 관련하여 발생되는 모든 행위에 대한 내역을 생성, 저장, 유지해야 하는 것을 의미하며 종이문서를 일반스캐너를 이용하여 이미지화한다고 해서 법적 효력을 인정받는 것은 아니다.

68 다음 보기를 읽고 최문영 비서가 문서를 효율적으로 관리하기 위해 1차적으로 어떤 문서 정리방법을 이용하는 것이 가장 적절한지 고르시오.

> 최문영 비서가 입사한 회사는 축산 가공 식품 회사이다. 전국에 걸쳐 지역별로 이백여 개의 공급처에서 소와 돼지의 고기를 납품받아 햄이나 소시지 등으로 제품으로 가공하고 있다. 전국의 납품업체에서는 하루에도 수십 건씩 관련 문서가 팩스로 수발신되고 있다.

① 거래 회사명으로 명칭별 분류법   ② 거래 회사 전화번호로 번호식 문서정리방법

③ 부서별로 주제별 문서정리방법   ④ 거래 회사 지역별로 명칭별 분류법

> **해설** 전국에 걸쳐 지역별로 이백여 개의 납품업체에서 문서를 받고 있으므로 1차적으로는 거래 회사 지역별 명칭 분류법을 사용하는 것이 가장 적절하다.

69 공공기관의 전자문서에 대한 설명이 가장 적절하지 않은 것은?

① 전자이미지서명이란 기안자 · 검토자 · 협조자 · 결재권자 또는 발신명의인이 전자문서상에 전자적인 이미지 형태로 된 자기의 성명을 표시하는 것을 말한다.

② 전자문자서명이란 기안자 · 검토자 · 협조자 · 결재권자 또는 발신명의인이 전자문서상에 자동 생성된 자기의 성명을 전자적인 문자 형태로 표시하는 것을 말한다.

③ 전자문서는 업무관리시스템 또는 전자문서시스템에서 전자문자서명을 하면 시행문이 된다.

④ 전자문서의 경우에는 수신자가 관리하거나 지정한 전자적 시스템에 입력됨으로써 그 효력을 발생하는 도달주의를 원칙으로 한다.

> **해설** 전자문서를 전자문자서명을 한다고 해서 곧바로 시행문이 되는 것은 아니고, 발신 처리의 과정이 필요하다.

70 프레젠테이션을 위한 올바른 슬라이드 작성 방법으로 가장 적절하지 않은 것은?

① 프레젠테이션 슬라이드는 기본적으로 시각자료이며 텍스트와 그림을 전달내용에 맞추어 적절하게 구성하는 활동이 중요하다.

② 프레젠테이션 슬라이드는 서론, 본론, 결론의 단계성보다는 도형과 그림 중심으로 시각화하는 것이 중요하다.

③ 시각자료의 양은 발표 분량이나 시간을 고려하여 결정되어야 하며 효과적으로 배치하여야 한다.

④ 프레젠테이션을 구성하는 주제, 내용, 시각자료 등은 논리적 연관관계가 치밀해야 한다.

> **해설** 서론, 본론, 결론의 단계성을 기본으로 하여 도형과 그림 중심의 시각화 자료들을 효과적으로 이용하는 것이 좋다.

71 다음 비서의 정보 수집 방법이 가장 적절하지 않은 것은?

① 강 비서는 상사의 지인에 관련한 부음을 신문에서 보고 해당 인물의 비서실에 전화를 걸어서 확인하였다.

② 민 비서는 보고서 작성을 위해 사내 인트라넷을 이용하여 1차 관련자료를 수집한 후 외부자원을 위해서 추가 자료를 수집하였다.

③ 정 비서는 웹자료를 검색할 때에 정보의 질이 우수하여, 출처가 불분명한 글을 인용하였다.

④ 박 비서는 인터넷 검색이 불가능한 오래된 귀중본 열람을 위해서 소장 여부 및 열람가능 여부 확인 후 도서관에 직접 방문하였다.

> **해설** 웹자료를 검색할 때 가장 주의해야 하는 것이 자료의 출처이다. 정보의 질이 우수하다고 하더라도 출처가 불분명한 글을 인용하여서는 안 되며, 자료를 인용하였을 경우 반드시 출처를 남겨야 한다.

72 다음은 데이터베이스 관련 용어이다. 용어에 대한 설명이 가장 적절하지 못한 것은?

① Big Data : 데이터의 생성 양, 주기, 형식 등이 기존 데이터에 비해 너무 크기 때문에, 어려운 대량의 정형 또는 비정형데이터로 이로부터 경제적 가치를 추출 및 분석할 수 있는 기술이다.

② DQM : 데이터베이스의 최신성, 정확성, 상호연계성을 확보하여 사용자에게 유용한 가치를 줄 수 있는 수준의 품질을 확보하기 위한 일련의 활동이다.

③ Null : 데이터베이스를 사용할 때, 데이터베이스에 접근할 수 있는 데이터베이스 하부 언어를 뜻하며 구조화 질의어라고도 한다.

④ DBMS : 데이터베이스를 구축하는 틀을 제공하고, 효율적으로 데이터를 검색하고 저장하는 기능, 응용 프로그램들이 데이터베이스에 접근할 수 있는 인터페이스 제공, 장애에 대한 복구, 보안 유지 기능 등을 제공하는 시스템이다.

> **해설** 'Null'은 아무 것도 없다는 의미로, 컴퓨터 프로그래밍 언어에 있어서는 아무 값도 갖고 있지 않은 경우를 의미한다.

73 다음 그래프는 한중 교역량 추이와 중국 입국자 및 한국 관광수지 변화를 보여주는 그래프이다. 이 그래프를 통하여 알 수 있는 내용 중 가장 올바른 정보는?

① 한 · 중 교역 규모는 2016년 2114억 1300만 달러로 1992년 교역 규모 대비 33배 축소되었다.

② 관광지식정보시스템 자료에 따르면 한 · 중 교역 규모가 가장 컸던 때는 2014년이었다.

③ 2017년 상반기 방한 중국인은 225만 2915명으로 전년 동기 대비 증가했다.

④ 관광수지 적자폭도 2017년 상반기에 전년 동기 16억 8030만 달러에서 62억 3500만 달러로 커졌다.

> **해설** ① 한 · 중 교역 규모는 1992년 대비 2016년에 33배 늘어났다.
> ② 위의 자료에서는 한국무역협회에 따르면 한 · 중 교역 규모가 가장 컸던 때가 2014년이었다.
> ③ 2017년 상반기 방한 중국인은 전년 동기 대비 감소했다.

74 사물인터넷에 대한 설명으로 잘못된 것은?

① 사물인터넷(Internet of Things, IoT)은 사물 등에 센서를 달아 실시간으로 데이터를 수집하고 주고받는 기술이다.

② IoT라는 용어는 1999년에 케빈 애쉬튼이 처음 사용하기 시작했다.

③ 보안 취약성, 개인정보 유출 등에 관한 우려가 존재하여 이에 대한 대응이 요구된다.

④ IoT에 관련한 국제 표준이 부재하여 시장 전망에 비해 시장확대 속도가 느린 편이다.

> **해설** IoT에 관련한 국제 표준은 존재한다.

75 다음은 USB 인터페이스에 대한 설명이다. 가장 적절하지 못한 것은?

① USB 2.0에 비해 USB 3.0 버전은 빠른 데이터 전송이 가능하다.

② USB 인터페이스는 전원이 켜진 상태에서도 장치를 연결하거나 분리, 혹은 교환이 가능한 간편한 사용법이 특징이다.

③ USB 3.0 버전은 USB 2.0 버전과 구별하기 위해 보라색 포트 사용을 권장하고 있다.

④ 별도의 소프트웨어 설치 없이도 상당수의 USB 장치(키보드, 마우스, 웹캠, USB 메모리, 외장하드 등)들을 간단히 사용할 수 있다.

> **해설** USB 3.0 버전은 USB 2.0 버전과 구별하기 위해 파란색 포트 사용을 권장하고 있다.

76 복지 정책 관련 보고서를 작성하고 있는 김 비서는 복지 관련 민원접수에 대한 다음 표를 작성했다. 아래 표를 읽고 유추할 수 있는 사실과 거리가 가장 먼 것은?

민원구분 / 급수	민원접수			민원처리완료	
	건 수	2018 이관	2019 신규	건 수	백분율
1급	350	174	176	202	58%
2급	206	68	138	109	53%
3급	152	46	106	101	66%
4급	520	212	308	386	74%
합 계	1,228	500	728	798	65%

① 위 데이터를 이용해 민원접수건수 전체 중 각 급수의 비중을 나타내는 차트로 가장 적절한 차트는 세로 막대형 차트이다.

② 3급 민원접수 건 중 2018년도에서 이월된 비율은 약 30% 정도이다.

③ 민원처리완료 비율이 가장 높은 순서는 4급-3급-1급-2급 순이다.

④ 평균 민원 처리율은 65%이다.

> **해설** 전체에 대한 각각의 비중이 한눈에 알아보기 쉬워 위의 표에 적절한 그래프는 원그래프이다. 원그래프는 데이터 전체를 원의 면적 100%로 하여 그 구성 항목을 비율에 의해 부채꼴 형태로 구분한 그래프이다.

77 다음은 외국환율고시표이다. 표를 보고 가장 적절하지 못한 분석은?

외국환율고시표 〈12월 13일〉

(자료 = KEB하나은행)

국가명	통화	전신환		현금		매매 기준율	대미 환산율	달러당 환산율
		송금 할 때	송금 받을 때	현금 살 때	현금 팔 때			
미 국	달 러	1,183.10	1,160.30	1,192.20	1,151.20	1,171.70	1.0000	1.0000
일 본	엔	1,079.69	1,058.75	1,087.93	1,050.51	1,069.22	0.9125	1.0959
유로통화	유 로	1,321.52	1,295.36	1,334.47	1,282.41	1,308.44	1.1167	0.8955
중 국	위 안	169.72	166.36	176.44	159.64	168.04	0.1434	6.9727

※ 일본 JPY는 100단위로 고시됩니다.

① 전신환으로 송금하는 경우 현금으로 살 때보다 돈이 덜 든다.
② 미화 100달러를 현금으로 팔아서 받은 돈으로 엔화 10,000엔을 송금하면 돈이 남는다.
③ 10,000위안을 송금받은 돈으로 2,000달러를 현금으로 사는 경우에 돈이 부족하다.
④ 대미환산율을 기준으로 볼 때 1.1167유로가 1달러에 해당한다.

> **해설** 대미환산율을 기준으로 볼 때 1.1167달러가 1유로에 해당한다.

78 우편봉투 작성 시 사용한 경칭의 예시가 맞는 것을 모두 고르시오.

> (가) 대한비서협회장 귀중
> (나) 대표이사 김철수 님
> (다) 이소민 귀하
> (라) ㈜정석컴퓨터 귀중
> (마) 회원 제위

① (가), (나), (다), (라), (마)
② (나), (다), (라), (마)
③ (가), (라), (마)
④ (다), (마)

> **해설** (가)의 '귀중'은 편지나 물품을 받을 단체나 기관의 이름 아래에 쓰는 높임말이다.

79 다음 중 사이버 보안위협 내용으로 옳은 것을 모두 고르시오.

> (가) 지능형 공격과 결합한 랜섬웨어 공격의 증가
> (나) 가상화폐 관련 서비스와 금전이익을 노리는 공격 증가
> (다) 보안에 취약한 IoT 기기를 악용한 범죄
> (라) 사회적 이슈 관련 대규모 사이버 공격 위협
> (마) 불특정 다수를 대상으로 한 스피어피싱의 증가

① (가), (나), (마)

② (가), (나), (다), (마)

③ (가), (나), (다), (라)

④ (나), (다), (라)

해설 (마) 스피어피싱이란 특정한 개인들이나 회사를 대상으로 한 피싱 공격을 말하며, 공격자가 사전에 공격 성공률을 높이기 위해 공격 대상에 대한 정보를 수집하고 이를 분석하여 피싱 공격을 수행하는 형태를 말한다.

80 아래의 애플리케이션 중 그 성격이 다른 한 가지는?

① 드롭박스

② 구글 드라이브

③ 스카이프

④ 마이크로소프트 원드라이브

해설 드롭박스, 구글 드라이브, 마이크로소프트 원드라이브는 웹 기반 파일 공유 서비스이다. 온라인 저장 공간이라고 볼 수 있으며 스카이프는 인터넷에서 음성 무료 통화를 할 수 있는 프로그램이다.

뿌리 깊은 나무는 가뭄을 타지 않는다.

-하이모-

좋은 책을 만드는 길, 독자님과 함께 하겠습니다.

2025 시대에듀 기출이 답이다 비서 1급 기출문제해설

개정16판1쇄 발행	2025년 01월 10일 (인쇄 2024년 10월 22일)
초 판 발 행	2010년 04월 15일 (인쇄 2010년 04월 15일)
발 행 인	박영일
책 임 편 집	이해욱
저 자	비서교육연구소
편 집 진 행	노윤재 · 장다원
표지디자인	박수영
편집디자인	장성복 · 윤아영
발 행 처	(주)시대고시기획
출 판 등 록	제10-1521호
주 소	서울시 마포구 큰우물로 75 [도화동 538 성지 B/D] 9F
전 화	1600-3600
팩 스	02-701-8823
홈 페 이 지	www.sdedu.co.kr

I S B N	979-11-383-7938-0(13320)
정 가	26,000원

나는 이렇게 합격했다

자격명 : 위험물산업기사
구분 : 합격수기
작성자 : 배*상

나는할수있다
69년생50중반직장인   입니다. 요즘
자격증을2개정도는가지고 입사하는젊은친구들에게
일을시키고 지시하는 역할이지만 정작 제자신에게 부족한점
이많다는것을느꼈기   때문에자격증을따야겠다고
결심했습니다.처음   합격은 시작할때는과연되겠
냐?하는의문과걱정   이한가득이었지만
시대에듀인강   시대에듀   을우연히접하게
되었고잘차려   진밥상과같은커
리큘럼은뒤늦게시   작한늦깍이수험 생이었던저를
합격의길 로인도해주었습니다.직장생활을
하면서취득했기에더욱기뻤습니다.
감사합니다!
♥

당신의 합격 스토리를 들려주세요.
추첨을 통해 선물을 드립니다.

QR코드 스캔하고 ▷ ▷ ▶
이벤트 참여해 푸짐한 경품받자!

베스트 리뷰	상/하반기 추천 리뷰	인터뷰 참여
갤럭시탭/ 버즈 2	상품권/ 스벅커피	백화점 상품권

합격의 공식
시대에듀

꼼꼼한 이론 학습**부터** 철저한 실전 대비**까지!**

시대에듀의
비서 합격 시리즈

판매량 + **적중률** + **선호도**

판매량 / 적중률 / 선호도 1위의 이유를 지금 바로 확인하세요.
비서 자격시험 합격, 시대에듀와 함께라면 문제없습니다.

베스트셀러 1위

비서 자격증 부문(시리즈 전체)

YES24 월별 베스트 기준

2019년 12개월	2020년 12개월	2021년 12개월
2022년 12개월	2023년 12개월	2024년 10개월(1~10월)

기초부터 차근차근 공부하고 싶다면?

시대에듀 비서 1 · 2급
한권으로 끝내기

- ▶ 최신 출제경향을 반영한 적중실제예상문제
- ▶ 챕터별 이론으로 다지는 탄탄한 기본기
- ▶ 문제은행 기출유형 모의고사 2회분 수록

시험이 얼마 남지 않았다면?

시대에듀 비서 1급
초단기합격

- ▶ '기출' 표시가 짚어주는 빈출이론
- ▶ 문제은행 기출유형 모의고사 10회분 수록
- ▶ 비서교육연구소만의 친절하고 전문적인 해설

이론 학습 후 반복적인 실전 연습이 필요하다면?

시대에듀 기출이 답이다 비서 1급
기출문제해설

- ▶ 6개년 기출문제 수록
- ▶ 빨리보는 간단한 키워드
- ▶ 심화 학습이 가능한 상세한 해설

※ 도서의 이미지 및 세부구성은 변경될 수 있습니다.